Código da Insolvência e da Recuperação de Empresas

Código da Insolvência e da Recuperação de Empresas

ANOTADO

Aprovado pelo Decreto-Lei nº 53/2004, de 18 de Março, com as alterações introduzidas pelo Decreto-Lei nº 200/2004, de 18 de Agosto, pelo Decreto-Lei nº 76-A/2006, de 29 de Março, pelo Decreto-Lei nº 282/2007, de 7 de Agosto, pelo Decreto-Lei nº 116/2008, de 4 de Julho, pelo Decreto-Lei nº 185/2009, de 12 de Agosto, pela Lei nº 16/2012, de 20 de Abril, pela Lei nº 66-B/2012, de 31 de Dezembro, pelo Decreto-Lei nº 26/2015, de 6 de Fevereiro, pelo Decreto-Lei nº 79/2017, de 30 de Junho, pela Declaração de Rectificação nº 21/2017, de 25 de Agosto, pela Lei nº 114/2017, de 29 de Dezembro, e pela Lei nº 8/2018, de 3 de Março

2018 • 10ª Edição

Luís Manuel Teles de Menezes Leitão
Doutor e Agregado em Direito
Professor Catedrático da Faculdade de Direito de Lisboa
Advogado e Jurisconsulto

ALMEDINA

**CÓDIGO DA INSOLVÊNCIA
E DA RECUPERAÇÃO DE EMPRESAS**
AUTOR
Luís Manuel Teles de Menezes Leitão
1ª Edição: Maio, 2004
EDITOR
EDIÇÕES ALMEDINA, S.A.
Rua Fernandes Tomás, nºs 76, 78 e 80
3000-167 Coimbra
Tel.: 239 851 904 · Fax: 239 851 901
www.almedina.net · editora@almedina.net
DESIGN DE CAPA
FBA.
PRÉ-IMPRESSÃO
EDIÇÕES ALMEDINA, S.A.
IMPRESSÃO E ACABAMENTO
ACD Print, S.A.

Julho, 2018

DEPÓSITO LEGAL
442944/18

Apesar do cuidado e rigor colocados na elaboração da presente obra, devem os diplomas legais dela constantes ser sempre objecto de confirmação com as publicações oficiais.

ALMEDINA | GRUPOALMEDINA

BIBLIOTECA NACIONAL DE PORTUGAL – CATALOGAÇÃO NA PUBLICAÇÃO
PORTUGAL. Leis, decretos, etc. Código da insolvência e da recuperação de empresas
Código da insolvência e da recuperação de empresas / anot.
Luís Manuel Teles de Menezes Leitão . – 10ª ed. – (Códigos anotados)
ISBN 978-972-40-7586-0
I – LEITÃO, Luís Meneses, 1963-
CDU 347

DECRETO-LEI Nº 53/2004, DE 18 DE MARÇO

1 – O XV Governo Constitucional assumiu, no seu programa, o compromisso de proceder à revisão do processo de recuperação de empresas e falência, com especial ênfase na sua agilização, bem como dos modos e procedimentos da liquidação de bens e pagamentos aos credores, tendo para o efeito apresentado à Assembleia da República uma proposta de lei de autorização de revisão do enquadramento legal actualmente em vigor nesta matéria.

O Código dos Processos Especiais de Recuperação da Empresa e de Falência (CPEREF), aprovado pelo Decreto-Lei nº 132/93, de 23 de Abril, constituiu um momento importante na regulamentação legal dos problemas do saneamento e falência de empresas que se encontrem insolventes ou em situação económica difícil. Eliminando a distinção, nesta sede, entre insolvência de comerciantes e não comerciantes, retirando do Código de Processo Civil a regulamentação processual e substantiva da falência, e conjugando num mesmo diploma, de forma inovadora, essa matéria com a da recuperação da empresa, a par de outras inovações de menor alcance, obtiveram-se com aquele diploma significativos avanços tanto do ponto de vista do aperfeiçoamento técnico-jurídico como da bondade das soluções respeitantes à insolvência de empresas e consumidores.

Porém, várias circunstâncias tornaram premente a necessidade de uma ampla reforma, como hoje é amplamente reconhecido e como com o decurso dos anos se foi verificando.

As estruturas representativas dos trabalhadores e os agentes económicos têm recorrentemente realçado a urgência na aprovação de medidas legislativas que resolvam ou, pelo menos, minorem os problemas que actualmente são sentidos na resolução célere e eficaz dos processos judiciais decorrentes da situação de insolvência das empresas. A manutenção do regime actual por mais tempo resultaria em agravados prejuízos para o tecido económico e para os trabalhadores.

O carácter muitas vezes tardio do impulso do processo, a demora da tramitação em muitos casos, sobretudo quando processada em tribunais comuns, a duplicação de chamamentos dos credores ao processo, que deriva da existência de uma fase de oposição preliminar, comum ao processo de recuperação e ao de falência, a par de uma nova fase de reclamação de créditos uma vez proferido o despacho de prosseguimento da acção, as múltiplas possibilidades de convolação de uma forma de processo na outra, o carácter típico e taxativo das providências de recuperação, são, a par de vários outros aspectos que adiante se menciona, alguns dos motivos apontados para o inêxito da aplicação do CPEREF.

2 – A reforma ora empreendida não se limita, porém, à colmatação pontual das deficiências da legislação em vigor, antes assenta no que se julga ser uma mais correcta perspectivação e delineação das finalidades e da estrutura do processo, a que preside uma filosofia autónoma e distinta, que cumpre brevemente apresentar.

3 – O objectivo precípuo de qualquer processo de insolvência é a satisfação, pela forma mais eficiente possível, dos direitos dos credores.

Quem intervém no tráfego jurídico, e especialmente quando aí exerce uma actividade comercial, assume por esse motivo indeclináveis deveres, à cabeça deles o de honrar os compromissos assumidos. A vida económica e empresarial é vida de interdependência, pelo que o incumprimento por parte de certos agentes repercute-se necessariamente na situação económica e financeira dos demais. Urge, portanto, dotar estes dos meios idóneos para fazer face à insolvência dos seus devedores, enquanto impossibilidade de pontualmente cumprir obrigações vencidas.

Sendo a garantia comum dos créditos o património do devedor, é aos credores que cumpre decidir quanto à melhor efectivação dessa garantia, e é por essa via que, seguramente, melhor se satisfaz o interesse público da preservação do bom funcionamento do mercado.

Quando na massa insolvente esteja compreendida uma empresa que não gerou os rendimentos necessários ao cumprimento das suas obrigações, a melhor satisfação dos credores pode passar tanto pelo encerramento da empresa, como pela sua manutenção em actividade. Mas é sempre da estimativa dos credores que deve depender, em última análise, a decisão de recuperar a empresa, e em que termos, nomeadamente quanto à sua manutenção na titularidade do devedor insolvente ou na de outrem. E, repise-se, essa estimativa será sempre a melhor forma de realização do interesse público de regulação do mercado, mantendo em funcionamento as empresas viáveis e expurgando dele as que o não sejam (ainda que, nesta última hipótese, a inviabilidade possa resultar apenas do facto de os credores não verem interesse na continuação).

Entende-se que a situação não corresponde necessariamente a uma falha do mercado e que os mecanismos próprios deste conduzem a melhores resultados do que intervenções autoritárias. Ao direito da insolvência compete a tarefa de regular juridicamente a eliminação ou a reorganização financeira de uma empresa segundo uma lógica de mercado, devolvendo o papel central aos credores, convertidos, por força da insolvência, em proprietários económicos da empresa.

4 – É com base nas considerações anteriores, sinteticamente expostas, que o novo Código da Insolvência e da Recuperação de Empresas (CIRE), que é aprovado pelo presente diploma, aproveitando também o ensinamento de outros ordenamentos jurídicos, adopta uma sistematização inteiramente distinta da do actual CPEREF (sem prejuízo de haver mantido, ainda que nem sempre com a mesma formulação ou inserção sistemática, vários dos seus preceitos e aproveitado inúmeros dos seus regimes).

5 – Os sistemas jurídicos congéneres do nosso têm vindo a unificar os diferentes procedimentos que aí também existiam num único processo de insolvência, com uma tramitação supletiva baseada na liquidação do património do devedor e a atribuição aos credores da possibilidade de aprovarem um plano que se afaste deste regime, quer provendo à realização da liquidação em moldes distintos, quer reestruturando a empresa, mantendo-a ou não na titularidade do devedor insolvente. É o caso da recente lei alemã e da reforma do direito falimentar italiano em curso.

6 – O novo Código acolhe esta estrutura, como logo resulta do seu artigo 1º e, por outro lado, do artigo 192º, que define a função do plano de insolvência.

Fugindo da errónea ideia afirmada na actual lei, quanto à suposta prevalência da via da recuperação da empresa, o modelo adoptado pelo novo Código explicita, assim, desde o seu início, que é sempre a vontade dos credores a que comanda todo o processo. A opção que a lei lhes dá é a de se acolherem ao abrigo do regime supletivamente disposto no Código – o qual não poderia deixar de ser o do imediato ressarcimento dos credores mediante a liquidação do património do insolvente ou de se afastarem dele, provendo por sua iniciativa a um diferente tratamento do pagamento dos seus créditos. Aos credores compete decidir se o pagamento se obterá por meio de liquidação integral do património do devedor, nos termos do regime disposto no Código ou nos de que constem de um plano de insolvência que venham a aprovar, ou através da manutenção em actividade e reestruturação da empresa, na titularidade do devedor ou de terceiros, nos moldes também constantes de um plano.

Há que advertir, todavia, que nem a não aprovação de um plano de insolvência significa necessariamente a extinção da empresa, por isso que, iniciando-se a liquidação, deve o administrador da insolvência, antes de mais, diligenciar preferencialmente pela sua alienação como um todo, nem a aprovação de um plano de insolvência implica a manutenção da empresa, pois que ele pode tão somente regular, em termos diversos dos legais, a liquidação do património do devedor.

Não valerá, portanto, afirmar que no novo Código é dada primazia à liquidação do património do insolvente. A primazia que efectivamente existe, não é demais reiterá-lo, é a da vontade dos credores, enquanto titulares do principal interesse que o direito concursal visa acautelar: o pagamento dos respectivos créditos, em condições de igualdade quanto ao prejuízo decorrente de o património do devedor não ser, à partida e na generalidade dos casos, suficiente para satisfazer os seus direitos de forma integral.

7 – Cessa, assim, porque desnecessária, a duplicação de formas de processo especiais (de recuperação e de falência) existente no CPEREF, bem como a fase preambular que lhes era comum, e que era susceptível de gerar, inclusivamente, demoras evitáveis na tramitação do processo, nomeadamente pela duplicação concomitante de chamamento dos credores, e também por, em inúmeros casos, o recurso ao processo de recuperação se traduzir num mero expediente para atrasar a declaração de falência.

A supressão da dicotomia recuperação/falência, a par da configuração da situação de insolvência como pressuposto objectivo único do processo, torna também aconselhável a mudança de designação do processo, que é agora a de "processo de insolvência". A insolvência não se confunde com a "falência", tal como actualmente entendida, dado que a impossibilidade de cumprir obrigações vencidas, em que a primeira noção fundamentalmente consiste, não implica a inviabilidade económica da empresa ou a irrecuperabilidade financeira postuladas pela segunda.

8 – Elimina-se, igualmente, a distinção entre a figura do gestor judicial (designado no âmbito do processo de recuperação) e a do liquidatário judicial (incumbido de proceder à liquidação do património do falido, uma vez decretada a sua falência), passando a existir a figura única do administrador da insolvência. Também aqui a vontade dos credores prepondera, pois que lhes é devolvida a faculdade – prevista na versão original do CPEREF, mas suprimida com a revisão de 1998 – de nomearem eles próprios o administrador da insolvência, em substituição do que tenha sido designado pelo juiz, e, bem assim, a de indicar com carácter vinculativo um administrador para ocupar o cargo de outro que haja sido destituído das suas funções.

Por outro lado, passando a comissão de credores a ser um órgão eventual no processo de insolvência, também quanto à sua existência e composição impera a vontade da assembleia de credores, que pode prescindir da comissão que o juiz haja nomeado, ou nomear uma caso o juiz não o tenha feito, e, em qualquer dos casos, alterar a respectiva composição.

9 – Cessa ainda o carácter taxativo das medidas de recuperação da empresa tal como constante do CPEREF. O conteúdo do plano de insolvência é livremente fixado pelos credores, limitando-se o juiz, quando actue oficiosamente, a um controlo da legalidade, com vista à respectiva homologação.

Não deixam de indicar-se, em todo o caso, algumas das medidas que o plano pode adoptar, regulando-se com mais detalhe certas providências de recuperação específicas de sociedades comerciais, dado o relevo por estas assumido na actividade económica e empresarial.

10 – A afirmação da supremacia dos credores no processo de insolvência é acompanhada da intensificação da desjudicialização do processo.

Por toda a parte se reconhece a indispensabilidade da intervenção do juiz no processo concursal, tendo fracassado os intentos de o desjudicializar por completo. Tal indispensabilidade é compatível, todavia, com a redução da intervenção do juiz ao que estritamente releva do exercício da função jurisdicional, permitindo a atribuição da competência para tudo o que com ela não colida aos demais sujeitos processuais.

É assim que, por um lado, ao juiz cabe apenas declarar ou não a insolvência, sem que para tal tenha de se pronunciar quanto à recuperabilidade financeira da empresa (como actualmente sucede para efeitos do despacho de prosseguimento da acção). A desnecessidade de proceder a tal apreciação permite obter ganhos do ponto de vista da celeridade do processo, justificando a previsão de que a declaração de insolvência deva ter lugar, no caso de apresentação à insolvência ou de não oposição do devedor a pedido formulado por terceiro, no próprio dia da distribuição ou nos três dias úteis subsequentes, ou no dia seguinte ao termo do prazo para a oposição, respectivamente.

Ainda na vertente da desjudicialização, há também que mencionar o desaparecimento da possibilidade de impugnar junto do juiz tanto as deliberações da comissão de credores (que podem, não obstante, ser revogadas pela assembleia de credores), como os actos do administrador da insolvência (sem prejuízo dos poderes de fiscalização e de destituição por justa causa).

11 – A desjudicialização parcial acima descrita não envolve diminuição dos poderes que ao juiz devem caber no âmbito da sua competência própria: afirma-se expressamente, no artigo 11º do diploma, a vigência no processo de insolvência do princípio do inquisitório, que permite ao juiz fundar a decisão em factos que não tenham sido alegados pelas partes.

12 – Apesar do progresso que, a par da reforma do processo civil, representou quanto a esse aspecto, o CPEREF não permitiu obter a desejável celeridade que deve caracterizar um processo concursal, tanto no plano do impulso processual como no da respectiva tramitação.

O fomento da celeridade do processo de insolvência constitui um dos objectivos do presente diploma, introduzindo-se com essa finalidade inúmeros mecanismos, que se indicam sumariamente de seguida.

13 – Uma das causas de insucesso de muitos processos de recuperação ou de falência residiu no seu tardio início, seja porque o devedor não era suficientemente penalizado pela não atempada apresentação, seja porque os credores são negligentes no requerimento de providências de recuperação ou de declaração de falência, por falta dos convenientes estímulos.

Uma lei da insolvência é tanto melhor quanto mais contribuir para maximizar *ex post* o valor do património do devedor sem por essa via constituir *ex ante* um estímulo para um comportamento negligente. Com o intuito de promover o cumprimento do dever de apresentação à insolvência, que obriga o devedor pessoa colectiva, ou pessoa singular titular de empresa a requerer a declaração da sua insolvência dentro dos 60 dias seguintes à data em que teve, ou devesse ter, conhecimento da situação de insolvência, estabelece-se presunção de culpa grave dos administradores, de direito ou de facto, responsáveis pelo incumprimento daquele dever, para efeitos da qualificação desta como culposa.

14 – O favorecimento do desencadeamento do processo por parte dos credores traduz-se, entre outros aspectos, como a extensão e aperfeiçoamento do elenco dos factos que podem servir de fundamento ao pedido de declaração de insolvência, adiante mencionados, na concessão de privilégio mobiliário geral, graduado em último lugar, aos créditos de que seja titular o credor requerente da declaração de insolvência, até ao limite de 500 UC.

Por outro lado, o novo regime, adiante referido, quanto à extinção parcial das hipotecas legais e privilégios creditórios que sejam acessórios de créditos detidos pelo Estado, pelas instituições de segurança social e pelas autarquias locais visa constituir um estímulo para que essas entidades não deixem decorrer demasiado tempo desde o incumprimento por parte do devedor.

15 – No plano da tramitação de processo já instaurado, a celeridade é potenciada por inúmeros factores, de que se destaca: a extensão do carácter urgente também aos apensos do processo de insolvência; a supressão da duplicação de chamamentos de credores ao processo, existindo agora uma única fase de citação de credores com vista à reclamação dos respectivos créditos, a ocorrer apenas após a sentença de declaração de insolvência; a atribuição de carácter urgente aos registos de sentenças e despachos proferidos no processo de insolvência, bem como aos de quaisquer actos praticados no âmbito da administração e liquidação da massa insolvente ou previstos em plano de insolvência ou de pagamentos; a proclamação expressa da regra da insusceptibilidade de suspensão do processo de insolvência; o regime expedito de notificações de certos actos praticados no processo de insolvência, seus incidentes e apensos.

16 – A necessidade de rápida estabilização das decisões judiciais, que no processo de insolvência se faz sentir com particular intensidade, motivou a limitação do direito de recurso a um grau apenas, salvo nos casos de oposição de acórdãos em matéria relativamente à qual não exista ainda uniformização de jurisprudência.

17 – A promoção da celeridade do processo torna também necessária a adopção de medidas no plano da organização judiciária, que complementam o regime contido no Código. Fazendo uso de autorização legislativa concedida pela Assembleia da República, circunscreve-se a competência dos tribunais de comércio para preparar e julgar o processo de insolvência aos casos em que o devedor seja uma sociedade comercial ou na massa insolvente se integre uma empresa.

18 – O presente diploma procede a uma clarificação conceptual e terminológica, juntamente com um aperfeiçoamento do respectivo regime, nas matérias respeitantes aos pressupostos, objectivos e subjectivos, do processo de insolvência, bem como nas relativas à definição da massa insolvente e respectivas dívidas, e das classes de credores.

19 – Simplificando a pluralidade de pressupostos objectivos presente no CPEREF (insolvência e situação económica difícil, envolvendo a primeira um juízo quanto à recuperabilidade financeira e à inviabilidade económica da empresa), o actual diploma assenta num único pressuposto objectivo: a insolvência. Esta consiste na impossibilidade de cumprir obrigações vencidas, e, quando seja o devedor a apresentar-se à insolvência, pode ser apenas iminente.

Recupera-se, não obstante, como critério específico da determinação da insolvência de pessoas colectivas e patrimónios autónomos por cujas dívidas nenhuma pessoa singular responda pessoal e ilimitadamente, a superioridade do seu passivo sobre o activo.

O elenco dos indícios da situação de insolvência é objecto de ampliação, por um lado, passando a incluir-se, nomeadamente, a insuficiência de bens penhoráveis para pagamento do crédito do exequente verificada em processo executivo movido contra o devedor, e também o incumprimento de obrigações previstas em plano de insolvência ou de pagamentos, em determinadas condições; e de aperfeiçoamento, por outro, especificando-se certos tipos de obrigações (tributárias, laborais, para com a segurança social, de certo tipo de rendas) cujo incumprimento generalizado mais frequentemente denuncia a insolvência do devedor.

Expressamente se afirma, todavia, que o devedor pode afastar a declaração de insolvência não só através da demonstração de que não se verifica o facto indiciário alegado pelo requerente, mas também mediante a invocação de que, apesar da verificação do mesmo, ele não se encontra efectivamente em situação de insolvência, obviando-se a quaisquer dúvidas que pudessem colocar-se (e se colocaram na vigência do CPEREF) quanto ao carácter ilidível das presunções consubstanciadas nos indícios.

20 – Dão-se profundas alterações na delimitação do âmbito subjectivo de aplicação do processo de insolvência. Dissipando algumas dúvidas surgidas quanto ao tema na vigência do CPEREF, apresenta-se no artigo 2º do novo Código um elenco aberto de sujeitos passivos do processo de insolvência. Aí se tem como critério mais relevante para este efeito, não o da personalidade jurídica, mas o da existência de autonomia patrimonial, o qual permite considerar como sujeitos passivos (também designados por "devedor" ou "insolvente"), designadamente, sociedades comerciais e outras pessoas colectivas ainda em processo de constituição, o estabelecimento individual de responsabilidade limitada, as associações sem personalidade jurídica, e "quaisquer outros patrimónios autónomos". Neste quadro, a mera empresa, enquanto tal, se não dotada de autonomia patrimonial, não é considerada sujeito passivo, mas antes o seu titular.

Desaparecem, portanto, as "falências derivadas" ou "por arrastamento" constantes do artigo 126º do CPEREF, por não se crer equânime sujeitar sem mais à declaração de insolvência as entidades aí mencionadas, que podem bem ser solventes.

Por outro lado, quanto às empresas de seguros, instituições de crédito e outras entidades tradicionalmente excluídas do âmbito de aplicação do direito falimentar comum, esclarece-se que a não sujeição ao processo de insolvência apenas ocorre na medida em que tal seja incompatível com os regimes especiais aplicáveis a tais entidades, assim se visando pôr termo a certos vazios de regulamentação que se verificam nos casos em que tais regimes nada prevêem quanto à insolvência das entidades por eles abrangidas.

A aplicação do processo de insolvência a pessoas colectivas, pessoas singulares incapazes e meros patrimónios autónomos exige a identificação das pessoas que os representem no âmbito do processo, e a quem, porventura, possam ser imputadas responsabilidades pela criação ou agravamento da situação de insolvência do devedor. Naturalmente que tais pessoas serão aquelas que disponham ou tenham disposto, nalguma medida, e tanto por força da lei como de negócio jurídico, de poderes incidentes sobre o património do devedor, o que legitima a sua reunião na noção, meramente operatória, de "administradores" contida no nº 1 do artigo 6º.

21 – Distinguem-se com precisão as "dívidas da insolvência", correspondentes aos créditos sobre o insolvente cujo fundamento existisse à data da declaração de insolvência e aos que lhes sejam equiparados (que passam a ser designados como "créditos sobre a insolvência", e os respectivos titulares como "credores da insolvência"), das "dívidas ou encargos da massa insolvente" (cor-

relativas aos "créditos sobre a massa", detidos pelos "credores da massa"), que são, grosso modo, as constituídas no decurso do processo.

Uma vez que o processo de insolvência tem por finalidade o pagamento, na medida em que ele seja ainda possível, dos créditos da insolvência, a constatação de que a massa insolvente não é sequer suficiente para fazer face às respectivas dívidas – aí compreendidas, desde logo, as custas do processo e a remuneração do administrador da insolvência – determina que o processo não prossiga após a sentença de declaração de insolvência ou que seja mais tarde encerrado, consoante a insuficiência da massa seja reconhecida antes ou depois da declaração. Em ambos os casos, porém, prossegue sempre o incidente de qualificação da insolvência, com tramitação e alcance mais mitigados.

22 – A consideração da diversidade de situações em que podem encontrar-se os titulares de créditos sobre o insolvente, e a necessidade de lhes dispensar um tratamento adequado, aconselha a sua repartição em quatro classes: os credores da insolvência garantidos, privilegiados, comuns e subordinados.

23 – A categoria dos créditos garantidos abrange os créditos, e respectivos juros, que beneficiem de garantias reais – sendo como tal considerados também os privilégios creditórios especiais – sobre bens integrantes da massa insolvente, até ao montante correspondente ao valor dos bens objecto das garantias.

24 – Os créditos privilegiados são os que gozam de privilégios creditórios gerais sobre bens integrados na massa insolvente, quando tais privilégios não se extingam por efeito da declaração de insolvência.

Importa assinalar a significativa alteração introduzida no regime das hipotecas legais e dos privilégios creditórios que sejam acessórios de créditos detidos pelo Estado, pelas instituições de segurança social e pelas autarquias locais. Quanto às primeiras, e suprindo a omissão do CPEREF a esse respeito, que gerou controvérsia na doutrina e na jurisprudência, prevê-se a extinção apenas das que sejam acessórias dos créditos dessas entidades e cujo registo haja sido requerido nos 2 meses anteriores à data de início do processo de insolvência. Quanto aos privilégios creditórios gerais, em lugar da extinção de todos eles, como sucede no CPEREF declarada que seja a falência, prevê-se a extinção tão-somente daqueles que se hajam constituído nos 12 meses anteriores à data do início do processo de insolvência.

25 – É inteiramente nova entre nós a figura dos créditos subordinados. Ela existe em outros ordenamentos jurídicos, nomeadamente no alemão, no espanhol e no norte-americano, ainda que se registem significativas diferenças relativamente à forma como aparece neles configurada.

Trata-se de créditos cujo pagamento tem lugar apenas depois de integralmente pagos os créditos comuns. Tal graduação deve-se à consideração, por exemplo, do carácter meramente acessório do crédito (é o caso dos juros), ou de ser assimilável a capital social (é o que sucede com os créditos por suprimentos), ou ainda de se apresentar desprovido de contrapartida por parte do credor.

A categoria dos créditos subordinados abrange ainda, em particular, aqueles cujos titulares sejam "pessoas especialmente relacionadas com o devedor" (seja ele pessoa singular ou colectiva, ou património autónomo), as quais são criteriosamente indicadas no artigo 49º do diploma. Não se afigura desproporcionada, situando-nos na perspectiva de tais pessoas, a sujeição dos seus créditos ao regime de subordinação, face à situação de superioridade informativa sobre a situação do devedor, relativamente aos demais credores.

O combate a uma fonte frequente de frustração das finalidades do processo de insolvência, qual seja a de aproveitamento, por parte do devedor, de relações orgânicas ou de grupo, de parentesco, especial proximidade, dependência ou outras para praticar actos prejudiciais aos credores é prosseguido no âmbito da resolução de actos em benefício da massa insolvente, pois presume-se aí a má fé das pessoas especialmente relacionadas com o devedor que hajam participado ou tenham retirado proveito de actos deste, ainda que a relação especial não existisse à data do acto.

26 – Ainda quanto à natureza dos créditos no processo de insolvência, deve sublinhar-se o tratamento dispensado aos créditos sob condição. É adoptada, para efeitos de aplicação do Código, uma noção operatória de tais créditos, que abrange os sujeitos tanto a condições convencionais como às de origem legal. As principais inovações surgem no regime dos créditos sob condição suspensiva.

27 – Passando à análise sumária da tramitação do processo legalmente disposta, que tem lugar sempre que, por meio de Plano de insolvência, os credores não disponham diversamente, ela analisa-se nos seguintes momentos--chave, não necessariamente processados pela ordem indicada:

1) Impulso processual;
2) Apreciação liminar e eventual adopção de medidas cautelares;
3) Sentença de declaração de insolvência e eventual impugnação;
4) Apreensão dos bens;
5) Reclamação de créditos, restituição e separação de bens;
6) Assembleia de credores de apreciação do relatório;
7) Liquidação da massa insolvente;
8) Sentença de verificação e graduação dos créditos;
9) Pagamento aos credores;
10) Incidente de qualificação da insolvência;
11) Encerramento do processo.

A estrutura delineada pode apresentar alguns desvios, em caso de: *a*) encerramento por insuficiência da massa insolvente; *b*) manutenção da administração da empresa pelo devedor; *c*) apresentação de Plano de pagamentos aos credores; *d*) haver lugar ao período da cessão, para efeitos de exoneração do passivo restante, após o encerramento do processo de insolvência.

28 – Uma vez que a apresentação à insolvência pelo devedor implica o reconhecimento por este da sua situação de insolvência, esta é declarada, como se referiu já, até ao 3º dia útil seguinte ao da distribuição da petição inicial ou, existindo vícios corrigíveis, ao do respectivo suprimento, com o que se obtêm notáveis ganhos de tempo, como igualmente referido.

Nos demais casos, tem lugar a citação do devedor, para que deduza a competente oposição (e junte, eventualmente, plano de insolvência ou de pagamentos, ou requeira a exoneração do passivo restante). Não há lugar, portanto, a qualquer citação dos demais credores, ou a continuação com vista ao Ministério Público, nesta fase.

29 – A sentença de declaração de insolvência representa um momento fulcral do processo. Ela não se limita a essa declaração mas é intensamente prospectiva, conformando boa parte da tramitação posterior e despoletando uma vasta panóplia de consequências. Por outro lado, o momento da sua emanação é decisivo para a aplicação de inúmeras normas do Código.

Boa parte da eficácia e celeridade, quando não da justiça, do processo de insolvência dependem da sua adequada publicitação, a fim de que venham ao processo o maior número possível de credores e de que o façam no momento mais próximo possível. O Código reforça amplamente os mecanismos de notificação e publicação da sentença de declaração de insolvência e outros actos, tanto de credores conhecidos como desconhecidos, nacionais ou estrangeiros, considerando o caso particular dos que tenham residência habitual, domicílio ou sede em outros Estados-Membros da União Europeia, dos trabalhadores e do público em geral.

Destacam-se, por inovadoras, a previsão do registo oficioso da declaração de insolvência e da nomeação do administrador da insolvência na conservatória do registo civil, quando o devedor for uma pessoa singular, e, independentemente da natureza do devedor, no registo informático de execuções estabelecido pelo Código de Processo Civil, bem como a respectiva inclusão na página informática do tribunal, e, ainda, a comunicação da declaração de insolvência ao Banco de Portugal para que este proceda à sua inscrição na central de riscos de crédito.

30 – No que concerne à impugnação da sentença de declaração de insolvência, cessa o actual regime de concentração da reacção, de direito e de facto, nos embargos, repondo-se, se bem que em termos e por motivos distintos dos

que constavam do Código de Processo Civil, a dualidade dos meios de reacção embargos/recurso.

Assim, às pessoas legitimadas para deduzir embargos, é lícito, alternativamente a essa dedução ou cumulativamente com ela, interpor recurso da sentença de declaração de insolvência, quando entendam que, face aos elementos apurados, ela não devia ter sido proferida. Tal como sucede no CPEREF, a oposição de embargos à sentença declaratória da insolvência, bem como o recurso da decisão que mantenha a declaração, suspende a liquidação e a partilha do activo, sem prejuízo de o administrador da insolvência poder promover a venda imediata dos bens da massa insolvente que não possam ou não devam conservar-se por estarem sujeitos a deterioração ou depreciação.

31 – A sentença de declaração da insolvência é fonte de inúmeros e importantes efeitos, que são agrupados do seguinte modo: "efeitos sobre o devedor e outras pessoas"; "efeitos processuais"; "efeitos sobre os créditos"; e "efeitos sobre os negócios em curso".

32 – O principal efeito sobre o devedor, aliás clássico, é o da privação dos poderes de administração e de disposição dos bens integrantes da massa insolvente, por si ou pelos seus administradores, passando tais poderes a competir ao administrador da insolvência.

Consagra-se, porém, a possibilidade de o devedor se manter na administração da massa insolvente nos casos em que esta integre uma empresa. Essa manutenção pressupõe, entre outros aspectos, que o devedor a tenha requerido, tendo já apresentado, ou comprometendo-se a fazê-lo dentro de certo prazo, um plano de insolvência que preveja a continuidade da exploração da empresa por si próprio, e ainda que conte com a anuência do credor requerente ou da assembleia de credores. Fica bem à vista o sentido deste regime: não obrigar à privação dos poderes de administração do devedor, em concreto quanto à empresa de que seja titular, quando se reconheça que a sua aptidão empresarial não é prejudicada pela situação de insolvência, a qual pode até resultar de factores exógenos à empresa, havendo, simultaneamente, a convicção de que a recuperação da empresa nas suas mãos permitirá uma melhor satisfação dos créditos do que a sua sujeição ao regime comum de liquidação.

33 – No campo dos efeitos processuais da declaração de insolvência, salienta-se a possibilidade de, mediante requerimento do administrador da insolvência, haver lugar a apensação ao processo de insolvência de um devedor dos processos em que haja sido declarada a insolvência de pessoas que legalmente respondam pelas suas dívidas ou, tratando-se de pessoa singular casada, do seu cônjuge, se o regime de bens não for o da separação. Sendo o devedor uma sociedade comercial, poderão ser apensados os processos em que tenha sido declarada a insolvência de sociedades que, nos termos do Código

das Sociedades Comerciais, ela domine ou com ela se encontrem em relação de grupo.

34 – No capítulo dos efeitos sobre os créditos regula-se em termos tecnicamente mais apurados a matéria fundamental do vencimento imediato das obrigações do insolvente operado pela declaração de insolvência. São aspectos novos os da actualização do montante das obrigações que não fossem exigíveis à data da declaração de insolvência, dos efeitos relativamente a dívidas abrangidas em planos de regularização de impostos e de contribuições para a segurança social que estejam em curso de execução e do regime da conversão de créditos, tanto pecuniários de montante indeterminado, como não pecuniários, como ainda daqueles expressos em moeda estrangeira ou índices.

A possibilidade de compensar créditos sobre a insolvência com dívidas à massa é agora admitida, genericamente, se os pressupostos legais da compensação se verificassem já à data da declaração de insolvência, ou se, verificando-se em momento posterior, o contra-crédito da massa não houver preenchido em primeiro lugar os requisitos estabelecidos no artigo 847º do Código Civil.

35 – O capítulo dos efeitos da declaração de insolvência sobre os negócios jurídicos em curso é um daqueles em que a presente reforma mais se distancia do regime homólogo do CPEREF. Ele é objecto de uma extensa remodelação, tanto no plano da forma como no da substância, que resulta de uma mais atenta ponderação dos interesses em causa e da consideração, quanto a aspectos pontuais, da experiência de legislações estrangeiras.

Poucas são as soluções que se mantiveram inalteradas neste domínio. De realçar é desde logo, a introdução de um "princípio geral" quanto aos contratos bilaterais, que logo aponta para a noção de "negócios em curso" no âmbito do processo de insolvência: deverá tratar-se de contrato em que, à data da declaração de insolvência, não haja ainda total cumprimento tanto pelo insolvente como pela outra parte. O essencial do regime geral disposto para tais negócios é o de que o respectivo cumprimento fica suspenso até que o administrador da insolvência declare optar pela execução ou recusar o cumprimento. Vários outros tipos contratuais são objecto de tratamento específico, surgindo diversas e relevantes inovações nos domínios da compra e venda, locação, mandato, entre outros.

O capítulo termina com uma importante norma pela qual se determina a nulidade de convenções que visem excluir ou limitar a aplicação dos preceitos nele contidos. Ressalvam-se, porém, os casos em que a situação de insolvência, uma vez ocorrida, possa configurar justa causa de resolução ou de denúncia do contrato em atenção à natureza e conteúdo das prestações contratuais, o que poderá suceder, a título de exemplo, no caso de ter natureza infungível a prestação a que o insolvente se obrigara.

36 – Ainda no que se refere à tramitação do processo, importa referir que à sentença de declaração da insolvência segue-se a imediata apreensão dos bens integrantes da massa insolvente pelo administrador da insolvência, tendo-se mantido no essencial o regime já constante do CPEREF quanto a esta matéria.

37 – É na fase da reclamação de créditos que avulta de forma particular um dos objectivos do presente diploma, que é o da simplificação dos procedimentos administrativos inerentes ao processo. O Código dispõe, a este respeito, que: as reclamações de créditos são endereçadas ao administrador da insolvência, e entregues no, ou remetidas para o seu domicílio profissional. Do apenso respeitante à reclamação e verificação de créditos, que é um único, consta apenas a lista de credores reconhecidos e não reconhecidos, as impugnações e as respectivas respostas.

Para além da simplificação de carácter administrativo, esta fase permite dar um passo mais na desjudicialização anteriormente comentada, ao estabelecer-se que a sentença de verificação e graduação dos créditos se limitar a homologar a lista de credores reconhecidos elaborada pelo administrador da insolvência e a graduar os créditos em atenção ao que conste dessa lista, quando não tenham sido apresentadas quaisquer impugnações da reclamação de créditos. Ressalva-se expressamente, a necessidade de correcções que resultem da existência de erro manifesto.

38 – Na sentença de declaração da insolvência é designada data, entre os 45 e os 75 dias seguintes à respectiva prolação, para a realização de uma importante reunião da assembleia de credores, designada "assembleia de credores de apreciação do relatório".

39 – Transitada em julgado a sentença declaratória da insolvência e realizada a assembleia de apreciação do relatório, o administrador da insolvência procede com prontidão à venda de todos os bens apreendidos para a massa insolvente, independentemente da verificação do passivo, na medida em que a tanto se não oponham as deliberações tomadas pelos credores na referida assembleia.

Estabelece-se o princípio geral de que depende do consentimento da comissão de credores, ou, se esta não existir, da assembleia de credores, a prática de actos jurídicos que assumam especial relevo para o processo de insolvência.

Reafirma-se o princípio da prevalência da alienação da empresa como um todo, devendo o administrador da insolvência, uma vez iniciadas as suas funções, efectuar imediatamente diligências para a alienação da empresa do devedor ou dos seus estabelecimentos.

Alterando o disposto a esse respeito no CPEREF, não se impõe ao administrador da insolvência que a venda dos bens siga alguma das modalidades admitidas em processo executivo, pois que outra poderá revelar-se mais conveniente no caso concreto.

A preocupação de celeridade, já afirmada a vários propósitos, não pode levar à criação de regimes que se mostrem inexequíveis à partida. É por esse motivo que o prazo para a liquidação é ampliado para um ano, constituindo o respectivo decurso, ou o de cada seis meses subsequentes, sem que seja encerrado o processo de insolvência, motivo bastante para destituição com justa causa do administrador da insolvência, salvo havendo razões que justifiquem o prolongamento.

Prevê-se a possibilidade de dispensa de liquidação da massa, quando, sendo o devedor uma pessoa singular e a massa insolvente não compreenda uma empresa, seja por ele entregue ao administrador da insolvência uma importância em dinheiro não inferior à que resultaria dessa liquidação, podendo assim evitar-se inúmeros dispêndios e incómodos.

40 – Um objectivo da reforma introduzida pelo presente diploma reside na obtenção de uma maior e mais eficaz responsabilização dos titulares de empresa e dos administradores de pessoas colectivas. É essa a finalidade do novo "incidente de qualificação da insolvência".

As finalidades do processo de insolvência e, antes ainda, o próprio propósito de evitar insolvências fraudulentas ou dolosas, seriam seriamente prejudicados se aos administradores das empresas, de direito ou de facto, não sobreviessem quaisquer consequências sempre que estes hajam contribuído para tais situações. A coberto do expediente técnico da personalidade jurídica colectiva, seria possível praticar incolumemente os mais variados actos prejudiciais para os credores.

O CPEREF, particularmente após a revisão de 1998, não era alheio ao problema mas os regimes então instituídos a este propósito – a responsabilização solidária dos administradores (com pressupostos fluidos e incorrectamente explicitados) e a possibilidade de declaração da sua falência conjuntamente com a do devedor – não se afiguram tecnicamente correctos nem idóneos para o fim a que se destinam. Por outro lado, a sua aplicação ficava na dependência de requerimento formulado por algum credor ou pelo Ministério Público. Ademais, a sanção de inibição para o exercício do comércio pode ser injusta quando é aplicada como efeito automático da declaração de falência, sem atender à real situação do falido.

O tratamento dispensado ao tema pelo novo Código (inspirado, quanto a certos aspectos, na recente Ley Concursal espanhola), que se crê mais equânime – ainda que mais severo em certos casos –, consiste, no essencial, na criação do "incidente de qualificação da insolvência", o qual é aberto oficiosamente em todos os processos de insolvência, qualquer que seja o sujeito passivo, e não deixa de realizar-se mesmo em caso de encerramento do processo por insuficiência da massa insolvente (assumindo nessa hipótese, todavia, a designação de "incidente limitado de qualificação da insolvência", com uma tramitação e alcance mitigados).

O incidente destina-se a apurar (sem efeitos quanto ao processo penal ou à apreciação da responsabilidade civil) se a insolvência é fortuita ou culposa, entendendo-se que esta última se verifica quando a situação tenha sido criada ou agravada em consequência da actuação, dolosa ou com culpa grave (presumindo-se a segunda em certos casos), do devedor, ou dos seus administradores, de direito ou de facto, nos três anos anteriores ao início do processo de insolvência, e indicando-se que a falência é sempre considerada culposa em caso da prática de certos actos necessariamente desvantajosos para a empresa.

A qualificação da insolvência como culposa, implica sérias consequências para as pessoas afectadas que podem ir da inabilitação por um período determinado, a inibição temporária para o exercício do comércio, bem como para a ocupação de determinados cargos, a perda de quaisquer créditos sobre a insolvência e a condenação a restituir os bens ou direitos já recebidos em pagamento desses créditos.

41 – A finalidade precípua do processo de insolvência – o pagamento, na maior medida possível, dos credores da insolvência – poderia ser facilmente frustrada através da prática pelo devedor, anteriormente ao processo ou no decurso deste, de actos de dissipação da garantia comum dos credores: o património do devedor ou, uma vez declarada a insolvência, a massa insolvente. Importa, portanto, apreender para a massa insolvente não só aqueles bens que se mantenham ainda na titularidade do insolvente, como aqueles que nela se manteriam caso não houvessem sido por ele praticados ou omitidos aqueles actos, que se mostram prejudiciais para a massa.

A possibilidade de perseguir esses actos e obter a reintegração dos bens e valores em causa na massa insolvente é significativamente reforçada no presente diploma.

No actual sistema, prevê-se a possibilidade de resolução de um conjunto restrito de actos, e a perseguição dos demais nos termos apenas da impugnação pauliana, tão frequentemente ineficaz, ainda que se presuma a má fé do terceiro quanto a alguns deles. No novo Código, o recurso dos credores à impugnação pauliana no decurso do processo é impedida, sempre que o administrador entenda resolver o acto em benefício da massa. Prevê-se a reconstituição do património do devedor (a massa insolvente) por meio de um instituto específico – a "resolução em benefício da massa insolvente" –, que permite, de forma expedita e eficaz, a destruição de actos prejudiciais a esse património.

42 – Independentemente dos aspectos do actual regime que já se mostravam carecidos de reformulação, alguns acontecimentos recentes alertaram de forma particularmente expressiva para a necessidade de mais eficazmente assegurar o recto desempenho das funções cometidas ao administrador da insolvência.

O presente diploma introduz algumas garantias de melhor desempenho da função de administrador da insolvência, algumas já mencionadas em momento anterior: possibilidade de eleição do administrador da insolvência pela assembleia de credores; previsão do decurso do prazo de um ano, ou de cada período subsequente de seis meses sem que esteja encerrado o processo como justa causa de destituição do administrador.

43 – O encerramento do processo, matéria deficientemente regulada no CPEREF, é objecto de tratamento sistemático no novo Código, que prevê com rigor tanto as suas causas como os respectivos efeitos.

44 – A sujeição ao processo de insolvência de pessoas singulares e colectivas, tanto titulares de empresas como alheias a qualquer actividade empresarial, não é feita sem a previsão de regimes e institutos diferenciados para cada categoria de entidades, que permitam o melhor tratamento normativo das respectivas situações de insolvência. Conforme atrás referido a propósito do plano de insolvência, este será tendencialmente usado por empresas de maior dimensão.

No tratamento dispensado às pessoas singulares, destacam-se os regimes da exoneração do passivo restante e do plano de pagamentos.

45 – O Código conjuga de forma inovadora o princípio fundamental do ressarcimento dos credores com a atribuição aos devedores singulares insolventes da possibilidade de se libertarem de algumas das suas dívidas, e assim lhes permitir a sua reabilitação económica. O princípio do *fresh start* para as pessoas singulares de boa fé incorridas em situação de insolvência, tão difundido nos Estados Unidos, e recentemente incorporado na legislação alemã da insolvência, é agora também acolhido entre nós, através do regime da "exoneração do passivo restante".

O princípio geral nesta matéria é o de poder ser concedida ao devedor pessoa singular a exoneração dos créditos sobre a insolvência que não forem integralmente pagos no processo de insolvência ou nos cinco anos posteriores ao encerramento deste.

A efectiva obtenção de tal benefício supõe, portanto, que, após a sujeição a processo de insolvência, o devedor permaneça por um período de cinco anos – designado período da cessão – ainda adstrito ao pagamento dos créditos da insolvência que não hajam sido integralmente satisfeitos. Durante esse período, ele assume, entre várias outras obrigações, a de ceder o seu rendimento disponível (tal como definido no Código) a um fiduciário (entidade designada pelo tribunal de entre as inscritas na lista oficial de administradores da insolvência), que afectará os montantes recebidos ao pagamento dos credores. No termo desse período, tendo o devedor cumprido, para com os credores, todos os deveres que sobre ele impendiam, é proferido despacho de exoneração, que liberta o devedor das eventuais dívidas ainda pendentes de pagamento.

A ponderação dos requisitos exigidos ao devedor e da conduta recta que ele teve necessariamente de adoptar justificará, então, que lhe seja concedido o benefício da exoneração, permitindo a sua reintegração plena na vida económica.

Esclareça-se que a aplicação deste regime é independente da de outros procedimentos extrajudiciais ou afins destinados ao tratamento do sobreendividamento de pessoas singulares, designadamente daqueles que relevem da legislação especial relativa a consumidores.

46 – Permite-se às pessoas singulares, não empresários ou titulares de pequenas empresas, a apresentação, com a petição inicial do processo de insolvência ou em alternativa à contestação, de um plano de pagamentos aos credores.

O incidente do plano abre caminho para que as pessoas que podem dele beneficiar sejam poupadas a toda a tramitação do processo de insolvência (com apreensão de bens, liquidação, etc.), evitem quaisquer prejuízos para o seu bom nome ou reputação e se subtraiam às consequências associadas à qualificação da insolvência como culposa.

Admite-se a possibilidade de o juiz substituir, em certos casos, a rejeição do plano por parte de um credor por uma aprovação, superando-se uma fonte de frequentes frustrações de procedimentos extrajudiciais de conciliação, que é a da necessidade do acordo de todos os credores.

47 – É regulada de modo inteiramente inovador a insolvência de pessoas casadas, em regime de bens que não seja o de separação. É permitida a coligação activa e passiva dos cônjuges no processo de insolvência. Apresentando-se ambos à insolvência, ou correndo contra ambos o processo instaurado por terceiro, a apreciação da situação de insolvência de ambos os cônjuges consta da mesma sentença, e deve ser formulada conjuntamente por eles uma eventual proposta de plano de pagamentos.

48 – A presente reforma teve também por objectivo proceder à harmonização do direito nacional da falência com o Regulamento (CE) nº 1346/2000, de 29 de Maio de 2000, relativo às insolvências transfronteiriças, e com algumas directivas comunitárias relevantes em matéria de insolvência.

Estabelece-se ainda um conjunto de regras de direito internacional privado, destinadas a dirimir conflitos de leis no que respeita a matérias conexas com a insolvência.

49 – Mantêm-se, no essencial, os regimes existentes no CPEREF quanto à isenção de emolumentos e benefícios fiscais, bem como à indiciação de infracção penal.

50 – Para além da aprovação do CIRE, o presente diploma procede ainda à alteração de outros diplomas já vigentes, passando-se a enumerar as mudanças fundamentais, já que outras decorrem de mera adaptação à terminologia adoptada naquele novo Código.

Por efeito da alteração ao regime da insolvência, torna-se necessária a alteração dos tipos criminais incluídos no Código Penal, eliminando-se todas as referências a "falência", que são substituídas por "insolvência".

Introduz-se uma agravação para os crimes de insolvência dolosa, frustração de créditos, insolvência negligente, assim como para o de favorecimento de credores, quando da prática de tais ilícitos resultar a frustração de créditos de natureza laboral.

51 – No que respeita a legislação avulsa cuja terminologia não é adaptada ao novo Código, entende-se introduzir uma regra geral de que as remissões feitas para a legislação ora revogada se devem entender feitas para as correspondentes normas do CIRE. Em especial, previnem-se os casos de legislação que preveja a caducidade de autorizações para o exercício de actividades em resultado de falência do respectivo titular, esclarecendo que a mera declaração de insolvência pode não envolver a referida caducidade, assim permitindo a eventual aprovação de plano de insolvência que preveja a recuperação da empresa sem alteração do respectivo titular.

52 – São estes os traços essenciais do regime ora aprovado, que se segue ao anteprojecto do Código que o Governo apresentou no 1º semestre do corrente ano, o qual foi objecto de uma ampla discussão pública nos meios económicos, sociais, judiciais e académico.

Foram observados os procedimentos decorrentes da participação das organizações dos trabalhadores, tendo igualmente sido consultadas diversas entidades com interesse nesta matéria, designadamente a Ordem dos Advogados, a Câmara dos Solicitadores, a Ordem dos Revisores Oficiais de Contas, o Banco de Portugal, a Associação Portuguesa de Bancos, a Associação Empresarial de Portugal, a Confederação da Indústria Portuguesa, a Associação Portuguesa de Gestores e Liquidatários Judiciais, bem como representantes da magistratura judicial e do Ministério Público.

Assim:

No uso da autorização legislativa concedida pela Lei nº 39/2003, de 22 de Agosto, e nos termos das alíneas *a*) e *b*) do nº 1 do artigo 198º da Constituição, o Governo decreta o seguinte:

Artigo 1º – Aprovação do Código da Insolvência e Recuperação de Empresas

É aprovado o Código da Insolvência e Recuperação de Empresas, que se publica em anexo ao presente decreto-lei, do qual faz parte integrante.

Artigo 2º – Alterações ao Código Penal

São alterados os artigos 227º, 227º-A, 228º e 229º do Código Penal, aprovado pelo Decreto-Lei nº 400/82, de 23 de Setembro, e alterado pela Lei nº 6/84, de 11 de Maio, pelos Decretos-Lei nºs 132/93, de 23 de Abril, e 48/95, de 15 de Março, pelas Leis nºs 65/98, de 2 de Setembro, 7/2000, de 27 de Maio, 77/2001, de 13 de Julho, e 97/2001, 98/2001, 99/2001, 100/2001, de 25 de Agosto, e 108/2001, de 28 de Novembro, e pelos Decretos-Lei nºs 323/2001, de 17 de Dezembro e 38/2003, de 8 de Março, que passam a ter a seguinte redacção:

«Artigo 227º – [...]

1 – O devedor que com intenção de prejudicar os credores:

a) [...]

b) [...]

c) [...]

d) [...]

é punido, se ocorrer a situação de insolvência e esta vier a ser reconhecida judicialmente, com pena de prisão até 5 anos ou com pena de multa até 600 dias.

2 – [*Anterior nº 3*].

3 – [*Anterior nº 5*].

Artigo 227º-A – [...]

1 – [...]

2 – É correspondentemente aplicável o disposto nos nºs 2 e 3 do artigo anterior.

Artigo 228º – [...]

1 – O devedor que:

a) [...]

b) [...]

é punido, se ocorrer a situação de insolvência e esta vier a ser reconhecida judicialmente, com pena de prisão até 1 ano ou com pena de multa até 120 dias.

2 – É correspondentemente aplicável o disposto no nº 3 do artigo 227º.

Artigo 229º – [...]

1 – O devedor que, conhecendo a sua situação de insolvência ou prevendo a sua iminência e com intenção de favorecer certos credores em prejuízo de

outros, solver dívidas ainda não vencidas ou as solver de maneira diferente do pagamento em dinheiro ou valores usuais, ou der garantias para suas dívidas a que não era obrigado, é punido com pena de prisão até 2 anos ou com pena de multa até 240 dias, se vier a ser reconhecida judicialmente a insolvência.

2 – É correspondentemente aplicável o disposto no nº 3 do artigo 227º.»

Artigo 3º – Aditamento ao Código Penal

É aditado ao Código Penal o artigo 229º-A com a seguinte redacção:

«Artigo 229º-A – Agravação

As penas previstas no nº 1 do artigo 227º, no nº 1 do artigo 227º-A, no nº 1 do artigo 228º e no nº 1 do artigo 229º são agravadas de um terço, nos seus limites mínimo e máximo, se, em consequência da prática de qualquer dos factos ali descritos, resultarem frustrados créditos de natureza laboral, em sede de processo executivo ou processo especial de insolvência.»

Artigo 4º – Alteração ao Código de Processo Civil

São alterados os artigos 222º e 806º do Código de Processo Civil, aprovado pelo Decreto-Lei nº 44.129, de 28 de Dezembro de 1961, alterado pelos Decretos-Leis nºs 47.690, de 11 de Maio de 1967, 323/70, de 11 de Julho, 261/75, de 27 de Maio, 165/76, de 1 de Março, 201/76, de 19 de Março, 366/76, de 5 de Maio, 605/76, de 24 de Julho, 738/76, de 16 de Outubro, 368/77, de 3 de Setembro, 533/77, de 30 de Dezembro, pela Lei nº 21/78, de 3 de Maio, pelos Decretos-Leis nºs 513-X/79, de 27 de Dezembro, 207/80, de 1 de Julho, 457/80, de 10 de Outubro, 400/82, de 23 de Setembro, 242/85, de 9 de Julho, 381-A/85, de 28 de Setembro, 177/86, de 2 de Julho, pela Lei nº 31/86, de 29 de Agosto, pelos Decretos-Leis nºs 92/88, de 17 de Março, 321-B/90, de 15 de Outubro, 211/91, de 14 de Julho, 132/93, de 23 de Abril, 227/94, de 8 de Setembro, 39/95, de 15 de Fevereiro, 329-A/95, de 12 de Dezembro, 180/96, de 25 de Setembro, 375-A/99, de 20 de Setembro, 183/2000, de 10 de Agosto, pela Lei nº 30-D/2000, de 20 de Dezembro, pelos Decretos-Leis nº 272/2001, de 13 de Outubro, 323/2001, de 17 de Dezembro, pela Lei nº 13/2002, de 19 de Fevereiro, e pelo Decreto-Lei nº 38/2003, de 8 de Março, que passam a ter a seguinte redacção:

«Artigo 222º – [...]

Na distribuição há as seguintes espécies:

1ª – [...]

2ª – [...]

3ª – [...]

4ª – [...]

5ª – [...]

6ª – [...]
7ª – [...]
8ª – [...]
9ª – Processos especiais de insolvência;
10ª – [...]

Artigo 806º – [...]
1 – [...]
2 – [...]
3 – [...]
4 – [...]
a) A declaração de insolvência e a nomeação de um administrador da insolvência, bem como o encerramento do processo especial de insolvência;
b) [...].
5 – [...].»

Artigo 5º – Alteração ao regime do registo informático de execuções

É alterado o artigo 2º do Decreto-Lei nº 201/2003, de 10 de Setembro, que passa a ter a seguinte redacção:

«Artigo 2º – [...]
1 – [...]
2 – [...]
3 – [...]
a) A declaração de insolvência e a nomeação de um administrador da insolvência, bem como o encerramento do processo especial de insolvência;
b) [...]
4 – [...]
5 – [...]
6 – [...]
7 – [...]»

Artigo 6º – Alteração ao Código do Registo Civil

Os artigos 1º e 69º do Código de Registo Civil, aprovado pelo Decreto-Lei nº 131/95, de 6 de Junho, alterado pelos Decretos-Lei nºs 36/97, de 31 de Janeiro, 120/98, de 8 de Maio, 375-A/99, de 20 de Setembro, 228/2001, de 20 de Agosto, 273/2001, de 13 de Outubro, 323/2001, de 17 de Dezembro, e 113/2002, de 20 de Abril, passam a ter a seguinte redacção:

«Artigo 1º – [...]
1 – O registo civil é obrigatório e tem por objecto os seguintes factos:
a) [...]

b) [..]
c) [...]
d) [...]
e) [...]
f) [...]
g) [...]
h) [...]
i) [...]
j) A declaração de insolvência, o indeferimento do respectivo pedido, nos casos de designação prévia de administrador judicial provisório, e o encerramento do processo de insolvência;
l) A nomeação e cessação de funções do administrador judicial e do administrador judicial provisório da insolvência, a atribuição ao devedor da administração da massa insolvente, assim como a proibição da prática de certos actos sem o consentimento do administrador da insolvência e a cessação dessa administração;
m) A inabilitação e a inibição do insolvente para o exercício do comércio e de determinados cargos;
n) A exoneração do passivo restante, assim como o início e cessação antecipada do respectivo procedimento e a revogação da exoneração;
o) [*Anterior alínea j)*]
p) [*Anterior alínea l)*].
2 - [...]

Artigo 69º - [...]
1 - Ao assento de nascimento são especialmente averbados:
a) [...]
b) [...]
c) [*anterior alínea e)*]
d) [*anterior alínea f)*]
e) [*anterior alínea g)*]
f) [*anterior alínea h)*]
g) [*anterior alínea i)*]
h) A declaração de insolvência, o indeferimento do respectivo pedido e o encerramento do processo de insolvência;
i) A nomeação e cessação de funções do administrador judicial e do administrador judicial provisório da insolvência, a atribuição ao devedor da administração da massa insolvente, bem como a proibição da prática de certos actos sem o consentimento do administrador da insolvência e a cessação dessa administração;

j) A inabilitação e a inibição do insolvente para o exercício do comércio e de determinados cargos;

l) O início, cessação antecipada e decisão final do procedimento de exoneração do passivo restante e a revogação desta;

m) [*anterior alínea j*)]

n) [*anterior alínea l*)]

o) [*anterior alínea m*)]

p) [*anterior alínea n*)].

2 – [...]

3 – [...]»

Artigo 7º – Alteração ao Código do Registo Comercial

Os artigos 9º, 10º, 61º, 64º, 66º, 67º, 69º e 80º do Código do Registo Comercial, aprovado pelo Decreto-Lei nº 403/86, de 3 de Dezembro, e alterado pelos Decretos-Lei nºs 349/89, de 13 de Outubro, 31/93, de 12 de Fevereiro, 267/93, de 31 de Julho, 216/94, de 20 de Agosto, 328/95, de 9 de Dezembro, 257/96, de 31 de Dezembro, 368/98, de 23 de Novembro, 172/99, de 20 de Maio, 198/99, de 8 de Junho, 375-A/99, de 20 de Setembro, 385/99, de 28 de Setembro, 410/99, de 15 de Outubro, 273/2001, de 13 de Outubro, e 323/2001, de 17 de Dezembro, passam a ter a seguinte redacção:

«Artigo 9º – [...]

Estão sujeitas a registo:

a) [...]

b) [...]

c) [...]

d) [...]

e) [...]

f) [...]

g) [...]

h) [...]

i) As sentenças de declaração de insolvência de comerciantes individuais, de sociedades comerciais, de sociedades civis sob forma comercial, de cooperativas, de agrupamentos complementares de empresas, de agrupamentos europeus de interesse económico e de estabelecimentos individuais de responsabilidade limitada, e as de indeferimento do respectivo pedido, nos casos de designação prévia de administrador judicial provisório, bem como o trânsito em julgado das referidas sentenças;

j) As sentenças, com trânsito em julgado, de inabilitação e de inibição de comerciantes individuais para o exercício do comércio e de determina dos cargos, bem como as decisões de nomeação e de destituição do curador do inabilitado;

l) Os despachos de nomeação e de destituição de administrador judicial e do administrador judicial provisório da insolvência, de atribuição ao devedor da administração da massa insolvente, assim como de proibição da prática de certos actos sem o consentimento do administrador da insolvência e os despachos que ponham termo a essa administração;

m) Os despachos, com trânsito em julgado, de exoneração do passivo restante de comerciantes individuais, assim como os despachos inicial e de cessação antecipada do respectivo procedimento e de revogação dessa exoneração;

n) As decisões judiciais de encerramento do processo de insolvência;

o) As decisões judiciais de confirmação do fim do período de fiscalização incidente sobre a execução de plano de insolvência.

Artigo 10º – [...]

Estão ainda sujeitos a registo:

a) [...]

b) [*Revogada*]

c) [...]

d) [...]

e) [...]

f) [...]

«Artigo 61º – [...]

1 – [...]

2 – O disposto no número anterior não é aplicável aos registos decorrentes do processo de insolvência, bem como aos de penhor, penhora, arresto e arrolamento de quotas de sociedades por quotas e penhor de partes de sociedades em nome colectivo e em comandita simples.

3 – [...]

Artigo 64º – [...]

1 – São provisórias por natureza as seguintes inscrições:

a) [...]

b) [...]

c) [...]

d) [...]

e) De declaração de insolvência ou de indeferimento do respectivo pedido, antes do trânsito em julgado da sentença;

f) [...]

g) [...]
h) [...]
i) [...]
j) [...]
l) De apreensão em processo de insolvência, depois de proferida a sentença de declaração de insolvência, mas antes da efectiva apreensão;
m) [...]
n) [...]
2 – São ainda provisórias por natureza as inscrições:
a) De penhora ou arresto de quotas das sociedades por quotas ou dos direitos a que se refere a parte final da alínea *e*) e da alínea *f*) do artigo 3º e, bem assim, da apreensão dos mesmos bens em processo de insolvência, no caso de sobre eles subsistir registo de aquisição a favor de pessoa diversa do executado, requerido ou insolvente;
b) [...]
c) [...]
d) [...]

Artigo 66º – [...]
1 – [...]
2 – [...]
3 – A nomeação de administrador judicial da insolvência, a atribuição ao devedor da administração da massa insolvente e a proibição ao devedor administrador da prática de certos actos sem o consentimento do administrador judicial, quando determinadas simultaneamente com a declaração de insolvência, não têm inscrição autónoma, devendo constar da inscrição que publicita este último facto; a inscrição conjunta é também feita em relação aos factos referidos que sejam determinados simultaneamente em momento posterior àquela declaração.
4 – A nomeação de curador ao comerciante individual insolvente, quando efectuada na sentença de inabilitação daquele, é registada na inscrição respeitante a este último facto.

Artigo 67º – [...]
1 – [*Anterior corpo do artigo*]
2 – O registo da decisão de encerramento do processo de insolvência, quando respeitante a sociedade comercial ou sociedade civil sob forma comercial, determina a realização oficiosa:
a) Do registo de regresso à actividade da sociedade, quando o encerramento do processo se baseou na homologação de um plano de insolvência que preveja a continuidade daquela;

b) Do cancelamento da matrícula da sociedade, nos casos em que o encerramento do processo foi declarado após a realização do rateio final.

3 – O registo referido no número anterior determina ainda, qualquer que seja a entidade a que respeite, a realização oficiosa do registo de cessação de funções do administrador judicial da insolvência, salvo nos casos em que exista plano de insolvência homologado e este lhe confira competências e ainda nos casos a que se refere a alínea *b*) do número anterior.

Artigo 69º – [...]

1 – São registados por averbamento às inscrições a que respeitam os seguintes factos:

a) [...]

b) [...]

c) [...]

d) [...]

e) [...]

f) [...]

g) [...]

h) [*anterior al. i*)]

i) [*anterior al. j*)]

j) [*anterior al. k*)]

l) [...]

m) [...]

n) [...]

o) [...]

p) A cessação de funções do administrador judicial e do administrador judicial provisório da insolvência;

q) A decisão judicial de proibição ao devedor insolvente da prática de certos actos sem o consentimento do administrador da insolvência, quando tal proibição não for determinada conjuntamente com a atribuição ao devedor da administração da massa insolvente;

r) A decisão judicial que ponha termo à administração da massa insolvente pelo devedor;

s) A decisão judicial de cessação antecipada do procedimento de exoneração do passivo restante de comerciante individual e a de revogação dessa exoneração;

t) A decisão judicial de confirmação do fim do período de fiscalização incidente sobre a execução de plano de insolvência.

2 – [...]

3 – [...]

4 - [...]

5 – O trânsito em julgado das sentenças previstas nas alíneas *e*) e *g*) do nº 1 do artigo 64º determina o averbamento de conversão em definitivo dos correspondentes registos.

6 – As decisões judiciais previstas na alínea *s*) do nº 1 são averbadas, respectivamente, à inscrição do despacho inicial de exoneração do passivo restante e à do despacho final que determine essa exoneração.

7 – A decisão judicial prevista na alínea *t*) do nº 1 é averbada à inscrição da decisão de encerramento do processo de insolvência que publicite a sujeição da execução de plano de insolvência a fiscalização.

Artigo 80º – [...]

1 – Havendo registo provisório de arresto, penhora ou apreensão em processo de insolvência de quotas ou de direitos relativos a partes sociais inscritas em nome de pessoa diversa do requerido, executado, ou insolvente, o juiz deve ordenar a citação do titular inscrito para declarar, no prazo de 10 dias, se a quota ou parte social lhe pertence.

2 - [...]

3 - [...]

4 - [...]

5 - [...]

6 - [...]»

Artigo 8º – Alteração à Lei da Organização e Funcionamento dos Tribunais Judiciais

O artigo 89º da Lei nº 3/99, de 13 de Janeiro (Lei de Organização e Funcionamento dos Tribunais Judiciais), alterada pela Lei nº 101/99, de 26 de Julho, pelo Decreto-Lei nº 323/2001, de 17 de Dezembro, pelo Decreto-Lei nº 10/2003, de 18 de Janeiro, e pelo Decreto-Lei nº 38/2003, de 8 de Março, passa a ter a seguinte redacção:

«Artigo 89º – [...]

1 - [...]:

a) O processo de insolvência se o devedor for uma sociedade comercial ou a massa insolvente integrar uma empresa;

b) [..]

c) [...]

d) [...]

e) [...]

f) [...]

g) [...]

h) [...]
2 - [...]
3 - [...].»

Artigo 9º - Alteração ao Regulamento Emolumentar dos Registos e Notariado

O artigo 28º do Regulamento Emolumentar dos Registos e Notariado, aprovado pelo Decreto-Lei nº 322-A/2001, de 14 de Dezembro, alterado pelo Decreto-Lei nº 194/2003, de 23 de Agosto, passa a ter a seguinte redacção:

«Artigo 28º - [...]
1 - [...]
2 - [...]
3 - [...]
4 - [...]
5 - [...]
6 - [...]
7 - [...]
8 - [...]
9 - [...]
10 - [...]
11 - [...]
12 - [...]
13 - [...]
14 - [...]
15 - Estão isentos de tributação emolumentar os actos notariais e de registo exigidos para execução de providências integradoras ou decorrentes de plano de insolvência judicialmente homologado que visem o saneamento da empresa, através da recuperação do seu titular ou da sua transmissão, total ou parcial, a outra ou outras entidades.»

Artigo 10º - Norma revogatória

1 - É revogado o Código dos Processos Especiais de Recuperação da Empresa e de Falência, aprovado pelo Decreto-Lei nº 132/93, de 23 de Abril, e alterado pelos Decreto-Lei nº 157/97, de 24 de Junho, Decreto-Lei nº 315/98, de 20 de Outubro, Decreto-Lei nº 323/2001, de 17 de Dezembro e Decreto-Lei 38/2003, de 8 de Março.

2 - É revogado o artigo 82º do Código de Processo Civil, aprovado pelo Decreto-Lei nº 44.129, de 28 de Dezembro de 1961.

Artigo 11º – Remissão para preceitos revogados

1 – Sempre que, em disposições legais, cláusulas contratuais ou providências de recuperação homologadas, se faça remissão para preceitos legais revogados pelo presente diploma, entende-se que a remissão vale para as correspondentes disposições do Código da Insolvência e de Recuperação de Empresas.

2 – Sem prejuízo do disposto no número seguinte, sempre que disposições legais estabeleçam a caducidade de quaisquer autorizações para o exercício de uma actividade económica em resultado da falência do respectivo titular, deve entender-se que a autorização caduca com o encerramento do processo de insolvência por insuficiência da massa insolvente ou após a realização do rateio final.

3 – O disposto no número anterior não se aplica sempre que a finalidade da disposição legal em questão imponha que a caducidade ocorra com a mera declaração de insolvência, designadamente quando a disposição preveja que a caducidade também ocorra em resultado de despacho de prosseguimento em processo de recuperação de empresa.

Artigo 12º – Regime transitório

1 – O Código dos Processos Especiais de Recuperação da Empresa e de Falência continua a aplicar-se aos processos de recuperação da empresa e de falência pendentes à data de entrada em vigor do Código da Insolvência e da Recuperação de Empresas.

2 – O disposto no artigo 7º não prejudica a aplicação do regime vigente até à presente data no que respeita ao registo de decisões proferidas ou factos ocorridos no âmbito de processos de recuperação de empresas ou de falência pendentes à data de entrada em vigor do presente diploma.

3 – O disposto na alínea *c*) do nº 1 do artigo 97º do Código da Insolvência e da Recuperação de Empresas só se aplica às hipotecas legais acessórias de créditos vencidos após a entrada em vigor do presente diploma.

4 – Até à entrada em vigor do estatuto do administrador da insolvência e publicação das respectivas listas oficiais, os gestores e liquidatários judiciais exercem as funções de administrador da insolvência, sendo todas as nomeações efectuadas de entre os inscritos nas listas de gestores e liquidatários judiciais previstas no Decreto-Lei nº 254/93, de 15 de Julho, incidindo sobre os gestores judiciais as nomeações para processos em que seja previsível a necessidade de especiais conhecimentos de gestão, nomeadamente quando a massa insolvente integre estabelecimento em actividade.

Artigo 13º – Entrada em vigor

O presente diploma entra em vigor 180 dias após a data da sua publicação.

Visto e aprovado em Conselho de Ministros de 3 de Dezembro de 2003. – *José Manuel Durão Barroso – Maria Manuela Dias Ferreira Leite – Maria Celeste Ferreira Lopes Cardona – Carlos Manuel Tavares da Silva – António José de Castro Bagão Félix.*

Promulgado em 12 de Janeiro de 2004.

Publique-se.

O Presidente da República, JORGE SAMPAIO.

Referendado em 13 de Janeiro de 2004.

O Primeiro-Ministro, *José Manuel Durão Barroso.*

DECRETO-LEI Nº 200/2004, DE 18 DE AGOSTO

O Decreto-Lei nº 53/2004, de 18 de Março, que aprovou o Código da Insolvência e da Recuperação de Empresas, procedeu a uma reforma integral do direito falimentar nacional.

A entrada em vigor deste diploma, em Setembro de 2004, pressupõe uma preparação dos meios humanos e materiais necessários para a correcta implementação do novo regime. Essa preparação foi já iniciada, quer a nível legal, com realce para o novo Estatuto do Administrador da Insolvência, quer ao nível da divulgação e da discussão da reforma.

A necessidade de assegurar que a entrada em vigor de uma reforma desta envergadura não é prejudicada por eventuais dúvidas que a redacção legal possa suscitar nos operadores judiciários exige que se procedam a pequenas correcções e ajustamentos que, entretanto, se verificaram ser necessários.

Desta forma, opta-se pela republicação integral do diploma, não só para que o trabalho dos operadores judiciários fique mais facilitado como para que o novo diploma esteja mais acessível.

A par das rectificações de remissões, erros ortográficos ou gramaticais, e clarificações pontuais da redacção, foram consideradas pertinentes três alterações substantivas, que não afectam minimamente a filosofia da reforma. Trata-se, sobretudo, de questões que foram suscitadas no debate público que teve lugar após a publicação do diploma.

Em primeiro lugar, clarifica-se que o oferecimento de provas só é obrigatório quando seja um terceiro a requerer a insolvência, o que importa a correcção de algumas remissões ao longo do Código.

Quanto às reclamações de créditos, esclarece-se que todas as impugnações das reclamações de créditos serão imediatamente consideradas procedentes quando às mesmas não seja oposta qualquer resposta, assim obviando a eventuais dúvidas que a anterior redacção pudesse suscitar.

Por último, permite-se que a assembleia de credores reúna para aprovação de plano de insolvência logo após o termo do prazo para impugnação da lista de credores reconhecidos, o que claramente favorece as perspectivas de recuperação das empresas.

Neste âmbito, note-se ainda o estabelecimento de um requisito de aprovação pela maioria dos votos correspondentes a créditos não subordinados, por forma a evitar que os credores subordinados possam, sem o acordo dos restantes credores, fazer aprovar um plano de insolvência.

Assim:

Nos termos da alínea *a*) do nº 1 do artigo 198º da Constituição, o Governo decreta o seguinte:

Artigo 1º – Alteração ao Código da Insolvência e Recuperação de Empresas

São alterados os artigos 3º, 9º, 20º, 24º, 25º, 30º, 34º, 35º, 36º, 41º, 53º, 62º, 72º, 73º, 82º, 85º, 102º, 106º, 107º, 114º, 115º, 121º, 131º, 133º, 134º, 141º, 164º, 174º, 180º, 184º, 185º, 198º, 209º, 212º, 231º, 233º e 292º do Código da Insolvência e da Recuperação de Empresas, aprovado pelo Decreto-Lei nº 53/2004, de 18 de Março, que passam a ter a seguinte redacção:

(inseridas nos locais próprios)

Artigo 2º – Republicação

O Código da Insolvência e da Recuperação de Empresas, com a redacção agora introduzida é republicado em anexo, que é parte integrante do presente acto.

Artigo 3º – Entrada em vigor

O presente diploma entra em vigor em 15 de Setembro de 2004.

Visto e aprovado em Conselho de Ministros de 1 de Julho de 2004. – *Maria Manuela Dias Ferreira Leite – Maria Manuela Dias Ferreira Leite – Maria Celeste Ferreira Lopes Cardona – Carlos Manuel Tavares da Silva – António José de Castro Bagão Félix.*

Promulgado em 2 de Agosto de 2004.

Publique-se.

O Presidente da República, JORGE SAMPAIO.

Referendado em 5 de Agosto de 2004.

O Primeiro-Ministro, *Pedro Miguel de Santana Lopes.*

DECRETO-LEI Nº 282/2007, DE 7 DE AGOSTO

O programa de governo do XVII Governo Constitucional assume o compromisso de tornar o sistema de justiça num factor de desenvolvimento económico e social.

Para alcançar tal objectivo, foi já adoptado um relevante conjunto de medidas, nomeadamente em sede de concretização do Plano de Acção para o Descongestionamento dos Tribunais, por via do qual se procedeu à criação de um regime processual experimental em matéria cível, à adopção de um inovador sistema de recursos cíveis, à introdução de medidas para o desbloqueamento da acção executiva, à alteração do regime jurídico do cheque sem provisão, ao alargamento dos montantes até aos quais pode ser utilizado o procedimento de injunção, à alteração do regime jurídico dos prémios de seguro, à modificação do regime jurídico das férias judiciais, à conversão das transgressões e contravenções em contra-ordenações, à alteração do regime fiscal dos créditos incobráveis e à introdução da regra da competência territorial do tribunal da comarca do réu.

A matéria relativa à insolvência assume particular importância em matéria de desenvolvimento económico e social. Com efeito, uma célere e eficaz resolução dos diferendos respeitantes à situação patrimonial de um devedor assume grande relevância para o tecido económico de um país, permitindo, no caso de sociedades comerciais, uma mais rápida distribuição dos seus recursos e posterior reentrada dos seus meios de produção no sector económico.

O Código da Insolvência e da Recuperação de Empresas (CIRE) vigora apenas desde 2004, pelo que se revelaria precipitado proceder a uma revisão de fundo de um regime ainda muito recente e que carece de ser adequadamente testado. Não obstante, no desenvolvimento do exercício permanente de identificação de estrangulamentos no sistema judicial, foram registadas várias dificuldades relacionadas com a aplicação prática do CIRE, que não podem deixar de ter resposta.

O presente decreto-lei visa, portanto, adoptar soluções pontuais que contribuam para a eliminação de estrangulamentos no sistema da insolvência, bem como resolver algumas dificuldades práticas de aplicação deste novo regime.

Em primeiro lugar, e atendendo ao quadro legal vigente, nomeadamente à configuração do Diário da República como um serviço público de acesso universal e gratuito a todos os interessados, é eliminada a necessidade de publicação de anúncios em jornais diários de grande circulação nacional.

Em segundo lugar, para assegurar que o processo de insolvência é utilizado quando exista património efectivamente disponível e para evitar que se desenvolvam formalidades sem efeito útil, estabelece-se uma presunção de insuficiência da massa falida, nos casos em que o património do devedor seja inferior a 5000 euros, assim viabilizando uma célere resolução do processo quando o património do devedor é manifestamente insuficiente para cobrir as dívidas da massa insolvente.

Em terceiro lugar, ainda por forma a garantir a efectiva realização das operações associadas ao processo de insolvência, altera-se o regime do pagamento das remunerações e provisões dos administradores da insolvência, introduzindo mais rapidez na disponibilização dos fundos necessários à realização de operações de insolvência.

Finalmente, em quarto lugar, é restringida a possibilidade de designação de um administrador da insolvência na petição inicial aos casos em que seja exigida a prática de actos que requeiram especiais conhecimentos.

O presente decreto-lei não dispensa a adopção de outras medidas legislativas ou administrativas em matéria de insolvência que possam contribuir para a resolução de bloqueios ou de questões pontuais, como seja a eliminação da insolvência enquanto averbamento perpétuo ao assento de nascimento ou a criação de postos de atendimento das conservatórias junto dos tribunais de comércio.

Foram promovidas as diligências necessárias à audição do Conselho Superior da Magistratura, do Conselho Superior do Ministério Público, do Conselho dos Oficiais de Justiça e da Ordem dos Advogados.

Foi ouvida a Comissão Nacional de Protecção de Dados.

Foram ouvidas, a título facultativo, a Comissão de Apreciação e Controlo da Actividade e dos Administradores da Insolvência e a Associação Portuguesa de Gestores e Liquidatários Judiciais e dos Administradores de Insolvência.

Assim:

Nos termos da alínea *a*) do nº 1 do artigo 198º da Constituição, o Governo decreta o seguinte:

Artigo 1º – Alteração ao Código da Insolvência e Recuperação de Empresas

Os artigos 9º, 27º, 32º, 34º, 37º, 38º, 39º, 44º, 52º, 55º, 57º, 75º, 164º, 216º, 229º, 230º, 232º e 290º do Código da Insolvência e da Recuperação de Empresas, aprovado pelo Decreto-Lei nº 53/2004, de 18 de Março, e alterado pelo Decreto-Lei nº 200/2004, de 18 de Agosto, passam a ter a seguinte redacção:

(inseridas nos locais próprios)

Artigo 2º – Alteração ao Estatuto do Administrador da Insolvência

Os artigos 4º, 6º, 11º, 12º, 16º, 18º, 26º e 27º do Estatuto do Administrador da Insolvênca, aprovado pela Lei nº 32/2004, de 22 de Julho, passam a ter a seguinte redacção:

(inseridas nos locais próprios)

Artigo 3º – Norma transitória

As alterações previstas no presente decreto-lei aplicam-se aos processos cujas insolvências sejam decretadas após a sua entrada em vigor.

Artigo 4º – Norma revogatória

É revogado o nº 1 do artigo 38º do Código da Insolvência e da Recuperação de Empresas, aprovado pelo Decreto-Lei nº 53/2004, de 18 de Março.

Artigo 5º – Entrada em vigor

O presente diploma entra em vigor no dia seguinte ao da sua publicação.

Visto e aprovado em Conselho de Ministros de 5 de Julho de 2007. – *José Sócrates Carvalho Pinto de Sousa – Emanuel Augusto dos Santos – João Tiago Valente Almeida da Silveira – Pedro Manuel Dias de Jesus Marques.*

Promulgado em 23 de Julho de 2007.

Publique-se.

O Presidente da República, ANÍBAL CAVACO SILVA.

Referendado em 27 de Julho de 2007.

O Primeiro-Ministro, *José Sócrates Carvalho Pinto de Sousa.*

LEI Nº 16/2012 DE 20 DE ABRIL

A Assembleia da República decreta, nos termos da alínea *c*) do nº 1 do artigo 161º da Constituição, o seguinte:

Artigo 1º – Objecto

A presente lei procede à sexta alteração ao Código da Insolvência e da Recuperação de Empresas, aprovado pelo Decreto-Lei nº 53/2004, de 18 de Março, alterado pelos Decretos-Lei nºs 200/2004, de 18 de Agosto, 76-A/2006, de 29 de Março, 282/2007, de 7 de Agosto, 116/2008, de 4 de Julho e 185/2009, de 12 de Agosto, simplificando formalidades e procedimentos e instituindo o processo especial de revitalização.

Artigo 2º – Alteração ao Código da Insolvência e Recuperação de Empresas

Os artigos 1º, 10º, 18º, 23º, 35º, 36º, 37º, 39º, 50º, 52º, 53º, 55º, 59º, 64º, 65º, 75º, 76º, 82º, 84º, 88º, 93º, 120º, 125º, 128º, 129º, 136º, 146º, 147º, 158º, 172º, 182º, 188º, 189º, 191º, 192º, 230º, 232º, 233º, 248º, 259º e 297º do Código da Insolvência e da Recuperação de Empresas, aprovado pelo Decreto-Lei nº 53/2004, de 18 de Março, alterado pelos Decretos-Lei nºs 200/2004, de 18 de Agosto, 76-A/2006, de 29 de Março, 282/2007, de 7 de Agosto, 116/2008, de 4 de Julho e 185/2009, de 12 de Agosto, passam a ter a seguinte redacção:

(inseridos nos locais próprios)

Artigo 3º – Aditamento ao Código da Insolvência e Recuperação de Empresas

São aditados ao Código da Insolvência e da Recuperação de Empresas, aprovado pelo Decreto-Lei nº 53/2004, de 18 de Março, alterado pelos Decretos-Lei nºs 200/2004, de 18 de Agosto, 76-A/2006, de 29 de Março, 282/2007, de 7 de Agosto, 116/2008, de 4 de Julho e 185/2009, de 12 de Agosto, os artigos 17º-A a 17º-I, com a seguinte redacção:

(inseridos nos locais próprios)

Artigo 4º – Alteação sistemática ao Código da Insolvência e Recuperação de Empresas

O título I do Código da Insolvência e da Recuperação de Empresas, aprovado pelo Decreto-Lei nº 53/2004, de 18 de Março, alterado pelos Decretos-Lei nºs 200/2004, de 18 de Agosto, 76-A/2006, de 29 de Março, 282/2007, de 7 de Agosto, 116/2008, de 4 de Julho e 185/2009, de 12 de Agosto, é subdividido em dois capítulos, nos seguintes termos:

a) O capítulo I tem a epígrafe «Disposições gerais» e é composto pelos artigos 1º a 17º;

b) O capítulo II tem a epígrafe «Processo especial de revitalização» e é composto pelos artigos 17º-A a 17º-I.

(inseridos nos locais próprios)

Artigo 5º – Norma revogatória

São revogados o nº 4 do artigo 31º e o artigo 190º do Código da Insolvência e da Recuperação de Empresas, aprovado pelo Decreto-Lei nº 53/2004, de 18 de Março, alterado pelos Decretos-Lei nºs 200/2004, de 18 de Agosto, 76-A/2006, de 29 de Março, 282/2007, de 7 de Agosto, 116/2008, de 4 de Julho e 185/2009, de 12 de Agosto.

Artigo 6º – Entrada em vigor

A presente lei entra em vigor 30 dias após a data da sua publicação.

Aprovada em 9 de março de 2012.

A Presidente da Assembleia da República, *Maria da Assunção A. Esteves.*

Promulgada em 16 de abril de 2012.

Publique-se.

O Presidente da República, ANÍBAL CAVACO SILVA.

Referendada em 17 de abril de 2012.

O Primeiro-Ministro, *Pedro Passos Coelho.*

DECRETO-LEI Nº 26/2015, DE 6 DE FEVEREIRO

Promove um enquadramento mais favorável à reestruturação e revitalização de empresas, ao financiamento de longo prazo da atividade produtiva e à emissão de instrumentos híbridos de capitalização, alterando o Sistema de Recuperação de Empresas por via Extrajudicial, o Código da Insolvência e da Recuperação de Empresas e o Código das Sociedades Comerciais

Um dos principais objetivos de política económica do XIX Governo Constitucional e do Programa de Assistência Económica e Financeira a Portugal, recentemente concluído, consiste em promover um contexto adequado à aceleração do crescimento económico, bem como à consolidação, reestruturação e criação de empresas, potenciando a renovação do tecido empresarial nacional.

Apesar das melhorias verificadas, de uma forma geral, no contexto económico e financeiro nacional e internacional, subsistem desafios concretos relacionados com a melhoria contínua da estrutura financeira, com o grau de dependência do financiamento bancário e com o nível de capitais próprios.

O Governo entende, por isso, ser necessário implementar um conjunto de medidas que promovam um contexto alinhado com as melhores práticas internacionais, mais favorável à aprovação de planos de recuperação de empresas, ao financiamento de longo prazo da atividade produtiva e à emissão de instrumentos híbridos de capitalização que facilitem a entrada de investidores que aportem capital e competências adicionais. Estas medidas são concretizadas pelo presente decreto-lei através da introdução de alterações aos regimes do Sistema de Recuperação de Empresas por Via Extrajudicial – SIREVE e do Processo Especial de Revitalização – PER, e aos regimes de emissão de obrigações e ações preferenciais do Código das Sociedades Comerciais.

Relativamente às alterações introduzidas pelo presente decreto-lei ao SIREVE, pretende-se assegurar a eficácia e o efeito prático do recurso a este mecanismo, quer através da limitação de situações em que tal recurso poderá ocorrer, quer através da introdução de um mecanismo que facilite a sinalização atempada da existência de dificuldades financeiras. Em complemento, atendendo ao papel fundamental que representam na viabilização das empresas, e assim também na manutenção e tutela de postos de trabalho, entende-se ser da maior relevância conferir uma proteção adicional aos financiamentos concedidos durante a fase em que decorre o processo de negociação.

São, ainda, introduzidas novas regras no que concerne às maiorias necessárias para efeitos de aprovação de planos de recuperação, aproximando-se, tanto quanto possível, o regime previsto no SIREVE do regime consagrado para a aprovação de planos de recuperação no âmbito do PER.

Entende-se também ser este o momento apropriado para a revisão do Código das Sociedades Comerciais), aprovado pelo Decreto-Lei nº 262/86, de 2 de setembro, com o objetivo de promover alternativas ao financiamento bancário, nomeadamente alargando as opções de financiamento através de instrumentos híbridos de capital e revendo as regras aplicáveis à emissão de obrigações, como sejam as respeitantes ao limite de emissão e respetivas exceções.

As alterações introduzidas pelo presente decreto-lei ao nível das ações preferenciais sem voto pretendem flexibilizar e clarificar o regime de tais ações, prevendo expressamente a possibilidade de emissão de ações preferenciais sem voto com diferentes configurações. Na linha de credibilização do instrumento e da proteção ao investidor, inserem-se, contudo, restrições no universo potencial de investidores que podem deter ações preferenciais sem voto com determinadas configurações.

Relativamente ao regime de obrigações, introduzem-se alterações ao respetivo limite de emissão, que fica agora dependente dos níveis de autonomia financeira, bem como à figura do representante comum. Adicionalmente, é incluída uma clarificação sobre possíveis configurações de valores mobiliários representativos de dívida, sem que com tal se pretenda por em causa o princípio da atipicidade dos valores mobiliários.

Foram ouvidos a União Geral de Trabalhadores, a Confederação Empresarial de Portugal, o Conselho Superior da Magistratura, a Associação Portuguesa dos Administradores Judiciais, a Câmara dos Solicitadores, a Procuradoria-Geral da República, a Comissão do Mercado de Valores Mobiliários, a Euronext Lisbon, a Associação de Empresas Emitentes de Valores Cotados em Mercado, a Associação Portuguesa de Bancos, a Associação Portuguesa para a Defesa do Consumidor, a Associação Portuguesa de Analistas Financeiros, a Associação Portuguesa de Capital de Risco, a Associação Portuguesa de Fundos de Investimento, Pensões e Patrimónios, a Ordem dos Revisores Oficiais de Contas e o Banco de Portugal.

Foi promovida a audição da Confederação de Comércio e Serviços de Portugal, da Confederação do Turismo Português, do Conselho Superior do Ministério Público, da Ordem dos Advogados, da Associação Sindical dos Juízes Portugueses, do Sindicato dos Magistrados do Ministério Público, da Confederação dos Agricultores de Portugal, do Instituto de Seguros de Portugal, do Conselho Nacional de Supervisores Financeiros, da Associação Portuguesa de Empresas de Investimento, da Associação Portuguesa de Direito do Consumo, da Associação de investidores e analistas técnicos do mercado de capitais, da Associação Portuguesa dos Utilizadores e Consumidores de Serviços e Produtos Financeiros e do Conselho Nacional de Consumo.

Assim:

Nos termos da alínea *a*) do nº 1 do artigo 198º da Constituição, o Governo decreta o seguinte:

Artigo 1º – Objecto

O presente decreto-lei adota medidas que promovem um enquadramento mais favorável à reestruturação e revitalização de empresas, ao financiamento de longo prazo da atividade produtiva e à emissão de instrumentos híbridos de capitalização, alterando o Sistema de Recuperação de Empresas por via Extrajudicial, aprovado pelo Decreto-Lei nº 178/2012, de 3 de agosto, o Código da Insolvência e da Recuperação de Empresas, aprovado pelo Decreto-Lei nº 53/2004, de 18 de março, e o Código das Sociedades Comerciais aprovado pelo Decreto-Lei nº 262/86, de 2 de setembro.

Artigo 2º – Alteração ao Decreto-Lei nº 178/2012, de 3 de agosto

Os artigos 1º a 3º, 6º, 8º a 18º e 21º do Decreto-Lei nº 178/2012, de 3 de agosto, passam a ter a seguinte redação:

[*Inseridas nos locais próprios*].

Artigo 3º – Aditamento ao Decreto-Lei nº 178/2012, de 3 de agosto

São aditados ao Decreto-Lei nº 178/2012, de 3 de agosto, os artigos 2º-A, 21º-A e 21º-B, com a seguinte redação:

[*Inseridos nos locais próprios*].

Artigo 4º – Alteração ao Código da Insolvência e da Recuperação de Empresas

O artigo 17º-F do Código da Insolvência e da Recuperação de Empresas, aprovado pelo Decreto-Lei nº 53/2004, de 18 de março, passa a ter a seguinte redação:

[*Inserida nos local próprios*].

Artigo 5º – Alteração ao Código das Sociedades Comerciais

Os artigos 341º a 345º, 348º, 349º, 355º, 357º a 367º e 369º a 372º-A do Código das Sociedades Comerciais, aprovado pelo Decreto-Lei nº 262/86, de 2 de setembro, passam a ter a seguinte redação:

[*Omissis*]

Artigo 6º – Aditamento ao Código das Sociedades Comerciais

É aditado ao Código das Sociedades Comerciais, aprovado pelo Decreto-Lei nº 262/86, de 2 de setembro, o artigo 344º-A, com a seguinte redação:

[*Omissis*]

Artigo 7º – Alteração sistemática ao Código das Sociedades Comerciais

A secção V do capítulo III do título IV do Código das Sociedades Comerciais, aprovado pelo Decreto-Lei nº 262/86, de 2 de setembro, passa a denominar-se «Ações preferenciais sem direito de voto».

Artigo 8º – Disposição transitória

1 – A implementação da plataforma referida no artigo 2º-A do Decreto-Lei nº 178/2012, de 3 de agosto, com a redação dada pelo presente decreto-lei, é da responsabilidade do IAPMEI – Agência para a Competitividade e Inovação, I.P. (IAPMEI, I.P.), e deve estar concluída no prazo máximo de quatro meses após a entrada em vigor do presente diploma.

2 – O requisito constante do nº 1 do artigo 2º-A do Decreto-Lei nº 178/2012, de 3 de agosto, com a redação dada pelo presente decreto-lei, é de verificação obrigatória apenas após a implementação referida no número anterior.

3 – O IAPMEI, I.P., deve publicitar no seu sítio na Internet a conclusão da implementação da plataforma referida no nº 1.

4 – As alterações introduzidas pelo presente decreto-lei ao Código das Sociedades Comerciais, aprovado pelo Decreto-Lei nº 262/86, de 2 de setembro, são aplicáveis às emissões de ações preferenciais sem direito de voto, de ações preferenciais remíveis e de obrigações ocorridas apenas após a sua entrada em vigor.

Artigo 9º – Disposição final

Para efeitos do disposto nos Decretos-Leis nºs 260/94, de 22 de outubro, 72/95, de 15 de abril, 171/95, de 18 de julho, e 211/98, de 16 de julho, continuam a aplicar-se as regras sobre o limite de emissão de obrigações estabelecidas no artigo 349º do Código das Sociedades Comerciais, aprovado pelo Decreto-Lei nº 262/86, de 2 de setembro, na redação anterior à dada pelo presente decreto-lei.

Artigo 10º – Norma revogatória

São revogados:

a) O artigo 5º, a subalínea *ii*) da alínea *a*) do nº 1 do artigo 6º, o artigo 7º e o nº 2 do artigo 9º do Decreto-Lei nº 178/2012, de 3 de agosto;

b) Os nºs 5 e 6 do artigo 349º e a alínea *e*) do nº 1 do artigo 361º do Código das Sociedades Comerciais, aprovado pelo Decreto-Lei nº 262/86, de 2 de setembro.

Artigo 11º – Republicação

É republicado, em anexo ao presente decreto-lei, do qual faz parte integrante, o Decreto-Lei nº 178/2012, de 3 de agosto, com a redação atual.

Artigo 12º – Entrada em vigor

O presente decreto-lei entra em vigor no primeiro dia útil do mês seguinte ao da sua publicação.

Visto e aprovado em Conselho de Ministros de 18 de dezembro de 2014. – *Pedro Passos Coelho – Luís Miguel Gubert Morais Leitão – Hélder Manuel Gomes dos Reis – Rui Manuel Parente Chancerelle de Machete – José Pedro Correia de Aguiar-Branco – Anabela Maria Pinto de Miranda Rodrigues – Paula Maria von Hafe Teixeira da Cruz – Luís Maria de Barros Serra Marques Guedes – Luís Miguel Poiares Pessoa Maduro – António de Magalhães Pires de Lima – Jorge Manuel Lopes Moreira da Silva – Manuel Pinto de Abreu – Fernando Serra Leal da Costa – José Alberto Nunes Ferreira Gomes – Luís Pedro Russo da Mota Soares*

Promulgado em 30 de janeiro de 2015.

Publique-se.

O Presidente da República, ANÍBAL CAVACO SILVA.

Referendado em 2 de fevereiro de 2015.

O Primeiro-Ministro, *Pedro Passos Coelho.*

DECRETO-LEI Nº 79/2017, DE 30 DE JUNHO

Altera o Código das Sociedades Comerciais e o Código da Insolvência e da Recuperação de Empresas

O Programa do XXI Governo Constitucional assumiu, entre os seus objetivos essenciais, para o relançamento da economia portuguesa e para a criação de emprego, a redução do elevado nível de endividamento e a melhoria de condições para o investimento das empresas, nomeadamente através da eliminação ou mitigação dos constrangimentos com que estas atualmente se deparam no acesso ao financiamento por capitais próprios ou alheios. A definição destes objetivos tem subjacente o pressuposto de que o investimento empresarial deve assumir um papel preponderante para assegurar uma recuperação forte e sustentada do crescimento económico.

Tendo presente este entendimento, a Estrutura de Missão para a Capitalização de Empresas desenvolveu uma análise abrangente e transversal da economia e da realidade empresarial nacionais, com vista à conceção de medidas de apoio à capitalização das empresas, tendo identificado e apresentado ao Governo um conjunto de 131 medidas enquadradas em cinco eixos estratégicos de intervenção: Simplificação Administrativa e Enquadramento Sistémico, Fiscalidade, Reestruturação Empresarial, Alavancagem de Financiamento e Investimento e, por último, Dinamização do Mercado de Capitais.

Com base nos referidos eixos estratégicos de intervenção, o Governo aprovou o Programa Capitalizar, através da Resolução do Conselho de Ministros nº 42/2016, de 18 de agosto, enquanto programa estratégico de apoio à capitalização das empresas, à retoma do investimento e ao relançamento da economia, com o objetivo de promover estruturas financeiras mais equilibradas, reduzindo os passivos das empresas economicamente viáveis, ainda que com níveis excessivos de endividamento, bem como de melhorar as condições de acesso ao financiamento das micro, pequenas e médias empresas.

O Programa Capitalizar, ao serviço de um dos pilares do Programa Nacional de Reformas, prossegue os objetivos identificados, assentando nas cinco áreas estratégicas de intervenção já referidas.

O Ministério da Justiça foi identificado como responsável por uma das medidas do eixo da simplificação e pela maioria das medidas do eixo da reestruturação empresarial, dado que as mesmas visam o aperfeiçoamento e o aumento da eficiência dos procedimentos de revitalização e de insolvência.

Em face deste quadro, estabeleceu-se como prioritário proceder a alterações ao Código das Sociedades Comerciais e ao Código da Insolvência e da Recuperação de Empresas.

Procede-se à criação de um mecanismo simplificado de aumento do capital social por conversão de suprimentos, cuja eficácia fica dependente da não oposição expressa dos demais sócios.

Criaram-se ainda as condições para a implementação da Medida #157 do programa Simplex+, correspondente ao livro de atas eletrónico.

Apostou-se na credibilização do processo especial de revitalização (PER) enquanto instrumento de recuperação, reforçou-se a transparência e a credibilização do regime e desenhou-se um PER dirigido às empresas, sem abandonar o formato para as pessoas singulares não titulares de empresa ou comerciantes.

Procedeu-se à harmonização com o Código de Processo Civil e foi aproveitado o ensejo para proceder à adaptação ao Regulamento (UE) 2015/848 do Parlamento Europeu e do Conselho, de 20 de maio de 2015, relativo aos processos de insolvência.

Implementaram-se as recomendações resultantes de avaliação efetuada no terreno do funcionamento de diversos institutos, com intervenções em áreas como a assembleia de credores nos processos de insolvência de pessoas singulares, prazo para o requerimento de abertura de incidente de qualificação da insolvência, a nomeação de administradores em casos de empresas em relação de grupo ou de domínio, grande complexidade ou em que a massa insolvente compreenda estabelecimento em funcionamento, bem como a sentença de verificação e graduação de créditos e a fase de liquidação do ativo.

Preparou-se a plenitude da tramitação eletrónica dos processos previstos no Código da Insolvência e da Recuperação de Empresas, em complemento a outras medidas tecnológicas em desenvolvimento como a certidão judicial online, que constitui a medida #73 do Programa Simplex +.

Deste modo, no âmbito dos objetivos traçados para a área estratégica da reestruturação empresarial e em execução da Resolução do Conselho de

Ministros nº 42/2016, de 18 de agosto, que aprovou o Programa Capitalizar, importa proceder à alteração do Código das Sociedades Comerciais e do Código da Insolvência e da Recuperação de Empresas.

O presente decreto-lei foi submetido a consulta pública entre 17 de março e 14 de abril de 2017.

Assim:

Nos termos da alínea *a*) do nº 1 do artigo 198º da Constituição, o Governo decreta o seguinte:

Artigo 1º – Objeto

O presente decreto-lei altera o Código das Sociedades Comerciais, aprovado pelo Decreto-Lei nº 262/86, de 2 de setembro, e o Código da Insolvência e da Recuperação de Empresas, aprovado pelo Decreto-Lei nº 53/2004, de 18 de março, em execução da Resolução do Conselho de Ministros nº 42/2016, de 18 de agosto, que aprova o Programa Capitalizar.

Artigo 2º – Alteração ao Código das Sociedades Comerciais

Os artigos 4º-A, 87º, 88º e 89º do Código das Sociedades Comerciais, aprovado pelo Decreto-Lei nº 262/86, de 2 de setembro, passam a ter a seguinte redação:

[*Omissis*]

Artigo 3º – Alteração ao Código da Insolvência e da Recuperação de Empresas

Os artigos 1º, 7º, 9º, 14º, 16º, 17º a 17º-I, 25º, 27º, 32º, 35º a 38º, 52º, 86º, 87º, 120º, 128º, 129º, 136º, 139º, 148º, 150º, 152º, 154º, 164º, 182º, 183º, 185º, 188º, 191º, 217º, 220º, 233º, 236º, 238º, 239º, 241º, 248º, 249º, 264º, 265º, 275º, 288º, 291º, 294º e 296º do Código da Insolvência e da Recuperação de Empresas, aprovado em anexo ao Decreto-Lei nº 53/2004, de 18 de março, passam a ter a seguinte redação:

[*Inserida nos locais próprios*].

Artigo 4º – Aditamento ao Código da Insolvência e da Recuperação de Empresas

São aditados ao Código da Insolvência e da Recuperação de Empresas, aprovado em anexo ao Decreto-Lei nº 53/2004, de 18 de março, os artigos 17º-J e 222º-A a 222º-J, com a seguinte redação:

[*Inseridos nos local próprios*].

Artigo 5º – Publicidade do processo especial de revitalização, do processo especial para acordo de pagamento e do processo de insolvência

1 – Para todos os efeitos previstos no Código da Insolvência e da Recuperação de Empresas no que respeita à publicidade inerente aos processos nele regulados, todas as referências feitas ao Portal Citius passam a entender-se como referentes ao portal a definir por portaria do membro do Governo responsável pela área da justiça.

2 – O disposto no número anterior produz efeitos a partir da data de disponibilização ao público do referido portal, a qual é declarada por despacho do membro do Governo responsável pela área da justiça e publicado na 2ª série do Diário da República.

Artigo 6º – Norma transitória

1 – As disposições do presente decreto-lei são imediatamente aplicáveis aos processos pendentes na data da sua entrada em vigor, com exceção do disposto nos números seguintes.

2 – A redação dada pelo presente decreto-lei ao nº 1 do artigo 16º do Código da Insolvência e da Recuperação de Empresas, aprovado em anexo ao Decreto-Lei nº 53/2004, de 18 de março, entra em vigor à data da entrada em vigor da lei que aprova o Regime Extrajudicial de Recuperação de Empresas.

3 – A redação dada pelo presente decreto-lei ao nº 2 do artigo 17º, aos nºs 2, 3 e primeira parte do nº 4 do artigo 128º e ao artigo 152º do Código da Insolvência e da Recuperação de Empresas, aprovado em anexo ao Decreto-Lei nº 53/2004, de 18 de março, entra em vigor à data da produção de efeitos da portaria referida no artigo anterior.

4 – As disposições de adaptação do Código da Insolvência e da Recuperação de Empresas, aprovado pelo Decreto-Lei nº 53/2004, de 18 de março, ao Regulamento (UE) 2015/848 do Parlamento Europeu e do Conselho, de 20 de maio de 2015, aplicam-se aos processos abertos a partir de 26 de junho de 2017.

5 – O disposto no nº 1, na alínea *c*) do nº 3 e no nº 6 do artigo 17º-C e no nº 1 do artigo 17º-D do Código da Insolvência e da Recuperação de Empresas, aprovado pelo Decreto-Lei nº 53/2004, de 18 de março, com a redação dada pelo decreto-lei, apenas se aplica aos processos especiais de revitalização instaurados após a entrada em vigor do presente decreto-lei.

6 – Nos casos previstos na alínea *e*) do nº 1 do artigo 230º do Código da Insolvência e da Recuperação de Empresas, aprovado pelo Decreto-Lei nº 53/ /2004, de 18 de março, em que não tenha sido declarado o encerramento e tenha sido proferido o despacho inicial de exoneração do passivo restante, considera-se iniciado o período de cessão do rendimento disponível na data de entrada em vigor do presente decreto-lei.

Artigo 7º – Norma revogatória

São revogados o nº 4 do artigo 136º, o nº 5 do artigo 226º e o título XIV do Código da Insolvência e da Recuperação de Empresas, aprovado em anexo ao Decreto-Lei nº 53/2004, de 18 de março.

Artigo 8º – Entrada em vigor

O presente decreto-lei entra em vigor no dia 1 de julho de 2017.

Visto e aprovado em Conselho de Ministros de 18 de maio de 2017. – *António Luís Santos da Costa – Mário José Gomes de Freitas Centeno – Francisca Eugénia da Silva Dias Van Dunem.*

Promulgado em 28 de janeiro de 2017.

Publique-se.

O Presidente da República, MARCELO REBELO DE SOUSA.

Referendado em 29 de junho de 2017.

O Primeiro-Ministro, *António Luís Santos da Costa.*

Anexo
Código da Insolvência e da Recuperação de Empresas

TÍTULO I – Disposições introdutórias

CAPÍTULO I – Disposições gerais

Artigo 1º – Finalidade do processo de insolvência

1. O processo de insolvência é um processo de execução universal que tem como finalidade a satisfação dos credores pela forma prevista num plano de insolvência, baseado, nomeadamente, na recuperação da empresa compreendida na massa insolvente, ou, quando tal não se afigure possível, na liquidação do património do devedor insolvente e a repartição do produto obtido pelos credores.

2. Estando em situação económica difícil, ou em situação de insolvência meramente iminente, a empresa pode requerer ao tribunal a instauração de processo especial de revitalização, de acordo com o previsto nos artigos 17º-A a 17º-J.

3. Tratando-se de devedor de qualquer outra natureza em situação económica difícil ou em situação de insolvência meramente iminente, este pode requerer ao tribunal processo especial para acordo de pagamento, previsto nos artigos 222º-A a 222º-J.

1. O nº 1 tem a redacção da Lei 16/2012, de 20 de Abril. O nº 2 tem a redacção do D.L. 79/2017 de 30 de Junho, que aditou ainda o nº 3 a esta disposição.

2. Em geral, sobre o Direito da Insolvência, cfr. Luís Menezes Leitão, *Direito da Insolvência*, 7ª ed., Coimbra, Almedina, 2017, Maria do Rosário Epifânio, *Manual de Direito da Insolvência*, 6ª ed., Coimbra, Almedina, 2014, Alexandre de Soveral Martins, *Um curso de Direito da Insolvência*, Coimbra, Almedina, 2015. Para uma introdução

a este Direito, cfr. ANTÓNIO MENEZES CORDEIRO, "Introdução ao Direito da Insolvência", em *Dir.* 137 (2005), III, pp. 465-506.

3. A Lei 16/2012, de 20 de Abril, procurou atenuar a filosofia do Código ao fazer agora prevalecer no nº 1 o objectivo da recuperação de empresa, através do plano de insolvência sobre a liquidação do património do devedor insolvente. Não nos parece, porém, que esta simples alteração seja suficiente para elidir a questão de que o fim principal do processo de insolvência continua a ser a satisfação dos credores, de que a recuperação da empresa é um mero instrumento. Continua, por isso, a ter actualidade a observação de LEBRE DE FREITAS, "Pressupostos objectivos e subjectivos da insolvência", em *Themis*, edição especial (2005), pp. 11-23 (12 e ss.), para quem no CIRE o fim da recuperação passou a ser subalternizado, passando a garantia patrimonial dos credores a ser a finalidade última do processo, o que orienta todo o seu regime. É isso o que explica que o Código tenha limitado drasticamente o poder do juiz, a favor da soberania dos credores. Essa situação ocorre, designadamente no estatuto da administrador da insolvência, de livre escolha da assembleia de credores, que pode substituir o que o juiz tiver designado (arts. 52º, 53º e 56º, nº 2) e também resulta da instituição da responsabilidade perante os credores, quer do administrador (art. 59º, nº 1), quer da comissão de credores (art. 70º). Por outro lado, dos actos do administrador e da comissão de credores não cabe recurso para o juiz, que só tem o poder de destituição por justa causa (art. 56º, nº 1). Consequentemente, a elaboração do plano de insolvência também não se destina necessariamente à recuperação do devedor, podendo regular o pagamento dos créditos da insolvência, a liquidação da massa insolvente e a sua repartição pelos titulares daqueles créditos e pelo devedor, bem como a responsabilidade do devedor depois de findo o processo de insolvência (arts. 192º e 193º). Finalmente, salienta-se que, nos termos do art. 250º, o plano de insolvência não é aplicável aos não empresários e titulares de pequenas empresas, o que destrói o seu carácter pretensamente universal, e o seu objectivo primordial de recuperação do devedor, que pareceria resultar do nº 1 desta disposição.

4. A Lei 16/2012, de 30 de Abril, instituiu nos arts. 17º-A a 17º-I, um novo processo, designado processo de revitalização, que pode ser usado pelas empresas em situação económica difícil (cfr. art. 17º-B) ou em situação de insolvência meramente iminente (cfr. art. 3º, nº 4). Estes devedores têm ainda a possibilidade de solicitar a sua recuperação através do recurso ao Regime Extrajudicial de Recuperação de Empresas (RERE), nos termos da Lei 8/2018, de 2 de Março.

5. Na sua versão inicial, o processo especial de revitalização poderia ser utilizado por qualquer devedor. O D.L. 79/2017, de 30 de Junho, procurou, a nosso ver sem grande justificação, restringir a aplicação deste processo às empresas, criando por isso para as outras entidades um novo processo, denominado processo especial para acordo de pagamento, regulado nos arts. 222º-A a 222º-J do CIRE. A verdade, no entanto, é que o regime deste processo é totalmente moldado pelo já existente para o

PER, pelo que se criou no CIRE uma duplicação absolutamente desnecessária, num código já muito defeituoso.

Artigo 2º – Sujeitos passivos da declaração de insolvência

1. Podem ser objecto de processo de insolvência:

a) Quaisquer pessoas singulares ou colectivas;

b) A herança jacente;

c) As associações sem personalidade jurídica e as comissões especiais;

d) As sociedades civis;

e) As sociedades comerciais e as sociedades civis sob forma comercial até à data do registo definitivo do contrato pelo qual se constituem;

f) As cooperativas, antes do registo da sua constituição;

g) O estabelecimento individual de responsabilidade limitada;

h) Quaisquer outros patrimónios autónomos.

2. Exceptuam-se do disposto no número anterior:

a) As pessoas colectivas públicas e as entidades públicas empresariais;

b) As empresas de seguros, as instituições de crédito, as sociedades financeiras, as empresas de investimento que prestem serviços que impliquem a detenção de fundos ou de valores mobiliários de terceiros e os organismos de investimento colectivo, na medida em que a sujeição a processo de insolvência seja incompatível com os regimes especiais previstos para tais entidades.

1. Corresponde, com muitas alterações, ao art. 1º do CPEREF.

2. É bastante alterado nesta norma o anterior sistema do CPEREF, que apenas admitia a sujeição ao processo de recuperação de empresas das entidades empresariais (art. 1º CPEREF), sujeitando o devedor não empresário directamente à falência, se não tivesse sido homologada uma proposta de concordata particular (arts. 27º e 240º CPEREF). Agora, passa a admitir-se a aplicação do processo a todas e quaisquer entidades singulares ou colectivas, empresariais ou não, com personalidade jurídica ou sem ela, apenas se excluindo as entidades referidas no nº 2, em virtude das perturbações nos sistema financeiro que a declaração da sua insolvência necessariamente acarretaria.

3. O nº 2, *a*) exclui totalmente a aplicação do CIRE às pessoas colectivas públicas e entidades públicas empresariais. Em relação às pessoas colectivas públicas, elas abrangerão tanto as pessoas colectivas públicas de base territorial (Estado, regiões autónomas e autarquias locais), bem como as associações públicas e os institutos públicos. Em relação às entidades públicas de natureza empresarial estarão em causa as pessoas colectivas de direito público com natureza empresarial criadas pelo Estado, a que se referem os arts. 56º e ss. do D.L. 133/2013, de 3 de Outubro. A extinção destas entidades, nos termos do art. 36º do referido diploma, é determinada por decreto-lei,

bem como o subsequente processo de liquidação, não sendo aplicáveis as regras gerais sobre dissolução e liquidação de sociedades, nem as relativas à insolvência e recuperação de empresas salvo na medida do expressamente determinado por esse decreto-lei.

3. Já em relação às empresas de seguros, instituições de crédito, sociedades financeiras, empresas de investimento que prestem serviços que impliquem a detenção de fundos ou de valores mobiliários de terceiros e organismos de investimento colectivo, a aplicação do CIRE depende da inexistência de regime especial que torne incompatível a sua sujeição ao processo de insolvência. Existem efectivamente regimes especiais aplicáveis a estes entidades que afastam a aplicação do CIRE.

4. Em relação às empresas de seguros, existe um regime próprio relativo às medidas de saneamento e recuperação financeira, constante dos arts. 108º-A e ss., do D.L. 94-B/98, de 17 de Abril, com várias alterações, a última das quais efectuada pelo pelo D.L. 91/2014, de 20 de Junho, bem como para a sua liquidação, constante dos arts. 4º e ss. do D.L. 90/2003, de 30 de Abril. Embora o art. 121º, nº 2, do D.L. 94-B/98, estabeleça a não aplicação às empresas de seguros dos "regimes gerais relativos aos meios preventivos da declaração de falência e aos meios de recuperação de empresas e protecção de credores", o respectivo nº 3, estabelece a aplicação a título subsidiário das normas gerais do anterior CPEREF em relação à falência das empresas de seguros. A insolvência das empresas de seguros obedece, no entanto, a um regime particular, uma vez que é considerado como fundamento genérico da declaração de insolvência "a manifesta insuficiência do activo em relação ao passivo" (art. 121º, nº 5, do D.L. 94-B/98), e atribui-se legitimidade exclusiva para o seu pedido ao Instituto de Seguros de Portugal (art. 121º, nº 2, do D.L. 94-B/98), a quem cabe ainda a nomeação dos administradores de insolvência (art. 121º, nº 4, do D.L. 94-B/98).

5. Em relação à a liquidação de instituições de crédito e sociedades financeiras, vigora o D.L. 199/2006, de 25 de Outubro, que transpõe a Directiva nº 2001/24/CE, do Parlamento Europeu e do Conselho, de 4 de Abril, relativa ao saneamento e liquidação de instituições de crédito, os quais se encontram publicados em anexo, e na doutrina, ARMINDO SARAIVA MATIAS, "A insolvência no Direito Bancário", em *DJ* 19 (2005), 2, pp. 291-302 e JOÃO LABAREDA, "Pressupostos subjectivos da insolvência: Regime particular das instituições de crédito e sociedades financeiras". em LUÍS A. CARVALHO FERNANDES/JOÃO LABAREDA, *Colectânea de Estudos sobre a Insolvência*, Coimbra, Almedina, 2009, pp. 103-141. Actualmente, todas estas entidades se encontram sujeitas ao processo de liquidação consagrado no D.L. 199/2006, de 25 de Outubro, alterado pelo Decreto-Lei 31-A/2012, de 10 de Fevereiro, que procedeu à transposição da Directiva 2001/24/CE, do Parlamento Europeu e do Conselho, de 24 de Abril e pela Lei 23-A/2015, de 26 de Março, que transpôs as Directivas 2014/49/UE e 2014/59/UE, do Parlamento Europeu e do Conselho, de 16 de Abril e 15 de Maio. Esse diploma revogou expressamente o disposto no D.L. 30689, de 27 de Agosto de 1940, com excepção das normas relativas à liquidação, doravante apenas aplicáveis às

caixas de crédito agrícola mútuo pertencentes ao Sistema Integrado de Crédito Agrícola Mútuo, nos termos da respectiva legislação especial (art. 41º D.L. 199/2006). Para além disso, ressalvou ainda as medidas de saneamento aplicáveis às instituições financeiras pelo RGICSF, sem prejuízo do disposto nos arts. 16º e ss. do D.L. 199/2006 (art. 1º, nº 2, do mesmo diploma). Quer este diploma, quer o RGICSF, vieram a ser alterados pelo Decreto-Lei nº 31-A/2012, de 10 de Fevereiro, que reforçou o controlo sobre estas instituições em virtude da crise financeira, tendo ainda o RGICSF sido alterado pelos D.L. 114-A/2014, de 1 de Agosto, e 114-B/2014, de 4 de Agosto, quando da intervenção no Banco Espírito Santo. Mais recentemente surgiu a Lei 23-A/2015, de 26 de Março, alterada pela Lei 66/2015, de 6 de Julho. Cfr. Luís Máximo dos Santos, "Palavras introdutórias", Armindo Ribeiro Mendes, "A resolução e os outros mecanismos de intervenção em instituições de crédito à luz da Constituição", e Nuno Líbano Monteiro, "O regime jurídico da liquidação judicial das instituições de crédito à luz das alterações introduzidas pela Lei nº 23-A/2015, de 26 de março", todos em Catarina Serra (org.), *III Congresso de Direito da Insolvência*, Coimbra, Almedina, 2015, respectivamente a pp. 19-22, 23-60 e 61-86.

O art. 153º-A RGICSF declara expressamente inaplicável às instituições de crédito o regime geral relativo aos meios de recuperação de empresas e protecção de credores. Assim, a liquidação das instituições de crédito apenas é declarada em *ultima ratio* prevendo a lei, nos arts. 139º e ss. do RGICSF, a adopção de medidas de intervenção correctiva, administração provisória e resolução, tendo em vista a salvaguarda da solidez financeira da instituição de crédito, dos interesses dos depositantes ou da destabilidade do sistema financeiro. As medidas de intervenção correctiva encontram-se previstas nos arts. 141º e ss. RGICSF e permitem, entre outras, ao Banco de Portugal obrigar a instituição de crédito a apresentar um plano de reestrturação (art. 142º RGICSF), substituir membros de órgão de gestão ou designar órgãos de fiscalização (art. 143º RGICSF) e restringir a actividade da instituição. Apenas no caso de as medidas correctivas não serem suficientes é há que lugar à nomeação de uma administração provisória (arts. 144º, *a*) e 145º RGICSF), à aplicação de medidas de resolução, como a alienação total ou parcial a outra instituição autorizada ou a um ou mais bancos de transição (arts. 144º, *b*) 145º-A, 145º-F e 145º-G RGICSF) medidas essas que têm sempre como efeito a suspensão dos órgãos de administração e fiscalização (art.. 145º-D RGICSF). Finalmente o Banco de Portugal pode revogar a autorização para o exercício da sua actividade, seguindo-se o regime de liquidação previsto na lei aplicável (art. 144º, *c*) e 145º-M RGICSF), a qual constitui, conforme se referiu, o D.L. 199/2006.

Nos termos do art. 5º, nº 1, do D.L. 199/2006, as instituições de crédito dissolvem-se apenas por revogação da sua autorização nos termos do art. 22º do RGICSF, ou por deliberação dos sócios. Entre os fundamentos para a revogação de autorização, encontram-se o facto de a instituição não poder honrar os seus compromissos, designadamente quanto à segurança dos fundos que lhe tiverem sido confiados (art. 22º, nº 1, *f*) RGICSF) ou não cumprir as obrigações decorrentes da sua participação no Fundo de Garantia de Depósitos ou no Sistema de Indemnização aos Investidores (art. 22º, nº 1, *g*) RGICSF).

Nos termos do art. 8º, nº 1 do D.L. 199/2006, a liquidação judicial das instituições de crédito fundada na revogação de autorização pelo Banco de Portugal faz-se nos termos desse diploma e, em tudo o que nele não estiver previsto, nos termos do CIRE. Como especialidades deste regime salienta-se o facto de a revogação da autorização pelo Banco de Portugal produzir os efeitos da declaração da insolvência (art. 8º, nº 2, D.L. 199/2006), bem como a legitimidade para a instauração do processo de liquidação judicial caber em exclusivo ao Banco de Portugal, que o deve instaurar no prazo máximo de 10 dias úteis após a revogação da autorização (art. 8º, nº 3, D.L. 199/2006).

A liquidação e partilha do activo só se suspendem caso seja requerida a suspensão de eficácia do acto perante os tribunais administrativos sem prejuízo da faculdade de o Banco de Portugal emitir resolução fundamentada, nos termos e com os efeitos previstos no artigo 128º do Código de Processo nos Tribunais Administrativos (art. 15º D.L. 199/2006). Em consequência, ao juiz do tribunal de liquidação é vedado tomar posição sobre a legalidade da decisão de revogação da autorização, as quais são suscitáveis apenas no processo de impugnação, pelo que no despacho de prosseguimento se limita a verificar o cumprimento dos requisitos formais (art. 9º, nº 1, D.L. 199/2006)), nomear o liquidatário ou a comissão liquidatária, e tomar todas as decisões previstas nas alíneas *b*), *c*), e *f*) a *n*) do nº 1 do art. 36º do CIRE (art. 9º, nº 2, D.L. 199/2006). Ao Banco de Portugal compete formular a proposta de liquidatário ou comissão liquidatária (art. 10º D.L. 199/2006), bem como acompanhar a sua actividade (art. 14º D.L. 199/2006). Após audição do Banco de Portugal, o juiz designa a comissão de credores que exerce todas as competências atribuídas no CIRE à assembleia de credores (art. 13º D.L. 199/2006).

Existem ainda especialidades de regime quanto às instituições de crédito portuguesas com sucursais noutro Estado-Membro (arts. 16º e ss. D.L. 199/2006) e às sucursais de instituições de crédito com sede noutro Estado-Membro (art. 25º D.L. 199/2006) ou sede fora da União Europeia (art. 26º D.L. 199/2006).

Em qualquer casos os direitos dos depositantes são assegurados por um Fundo de Garantia dos Depósitos, previsto nos arts. 154º e ss. RGICSF. Nos termos do art. 155º, nº 4, RGICSF só são considerados depósitos "os saldos credores que, nas condições legais e contratuais aplicáveis, devam ser restituídos pela instituição de crédito e consistam em disponibilidades monetárias existentes numa conta ou que resultem de situações transitórias decorrentes de operações bancárias normais". Em consequência, são abrangidos "os fundos representados por certificados de depósito emitidos pela instituição de crédito, mas não os representados por outros títulos de dívida por ela emitidas ou emergentes de aceites próprios ou de promissórias em circulação" (art. 155º, nº 5, RGICSF). Também não são abrangidos "os saldos credores ou créditos que resultem de quaisquer operações de investimento, incluindo aquelas em que o reembolso do capital, acrescido de eventuais remunerações é garantido ao abrigo de um compromisso contratual específico, acordado com a instituição de crédito ou com uma terceira enttidade" (art. 155º, nº 6, RGICSF). O Fundo garante apenas os depósitos constituídos em Portugal ou noutros Estados membros da União Europeia junto de instituições de crédito com sede em Portugal e ainda os depósitos constituídos em Portugal junto de sucursais de bancos de países não comunitários, salvo se estiverem cobertos por um sistema de garantia equivalente (art. 164º RGICSF). Há, no entanto, uma exclusão da cobertura do Fundo em relação a certos depósitos (art. 165º RGICSF), sendo o limite da cobertura do Fundo o valor de € 100.000 em relação a cada instituição de crédito (art. 166º RGICSF). Para além disso, os créditos abrangidos pela garantia do Fundo gozam de privilégio creditório mobiliário geral sobre os bens móveis da instituição depositária e privilégio imobiliário especial sobre os seus imóveis próprios (art. 166º-A RGICSF).

6. Existe igualmente um regime especial para as empresas de investimento que prestem serviços que impliquem a detenção de fundos ou de valores mobiliários de terceiros. Embora as empresas de investimento sejam autonomizadas das instituições de crédito no art. 293º CVM, as mesmas são equiparadas às sociedades financeiras pelo art. 199º-B do RGICSF, sendo reguladas nos arts. 199º-A e ss. do mesmo diploma. Consequentemente, as mesmas estão igualmente sujeitas ao processo de liquidação estabelecido no D.L. 199/2006, de 25 de Outubro.

7. Em relação aos organismos de investimento colectivo, os mesmos encontram-se sujeitos ao Regime Geral dos Organismos de Investimento Colectivo (RGOIC), aprovado pela Lei 16/2015, de 24 de Fevereiro, com várias alterações, a última das quais pela Lei 104/2017, de 30 de Agosto, sendo que os arts. 42º e ss. do RGOIC regulam a sua dissolução e liquidação.

Artigo 3º – Situação de insolvência

1. É considerado em situação de insolvência o devedor que se encontre impossibilitado de cumprir as suas obrigações vencidas.

2. As pessoas colectivas e os patrimónios autónomos por cujas dívidas nenhuma pessoa singular responda pessoal e ilimitadamente, por forma directa ou indirecta, são também considerados insolventes quando o seu passivo seja manifestamente superior ao activo, avaliados segundo as normas contabilísticas aplicáveis.

3. Cessa o disposto no número anterior, quando o activo seja superior ao passivo, avaliados em conformidade com as seguintes regras:

***a*)** Consideram-se no activo e no passivo os elementos identificáveis, mesmo que não constantes do balanço, pelo seu justo valor;

b) Quando o devedor seja titular de uma empresa, a valorização baseia-se numa perspectiva de continuidade ou de liquidação, consoante o que se afigure mais provável, mas em qualquer caso com exclusão da rubrica de trespasse;

c) Não se incluem no passivo dívidas que apenas hajam de ser pagas à custa de fundos distribuíveis ou do activo restante depois de satisfeitos ou acautelados os direitos dos demais credores do devedor.

4. Equipara-se à situação de insolvência actual a que seja meramente iminente, no caso de apresentação pelo devedor à insolvência.

1. O nº 2 tem a redacção do D.L. 200/2004, de 18 de Agosto.

2. O nº 1 corresponde com modificações ao art. 3º do CPEREF. Os restantes números são inovadores, sendo de salientar uma grande inspiração nos §§ 17, 18 e 19 da *Insolvenzordnung* alemã.

3. Cfr. CATARINA SERRA, *O Regime Português da Insolvência*, 5ª ed., Coimbra, Almedina, 2012, pp. 36 e ss., LUÍS A. CARVALHO FERNANDES/JOÃO LABAREDA, *Código da Insolvência e da Recuperação de Empresas Anotado*, 2ª ed., Lisboa, Quid Juris, 2013, sub art. 3º, pp. 83 e ss., e LEBRE DE FREITAS, *Themis*, edição especial (2005), pp. 14 e ss.

4. A definição da insolvência como "a impossibilidade de cumprir as obrigações vencidas", apesar de retirada do § 17 da *Insolvenzordnung*, não parece correcta. A disposição alemã limita-se a estabelecer, não uma definição de insolvência, mas um conceito vago e indeterminado de incapacidade de cumprimento (*Zahlungsunfähigkeit*), que é genericamente preenchido pela referência à cessação de pagamentos pelo devedor ("*wenn der Schuldner seine Zahlung eingestellt hat*"), a qual é totalmente omitida neste preceito. Teria sido por isso melhor que se mantivesse a definição anterior de insolvência como a situação da empresa que, "por carência de meios próprios e por falta de crédito, se encontre impossibilitada de cumprir pontualmente as suas obrigações". A questão de a obrigação estar ou não vencida não é relevante, uma vez que a insolvência acarreta a perda do benefício do prazo (art. 780º C.C.).

5. O número 2, apesar de consagrar uma solução tradicional no nosso direito, tem correspondência directa no § 19 da *Insolvenzordnung*, que equipara a *Überschuldung* à *Zahlungsunfähigkeit* para efeitos de abertura do processo de insolvência das pessoas jurídicas. Efectivamente, em relação a estas, a superioridade manifesta do passivo em relação ao activo constitui um critério mais seguro para a determinação do seu estado de insolvência, pelo que estas são sujeitas a esta norma especial, que derroga o regime do nº 1. Assim, como era tradicional para as sociedades de responsabilidade limitada, e agora passou a ser também instituído em relação às pessoas colectivas e aos patrimónios autónomos por cujas dívidas nenhuma pessoa singular responsa pessoal e ilimitadamente, é a superioridade manifesta do passivo em relação ao activo, avaliados segundo as normas contabilísticas aplicáveis, que constitui índice da situação de insol-

vência. No entanto, esse critério deixa de se aplicar na hipótese prevista no nº 3, ou seja, quando a superioridade do activo em relação ao passivo resulte das regras de avaliação nele referidas. Nesse caso, parece que em relação a estas entidades volta a aplicar-se o disposto no nº 1.

6. O número 4, inspirado no § 18 da *Insolvenzordnung* vem permitir ao devedor determinar a abertura do processo no caso de insolvência iminente (*Drohende Zahlungsunfähigkeit*), mediante a sua apresentação à insolvência. Efectivamente, enquanto que os credores e o Ministério Público só podem requerer a insolvência do devedor, demonstrando a verificação de algum dos factos referidos no art. 20º, este pode fazê-lo em qualquer altura, com base na sua insolvência iminente. Sustentam CARVALHO FERNANDES/JOÃO LABAREDA, *Código da Insolvência*, sub art. 3º, nºs 4, e 5, pp. 84-85, existir mesmo, perante a insolvência iminente, um dever de o devedor se apresentar à insolvência, se a situação não puder ser ultrapassada. Parece-nos, porém, que, face, ao art. 18º, nº 1, esse dever só surge após a insolvência efectiva, relevando a insolvência iminente apenas para permitir a apresentação antecipada do devedor. No mesmo sentido, veja-se posteriormente ANA PRATA/JORGE MORAIS DE CARVALHO/RUI SIMÕES, *Código da Insolvência e da Recuperação de Empresas Anotado*, Coimbra, Almedina, 2014, sub art. 18º, nº 5, pp. 76-77.

Artigo 4º – Data da declaração de insolvência e início do processo

1. Sempre que a precisão possa assumir relevância, as referências que neste Código se fazem à data da declaração de insolvência devem interpretar-se como visando a hora a que a respectiva sentença foi proferida.

2. Todos os prazos que neste Código têm como termo final o início do processo de insolvência abrangem igualmente o período compreendido entre esta data e a da declaração de insolvência.

3. Se a insolvência for declarada em processo cuja tramitação deveria ter sido suspensa, nos termos do nº 2 do artigo 8º, em virtude da pendência de outro previamente instaurado contra o mesmo devedor, será a data de início deste a relevante para efeitos dos prazos referidos no número anterior, o mesmo valendo na hipótese de suspensão do processo mais antigo por aplicação do disposto na alínea *b*) do nº 3 do artigo 264º.

1. O nº 1 vem fazer relevar, para efeitos da data da declaração de insolvência, a hora em que foi proferida a respectiva sentença. Para esse efeito, o art. 36º, nº 1 a), vem instituir o dever de o juiz mencionar a hora da sentença, considerando-se que ela teve lugar ao meio-dia, na falta dessa menção.

2. O nº 2 vem deslocar para a data da declaração de insolvência o termo final dos prazos fixado noutras disposições no início do respectivo processo, o que estabelece uma deficiente quebra intra-sistemática no Código.

3. O nº 3 determina que em caso de pluralidade de processos de insolvência se torna relevante a data de início do primeiro processo, mesmo que a declaração de insolvência tenha sido proferida noutro.

Artigo 5º – Noção de empresa

Para efeitos deste Código, considera-se empresa toda a organização de capital e de trabalho destinada ao exercício de qualquer actividade económica.

1. Corresponde à definição do art. 2º, do CPEREF, adoptando-se uma formulação mais simplificada.

2. No âmbito do CPEREF, a noção de empresa era relevante, atendendo ao facto de apenas esta poder ser objecto de providências de recuperação (art. 4º CPEREF). Actualmente, a dilatação do universo dos sujeitos passivos que podem ser objecto do processo de insolvência torna de menor utilidade esta definição, que aliás caberia melhor num livro de doutrina do que num texto legal. Efectivamente, e conforme salienta Catarina Serra, *O regime*, p. 35, face ao art. 2º CIRE, quem é sujeito à declaração de insolvência são as pessoas singulares, as pessoas jurídicas e os patrimónios autónomos. A empresa só é, por isso, abrangida se tiver personalidade jurídica ou autonomia patrimonial, caso contrário é o seu titular que é declarado insolvente. A noção de empresa assume, no entanto, relevância pelo facto de apenas as empresas estarem sujeitas ao PER, regulado nos arts. 17º-A e ss., estando todas as outras entidades sujeitas antes ao PEAP, regulado nos arts. 222º-A e ss.

Artigo 6º – Noções de administradores e de responsáveis legais

1. Para efeitos deste Código, são considerados como administradores:

a) Não sendo o devedor uma pessoa singular, aqueles a quem incumba a administração ou liquidação da entidade ou património em causa, designadamente os titulares do órgão social que para o efeito for competente;

b) Sendo o devedor uma pessoa singular, os seus representantes legais e mandatários com poderes gerais de administração.

2. Para efeitos deste Código, são considerados responsáveis legais as pessoas que, nos termos da lei, respondam pessoal e ilimitadamente pela generalidade das dívidas do insolvente, ainda que a título subsidiário.

1. Nesta disposição, definem-se para efeitos do CIRE, os conceitos de administradores e responsáveis legais, os quais são relevantes para efeitos da legitimidade para apresentação à insolvência (art. 19º), bem como para determinação da insolvência como culposa (art. 186º).

2. Não faz qualquer sentido estabelecer um conceito de administrador aplicável tanto a pessoas singulares como a pessoas colectivas, especialmente com a amplitude com que se determina em relação às pessoas singulares a qualificação como tal de qualquer mandatário com poderes gerais de administração.

3. A noção de responsáveis legais abrange essencialmente os sócios de responsabilidade ilimitada.

Artigo 7º – Tribunal competente

1. É competente para o processo de insolvência o tribunal da sede ou do domicílio do devedor ou do autor da herança à data da morte, consoante os casos.

2. É igualmente competente o tribunal do lugar em que o devedor tenha o centro dos seus principais interesses, entendendo-se por tal aquele em que ele os administre, de forma habitual e cognoscível por terceiros.

3. A instrução e decisão de todos os termos do processo de insolvência, bem como dos seus incidentes e apensos, compete sempre ao juiz singular.

4. Se a abertura de um processo de insolvência for recusada por tribunal de um Estado-membro da União Europeia em virtude de a competência caber aos tribunais portugueses, nos termos do nº 1 do artigo 3º do Regulamento (UE) nº 2015/848 do Parlamento Europeu e do Conselho, de 20 de maio de 2015, não podem estes julgar-se internacionalmente incompetentes com fundamento no facto de a competência pertencer aos tribunais desse outro Estado.

1. O nº 4 foi aditado pelo D.L. 79/2017, de 30 de Junho.

2. Cfr. Lebre de Freitas, *Themis*, edição especial (2005), pp. 22-23 e Isabel Alexandre, "O processo de insolvência: Pressupostos processuais, tramitação, medidas cautelares e impugnação da sentença", em *Themis*, edição especial (2005), pp. 43-80 (50 e ss.).

3. Esta disposição regula a competência territorial para o processo de insolvência. Sendo o devedor uma pessoa colectiva ou equiparada, é competente o tribunal da sua sede (cfr. art. 159º CC e 3º CSC). Já em se tratando de uma pessoa singular, o tribunal competente é o do respectivo domicílio (arts. 82º e ss. CC). Estando em causa a insolvência de uma herança, o tribunal competente é o do domicílio do *de cuius* na data do falecimento. O nº 2 vem, porém, estabelecer uma competência alternativa, atribuindo-a ainda ao tribunal em que o devedor tenha o centro dos seus principais interesses.

4. Relativamente à competência em razão da matéria, a evolução legislativa foi grande. Inicialmente, o art. 8º do Diploma Preambular (D.L. 53/2004, de 18 de Março) alterou o art. 89º, nº 1, a) da Lei da Organização e Funcionamento dos Tribunais Judi-

ciais (LOFTJ), Lei 3/99, de 13 de Janeiro, passando a restringir a competência do tribunal de comércio para o processo de insolvência aos casos em que o devedor seja uma sociedade comercial ou a massa insolvente integrar uma empresa, sendo em todos os outros casos competente o tribunal comum.

O artigo 29º do D.L. 76-A/2006, de 29 de Março, veio, porém, alterar aquela disposição estendendo a competência dos tribunais de comércio a todos os processo de insolvência.

No entanto, a Lei 60-A/2005, de 30 de Dezembro, que autorizara o Governo a aprovar esse diploma não continha qualquer norma que autorizasse a modificação da competência dos tribunais de comércio, o que levou a que o art. 29º do D.L. 76-A/2006 fosse por três vezes julgado organicamente inconstitucional (cfr. Acs. TC 690/2006, de 19 de Dezembro (Bravo Serra), 692/2006, de 19 de Dezembro (Gil Galvão) e 43/2007, de 23 de Janeiro (Mário Torres), disponíveis em http://www.tribunalconstitucional.pt). Por esse motivo, o artigo 14º do D.L. 8/2007, de 17 de Janeiro, veio conferir nova redacção ao artigo 89º, nº 1, alínea *a*) da LOFTJ, restrigindo novamente a competência dos tribunais de comério para o processo de insolvência aos casos em que o devedor seja uma sociedade comercial ou a massa insolvente integre uma empresa.

A título experimental (!) entrou, no entanto, em vigor uma nova LOFTJ, aprovada pela Lei 52/2008, de 21 de Agosto, já sucessivamente alterada pelas Leis 103/2009, de 11 de Setembro, 115/2009, de 12 de Outubro, pelo Decreto-Lei 295/2009, de 13 de Outubro, pela D.R. 86/2009, de 23 de Novembro, e pelas Lei 3-B/2010, de 28 de Abril, 40/2010, de 3 de Setembro, 43/2010 de 3 de Setembro e 46/2011, de 24 de Junho. Essa lei foi até 31 de Agosto de 2010 apenas aplicável às comarcas Alentejo Litoral, Baixo Vouga e Grande Lisboa Noroeste (arts. 187º, nº 2, e 171º), prevendo-se que a partir dessa data se aplique de forma faseada ao restante território nacional devendo esse processo estar concluído até 1 de Setembro de 2014 (art. 187º, nº 3), o qual será executado por decretos-lei a aprovar pelo Governo (art. 187º, nº 4). Nos termos do art. 121º, nº 1, *a*) dessa lei a competência dos juízos de comércio passaria a ser extensiva a todos os processos de insolvência.

Essa aplicação faseada não se chegou, porém, a verificar, já que veio ser aprovada uma nova reorganização judiciária pela Lei da Organização do Sistema Judiciário, Lei 62/2013, de 26 de Agosto, regulamentada pelo Decreto-Lei 49/2014, de 27 de Março. Nos termos do 128º, nº 1, a), dessa Lei as secções de comércio dos tribunais de instância central são assim competentes para o julgamento de todos os processos de insolvência e de revitalização.

5. No que se refere à competência internacional, rege o disposto no art. 3º do Regulamento (UE) nº 2015/848 do Parlamento Europeu e do Conselho, de 20 de Maio de 2015, que a atribui aos órgãos jurisdicionais do Estado-Membro em cujo território está situado o centro principal de interesses do devedor, o qual, até prova em con-

trário se presume coincidir com o da sede estatutária, no caso de pessoas colectivas e sociedades. Essa disposição prevalece sobre o art. 63º, *e*) do CPC, que atribui competência exclusiva aos tribunais portugueses em matéria de insolvência e revitalização de pessoas domiciliadas em Portugal ou de pessoas colectivas e sociedades cuja sede esteja situada em território português. O nº 4 deste artigo obriga os tribunais portugueses a aceitar a decisão relativa à sua competência por parte dos tribunais dos outros Estados-Membros, evitando assim o surgimento de conflitos negativos de competência neste âmbito.

6. Sustenta Isabel Alexandre, *Themis*, edição especial (2005), p. 51, a inaplicabilidade dos nºs 1 e 2 à situação do processo particular de insolvência (art. 294º), o qual pressupõe que o devedor não tenha em Portugal sede ou domicílio nem o centro dos seus principais interesses. Nesse caso, parece que a competência em razão do território caberá ao tribunal da situação dos bens, por força do art. 89º, nº 4 CPC.

Artigo 8º – Suspensão da instância e prejudicialidade

1. A instância do processo de insolvência não é passível de suspensão, excepto nos casos expressamente previstos neste Código.

2. Sem prejuízo do disposto na alínea *b*) do nº 3 do artigo 264º, o tribunal ordena a suspensão da instância se contra o mesmo devedor correr processo de insolvência instaurado por outro requerente cuja petição inicial tenha primeiramente dado entrada em juízo.

3. A pendência da outra causa deixa de se considerar prejudicial se o pedido for indeferido, independentemente do trânsito em julgado da decisão.

4. Declarada a insolvência no âmbito de certo processo, deve a instância ser suspensa em quaisquer outros processos de insolvência que corram contra o mesmo devedor e considerar-se extinta com o trânsito em julgado da sentença, independentemente da prioridade temporal das entradas em juízo das petições iniciais.

1. Corresponde, com muitas modificações, ao art. 12º do CPEREF.

2. Entre os casos agora previstos de possível suspensão de instância, encontra-se o facto de um sucessor do devedor o requerer, perante o falecimento deste (art. 10º, *b*) deste Código), a apresentação de um plano de pagamentos pelo devedor não empresário ou titular de pequena empresa (art. 255º deste Código), a apresentação à insolvência do devedor noutro processo instaurado contra o seu cônjuge (art. 264º, nº 3, *b*)) ou o início de negociações no âmbito do processo especial de revitalização (art. 17º-E, nº 6).

3. Como bem se decidiu no Ac. RC 9/2/2010 (Carlos Gil), na *CJ* 35 (2010), 1, pp. 31-33, não é aplicável ao processo de insolvência o disposto no anterior art. 279º, nº 4,

hoje art. 272º, nº 4, CPC, pelo que as partes não podem acordar na suspensão da instância.

4. No nº 2 confunde-se incorrectamente litispendência com prejudicialidade. A prévia interposição de outro processo de insolvência constitui um caso de litispendência, que não se vê que deva apenas acarretar a suspensão da instância, mas antes a absolvição. Efectivamente, qual a vantagem de apenas se suspender o processo posterior, quando o anterior visa exactamente o mesmo objectivo? E porquê aguardar o caso julgado, quando existe litispendência?

5. Este artigo vem a ser objecto de parcial derrogação no caso previsto no art. 261º, nº 2, deste Código.

Artigo 9º – Carácter urgente do processo de insolvência e publicações obrigatórias

1. O processo de insolvência, incluindo todos os seus incidentes, apensos e recursos, tem carácter urgente e goza de precedência sobre o serviço ordinário do tribunal.

2. Salvo disposição em contrário, as notificações de atos processuais praticados no processo de insolvência, seus incidentes e apensos, com exceção de atos das partes, podem ser efetuadas por qualquer das formas previstas no nº 5 do artigo 172º do Código de Processo Civil.

3. Todas as publicações obrigatórias de despachos e sentenças podem ser promovidas por iniciativa de qualquer interessado que o justifique e requeira ao juiz.

4. Com a publicação, no local próprio, dos anúncios requeridos neste Código, acompanhada da afixação de editais, se exigida, respeitantes a quaisquer actos, consideram-se citados ou notificados todos os credores, incluindo aqueles para os quais a lei exija formas diversas de comunicação e que não devam já haver-se por citados ou notificados em momento anterior, sem prejuízo do disposto quanto aos créditos públicos.

5. Têm carácter urgente os registos de sentenças e despachos proferidos no processo de insolvência, bem como os de quaisquer actos de apreensão de bens da massa insolvente ou praticados no âmbito da administração e liquidação dessa massa ou previstos em plano de insolvência ou de pagamentos.

1. O nº 2 tem a redacção do do D.L. 79/2017, de 30 de Junho. O nº 4 tem a redacção do D.L. 282/2007, de 7 de Agosto, tendo a sua anterior redacção resultado do D.L. 200/2004, de 18 de Agosto.

2. No âmbito do CPEREF suscitava-se a dúvida sobre se o carácter urgente do processo se estendia igualmente aos incidentes, apensos e recursos. A lei dá actualmente

resposta afirmativa. Adquirem consequentemente carácter urgente: os embargos à declaração de insolvência (arts. 40º e ss.); a prestação de contas pelo administrador de insolvência (arts. 62º e ss.); as acções que venham a ser apensadas ao processo de insolvência (arts. 85º e ss.); a reclamação e verificação de créditos (arts. 128º e ss.); a liquidação (arts.156º e ss.); o incidente de qualificação da insolvência com carácter pleno (arts. 188º e ss.) ou limitado (arts. 191º); e a aprovação do plano de insolvência (arts. 192º e ss.).

3. Consequência da qualificação do processo como urgente é a sua não suspensão durante as férias judiciais (art. 138º, nº 1, *in fine* CPC).

Artigo 10º – Falecimento do devedor

1. No caso de falecimento do devedor, o processo:

***a*)** Passa a correr contra a herança aberta por morte do devedor, que se manterá indivisa até ao encerramento do mesmo;

***b*)** Fica suspenso pelo prazo, não prorrogável, de cinco dias, contados desde a data em que tenha ocorrido o óbito.

2. Os atos praticados durante o período de suspensão a que alude a alínea *b*) do número anterior por quem não deva ou não possa conhecer a suspensão podem ser posteriormente confirmados ou ratificados pelos interessados, mediante simples comunicação ao processo na qual manifestem a sua anuência.

1. Este artigo tem a redacção da Lei 16/2012, de 20 de Abril.

2. A alínea *b*) corresponde ao já anteriormente estabelecido no art. 10º, nº 3, do CPEREF.

3. A herança jacente é sujeito passivo da declaração de insolvência (art. 2º, nº 1, *b*) CIRE), pelo que compreensivelmente a morte do devedor determina apenas que o processo passe a incidir sobre a herança aberta por morte do devedor. É, por isso, vedado aos herdeiros proceder à sua divisão, enquanto decorrer o processo.

4. O facto de o processo continuar a correr contra a herança aberta por morte do devedor implica que não haja lugar a habilitação de herdeiros. Pode, porém, qualquer sucessor do devedor requerer a suspensão do processo pelo prazo máximo de cinco dias, que o juiz deverá deferir se o processo puder beneficiar dessa suspensão.

Artigo 11º – Princípio do inquisitório

No processo de insolvência, embargos e incidente de qualificação de insolvência, a decisão do juiz pode ser fundada em factos que não tenham sido alegados pelas partes.

1. Através desta norma, o processo de insolvência afasta-se do regime do art. 5º, nºs 1 e 2., alargando consideravelmente o princípio do inquisitório, consagrado no art. 411º CPC. Sustenta, porém, MARIA JOSÉ COSTEIRA, "Novo direito da insolvência", em *Themis*, edição especial (2005), pp. 25-42 (26), que a desjudicialização operada pelo Código torna o alcance deste princípio bastante reduzido, até porque não se encontra consagrado para o apenso da verificação e graduação dos créditos, onde faria mais sentido que se aplicasse.

Artigo 12º – Dispensa da audiência do devedor

1. A audiência do devedor prevista em qualquer das normas deste Código, incluindo a citação, pode ser dispensada quando acarrete demora excessiva pelo facto de o devedor, sendo uma pessoa singular, residir no estrangeiro, ou por ser desconhecido o seu paradeiro.

2. Nos casos referidos no número anterior, deve, sempre que possível, ouvir-se um representante do devedor, ou, na falta deste, o seu cônjuge ou um seu parente, ou pessoa que com ele viva em união de facto.

3. O disposto nos números anteriores aplica-se, com as devidas adaptações, relativamente aos administradores do devedor, quando este não seja uma pessoa singular.

1. Corresponde, com modificações, ao art. 20º, nº 4, do CPEREF.

2. Esta disposição representa um afastamento do princípio do contraditório, consagrado no art. 3º do CPC, permitindo-se assim dispensar a audiência do devedor, sendo substituída, sempre que possível, pela de um representante ou familiar. Essa solução apenas é prevista para as hipóteses de residência do devedor no estrangeiro ou desconhecimento do seu paradeiro. CARVALHO FERNANDES/JOÃO LABAREDA, *Código da Insolvência*, sub art. 12º, nº 4, pp. 123-124, sustentam, no entanto, a aplicação analógica do preceito a outras hipóteses em que a audiência do devedor acarrete demora excessiva para o processo, como na hipótese de este estar impossibilitado fisicamente de ser ouvido, devido a doença.

Artigo 13º – Representação de entidades públicas

1. As entidades públicas titulares de créditos podem a todo o tempo confiar a mandatários especiais, designados nos termos legais ou estatutários, a sua representação no processo de insolvência, em substituição do Ministério Público.

2. A representação de entidades públicas credoras pode ser atribuída a um mandatário comum, se tal for determinado por despacho conjunto do membro do Governo responsável pelo sector económico a que pertença a empresa do devedor e do membro do Governo que tutele a entidade credora.

1. Corresponde aos nºs 2 e 3 do art. 22º do CPEREF, tendo-se eliminado o nº 1 do mesmo preceito.

2. O Ministério Público é considerado como o representante geral das entidades públicas no processo de insolvência. Por esse motivo, é notificado da sentença declaratória da insolvência (art. 37º, nº 7), devendo reclamar os créditos de que são titulares essas entidades públicas (art. 128º, nº 1). Estas podem, no entanto, constituir a todo o tempo mandatários para esse efeito, o que tem por efeito fazer cessar a intervenção do Ministério Público. Em ordem a obter uma representação comum, pode ainda, por despacho conjunto do Ministro da tutela da entidade credora e do Ministro responsável pelo sector de actividade em que se insere a empresa do devedor, ser designado um mandatário comum a várias entidades públicas credoras.

Artigo 14º – Recursos

1. No processo de insolvência, e nos embargos opostos à sentença de declaração de insolvência, não é admitido recurso dos acórdãos proferidos por tribunal da relação, salvo se o recorrente demonstrar que o acórdão de que pretende recorrer está em oposição com outro, proferido por alguma das relações, ou pelo Supremo Tribunal de Justiça, no domínio da mesma legislação e que haja decidido de forma divergente a mesma questão fundamental de direito e não houver sido fixada pelo Supremo, nos termos dos artigos 686º e 687º do Código de Processo Civil, jurisprudência com ele conforme.

2. Em todos os recursos interpostos no processo ou em qualquer dos seus apensos, o prazo para alegações é um para todos os recorrentes, correndo em seguida um outro para todos os recorridos.

3. Para consulta pelos interessados será extraída das alegações e contra-alegações uma única cópia, que fica à disposição dos mesmos na secretaria judicial.

4. Durante o prazo para alegações, o processo é mantido na secretaria judicial para exame e consulta pelos interessados.

5. Os recursos sobem imediatamente, em separado e com efeito devolutivo.

6. Sobem, porém, nos próprios autos:

a) Os recursos da decisão de encerramento do processo de insolvência e das que sejam proferidas depois dessa decisão;

b) Os recursos das decisões que ponham termo à acção ou incidente processados por apenso, sejam proferidas depois dessas decisões, suspendam a instância ou não admitam o incidente.

1. O nº 1 tem a redacção do D.L. 79/2017, de 30 de Junho.

2. É de realçar a inovação constante do nº 1, na medida em que o recurso para o Supremo Tribunal de Justiça passou a limitar-se à oposição de acórdãos, sendo ainda necessário que não tenha sido uniformizada a jurisprudência pelo Supremo Tribunal de Justiça através do julgamento ampliado da revista. Em todos os outros casos, institui-se assim um grau único de recurso para a Relação.

Artigo 15º – Valor da acção

Para efeitos processuais, o valor da causa é determinado sobre o valor do activo do devedor indicado na petição, que é corrigido logo que se verifique ser diferente o valor real.

1. Corresponde, com poucas modificações, ao art. 11º do CPEREF.

2. Trata-se apenas do valor da acção para efeitos processuais. Relativamente ao seu valor quanto a custas, cfr. o art. 301º do Código.

3. O valor do activo do devedor indicado na petição funciona apenas provisoriamente como valor da causa, sendo este alterado para um valor definitivo após a averiguação do valor real efectivo. Essa alteração não tem, no entanto, eficácia retroactiva, pelo que os actos entretanto praticados mantêm o valor anteriormente estabelecido.

4. No Ac. TC 328/2012, de 27/6/2012 (Vítor Gomes) foi julgada inconstitucional por violação do princípio da igualdade consagrado no nº 1 do artigo 13º da Constituição, a norma que resulta das disposições conjugadas do artigo 15º CIRE, e do nº 1 do artigo 678º do CPC, interpretados no sentido de que, no recurso de decisões proferidas no incidente de exoneração do passivo restante em processo de insolvência, o valor da causa para efeitos de relação com a alçada do tribunal de que se recorre é determinada pelo activo do devedor.

Artigo 16º – Procedimentos especiais

1. O disposto no presente Código aplica-se sem prejuízo do estabelecido na legislação especial sobre o consumidor relativamente a procedimentos de reestruturação do passivo e no Regime Extrajudicial de Recuperação de Empresas.

2. [*Revogado*].

3. O disposto no presente Código não prejudica o regime constante de legislação especial relativa a contratos de garantia financeira.

1. Este artigo foi alterado pela Lei 66-B/2012, de 31 de Dezembro, tendo o nº 1 sido posteriormente ainda alterado pelo D.L. 79/2017, de 30 de Junho. O nº 2 foi revogado pela Lei 8/2018, de 3 de Março

2. O Regime Extrajudical de Recuperação de Empresas (RERE), a que se refere o nº 1 consta da Lei 8/2018, de 3 de Março, publicada em anexo. Este regime substituiu o Sistema de Incentivo à Recuperação de Empresas por Via Extrajudicial (SIREVE), criado pelo Decreto-Lei 178/2012, de 3 de Agosto, que foi assim revogado. Sobre este último, cfr. João Labareda, "Sobre o sistema de recuperação de empresas por via extrajudicial (SIREVE) – Apontamentos –", em Catarina Serra (org.), *I Congresso de Direito da Insolvência*, Coimbra, Almedina, 2013, pp. 63-84.

3. A legislação especial referida no nº 3 corresponde presentemente aos arts. 16º e ss. do D.L. 105/2004, de 8 de Maio, alterado e republicado pelo pelo Decreto-Lei 85/2011, de 29 de Junho, que transpõe a Directiva 2002/47/CE, do Parlamento Europeu e do Conselho, de 6 de Julho, relativa aos acordos de garantia financeira, a qual foi alterada pela Directiva 2009/44/CE do Parlamento Europeu e do Conselho, de 6 de Maio de 2009, Estes diplomas encontram-se igualmente publicados em anexo.

Artigo 17º – Aplicação subsidiária do Código de Processo Civil

1. Os processos regulados no presente diploma regem-se pelo Código de Processo Civil, em tudo o que não contrarie as disposições do presente Código.

2. A tramitação eletrónica dos processos abrange os atos a cargo dos administradores judiciais ou dos que perante si sejam praticados, nos termos a definir por portaria do membro do Governo responsável pela área da justiça.

1. Este artigo tem a redacção do D.L. 79/2017, de 30 de Junho.

2. Nos termos do art. 6º, nº 2, do D.L. 79/2017, de 30 de Junho, a nova redacção do nº 2 apenas entra em vigor, quando entrar em vigor a portaria do membro do Governo responsável pela área da justiça, que irá substituir o portal Citius por um novo portal (cfr. art. 5º do D.L. 79/2017, de 30 de Junho).

3. Enquanto no CPEREF se consagrava apenas a aplicação do Código de Processo Civil em relação à contagem dos prazos, no CIRE optou-se antes por uma aplicação subsidiária integral deste Código. Assim, se existir norma aplicável à situação no âmbito do processo civil, esta é aplicável no âmbito da insolvência, não havendo necessidade de recorrer aos critérios de integração de lacunas referidos no art. 10º do Código Civil. Conforme referem Carvalho Fernandes/João Labareda, *Código da Insolvência.*, sub art. 17º, nº 5, p. 139, essa integração é, porém, necessária quando o Código de Processo Civil nada disponha sobre o caso, o que ocorrerá com frequência, face às múltiplas questões de cariz não processual (designadamente substantivo ou registal) que surgem no âmbito da insolvência.

CAPÍTULO II – Processo especial de revitalização

Artigo 17º-A – Finalidade e natureza do processo especial de revitalização.

1. O processo especial de revitalização destina-se a permitir à empresa que, comprovadamente, se encontre em situação económica difícil ou em situação de insolvência meramente iminente, mas que ainda seja suscetível de recuperação, estabelecer negociações com os respetivos credores de modo a concluir com estes acordo conducente à sua revitalização.

2. O processo referido no número anterior pode ser utilizado por qualquer empresa que, mediante declaração escrita e assinada, ateste que reúne as condições necessárias para a sua recuperação e apresente declaração subscrita, há não mais de 30 dias, por contabilista certificado ou por revisor oficial de contas, sempre que a revisão de contas seja legalmente exigida, atestando que não se encontra em situação de insolvência atual, à luz dos critérios previstos no artigo 3º

3. O processo especial de revitalização tem caráter urgente, aplicando-se-lhe todas as regras previstas no presente código que não sejam incompatíveis com a sua natureza.

1. Este artigo foi aditado pela Lei 16/2012, de 20 de Abril, tendo a sua presente redacção reultado do D.L. 79/2017, de 30 de Junho.

2. Cfr. CATARINA SERRA, "Processo especial de revitalização – contributos para uma «rectificação»" na *ROA* 72 (2012), II-III, pp. 715-741 e "Revitalização – A designação e o misterioso objecto designado. O processo homónimo (PER) e as suas ligações com a insolvência (situação e processo) e com o SIREVE", em ID (org.), *I Congresso de Direito da Insolvência*, Coimbra, Almedina, 2013, pp. 85-106, JOÃO AVEIRO PEREIRA, "A revitalização económica dos devedores", em *O Direito* 145 (2013), I-II, pp. 9-50, NUNO SALAZAR CASANOVA/DAVID SEQUEIRA DINIS, *PER – O Processo Especial de Revitalização (Comentários aos artigos 17º-A a 17º-I do Código de Insolvência e de Recuperação de Empresas)*, Coimbra, Coimbra Editora, 2014, FÁTIMA REIS SILVA, *Processo Especial de Revitalização. Notas práticas e jurisprudência recente*, Porto, Porto Editora, 2014, MARIA DO ROSÁRIO EPIFÂNIO, *O Processo Especial de Revitalização*, Coimbra, Almedina, 2015, e ALEXANDRE SOVERAL MARTINS, *Um curso*, pp. 459 e ss.

3. Em grande contraste com a filosofia do CIRE a Lei 16/2012 introduziu o processo especial de revitalização, a ser utilizado pelos devedores em situação económica difícil (art. 17º-B) ou por aqueles cuja insolvência seja meramente iminente (art. 3º, nº 4) que, caso considerem que ainda são susceptíveis de recuperação, poderão desencadear este processo, poderão obter esta recuperação por negociação com os credores. O D.L. 79/2017 veio em primeiro lugar retringir a aplicação do PER às empresas, criando para todas as outras entidades o processo especial para acordo de pagamento

(PEAP), referido nos arts. 222º-A e ss., o que nos parece desnecessário, uma vez que esse processo é totalmente moldado sobre o regime do PER. Depois passou a condicionar o recurso ao PER, exigindo a certificação de que a empresa não se encontra em situação de insolvência actual, evitando assim o recurso a este processo por parte de empresas consideradas insolventes.

4. Resulta assim agora do nº 1 que apenas podem recorrer ao processo especial de revitalização as empresas, independentemente de serem pessoas singulares ou colectivas, não tendo assim acesso ao PER o devedor que não seja empresário, o qual tem que recorrer ao processo especial para acordo de pagamento (arts. 222º-A e ss.). Anteriormente ao Decreto-Lei 79/2017 esta questão era objecto de discussão intensa na doutrina, considerando a maioria dos autores que qualquer pessoa, singular ou colectiva, poderia recorrer ao PER, independentemente de ser ou não empresário. Neste sentido, João Aveiro Pereira, *O Direito* 145 (2013), I-II, p. 48, Rosário Epifâneo, *O Processo*, pp. 15-16, e Alexandre Soveral Martins, *Um curso*, p. 461, nota (5). Em sentido contrário, Carvalho Fernandes/João Labareda, *Código*, sub art. 17º-A, nº 8, p. 143, por considerarem que "a ideia de recuperabilidade do devedor tem constantemente sido ligada pela lei à existência de uma empresa no seu património e, neste sentido, à sua qualidade de empresário". Para além disso, "embora já num enquadramento insolvencial, a lei contempla um procedimento especialmente vocacionado para devedores que não sejam titulares de empresas, previsto e regulado nos arts. 251º e ss. por força do qual não se vê particular utilidade em cumular a possibilidade de recurso, por eles ao processo de revitalização (...)". Estes autores sustentaram consequentemente que "o processo de revitalização se dirige somente a devedores empresários". Já Nuno Casanova/David Dinis, *PER*, p. 13, entendiamm que "uma vez que o PER se destina a revitalizar o devedor, e não a liquidar o seu património, apenas podem ser objecto de um PER as pessoas colectivas e patrimónios autónomos que, mesmo não tendo uma finalidade lucrativa, exerçam uma actividade económica". Hoje a questão ficou assim resolvida.

5. É hoje claro, até pela necessidade de atestação de que a empresa não se encontra em situação de insolvência (art. 17º-A, nº 2), que este não poderá recorrer a este processo se já se encontrar em situação de insolvência efectiva, definida como a impossibilidade de cumprimento de obrigações vencidas (art. 3º, nº 1), e também, no caso das pessoas colectivas da manifesta superioridade do activo em relação ao passivo (art. 3º, nº 2), não podendo assim o processo de revitalização ser utilizado para elidir o dever de apresentação à insolvência (art. 18º). Neste sentido cfr. Catarina Serra, *I Congresso de Direito da Insolvência*, p. 94.

6. A lei exige, não apenas que a empresa esteja em situação económica difícil ou em situação de insolvência meramente iminente, mas também que ainda seja susceptível de recuperação. No entanto, esta exigência parece bastar-se com a simples declaração do devedor de preenche as condições necessárias para esse efeito (art. 17º-A, nº

2), não estando consagrada qualquer sanção processual para o caso de se verificar ser a declaração incorrecta. Efectivamente, parece inclusivamente ser de extrema dificuldade para alguma empresa a demonstração de que ainda é suceptível de recuperação, uma vez que a mesma depende da forma como venham a evoluir as negociações para a revitalização do devedor.

7. Pelo contrário, já tem hoje que ser efectivamente demonstrado que a empresa não se encontra em situação de insolvência efectiva, para o que se passou a exigir ainda a apresentação de declaração subscrita há não mais de 30 dias, por contabilista certificado ou por revisor oficial de contas, sempre que a revisão de contas seja legalmente exigida, atestando que a empresa não se encontra em situação de insolvência actual, à luz dos critérios previstos no art. 3º. Esta informação tem assim que ser efectivamente comprovada no processo mediante um juízo pericial efectuado por técnico habilitado. Em consequência o subscritor dessa declaração poderá vir a ser responsabilizado, nos termos da responsabilidade por informações prevista no art. 485º CC em caso de incorrecção dessa atestação. Poderá, por isso, haver dificuldades para as empresas que pretendem recorrer à revitalização em encontrar contabilistas ou revisores oficiais de contas dispostos a passar esse atestado. Efectivamente, a fronteira entre a pré-insolvência e a insolvência efectiva é muito ténue e difícil de estabelecer em concreto, pelo que não é fácil que alguém se disponha, por exemplo, a atestar que a empresa, apesar da ausência de liquidez e da falta de crédito, ainda não se encontra impossibilitada de cumprir obrigações vencidas, mas apenas com dificuldades para o fazer.

Artigo 17º-B – Noção de situação económica difícil

Para efeitos do presente Código, encontra-se em situação económica difícil a empresa que enfrentar dificuldade séria para cumprir pontualmente as suas obrigações, designadamente por ter falta de liquidez ou por não conseguir obter crédito.

1. Este artigo foi aditado pela Lei 16/2012, de 20 de Abril. A sua actual redacção é do D.L. 79/2017, de 30 de Junho.

2. Enquanto que a insolvência consiste na impossibilidade de cumprir as obrigações vencidas (art. 3º, nº 1) a situação económica difícil caracteriza-se pela existência de uma dificuldade séria de efectuar o seu cumprimento pontual, designadamente por falta de liquidez ou por não conseguir obter crédito. Cremos que este conceito acabará por não se distinguir muito da insolvência iminente (art. 3º, nº 4), que aliás é igualmente considerada como fundamento do processo de revitalização. Parece, por isso, que as duas situações podem facilmente ser agregadas num conceito de pré-insolvência, em que a empresa manifestamente se encontra em vias de atingir a situação de insolvência efectiva se não forem atempadamente tomadas providências de recuperação.

Artigo 17º-C – Requerimento e formalidades

1. O processo especial de revitalização inicia-se pela manifestação de vontade da empresa e de credor ou credores que, não estando especialmente relacionados com a empresa, sejam titulares, pelo menos, de 10% de créditos não subordinados, relacionados ao abrigo da alínea *b*) do nº 3, por meio de declaração escrita, de encetarem negociações conducentes à revitalização daquela, por meio da aprovação de plano de recuperação.

2. A declaração referida no número anterior deve ser assinada por todos os declarantes, da mesma constando a data da assinatura.

3. A empresa apresenta no tribunal competente para declarar a sua insolvência requerimento comunicando a manifestação de vontade referida no nº 1, acompanhado dos seguintes elementos:

a) A declaração escrita referida nos números anteriores;

b) Cópia dos documentos elencados no nº 1 do artigo 24º, as quais ficam patentes na secretaria para consulta dos credores durante todo o processo;

c) Proposta de plano de recuperação acompanhada, pelo menos, da descrição da situação patrimonial, financeira e reditícia da empresa.

4. Recebido o requerimento referido no número anterior, o juiz nomeia de imediato, por despacho, administrador judicial provisório, aplicando-se o disposto nos artigos 32º a 34º com as devidas adaptações.

5. O despacho referido no número anterior é de imediato notificado à empresa, sendo-lhe aplicável o disposto nos artigos 37º e 38º com as devidas adaptações.

6. A requerimento da empresa e de credor ou credores que, satisfazendo o disposto no nº 1, detenham, pelo menos, créditos no valor de 5% dos créditos relacionados, ou mediante requerimento fundamentado da empresa, o juiz pode reduzir o limite de 10% a que se refere o nº 1, levando em consideração na apreciação do pedido o montante absoluto dos créditos relacionados e a composição do universo de credores.

7. Oficiosamente ou a requerimento do administrador judicial provisório, são apensados aos autos os processos especiais de revitalização intentados por sociedades comerciais com as quais a empresa se encontre em relação de domínio ou de grupo, nos termos do Código das Sociedades Comerciais, podendo o mesmo requerimento ser formulado por todas as empresas naquelas circunstâncias que tenham intentado processo especial de revitalização.

8. A apensação referida no número anterior apenas pode ser requerida até ao início do prazo de negociações previsto no nº 5 do artigo 17º-D no processo ao qual os demais devam ser apensados, aplicando-se, com as necessárias adaptações o disposto no nº 4 do artigo 86º

1. Este artigo foi aditado pela Lei 16/2012, de 20 de Abril. A sua actual redacção resulta do D.L. 79/2017, de 30 de Junho, que lhe aditou ainda os nºs 5, 6, 7 e 8.

2. Nos termos do art. 6º, nº 5, do D.L. 79/2017, de 30 de Junho, o disposto no nº 1, na alínea *c*) do nº 3 e no nº 6 do artigo 17º-C do CIRE, com a redação dada por esse decreto-lei, apenas se aplica aos processos especiais de revitalização instaurados após a entrada em vigor desse decreto-lei.

3. No nº 1 estabelece-se que para início do processo de revitalização é necessário que a empresa obtenha o acordo com credores que, não estando especialmente relacionados com esta, sejam titulares de 10% de créditos não subordinados, para encetarem negociações conducentes à revitalização daquela, por meio da aprovação de plano de recuperação. Face a esta regra, apenas os credores comuns, garantidos ou privilegiados podem dar o seu acordo ao início das negociações, tendo que corresponder a 10% dos credores nessas condições. Já em relação aos credores subordinados, referidos no art. 48º, o seu acordo é considerado irrelevante para efeitos do processo de revitalização, não sendo assim contabilizados para efeitos do limiar mínimo de 10% dos credores. Parece redundante exigir que se trate de credores não especialmente relacionados com a empresa, uma vez que, havendo essa relação especial, esses créditos são havidos como subordinados (art. 48º, *a*) e 49º), não contando, por isso, para o cálculo dos 10%.

4. Apesar de o nº 3, *a*) se referir apenas a uma única declaração, é manifesto que, por força do art. 17º-A, n º 2, terá ainda obrigatoriamente que ser apresentada uma declaração subscrita há não mais de 30 dias, por contabilista certificado ou por revisor oficial de contas, sempre que a revisão de contas seja legalmente exigida, atestando que a empresa não se encontra em situação de insolvência actual, à luz dos critérios previstos no art. 3º

5. A propósito do nº 3, *a*), segunda parte, tem sido controvertido na jurisprudência se o juiz tem a possibilidade nesta fase de indeferir liminarmente o processo especial de revitalização, designadamente por falta dos seus pressupostos legais, como na hipótese de o devedor já se encontrar em situação de insolvência actual. Assim, no Ac. RP 15/11/2012 (Cardoso Amaral), processo 1457/12.2TJPRT-A.P1 sustenta-se que "o Juiz, ao proferir o despacho – recorrível – a que se alude na segunda parte da alínea *a*), do nº 3 do art. 17º-C, não tem que verificar a existência dos requisitos materiais de que depende o recurso a tal procedimento, nem o seu eventual abuso". Da mesma forma, no Ac. RG 16/5/2013 (Conceição Bucho), processo 284/13.4TBEPS-A.G1, sustenta-se que não compete ao juiz "averiguar se materialmente se verificam os requisitos de que depende o procedimento". Mas já no Ac. RC 7/10/2013 (Carlos Moreira), processo 754.13.4TBLRA.C1, se considerou que "se o juiz concluir que não está preenchido nenhum destes requisitos – v.g., por anterior actuação processual do requerente que três mesmes antes tinha requerido a sua insolvência alegando que esta era *actual e real* –, pode e deve, à míngua de justificação para a alteração da posição/pretensão, rejeitar liminarmente o pedido".

Também a doutrina se tem mostrado dividida sobre esta questão. Nuno Casanova e David Dinis, *PER*, p. 17 entendem que não compete ao juiz, aquando da recepção do pedido, fazer uma análise preliminar sobre a verificação dos seus pressupostos legais, admitindo, porém, a possibilidade de este rejeitar o pedido em caso de manifesta inviabilidade. Já Alexandre Soveral Martins, *Um curso*, p. 462, referindo ter "sido dito que não estará a ser efetuado um controlo dessa situação de inexistência de insolvência actual [...] porque o art. 17º, nº 3, *a*), estabelece que o juiz, depois de receber a comunicação do devedor de que pretende dar início às negociações, nomeia de imediato o administrador judicial provisório". Pronunciando-se contra esse entendimento, o autor sustenta a aplicação analógica do art. 27º, que prevê uma apreciação liminar. No mesmo sentido, Carvalho Fernandes e João Labareda, *Código*, sub art. 17º-C, nº 4, p. 149, sustentam a aplicação analógica do art. 27º, nº 1, b), no caso em que o devedor não junta os documentos que deveria juntar, admitindo o indeferimento do pedido se ele no prazo máximo de 5 dias não suprir a falta. Da mesma forma, João Aveiro Pereira, *O Direito* 145 (2013), I-II, p. 36, considera que o tribunal "pode recusar o pedido de acesso ao processo de revitalização e não nomear administrador (...) com base numa apreciação perfunctória da própria declaração e dos documentos que a acompanham, pois desses elementos poderá resultar, sem quaisquer dúvidas, por exemplo, que o devedor está em situação de insolvência actual, ou até, ainda que insólito pareça, já foi como tal declarado".

Parece-nos efectivamente que o juiz deverá fazer uma apreciação liminar, ainda que restrita, nesta fase, apenas nomeando o administrador judicial provisório se o pedido cumprir os requisitos legais. A apresentação indevida de um processo de revitalização pode inclusivamente justificar a responsabilização do devedor que recorreu abusivamente a esse processo. Cfr. Menezes Leitão, "A responsabilidade pela abertura indevida do processo especial de revitalização", em Catarina Serra (org.), *II Congresso de Direito da Insolvência*, Coimbra, Almedina, 2014, pp. 143-151.

6. Nos termos do 1º, nº 2, *b*) do Novo Regime do Fundo de Garantia Salarial, anexo ao D.L. 59/2015, de 21 de Abril, logo após a sua nomeação, o administrador judicial provisório deve notificar o Fundo da apresentação do requerimento previsto no art. 17º-C do CIRE, com cópia dos documentos que o acompanham, bem como despacho que o nomeou.

7. Por força da remissão do (actualmente) art. 17º-C, nº 4 para o art. 32º, nº 3, CIRE, a remuneração do administrador judicial provisório deve ser fixada pelo juiz no próprio acto de nomeação. Essa remuneração deve ser fixada nos termos da Portaria nº 51/2005, de 20 de Janeiro. Neste sentido, cfr. Ac. RC 15/7/2015 (Henrique Antunes), processo 4725/14, na *CJ* 40 (2015), 3, pp. 40-45. Em sentido contrário, sustentando a inaplicabilidade da referida portaria, por não estar em causa no PER a liquidação da massa insolvente, cfr. Ac. RC 16/2/2016 (Maria João Areias), processo 543/14.6T8CBR.C1, na *CJ* 41 (2016), 1, pp. 23-25.

8. Resulta da remissão do art. 17º-C, nº 5 para o art. 38º, nº 2, que a nomeação do administrador judicial provisório é registada oficiosamente, com base na respectiva certidão, para o efeito remetida pela secretaria, nos diversos registos a que o devedor esteja sujeito. Chama, no entanto, a atenção EMANUEL JOSÉ DE OLIVEIRA RAMOS, "Questões registais em contexto de insolvência", na *RDI*, nº 1 (Abril 2016), pp. 91-98 (98), não estar legalmente prevista a inscrição oficiosa da cessação de funções do administrador judicial provisório em processo de revitalização, uma vez que o art. 67º, nº 3, CRCom só a prevê para o processo de insolvência.

9. Determina o nº 6 que o limite mínimo de 10% de credores não subordinados pode, no entanto, ser reduzido pelo juiz a requerimento da empresa e de credores nas mesmas condições que detenham pelo menos 5% do valor dos créditos relacionados, ou mediante requerimento fundamentado da empresa, levando o juiz em consideração na apreciação do pedido o montante absoluto dos créditos relacionados e a composição do universo de credores. Nesse caso, a empresa deverá ainda juntar, além dos documentos referidos no nº 3, o requerimento subscrito por si e por 5% dos credores ou apenas por si subscrito.

Artigo 17º-D – Tramitação subsequente

1. Logo que seja notificada do despacho a que se refere o nº 4 do artigo anterior, a empresa comunica, de imediato e por meio de carta registada, a todos os seus credores que não hajam subscrito a declaração mencionada no nº 1 do mesmo preceito, que deu início a negociações com vista à sua revitalização, convidando-os a participar, caso assim o entendam, nas negociações em curso e informando que a documentação a que se refere o nº 1 do artigo 24º e a proposta de plano se encontram patentes na secretaria do tribunal, para consulta.

2. Qualquer credor dispõe de 20 dias contados da publicação no portal Citius do despacho a que se refere a alínea *a*) do nº 3 do artigo anterior para reclamar créditos, devendo as reclamações ser remetidas ao administrador judicial provisório, que, no prazo de cinco dias, elabora uma lista provisória de créditos.

3. A lista provisória de créditos é imediatamente apresentada na secretaria do tribunal e publicada no portal Citius, podendo ser impugnada no prazo de cinco dias úteis e o juiz dispõe, em seguida, de idêntico prazo para decidir sobre as impugnações formuladas.

4. Não sendo a lista provisória de créditos impugnada, converte-se de imediato em lista definitiva.

5. Findo o prazo para impugnações, os declarantes dispõem do prazo de dois meses para concluir as negociações encetadas, o qual pode ser prorrogado por uma só vez e por um mês, mediante acordo prévio e escrito entre o administrador judicial provisório nomeado e a empresa, devendo tal acordo ser junto aos autos e publicado no portal Citius.

6. Durante as negociações a empresa presta toda a informação pertinente aos seus credores e ao administrador judicial provisório que haja sido nomeado para que as mesmas se possam realizar de forma transparente e equitativa, devendo manter sempre actualizada e completa a informação facultada ao administrador judicial provisório e aos credores.

7. Os credores que decidam participar nas negociações em curso declaram-no à empresa por carta registada, podendo fazê-lo durante todo o tempo em que perdurarem as negociações, sendo tais declarações juntas ao processo.

8. As negociações encetadas entre a empresa e os seus credores regem-se pelos termos convencionados entre todos os intervenientes, ou na falta de acordo, pelas regras definidas pelo administrador judicial provisório nomeado, nelas podendo participar os peritos que cada um dos intervenientes considerar oportuno, cabendo a cada qual suportar os custos dos peritos que haja contratado, se o contrário não resultar expressamente do plano de recuperação que venha a ser aprovado.

9. O administrador judicial provisório participa nas negociações, orientando e fiscalizando o decurso dos trabalhos e a sua regularidade, e deve assegurar que as partes não adotam expedientes dilatórios ou inúteis, prejudiciais à boa marcha daquelas.

10. Durante as negociações os intervenientes devem actuar de acordo com os princípios orientadores aprovados pela Resolução do Conselho de Ministros nº 43/2011, de 25 de Outubro.

11. A empresa, bem como os seus administradores de direito ou de facto, no caso de aquela ser uma pessoa colectiva, são solidária e civilmente responsáveis pelos prejuízos causados aos seus credores em virtude de falta ou incorrecção das comunicações ou informações a estes prestadas, correndo autonomamente ao presente processo a acção intentada para apurar as aludidas responsabilidades.

1. Este artigo foi aditado pela Lei 16/2012, de 20 de Abril. A actual redacção dos nºs 1, 5, 6, 7, 8 e 11 resulta do D.L. 79/2017, de 30 de Junho, sendo que as alterações se resumiram à substituição da expressão "o devedor" por "a empresa".

2. Nos termos do art. 6º, nº 5, do D.L. 79/2017, de 30 de Junho, o disposto no nº 1 do artigo 17º-D do CIRE, com a redação dada por esse decreto-lei, apenas se aplica aos processos especiais de revitalização instaurados após a entrada em vigor desse decreto-lei.

3. O art. 5º do D.L. 79/2017, de 30 de Junho, determina a substituição do Portal Citius por um portal a definir por portaria do membro do Governo responsável pela

área da justiça, sendo que, a partir da data da disponibilização ao público do referido portal, a qual é comunicada por despacho publicado na 2ª Série do Diário, todas as referências feitas no CIRE ao Citius são consideradas feitas a esse novo portal.

4. Encontra-se publicada em anexo a Resolução do Conselho de Ministros nº 43/2011, de 25 de Outubro.

5. Apesar de o processo de revitalização ser desencadeado pela empresa, obtido o acordo de, pelo menos, 10% ou, em casos excepcionais, 5% dos credores, todos os seus credores, a partir do momento em que se inicia o processo têm o ónus de reclamar os seus créditos e até interesse em participar na negociação, em ordem a evitar a concessão de garantias especiais a apenas alguns dos credores (cfr. art. 17º-H).

6. No Ac. RG 7/12/2016 (Isabel Silva), processo 5110/15.7T8VNF-A.G1, considerou-se que o beneficiário de uma garantia constituída pela empresa em relação a uma dívida alheia não é credor da mesma, pelo que não pode ser convocado para as negociações no âmbito do PER. Em consequência considerou-se ineficaz em relação ao beneficiário a cláusula do PER que reduzia o âmbito de uma hipoteca para pagamento de dívida alheia.

7. Ao contrário do que se prevê no âmbito do processo de insolvência (art. 146º) não parece admissível no âmbito do processo especial de revitalização a verificação ulterior de créditos. Neste sentido, Fátima Reis Silva, *Processo*, p. 49, e Alexandre Soveral Martins, *Um curso*, pp. 472-473, nota (38).

8. Quer a empresa quer os credores devem empenhar-se activamente na procura do acordo que permita a revitalização do devedor. Nuno Pinto Oliveira, "Entre Código de Insolvência e princípios orientadores: um dever de (re)negociação?", na *ROA* 72 (2012), nºs 2/3, pp. 677-689, chega mesmo a defender que os que os credores têm um dever de renegociação por força do princípio da boa fé, pelo que não devem obstar a um acordo razoável que venha a ser proposto pelo devedor, podendo ser responsabilizados se o fizerem.

9. Na jurisprudência tem-se entendido não ser aplicável à impugnação da lista provisória de créditos no processo especial de revitalização a norma constante do art. 139º, nº 5, do CPC, pelo que se for ultrapassado o prazo de 5 dias úteis previsto no art. 17º-D, nº 3, a lista converte-se em definitiva, nos termos do nº 4 da mesma disposição. Neste sentido, cfr. Ac. RC 2/2/2016 (Maria João Areias), processo 2935/15.7T8CBR.C1, na *CJ* 41 (2016), 1, pp. 7-11.

10. O prazo estabelecido no art. 17º-D, nº 5, é um prazo peremptório, determinando o encerramento do processo se for ultrapassado (art. 17º-G, nº 1). Em consequência caduca o direito de prosseguir as negociações ao fim do mesmo, pelo que o plano de recuperação deixa de poder ser homologado se o acordo com os credores só for obtido depois de decorrido este prazo. Neste sentido, Ac. STJ 18/10/2016 (Pinto de Almeida), processo 2903/15.9T8BRR.L1.S1, na *CJ-ASTJ* 24 (2016), 3, pp. 77-79.

Artigo 17º-E – Efeitos

1. A decisão a que se refere a alínea *a*) do nº 3 do artigo 17º-C obsta à instauração de quaisquer ações para cobrança de dívidas contra a empresa e, durante todo o tempo em que perdurarem as negociações, suspende, quanto à empresa, as ações em curso com idêntica finalidade, extinguindo-se aquelas logo que seja aprovado e homologado plano de recuperação, salvo quando este preveja a sua continuação.

2. Caso o juiz nomeie administrador judicial provisório nos termos do nº 4 do artigo 17º-C, a empresa fica impedida de praticar atos de especial relevo, tal como definidos no artigo 161º, sem que previamente obtenha autorização para a realização da operação pretendida por parte do administrador judicial provisório.

3. A autorização a que se refere o número anterior deve ser requerida por escrito pela empresa ao administrador judicial provisório e concedida pela mesma forma.

4. Entre a comunicação da empresa ao administrador judicial provisório e a receção da resposta ao peticionado não podem mediar mais de cinco dias, devendo, sempre que possível, recorrer-se a comunicações electrónicas.

5. A falta de resposta do administrador judicial provisório ao pedido formulado pela empresa corresponde a declaração de recusa de autorização para a realização do negócio pretendido.

6. Os processos de insolvência em que anteriormente haja sido requerida a insolvência da empresa suspendem-se na data de publicação no portal Citius do despacho a que se refere o nº 4 do artigo 17º-C, desde que não tenha sido proferida sentença declaratória da insolvência, os quais se extinguem logo que seja aprovado e homologado plano de recuperação.

7. A decisão a que se refere o nº 4 do artigo 17º-C determina a suspensão de todos os prazos de prescrição e de caducidade oponíveis pela empresa, durante todo o tempo em que perdurarem as negociações e até à prolação dos despachos de homologação, de não homologação, caso não seja aprovado plano de recuperação até ao apuramento do resultado da votação ou até ao encerramento das negociações nos termos previstos nos nºs 1 e 5 do artigo 17º-G.

8. A partir da decisão a que se refere o número anterior e durante todo o tempo em que perdurarem as negociações, não pode ser suspensa a prestação dos seguintes serviços públicos essenciais:

a) Serviço de fornecimento de água;

b) Serviço de fornecimento de energia elétrica;

c) Serviço de fornecimento de gás natural e gases de petróleo liquefeitos canalizados;

d) Serviço de comunicações eletrónicas;

e) Serviços postais;

f) Serviço de recolha e tratamento de águas residuais;

g) Serviços de gestão de resíduos sólidos urbanos.

9. O preço dos serviços públicos essenciais prestados durante o período referido no número anterior que não sejam objeto de pagamento pela empresa será considerado dívida da massa insolvente em insolvência da mesma que venha a ser decretada nos dois anos posteriores ao termo do prazo de negociações, sem prejuízo do disposto no artigo 10º da Lei nº 23/96 de 26 de julho, alterada e republicada pela Lei nº 12/2008, de 26 de fevereiro, e alterada pelas Leis nºs 24/2008, de 2 de junho, 6/2011, de 10 de março, 44/2011, de 22 de junho, e 10/2013, de 28 de janeiro.

1. Este artigo foi aditado pela Lei 16/2012, de 20 de Abril. A sua actual redacção consta do D.L. 79/2017, de 30 de Junho, que aditou os números 7, 8, e 9, tendo ainda alterado a redacção dos restantes números para substituir a expressão "o devedor" por "a empresa", e actualizar as remissões para o art. 17º-C.

2. O art. 5º do D.L. 79/2017, de 30 de Junho, determina a substituição do Portal Citius por um portal a definir por portaria do membro do Governo responsável pela área da justiça, sendo que, a partir da data da disponibilização ao público do referido portal, a qual é comunicada por despacho publicado na 2ª Série do Diário, todas as referências feitas no CIRE ao Citius são consideradas feitas a esse novo portal.

3. Uma vez obtida a nomeação do administrador judicial provisório no processo de revitalização o devedor obtém a suspensão de todas as acções destinadas à cobrança de dívidas (nº 1), assim como do processos de insolvência contra ele instaurados se a sua insolvência não tiver sido já decretada (nº 6), extinguindo-se futuramente todos esses processos no caso de vir a ser aprovado e homologado o plano de recuperação. No entanto, o devedor perde a possibilidade de praticar actos de especial relevo, a menos que obtenha previamente a autorização do administrador judicial provisório.

4. Face à proibição de instauração de acções de cobrança de dívidas contra o devedor após a nomeação do administrador judicial provisória, se apesar disso elas forem instauradas, as mesmas devem ser extintas por impossibilidade originária da lide (cfr. art. 277º, *e*) CPC). Neste sentido, cfr. Artur Dionísio Oliveira, "Os efeitos processuais do PER e os créditos litigiosos", em Catarina Serra (org.), *III Congresso de Direito da Insolvência*, Coimbra, Almedina, 2015, pp. 199-228 (201).

5. Tem sido objecto de discussão na doutrina se a expressão "quaisquer acções contra o devedor" abrange apenas as acções executivas ou também as acções declarativas condenatórias. A melhor posição é a de que são abrangidas todas as acções destinadas à cobrança de dívidas, sejam elas declarativas ou executivas, e independentemente da natureza da dívida. Neste sentido, cfr. Carvalho Fernandes/João Labareda, *Código*, sub art. 17º-E, nº 3, pp. 164-165, Ana Prata/Jorge Morais de Carvalho/Rui

Simões, *Código*, sub art. 17º-E, nº 2, pp. 64-65, Fátima Reis Silva, *Processo*, p. 53, Alexandre Soveral Martins, *Um curso*, pp. 470-471, e nota (34), e Artur Dionísio Oliveira em Catarina Serra (org.), *III Congresso de Direito da Insolvência*, pp. 208 e ss.. Em sentido próximo, considerando que a suspensão abrange tanto acções declarativas e executivas, mas apenas se forem relativas a obrigações pecuniárias, cfr. João Aveiro Pereira, *O Direito* 145 (2013), I-II, p. 24, Em sentido contrário, defendendo estarem aqui apenas em causa as acções executivas, cfr. Rosário Epifâneo, *O processo*, p. 32, nota (43). Mais longe vão ainda Nuno Casanova/David Dinis, *PER*, pp. 97-98, defendendo que esta disposição exclui as acções declarativas, as execuções para prestação de coisa e de facto, e a generalidade dos procedimentos cautelares, abrangendo apenas as acções executivas para pagamento de quantia certa e os procedimentos cautelares antecipatórios de acções que deveriam ser suspensas ao abrigo da mesma.

Também a jurisprudência se tem pronunciado maioritariamente no sentido de que todas as acções são suspensas, incluindo as declarativas. Neste sentido, cfr. Ac. RC 16/10/2012 (Carlos Moreira), emitido no processo 421/12.6TBTND.C1, Ac. RC 27/2/2014 (Ramalho Pinto), emitido no processo 1112/13.6TTCBRC.1, Ac. RL 6/5/2014 (Ondina Carmo Alves), emitido no processo 171085/12.0YPRT.L1-2, Ac. RL 18/6/2014 (Maria João Romba), emitido no processo 899/12.8TTVFX.L1-4, Ac. RP 30/6/2014 (Caimoto Jácome), emitido no processo 1251/12.0TYVNG.P1, Ac. RP 4/7/2014 (João Nunes), emitido no processo 344/13.1TTMAI.P1. Defendendo a suspensão apenas das acções declarativas e executivas relativas a obrigações pecuniárias, cfr. Ac. RC 3/3/2015 (Manuel Capelo), emitido no processo 1075/13.8TVBIS.C1. Excluindo da suspensão as acções declarativas, veja-se, porém, Ac. RL 7/11/2013 (Leopoldo), emitido no processo 1190/12.5TTLSB.L1-4. Da mesma forma, no Ac. RP 4/7/2014 (Paula Maria Roberto), emitido no processo 918/12.8TTPRT.P1, considerou-se que a suspensão não abrange a acção emergente de acidente de trabalho em curso. Já no Ac. RP 21/1/2016 (Carlos Portela), processo 288/15.2T8PVZ.P1, na *CJ* 41 (2016), 1, pp. 156-158, considerou-se que a suspensão não abrange uma providência cautelar de restituição de imóveis na sequência da resolução de um contrato de locação financeira.

Naturalmente, no entanto, que a suspensão e extinção não se pode verificar em relação a créditos que tenham sido constituídos após a nomeação do administrador judicial provisório (cfr. Ac. RP 17/11/2014 (Paula Leal de Carvalho), processo 295/14.2TTPNF.P1, Ac. RP 5/1/2015 (Fernanda Soares), processo 290/14.1TTPNF.P1 e Ac. RC 28/1/2016 (Felizardo Paiva), processo 791/15.4TBGRD.C1.) e também não parece que se possa aplicar se a dívida em questão tiver sido omitida na relação de créditos que deu origem ao plano de recuperação, não tendo por isso sido contemplados nesse plano (cfr. Ac. RL 11/1/2017 (Sérgio Almeida), processo 2063/13.0TTLSB.L1, na *CJ* 42 (2017), 1, pp. 137-139).

6. Conforme refere Alexandre de Soveral Martins, *Um curso*, p. 472, a não suspensão dos processos de insolvência, nos termos do nº 6, no caso de já ter sido pro-

ferida a respectiva sentença declaratória, justifica-se pelo facto de não poder recorrer ao PER o devedor que já se encontre em situação de insolvência actual (art. 17º-A, nº 1). Carvalho Fernandes/João Labareda, *Código*, sub art. 17º-E, nº 6, p. 166, entendem que, por esse motivo, também não se deverão suspender os processos de insolvência desencadeados por apresentação do devedor, uma vez que esta importa reconhecimento da sua situação de insolvência (art. 28º), nem os processos em que o devedor não tenha deduzido oposição à insolvência, com os efeitos previstos no art. 30º, nº 5, dado que o processo de revitalização não pode ser usado para paralisar nesses casos o processo de insolvência. Os autores limitam-se a aplicação da suspensão dos processos de insolvência "aos casos de processos de insolvência iniciados ao abrigo do art. 20º, cujo pedido foi contestado e ainda não está decidido à data em que é feita a publicação do despacho de prosseguimento do processo de revitalização".

7. Conforme salientam com razão Nuno Casanova/David Dinis, *PER*, p. 117, o efeito da extinção dos processos de insolvência previsto no nº 6 apenas deve ocorrer com o trânsito em julgado da sentença homologatória do plano, uma vez que não faria sentido que os requerentes da insolvência fossem obrigados a instaurar novos processos, caso a sentença homologatória viesse a ser revogada em recurso.

8. O nº 7 passou a prever como efeito da nomeação do administrador judicial provisório a suspensão dos prazos de prescrição e caducidade oponíveis pela empresa, durante todo o tempo em que perdurarem as negociações. Trata-se, neste caso, de uma situação de suspensão e não de interrupção dos prazos de prescrição e de caducidade, pelo que o tempo anteriormente decorrido antes da suspensão é contabilizado na altura em que o prazo voltar a correr.

9. O nº 8 passou a determinar que a partir da decisão de nomeação do administrador judicial provisório não pode ser suspensa a prestação dos seguintes serviços públicos essenciais de fornecimento de água, electricidade, comunicações electrónicas, correio, esgotos e recolha de lixo. Os fornecedores desses serviços públicos essenciais perdem assim, durante a fase das negociações, a faculdade de recorrer à excepção de não cumprimento do contrato (arts. 428º e ss. CC) e até à resolução por incumprimento (art. 801º, nº 2, CC) em ordem a evitar que uma suspensão da actividade da empresa, em resultado da ausência de fornecimento dos serviços públicos essenciais, pudesse prejudicar a negociação com os credores para a sua revitalização.

10. Como contrapartida pela retirada desses direitos, estabelece, entanto, o nº 9, que o preço dos serviços públicos prestados nesse período que não sejam objecto de pagamento pela empresa será considerado dívida da massa insolvente em insolvência da mesma que venha a ser decretada nos dois anos posteriores ao termo do prazo das negociações. Ressalva-se, no entanto, o disposto no art. 10º da Lei 23/96, de 26 de Julho, na redacção da Lei 24/2008, de 2 de Junho, que estabelece um prazo de prescrição de seis meses para estas obrigações, a partir da prestação do serviço, assim como

um prazo de caducidade do direito ao recebimento da diferença de preço, em caso de pagamento inferior por erro do prestador de serviços, a contar do pagamento inicial. Essa prescrição ou caducidade apenas pode ocorrer, no entanto, após o termo das negociações, uma vez que, conforme acima se referiu, durante o prazo em que decorrerem as mesmas, esses prazos ficam suspensos.

Artigo 17º-F – Conclusão das negociações com a aprovação de plano de recuperação conducente à revitalização da empresa

1. Até ao último dia do prazo de negociações a empresa deposita no tribunal a versão final do plano de revitalização, acompanhada de todos os elementos previstos no artigo 195º, aplicável com as devidas adaptações, sendo de imediato publicada no portal Citius a indicação do depósito.

2. No prazo de cinco dias subsequente à publicação, qualquer credor pode alegar nos autos o que tiver por conveniente quanto ao plano depositado pela empresa, designadamente circunstâncias suscetíveis de levar à não homologação do mesmo, dispondo a empresa de cinco dias após o termo do primeiro prazo para, querendo, alterar o plano em conformidade, e, nesse caso, depositar a nova versão nos termos previstos no número anterior.

3. Findo o prazo previsto no número anterior é publicado no portal Citius anúncio advertindo da junção ou não junção de nova versão do plano, correndo desde a publicação referida o prazo de votação de 10 dias, no decurso do qual qualquer interessado pode solicitar a não homologação do plano, nos termos e para os efeitos previstos nos artigos 215º e 216º, com as devidas adaptações.

4. Concluindo-se a votação com a aprovação unânime de plano de recuperação conducente à revitalização da empresa, em que intervenham todos os seus credores, este é de imediato remetido ao processo, para homologação ou recusa do mesmo pelo juiz, acompanhado da documentação que comprova a sua aprovação, atestada pelo administrador judicial provisório nomeado, produzindo tal plano de recuperação, em caso de homologação, de imediato, os seus efeitos.

5. Sem prejuízo de o juiz poder computar no cálculo das maiorias os créditos que tenham sido impugnados se entender que há probabilidade séria de estes serem reconhecidos, considera-se aprovado o plano de recuperação que:

a) Sendo votado por credores cujos créditos representem, pelo menos, um terço do total dos créditos relacionados com direito de voto, contidos na lista de créditos a que se referem os nºs 3 e 4 do artigo 17º-D, recolha o voto favorável de mais de dois terços da totalidade dos votos emitidos e mais de metade dos votos emitidos corresponda a créditos não subordinados, não se considerando como tal as abstenções; ou *b)* Recolha o voto favorável de credores cujos créditos representem mais de metade da totalidade dos créditos relacionados com direito de voto, calculados de harmonia com o disposto na alínea anterior, e mais de metade destes votos corresponda a créditos não subordinados, não se considerando como tal as abstenções.

6. A votação efectua-se por escrito, aplicando-se-lhe o disposto no artigo 211º com as necessárias adaptações e sendo os votos remetidos ao administrador judicial provisório, que os abre em conjunto com a empresa e elabora um documento com o resultado da votação, que remete de imediato para tribunal.

7. O juiz decide se deve homologar o plano de recuperação ou recusar a sua homologação, nos 10 dias seguintes à receção da documentação mencionada nos números anteriores, aplicando, com as necessárias adaptações, as regras previstas no título IX, em especial o disposto nos artigos 194º a 197º, no nº 1 do artigo 198º e nos artigos 200º a 202º, 215º e 216º

8. Caso o juiz não homologue o acordo aplica-se o disposto nos nºs 2 a 4, 6 e 7 do artigo 17º-G.

9. Sendo proferida decisão de não homologação, é aplicável ao recurso que venha a ser interposto dessa decisão o disposto no nº 3 do artigo 40º, com as devidas adaptações, caso o parecer do administrador venha a ser de que a empresa se encontra em situação de insolvência.

10. A decisão de homologação vincula a empresa e os credores, mesmo que não hajam reclamado os seus créditos ou participado nas negociações, relativamente aos créditos constituídos à data em que foi proferida a decisão prevista no nº 4 do artigo 17º-C, e é notificada, publicitada e registada pela secretaria do tribunal.

11. Compete ao devedor suportar as custas do processo de homologação.

12. É aplicável ao plano de recuperação o disposto no nº 1 do artigo 218º

13. É aplicável o disposto no nº 6 do artigo seguinte, contando-se o prazo de dois anos da decisão prevista no nº 7 do presente artigo, exceto se a empresa demonstrar, no respetivo requerimento inicial, que executou integralmente o plano ou que o requerimento de novo processo especial de revitalização é motivado por fatores alheios ao próprio plano e a alteração superveniente é alheia à empresa.

1. Este artigo foi aditado pela Lei 16/2012, de 20 de Abril. A sua actual redacção consta integralmente do D.L. 79/2017, de 30 de Junho.

2. O art. 5º do D.L. 79/2017, de 30 de Junho, determina a substituição do Portal Citius por um portal a definir por portaria do membro do Governo responsável pela área da justiça, sendo que, a partir da data da disponibilização ao público

do referido portal, a qual é comunicada por despacho publicado na 2ª Série do Diário, todas as referências feitas no CIRE ao Citius são consideradas feitas a esse novo portal.

3. Em virtude da remissão do nº 1, para o art. 195º, aplica-se o disposto nesta norma quanto ao conteúdo obrigatório do plano de recuperação, apenas se excluindo a hipótese de liquidação da massa insolvente, que não tem cabimento nesta situação. O plano de recuperação deve assim conter obrigatoriamente os seguintes elementos: a) a descrição da situação patrimonial, financeira e reditícia do devedor; b) a indicação sobre se os meios de satisfação dos credores serão obtidos através da recuperação do titular da empresa ou da transmissão da empresa a outra entidade; c) no caso de se prever a manutenção em actividade da empresa, na titularidade do devedor ou de terceiro, e pagamentos aos credores à custa dos respectivos rendimentos, plano de investimentos, conta de exploração previsional e demonstração previsional de fluxos de caixa pelo período de ocorrência daqueles pagamentos, e balanço pró-forma, em que os elementos do activo e do passivo, tal como resultantes da homologação do plano de insolvência, são inscritos pelos respectivos valores; d) o impacte expectável das alterações propostas, por comparação com a situação que se verificaria na ausência de qualquer plano de recuperação; e) a indicação dos preceitos legais derrogados e do âmbito dessa derrogação.

4. A lei distingue consoante o plano de recuperação seja aprovado por unanimidade dos credores ou por maioria destes, com base nos critérios constantes do art. 212º. Verifica-se, no entanto, que em ambos os casos compete ao juiz decidir se homologa ou recusa esse plano, pelo que a existência ou não de unanimidade apenas releva porque na segunda hipótese a decisão do juiz vincula os credores, independentemente de terem dado ou não o seu acordo ao plano de recuperação.

5. Em virtude do disposto no nº 5, a maioria para aprovação do plano de recuperação forma-se apenas com base nos créditos reconhecidos pelo administrador judicial provisório, só podendo o juiz computar os créditos que tenham sido impugnados se considerar que há probabilidade séria de os mesmos serem reconhecidos, caso a questão ainda não se encontre decidida. Por esse motivo, conforme se decidiu no Ac. RC. 11/2/2014 (Emídio Santos), em *CJ* 39 (2014), 1, pp. 33-35, o juiz não tem a possibilidade de considerar para a formação da maioria créditos, em relação aos quais tenha havido decisão transitada em julgado no sentido de que não poderiam ser reconhecidos.

6. Nos termos dos nºs 6 e 7, efectuada a votação do plano, o juiz é informado do resultado da mesma, após o que decide se deve ou não homologar o referido plano, podendo recusar a sua homologação oficiosamente (art. 215º) ou a requerimento de qualquer interessado (art. 216º), e devendo a decisão ser tomada nos 10 dias subsequentes à recepção da documentação.

A não homologação oficiosa deve ocorrer no caso de violação não negligenciável de regras procedimentais ou das normas aplicáveis ao seu conteúdo, qualquer que seja a sua natureza, e ainda quando, no prazo razoável que estabeleça, não se verifiquem as condições suspensivas do plano ou não sejam praticados os actos ou executadas as medidas que devam preceder a homologação (art. 215º).

Já a não homologação a pedido dos interessados ocorre se tal for solicitado, quer pelo devedor, caso este não seja o proponente e tiver manifestado nos autos a sua oposição, anteriormente à aprovação do plano de recuperação, quer por algum credor ou sócio, associado ou membro do devedor cuja oposição haja sido comunicada nos mesmos termos. Exige-se, no entanto, que o requerente demonstre em termos plausíveis, em alternativa, que: a) a sua situação ao abrigo do plano é previsivelmente menos favorável do que a que interviria na ausência de qualquer plano, designadamente face à situação resultante de acordo já celebrado em procedimento extrajudicial de regularização de dívidas; b) O plano proporciona a algum credor um valor económico superior ao montante nominal dos seus créditos sobre a insolvência, acrescido do valor das eventuais contribuições que ele deva prestar (art. 216º, nº 1). A jurisprudência tem, no entanto, considerado igualmente aplicável ao processo de revitalização, por força do actual nº 7, o regime do art. 194º, podendo assim o plano estabelecer diferenciações entre os credores, fundadas em razões objectivas, designadamente no objectivo de obter a revitalização do devedor, como expressamente se admitiu no Ac. RE. 23/2/2016 (Mário Braz), processo 5652/15.4, em *CJ* 41 (2016), 1, pp. 231-233. Uma das razões objectivas que pode justificar essa diferenciação é o facto de a empresa não aparecer como devedor principal, mas antes como fiadora ou avalista de outros devedores. Neste sentido, cfr. Ac. RG 13/10/2016 (Alexandra Rolim Mendes), processo 4547/15.6T8VNF.G1, e Ac. RE. 26/1/2017 (Mata Ribeiro), processo 630/15.6T8OLH.E1, em *CJ* 42 (2017), 1, pp. 223-226.

Artigo 17º-G – Conclusão do processo negocial sem a aprovação de plano de recuperação

1. Caso a empresa ou a maioria dos credores prevista no nº 5 do artigo anterior concluam antecipadamente não ser possível alcançar acordo, ou caso seja ultrapassado o prazo previsto no nº 5 do artigo 17º-D, o processo negocial é encerrado, devendo o administrador judicial provisório comunicar tal facto ao processo, se possível, por meios eletrónicos e publicá-lo no portal Citius.

2. Nos casos em que a empresa ainda não se encontre em situação de insolvência, o encerramento do processo especial de revitalização acarreta a extinção de todos os seus efeitos.

3. Estando, porém, a empresa já em situação de insolvência, o encerramento do processo regulado no presente capítulo acarreta a insolvência da empresa, devendo a mesma ser declarada pelo juiz no prazo de três dias úteis, contados a partir da receção pelo tribunal da comunicação mencionada no nº 1.

4. Compete ao administrador judicial provisório na comunicação a que se refere o nº 1 e mediante a informação de que disponha, após ouvir a empresa e os credores, emitir o seu parecer sobre se aquela se encontra em situação de insolvência, e em caso afirmativo, requerer a respetiva insolvência, aplicando-se o disposto no artigo 28º, com as necessárias adaptações, e sendo o processo especial de revitalização apenso ao processo de insolvência.

5. A empresa pode pôr termo às negociações a todo o tempo, independentemente de qualquer causa, devendo, para o efeito, comunicar tal pretensão ao administrador judicial provisório, a todos os seus credores e ao tribunal, por meio de carta registada, aplicando-se, com as necessárias adaptações, o disposto nos números anteriores.

6. O termo do processo especial de revitalização efectuado de harmonia com os números anteriores impede a empresa de recorrer ao mesmo pelo prazo de dois anos.

7. Havendo lista definitiva de créditos reclamados, e sendo o processo especial de revitalização convertido em processo de insolvência por aplicação do disposto no nº 4, o prazo de reclamação de créditos previsto na alínea *j*) do nº 1 do artigo 36º destina-se apenas à reclamação de créditos não reclamados nos termos do nº 2 do artigo 17º-D.

1. Este artigo foi aditado pela Lei 16/2012, de 20 de Abril. Os nºs 1 a 6 têm a redacção do D.L. 79/2017, de 30 de Junho, sendo que as alterações se limitaram à substituição da expressão "o devedor" por "a empresa".

2. Desta disposição resulta que, caso o processo de revitalização não conduza à aprovação de um plano de recuperação, seja porque os credores não o aprovaram, seja porque a empresa desistiu do processo, basta para que esta seja declarada em situação de insolvência que o administrador judicial provisório conclua ser essa a sua situação, sendo a mesma equiparada a insolvência por apresentação do devedor. Já se a empresa não se encontrar em situação de insolvência, o encerramento do processo de revitalização acarreta a extinção de todos os seus efeitos. Refere João Aveiro Pereira, *O Direito* 145 (2013), I-II, p. 46, nota (53) que "o juiz só tem de decretar ou não a insolvência, sem audição das partes, pois estas já foram ouvidas pelo administrador judicial provisório, não lhes sendo dado aqui oporem-se à decisão, sem prejuízo de poderem impugnar a sentença, nos termos do artigo 40º e seguintes". Alexandre Soveral Martins, *Um curso*, p. 494, considera, no entanto,

inconstitucional por violação do art. 20º da Constituição o facto de não se admitir a possibilidade de a empresa impugnar o parecer do administrador judicial provisório.

A nosso ver não se pode, no entanto, considerar haver inconstitucionalidade, dado que a empresa, ao iniciar um processo de revitalização assume pelo menos a existência de situação económica difícil ou de insolvência meramente iminente, e que um decurso possível desse processo é a conclusão que o mesmo afinal se encontra insolvente. Não vemos por isso razão constitucional que obste à equiparação dessa situação com a de apresentação à insolvência pelo devedor, efectuada pelo art. 17º-G, nº 4, com a consequência prevista no art. 28º, sendo que a sentença declaratória de insolvência pode ainda ser impugnada nos termos dos arts. 40º e ss.

3. Suscitou-se ainda na doutrina e na jurisprudência a dúvida sobre se a insolvência é declarada no próprio processo de revitalização ou se terá que ocorrer uma nova distribuição como processo de insolvência, após o requerimento do administrador judicial provisório. A dúvida justifica-se, dado que enquanto o art. 17º-G, nº 3 estabelece que o encerramento do processo acarreta a insolvência da empresa, a qual deve ser declarada pelo juiz no prazo de três dias úteis, contados da recepção pelo tribunal da comunicação, o art. 17º-G, nº 4 determina que a insolvência é requerida pelo administrador judicial provisório, aplicando-se o disposto no art. 28º com as necessárias adaptações, e sendo o processo de revitalização apenso ao processo de insolvência.

Fátima Reis Silva, *Processo*, pp. 72-73, explica essa contradição, referindo que "entre o nº 3 e o nº 4 ocorreu um lapso derivado da alteração sofrida por este preceito entre o primeiro projeto e a presente redação. No primeiro projeto o próprio PER convertia-se em processo de insolvência – e o atual nº 3 reflete essa opção. Mas entretanto foi alterado o nº 4 (que antes apenas previa que o administrador aferia a insolvência) e passou a prever-se que o administrador judicial requer a declaração de insolvência, aplicando-se o art. 28º do CIRE com as devidas adaptações (insolvência por iniciativa do devedor), e sendo o processo especial de revitalização apenso ao processo de insolvência" . A Autora sustenta por isso que "o requerimento do administrador do qual resulte estar a devedora em situação de insolvência, nos tribunais onde haja mais de um juízo, deve ser remetido à distribuição acompanhado do PER apensado".

A jurisprudência inicialmente considerou que, quando no PER fosse apresentado pelo administrador judicial provisório parecer no sentido de ser decretada a insolvência do devedor, a mesma seria imediatamente decretada pelo juiz no próprio PER, que se converteria em processo de insolvência, ficando os autos iniciais apensos a este. Cfr. Ac. RC 3/12/2013 (Albertina Pedroso), processo 6070/12.1TBLRA-A. C1. Essa posição foi sendo, no entanto, paulatinamente alterada, prevalecendo actualmente o entendimento de que o requerimento do administrador judicial provisório pressupõe o encerramento do PER, pelo que deve ser remetido à distribuição como processo de insolvência, ao qual é então apensado o PER. Neste sentido cfr. AC. RL 15/5/2014 (Tibério Silva), processo 614/13.9TBPNI-B.L1-2, e Ac. RP 25/11/2014 (Rui Moreira), processo 1520/14.5TBSTS-A.P1.

4. Em ordem a evitar o recurso sucessivo ao processo especial de revitalização por parte dos devedores, o nº 6 determina que o termo do mesmo de harmonia com os números anteriores impede o devedor de a ele recorrer pelo prazo de dois anos. Nuno Casanova/David Dinis, *PER*, p. 169, sustentam que, por interpretação extensiva, esta norma deve igualmente aplicar-se aos casos em que o acordo é aprovado mas não homologado pelo tribunal.

Artigo 17º-H – Garantias

1. As garantias convencionadas entre a empresa e os seus credores durante o processo especial de revitalização, com a finalidade de proporcionar àquela os necessários meios financeiros para o desenvolvimento da sua atividade, mantêm-se mesmo que, findo o processo, venha a ser declarada, no prazo de dois anos, a sua insolvência.

2. Os credores que, no decurso do processo, financiem a atividade da empresa disponibilizando-lhe capital para a sua revitalização gozam de privilégio creditório mobiliário geral, graduado antes do privilégio creditório mobiliário geral concedido aos trabalhadores.

1. Este artigo foi aditado pela Lei 16/2012, de 20 de Abril. A sua actual redacção resulta do D.L. 79/2017, de 30 de Junho, sendo que as alterações se limitaram à substituição da expressão "o devedor" por "a empresa".

2. Constitui esta disposição uma das mais importantes consequências do processo de revitalização, ao permitir ao devedor convencionar garantias especiais com os seus credores, garantias essas que se mantêm em caso de a insolvência ocorrer nos dois anos subsequentes. Quanto ao privilégio mobiliário geral, não parece que, só por si, seja uma garantia suficientemente atractiva para que os credores se disponham a financiar a actividade do devedor.

3. As garantias convencionadas no âmbito do processo de revitalização ficam imunes à resolução em benefício da massa insolvente, como já resultava do art. 120º, nº 6, mas também deixam de ser objecto de extinção, caso se enquadrassem no art. 97º, nº 1, d) e e). Tem sido, porém, questionado se as garantias se extinguem, por força do art. 17º-G, nº 2, se vier a ser revogado em recurso o plano de recuperação. Neste sentido, Alexandre de Soveral Martins, *Um curso*, p. 531. Em sentido contrário, veja-se,

porém, ANA MARIA PERALTA, "Os «novos créditos» no PER e no SIREVE: conceito e regime", em CATARINA SERRA (org.), *III Congresso de Direito da Insolvência*, Coimbra, Almedina, 2015, pp. 279-312 (297).

Artigo 17º-I – Homologação de acordos extrajudiciais de recuperação de empresa

1. O processo previsto no presente capítulo pode igualmente iniciar-se pela apresentação pela empresa de acordo extrajudicial de recuperação, assinado pela empresa e por credores que representem pelo menos a maioria de votos prevista no nº 5 do artigo 17º-F, acompanhado dos documentos previstos no nº 2 do artigo 17º-A e no nº 1 do artigo 24º.

2. Recebidos os documentos mencionados no número anterior, o juiz nomeia administrador judicial provisório, aplicando-se o disposto nos artigos 32º a 34º com as necessárias adaptações, devendo a secretaria:

a) Notificar os credores que no mesmo não intervieram e que constam da lista de créditos relacionados pela empresa da existência do acordo, ficando este patente na secretaria do tribunal para consulta;

b) Publicar no portal Citius a lista provisória de créditos.

3. O disposto nos nºs 2 a 4 do artigo 17º-D aplica-se, com as necessárias adaptações, ao previsto no número anterior.

4. Convertendo-se a lista de créditos em definitiva, o juiz procede, no prazo de 10 dias, à análise do acordo extrajudicial, devendo homologá-lo se respeitar a maioria prevista no nº 5 do artigo 17º-F, exceto se subsistir alguma das circunstâncias previstas nos artigos 215º e 216º.

5. Caso o juiz não homologue o acordo, aplica-se com as necessárias adaptações o disposto nos nºs 2 a 4 e 7 do artigo 17º-G.

6. O disposto no artigo 17º-E, nos nºs 7, 8, 9, 10, 11, 12 e 13 do artigo 17º-F e no artigo 17º-H aplica-se com as necessárias adaptações.

7. Com a apresentação referida no nº 1 a empresa pode requerer a apensação de processo especial de revitalização, nos termos do nº 7 do artigo 17º-C quando este, encontrando-se igualmente na fase liminar, tenha sido instaurado ao abrigo do presente artigo.

1. Este artigo foi aditado pela Lei 16/2012, de 20 de Abril. Os nºs 1, 2, 4, 6 e 7 têm a redacção do D.L. 79/2017, de 30 de Junho.

2. O art. 5º do D.L. 79/2017, de 30 de Junho, determina a substituição do Portal Citius por um portal a definir por portaria do membro do Governo responsável pela área da justiça, sendo que, a partir da data da disponibilização ao público do referido

portal, a qual é comunicada por despacho publicado na 2ª Série do Diário, todas as referências feitas no CIRE ao Citius são consideradas feitas a esse novo portal.

3. O processo de revitalização pode ser consideravelmente simplificado, caso o devedor consiga que a maioria dos credores prevista no art. 17º-F, nº 5, assine um acordo extrajudicial de recuperação. Neste caso, conforme resulta do nº 1, o processo de revitalização inicia-se pela apresentação pelo devedor do acordo assinado juntamente com a documentação a que se refere o nº 2 do art. 17º-A e o nº 1 do art. 24º. Com essa apresentação, e conforme resulta do nº 7, a empresa pode igualmente requerer a apensação de processo especial de revitalização, nos termos do nº 6 do art. 17º-C, quando este, encontrando-se igualmente na fase liminar, tenha sido instaurado ao abrigo deste artigo.

4. Conforme determina o nº 2, logo que receba os documentos o juiz procede à nomeação do administrador judicial provisório, cabendo à secretaria publicar no portal a lista provisória dos créditos e notificar os credores constantes dessa lista, que não tiveram intervenção no acordo (art. 17º-I, nº 2). Verificam-se igualmente neste caso, por remissão do nº 6, os efeitos correspondente à nomeação do administrador judicial provisório, nomeadamente a suspensão das acções de cobrança de dívida contra a empresa (art. 17º-E, nº 1), a necessidade de autorização do administrador judicial provisório para a prática de actos de especial relevo (art. 17º-E, nºs 2 a 5), a suspensão dos processos de insolvência (art. 17º-E, nº 6), a suspensão dos prazos de prescrição e caducidade (art. 17º-E, nº 7) e a proibição da suspensão dos serviços públicos essenciais (art. 17º-E, nºs 8 e 9).

5. Em virtude da remissão do nº 3 para o art. 17º-D, nºs 2 a 4, os credores não intervenientes dispõem do prazo de 20 dias para reclamar os seus créditos, devendo as reclamações ser remetidas ao administrador judicial provisório que, no prazo de 5 dias, elabora uma lista provisória dos créditos. Essa lista é imediatamente apresentada na secretaria do tribunal e publicada no portal, podendo ser impugnada no prazo de cinco dias úteis e dispondo, em seguida, o juiz de idêntico prazo para decidir sobre as impugnações formuladas, convertendo-se a lista de créditos em definitiva se não houver reclamações.

6. Conforme resulta do nº 4, o juiz procede então, no prazo de 10 dias, à análise do acordo extrajudicial devendo homologá-lo se respeitar a maioria prevista no nº 5 do art. 17º-F, a menos que se verifiquem casos de não homologação oficiosa (art. 215º) ou a requerimento dos interessados (art. 216º).

7. Caso o juiz homologue o acordo aplica-se, em virtude da remissão do nº 6, o regime resultante da conclusão do processo pela obtenção de acordo previsto no art. 17º-F, nº 7. Nesse caso, a decisão vincula a empresa e os credores, mesmo que não hajam reclamado os seus créditos ou participado nas negociações, relativamente aos créditos constituídos à data em que foi proferido o despacho de nomeação do administrador judicial provisório, e é notificada, publicitada e registada pela secretaria do tribunal (art. 17º-F, nº 10). Salvo disposição expressa do plano de recuperação em sentido diverso, verifica-se igualmente a perda de eficácia da moratória ou do perdão previstos

no plano quanto a crédito relativamente ao qual o devedor se constitua em mora, se a prestação, acrescida dos juros moratórios, não for cumprida no prazo de 15 dias após interpelação escrita pelo credor e quanto a todos os créditos se, antes de finda a execução do plano, o devedor for declarado em situação de insolvência em novo processo (arts. 17º-F, nº 12, e 218º, nº 1).

8. Caso o juiz não homologue o acordo resulta das remissões do nº 5 e do nº 6 que cessam os efeitos do processo, podendo o devedor ser declarado em situação de insolvência, se for o caso (17º-F, nº, 8 e 17º-G, nºs 2 a 4 e 7). É admissível, no entanto, o recurso da decisão de não homologação (art.17º-F, nº 9).

Artigo 17º-J – Encerramento do processo especial de revitalização e cessação de funções do administrador judicial provisório

1. O processo especial de revitalização considera-se encerrado:

a) Após o trânsito em julgado da decisão de homologação do plano de recuperação;

b) Após o cumprimento do disposto nos nºs 1 a 5 do artigo 17º-G nos casos em que não tenha sido aprovado ou homologado plano de recuperação.

2. O administrador judicial provisório manter-se-á em funções, sem prejuízo da sua substituição ou remoção:

a) Até ser proferida decisão de homologação do plano de recuperação;

b) Até ao encerramento do processo nos termos previstos na alínea *b*) do número anterior nos demais casos.

1. Este artigo foi aditado pelo D.L. 79/2017, de 30 de Junho.

2. Esclarece-se agora em que momento se considera encerrado o processo de revitalização e até que altura se mantém em funções o administrador judicial provisório.

TÍTULO II – Declaração da situação de insolvência

CAPÍTULO I – Pedido de declaração de insolvência

SECÇÃO I – Legitimidade para apresentar o pedido e desistência

Artigo 18º – Dever de apresentação à insolvência

1. O devedor deve requerer a declaração da sua insolvência dentro dos 30 dias seguintes à data do conhecimento da situação de insolvência, tal como descrita no nº 1 do artigo 3º, ou à data em que devesse conhecê-la.

2. Exceptuam-se do dever de apresentação à insolvência as pessoas singulares que não sejam titulares de uma empresa na data em que incorram em situação de insolvência.

3. Quando o devedor seja titular de uma empresa, presume-se de forma inilidível o conhecimento da situação de insolvência decorridos pelo menos três meses sobre o incumprimento generalizado de obrigações de algum dos tipos referidos na alínea *g*) do nº 1 do artigo 20º.

1. O nº 1 tem a redacção da Lei 16/2012, de 20 de Abril, tendo sido encurtado para 30 dias o prazo de 60 dias, constante desta disposição.

2. Corresponde, com modificações, ao art. 6º do CPEREF.

3. Cfr. Salazar Casanova, "Abordagem judiciária dos aspectos mais relevantes da marcha processual do novo Código da Insolvência e da Recuperação de Empresas", disponível em http://www.asjp.pt/estudos/salazarcasanova_insolvência2004.pdf, Carvalho Fernandes/João Labareda, *Código da Insolvência*, sub art. 18º, pp. 191 e ss., Pedro de Albuquerque, "Declaração da situação de insolvência", em *Dir.* 137 (2005), III, pp. 507-525, e Menezes Leitão, "Pressupostos da declaração de insolvência", em Catarina Serra (org.), *I Congresso de Direito da Insolvência*, Coimbra, Almedina, 2013, pp. 175-186.

4. Nos termos do nº 1 deste artigo, o devedor tem o dever de se apresentar à insolvência, logo que se encontre na situação de insolvência definida, nos termos do art. 3º, nº 1, salvo se se tratar de uma pessoa singular não titular de empresa (nº 2). Só existe assim dever de apresentação à insolvência quando se verifique uma situação de incumprimento de obrigações vencidas, não sendo relevante, para efeitos do surgimento do dever de apresentação à insolvência, a situação de insolvência definida nos termos do art. 3º, nº 2. Neste sentido, cfr. Ac. RC 18/2/2014 (Barateiro Martins), na *CJ* 39 (2014), 1, pp. 43-48.

5. Conforme referimos na anotação ao art. 3º, entendemos que a insolvência meramente iminente não é suficiente para se iniciar o prazo para se iniciar o prazo para apresentação à insolvência. Em sentido contrário, cfr., no entanto, Carvalho Fernandes/João Labareda, *Código da Insolvência*, sub art. 18º, nº 14, pp. 195-196. No sentido que temos defendido, Ana Prata/Jorge Morais de Carvalho/Rui Simões, *Código da Insolvência*, sub art. 18º, nº 5, pp. 76-77.

5. O prazo para o devedor se apresentar à insolvência é fixado em trinta dias, a contar do seu conhecimento da situação de insolvência, ou da data em que a devesse conhecer (art. 18º, nº 1). No entanto, sendo o devedor titular de empresa, é estabelecida uma presunção *juris et de jure* quanto ao seu conhecimento da situação de insolvência, passados três meses sobre o incumprimento generalizado das suas obrigações tributárias, ou das suas obrigações à segurança social, ou das suas obrigações de retribuição laboral, ou das rendas devidas por locação, incluindo financeira, ou ainda de

dívidas respeitantes a empréstimo hipotecária para aquisição do local da actividade, sede ou residência (art. 18º, nº 3). Dado que se trata de um prazo dilatório (art. 139º, nº 2, CPC), a sua ultrapassagem não extingue o direito de o devedor realizar posteriormente a apresentação à insolvência, apenas o sujeita às consequências legais. Como sustentam CARVALHO FERNANDES/JOÃO LABAREDA, *Código da Insolvência*, sub art. 18º, nº 6, p. 193, essa extinção apenas ocorre com a instauração do processo de insolvência pelos outros legitimados, referidos no art. 20º.

6. Se o devedor recorrer ao RERE e ficar em situação de insolvência após o depósito do protocolo de negociação, a contagem do prazo para apresentação à insolvência só se inicia após o encerramento das negociações (art. 13º da Lei 8/2018). Para além disso, sendo a insolvência meramente iminente, o devedor ainda pode recorrer ao processo de revitalização nos termos dos arts. 17º-A e ss., se se tratar de uma empresa, ou ao processo especial para acordo de pagamento, nos termos dos arts. 222º-A e ss., na hipótese inversa.

7. Em face do art. 28º, a apresentação do devedor à insolvência implica o reconhecimento desta, que é assim imediatamente declarada. O juiz pode, no entanto, indeferir liminarmente o pedido quando seja manifestamente improcedente, ou ocorram, de forma evidente, excepções dilatórias insupríveis de que deva conhecer imediatamente (art. 27º, nº 1, a)) ou conceder ao requerente o prazo de cinco dias para corrigir os vícios sanáveis da petição (art. 27º, nº 1 b)).

8. O incumprimento do dever de apresentação à insolvência implica presunção de culpa grave na insolvência (art. 186º, nºs 3 e 4) e poderá corresponder aos crimes previstos nos arts. 227º e ss. do Código Penal, na redacção dada pelo diploma preambular, além da responsabilidade civil nos termos gerais (art. 486º do Código Civil). Para além disso, tratando-se de pessoa singular, o incumprimento impede-a de solicitar a exoneração do passivo restante (art. 238º, nº 1, d), 1ª parte). Já no caso de inexistência de dever de apresentação à insolvência, a mera omissão ou retardamento na apresentação não implica a qualificação da insolvência como culposa, ainda que tenha conduzido a um agravamento da situação económica do insolvente (art. 186º, nº 5). No entanto, ocorrendo a omissão de apresentação durante seis meses, com prejuízo para os credores, conhecido ou que não pudesse ser ignorado pelo devedor, verifica-se igualmente a exclusão da possibilidade de o devedor obter a exoneração do passivo restante (art. 238º, nº 1, d), 2ª parte).

Artigo 19º – A quem compete o pedido

Não sendo o devedor uma pessoa singular capaz, a iniciativa da apresentação à insolvência cabe ao órgão social incumbido da sua administração, ou, se não for o caso, a qualquer um dos seus administradores.

1. Corresponde, com modificações, ao art. 7º do CPEREF.

2. Com esta estranha redacção, vem-se estabelecer que, sendo o devedor pessoa singular capaz, é naturalmente sobre ele que recai o dever de apresentação à insolvência. Sendo ele incapaz, esse dever passa a recair sobre o seu representante legal (cfr. art. 6º, nº 1 b) CIRE). No caso de o devedor não ser pessoa singular, esse dever passa a recair sobre o órgão social incumbido da sua administração, ou sobre a entidade incumbida da administração ou liquidação do património em causa (art. 6º, nº 1 a) CIRE).

3. O empregador deve solicitar o parecer da comissão de trabalhadores antes de pedir a declaração de insolvência da empresa, nos termos art. 425º, *d*), do Código do Trabalho, aprovado pela Lei 7/2009, de 12 de Fevereiro. Para além disso, o art. 35º do Código das Sociedades Comerciais obriga os administradores a convocar a assembleia geral dos sócios para deliberar a adopção de medidas julgadas convenientes logo que constatem estar perdido metade do capital social. Parece claro que estas obrigações não constituem razão justificativa para os administradores incumprirem o prazo de apresentação à insolvência, já que é sobre eles que recai esse dever.

Artigo 20º – Outros legitimados

1. A declaração de insolvência de um devedor pode ser requerida por quem for legalmente responsável pelas suas dívidas, por qualquer credor, ainda que condicional e qualquer que seja a natureza do seu crédito, ou ainda pelo Ministério Público, em representação das entidades cujos interesses lhe estão legalmente confiados, verificando-se algum dos seguintes factos:

a) Suspensão generalizada do pagamento das obrigações vencidas;

b) Falta de cumprimento de uma ou mais obrigações que, pelo seu montante ou pelas circunstâncias do incumprimento, revele a impossibilidade de o devedor satisfazer pontualmente a generalidade das suas obrigações;

c) Fuga do titular da empresa ou dos administradores do devedor ou abandono do local em que a empresa tem a sede ou exerce a sua principal actividade, relacionados com a falta de solvabilidade do devedor e sem designação de substituto idóneo;

d) Dissipação, abandono, liquidação apressada ou ruinosa de bens e constituição fictícia de créditos;

e) Insuficiência de bens penhoráveis para pagamento do crédito do exequente verificada em processo executivo movido contra o devedor;

f) Incumprimento de obrigações previstas em plano de insolvência ou em plano de pagamentos, nas condições previstas na alínea *a*) do nº 1 e no nº 2 do artigo 218º;

g) Incumprimento generalizado, nos últimos seis meses, de dívidas de algum dos seguintes tipos:

(*i*) Tributárias;

(*ii*) De contribuições e quotizações para a segurança social;

(*iii*) Dívidas emergentes de contrato de trabalho, ou da violação ou cessação deste contrato;

(*iv*) Rendas de qualquer tipo de locação, incluindo financeira, prestações do preço da compra ou de empréstimo garantido pela respectiva hipoteca, relativamente a local em que o devedor realize a sua actividade ou tenha a sua sede ou residência.

h) Sendo o devedor uma das entidades referidas no nº 2 do artigo 3º, manifesta superioridade do passivo sobre o activo segundo o último balanço aprovado, ou atraso superior a nove meses na aprovação e depósito das contas, se a tanto estiver legalmente obrigado.

2. O disposto no número anterior não prejudica a possibilidade de representação das entidades públicas nos termos do artigo 13º.

1. A alínea *g*) do nº 1 tem a redacção do D.L. 200/2004, de 18 de Agosto.

2. Corresponde, com muitas modificações, ao art. 8º do CPEREF.

3. Cfr. CARVALHO FERNANDES/JOÃO LABAREDA, *Código da Insolvência*, sub art. 20º, pp. 201 e ss.

4. As principais modificações residem, em primeiro lugar, em agora se permitir que a declaração de insolvência seja requerida pelos responsáveis legais das dívidas do insolvente, nos termos do nº 2 do art. 6º. Para além disso, alargou-se consideravelmente a possibilidade de os credores e o Ministério Público requererem a declaração de insolvência, aditando-se os fundamentos referidos nas alíneas *a*), *f*), *g*) e *h*) que não apareciam no diploma anterior.

5. Qualquer credor pode presentemente requerer a declaração de insolvência, mesmo que o seu crédito seja condicional, sendo assim claro que a insolvência pode ser requerida por titulares de créditos não vencidos e até litigiosos. Quanto a estes últimos, cfr, na jurisprudência o Ac. RC 2/3/2011 (HÉLDER ALMEIDA), na *CJ* 36 (2011), 2, pp. 10-13, o Ac. RP 29/9/2011 (TELES DE MENEZES), emitido no processo 338/11.1TYVNG.P1 e o Ac. STJ 29/3/2012 (FERNANDES DO VALE), emitido no processo 1024/10.5TYVNG.P1. Da mesma forma, o credor tem legitimidade para requerer a insolvência independentemente da natureza do crédito, o que implica que tanto podem requerer a insolvência credores garantidos ou privilegiados, credores comuns, ou até credores subordinados (cfr. art. 47º, nº 3). Exceptuam-se, no entanto, os credores por suprimentos, dado que o art. 245º, nº 2, CSC, que exclui a possibilidade de os credores por suprimentos requererem a declaração de insolvência da sociedade, constitui norma especial, não revogada pelo CIRE.

6. Os factos referidos neste artigo constituem meros índices da situação de insolvência, tal como definida no art. 3º. Conforme refere Lebre de Freitas, *Themis*, edição especial (2005), p. 18, qualquer deles é, no entanto, condição suficiente da declaração de insolvência, tal como resulta dos arts. 30º, nº 5, e 35º, nº 4, se a presunção de insolvência não for ilidida. Efectivamente, perante a alegação de qualquer facto-índice, o devedor pode opor-se à declaração de insolvência, não apenas com base na inexistência do facto-índice, mas também com base na inexistência da própria situação de insolvência (art. 30º, nº 3). A lei refere que cabe ao devedor a prova da sua solvência (art. 30º, nº 4), mas do que se trata é de elidir a presunção de insolvência.

7. Neste âmbito, há que tomar em consideração que o principal índice é a anteriormente denominada cessação de pagamentos pelo devedor, que se desdobra agora pelas alíneas *a*), *b*) e *g*), parecendo, aliás, existir alguma sobreposição entre estas alíneas. Da sua redacção parece resultar que, enquanto a alínea *a*) se refere a uma não realização generalizada dos pagamentos no montante do vencimento (v.g., através do decretamento unilateral de uma moratória geral), já a alínea *b*) se refere ao incumprimento de apenas uma ou várias obrigações, do qual se possa, porém, inferir a impossibilidade de o devedor satistazer a generalidade dos seus compromissos. A alínea *g*) refere-se ao incumprimento generalizado, nos seis meses anteriores, de obrigações de natureza específica, daqui resultando que, nesse caso, a insolvência pode ser requerida sem ter que se demonstrar a incapacidade financeira, e sem que o incumprimento se estenda a outras categorias de obrigações.

8. Na alínea *c*) prevê-se outro índice, que é a fuga do titular da empresa ou dos administradores do devedor, ou abandono do lugar em que a empresa tem sede ou exerce a sua principal actividade, sem que seja designado substituto idóneo. Trata-se de uma situação de especial gravidade, que justifica por isso o decretamento da situação de insolvência. Como sustentam Carvalho Fernandes/João Labareda, *Código da Insolvência*, sub art. 20º, nº 13, p. 206, esta norma não se aplicará aos devedores não titulares de empresa. A lei vem, porém, exigir que a fuga ou abandono do local se relacione com a falta de solvabilidade do devedor, o que parece redundante, dado que se está perante um índice da insolvência, tal como definida no art. 3º.

9. Na alínea *d*) faz-se incluir como índice da insolvência comportamentos específicos do devedor susceptíveis de prejudicar os seus credores. Efectivamente, tomando os credores conhecimento desses actos, justifica-se que possam solicitar imediatamente a insolvência do devedor, em ordem a evitar maiores prejuízos, sendo que no processo de insolvência esses actos são resolúveis em benefício da massa, nos termos dos arts. 120º e 121º.

10. Na alínea *e*) determina-se que constitui igualmente índice a insuficiência de bens do devedor para satisfação do crédito do exequente, verificada em processo executivo. Assim se recupera uma solução constante do art. 870º do C.P.C., anteriormente à reforma de 1995-1996, não sendo, no entanto, esta situação uma causa automática de

insolvência, mas antes um mero índice da incapacidade financeira do devedor. É, no entanto, de salientar que neste caso presumivelmente se continuará a verificar a insuficiência da massa insolvente para pagamento dos créditos, com a consequente aplicação dos arts. 39º e 190º.

11. Na alínea *f*) considera-se igualmente como índice de insolvência o incumprimento das obrigações incluídas no plano de insolvência, a que se referem os arts. 192º e ss., ou no plano de pagamentos, a que se referem os arts. 251º e ss. Esta solução resulta do facto de a questão do incumprimento desses planos, os quais são aprovados no âmbito de um processo de insolvência, não poder ser resolvida no âmbito desse processo, que é normalmente encerrado com a sua aprovação (arts. 230º, nº 1, *b*) e 259º, nº 4), justificando, por isso, esse incumprimento antes um novo processo de insolvência (cfr. art. 261º, nº 1, *a*)). É de salientar, ainda, que o incumprimento acarreta a ineficácia das moratórias e perdões concedidos no âmbito do plano (arts. 218º e 260º).

12. A alínea *h*) estabelece um específico índice da insolvência em relação às pessoas colectivas e patrimónios autónomos pelos quais nenhuma pessoa singular responda pessoal e ilimitadamente, o que se justifica, dada a definição específica de insolvência que o art. 3º, nº 2, estabelece em relação a estas entidades.

Artigo 21º – Desistência do pedido ou da instância no processo de insolvência

Salvo nos casos de apresentação à insolvência, o requerente da declaração de insolvência pode desistir do pedido ou da instância até ser proferida sentença, sem prejuízo do procedimento criminal que ao caso couber.

1. Corresponde ao art. 127º do CPEREF.

2. A desistência do pedido ou da instância no processo de insolvência é livre até que seja proferida sentença, a menos que se trate de apresentação à insolvência. Efectivamente, dado que no caso de apresentação à insolvência, esta é imediatamente declarada (art. 28º CIRE), deixou de ser possível a desistência nesse caso.

Artigo 22º – Dedução de pedido infundado

A dedução de pedido infundado de declaração de insolvência, ou a indevida apresentação por parte do devedor, gera responsabilidade pelos prejuízos causados ao devedor ou aos credores, mas apenas em caso de dolo.

1. Temos por dificilmente justificável consagrar uma responsabilidade limitada ao dolo por parte de quem decida mover infundadamente um pedido de declaração de insolvência, sabendo-se que no âmbito da responsabilidade civil a regra geral é que tanto

se responde por dolo como por negligência (art. 483º, nº 1, C.C.), apenas se admitindo uma limitação da indemnização neste último caso (art. 494º C.C.). Ora, não há qualquer razão para quem mova negligentemente um pedido de declaração de insolvência deixe de responder pelos prejuízos causados, não fazendo por isso sentido a limitação deste artigo. Precisamente por esse motivo em anteriores edições sustentámos que pelo menos esta disposição poderia ser analogicamente aplicável à negligência grosseira, com base no brocardo *culpa lata dolo aequiparatur*, posição que teve, para essa hipótese específica, o apoio de Carvalho Fernandes/João Labareda, *Código da Insolvência*, sub art. 22º, nº 3, p. 215, e também de Pedro de Albuquerque, *Responsabilidade processual por litigância de má fé, abuso de direito e responsabilidade civil em virtude de actos praticados no processo (A responsabilidade por pedido infundado de declaração da situação de insolvência ou indevida apresentação por parte do devedor)*, Coimbra, Almedina, 2006, passim, maxime, pp. 153 e ss. Menezes Cordeiro, *Litigância de má fé, abuso do direito de acção e culpa in agendo*, Coimbra, Almedina, 2006, pp. 187 e ss., veio, porém, propor uma hermenêutica diferente. A seu ver, haveria que distinguir entre a apresentação do pedido pelo devedor, que gera responsabilidade perante os credores, e a sua apresentação por um dos credores, que gera responsabilidade perante o devedor. No primeiro caso, a responsabilidade do devedor ficaria limitada ao dolo. Já no segundo caso, o credor responderia nos termos gerais, se omitir a diligência do bom pai de família (art. 487º, nº 2). Trata-se de uma interpretação coerente, mas não deixamos de salientar que, também em relação ao devedor, não se justifica excluir a sua responsabilidade por indevida apresentaçao à insolvência, pelo menos em caso de negligência grosseira. Na jurisprudência, no entanto, tem-se defendido a limitação da responsabilidade ao dolo, excluindo-a em casos de negligência. Cfr. Ac. RP 22/4/2008 (Rodrigues Pires), processo 0727065, Ac. RC 17/1/2012 (Freitas Neto), em *CJ* 37 (2012), 1, pp. 5-13 e Ac. RC 27/1/2015 (Fonte Ramos), processo 173/14.5TBCVL-A.C1 (que, no entanto, responsabiliza o requerente por dolo eventual). No sentido que consideramos ser a correcta interpretação, veja-se, no entanto, Ac. RL 5/6/2014 (Teresa Albuquerque), processo 26541/13.1T2SNT.L1-2.

2. Já não parece, no entanto, justificar-se a responsabilização do requerente por pedido infundado nos casos em que este consegue provar algum facto-índice da insolvência, entre os referidos no art. 20º, nº 1, tendo sido o devedor que, na sua oposição, elide a presunção de insolvência nos termos do art. 30º, nº 4. É esta, a nosso ver, a situação prevista no Ac. RP 22/4/2008 (Rodrigues Pires), em *CJ* 33 (2008), 2, pp. 205-208 = *CDP* nº 32 (Outubro-Dezembro 2010), pp. 71-79, que, no entanto, rejeita a interpretação do art. 22º que propugnamos. Criticando a doutrina desse acórdão, cfr. Rita Fabiana da Mota Soares "Sobre o pedido infundado de declaração de insolvência – Ac. do TRP de 22.4.2008", em *CDP* nº 32 (Outubro-Dezembro 2010), pp. 79-89.

3. À semelhança do que se prevê no processo civil (arts. 542º e ss. CPC), o normal será este pedido de indemnização ser apresentado no próprio processo de insolvência. Quando tal não seja possível, terá o lesado que instaurar um processo autónomo. Neste

sentido, CARVALHO FERNANDES/JOÃO LABAREDA, *Código da Insolvência*, I, sub art. 22º, nº 4, p. 215.

SECÇÃO II – Requisitos da petição inicial

Artigo 23º – Forma e conteúdo da petição

1. A apresentação à insolvência ou o pedido de declaração desta faz-se por meio de petição escrita, na qual são expostos os factos que integram os pressupostos da declaração requerida e se conclui pela formulação do correspondente pedido.

2. Na petição, o requerente:

***a*)** Sendo o próprio devedor, indica se a situação de insolvência é actual ou apenas iminente, e, quando seja pessoa singular, se pretende a exoneração do passivo restante, nos termos das disposições do capítulo I do título XII;

***b*)** Identifica os administradores, de direito e de facto, do devedor e os seus cinco maiores credores, com exclusão do próprio requerente;

***c*)** Sendo o devedor casado, identifica o respectivo cônjuge e indica o regime de bens do casamento;

***d*)** Junta certidão do registo civil, do registo comercial ou de outro registo público a que o devedor esteja eventualmente sujeito.

3. Não sendo possível ao requerente fazer as indicações e junções referidas no número anterior, solicita que sejam prestadas pelo próprio devedor.

1. A alínea *b*) nº 2 tem a redacção da Lei 16/2012, de 20 de Abril.

2. Corresponde, com alterações ao art. 15º do CPEREF.

3. Face à aplicação subsidiária das regras de processo civil (art. 17º), a petição inicial deverá satisfazer ainda os requisitos do art. 552º CPC e ser narrada de forma articulada (art. 147º, nº 2 CPC).

4. No caso de a petição não satisfazer todos estes requisitos, deverá o Tribunal convidar o requerente a completar a petição (art. 27º, nº 1 b)). Verificando-se, porém, a manifesta improcedência do pedido ou a existência de excepções dilatórias insupríveis, deve o pedido ser liminarmente indeferido (art. 27º, nº 1, *c*)).

5. Sendo o devedor pessoa singular o requerente, e pretendendo a exoneração do passivo restante, nos termos dos arts. 235º e ss., deve solicitá-la na petição incial, face ao que se dispõe no nº 2, *a*) desta disposição. No entanto, face ao que se prevê no art. 236º, esse pedido ainda poderá ser deduzido até à assembleia de apreciação do relatório, embora nesse caso o juiz tenha a faculdade de decidir livremente sobre a sua admissão ou rejeição.

Artigo 24º – Junção de documentos pelo devedor

1. Com a petição, o devedor, quando seja o requerente, junta ainda os seguintes documentos:

a) Relação por ordem alfabética de todos os credores, com indicação dos respectivos domicílios, dos montantes dos seus créditos, datas de vencimento, natureza e garantias de que beneficiem, e da eventual existência de relações especiais, nos termos do artigo 49º;

b) Relação e identificação de todas as acções e execuções que contra si estejam pendentes;

c) Documento em que se explicita a actividade ou actividades a que se tenha dedicado nos últimos três anos e os estabelecimentos de que seja titular, bem como o que entenda serem as causas da situação em que se encontra;

d) Documento em que identifica o autor da sucessão, tratando-se de herança jacente, os sócios, associados ou membros conhecidos da pessoa colectiva, se for o caso, e, nas restantes hipóteses em que a insolvência não respeite a pessoa singular, aqueles que legalmente respondam pelos créditos sobre a insolvência;

e) Relação de bens que o devedor detenha em regime de arrendamento, aluguer ou locação financeira ou venda com reserva de propriedade, e de todos os demais bens e direitos de que seja titular, com indicação da sua natureza, lugar em que se encontrem, dados de identificação registral, se for o caso, valor de aquisição e estimativa do seu valor actual;

f) Tendo o devedor contabilidade organizada, as contas anuais relativas aos três últimos exercícios, bem como os respectivos relatórios de gestão, de fiscalização e de auditoria, pareceres do órgão de fiscalização e documentos de certificação legal, se forem obrigatórios ou existirem, e informação sobre as alterações mais significativas do património ocorridas posteriormente à data a que se reportam as últimas contas e sobre as operações que, pela sua natureza, objecto ou dimensão extravasem da actividade corrente do devedor;

g) Tratando-se de sociedade compreendida em consolidação de contas, relatórios consolidados de gestão, contas anuais consolidadas e demais documentos de prestação de contas respeitantes aos três últimos exercícios, bem como os respectivos relatórios de fiscalização e de auditoria, pareceres do órgão de fiscalização, documentos de certificação legal e relatório das operações intragrupo realizadas durante o mesmo período;

h) Relatórios e contas especiais e informações trimestrais e semestrais, em base individual e consolidada, reportados a datas posteriores à do termo do último exercício a cuja elaboração a sociedade devedora esteja obrigada nos termos do Código dos Valores Mobiliários e dos Regulamentos da Comissão do Mercado de Valores Mobiliários;

i) Mapa de pessoal que o devedor tenha ao serviço.

2. O devedor deve ainda:

a) Juntar documento comprovativo dos poderes dos administradores que o representem e cópia da acta que documente a deliberação da iniciativa do pedido por parte do respectivo órgão social de administração, se aplicável;

b) Justificar a não apresentação ou a não conformidade de algum dos documentos exigidos no nº 1;

3. Sem prejuízo de apresentação posterior, nos termos do disposto nos artigos 223º e seguintes, a petição apresentada pelo devedor pode ser acompanhada de um plano de insolvência.

1. Este artigo tem a redacção do D.L. 200/2004, de 18 de Agosto, que eliminou a alínea *c)* do nº 2, a qual estabelecia a obrigação de o devedor juntar os meios de prova com a petição e apresentar as testemunhas.

2. Corresponde, com alterações, ao art. 16º do CPEREF.

3. Em caso de não junção ou falta de conformidade de alguns dos documentos, deve o devedor justificar essa não junção ou desconformidade, conforme resulta da alínea *b)* do nº 2, devendo o Tribunal conceder prazo para a sanação da falta, caso julgue justificada a alegação, ou condenar o devedor por omissão do dever de colaboração, no caso contrário. O Tribunal proferirá despacho de aperfeiçoamento ou de indeferimento, nos termos do art. 27º, nº 1, sendo que o indeferimento é objecto de publicidade, nos termos do art. 27º, nº 2.

Artigo 25º – Requerimento por outro legitimado

1. Quando o pedido não provenha do próprio devedor, o requerente da declaração de insolvência deve justificar na petição a origem, natureza e montante do seu crédito, ou a sua responsabilidade pelos créditos sobre a insolvência, consoante o caso, e oferecer com ela os elementos que possua relativamente ao activo e passivo do devedor.

2. O requerente deve ainda oferecer todos os meios de prova de que disponha, ficando obrigado a apresentar as testemunhas arroladas, com os limites do art. 511º do Código de Processo Civil.

1. O nº 2 tem a redacção do D.L. 79/2017, de 30 de Junho.

2. Para além da demonstração da insolvência do devedor (cfr. art. 23º), é necessário ao credor a justificação da origem, natureza e montante do seu crédito, bem como a indicação dos elementos que possua sobre a situação patrimonial do devedor. Deve ainda oferecer todos os meios de prova, sendo as testemunhas a apresentar. Faltando algum destes elementos, deve o Tribunal convidar o devedor a completar a petição (art. 27º, nº 1 b)). Verificando-se, porém, a manifesta improcedência do pedido ou a existência de excepções dilatórias insupríveis, deve o pedido ser liminarmente inde-

ferido (art. 27º, nº 1 c)). Face ao que se dispõe no art. 11º, o Tribunal pode, no entanto, decidir decretar a insolvência com fundamento em factos não alegados pelas partes. No Ac. RE 13/12/2007 (Conceição Ferreira), em *CJ* 32 (2007), 5, pp. 250-251, considerou-se, porém, que o requerente só está obrigado a indicar os elementos relativos ao activo ou passivo do devedor que possua, não podendo consequentemente a petição ser indeferida, caso o requerente não inclua essa menção.

3. Em face da obrigação constante do nº 2, o requerente deve ainda oferecer todos os meios de prova de que disponha, ficando obrigado a apresentar as testemunhas arroladas, cujo número não pode exceder dez, nos termos da remissão para o artigo 511º CPC.

Artigo 26º – Duplicados e cópias de documentos

1. São apenas oferecidos pelo requerente ou, no caso de apresentação em suporte digital, extraídos pela secretaria os duplicados da petição necessários para a entrega aos cinco maiores credores conhecidos, e, quando for caso disso, à comissão de trabalhadores e ao devedor, além do destinado a arquivo do tribunal.

2. Os documentos juntos com a petição serão acompanhados de duas cópias, uma das quais se destina ao arquivo do tribunal, ficando a outra na secretaria judicial para consulta dos interessados.

3. O processo tem seguimento apesar de não ter sido feita a entrega das cópias e dos duplicados exigidos, sendo estes extraídos oficiosamente, mediante o respectivo pagamento e de uma multa até duas unidades de conta.

4. São sempre extraídas oficiosamente as cópias da petição necessárias para entrega aos administradores do devedor, se for o caso.

1. Os nºs 1 a 3 correspondem ao art. 18º do CPEREF. Foi aditado o nº 4, que não existia nesta disposição.

2. O requerente tem que indicar na petição os cinco maiores credores e os administradores do devedor (art. 23º, *b*)), devendo juntar os duplicados necessários para entrega aos credores, à comissão de trabalhadores e ao devedor, se for o caso.

CAPÍTULO II – Tramitação subsequente

Artigo 27º – Apreciação liminar

1. No próprio dia da distribuição, ou, não sendo tal viável, até ao 3º dia útil subsequente, o juiz:

a) Indefere liminarmente o pedido de declaração de insolvência quando seja manifestamente improcedente, ou ocorram, de forma evidente, excepções dilatórias insupríveis de que deva conhecer oficiosamente;

b) Concede ao requerente, sob pena de indeferimento, o prazo máximo de cinco dias para corrigir os vícios sanáveis da petição, designadamente quando esta careça de requisitos legais ou não venha acompanhada dos documentos que hajam de instrui-la, nos casos em que tal falta não seja devidamente justificada.

2. Nos casos de apresentação à insolvência, o despacho de indeferimento liminar que não se baseie, total ou parcialmente, na falta de junção dos documentos exigida pela alínea *a*) do nº 2 do artigo 24º é objecto de publicação no portal Citius, no prazo previsto no nº 8 do artigo 38º, devendo conter os elementos referidos no nº 8 do artigo 37º

1. O nº 2 tem a redacção do D.L. 79/2017, de 30 de Junho.

2. O art. 5º do D.L. 79/2017, de 30 de Junho, determina a substituição do Portal Citius por um portal a definir por portaria do membro do Governo responsável pela área da justiça, sendo que, a partir da data da disponibilização ao público do referido portal, a qual é comunicada por despacho publicado na 2ª Série do Diário, todas as referências feitas no CIRE ao Citius são consideradas feitas a esse novo portal.

3. Ao contrário do que sucedia no CPEREF, que apenas se referia implicitamente no art. 20º, proémio ao indeferimento liminar, passou-se agora a prever expressamente no processo de insolvência a possibilidade de ser proferido despacho de indeferimento liminar ou despacho de aperfeiçoamento. Tal afasta-se da regra geral em processo civil, que não admite esses despachos perante a petição, apenas prevendo a recusa da mesma pela secretaria (art. 558º CPC), ou o convite ao aperfeiçoamento dos articulados, após todos estes serem proferidos (art. 590º, nº 1 b) e nº 3 CPC). Conforme referem Carvalho Fernandes/João Labareda, *Código da Insolvência*, sub art. 27º, nºs 3 e 4, pp. 233-234, o desvio a essas regras justifica-se pelo facto de a insolvência poder ser imediatamente decretada sem qualquer discussão judicial, em caso de apresentação do devedor (art. 28º) ou falta de oposição deste (art. 30º, nº 5).

4. Apenas constituem fundamento de indeferimento liminar do pedido de declaração de insolvência a manifesta improcedência do pedido ou a ocorrência, de forma evidente, de excepções dilatórias de conhecimento oficioso. Em todos os outros casos, designadamente quando a petição careça dos requisitos legais ou não venha acompanhada dos documentos necessários, o juiz deverá conceder ao requerente um prazo de cinco dias para corrigir essa falta.

Artigo 28º – Declaração imediata da situação de insolvência

A apresentação à insolvência por parte do devedor implica o reconhecimento por este da sua situação de insolvência, que é declarada até ao 3º dia útil seguinte ao da distribuição da petição inicial ou, existindo vícios corrigíveis, ao do respectivo suprimento.

1. Ao contrário do que se estabelecia no anterior Código, admite-se agora a declaração imediata de insolvência, caso ela seja requerida pelo próprio devedor. Tal só não ocorrerá quando o pedido se apresente como manifestamente improcedente, ou existam excepções dilatórias insupríveis de conhecimento oficioso (art. 27º, nº 1 a)) ou quando, concedido prazo para a correcção dos vícios da petição ou junção dos documentos necessários, nos termos do art. 27º, nº 1 b)), as mesmas não sejam realizadas.

Artigo 29º – Citação do devedor

1. Sem prejuízo do disposto no nº 3 do artigo 31º, se a petição não tiver sido apresentada pelo próprio devedor e não houver motivo para indeferimento liminar, o juiz manda citar pessoalmente o devedor, no prazo referido no artigo anterior.

2. No acto de citação é o devedor advertido da cominação prevista no nº 5 do artigo seguinte e de que os documentos referidos no nº 1 do artigo 24º devem estar prontos para imediata entrega ao administrador da insolvência na eventualidade de a insolvência ser declarada.

1. Cfr. Maria José Capelo, "A fase prévia à declaração de insolvência: algumas questões processuais", em Catarina Serra (org.), *I Congresso de Direito da Insolvência*, Coimbra, Almedina, 2013, pp. 187-200.

2. Ao contrário do que é regra geral no processo civil, em que a citação se faz oficiosamente pela secretaria (art. 226º, nº 1, CPC) no processo de insolvência é exigido prévio despacho judicial (cfr. art. 226º, nº 4 a) CPC). Por esse motivo, a petição pode ser liminarmente indeferida, nas hipóteses a que se refere o art. 590º, nº 1, CPC).

3. Do acto de citação deve constar a cominação de que a falta de oposição importa a confissão dos factos alegados na petição inicial e a imediata declaração de insolvência (nº 5 do art. 30º), bem como de que deve entregar ao administrador da insolvência os documentos referidos no art. 24º, no caso de a insolvência ser declarada (nº 2). Sendo o devedor pessoa singular, deve constar do acto da sua citação a possibilidade de solicitar exoneração do passivo restante (art. 236º, nº 2).

4. A citação do devedor pode, porém, ser dispensada nos termos do art. 12º.

Artigo 30º – Oposição do devedor

1. O devedor pode, no prazo de 10 dias, deduzir oposição, à qual é aplicável o disposto no nº 2 do artigo 25º.

2. Sem prejuízo do disposto no número seguinte, o devedor junta com a oposição, sob pena de não recebimento, lista dos seus cinco maiores credores, com exclusão do requerente, com indicação do respectivo domicílio.

3. A oposição do devedor à declaração de insolvência pretendida pode basear-se na inexistência do facto em que se fundamenta o pedido formulado ou na inexistência da situação de insolvência.

4. Cabe ao devedor provar a sua solvência, baseando-se na escrituração legalmente obrigatória, se for o caso, devidamente organizada e arrumada, sem prejuízo do disposto no nº 3 do artigo 3º.

5. Se a audiência do devedor não tiver sido dispensada nos termos do artigo 12º e o devedor não deduzir oposição, consideram-se confessados os factos alegados na petição inicial, e a insolvência é declarada no dia útil seguinte ao termo do prazo referido no nº 1, se tais factos preencherem a hipótese de alguma das alíneas do nº 1 do artigo 20º.

1. O nº 1 tem a redacção do D.L. 200/2004, de 18 de Agosto.

2. Apesar de a redacção da lei poder indicar uma limitação aos fundamentos da oposição por parte do devedor, é manifesto que não lhe estará vedado opor-se à insolvência como base noutros fundamentos, designadamente a existência de excepções dilatórias insupríveis, como a falta de legitimidade do requerente da insolvência, por não ser responsável legal pelas suas dívidas ou não ser seu credor. Neste sentido, cfr. Carvalho Fernandes/João Labareda, *op. cit.*, sub art. 30º, nº 3, pp. 243-244.

3. Perante a dedução de um pedido de insolvência com base nalgum dos factos-índices referidos no art. 20º, o devedor pode opor-se à declaração de insolvência, não apenas com base na inexistência desse facto-índice, mas também com base na inexistência da própria situação de insolvência (art. 30º, nº 3). A lei refere que cabe ao devedor a prova da sua solvência (art. 30º, nº 4), mas do que se trata é de elidir a presunção de insolvência. Não apresentando o devedor oposição, nos casos em que a sua audiência não tenha sido dispensada (art. 30º, nº 4) ou não comparecendo na audiência de julgamento (art. 35º, nº 4), a insolvência é decretada se os factos invocados se enquadrarem no âmbito do art. 20º. Cfr. Lebre de Freitas, *Themis*, edição especial (2005), p. 18, e nota (30).

4. Foi objecto de controvérsia na jurisprudência do Tribunal Constitucional se a sanção do não recebimento da oposição, prevista no nº 2, para a hipótese de o devedor não juntar a lista dos cinco maiores credores respeita o princípio do processo equitativo, consagrado no art. 20º, nº 4, da CRP. No acórdão do Tribunal Constitucional 556/2008, de 19 de Novembro de 2008 (Cura Mariano, vencido Benjamim Rodrigues) considerou-se esta norma inconstitucional por violar o direito constitucional a um processo equitativo consagrado no art. 20º, nº 4, CRP, posição reiterada no acórdão do Tribunal Constitucional 350/2012, de 5 de Julho de 2012 (Carlos Fernan-

DES CADILHA, vencida MARIA LÚCIA AMARAL). Mas já no Acórdão 606/2013, de 24 de Setembro de 2013 (MARIA LÚCIA AMARAL, vencidos JOAQUIM SOUSA RIBEIRO e JOSÉ DA CUNHA BARBOSA) considerou-se que essa norma não padecia de inconstitucionalidade. Interposto recurso obrigatório para o plenário deste último acórdão, no Acórdão 639/2014, de 7 de Outubro 2014 (JOSÉ DA CUNHA BARBOSA, vencidas MARIA LÚCIA AMARAL e MARIA DE FÁTIMA MATA-MOUROS), foi decidido julgar inconstitucional a norma do nº 2 do artigo 30º do CIRE, por violação do princípio do processo equitativo, consagrado no artigo 20º, nº 4 da Constituição, quando interpretada no sentido de não dever ser admitida a oposição se não acompanhada da lista contendo a indicação dos cinco maiores credores da requerida e sem que a esta tenha previamente sido concedida a oportunidade de suprir a deficiência.

5. O nº 4 exige que a prova seja realizada com base na escrituração legalmente obrigatória, se for o caso. Admitiu-se, porém, no Ac. RL 22/1/2008 (ARNALDO SILVA), em *CJ* 33 (2008), 1, pp. 79-82, que o devedor possa provar a sua solvência sem recurso a todos os livros obrigatórios, uma vez que alguns dos seus livros e até os balancetes podem dar um retrato sobre a sua solvabilidade.

Artigo 31º – Medidas cautelares

1. Havendo justificado receio da prática de actos de má gestão, o juiz, oficiosamente ou a pedido do requerente, ordena as medidas cautelares que se mostrem necessárias ou convenientes para impedir o agravamento da situação patrimonial do devedor, até que seja proferida sentença.

2. As medidas cautelares podem designadamente consistir na nomeação de um administrador judicial provisório com poderes exclusivos para a administração do património do devedor, ou para assistir o devedor nessa administração.

3. A adopção das medidas cautelares pode ter lugar previamente à citação do devedor, no caso de a antecipação ser julgada indispensável para não pôr em perigo o seu efeito útil, mas sem que a citação possa em caso algum ser retardada mais de dez dias relativamente ao prazo que de outro modo interviria.

4. (*Revogado*).

1. O nº 4 foi revogado pelo art. 5º da Lei 16/2012, de 20 de Abril.

2. Corresponde parcialmente ao art. 21º-A do CPEREF, aditado pelo D.L. 315/98, mas enquanto esta disposição apenas previa a possibilidade de nomeação de um gestor judicial provisório, agora estabelece-se genericamente a possibilidade de o juiz tomar quaisquer outras medidas cautelares que considere adequadas.

3. Caso pretenda a aplicação das medidas cautelares, o requerente tem que alegar e provar, na petição ou em requerimento autónomo, o justificado receio da prática

de actos de má gestão pelo devedor ou seus administradores, podendo o tribunal oficiosamente decretar igualmente essas medidas, caso se convença da existência desse risco. A urgência pode justificar que a adopção das medidas tenha lugar antes da citação, ainda que aquela não possa ser retardada mais de dez dias em relação à sua data normal.

4. O Código não refere qual o procedimento cautelar a seguir relativamente ao processo de adopção de medidas cautelares. Para Isabel Alexandre, *Themis*, edição especial (2005), p. 75, deverão aplicar-se subsidiariamente as regras dos arts. 362º e ss. CPC, com as necessárias adaptações, face à faculdade de o juiz decretar essas medidas a título oficioso.

Artigo 32º – Escolha e remuneração do administrador judicial provisório

1. A escolha do administrador judicial provisório recai em entidade inscrita na lista oficial de administradores de insolvência, podendo o juiz ter em conta a proposta eventualmente feita na petição inicial no caso de processos em que seja previsível a existência de atos de gestão que requeiram especiais conhecimentos ou quando o devedor seja uma sociedade comercial em relação de domínio ou de grupo com outras sociedades cuja insolvência haja sido requerida e se pretenda a nomeação do mesmo administrador nos diversos processos.

2. O administrador judicial provisório manter-se-á em funções até que seja proferida a sentença, sem prejuízo da possibilidade da sua substituição ou remoção em momento anterior, ou da sua recondução como administrador da insolvência.

3. A remuneração do administrador judicial provisório é fixada pelo juiz, na própria decisão de nomeação ou posteriormente, e constitui, juntamente com as despesas em que ele incorra no exercício das suas funções, um encargo compreendido nas custas do processo, que é suportado pelo organismo responsável pela gestão financeira e patrimonial do Ministério da Justiça na medida em que, sendo as custas da responsabilidade da massa, não puder ser satisfeito pelas forças desta.

1. O nº 1 tem a redacção do D.L. 79/2017, de 30 de Junho.

2. O gestor judicial, regulado anteriormente nos arts. 32º e ss. do CPEREF e no D.L. 254/93, de 15 de Julho, passa agora ser designado como administrador judicial provisório, na medida em que a sentença que decrete a insolvência nomeará um administrador de insolvência, conforme se prevê no art. 36º, nº 1, d) deste diploma.

3. O estatuto do administrador da insolvência consta actualmente da Lei nº 22/2013, de 26 de Fevereiro, publicada em anexo, sendo que a remuneração do admi-

nistrador judicial provisório, referida no nº 3 desta disposição, é completada pelo art. 23º dessa lei.

Artigo 33º – Competências do administrador judicial provisório

1. O administrador judicial provisório a quem forem atribuídos poderes exclusivos de administração do património do devedor deve providenciar pela manutenção e preservação desse património, e pela continuidade da exploração da empresa, salvo se considerar que a suspensão da actividade é mais vantajosa para os interesses dos credores e tal medida for autorizada pelo juiz.

2. O juiz fixa os deveres e as competências do administrador judicial provisório encarregado apenas de assistir o devedor na administração do seu património, devendo:

a) Especificar os actos que não podem ser praticados pelo devedor sem a aprovação do administrador judicial provisório; ou

b) Indicar serem eles genericamente todos os que envolvam a alienação ou a oneração de quaisquer bens ou a assunção de novas responsabilidades que não sejam indispensáveis à gestão corrente da empresa.

3. Em qualquer das hipóteses previstas nos números anteriores, o administrador judicial provisório tem o direito de acesso à sede e às instalações empresariais do devedor e de proceder a quaisquer inspecções e a exames, designadamente dos elementos da sua contabilidade, e o devedor fica obrigado a fornecer-lhe todas as informações necessárias ao desempenho das suas funções, aplicando-se, com as devidas adaptações, o artigo 83º.

1. Corresponde parcialmente ao art. 35º do CPEREF.

2. Distinguem-se actualmente dois tipos de administrador judicial provisório: o encarregado da administração do património do devedor, referido no nº 1, e o encarregado apenas da assistência ao devedor, referido no nº 2, e cujas competências devem ser especificados pelo tribunal. No entanto, o administrador judicial tem em ambos os casos o direito à infomação por parte do devedor, podendo ter acesso à sede e instalações empresariais e fiscalizar as suas contas.

Artigo 34º – Remissão

O disposto nos artigos 37º, 38º, 58º e 59º e no nº 6 do artigo 81º, aplica-se, respectivamente e com as necessárias adaptações, à publicidade e ao registo da nomeação do administrador judicial provisório e dos poderes que lhe forem atribuídos, à fiscalização do exercício do cargo e responsabilidade em que possa incorrer e ainda à eficácia dos actos jurídicos celebrados sem a sua intervenção, quando exigível.

1. Este artigo tem a redacção do D.L. 282/2007, de 7 de Agosto, já tendo anteriormente sido alterado pelo D.L. 200/2004, de 18 de Agosto

2. Esta disposição limita-se a efectuar uma extensão do regime do administrador da insolvência em relação ao administrador judicial provisório, designadamente quanto à publicidade e registo da sua normeação, fiscalização do exercício do cargo e responsabilidade perante o devedor e os credores, e ineficácia dos actos praticados pelo devedor.

Artigo 35º – Audiência de discussão e julgamento

1. Tendo havido oposição do devedor, ou tendo a audiência deste sido dispensada, é logo marcada audiência de discussão e julgamento para um dos cinco dias subsequentes, notificando-se o requerente, o devedor e todos os administradores de direito ou de facto identificados na petição inicial para comparecerem pessoalmente ou para se fazerem representar por quem tenha poderes para transigir.

2. Não comparecendo o devedor nem um seu representante, têm-se por confessados os factos alegados na petição inicial, se a audiência do devedor não tiver sido dispensada nos termos do artigo 12º.

3. Não se verificando a situação prevista no número anterior, a não comparência do requerente, por si ou através de um representante, vale como desistência do pedido.

4. O juiz dita logo para a acta, consoante o caso, sentença de declaração da insolvência, se os factos alegados na petição inicial forem subsumíveis no nº 1 do artigo 20º, ou sentença homologatória da desistência do pedido.

5. Comparecendo ambas as partes, ou só o requerente ou um seu representante, mas tendo a audiência do devedor sido dispensada, o juiz profere despacho destinado a identificar o objeto do litígio e a enunciar os temas da prova.

6. As reclamações apresentadas são logo decididas, seguindo-se de imediato a produção das provas.

7. Finda a produção da prova têm lugar alegações orais e o tribunal profere em seguida a sentença.

8. Se a sentença não puder ser logo proferida, sê-lo-á no prazo de cinco dias.

1. O nº 1 tem a redacção da Lei 16/2012, de 20 de Abril, já tendo sido previamente alterado pelo D.L. 200/2004, de 18 de Agosto. Os nºs 5 e 7 têm a redacção do D.L. 79/2017, de 30 de Junho.

2. Em virtude da obrigação de marcação da audiência de julgamento nos cinco dias subsequentes, não é aplicável ao processo de insolvência o disposto no actual art. 151º, nº 2, CPC. Neste sentido, cfr. Ac. RL 31/3/2009 (Rijo Ferreira), em *CJ* 34 (2009), 2, pp. 107-109.

3. De salientar a imposição do dever de comparência na audiência, quer do devedor, quer do requerente, quer dos administradores de direito ou de facto indicados na petição, sob a comissão de confissão dos factos, em relação ao devedor, ou de desistência do pedido, em relação ao requerente. No caso de faltarem simultaneamente o devedor e o requerente parece resultar da redacção do artigo que apenas se aplica a cominação da confissão dos factos, uma vez que a falta do requerente só adquire relevância na hipótese de o devedor comparecer. Neste sentido, Luís Carvalho Fernandes/João Labareda, *Código da Insolvência*, sub art. 35º, nº 5, p. 259.

4. Para Maria José Costeira, *Themis*, edição especial (2005), p. 28, do número 1 resulta que é agora possível celebrar uma transacção no processo de insolvência, uma vez que este passou a ser um processo de partes e a lei se refere especificamente à transacção. Não pode, porém, ser decretada para esse efeito a suspensão da instância, porque a tal se opõe o art. 8º.

5. O nº 5 vem estabelecer que o juiz tem que identificar o objecto do litígio e enunciar os temas de prova, resolvendo nesse sentido a dúvida que se tinha suscitado na vigência do CPEREF (cfr. Luís Carvalho Fernandes/João Labareda, *Código dos Processos Especiais de Recuperação da Empresa e da Falência Anotado*, 3ª ed., Lisboa, Quid Juris, 2000, p. 338).

CAPÍTULO III – Sentença de declaração de insolvência e sua impugnação

SECÇÃO I – Conteúdo, notificação e publicidade da sentença

Artigo 36º – Sentença de declaração de insolvência

1. Na sentença que declarar a insolvência o juiz:

a) Indica a data e a hora da respectiva prolação, considerando-se que ela teve lugar ao meio-dia na falta de outra indicação;

b) Identifica o devedor insolvente, com indicação da sua sede ou residência;

c) Fixa residência aos administradores, de direito e de facto, do devedor, bem como ao próprio devedor, se este for pessoa singular;

d) Nomeia o administrador da insolvência, com indicação do seu domicílio profissional;

e) Determina que a administração da massa insolvente será assegurada pelo devedor, quando se verifiquem os pressupostos exigidos pelo nº 2 do artigo 224º;

f) Determina que o devedor entregue imediatamente ao administrador da insolvência os documentos referidos no nº 1 do artigo 24º que ainda não constem dos autos;

g) Decreta a apreensão, para imediata entrega ao administrador da insolvência, dos elementos da contabilidade do devedor e de todos os seus bens, ainda que arrestados, penhorados ou por qualquer forma apreendidos ou detidos e sem prejuízo do disposto no nº 1 do artigo 150º;

h) Ordena a entrega ao Ministério Público, para os devidos efeitos, dos elementos que indiciem a prática de infracção penal;

i) Caso disponha de elementos que justifiquem a abertura do incidente de qualificação da insolvência, declara aberto o incidente da qualificação da insolvência, com carácter pleno ou limitado, sem prejuízo do disposto no art. 187º;

j) Designa prazo, até 30 dias, para a reclamação de créditos;

l) Adverte os credores de que devem comunicar prontamente ao administrador da insolvência as garantias reais de que beneficiem;

m) Adverte os devedores do insolvente de que as prestações a que estejam obrigados deverão ser feitas ao administrador da insolvência e não ao próprio insolvente;

n) Designa dia e hora, entre os 45 e os 60 dias subsequentes, para a realização da reunião da assembleia de credores aludida no artigo 156º, designada por assembleia de apreciação do relatório, ou declara, fundamentadamente, prescindir da realização da mencionada assembleia.

2. O disposto na parte final da alínea *n*) do número anterior não se aplica nos casos em que for previsível a apresentação de um plano de insolvência ou em que se determine que a administração da insolvência seja efectuada pelo devedor.

3. Nos casos em que não é designado dia para realização da assembleia de apreciação do relatório nos termos da alínea *n*) do nº 1, e qualquer interessado, no prazo para apresentação das reclamações de créditos, requeira ao tribunal a sua convocação, o juiz designa dia e hora, entre os 45 e os 60 dias subsequentes à sentença que declarar a insolvência, para a sua realização.

4. Nos casos em que não é designado dia para realização da assembleia de apreciação do relatório nos termos da alínea *n*) do nº 1, os prazos previstos neste Código, contados por referência à data da sua realização, contam-se com referência ao 45º dia subsequente à data de prolação da sentença de declaração da insolvência.

5. O juiz que tenha decidido não realizar a assembleia de apreciação do relatório deve, logo na sentença, adequar a marcha processual a tal factualidade, tendo em conta o caso concreto.

1. Este artigo tem a redacção da Lei 16/2012, de 20 de Abril, já tendo sido alterado pelo D.L. 200/2004, de 18 de Agosto. O nº 2 foi ainda alterado pelo. D.L. 79/2017, de 30 de Junho.

2. Em primeiro lugar, a sentença deve indicar a data e a hora da respectiva prolação. Em relação à data, e conforme refere MARIA JOSÉ COSTEIRA, *Themis*, edição especial (2005), p. 28, a imposição torna-se desnecessária face à imposição geral de datar as decisões judiciais, constante hoje do art. 153º CPC. Já em relação à hora, considerada expressamente relevante pelo art. 4º, sustenta ISABEL ALEXANDRE, *Themis*, edição especial (2005), p. 68, nota (51), justificar-se a referência, atenta a não retroactividade da declaração de insolvência em relação às ordens de transferência ou compensação sobre valores mobiliários, estabelecida no art. 283º CVM, ressalvado no art. 101º do Código.

3. Para além disso, a sentença deve identificar o devedor insolvente (al. b)) e fixar a respectiva residência, sendo que, no caso de se tratar de uma pessoa colectiva a residência é fixada em relação aos seus administradores (al. c)).

4. A sentença nomeia ainda o administrador da insolvência (al. d)), o qual se rege pelo regime dos arts. 52º e ss. Pode ainda ser nomeada uma comissão de credores, a menos que o juiz não o considere justificado, nos termos do art. 66º. A sentença pode ainda determinar que a admninistração da massa insolvente seja realizada pelo próprio devedor, nos termos do art. 224º, caso em que a intervenção do administrador da insolvência se resume à fiscalização (art. 226º).

5. Como consequência da nomeação do administrador, a sentença decreta ainda a notificação ao devedor para juntar os documentos referidos no art. 24º, que ainda não estejam juntos (al. f)) e procede à apreensão da sua contabilidade e dos seus bens (al. g) e arts. 149º e ss.). Os credores do insolvente são notificados para comunicar prontamente ao administrador da insolvência as garantias reais de que sejam titulares (al. l)), enquanto que os seus devedores são advertidos de que devem realizar as suas prestações ao administrador da insolvência e não ao próprio insolvente (al. m). Caso existam elementos que indiciem a existência de infracção penal deverá o Ministério Público ser notificado dos mesmos (al. h)).

6. Salvo nos casos previstos no art. 187º, a sentença, caso o juiz disponha de elementos suficientes, deve ainda declarar aberto o incidente de qualificação da insolvência (al. i)) com carácter pleno (arts. 188º e ss.) ou limitado (art. 191º). Para além disso, a sentença deve designar um prazo até 30 dias para a reclamação de créditos (al. j) e arts. 128º e ss.), bem como marcar a assembleia de credores para apreciação do relatório para data entre 45 a 75 dias (al. n) e art. 156º).

7. No caso de existirem bens do devedor situados noutro Estado-Membro da União Europeia, a sentença deve ainda indicar sumariamente as razões de facto e de direito que justificam a competência dos tribunais portugueses (art. 271º).

8. De salientar que deixou de ser obrigatória a realização da assembleia de apreciação do relatório, podendo o juiz prescindir dela (alínea *n*) do nº 1, *in fine*), salvo nas

hipóteses previstas no nº 2. De salientar a este propósito que o D.L. 79/2017, de 30 de Junho, deixou de considerar o requerimento de exoneração do passivo restante como impeditivo da dispensa da assembleia, mantendo-se apenas como causas impeditivas dessa dispensa a previsibilidade de apresentação de um plano de insolvência ou a determinação da administração da massa insolvente pelo devedor.

Artigo 37º – Notificação da sentença e citação

1. Os administradores do devedor a quem tenha sido fixada residência são notificados pessoalmente da sentença, nos termos e pelas formas prescritos na lei processual para a citação, sendo-lhes igualmente enviadas cópias da petição inicial.

2. Sem prejuízo das notificações que se revelem necessárias nos termos da legislação laboral, nomeadamente ao Fundo de Garantia Salarial, a sentença é igualmente notificada ao Ministério Público, ao Instituto de Segurança Social, ao requerente da declaração de insolvência, ao devedor, nos termos previstos para a citação, caso não tenha já sido citado pessoalmente para os termos do processo e, se este for titular de uma empresa, à comissão de trabalhadores.

3. Os cinco maiores credores conhecidos, com exclusão do que tiver sido requerente, são citados nos termos do nº 1 ou por carta registada, consoante tenham ou não residência habitual, sede ou domicílio em Portugal.

4. Os credores conhecidos que tenham a residência habitual, o domicílio ou a sede estatutária num Estado-membro diferente daquele em foi aberto o processo, incluindo as autoridades fiscais e os organismos da segurança social desses Estados-membros, são citados por carta registada, sem demora, em conformidade com o artigo 54º do Regulamento (UE) nº 2015/848 do Parlamento Europeu e do Conselho, de 20 de maio de 2015.

5. Havendo créditos do Estado, de institutos públicos sem a natureza de empresas públicas ou de instituições da segurança social, a citação dessas entidades é feita por carta registada.

6. O disposto nos números anteriores não prejudica a possibilidade de notificação e citação por via electrónica, nos termos previstos em portaria do Ministro da Justiça.

7. Os demais credores e outros interessados são citados por edital, com prazo de dilação de cinco dias, afixado na sede ou na residência do devedor, nos seus estabelecimentos e no próprio tribunal e por anúncio publicado no portal Citius.

8. Os editais e anúncios referidos no número anterior devem indicar o número do processo, a dilação e a possibilidade de recurso ou dedução de embargos e conter os elementos e informações previstos nas alíneas *a*) a *e*) e *i*) a *n*) do artigo anterior, advertindo-se que o prazo para o recurso, os embargos e a reclamação dos créditos só começa a correr depois de finda a dilação, e que esta se conta da publicação do anúncio referido no número anterior.

1. O nº 7 tem a redacção da Lei 16/2012, de 20 de Abril. Os nºs 6, e 8 têm a redacção do D.L. 282/2007, de 7 de Agosto. Os nºs 2 e 4 têm a redacção do D.L. 79/2017, de 30 de Junho.

2. O art. 5º do D.L. 79/2017, de 30 de Junho, determina a substituição do Portal Citius por um portal a definir por portaria do membro do Governo responsável pela área da justiça, sendo que, a partir da data da disponibilização ao público do referido portal, a qual é comunicada por despacho publicado na 2ª Série do Diário, todas as referências feitas no CIRE ao Citius são consideradas feitas a esse novo portal.

3. Cfr. Carvalho Fernandes/João Labareda, *Código da Insolvência*, sub art. 37º, pp. 270 e ss.

4. Para além da publicidade e registo da sentença, a que se refere o art. 38º, a lei vem prever o dever de ela ser notificada a vários interessados, o que se compreende, dado que agora o processo corre à sua revelia até essa fase. As formas de notificação variam, porém, consoante os interessados. Assim, em relação aos administradores do devedor a quem tenha sido fixada residência na sentença (cfr. arts. 6º e 36º, *c*)), a notificação é pessoal, com entrega de cópia da petição inicial, sendo realizada nos termos prescritos na lei processual para a citação, parecendo exigir-se o contacto pessoal (art. 225º, nº 2, *c*) CPC), solução que é igualmente aplicável ao devedor, caso não tenha sido já pessoalmente citado para o processo. Em relação ao requerente, bem como ao devedor que o não seja, se já tiver sido pessoalmente citado, a notificação é realizada de acordo com o regime aplicável às notificações em processos pendentes (arts. 247º e ss. CPC). Em relação aos cinco maiores credores, estes são citados pessoalmente ou por carta registada (art. 228º CPC), consoante tenham ou não residência habitual, sede ou domicílio em Portugal, sendo que no caso de terem residência habitual, sede ou domicílio noutro Estado-Membro da União Europeia, a citação deve obedecer ao disposto no art. 54º do Regulamento (UE) 2015/848, que substituiu arts. 40º e 42º do hoje revogado Regulamento (CE) nº 1346/2000. A citação por carta registada é ainda aplicável no caso de existirem créditos do Estado, institutos públicos sem natureza empresarial e instituições de segurança social. Em relação a todos os outros credores e demais interessados, a citação é edital por incerteza das pessoas (art. 243º CPC).

5. Prevê-se ainda a notificação da sentença ao Ministério Público (cfr. art. 252º CPC), ao Instituto da Segurança Social, e, se o devedor for titular de uma empresa, à respectiva comissão de trabalhadores, a qual deve obedecer aos termos dispostos no art. 253º CPC, solução que se compreende face aos direitos de informação que competem às comissões de trabalhadores, nos termos do art. 423º, *a*) do Código do Trabalho, aprovado pela Lei 7/2009, de 12 de Fevereiro. Na ausência de comissão de trabalhado-

res, a sentença deve ser objecto de publicação mediante a afixação de editais na sede e nos estabelecimentos da empresa. A notificação justifica-se em função da participação destas entidades na assembleia de credores, conforme previsto no art. 72º, nº 6.

6. É ainda obrigatória a notificação da sentença ao Fundo de Garantia Salarial, nos termos do art. 1º, nº 2, *a*) do Novo Regime do Fundo de Garantia Salarial, aprovado pelo D.L. 59/2015, de 21 de Abril (publicado em anexo).

Artigo 38º – Publicidade e registo

1. (*Revogado*).

2. A declaração de insolvência e a nomeação de um administrador da insolvência são registadas oficiosamente, com base na respectiva certidão, para o efeito remetida pela secretaria:

a) Na conservatória do registo civil, se o devedor for uma pessoa singular;

b) Na conservatória do registo comercial, se houver quaisquer factos relativos ao devedor insolvente sujeitos a esse registo;

c) Na entidade encarregada de outro registo público a que o devedor esteja eventualmente sujeito.

3. Sem prejuízo do disposto no nº 5 do artigo 43º do Código de Registo Predial, a declaração de insolvência é ainda inscrita no registo predial, relativamente aos bens que integrem a massa insolvente, com base em certidão judicial da declaração de insolvência transitada em julgado, se o serviço de registo não conseguir aceder à informação necessária por meios electrónicos, e em declaração do administrador da insolvência que identifique os bens.

4. O registo previsto no número anterior, quando efectuado provisoriamente por natureza, é feito com base nas informações incluídas na página informática do tribunal, nos termos da alínea *b*) do nº 6, e na declaração do administrador da insolvência que identifique os bens.

5. Se no registo existir sobre os bens que integram a massa insolvente qualquer inscrição de aquisição ou de reconhecimento do direito de propriedade ou de mera posse a favor de pessoa diversa do insolvente, deve o administrador da insolvência juntar ao processo certidão das respectivas inscrições.

6. A secretaria:

a) Regista oficiosamente a declaração de insolvência e a nomeação do administrador da insolvência no registo informático de execuções estabelecido pelo Código de Processo Civil;

b) Promove a inclusão dessas informações, e ainda do prazo concedido para as reclamações, na página informática do tribunal;

c) Comunica a declaração de insolvência ao Banco de Portugal para que este proceda à sua inscrição na central de riscos de crédito.

7. Dos registos da nomeação do administrador da insolvência deve constar o seu domicílio profissional.

8. Todas as diligências destinadas à publicidade e registo da sentença devem ser realizadas no prazo de cinco dias.

9. A publicidade e a inscrição em registo público da decisão de abertura do processo de insolvência estrangeiro e, se for caso disso, da decisão que nomeia o administrador da insolvência, a que se referem os artigos 28º e 29º do Regulamento (UE) nº 2015/848 do Parlamento Europeu e do Conselho, de 20 de maio de 2015, devem ser solicitadas no tribunal português da área do estabelecimento do devedor, ou, não sendo esse o caso, ao Juízo de Comércio de Lisboa, podendo o tribunal exigir tradução certificada por pessoa que para o efeito seja competente segundo o direito de um Estado-membro da União Europeia.

10. Sem prejuízo do disposto no número anterior, se o direito do Estado do processo de insolvência previr a efetivação de registo desconhecido do direito português, é determinado o registo que com aquele apresente maiores semelhanças.

11. Sem prejuízo do disposto no nº 9, a publicação regulada no nº 1 do artigo 29º do Regulamento (UE) nº 2015/848 do Parlamento Europeu e do Conselho, de 20 de maio de 2015, é determinada oficiosamente pelos competentes serviços de registo se o devedor for titular de estabelecimento situado em Portugal.

1. O nº 1 foi revogado pelo D.L. 282/2007, de 7 de Agosto, tendo um nº 6 sido acrescentado por esse diploma. Posteriormente, o D.L. 116/2008, de 4 de Julho deu nova redacção aos nºs 3 e 4, passando o anterior texto dos nºs 3, 4 e 5 a constituir os números 5, 6, e 7 deste artigo. O facto de não aparecer referência no D.L. 116/2008 à revogação do nº 1 e ao nº 6 leva-nos a questionar se o legislador terá tomado em consideração a última redacção deste artigo. Posteriormente este artigo viria ainda a ser alterado pelo pelo D.L. 185/2009, de 12 de Agosto. Os nºs 9, 10 e 11 foram aditados pelo D.L. 79/2017, de 30 de Junho.

2. A disciplina deste artigo é objecto de extensão pelos arts. 34º e 229º do Código, que para ele remetem.

3. Cfr. os arts. 6º e 7º do D.L. 53/2004, de 18 de Março, que alteraram os Códigos do Registo Civil e Comercial, sujeitando a registo a declaração de insolvência e a nomeação do administrador de insolvência, bem como a Portaria nº 1257/2004, de 28 de Setembro, que aprova os modelos de averbamento aos assentos de nascimento e a Portaria nº 1269/2004, de 26 de Outubro, que altera o Regulamento do Registo Comercial.

Artigo 39º – Insuficiência da massa insolvente

1. Concluindo o juiz que o património do devedor não é presumivelmente suficiente para a satisfação das custas do processo e das dívidas previsíveis da massa insolvente e não estando essa satisfação por outra forma garantida, faz menção desse facto na sentença de declaração da insolvência, dando nela cumprimento apenas ao preceituado nas alíneas *a)* a *d)* e *h)* do nº 1 do artigo 36º, e, caso disponha de elementos que justifiquem a abertura do incidente de qualificação da insolvência, declara aberto o incidente de qualificação com carácter limitado, aplicando-se, com as necessárias adaptações, o disposto na alínea *i)* do nº 1 do artigo 36º.

2. No caso referido no número anterior:

***a*)** Qualquer interessado pode pedir, no prazo de cinco dias, que a sentença seja complementada com as restantes menções do nº 1 do artigo 36º;

***b*)** Aplica-se à citação, notificação, publicidade e registo da sentença o disposto nos artigos anteriores, com as modificações exigidas, devendo em todas as comunicações fazer-se adicionalmente referência à possibilidade conferida pela alínea anterior.

3. O requerente do complemento da sentença deposita à ordem do tribunal o montante que o juiz especificar segundo o que razoavelmente entenda necessário para garantir o pagamento das referidas custas e dívidas, ou cauciona esse pagamento mediante garantia bancária, sendo o depósito movimentado ou a caução accionada apenas depois de comprovada a efectiva insuficiência da massa, e na medida dessa insuficiência.

4. Requerido o complemento da sentença nos termos dos nºs 2 e 3, deve o juiz dar cumprimento integral ao artigo 36º, observando-se em seguida o disposto no artigo 37º e no artigo anterior, e prosseguindo com carácter pleno o incidente de qualificação da insolvência, sempre que ao mesmo haja lugar.

5. Quem requerer o complemento da sentença pode exigir o reembolso das quantias despendidas às pessoas que, em violação dos seus deveres como administradores, se hajam abstido de requerer a declaração de insolvência do devedor, ou o tenham feito com demora.

6. O direito estabelecido no número anterior prescreve ao fim de cinco anos.

7. Não sendo requerido o complemento da sentença:

***a*)** O devedor não fica privado dos poderes de administração e disposição do seu património, nem se produzem quaisquer dos efeitos que normalmente correspondem à declaração de insolvência, ao abrigo das normas deste Código;

***b*)** O processo de insolvência é declarado findo logo que a sentença transite em julgado, sem prejuízo da tramitação até final do incidente limitado de qualificação da insolvência;

c) O administrador da insolvência limita a sua actividade à elaboração do parecer a que se refere o nº 2 do artigo 188º;

d) Após o respectivo trânsito em julgado, qualquer legitimado pode instaurar a todo o tempo novo processo de insolvência, mas o prosseguimento dos autos depende de que seja depositado à ordem do tribunal o montante que o juiz razoavelmente entenda necessário para garantir o pagamento das custas e das dívidas previsíveis da massa insolvente, aplicando-se o disposto nos nºs 4 e 5.

8. O disposto neste artigo não é aplicável quando o devedor, sendo uma pessoa singular, tenha requerido, anteriormente à sentença de declaração de insolvência, a exoneração do passivo restante.

9. Para os efeitos previstos no nº 1, presume-se a insuficiência da massa quando o património do devedor seja inferior a 5000 euros.

10. Sendo o devedor uma sociedade comercial, aplica-se-lhe, com as necessárias adaptações o disposto no nº 4 do artigo 234º

1. O nº 9 foi acrescentado pelo D.L. 282/2007, de 7 de Agosto.

2. Preceito inovador. Cfr., no entanto, o art. 187º do CPEREF.

3. No caso de entender que o património do devedor não é presumivelmente suficiente para satisfação das custas do processo e das dívidas previsíveis da massa insolvente, o juiz pode omitir as advertências das alíneas *f*), *l*) e *m*) do art. 36º, deixar de decretar a apreensão de bens, não fixar prazo para a reclamação de créditos, nem marcar data para a assembleia de apreciação do relatório. Esta faculdade atribuída ao juiz constitui uma forma expedita de garantir que o processo de insolvência não se prolongue perante um caso manifesto de inexistência de bens, fazendo correr por conta do credor que pretenda a prossecução do processo o ónus de adiantar os custos dessa prossecução. Para Maria José Costeira, *Themis*, edição especial (2005), p. 30, no entanto, essa opção do juiz será de difícil aplicação, já que para além de desencadear novos desenvolvimentos processuais, previstos nos nºs 2 e ss. desta disposição, na maioria dos casos o juiz não terá nesta fase elementos que lhe permitam saber qual o activo do devedor, quais as custas do processo (arts. 301º e ss.) e quais as dívidas da massa insolvente (art. 51º). Por outro lado, dado que nesta situação deixa de ocorrer a apreensão de bens, no caso de o administrador da insolvência vir posteriormente a descobrir novos bens ao devedor, estes não poderão ser apreendidos, dado que a sentença não o determinou. Efectivamente, e como referem Carvalho Fernandes/João Labareda, *Código da Insolvência*, I, sub art. 39º, nº 12, p. 287, a menos que seja requerido o complemento da sentença, o processo de insolvência é declarado findo com o trânsito em julgado da mesma (nº 7, b)), podendo a descoberta de outros bens legitimar posteriormente apenas a instauração de novo processo de insolvência nos termos referidos no nº 7, d)).

4. O incidente limitado de qualificação da insolvência encontra-se previsto no art. 191º do Código.

5. Resulta do nº 8 que se o devedor, na apresentação à insolvência, requerer a exoneração do passivo restante (sobre esta, cfr. os arts. 235º e ss. do Código), o juiz está impedido de seguir a tramitação simplificada prevista neste artigo. Neste sentido, cfr. Ac. RP 28/5/2009 (José Ferraz), em *CJ* 34 (2009), 3, pp. 196-198.

6. A jurisprudência do Tribunal Constitucional tem em sucessivas decisões julgado inconstitucional obrigação de depósito prévio das custas quando aplicada a trabalhadores que necessitam de obter a declaração de insolvência do empregador para recorrer ao Fundo de Garantia Salarial, como hoje se prevê no art. 1º, nº 1, a) do Novo Regime do Fundo de Garantia Salarial, aprovado pelo D.L. 59/2015, de 21 de Abril. Tal ocorreu no Acórdão do Tribunal Constitucional 602/2006, de 14 de Novembro de 2006 (Bravo Serra), onde se julgou "inconstitucional, por violação do nº 1 do artigo 20º e da alínea *a*) do nº 1 do artigo 59º, um e outro da Lei Fundamental, a norma vertida no preceito da alínea *d*) do nº 7 do artigo 39º do Código da Insolvência e Recuperação de Empresas aprovado pelo Decreto-Lei nº 53/2004, de 18 de Março, quando interpretado no sentido de que dele decorre, nos casos em que foi proferida sentença nos termos do nº 1 daquele artigo, a imposição, ao trabalhador que não desfrute de condições económicas suficientes e que pretenda instaurar novo processo de insolvência para efeitos de nele ser reconhecida a reclamação do seu crédito por salários não pagos pela entidade insolvente, com vista ao disposto na alínea *a*) do art. 324º da Lei nº 35/2004, de 29 de Julho, do depósito de um montante que o juiz razoavelmente entenda necessário para garantir o pagamento das dívidas previsíveis da massa insolvente, não contemplando o benefício de apoio judiciário a possibilidade de isenção desse depósito". Igualmente no Acórdão do Tribunal Constitucional 83/2010 de 3 de Março de 2010 (Pamplona de Oliveira), foi decidido "julgar inconstitucional, por violação do nº 1 do artigo 20º e da alínea *a*) do nº 1 do artigo 59º, ambos da Constituição, a norma do artigo 39º, nº 3 do Código de Insolvência e da Recuperação de Empresas, quando interpretada no sentido de que o requerente do complemento da sentença, quando careça de meios económicos e, designadamente, beneficiar do apoio judiciário na modalidade de isenção da taxa de justiça e demais encargos com o processo, se não depositar a quantia que o juiz especificar nem prestar a garantia bancária alternativa não pode requerer aquele complemento de sentença".

SECÇÃO II – Impugnação da sentença

Artigo 40º – Oposição de embargos

1. Podem opor embargos à sentença declaratória da insolvência:

a) O devedor em situação de revelia absoluta, se não tiver sido pessoalmente citado;

b) O cônjuge, os ascendentes ou descendentes e os afins em 1º grau da linha recta da pessoa singular considerada insolvente, no caso de a declaração de insolvência se fundar na fuga do devedor relacionada com a sua falta de liquidez;

c) O cônjuge, herdeiro, legatário ou representante do devedor, quando o falecimento tenha ocorrido antes de findo o prazo para a oposição por embargos que ao devedor fosse lícito deduzir, nos termos da alínea *a*);

d) Qualquer credor que como tal se legitime;

e) Os responsáveis legais pelas dívidas do insolvente;

f) Os sócios, associados ou membros do devedor.

2. Os embargos devem ser deduzidos dentro dos 5 dias subsequentes à notificação da sentença ao embargante ou ao fim da dilação aplicável, e apenas são admissíveis desde que o embargante alegue factos ou requeira meios de prova que não tenham sido tidos em conta pelo tribunal e que possam afastar os fundamentos da declaração de insolvência.

3. A oposição de embargos à sentença declaratória da insolvência, bem como o recurso da decisão que mantenha a declaração, suspende a liquidação e a partilha do activo, sem prejuízo do disposto no nº 2 do artigo 158º.

1. Corresponde, com modificações ao art. 129º do CPEREF.

2. Cfr. Isabel Alexandre, *Themis*, edição especial (2005), pp. 75 e ss.

3. A sentença declaratória da insolvência pode ser impugnada, não apenas através de embargos (arts. 40º e 41º), mas também por meio de recurso (art. 42º). Já a sentença que indefira o pedido de insolvência apenas pode ser impugnada por meio de recurso (art. 45º). Quer os embargos, quer o recurso da sentença têm efeito suspensivo da liquidação e partilha (arts. 40º, nº 3, e 42º, nº 3), admitindo apenas a venda imediata dos bens sujeitos a deterioração ou depreciação (art. 158º, nº 2). Os fundamentos destes meios de impugnação variam, porém, já que enquanto os embargos têm por fundamento factos ou meios de prova que não tenham sido considerados pelo tribunal (art. 40º, nº 2), o recurso baseia-se antes na consideração de que a sentença não deveria ter sido proferida face aos elementos apurados (art. 42º, nº 1).

4. É de realçar que se eliminou a possibilidade de o Ministério Público deduzir embargos à declaração de insolvência. Actualmente a legitimidade para a sua dedução compete, em primeiro lugar ao devedor em situação de revelia absoluta, se não tiver sido pessoalmente citado (art. 40º, nº 1 a)), podendo o mesmo interpor sempre recurso (art. 42º, nº 2). Para além disso, têm legitimidade, quer para os embargos (art. 40º, nº 1), quer para o recurso (art. 42º, nº 1) os familiares próximos do devedor, quando a declaração de insolvência se funde na sua fuga (art. 40º, nº 1 b)), o seu cônjuge, suces-

sores ou representante, em caso de falecimento do devedor antes de se ter podido opor à sentença (art. 40º, nº 1 c)), qualquer credor (art. 40º, nº 1 d)) os responsáveis legais pelas dívidas do insolvente (art. 40º, nº 1 e)) , e os sócios, associados ou membros do devedor (art. 40º, nº 1 f)).

Artigo 41º – Processamento e julgamento dos embargos

1. A petição de embargos é imediatamente autuada por apenso, sendo o processo concluso ao juiz, para o despacho liminar, no dia seguinte ao termo do prazo referido no nº 2 do artigo anterior; aos embargos opostos por várias entidades corresponde um único processo.

2. Não havendo motivo para indeferimento liminar, é ordenada a notificação do administrador da insolvência e da parte contrária para contestarem, querendo, no prazo de cinco dias.

3. Aplica-se à petição e às contestações o disposto no nº 2 do artigo 25º.

4. Após a contestação e depois de produzidas, no prazo máximo de 10 dias, as provas que se devam realizar antecipadamente, procede-se à audiência de julgamento, dentro dos 5 dias imediatos, nos termos do disposto no nº 1 do presente artigo e nos nºs 5 a 8 do artigo 35º.

1. O nº 3 tem a redacção do D.L. 200/2004, de 18 de Agosto.

2. Corresponde, sem modificações de substância, ao art. 130º do CPEREF.

3. O processo de embargos corre por apenso ao processo de insolvência, constituindo um único processo, independentemente do número de entidades que deduzam embargos à sentença de declaração de insolvência. Da mesma forma que o processo de insolvência, também o processo de embargos é objecto de apreciação liminar pelo juiz, podendo ser logo indeferido. Não o sendo, tanto o administrador de insolvência como o requerente são notificados para contestarem em 5 dias, devendo juntar logo todas as provas, sendo o número de testemunhas limitado a 10. A lei prevê um prazo muito curto para o julgamento dos embargos, dando um prazo de 10 dias para a produção antecipada de prova, e devendo a audiência de julgamento realizar-se nos 5 dias subsequentes.

Artigo 42º – Recurso

1. É lícito às pessoas referidas no nº 1 do artigo 40º, alternativamente à dedução dos embargos ou cumulativamente com estes, interpor recurso da sentença de declaração de insolvência, quando entendam que, face aos elementos apurados, ela não devia ter sido proferida.

2. Ao devedor é facultada a interposição de recurso mesmo quando a oposição de embargos lhe esteja vedada.

3. É aplicável à interposição do recurso o disposto no nº 3 do artigo 40º, com as necessárias adaptações.

1. Ao contrário do que sucedia no CPEREF, em que não se admitia recurso da declaração de falência, mas apenas recurso da decisão sobre os embargos (art. 228º), volta-se agora à possibilidade de interpor, alternativa ou cumulativamente aos embargos, recurso da sentença, conforme constava do art. 1183º, nº 3, do antigo CPC. Os fundamentos são, porém, diferentes, dado que o recurso se baseia na consideração de que face aos elementos apurados a sentença não deveria ter sido proferida (art. 42º, nº 1), enquanto que os embargos têm por fundamento novos factos ou meios de prova que não tenham sido considerados na sentença (art. 40º, nº 2).

2. A legitimidade para a interposição de recurso é praticamente idêntica àquela para a dedução de embargos (nº 1), com a ampliação de que o devedor pode sempre interpor recurso (nº 2), enquanto só pode deduzir embargos se o processo correr à sua revelia por não ter sido pessoalmente citado (art. 40º, nº 1 a)). Já as restantes pessoas referidas no art. 40º, nº 1, apenas podem interpor recurso se se encontrarem nas situações em que a lei autoriza a dedução de embargos. Considerou-se, por isso, correctamente no Ac. RE 27/2/2014 (Francisco Xavier), na *CJ* 39 (2014), 1, pp. 249-251, que o cônjuge que não se encontre nalguma das situações previstas no art. 40º, nº 1, b) e c) não pode apresentar recurso da declaração de insolvência.

3. O regime do recurso encontra-se previsto no art. 14º. Não se encontrando previsto prazo para a interposição do recurso, parece dever vigorar o prazo de 15 dias previsto hoje no art. 638º, nº 1, CPC, uma vez que se trata de um processo urgente (art. 9º). Neste sentido, Isabel Alexandre, *Themis*, edição especial (2005), p. 77. Sendo interposto recurso, o mesmo suspende a liquidação e partilha do activo (arts. 42º, nº 3, e 40º, nº 3), mantendo-se apenas a possibilidade de o administrador da insolvência proceder à venda antecipada dos bens susceptíveis de perecimento ou deterioração, nos termos do art. 158º, nº 2.

Artigo 43º – Efeitos da revogação

A revogação da sentença de declaração de insolvência não afecta os efeitos dos actos legalmente praticados pelos órgãos da insolvência.

1. Corresponde parcialmente ao art. 131º do CPEREF.

2. Revogada a sentença de declaração de insolvência, quer em resultado da procedência dos embargos, quer por ser dado provimento ao recurso, não são, porém, afectados os efeitos dos actos legalmente praticados pelos órgãos da insolvência. O devedor fica, assim, vinculado ao cumprimento das obrigações emergentes desses actos.

CAPÍTULO IV – Sentença de indeferimento do pedido de declaração de insolvência

Artigo 44º – Notificação da sentença de indeferimento do pedido

1. A sentença que indefira o pedido de declaração de insolvência é notificada apenas ao requerente e ao devedor.

2. No caso de ter sido nomeado um administrador judicial provisório, a sentença é objecto de publicação e registo, nos termos previstos nos artigos 37º e 38º, com as necessárias adaptações.

1. O nº 2 tem a redacção do D.L. 282/2007, de 7 de Agosto.

2. O nº 1 expressa a regra da ausência da publicidade da sentença que indefira o pedido da declaração de insolvência, solução que se justifica face às consequências que a publicidade causaria em relação ao devedor. Dessa regra exceptua-se apenas a situação de já ter ocorrido a designação de um administrador judicial provisório, a qual é objecto de publicidade e registo nos termos do art. 34º, pelo que nesse caso se impõe a publicação e registo da sentença, em ordem a corrigir a publicidade anteriormente realizada.

Artigo 45º – Recurso da sentença de indeferimento

Contra a sentença que indefira o pedido de declaração de insolvência só pode reagir o próprio requerente, e unicamente através de recurso.

1. Preceito inovador. Cfr., no entanto, o art. 229º do CPEREF.

2. Ao contrário do que sucede com a sentença declaratória de insolvência, que pode ser impugnada tanto por via de embargos (arts. 40º e ss.), como por via de recurso (art. 42º), a sentença que indefere esse pedido é apenas impugnável por via de recurso, cuja legitimidade é restrita ao requerente. O regime do recurso encontra-se previsto no art. 14º.

TÍTULO III – Massa insolvente e intervenientes no processo

CAPÍTULO I – Massa insolvente e classificações dos créditos

Artigo 46º – Conceito de massa insolvente

1. A massa insolvente destina-se à satisfação dos credores da insolvência, depois de pagas as suas próprias dívidas, e, salvo disposição em contrário, abrange todo o património do devedor à data da declaração de insolvência, bem como os bens e direitos que ele adquira na pendência do processo.

2. Os bens isentos de penhora só são integrados na massa insolvente se o devedor voluntariamente os apresentar e a impenhorabilidade não for absoluta.

1. Corresponde parcialmente ao art. 175º do CPEREF.

2. Cfr. os arts. 601º e ss. do Código Civil e 736º a 738º do Código de Processo Civil.

3. A massa insolvente corresponde em princípio ao património do devedor no momento da declaração de insolvência, entrando igualmente para a massa os bens e direitos adquiridos na pendência do processo. Excluem-se naturalmente as situações da separação de patrimónios, bem como os bens absoluta ou relativamente impenhoráveis, salvo, quanto a estes últimos, no caso de serem voluntariamente oferecidos. A massa insolvente destina-se primordialmente à satisfação dos suas próprias dívidas (os créditos sobre a massa, referidas no art. 51º) e apenas depois aos créditos sobre a insolvência (as restantes dívidas de natureza patrimonial do insolvente ou garantidas por bens deste, referidas no art. 47º).

Artigo 47º – Conceito de credores da insolvência e classes de créditos sobre a insolvência

1. Declarada a insolvência, todos os titulares de créditos de natureza patrimonial sobre o insolvente, ou garantidos por bens integrantes da massa insolvente, cujo fundamento seja anterior à data dessa declaração, são considerados credores da insolvência, qualquer que seja a sua nacionalidade e domicílio.

2. Os créditos referidos no número anterior, bem como os que lhes sejam equiparados, e as dívidas que lhes correspondem, são neste Código denominados, respectivamente, créditos sobre a insolvência e dívidas da insolvência.

3. São equiparados aos titulares de créditos sobre a insolvência à data da declaração da insolvência aqueles que mostrem tê-los adquirido no decorrer do processo.

4. Para efeitos deste Código, os créditos sobre a insolvência são:

a) "Garantidos" e "privilegiados", os créditos que beneficiem, respectivamente, de garantias reais, incluindo os privilégios creditórios especiais, e de privilégios creditórios gerais sobre bens integrantes da massa insolvente, até ao montante correspondente ao valor dos bens objecto das garantias ou dos privilégios gerais, tendo em conta as eventuais onerações prevalecentes;

b) "Subordinados", os créditos enumerados no artigo seguinte, excepto quando beneficiem de privilégios creditórios, gerais ou especiais, ou de hipotecas legais, que não se extingam por efeito da declaração de insolvência;

c) "Comuns", os demais créditos.

1. A distinção entre as categorias de créditos da insolvência pode ser formulada pela forma seguinte: *Créditos garantidos* são apenas aqueles que beneficiam de uma garantia real, considerando-se como tal também os privilégios especiais. Abrangem assim, além destes, a consignação de rendimentos, o penhor, a hipoteca e o direito de retenção. As garantias pessoais não relevam consequentemente para a qualificação do crédito como garantido. *Créditos privilegiados* são aqueles que beneficiam de privilégios creditórios gerais (mobiliários ou imobiliários), os quais não constituem garantias reais por não incidirem sobre coisas determinadas. Os *créditos subordinados* correspondem a uma nova categoria de créditos enfraquecidos, enumerados no art. 48º, os quais são satisfeitos depois dos restantes créditos sobre a insolvência. Os *créditos comuns* são aqueles que não beneficiam de garantia real, nem de privilégio geral, e não são objecto de subordinação.

2. Nos termos do art. 173º, o pagamento dos créditos sobre a insolvência depende do seu reconhecimento por sentença transitada em julgado. O pagamento dos créditos garantidos é efectuado, após o pagamento das dívidas da massa, e abatidas as correspondentes despesas, sobre o produto da liquidação dos bens onerados com garantia real, respeitada a prioridade que lhes caiba (art. 174º). Já o pagamento dos créditos privilegiados é efectuado com base nos bens não afectos a garantias reais prevalecentes, respeitando a sua prioridade e na proporção dos seus montantes (art. 175º). Após estes, tem lugar o pagamento aos credores comuns na proporção dos seus créditos, se a massa for insuficiente para a satisfação integral (art. 176º). Finalmente, se ainda houver saldo, poderá ser efectuado o pagamento aos credores subordinados (art. 177º).

Artigo 48º – Créditos subordinados

1. Consideram-se subordinados, sendo graduados depois dos restantes créditos sobre a insolvência:

a) Os créditos detidos por pessoas especialmente relacionadas com o devedor, desde que a relação especial existisse já aquando da respectiva aquisição, e por aqueles a quem eles tenham sido transmitidos, contanto que nos dois anos anteriores ao início do processo de insolvência;

b) Os juros de créditos não subordinados constituídos após a declaração da insolvência, com excepção dos abrangidos por garantia real e por privilégios creditórios gerais, até ao valor dos bens respectivos;

c) Os créditos cuja subordinação tenha sido convencionada pelas partes;

d) Os créditos que tenham por objecto prestações do devedor a título gratuito;

e) Os créditos sobre a insolvência que, como consequência da resolução em benefício da massa insolvente, resultem para o terceiro de má-fé;

f) Os juros de créditos subordinados constituídos após a declaração da insolvência;

g) Os créditos por suprimentos.

1. Preceito inovador, que se inspira no art. 92º da *Ley Concursal* espanhola..

2. A categoria de créditos subordinados constitui uma inovação do Código, que acrescenta assim uma terceira categoria de créditos, além dos comuns e garantidos. Neste âmbito incluem-se essencialmente os créditos relativos a relações especiais do devedor (alínea *a*)) créditos de juros (alíneas *b*) e *f*), créditos gratuitos (alínea *d*)), créditos de terceiro de má fé (alínea e)) e créditos por suprimentos (alínea *g*)). Parece-nos, no entanto, altamente questionável a necessidade de criação desta categoria, uma vez que, com excepção dos suprimentos em que esta qualificação efectivamente se justifica (cfr. art. 245º CSC), nenhum dos outros créditos poderia ser reclamado no âmbito da legislação anterior, não se vendo razão para se admitir a sua reclamação no âmbito da insolvência, ainda que depois de satisfeitos outros créditos. Efectivamente, pela natureza das coisas o património do insolvente será rateado pelos credores comuns, pelo que dificilmente os credores subordinados terão algo a receber.

3. Sobre o conceito de pessoas especialmente relacionadas com o devedor, constante da alínea *a*), cfr. o art. 49º. Para A. Raposo Subtil/Matos Esteves/Maria José Esteves/Luís M. Martins, *Código da Insolvência e da Recuperação de Empresas*, 2ª ed., Porto, Vida Económica, 2006, sub art. 48º, p. 138, resulta dessa alínea a) apenas uma presunção ilídivel, podendo os credores subordinados ilidirem-na, demonstrando não terem actuado de forma a prejudicar os restantes credores. Pelo contrário, sustentam o carácter inilidível dessa presunção, o que nos parece igualmente a melhor posição, Carvalho Fernandes/João Labareda, *Código da Insolvência*, sub art. 48º, nº 6, pp. 310-311.

4. No sentido de que, por força da alínea *a*), os empréstimos intra-grupo, como no caso do *cash-pooling* são considerados créditos subordinados, cfr. Paulo Olavo Cunha, "Os empréstimos intragrupo no contexto da insolvência; em especial, o *cash pooling*", em Catarina Serra (org.), *III Congresso de Direito da Insolvência*, Coimbra, Almedina, 2015, pp. 345-360 (358).

5. Os créditos subordinados não conferem em princípio direito de voto na assembleia de credores, conforme refere o art. 73º, nº 3 do Código, nem permitem ao respectivo credor integrar a comissão de credores (art. 66º, nº 1) e são pagos apenas depois de satisfeitos os créditos comuns, conforme resulta do art. 177º do Código. A ordem de pagamento corresponde à enumeração das alíneas deste artigo 48º, efectuando-se o rateio relativamente a créditos constantes da mesma alínea. Apenas em caso de subordinação convencional (art. 48º, *c*)), o art. 177º, nº 2, admite que as partes convencionem uma prioridade diferente.

Artigo 49º – Pessoas especialmente relacionadas com o devedor

1. São havidos como especialmente relacionados com o devedor pessoa singular:

a) O seu cônjuge e as pessoas de quem se tenha divorciado nos dois anos anteriores ao início do processo de insolvência;

b) Os ascendentes, descendentes ou irmãos do devedor ou de qualquer das pessoas referidas na alínea anterior;

c) Os cônjuges dos ascendentes, descendentes ou irmãos do devedor;

d) As pessoas que tenham vivido habitualmente com o devedor em economia comum em período situado dentro dos dois anos anteriores ao início do processo de insolvência.

2. São havidos como especialmente relacionados com o devedor pessoa colectiva:

a) Os sócios, associados ou membros que respondam legalmente pelas suas dívidas, e as pessoas que tenham tido esse estatuto nos dois anos anteriores ao início do processo de insolvência;

b) As pessoas que, se for o caso, tenham estado com a sociedade insolvente em relação de domínio ou de grupo, nos termos do artigo 21º do Código de Valores Mobiliários, em período situado dentro dos dois anos anteriores ao início do processo de insolvência;

c) Os administradores, de direito ou de facto, do devedor e aqueles que o tenham sido em algum momento nos dois anos anteriores ao início do processo de insolvência;

d) As pessoas relacionadas com alguma das mencionadas nas alíneas anteriores por qualquer das formas referidas no nº 1.

3. Nos casos em que a insolvência respeite apenas a um património autónomo são consideradas pessoas especialmente relacionadas os respectivos titulares e administradores, bem como as que estejam ligadas a estes por alguma das formas previstas nos números anteriores, e ainda, tratando-se de herança jacente, as ligadas ao autor da sucessão por alguma das formas previstas no nº 1, na data da abertura da sucessão ou nos dois anos anteriores.

1. Preceito inovador. Cfr., no entanto, o art. 158º, *a*) do CPEREF.

2. Este artigo concretiza o conceito de pessoas especialmente relacionadas com o devedor, para efeitos de sujeição dos seus créditos ao regime de subordinação, previsto na alínea *a*) do art. 48º do CIRE. É, porém, questionável se esta enumeração é taxativa ou meramente exemplificativa. Inclinamo-nos no segundo sentido, uma vez que nos parece existir aqui uma mera concretização do conceito vago e indeterminado referido nessa disposição. Neste sentido, na jurisprudência, o Ac. RC 25/1/2011 (Pedro Martins), em *CJ* 36 (2011), 1, pp. 10-12. Em sentido contrário, veja-se, porém, Car-

VALHO FERNANDES/JOÃO LABAREDA, *Código da Insolvência*, I, sub art. 49º, nº 2, p. 314 e ANA PRATA/JORGE MORAIS DE CARVALHO/RUI SIMÕES, *Código da Insolvência*, sub art. 49º, nº 3, p. 165.

Artigo 50º – Créditos sob condição

1. Para efeitos deste Código consideram-se créditos sob condição suspensiva e resolutiva, respectivamente, aqueles cuja constituição ou subsistência se encontrem sujeitos à verificação ou à não verificação de um acontecimento futuro e incerto, por força da lei, de decisão judicial ou de negócio jurídico.

2. São havidos, designadamente, como créditos sob condição suspensiva:

a) Os resultantes da recusa de execução ou denúncia antecipada, por parte do administrador da insolvência, de contratos bilaterais em curso à data da declaração da insolvência, ou da resolução de actos em benefício da massa insolvente, anteriormente à verificação dessa denúncia, recusa ou resolução;

b) Os créditos que não possam ser exercidos contra o insolvente sem prévia excussão do património de outrem, anteriormente a tal excussão;

c) Os créditos sobre a insolvência pelos quais o insolvente não responda pessoalmente, enquanto a dívida não for exigível.

1. Cfr. os arts. 270º e ss. do Código Civil, relativos ao regime da condição.

2. Os créditos referidos no nº 2 não correspondem tecnicamente à figura de créditos sujeitos a condição suspensiva, instituindo este número uma ficção legal.

3. Aos créditos sob condição suspensiva é atribuída pelo juiz uma percentagem de votos inferior ao valor nominal do crédito, tendo em atenção a probabilidade de verificação da condição (art. 73º, nº 2, CIRE). Esses créditos são atendidos pelo seu valor nos rateios parciais, devendo, porém, permanecer depositadas as quantias que lhe sejam atribuídas, na pendência da condição (art. 181º). Já os créditos sob condição resolutiva são tratados como incondicionados até ao momento em que a condição se preencha, sem prejuízo do dever de restituição dos pagamentos recebidos, uma vez verificada a condição (art. 94º).

Artigo 51º – Dívidas da massa insolvente

1. Salvo preceito expresso em contrário, são dívidas da massa insolvente, além de outras como tal qualificadas neste Código:

a) As custas do processo de insolvência;

b) As remunerações do administrador da insolvência e as despesas deste e dos membros da comissão de credores;

c) As dívidas emergentes dos actos de administração, liquidação e partilha da massa insolvente;

d) As dívidas resultantes da actuação do administrador da insolvência no exercício das suas funções;

f) Qualquer dívida resultante de contrato bilateral cujo cumprimento não possa ser recusado pelo administrador da insolvência, salvo na medida em que se reporte a período anterior à declaração de insolvência;

g) Qualquer dívida resultante de contrato bilateral cujo cumprimento não seja recusado pelo administrador da insolvência, salvo na medida correspondente à contraprestação já realizada pela outra parte anteriormente à declaração de insolvência ou em que se reporte a período anterior a essa declaração;

h) Qualquer dívida resultante de contrato que tenha por objecto uma prestação duradoura, na medida correspondente à contraprestação já realizada pela outra parte e cujo cumprimento tenha sido exigido pelo administrador judicial provisório;

i) As dívidas constituídas por actos praticados pelo administrador judicial provisório no exercício dos seus poderes;

j) As dívidas que tenham por fonte o enriquecimento sem causa da massa insolvente;

l) A obrigação de prestar alimentos relativa a período posterior à data da declaração de insolvência, nas condições do artigo 93º.

2. Os créditos correspondentes a dívidas da massa involvente e os titulares desses créditos são neste Código designados, respectivamente, por créditos sobre a massa e credores da massa.

1. Neste artigo enumeram-se as dívidas da massa insolvente, que correspondem àquelas cujo fundamento consiste na própria situação de insolvência. Conforme salienta Maria do Rosário Epifânio, *Manual*, p. 237, a enumeração é exemplificativa, constando de outras lugares do Código outros casos de dívidas da massa insolvente. É o que sucede com os alimentos ao insolvente e aos trabalhadores, previstos no art. 84º; com a dívida relativa a custas judiciais do autor e exequente prevista no art. 140º, nº 3; e com o crédito resultante da perda da posse de um bem a restituir pela massa (art. 142º, nº 2).

2. Nos termos dos arts. 46º, nº 1, e 172º, as dívidas da massa insolvente são liquidadas previamente aos créditos sobre a insolvência, beneficiando assim de um regime mais favorável. Entre estas encontram-se as custas do processo de insolvência, cuja precipuidade é tradicional (nº 1, al. *a*)). Para além disso, beneficiam do mesmo regime as remunerações, despesas e obrigações contraídas pelos órgãos da insolvência (nº 1, al. *b*), *c*), *d*)), incluindo o administrador judicial provisório (nº 1, *h*)), o que se compreende, face à importância das funções desempenhadas para regularização da situação

de insolvência. Outra categoria de dívidas da massa insolvente corresponde às obrigações resultantes de contratos cujo cumprimento não seja recusado ou seja judicialmente exigido pelo administrador da insolvência (nº 1, *e*), *f*) e *g*) e 102º e ss.), solução que se justifica em ordem a evitar que à outra parte seja exigido o cumprimento da sua obrigação quando ela não tem quaisquer perspectivas de receber a sua contraprestação. Finalmente, integram a categoria de dívidas da massa, as que têm por fonte o enriquecimento sem causa da própria massa (nº 1, *i*)) e a obrigação de prestar alimentos relativa a período posterior à data da declaração de insolvência (nº 1, *j*)).

CAPÍTULO II - Órgãos da insolvência

SECÇÃO I - Administrador da insolvência

Artigo 52º - Nomeação pelo juiz e estatuto

1. A nomeação do administrador da insolvência é da competência do juiz.

2. Aplica-se à nomeação do administrador da insolvência o disposto no nº 1 do artigo 32º, podendo o juiz ter em conta as indicações que sejam feitas pelo próprio devedor ou pela comissão de credores, se existir, ou pelos credores, também no caso de a massa insolvente compreender uma empresa com estabelecimento ou estabelecimentos em atividade ou quando o processo de insolvência assuma grande complexidade, cabendo a preferência, na primeira designação, ao administrador judicial provisório em exercício de funções à data da declaração de insolvência.

3. O processo de recrutamento para as listas oficiais, bem como o estatuto do administrador da insolvência, constam de diploma legal próprio, sem prejuízo do disposto neste Código.

4. Caso o processo de insolvência assuma grande complexidade, ou sendo exigíveis especiais conhecimentos ao administrador da insolvência, o juiz pode, oficiosamente ou a requerimento de qualquer interessado, nomear mais do que um administrador da insolvência, cabendo, em caso de requerimento, ao requerente a responsabilidade de propor, fundamentadamente, o administrador da insolvência a nomear, bem como remunerar o administrador da insolvência que haja proposto, caso o mesmo seja nomeado e a massa insolvente não seja suficiente para prover à sua remuneração.

5. Existindo divergência entre o administrador da insolvência nomeado pelo juiz ao abrigo do nº 1 e os administradores de insolvência nomeados a requerimento de qualquer interessado, prevalece, em caso de empate, a vontade daquele.

6. Sendo o devedor uma sociedade comercial que, nos termos do Código das Sociedades Comerciais se encontre em situação de relação de domínio ou de grupo com outras sociedades relativamente às quais tenha sido proposto processo de insolvência, o juiz, oficiosamente ou mediante indicação efetuada pelo devedor ou pelos credores, pode proceder à nomeação de um mesmo administrador da insolvência para todas as sociedades, devendo, nesse caso, proceder, à nomeação, nos termos gerais, de outro administrador da insolvência com funções restritas à apreciação de créditos reclamados entre devedores do mesmo grupo, logo que verifique a existência destes, nomeadamente mediante indicação do primitivo administrador.

1. O nº 2 tem a redacção do D.L. 282/2007, de 7 de Agosto. Os nºs 4 e 5 foram aditados pela Lei 16/2012, de 20 de Abril. Os nºs 2, 4 e 5 têm a redacção do D.L. 79/2017, de 30 de Junho, que aditou ainda o nº 6 a este artigo.

2. O estatuto do administrador da insolvência é actualmente regulado pela Lei 22/2013, de 26 de Fevereiro publicada em anexo. Nos termos do art. 13º, nº 1, dessa lei, salva a hipótese do art. 53º do CIRE, a nomeação do administrador da insolvência só pode recair sobre pessoas constantes das listas oficiais de administradores de insolvência. Para além disso, salvo no caso previsto no nº 2 deste artigo 52º do CIRE, a nomeação do administrador de insolvência deve efectuar-se por processo informático que assegure a aleatoriedade da escolha e a igualdade na distribuição nos processos (art. 13º, nº 2, da Lei 22/2013). Não sendo possível ao juiz recorrer a esse sistema informático deve procurar nomear os administradores com base nos mesmos critérios, a partir das listas oficiais (art. 13º, nº 3, Lei 22/2013).

Artigo 53º – Escolha de outro administrador pelos credores

1. Sob condição de que previamente à votação se junte aos autos a aceitação do proposto, os credores, reunidos em assembleia de credores, podem, após a designação do administrador da insolvência, eleger para exercer o cargo outra pessoa, inscrita ou não na lista oficial, e prover sobre a remuneração respetiva, por deliberação que obtenha a aprovação da maioria dos votantes e dos votos emitidos, não sendo consideradas as abstenções.

2. A eleição de pessoa não inscrita na lista oficial apenas pode ocorrer em casos devidamente justificados pela especial dimensão da empresa compreendida na massa insolvente, pela especificidade do ramo de actividade da mesma ou pela complexidade do processo.

3. O juiz só pode deixar de nomear como administrador da insolvência a pessoa eleita pelos credores, em substituição do administrador em funções, se considerar que a mesma não tem idoneidade ou aptidão para o exercício do cargo, que é manifestamente excessiva a retribuição aprovada pelos credores ou, quando se trate de pessoa não inscrita na lista oficial, que não se verifica nenhuma das circunstâncias previstas no número anterior.

1. O nº 1 tem a redacção da Lei 16/2012, de 20 de Abril. O nº 2 tem a redacção do D.L. 200/2004, de 18 de Agosto.

2. Preceito inovador. Cfr., no entanto, o art. 137º CPEREF.

3. Ao contrário do que se estabelecia no CPEREF, após o D.L. 315/98, em que apenas competia ao juiz a nomeação, destituição ou substituição do liquidatário judicial, admite-se agora que os credores possam eleger para administrador pessoa diferente da designada pelo juiz, que apenas poderá recusar a nomeação nas hipóteses previstas no nº 3 deste artigo.

4. Cfr. o art. 60º, nº 2, deste Código, o art. 24º da Lei 22/2013, de 26 de Fevereiro, bem como a Portaria nº 51/2005, de 20 de Janeiro, relativamente à remuneração do administrador da insolvência nomeado ou destituído pela assembleia de credores. Apesar da revogação da anterior Lei 32/2004, essa portaria harmoniza-se com a actual Lei 22/2013, pelo que se deve considerar em vigor. Neste sentido, cfr. Ac. RC 15/7/2015 (Henrique Antunes), processo 4725/14, na *CJ* 40 (2015), 3, pp. 40-45.

Artigo 54º – Início de funções

O administrador da insolvência, uma vez notificado da nomeação, assume imediatamente a sua função.

1. Corresponde parcialmente ao art. 135º do CPEREF.

2. A notificação torna a nomeação eficaz em relação ao administrador, investindo-o imediatamente nos poderes e deveres correspondentes ao cargo. O administrador nomeado pode, no entanto, pedir escusa do cargo no caso de grave e temporária impossibilidade de exercício de funções (art. 16º, nº 1 da Lei 22/2013), devendo ainda requerer a sua substituição no caso de incompatibilidade ou impedimento (art. 16º, nºs 4 e 8º, Lei 22/2013) ou se ocorrer qualquer circunstância susceptível de demonstrar falta de idoneidade (art. 16º, nº 4, Lei 22/2013). O administrador pode ainda renunciar ao cargo, caso considere insuficiente a remuneração fixada pela assembleia de credores, desde que o faça na própria assembleia (art. 60º, nº 3 , CIRE).

3. Os administradores da insolvência exercem as suas funções por tempo indeterminado e sem limite máximo de processos (art. 14º, Lei 22/2013), podendo, no entanto, requerer a suspensão do exercício da sua actividade (art. 15º, Lei 22/2013). O administrador da insolvência pode ser destituído nos casos previstos no art. 56º do CIRE.

Artigo 55º – Funções e seu exercício

1. Além das demais tarefas que lhe são cometidas, cabe ao administrador da insolvência, com a cooperação e sob a fiscalização da comissão de credores, se existir:

a) Preparar o pagamento das dívidas do insolvente à custa das quantias em dinheiro existentes na massa insolvente, designadamente das que constituem produto da alienação, que lhe incumbe promover, dos bens que a integram;

b) Prover, no entretanto, à conservação e frutificação dos direitos do insolvente e à continuação da exploração da empresa, se for o caso, evitando quanto possível o agravamento da sua situação económica.

2. Sem prejuízo dos casos de recurso obrigatório ao patrocínio judiciário ou de necessidade de prévia concordância da comissão de credores, o administrador da insolvência exerce pessoalmente as competências do seu cargo, podendo substabelecer, por escrito, a prática de actos concretos em administrador da insolvência com inscrição em vigor nas listas oficiais.

3. O administrador da insolvência, no exercício das respectivas funções, pode ser coadjuvado sob a sua responsabilidade por técnicos ou outros auxiliares, remunerados ou não, incluindo o próprio devedor, mediante prévia concordância da comissão de credores ou do juiz, na falta dessa comissão.

4. O administrador da insolvência pode contratar a termo certo ou incerto os trabalhadores necessários à liquidação da massa insolvente ou à continuação da exploração da empresa, mas os novos contratos caducam no momento do encerramento definitivo do estabelecimento onde os trabalhadores prestam serviço, ou, salvo convenção em contrário, no da sua transmissão.

5. Ao administrador da insolvência compete ainda prestar oportunamente à comissão de credores e ao tribunal todas as informações necessárias sobre a administração e a liquidação da massa insolvente.

6. A requerimento do administrador da insolvência e sempre que este não tenha acesso directo às informações pretendidas, o juiz oficia quaisquer entidades públicas e instituições de crédito para, com base nos respectivos registos, prestarem informações consideradas necessárias ou úteis para os fins do processo, nomeadamente sobre a existência de bens integrantes da massa insolvente.

7. A remuneração do administrador da insolvência referido na parte final do nº 2 é da responsabilidade do administrador da insolvência que haja substabelecido, sendo deste a responsabilidade por todos os atos praticados por aquele ao abrigo do substabelecimento mencionado no mesmo número.

8. O administrador da insolvência dispõe de poderes para desistir, confessar ou transigir, mediante concordância da comissão de credores, em qualquer processo judicial em que o insolvente, ou a massa insolvente, sejam partes.

1. O nº 2 tem a redacção da Lei 16/2012, de 20 de Abril, que aditou os nºs 7 e 8 deste artigo. O nº 6 tem a redacção do D.L. 282/2007, de 7 de Agosto.

2. Corresponde, com modificações, ao art. 134º do CPEREF.

3. Sobre as competências do administrador da insolvência, cfr. ainda os arts. 82º, nºs, 3, 4 e 5 do Código.

4. Sobre os deveres e o regime sancionatório do administrador da insolvência, cfr. os arts. 16º e ss. da Lei 32/2004.

Artigo 56º – Destituição

1. O juiz pode, a todo o tempo, destituir o administrador da insolvência e substitui-lo por outro, se, ouvidos a comissão de credores, quando exista, o devedor e o próprio administrador da insolvência, fundadamente considerar existir justa causa.

2. Salvo o disposto no nº 3 do artigo 53º, deverá ser designada como substituto a pessoa que para o efeito tenha sido eventualmente indicada pela assembleia de credores, mediante deliberação aprovada nos termos do nº 1 do mesmo artigo.

1. Corresponde, com modificações, ao art. 137º do CPEREF.

2. A lei admite a destituição do administrador da insolvência com fundamento em justa causa. Constitui este um conceito vago e indeterminado que abrange naturalmente a violação grave dos deveres do administrador, mas também quaisquer outras circunstâncias que tornem objectivamente insustentável a a sua manutenção no cargo. A lei refere exemplificativamente como justa causa de destituição o facto de o administrador adquirir, directamente ou por interposta pessoa, bens compreendidos na massa insolvente (art. 168º, nº 2) e o facto de o processo não estar encerrado no prazo de um ano após a data da assembleia de aprovação do relatório, ou no final de cada prazo subsequente de seis meses, salvo havendo razões que justifiquem o prolongamento (art. 169º). Outro exemplo de justa causa de destituição, como sustenta SALAZAR CASANOVA, "Abordagem Judiciária...", p. 20, será naturalmente o de o administrador não apresentar o relatório no dia designado para a assembleia de credores. Poderá também considerar-se como justa causa de destituição a recusa do administrador da insolvência em fornecer ao juiz as informações a que está vinculado, por força do art. 58º. No Ac. RL 2/2/2010 (LUÍS ESPÍRITO SANTO), em *CJ* 35 (2010), 1, pp. 90-93, foi considerada justa causa de destituição do administrador da insolvência o facto de ele ter pago à custa da massa insolvente a renda da habitação do gerente da sociedade insolvente.

Artigo 57º – Registo e publicidade

A cessação de funções do administrador da insolvência e a nomeação de outra pessoa para o desempenho do cargo são objecto dos registos e da publicidade previstos nos artigos 37º e 38º, com as necessárias adaptações.

1. Este artigo tem a redacção do D.L. 282/2007, de 7 de Agosto.

2. Cfr. os arts. 6º e 7º do D.L. 53/2004, de 18 de Março, que alteraram os Códigos do Registo Civil e Comercial, sujeitando a registo a cessação de funções e a substituição do administrador de insolvência.

Artigo 58º – Fiscalização pelo juiz

O administrador da insolvência exerce a sua actividade sob a fiscalização do juiz, que pode, a todo o tempo, exigir-lhe informações sobre quaisquer assuntos ou a apresentação de um relatório da actividade desenvolvida e do estado da administração e da liquidação.

1. Enquanto que nos anteriores arts. 140º e 141º do CPEREF se previa que o administrador da insolvência exercia a actividade sob a direcção do juiz e com a cooperação e a fiscalização pela comissão de credores da actuação do liquidatário judicial, agora determina-se expressamente que a fiscalização compete ao juiz (art. 58º), mas também à comissão de credores, se existir (art. 55º, nº 1 e 68º).

2. A recusa por parte do administrador da insolvência em fornecer ao juiz as informações solicitadas poderá constituir justa causa de destituição, nos termos do art. 56º.

Artigo 59º – Responsabilidade

1. O administrador da insolvência responde pelos danos causados ao devedor e aos credores da insolvência e da massa insolvente pela inobservância culposa dos deveres que lhe incumbem; a culpa é apreciada pela diligência de um administrador da insolvência criterioso e ordenado.

2. O administrador da insolvência responde igualmente pelos danos causados aos credores da massa insolvente se esta for insuficiente para satisfazer integralmente os respectivos direitos e estes resultarem de acto do administrador, salvo o caso de imprevisibilidade da insuficiência da massa, tendo em conta as circunstâncias conhecidas do administrador e aquelas que ele não devia ignorar.

3. O administrador da insolvência responde solidariamente com os seus auxiliares pelos danos causados pelos actos e omissões destes, salvo se provar que não houve culpa da sua parte ou que, mesmo com a diligência devida, se não teriam evitado os danos.

4. A responsabilidade do administrador da insolvência prevista nos números anteriores encontra-se limitada às condutas ou omissões danosas ocorridos após a sua nomeação

5. A responsabilidade do administrador da insolvência prescreve no prazo de dois anos a contar da data em que o lesado teve conhecimento do direito que lhe compete, mas nunca depois de decorrido igual período sobre a data da cessação de funções.

1. O nº 4 foi aditado pela Lei 16/2012, de 20 de Abril, passando o anterior nº 4 a nº 5.

2. Apesar de já se poder considerar como resultante das regras gerais, é positiva a instituição expressa de um regime específico sobre a responsabilidade do administrador da insolvência. Questiona-se, no entanto, uma vez que está em causa uma responsabilidade por inobservância de deveres, por que razão não se estabelece expressamente uma presunção de culpa (art. 799º, nº 1, C.C.), ao contrário do que se prevê no nº 1, e porque é que a responsabilidade por actos dos auxiliares, referida no nº 3, em lugar de ser objectiva (art. 800º C.C.) se baseia antes numa presunção de culpa, que ainda admite a demonstração da relevância negativa da causa virtual. É ainda de salientar o carácter extraordinariamente curto do prazo de prescrição, referido no nº 4, que fica inclusivamente abaixo do regime geral da responsabilidade delitual (art. 498º CC).

Artigo 60º – Remuneração

1. O administrador da insolvência nomeado pelo juiz tem direito à remuneração prevista no seu estatuto e ao reembolso das despesas que razoavelmente tenha considerado úteis ou indispensáveis.

2. Quando eleito pela assembleia de credores, a remuneração do administrador da insolvência é a que for prevista na deliberação respectiva.

3. O administrador da insolvência que não tenha dado previamente o seu acordo à remuneração fixada pela assembleia de credores pela actividade de elaboração de um plano de insolvência, de gestão da empresa após a assembleia de apreciação do relatório ou de fiscalização do plano de insolvência aprovado, pode renunciar ao exercício do cargo, desde que o faça na própria assembleia em que a deliberação seja tomada.

1. Corresponde parcialmente ao art. 133º do CPEREF.

2. Sobre a remuneração do administrador de insolvência, cfr. os arts. 19º e ss. da Lei 32/2004, de 22 de Julho e a Portaria nº 51/2005, de 20 de Janeiro.

3. A remuneração do administrador da insolvência e o reembolso das despesas deste e dos membros da comissão de credores são consideradas dívidas da massa (art. 51º, *b*) do CIRE) e suportadas primordialmente por esta (art. 26º da Lei 32/2004).

Apenas no caso de o processo ser encerrado por insuficiência da massa é que o seu pagamento é efectuado pelo Cofre Geral dos Tribunais (art. 27º da Lei 32/2004).

Artigo 61º – Informação trimestral e arquivo de documentos

1. No termo de cada período de três meses após a data da assembleia de apreciação do relatório, deve o administrador da insolvência apresentar um documento com informação sucinta sobre o estado da administração e liquidação, visado pela comissão de credores, se existir, e destinado a ser junto ao processo.

2. O administrador da insolvência promove o arquivamento de todos os elementos relativos a cada diligência da liquidação, indicando nos autos o local onde os respectivos documentos se encontram.

1. Corresponde, com modificações, ao art. 219º do CPEREF, sendo de salientar o encurtamento para três meses do prazo de seis meses que constava dessa disposição.

Artigo 62º – Apresentação de contas pelo administrador da insolvência

1. O administrador da insolvência apresenta contas dentro dos 10 dias subsequentes à cessação das suas funções, qualquer que seja a razão que a tenha determinado, podendo o prazo ser prorrogado por despacho judicial.

2. O administrador da insolvência é ainda obrigado a prestar contas em qualquer altura do processo, sempre que o juiz o determine, quer por sua iniciativa, quer a pedido da comissão ou da assembleia de credores, fixando o juiz o prazo para a apresentação das contas, que não pode ser inferior a 15 dias.

3. As contas são elaboradas em forma de conta corrente, com um resumo de toda a receita e despesa destinado a retratar sucintamente a situação da massa insolvente, e devem ser acompanhadas de todos os documentos comprovativos, devidamente numerados, indicando-se nas diferentes verbas os números dos documentos que lhes correspondem.

1. O nº 2 tem a redacção do D.L. 200/2004, de 18 de Agosto.

2. Os nºs 1 e 2 correspondem, com modificações, ao art. 220º do CPEREF. O nº 3 corresponde ao art. 222º do mesmo diploma.

3. É consideravelmente dilatada a obrigação de prestação de contas pelo administrador de insolvência. Esta passa a ter lugar sempre que ocorra a cessação das suas funções, independentemente da causa que a determinou, independentemente de qualquer interpelação para o efeito (nº 1). Para além disso, o juiz pode ainda impor ao administrador a apresentação de contas, sempre que o considere justificado, quer por sua iniciativa, quer a pedido da assembleia ou da comissão de credores (nº 2).

Artigo 63º – Prestação de contas por terceiro

Se o administrador da insolvência não prestar contas a que esteja obrigado no prazo aplicável, cabe ao juiz ordenar as diligências que tiver por convenientes, podendo encarregar pessoa idónea da apresentação das contas, para, depois de ouvida a comissão de credores, decidir segundo critérios de equidade, sem prejuízo da responsabilização civil e do procedimento criminal que caibam contra o administrador da insolvência.

1. Corresponde, com modificações, ao art. 221º do CPEREF.

2. Em caso de incumprimento pelo administrador do seu dever de prestação de contas, independentemente da sua eventual destituição (cfr. art. 56º) e responsabilização civil e criminal, a lei consagra a possibilidade de o juiz ordenar as diligências convenientes, podendo mesmo encarregar terceiro da sua prestação, em ordem a permitir o cabal conhecimento da situação.

Artigo 64º – Julgamento das contas

1. Autuadas por apenso as contas apresentadas pelo administrador da insolvência, cumpre à comissão de credores, caso exista, emitir parecer sobre elas, no prazo que o juiz fixar para o efeito, após o que os credores e o devedor insolvente são notificados por éditos de 10 dias afixados à porta do tribunal e por anúncio publicado no portal Citius, para, no prazo de cinco dias, se pronunciarem.

2. Para o mesmo fim tem o Ministério Público vista do processo, que é depois concluso ao juiz para decisão, com produção da prova que se torne necessária.

1. O nº 1 tem a redacção da Lei 16/2012, de 20 de Abril.

2. O art. 5º do D.L. 79/2017, de 30 de Junho, determina a substituição do Portal Citius por um portal a definir por portaria do membro do Governo responsável pela área da justiça, sendo que, a partir da data da disponibilização ao público do referido portal, a qual é comunicada por despacho publicado na 2ª Série do Diário, todas as referências feitas no CIRE ao Citius são consideradas feitas a esse novo portal.

3. A apresentação de contas pelo administrador da insolvência é objecto de julgamento pelo Tribunal, sendo paro o efeito emitido parecer pela comissão de credores, podendo os credores, o devedor insolvente, e o Ministério Público pronunciarem-se sobre as mesmas. Após a produção da prova necessária, o juiz emite a sua decisão, que se for desfavorável, implicará a consideração de que o administrador incumpriu o seu dever de prestação de contas, com as consequências da eventual responsabilidade civil e criminal (art. 63º, *in fine*) e destituição (art. 56º).

Artigo 65º – Contas anuais do devedor

1. O disposto nos artigos anteriores não prejudica o dever de elaborar e depositar contas anuais, nos termos que forem legalmente obrigatórios para o devedor.

2. As obrigações declarativas a que se refere o número anterior subsistem na esfera do insolvente e dos seus legais representantes, os quais se mantêm obrigados ao cumprimento das obrigações fiscais, respondendo pelo seu incumprimento.

3. Com a deliberação de encerramento da actividade do estabelecimento, nos termos do nº 2 do artigo 156º, extinguem-se necessariamente todas as obrigações declarativas e fiscais, o que deve ser comunicado oficiosamente pelo tribunal à administração fiscal para efeitos de cessação da atividade.

4. Na falta da deliberação referida no número anterior, as obrigações fiscais passam a ser da responsabilidade daquele a quem a administração do insolvente tenha sido cometida e enquanto esta durar.

5. As eventuais responsabilidades fiscais que possam constituir-se entre a declaração de insolvência e a deliberação referida no nº 3 são da responsabilidade daquele a quem tiver sido conferida a administração da insolvência, nos termos dos números anteriores.

1. Os nºs, 2, 3, 4, e 5, foram aditados pela Lei 16/2012, de 20 de Abril.

2. O dever de elaborar e depositar contas anuais é estabelecido para os órgãos de administração das sociedades comerciais, nos termos dos arts. 65º e ss. CSC. Esse dever não é afectado pela imposição de apresentação de contas pelo administrador da insolvência, continuando assim a recair sobre o devedor insolvente.

3. Sustentam Carvalho Fernandes/João Labareda, *Código da Insolvência*, sub art. 65º, nºs 1 e 5, pp. 381-382, que o dever de elaborar e depositar as contas anuais passa a recair sobre o administrador da insolvência, a menos que a administração da massa insolvente seja atribuída ao devedor, nos termos dos arts. 223º e 224º. Nesse enquadramento, não faria, porém, sentido a disposição do art. 82º, nº 1, que criticavelmente mantém em funções os órgãos de administração. A nosso ver, apenas após a renúncia ao cargo por parte dos titulares, nos termos do art. 82º, nº 2, é que esse dever se deverá considerar atribuído ao administrador da insolvência. Até lá, a lei diz textualmente que se mantém na esfera do devedor o dever de elaborar e depositar contas anuais (nº 1), as obrigações declarativas e as obrigações fiscais, incluindo a responsabilidade pelo seu incumprimento (nº 2), as quais só se extinguem com a deliberação de encerramento da actividade do estabelecimento (nº 3). Não nos parece, porém, que faça sentido o regime consagrado. Na verdade, se a administração da massa insolvente passa a competir ao administrador da insolvência (art. 81º), não se vê por que motivo

deve o insolvente ser responsabilizado pelo cumprimento das obrigações fiscais geradas nesse período.

Os números seguintes tornam ainda menos clara a interpretação da lei. Apenas se a assembleia de apreciação do relatório não determinar o encerramento do estabelecimento é que as obrigações fiscais passam a ser da responsabilidade daquele a quem a administração do insolvente tenha sido atribuída (nº 4), parecendo assim que continuariam a ser do insolvente até essa data. No entanto, o nº 5, vem referir que as eventuais responsabilidades fiscais que possam constituir-se entre a declaração de insolvência e a deliberação da assembleia de credores são da responsabilidade daquele a quem tinha sido conferida a administração da insolvência "nos termos do números anteriores". Só que dos números anteriores resulta precisamente o inverso do que é dito neste número, conforme acima se refere.

SECÇÃO II – Comissão de credores

Artigo 66º – Nomeação da comissão de credores pelo juiz

1. Anteriormente à primeira assembleia de credores, designadamente na própria sentença de declaração da insolvência, o juiz nomeia uma comissão de credores composta por três ou cinco membros e dois suplentes, devendo o encargo da presidência recair de preferência sobre o maior credor da empresa e a escolha dos restantes assegurar a adequada representação das várias classes de credores, com excepção dos credores subordinados.

2. O juiz pode não proceder à nomeação prevista no número anterior quando o considere justificado, em atenção à exígua dimensão da massa insolvente, à simplicidade da liquidação ou ao reduzido número de credores da insolvência.

3. Para efeitos do disposto no nº 1, um dos membros da comissão representa os trabalhadores que detenham créditos sobre a empresa, devendo a sua escolha conformar-se com a designação feita pelos próprios trabalhadores ou pela comissão de trabalhadores, quando esta exista.

4. Os membros da comissão de credores podem ser pessoas singulares ou colectivas; quando a escolha recaia em pessoa colectiva, compete a esta designar o seu representante, mediante procuração ou credencial subscrita por quem a obriga.

5. O Estado e as instituições de segurança social só podem ser nomeados para a presidência da comissão de credores desde que se encontre nos autos despacho, do membro do Governo com supervisão sobre as entidades em causa, a autorizar o exercício da função e a indicar o representante.

1. Corresponde, com poucas modificações, ao art. 41º do CPEREF.

2. A comissão de credores passou a ser um órgão facultativo no processo de insolvência, cabendo em primeiro lugar a decisão sobre a sua existência ao juiz (nºs 1 e 2), embora a sua decisão sobre esta matéria possa ser sempre alterada pela assembleia de credores (art. 67º).

3. A composição da comissão de credores obedece a regras específicas no caso de ser designada pelo juiz, devendo a presidência competir ao maior credor (nº 1), salvo no caso do Estado e das instituições da segurança social, que só podem exercer essa função, com autorização do Ministro da tutela que indique o representante (nº 5). Para além disso a comissão deve integrar representantes tanto dos credores garantidos e privilegiados, como dos comuns (nº 1 e art. 47º, nº 4), devendo ainda ser assegurada uma representação autónoma dos credores que sejam trabalhadores (nº 3). Essas regras deixam, porém, de se aplicar se a comissão de credores for escolhida pela assembleia de credores, a qual está apenas obrigada a incluir um representante dos credores trabalhadores (art. 67º, nº 2).

Artigo 67º – Intervenção da assembleia de credores

1. A assembleia de credores pode prescindir da existência da comissão de credores, substituir quaisquer dos membros ou suplentes da comissão nomeada pelo juiz, eleger dois membros adicionais, e, se o juiz não a tiver constituído, criar ela mesma uma comissão, composta por três, cinco ou sete membros e dois suplentes, designar o presidente e alterar, a todo o momento, a respectiva composição, independentemente da existência de justa causa.

2. Os membros da comissão de credores eleitos pela assembleia não têm de ser credores, e, na sua escolha, tal como na designação do presidente, a assembleia não está vinculada à observância dos critérios previstos no nº 1 do artigo anterior, devendo apenas respeitar o critério imposto pelo nº 3 do mesmo artigo.

3. As deliberações da assembleia de credores mencionadas no nº 1 devem ser tomadas pela maioria exigida no nº 1 do artigo 53º, excepto tratando-se da destituição de membro por justa causa.

1. É de salientar que passou a depender da assembleia de credores a deliberação sobre a existência ou não de comissão de credores, podendo aquela alterar a decisão do juiz nesta matéria. Por outro lado, e conforme resulta do nº 2, a assembleia de credores não está sujeita às regras relativas à composição da comissão de credores quando designada pelo juiz, constantes do artigo anterior, salvo quanto à necessidade de indicar um representante dos trabalhadores.

2. Por força da remissão do art. 67º, nº 3, para o art. 53º, nº 1, as deliberações da assembleia de credores relativas à comissão de credores deverão ser tomadas pela

dupla maioria de votantes e dos votos emitidos, não sendo consideradas as abstenções. Exceptua-se, porém, o caso da destituição de membros da comissão de credores com justa causa, em que a maioria será a genericamente prevista no art. 77º.

Artigo 68º – Funções e poderes da comissão de credores

1. À comissão compete, para além de outras tarefas que lhe sejam especialmente cometidas, fiscalizar a actividade do administrador da insolvência e prestar-lhe colaboração.

2. No exercício das suas funções, pode a comissão examinar livremente os elementos da contabilidade do devedor e solicitar ao administrador da insolvência as informações e a apresentação dos elementos que considere necessários.

1. Corresponde, com poucas modificações, aos arts. 42º e 140º, nºs 1 e 2 do CPEREF.

2. A comissão de credores tem essencialmente funções de fiscalização e de consulta em relação ao administrador da insolvência, as quais deve exercer no interesse comum dos credores, sendo sujeita à responsabilidade em caso de incumprimento, nos termos do art. 70º.

3. As funções da comissão de credores normalmente só se extinguem com o encerramento do processo de insolvência, nos termos do art. 233º, nº 1, *b*). Podem, porém, ocorrer em momento posterior ao encerramento do processo caso venha a ser aprovado um plano de insolvência (art. 233º, nº 1, *b*) *in fine*), pois nesse caso o art. 220º, nº 4, determina expressamente a manutenção em funções dos membros da comissão de credores após o encerramento do processo. A comissão de credores pode, porém, terminar funções antes do encerramento do processo, caso a assembleia de credores delibere prescindir da existência da comissão de credores, nos termos do art. 67º, nº 1. Da mesma forma, também podem os membros da comissão de credores ser individualmente destituídos pela assembleia de credores, independentemente da existência ou não de justa causa de destituição (art. 67º, nº 1, *in fine*).

Artigo 69º – Deliberações da comissão de credores

1. A comissão de credores reúne sempre que for convocada pelo presidente ou por outros dois membros.

2. A comissão não pode deliberar sem a presença da maioria dos seus membros, sendo as deliberações tomadas por maioria de votos dos membros presentes, e cabendo ao presidente, em caso de empate, voto de qualidade.

3. Nas deliberações é admitido o voto escrito se, previamente, todos os membros tiverem acordado nesta forma de deliberação.

4. As deliberações da comissão de credores são comunicadas ao juiz pelo respectivo presidente.

5. Das deliberações da comissão de credores não cabe reclamação para o tribunal.

1. Embora não caiba reclamação para o tribunal das deliberações da comissão de credores, estas podem ser revogadas pela assembleia, atendendo a que as deliberações desta prevalecem sempre sobre as daquela (cfr. art. 80º). As deliberações da assembleia são, por sua vez, sujeitas a reclamação para o tribunal (art. 78º).

Artigo 70º – Responsabilidade dos membros da comissão

Os membros da comissão respondem perante os credores da insolvência pelos prejuízos decorrentes da inobservância culposa dos seus deveres, sendo aplicável o disposto nº 4 do artigo 59º.

1. Após a alteração do art. 59º pela Lei 16/2012, o anterior nº 4 deste artigo passou a ser o número 5, pelo que a remissão prevista neste artigo, que não foi objecto de alteração, deve considerar-se feita para o nº 5 dessa disposição, o qual estabelece um prazo de prescrição dessa responsabilidade de dois anos após o conhecimento do direito pelo lesado ou após o termo das funções, consoante o que ocorrer primeiro.

2. Apesar de já se poder considerar como resultante das regras gerais, é positiva a instituição expressa de um regime específico sobre a responsabilidade dos membros da comissão de credores, ainda que sujeita a um prazo de prescrição muito curto, como já tínhamos salientado na anotação ao art. 59º. O fundamento da responsabilidade será a omissão culposa dos seus deveres, estabelecendo-se essa responsabilidade, não em relação ao órgão em geral, mas individualmente em relação a cada membro da comissão. Tal implica, como sustentam CARVALHO FERNANDES/JOÃO LABAREDA, *Código da Insolvência*, sub art. 70º, nº 4, p. 398, não poderem ser responsabilizados os membros da comissão que tiverem estado contra a conduta do órgão.

Artigo 71º – Reembolso de despesas

Os membros da comissão de credores não são remunerados, tendo apenas direito ao reembolso das despesas estritamente necessárias ao desempenho das suas funções.

1. Os membros da comissão de credores não auferem qualquer remuneração e é limitada a possibilidade de reembolso das despesas, já que apenas são contempladas as

estritamente necessárias ao desempenho das funções. No entanto, o art. 70º sujeita-os a responsabilidade, o que constitui um claro desincentivo para a aceitação do cargo.

SECÇÃO III – Assembleia de credores

Artigo 72º – Participação na assembleia de credores

1. Têm o direito de participar na assembleia de credores todos os credores da insolvência, bem como os titulares dos direitos referidos no nº 2 do artigo 95º que, nos termos dessa disposição, não possam ser exercidos no processo.

2. Ao direito de participação na assembleia dos titulares de créditos subordinados é aplicável, com as necessárias adaptações, o disposto nos nºs 1 e 4 do artigo seguinte.

3. Os credores podem fazer-se representar por mandatário com poderes especiais para o efeito.

4. Sendo necessário ao conveniente andamento dos trabalhos, pode o juiz limitar a participação na assembleia aos titulares de créditos que atinjam determinado montante, o qual não pode ser fixado em mais de € 10.000, podendo os credores afectados fazer-se representar por outro cujo crédito seja pelo menos igual ao limite fixado, ou agrupar-se de forma a completar o montante exigido, participando através de um representante comum.

5. O administrador da insolvência, os membros da comissão de credores, e o devedor e os seus administradores, têm o direito e o dever de participar.

6. É ainda facultada a participação na assembleia, até três representantes, da comissão de trabalhadores ou, na falta desta, de até três representantes de trabalhadores por estes designados, bem como do Ministério Público.

1. O nº 2 tem a redacção do D.L. 200/2004, de 18 de Agosto

2. Corresponde, com modificações, ao art. 47º do CPEREF.

3. Conforme refere MENEZES CORDEIRO, *O Direito* 137 (2005), III, pp. 501-502, de acordo com a nova filosofia da primazia atribuída aos credores, a assembleia de credores passou a ser o órgão predominante da insolvência (art. 80º). Assim, ela pode substituir o administrador indicado pelo juiz (art. 53º, nº 1), e prover sobre a sua remuneração (art. 60º, nº 2) e pode prescindir da existência da comissão de credores, alterar a sua composição, ou instituí-la, quando o juiz não o tiver feito (art. 67º, nº 1). É a assembleia de credores que tem que dar o seu consentimento para actos de especial relevo (art. 161º, nº 1), onde se incluem todos os referidos no art. 161º, nº 3. É ainda à assembleia de credores que compete deliberar sobre o encerramento ou manutenção em funcionamento dos estabelecimentos compreendidos na massa insolvente (art. 156º,

nº 2). É da competência da assembleia de credores a aprovação de um plano de insolvência (arts. 192º e ss.), sendo ainda a ela que compete pôr termo à administração da massa insolvente pelo devedor (art. 228º, nº 1, *b*)).

4. A indicação dos créditos subordinados consta do art. 48º do presente Código.

Artigo 73º – Direitos de voto

1. Os créditos conferem um voto por cada euro ou fracção se já estiverem reconhecidos por decisão definitiva proferida no apenso de verificação e graduação de créditos ou em acção de verificação ulterior, ou se, cumulativamente:

***a*)** O credor já os tiver reclamado no processo, ou, se não estiver já esgotado o prazo fixado na sentença para as reclamações de créditos, os reclamar na própria assembleia, para efeito apenas da participação na reunião;

***b*)** Não forem objecto de impugnação na assembleia por parte do administrador da insolvência ou de algum credor com direito de voto.

2. O número de votos conferidos por crédito sob condição suspensiva é sempre fixado pelo juiz, em atenção à probabilidade da verificação da condição.

3. Os créditos subordinados não conferem direito de voto, excepto quando a deliberação da assembleia de credores incida sobre a aprovação de um plano de insolvência.

4. A pedido do interessado pode o juiz conferir votos a créditos impugnados, fixando a quantidade respectiva, com ponderação de todas as circunstâncias relevantes, nomeadamente da probabilidade da existência, do montante e da natureza subordinada do crédito, e ainda, tratando-se de créditos sob condição suspensiva, da probabilidade da verificação da condição.

5. Da decisão do juiz prevista no número anterior não cabe recurso.

6. Não é em caso algum motivo de invalidade das deliberações tomadas pela assembleia a comprovação ulterior de que aos credores competia efectivamente um número de votos diferente do que lhes foi conferido.

7. Sem prejuízo do que, quanto ao mais, se dispõe nos números anteriores, os créditos com garantias reais pelos quais o devedor não responda pessoalmente conferem um voto por cada euro do seu montante, ou do valor do bem dado em garantia, se este for inferior.

1. A alínea *a*) do nº 1 tem a redacção do D.L. 200/2004, de 18 de Agosto.

2. Corresponde, com muitas modificações, ao art. 48º do CPEREF.

3. Sobre o conceito de créditos sob condição suspensiva, cfr. o art. 50º CIRE. Quanto aos créditos subordinados, vejam-se os arts. 48º e 49º CIRE.

Artigo 74º – Presidência

A assembleia de credores é presidida pelo juiz.

1. Corresponde ao proémio do art. 47º do CPEREF.
2. Em virtude da atribuição da presidência da assembleia ao juiz, compete-lhe a convocação da assembleia (art. 75º), a decisão sobre a suspensão dos trabalhos (art. 76º), e a decisão na própria assembleia das reclamações relativas às suas deliberações (art. 77º).

Artigo 75º – Convocação da assembleia de credores

1. A assembleia de credores é convocada pelo juiz, por iniciativa própria ou a pedido do administrador da insolvência, da comissão de credores, ou de um credor ou grupo de credores cujos créditos representem, na estimativa do juiz, pelo menos um quinto do total dos créditos não subordinados.

2. A data, a hora, o local e a ordem do dia da assembleia de credores são imediatamente comunicados aos interessados, com a antecedência mínima de 10 dias, por anúncio publicado no portal Citius e por editais afixados na porta da sede ou da residência do devedor e dos seus estabelecimentos.

3. Os cinco maiores credores, bem como o devedor, os seus administradores, e a comissão de trabalhadores, são também avisados do dia, hora e local da reunião, por circulares expedidas sob registo, com a mesma antecedência.

4. O anúncio, os editais e as circulares previstos nos números anteriores devem ainda conter:

a) A identificação do processo;

b) O nome e a sede ou residência do devedor, se for conhecida;

c) A advertência aos titulares de créditos que os não tenham reclamado da necessidade de o fazerem, se ainda estiver em curso o prazo fixado na sentença para as reclamações de créditos, informando-os de que a reclamação para mero efeito da participação na reunião pode ser feita na própria assembleia, se também na data desta tal prazo não estiver já esgotado;

d) Indicação dos eventuais limites à participação estabelecidos nos termos do nº 4 do artigo 72º, com informação da possibilidade de agrupamento ou de representação.

1. Os nº 2 e 4 têm a redacção da Lei 16/2012, de 20 de Abril.
2. O art. 5º do D.L. 79/2017, de 30 de Junho, determina a substituição do Portal Citius por um portal a definir por portaria do membro do Governo responsável pela área da justiça, sendo que, a partir da data da disponibilização ao público do referido portal, a qual é comunicada por despacho publicado na 2ª Série do Diário, todas as referências feitas no CIRE ao Citius são consideradas feitas a esse novo portal.

Artigo 76º – Suspensão da assembleia

O juiz pode decidir a suspensão dos trabalhos da assembleia e determinar que eles sejam retomados num dos 15 dias úteis seguintes.

1. Este artigo tem a redacção da Lei 16/2012, de 20 de Abril.
2. Corresponde, com modificações, ao art. 51º do CPEREF.

Artigo 77º – Maioria

A não ser nos casos em que este Código exija para o efeito maioria superior ou outros requisitos, as deliberações da assembleia de credores são tomadas pela maioria dos votos emitidos, não se considerando como tal as abstenções, seja qual for o número de credores presentes ou representados, ou a percentagem dos créditos de que sejam titulares.

1. Corresponde, com modificações, ao art. 54º do CPEREF.
2. Não se exige, em princípio, quórum para as deliberações da assembleia, sendo estas tomadas pela maioria dos votos correspondentes aos créditos de que são titulares os credores presentes, sendo os votos contados nos termos do art. 73º. Em certos casos, no entanto, a lei exige maiorias superiores, como sucede quando estiver em causa a escolha de novo administrador (art. 53º, nº 1), disposições sobre a comissão de credores (art. 67º, nº 3), ou a aprovação do plano de insolvência (art. 212º).

Artigo 78º – Reclamação para o juiz e recurso

1. Das deliberações da assembleia que forem contrárias ao interesse comum dos credores pode o administrador da insolvência ou qualquer credor com direito de voto reclamar para o juiz, oralmente ou por escrito, desde que o faça na própria assembleia.

2. Da decisão que dê provimento à reclamação pode interpor recurso qualquer dos credores que tenha votado no sentido que fez vencimento, e da decisão de indeferimento apenas o reclamante.

1. Cfr. o anterior regime do art. 56º do CPEREF.
2. Enquanto que no âmbito do art. 49º CPEREF apenas se previa a reclamação com fundamento na aprovação ou não do crédito, por parte do interessado, passou-se agora a prever a reclamação contra quaisquer deliberações da assembleia contrárias ao interesse comum dos credores, sendo assim o juiz o guardião último desse interesse.

Artigo 79º – Informação

O administrador da insolvência presta à assembleia, a solicitação desta, informação sobre quaisquer assuntos compreendidos no âmbito das suas funções.

1. Consagra-se agora expressamente um dever geral de prestação de informações à assembleia de credores por parte do administrador de insolvência.

Artigo 80º – Prevalência da assembleia de credores

Todas as deliberações da comissão de credores são passíveis de revogação pela assembleia e a existência de uma deliberação favorável da assembleia autoriza por si só a prática de qualquer acto para o qual neste Código se requeira a aprovação da comissão de credores.

1. Não há possibilidade de reclamar para o tribunal das deliberações da comissão de credores (cfr. art. 69º, nº 5), pelo que é a revogação pela assembleia o meio adequado de impugnação.

TÍTULO IV – Efeitos da declaração de insolvência

CAPÍTULO I – Efeitos sobre o devedor e outras pessoas

Artigo 81º – Transferência dos poderes de administração e disposição

1. Sem prejuízo do disposto no título X, a declaração de insolvência priva imediatamente o insolvente, por si ou pelos seus administradores, dos poderes de administração e de disposição dos bens integrantes da massa insolvente, os quais passam a competir ao administrador da insolvência.

2. Ao devedor fica interdita a cessão de rendimentos ou a alienação de bens futuros susceptíveis de penhora, qualquer que seja a sua natureza, mesmo tratando-se de rendimentos que obtenha ou de bens que adquira posteriormente ao encerramento do processo.

3. Não são aplicáveis ao administrador da insolvência limitações ao poder de disposição do devedor estabelecidas por decisão judicial ou administrativa, ou impostas por lei apenas em favor de pessoas determinadas.

4. O administrador da insolvência assume a representação do devedor para todos os efeitos de carácter patrimonial que interessem à insolvência.

5. A representação não se estende à intervenção do devedor no âmbito do próprio processo de insolvência, seus incidentes e apensos, salvo expressa disposição em contrário.

6. São ineficazes os actos realizados pelo insolvente em violação do disposto nos números anteriores, respondendo a massa insolvente pela restituição do que lhe tiver sido prestado apenas segundo as regras do enriquecimento sem causa, salvo se esses actos, cumulativamente:

a) Forem celebrados a título oneroso com terceiros de boa fé anteriormente ao registo da sentença da declaração de insolvência efectuado nos termos do nºs 2 ou 3 do artigo 38º, consoante os casos;

b **b)** Não forem de algum dos tipos referidos no nº 1 do artigo 121º.

7. Os pagamentos de dívidas à massa efectuados ao insolvente após a declaração de insolvência serão liberatórios se forem efectuados de boa fé em data anterior à do registo da sentença, ou se se demonstrar que o respectivo montante deu efectiva entrada na massa insolvente.

8. Aos actos praticados pelo insolvente após a declaração de insolvência que não contrariem o disposto no nº 1 é aplicável o regime seguinte:

a) Pelas dívidas do insolvente respondem apenas os seus bens não integrantes da massa insolvente;

b) A prestação feita ao insolvente extingue a obrigação da contraparte;

c) A contraparte pode opor à massa todos os meios de defesa que lhe seja lícito invocar contra o insolvente.

1. Corresponde parcialmente ao art. 147º do CPEREF.

2. O nº 6 tem a redacção do D.L. 116/2008, de 4 de Julho.

3. Cfr. Catarina Serra, "As novas tendências do Direito Português da Insolvência – Comentário ao regime dos efeitos da insolvência sobre o devedor no projecto de Código da Insolvência", em António Cândido de Oliveira (org.), *Estudos em comemoração do 10º aniversário da licenciatura em direito da Universidade do Minho*, Coimbra, Almedina, 2004, pp. 203-228 e Rui Pinto Duarte, "Efeitos da declaração de insolvência quanto à pessoa do devedor", em *Themis*, edição especial (2005), pp. 131-150.

4. A declaração de insolvência tem efeitos de vária ordem, aos quais é dedicado o título IV do Código. A sistematização desse título reparte-se por quatro capítulos, sendo o primeiro relativo aos efeitos sobre o devedor e outras pessoas (arts. 81º e ss.), o segundo relativo aos efeitos processuais (arts. 85º e ss.), o terceiro aos efeitos sobre os créditos (arts. 90º e ss.), o quarto relativo aos efeitos sobre os negócios em curso (arts. 102º e ss.) e o quinto relativo à resolução em benefício da massa insolvente (arts. 120º e ss.).

É de referir que a sistematização adoptada não parece ser a melhor, mesmo tomando em consideração os defeitos, quer da sistematização do Código de Processo Civil, que distinguia entre os efeitos da sentença em relação ao falido e aos credores e os efeitos sobre os actos prejudiciais à massa, quer da sistematização do CPEREF, que distinguia efeitos em relação ao falido, efeitos em relação aos negócios jurídicos do falido, e efeitos em relação aos trabalhadores do falido. Na verdade, e na sequência do já defendido pelo José de Oliveira Ascensão, "Efeitos da falência sobre a pessoa e negócios do falido", na *ROA* 55 (1995), pp. 641-688 (642 e ss.) e Maria do Rosário Epifânio, *Os efeitos substantivos da falência*, Porto, Universidade Católica, 2000, pp. 183 e ss., parece-me que se deverá distinguir entre efeitos em relação ao insolvente e efeitos em relação aos actos praticados pelo insolvente. E nestes últimos, haverá que distinguir entre actos anteriores à declaração de insolvência, actos em curso e actos futuros. Parece-nos que é esta a sistematização que deveria ter sido adoptada pelo Código e ao não o ser suscitam-se confusões desnecessárias.

5. Sobre o conceito de administrador, cfr. o art. 6º do CIRE.

6. A declaração de insolvência tem como efeito retirar ao insolvente os poderes de administração e disposição da massa insolvente, que passam a ser atribuídos ao administrador da insolvência (nº 1). Caso o insolvente celebre negócios sobre os bens da massa, estes são considerados ineficazes em relação a ela, passando a mesma a responder apenas nos termos do enriquecimento sem causa apenas em relação a terceiros de boa fé, e desde que não se trate de actos susceptíveis de resolução incondicional (nº 6). Catarina Serra, *O novo regime*, pp. 64-65, e José de Oliveira Ascensão, "Insolvência: Efeitos sobre os negócios em curso", na *ROA* 65 (2005), pp. 281-312 (311-312) = *Themis*, edição especial, 2005, pp. 105-130 (129-130) = AAVV, *Estudos Jurídicos e Económicos em Homenagem ao Professor Doutor António Sousa Franco*, II, Coimbra, Coimbra Editora, 2006, pp. 255-280 (279-280), e Alexandre Soveral Martins, *Um curso*, p. 116, sustentam, porém, a possibilidade de o administrador da insolvência ratificar o acto praticado pelo insolvente. Negando essa possibilidade, o que nos parece mais correcto, cfr. Maria do Rosário Epifânio, "Efeitos da declaração de insolvência sobre o insolvente no novo Código da Insolvência e da Recuperação de Empresas", em *DJ* 19 (2005), 2, pp. 191-203, e *Manual*, pp. 106 e ss.

7. Há algumas disposições do Código que excepcionam a retirada ao devedor dos poderes de administração e disposição do seu património, em caso de insolvência. Assim ocorre se o tribunal concluir pela insuficiência da massa insolvente e nenhum credor requerer o complemento da sentença, nos termos do art. 39º, nº 7, *a*). Este regime é igualmente aplicável no caso de ser aprovado um plano de pagamentos (arts. 251º e ss.), face ao que se dispõe no art. 249º, nº 1. Finalmente, pode ser aprovada a administração da empresa pelo próprio devedor, caso em que naturalmente ele conserva a faculdade de a administrar (arts. 223º e ss.).

Artigo 82º – Efeitos sobre os administradores e outras pessoas

1. Os órgãos sociais do devedor mantêm-se em funcionamento após a declaração de insolvência, não sendo os seus titulares remunerados, salvo no caso previsto no artigo 227º.

2. Os titulares dos órgãos sociais podem renunciar aos cargos logo que procedam ao depósito de contas anuais com referência à data de decisão de liquidação em processo de insolvência.

3. Durante a pendência do processo de insolvência, o administrador da insolvência tem exclusiva legitimidade para propor e fazer seguir:

a) As acções de responsabilidade que legalmente couberem, em favor do próprio devedor, contra os fundadores, administradores de direito e de facto, membros do órgão de fiscalização do devedor e sócios, associados ou membros, independentemente do acordo do devedor ou dos seus órgãos sociais, sócios, associados ou membros;

b) As acções destinadas à indemnização dos prejuízos causados à generalidade dos credores da insolvência pela diminuição do património integrante da massa insolvente, tanto anteriormente como posteriormente à declaração de insolvência;

c) As acções contra os responsáveis legais pelas dívidas do insolvente.

4. Compete unicamente ao administrador da insolvência a exigência aos sócios, associados ou membros do devedor, logo que a tenha por conveniente, das entradas de capital diferidas e das prestações acessórias em dívida, independentemente dos prazos de vencimento que hajam sido estipulados, intentando para o efeito as acções que se revelem necessárias.

5. Toda a acção dirigida contra o administrador da insolvência com a finalidade prevista na alínea *b*) do nº 3 apenas pode ser intentada por administrador que lhe suceda.

6. As acções referidas nos nºs 3 a 5 correm por apenso ao processo de insolvência.

1. Este artigo tem a redacção da Lei 16/2012, de 20 de Abril.

2. É dificilmente justificável a solução de manter em funcionamento os órgãos sociais dos insolventes pessoas colectivas, o que dificilmente se articula com as competências atribuídas ao administrador de insolvência, bem como com a privação dos poderes de administração e disposição por parte dos órgãos, expressamente referida no art. 81º, nº 1 do Código. Para Catarina Serra, *Estudos*, p. 207, nota (13) esta norma visa apenas regular "uma situação temporária (entre a data da declaração de insolvência da entidade devedora e a data da decisão definitiva sobre o seu destino e que homenageia o princípio da não interrupção da actividade (mínima) da empresa".

3. Os nºs 3, 4 e 5 referem-se aos casos em que a competência do administrador da insolvência é exclusiva, o que produz uma regulação desta matéria completamente separada do seu lugar próprio, que é a competência do administrador da insolvência, referida no art. 55º do Código.

Artigo 83º – Dever de apresentação e de colaboração

1. O devedor insolvente fica obrigado a:

a) Fornecer todas as informações relevantes para o processo que lhe sejam solicitadas pelo administrador da insolvência, pela assembleia de credores, pela comissão de credores ou pelo tribunal;

b) Apresentar-se pessoalmente no tribunal, sempre que a apresentação seja determinada pelo juiz ou pelo administrador da insolvência, salva a ocorrência de legítimo impedimento ou expressa permissão de se fazer representar por mandatário;

c) Prestar a colaboração que lhe seja requerida pelo administrador da insolvência para efeitos do desempenho das suas funções.

2. O juiz ordena que o devedor que sem justificação tenha faltado compareça sob custódia, sem prejuízo da multa aplicável.

3. A recusa de prestação de informações ou de colaboração é livremente apreciada pelo juiz, nomeadamente para efeito da qualificação da insolvência como culposa.

4. O disposto nos números anteriores é aplicável aos administradores do devedor e membros do seu órgão de fiscalização, se for o caso, bem como às pessoas que tenham desempenhado esses cargos dentro dos dois anos anteriores ao início do processo de insolvência.

5. O disposto nas alíneas *a*) e *b*), do nº 1 e no nº 2 é também aplicável aos empregados e prestadores de serviços do devedor, bem como às pessoas que o tenham sido dentro dos dois anos anteriores ao início do processo de insolvência.

1. Corresponde parcialmente ao art. 149º do CPEREF.

2. Sobre a qualificação da insolvência como culposa, veja-se o art. 186º CIRE. De notar que, enquanto no nº 2 i) desta disposição se refere que o incumprimento de forma reiterada dos deveres de apresentação e colaboração por parte dos administradores de direito e de facto do devedor que não seja pessoa singular até à data da eleboração do parecer referido no nº 2 do art. 188º acarreta sempre a qualificação da insolvência como culposa, no nº 3 deste artigo 83º prevê-se antes a livre apreciação da recusa pelo juiz. Parece, portanto, que esta norma só se aplicará fora das situações referidas no art. 186º, nº 2, i) CIRE.

Artigo 84º – Alimentos ao insolvente e aos trabalhadores

1. Se o devedor carecer absolutamente de meios de subsistência e os não puder angariar pelo seu trabalho, pode o administrador da insolvência, com o acordo da comissão de credores, ou da assembleia de credores, se aquela não existir, arbitrar-lhe um subsídio à custa dos rendimentos da massa insolvente, a título de alimentos.

2. Havendo justo motivo, pode a atribuição de alimentos cessar em qualquer estado do processo, por decisão do administrador da insolvência.

3. O disposto nos números anteriores é aplicável a quem, encontrando-se na situação prevista no nº 1, seja titular de créditos sobre a insolvência emergentes de contrato de trabalho, ou da violação ou cessação deste contrato, até ao limite do respectivo montante, mas, a final, deduzir-se-ão os subsídios ao valor desses créditos.

4. Estando o insolvente obrigado a prestar alimentos a terceiros nos termos do disposto no artigo 93º, deve o administrador da insolvência ter esse facto em conta na fixação do subsídio a que se refere o nº 1.

1. O nº 4 foi aditado pela Lei 16/2012, de 20 de Abril.

2. Corresponde com modificações ao art. 150º do CPEREF, inspirando-se no art. 47, nº 1, da *Ley Concursal* espanhola.

3. Sustentam Raposo Subtil/Matos Esteves/Maria José Esteves/Luís M. Martins, *Código da Insolvência*, sub art. 84º, pp. 174-175 que se passou apenas a contemplar o devedor pessoa singular, não se abrangendo os administradores de pessoas colectivas. Para estes autores, a lei não reconhece ao devedor o direito a alimentos à custa dos rendimentos da massa insolvente, uma vez que a sua atribuição depende da decisão discricionária do administrador da insolvência, obtido o acordo da assembleia ou da comissão de credores, se existir. A posição destas entidades seria, assim, definitiva, pelo que, se houver recusa da prestação de alimentos, esta não pode ser judicialmente impugnada (cfr. art. 630º, nº 1, CPC). Restaria nesse caso ao devedor reclamar a prestação de alimentos das pessoas referidas no art. 2009º CC. A solução é sempre de constitucionalidade muito duvidosa, dado que a tutela da subsistência económica do devedor tem que prevalecer sobre o interesse dos credores. O aditamento do nº 4 pela Lei 16/2012 parece-nos afastar claramente essa interpretação.

CAPÍTULO II – Efeitos processuais

Artigo 85º – Efeitos sobre as acções pendentes

1. Declarada a insolvência, todas as acções em que se apreciem questões relativas a bens compreendidos na massa insolvente, intentadas contra o devedor, ou mesmo contra terceiros, mas cujo resultado possa influenciar o valor da massa, e todas as acções de natureza exclusivamente patrimonial intentadas pelo devedor são apensadas ao processo de insolvência, desde que a apensação seja requerida pelo administrador da insolvência, com fundamento na conveniência para os fins do processo.

2. O juiz requisita ao tribunal ou entidade competente a remessa, para efeitos de apensação aos autos da insolvência, de todos os processos nos quais se tenha efectuado qualquer acto de apreensão ou detenção de bens compreendidos na massa insolvente.

3. O administrador da insolvência substitui o insolvente em todas as acções referidas nos números anteriores, independentemente da apensação ao processo de insolvência e do acordo da parte contrária.

1. O nº 2 tem a redacção do D.L. 200/2004, de 18 de Agosto.

2. Corresponde parcialmente ao art. 154º do CPEREF.

3. Cfr. Fátima Reis Silva, "Efeitos processuais da declaração de insolvência", em Catarina Serra (org.), *I Congresso de Direito da Insolvência*, Coimbra, Almedina, 2013, pp. 255-268 e Dionísio de Oliveira, "Os efeitos da declaração de insolvência sobre as acções declarativas", na *RDI*, nº 1 (Abril 2016), pp. 75-89.

4. Entre os efeitos processuais da insolvência compreende-se a apensação de acções relacionadas com a massa insolvente, a qual no entanto depende de requerimento do administrador da insolvência. No entanto, independentemente dessa apensação, o administrador da insolvência substitui automaticamente o insolvente nas referidas acções. Já em relação às acções de impugnação pauliana é vedada a sua apensação, nos termos do art. 127º, nº 2.

5. No AUJ 1/2014 (Fernandes da Silva), publicado no *D.R.* nº 39, I Série, de 25/2/2014, consignou-se que "transitada em julgado a sentença que declara a insolvência, fica impossibilitada de alcançar o seu efeito útil normal a acção declarativa proposta pelo credor contra o devedor, destinada a obter o reconhecimento do crédito peticionado, pelo que cumpre decretar a extinção da instância, por inutilidade superveniente da lide, nos termos da alínea *e*) do [anterior] art. 287º do C.P.C.". Concordando com esse acórdão, cfr. Dionísio de Oliveira, " na *RDI*, nº 1 (Abril 2016), pp. 86 e ss. Trata-se de posição que não podemos acompanhar. Na verdade, as acções não se extinguem, apenas se suspendem, uma vez que o credor conserva o direito de as reactivar após o encerramento do processo, nos termos do art. 233º. Neste sentido, cfr. Ac. STJ 15/3/2012 (Sebastião Póvoas), em *CJ*-ASTJ 20 (2012), 2, pp. 132-136. No Ac. RC 24/1/2017 (Arlindo Oliveira), processo 303/12.1TBSPS.C1, na *CJ* 42/2017(1), considerou-se que não poderia ser extinta por inutilidade superveniente da lide a acção sub-rogatória instaurada pelo credor do repudiante no caso de este ser posteriormente declarado insolvente.

Chegou a ser apreciada pelo Tribunal Constitucional a eventual inconstitucionalidade do AUJ 1/2014, por violação do art. 20º da Constituição, mas o Tribunal Constitucional entendeu de forma diferente não considerando essa interpretação como inconstitucional. Cfr. Ac. TC 46/2014, de 9 de Janeiro de 2014 (FERNANDO VAZ VENTURA).

Artigo 86º – Apensação de processos de insolvência

1. A requerimento do administrador da insolvência são apensados aos autos os processos em que haja sido declarada a insolvência de pessoas que legalmente respondam pelas dívidas do insolvente ou, tratando-se de pessoa singular casada, do seu cônjuge, se o regime de bens não for o da separação.

2. O mesmo se aplica, sendo o devedor uma sociedade comercial, relativamente aos processos em que tenha sido declarada a insolvência de sociedades que, nos termos do Código das Sociedades Comerciais, ela domine ou com ela se encontrem em relação de grupo.

3. A apensação prevista no nº 2 pode ser determinada oficiosamente pelo juiz do processo ao qual são apensados os demais ou requerida por todos os devedores declarados insolventes nos processos a apensar.

4. Quando os processos corram termos em tribunais com diferente competência em razão da matéria, a apensação só é determinada se for requerida pelo administrador da insolvência do processo instaurado em tribunal de competência especializada ou se for decidida pelo juiz do mesmo processo.

1. Os nºs 3 e 4 têm a redacção do D.L. 79/2017, de 30 de Junho.

2. Permite-se a apensação ao processo de insolvência principal dos processos de insolvência das entidades igualmente responsáveis pelas dívidas do insolvente, assim se obtendo uma apreciação conjunta das diversas situações. Anteriormente ao D.L. 79/2017, esta disposição só previa que a apensação ocorresse a requerimento do administrador da insolvência. Agora é também permitido que o juiz decrete essa apensação oficiosamente ou a requerimento dos devedores insolventes.

Artigo 87º – Convenções arbitrais

1. Fica suspensa a eficácia das convenções arbitrais em que o insolvente seja parte respeitantes a litígios cujo resultado possa influenciar o valor da massa, sem prejuízo do disposto em tratados internacionais aplicáveis.

2. Os processos pendentes à data da declaração de insolvência prosseguirão porém os seus termos, sem prejuízo, se for o caso, do disposto no nº 3 do artigo 85º e no nº 5 do artigo 128º.

1. O nº 2 tem a redacção do D.L. 79/2017, de 30 de Junho.

2. A origem deste preceito encontra-se no art. 52 da *Ley Concursal* espanhola.

3. O facto de se remeter para o nº 3 do art. 85º e não para o nº 1 suscita a dúvida sobre se pode ou não ser requerida a apensação de processos arbitrais. A autonomização dos processos arbitrais neste artigo parece apontar para uma resposta negativa.

Artigo 88º – Acções executivas

1. A declaração de insolvência determina a suspensão de quaisquer diligências executivas ou providências requeridas pelos credores da insolvência que atinjam os bens integrantes da massa insolvente e obsta à instauração ou ao prosseguimento de qualquer acção executiva intentada pelos credores da insolvência; porém, se houver outros executados, a execução prossegue contra estes.

2. Tratando-se de execuções que prossigam contra outros executados e não hajam de ser apensadas ao processo nos termos do nº 2 do artigo 85º, é apenas extraído, e remetido para apensação, traslado do processado relativo ao insolvente.

3. As acções executivas suspensas nos termos do nº 1 extinguem-se, quanto ao executado insolvente, logo que o processo de insolvência seja encerrado nos termos previstos nas alíneas *a*) e *d*) do nº 1 do artigo 230º, salvo para efeitos do exercício do direito de reversão legalmente previsto.

4. Compete ao administrador da insolvência comunicar por escrito e, preferencialmente, por meios electrónicos, aos agentes de execução designados nas execuções afetadas pela declaração de insolvência, que sejam do seu conhecimento, ou ao tribunal, quando as diligências de execução sejam promovidas por oficial de justiça, a ocorrência dos factos descritos no número anterior.

1. Os nºs 3 e 4 foram aditados pela Lei 16/2012, de 20 de Abril.

2. O nº 1 corresponde parcialmente ao nº 3 do art. 154º do CPEREF.

3. Cfr. Carvalho Fernandes/João Labareda, *Código da Insolvência*, sub art. 88º, nº 4, p. 456.

4. Em consequência da declaração de insolvência, os credores da insolvência perdem a possibilidade de executar os bens compreendidos na massa insolvente, pelo que são suspensas as diligências executivas ou providências requeridas que atinjam esses bens e é vedada a instauração de acções executivas, devendo ser suspensas as que já estejam instauradas, admitindo-se unicamente a sua prossecução contra outros executados. Exceptua-se, porém, a situação especial das dívidas da massa insolvente, referidas no artigo seguinte.

5. Em virtude desta disposição, é nula a venda de bens em processo executivo realizada após ter sido decretada a insolvência do executado. Cfr. Ac. RG 5/6/2008 (MANSO RAINHO), em *CJ* 33 (2008), 3, pp. 273-274.

6. Face ao disposto no nº 3, não pode ser decretada a extinção da instância executiva por impossibilidade superveniente da lide em virtude da insolvência do executado, ocorrendo apenas a suspensão da mesma, enquanto durar o processo. Cfr. Ac. RG 5/6/2008 (ANTERO VEIGA), em *CJ* 33 (2008), 3, pp. 274-275, Ac. RC 22/9/2009 (EMÍDIO SANTOS), em *CJ* 34 (2009), 4, pp. 27-28, e Ac. RP 10/1/2012 (VIEIRA E CUNHA), em *CJ* 37 (2012), 1, pp. 163-165. Esta situação veio, aliás, a ficar definitivamente esclarecida com o aditamento dos nºs 3 e 4 do art. 88º pela Lei 16/2012, segundo a qual só com o encerramento do processo nos termos previstos nas alíneas *a*) a *d*) do art. 233º se extinguem as execuções suspensas.

Artigo 89º – Acções relativas a dívidas da massa insolvente

1. Durante os três meses seguintes à data da declaração de insolvência, não podem ser propostas execuções para pagamento de dívidas da massa insolvente.

2. As acções, incluindo as executivas, relativas às dívidas da massa insolvente correm por apenso ao processo de insolvência, com excepção das execuções por dívidas de natureza tributária.

1. Cfr. CARVALHO FERNANDES/JOÃO LABAREDA, *Código da Insolvência*, sub art. 89º, p. 458.

2. Contempla-se nesta norma a situação das dívidas da massa insolvente (cfr. art. 51º), que são sujeitas a um regime especial, que se afasta do regime geral da suspensão das acções executivas para cobrança dos créditos sobre a insolvência, regulada no artigo anterior. Em relação às dívidas da massa insolvente, uma vez que estas devem ser pagas na data do vencimento (art. 172º, nº 3), a proibição de interposição de novas execuções é limitada ao prazo de três meses após a declaração de insolvência. Após essa data podem ser instauradas novas execuções por essas dívidas, que correm por apenso ao processo de insolvência, salvo quando respeitarem a obrigações tributárias, cuja execução se processa autonomamente.

CAPÍTULO III – Efeitos sobre os créditos

Artigo 90º – Exercício dos créditos sobre a insolvência

Os credores da insolvência apenas poderão exercer os seus direitos de conformidade com os preceitos do presente Código, durante a pendência do processo de insolvência.

1. Trata-se de uma disposição que consagra uma solução óbvia. Corresponde à tradução do § 87 da *Insolvenzordnung* alemã, sendo devido a essa influência omnipresente que é introduzido no Código.

Artigo 91º – Vencimento imediato de dívidas

1. A declaração de insolvência determina o vencimento de todas as obrigações do insolvente não subordinadas a uma condição suspensiva.

2. Toda a obrigação ainda não exigível à data da declaração de insolvência pela qual não fossem devidos juros remuneratórios, ou pela qual fossem devidos juros inferiores à taxa de juros legal, considera-se reduzida para o montante que, se acrescido de juros calculados sobre esse mesmo montante, respectivamente, à taxa legal, ou a uma taxa igual à diferença entre a taxa legal e a taxa convencionada, pelo período de antecipação do vencimento, corresponderia ao valor da obrigação em causa.

3. Tratando-se de obrigação fraccionada, o disposto no número anterior é aplicável a cada uma das prestações ainda não exigíveis.

4. No cômputo do período de antecipação do vencimento considera-se que este ocorreria na data em que as obrigações se tornassem exigíveis, ou em que provavelmente tal ocorreria, sendo essa data indeterminada.

5. A redução do montante da dívida, prevista nos números anteriores, é também aplicável ainda que tenha ocorrido a perda do benefício do prazo, decorrente da situação de insolvência ainda não judicialmente declarada, prevista no nº 1 do artigo 780º do Código Civil.

6. A sub-rogação nos direitos do credor perante terceiro decorrente do pagamento terá lugar na proporção da quantia paga relativamente ao montante da dívida desse terceiro, actualizado nos termos do nº 2.

7. O disposto no número anterior aplica-se ao direito de regresso face a outros condevedores.

1. Corresponde, com grandes alterações, ao art. 151º do CPEREF.

2. Enquanto que o art. 151º do CPEREF referia não apenas o vencimento imediato das dívidas, mas também o encerramento das contas correntes e a cessação da contagem de juros, refere-se nesta disposição apenas o vencimento imediato. O encerramento da conta corrente é agora referido no art. 116º. Em relação aos juros, estes passam a ser qualificados como créditos subordinados, nos termos do art. 48º, nº 1 b) do Código, podendo assim continuar a ser debitados. Parece-nos, no entanto, de criticar essa solução, por contrária ao princípio da estabilização do passivo, que deveria resultar da declaração de insolvência.

3. Esclarece-se agora que os créditos sujeitos a condição suspensiva não estão sujeitos ao vencimento antecipado. Cfr., sobre a questão no âmbito do direito anterior, Maria do Rosário Epifânio, *Os efeitos*, pp. 205 e ss. A forma de pagamento destes créditos é referida no art. 181º do Código. A situação dos créditos sob condição resolutiva é referida no art. 94º do Código.

4. Os nºs 2, 3 e 4 abordam a questão do *interusurium*, na medida em que não se justificaria permitir que o credor beneficiasse de juros superiores em resultado do vencimento antecipado provocado pela decalaração de insolvência. Não se compreende, no entanto, a razão para que seja derrogado no nº 5 o regime do art. 780º do Código Civil, cuja aplicação pode ocorrer muito antes da declaração de insolvência.

5. Os nºs 6 e 7 parecem-nos totalmente desnecessários, uma vez que a transmissão do crédito por sub-rogação e a aquisição do direito de regresso não têm natureza especial em relação aos outros créditos, pelo que não se vê razão para serem autonomizados neste artigo.

Artigo 92º – Planos de regularização

O vencimento imediato, nos termos do nº 1 do artigo anterior, de dívidas abrangidas em plano de regularização de impostos e de contribuições para a segurança social tem os efeitos que os diplomas legais respectivos atribuem ao incumprimento do plano, sendo os montantes exigíveis calculados em conformidade com as normas pertinentes desses diplomas.

1. Trata-se de uma norma essencialmente remissiva, destinada a impedir que os tradicionais diplomas concedendo prazos de regularização excepcional de dívidas fiscais ou à segurança social conflituem com o Código da Insolvência e Recuperação de Empresas.

Artigo 93º – Créditos por alimentos

O direito a exigir alimentos do insolvente relativo a período posterior à declaração de insolvência só pode ser exercido contra a massa se nenhuma das pessoas referidas no artigo 2009º do Código Civil estiver em condições de os prestar, devendo, neste caso, o juiz fixar o respectivo montante.

1. Esta disposição inspira-se no art. 47º, nº 3, da *Ley Concursal* espanhola.

2. Parece-nos extremamente criticável o facto de se restringir a obrigação do insolvente relativamente a créditos por alimentos, colocando-o no último lugar das pessoas mencionadas no art. 2009º do Código Civil, e ainda por cima apenas permitindo a sua concessão mediante autorização judicial. Por exemplo, se alguém for declarado insolvente, os seus filhos menores terão que reclamar os alimentos dos outros familiares refe-

ridos no art. 2009º, uma vez que o pai fica inibido de os prestar, o que é uma solução chocante. Actualmente, o art. 84º, nº 4, já prevê que, se o insolvente estiver obrigado a prestar alimentos, o administrador da insolvência deve ter esse facto em conta na fixação do subsídio ao insolvente, o que torna ainda menos justificável esta disposição.

Artigo 94º – Créditos sob condição resolutiva

No processo de insolvência, os créditos sobre a insolvência sujeitos a condição resolutiva são tratados como incondicionados até ao momento em que a condição se preencha, sem prejuízo do dever de restituição dos pagamentos recebidos, verificada que seja a condição.

1. Este artigo corresponde à tradução quase integral do § 42 da *Insolvenzordnung*.

2. Esta disposição limita-se a consagrar a óbvia solução de admitir que o credor sob condição resolutiva possa exercer as faculdades integrantes do direito de crédito até à verificação da condição, deixando de o poder fazer apenas se ela se verificar. Não se trata, porém, de que a declaração de insolvência leve a que o crédito seja tratado como incondicionado, uma vez que se continuam a aplicar ao credor sob condição resolutiva, na pendência da condição, os preceitos dos arts. 272º e ss. do Código Civil.

3. Relativamente ao credor sob condição suspensiva, cfr. o art. 91º, nº 1, do Código.

Artigo 95º – Responsáveis solidários e garantes

1. O credor pode concorrer pela totalidade do seu crédito a cada uma das diferentes massas insolventes de devedores solidários e garantes, sem embargo de o somatório das quantias que poder receber de todas elas não poder exceder o montante do crédito.

2. O direito contra o devedor insolvente decorrente do eventual pagamento futuro da dívida por um condevedor solidário ou por um garante só pode ser exercido no processo de insolvência, como crédito sob condição suspensiva, se o próprio credor da referida dívida a não reclamar.

1. Este artigo corresponde ao § 43 da *Insolvenzordnung*.

2. Cfr. os arts. 526º, 638º e 649º do Código Civil.

Artigo 96º – Conversão de créditos

1. Para efeitos da participação do respectivo titular no processo:

a) Os créditos não pecuniários são atendidos pelo valor em euros estimável à data da declaração de insolvência;

b) Os créditos pecuniários cujo montante não esteja determinado são atendidos pelo valor em euros estimável à data da declaração de insolvência;

c) Os créditos expressos em moeda estrangeira ou índices são atendidos pelo valor em euros à cotação em vigor à data da declaração de insolvência no lugar do respectivo pagamento.

2. Os créditos referidos nas alíneas *a*) e *c*) do número anterior consideram-se definitivamente convertidos em euros, uma vez reconhecidos.

1. Corresponde ao art. 151º, nº 2, do CPEREF.

2. A fixação dos créditos não pecuniários ou sobre moeda estrangeira pelo valor que tinham em euros à data da declaração de insolvência compreende-se pela estabilização do passivo que deve ser desencadeada pela declaração de insolvência. Tendo, no entanto, o Código abandonado essa solução, na medida em que mantém a contagem de juros após essa declaração, não se compreende a justificação para a conversão em euros dos créditos em moeda estrangeira.

Artigo 97º – Extinção de privilégios creditórios e garantias reais

1. Extinguem-se, com a declaração de insolvência:

a) Os privilégios creditórios gerais que forem acessórios de créditos sobre a insolvência de que forem titulares o Estado, as autarquias locais e as instituições de segurança social, constituídos mais de 12 meses antes da data do início do processo de insolvência;

b) Os privilégios creditórios especiais que forem acessórios de créditos sobre a insolvência de que forem titulares o Estado, as autarquias locais e as instituições de segurança social, vencidos mais de 12 meses antes da data do início do processo de insolvência;

c) As hipotecas legais cujo registo haja sido requerido dentro dos dois meses anteriores à data do início do processo de insolvência, e que forem acessórias de créditos sobre a insolvência do Estado, das autarquias locais e das instituições de segurança social;

d) Se não forem independentes de registo, as garantias reais sobre imóveis ou móveis sujeitos a registo integrantes da massa insolvente, acessórias de créditos sobre a insolvência, e já constituídas mas ainda não registadas nem objecto de pedido de registo;

e) As garantias reais sobre bens integrantes da massa insolvente acessórias dos créditos havidos como subordinados.

2. Declarada a insolvência, não é admissível o registo de hipotecas legais que garantam créditos sobre a insolvência, inclusive após o encerramento do processo, salvo se o pedido respectivo tiver sido apresentado em momento anterior ao da referida declaração, ou, tratando-se das hipotecas a que se refere a alínea *c*) do número anterior, com uma antecedência de dois meses sobre a mesma data.

1. Corresponde parcialmente ao art. 152º do CPEREF.

2. Justifica-se que com a declaração de insolvência, deixem de ser atendidas certas garantias. Em relação às alíneas *a*) e *b*), a extinção da garantia justifica-se pelo facto de estes privilégios representarem créditos de grande volume, cuja preferência implicaria que mais nenhum credor recebesse. A justificação para a previsão da alínea *c*) é semelhante, uma vez que podem ser beneficiários da hipoteca legal créditos da mesma natureza (art. 705º, *a*) e *b*) do Código Civil). Já a justificação para alínea *d*) é menos compreensível, resultando do reforço do ónus registral, ainda que se saliente que as hipotecas nem sequer se constituem sem registo. Já quanto à alínea *e*), esta resulta da menor tutela que é conferida aos créditos subordinados pelo art. 48º do Código.

3. Nos termos do art. 12º do D.L. 53/2004, de 18 de Março, a alínea *c*) do nº 1 só é aplicável às hipotecas legais acessórias de créditos vencidos após a entrada em vigor do Código.

Artigo 98º – Concessão de privilégio ao credor requerente

1. Os créditos não subordinados do credor a requerimento de quem a situação de insolvência tenha sido declarada passam a beneficiar de privilégio creditório geral, graduado em último lugar, sobre todos os bens móveis integrantes da massa insolvente, relativamente a um quarto do seu montante, num máximo correspondente a 500 unidades de conta.

2. Se o prosseguimento de um processo intentado por um credor for prejudicado pela declaração de insolvência do devedor em processo posteriormente instaurado, o privilégio referido no número anterior é atribuído ao requerente no processo mais antigo; no caso previsto na alínea *b*) do nº 3 do artigo 264º, o privilégio geral sobre os bens móveis próprios do cônjuge apresentante e sobre a sua meação nos bens móveis comuns compete ao requerente no processo instaurado em primeiro lugar, sem embargo da suspensão dos seus termos.

1. Na sequência da filosofia de estimular os pedidos de insolvência, passa-se a beneficiar o requerente da insolvência com um privilégio geral, para o qual não vemos qualquer justificação.

Artigo 99º – Compensação

1. Sem prejuízo do estabelecido noutras disposições deste Código, a partir da declaração de insolvência os titulares de créditos sobre a insolvência só podem compensá-los com dívidas à massa desde que se verifique pelo menos um dos seguintes requisitos:

a) Ser o preenchimento dos pressupostos legais da compensação anterior à data da declaração de insolvência;

b) Ter o crédito sobre a insolvência preenchido antes do contra-crédito da massa os requisitos estabelecidos no artigo 847º do Código Civil.

2. Para os efeitos das alíneas *a*) e *b*) do número anterior, não relevam:

a) A perda do benefício do prazo prevista no nº 1 do artigo 780º do Código Civil;

b) O vencimento antecipado e a conversão em dinheiro resultantes do preceituado no nº 1 do artigo 91º e no artigo 96º.

3. A compensação não é prejudicada pelo facto de as obrigações terem por objecto divisas ou unidades de cálculo distintas, se for livre a sua conversão recíproca no lugar do pagamento do contra-crédito, tendo a conversão lugar à cotação em vigor nesse lugar na data em que a compensação produza os seus efeitos.

4. A compensação não é admissível:

a) Se a dívida à massa se tiver constituído após a data da declaração de insolvência, designadamente em consequência da resolução de actos em benefício da massa insolvente;

b) Se o credor da insolvência tiver adquirido o seu crédito de outrem, após a data da declaração de insolvência;

c) Com dívidas do insolvente pelas quais a massa não seja responsável;

d) Entre dívidas à massa e créditos subordinados sobre a insolvência.

1. Este artigo altera totalmente a anterior solução do art. 153º do CPEREF, em virtude de se pretender recolher a solução dos §§ 94 a 96 da *Insolvenzordnung.*

2. Cfr. Hugo Rosa Ferreira, "Compensação e Insolvência (em particular, na cessão de créditos para titularização)", em Rui Pinto (org.), *Direito da Insolvência. Estudos,* Coimbra, Coimbra Editora, 2011, pp. 9-64.

3. Na lei anterior, afastava-se a compensação a partir da data da declaração de falência, o que bem se compreende, atenta a igualdade dos credores que deve ser consagrada a partir dessa fase. Tendo-se passado a admitir, ainda que com limites, a compensação após essa data, reforça-se excessivamente a força da compensação como garantia, que suplanta mesmo a da penhora e da hipoteca judicial (cfr. art. 140º do Código), bem como as garantias referidas no art. 97º. A solução tem sido justificada com o argumento de que, só sendo agora os credores notificados depois da insolvên-

cia ter sido declarada (cfr. art. 37º CIRE), enquanto que anteriormente o eram antes, justificar-se-ia permitir-lhes que declarassem nesta altura a compensação (cfr. CATARINA SERRA, *O regime*, p. 91). É, no entanto, manifesto que reconhecer a compensação após a declaração de insolvência representa violar o princípio da paridade dos credores, sendo esta uma solução que tutela o credor garantido pela compensação em detrimento dos credores comuns, o que não consideramos adequado.

4. Ao contrário do que se sustenta no Ac. RC 12/1/2010 (GONÇALVES FERREIRA), em *CJ* 35 (2010), 1, pp. 8-11, não parece que se deva exigir a reclamação do crédito sobre a insolvência para que o credor seja admitido a exercer a compensação, uma vez que nada na lei impõe essa exigência. A reclamação só faz sentido quando o crédito sobre a insolvência ultrapasse a dívida à massa, devendo nesse caso a reclamação ser realizada pelo remanescente.

Artigo 100º – Suspensão da prescrição e caducidade

A sentença de declaração da insolvência determina a suspensão de todos os prazos de prescrição e de caducidade oponíveis pelo devedor, durante o decurso do processo.

1. Cfr. o art. 29º do CPEREF.

2. Anteriormente esta suspensão ocorria com o despacho de prosseguimento da acção.

Artigo 101º – Sistemas de liquidação

As normas constantes deste Capítulo são aplicáveis sem prejuízo do que em contrário se estabelece nos artigos 283º e seguintes do Código de Valores Mobiliários.

1. Os arts. 283º e ss. do CVM estabelecem um regime especial, que prevalece sobre as disposições deste Código. Esse regime caracteriza-se por a abertura do processo não ter efeitos retroactivos em relação aos direitos e obrigações dos particpantes, nem afectar a irrevogabilidade das ordens de transferência ou o carácter definitivo da compensação (art. 283º CVM), nem sequer as garantias prestadas (art. 284º CVM). No caso de insolvência de um dos participantes, os seus direitos e obrigações regem-se pelo direito aplicável ao sistema (art. 286º CVM), sendo obrigatória a notificação da abertura do processo à CMVM.

CAPÍTULO IV – Efeitos sobre os negócios em curso

Artigo 102º – Princípio geral quanto a negócios ainda não cumpridos

1. Sem prejuízo do disposto nos artigos seguintes, em qualquer contrato bilateral em que, à data da declaração de insolvência, não haja ainda total cumprimento nem pelo insolvente nem pela outra parte, o cumprimento fica suspenso até que o administrador da insolvência declare optar pela execução ou recusar o cumprimento.

2. A outra parte pode, contudo, fixar um prazo razoável ao administrador da insolvência para este exercer a sua opção, findo o qual se considera que recusa o cumprimento.

3. Recusado o cumprimento pelo administrador da insolvência, e sem prejuízo do direito à separação da coisa, se for o caso:

a) Nenhuma das partes tem direito à restituição do que prestou;

b) A massa insolvente tem o direito de exigir o valor da contraprestação correspondente à prestação já efectuada pelo devedor, na medida em que não tenha sido ainda realizada pela outra parte;

c) A outra parte tem direito a exigir, como crédito sobre a insolvência, o valor da prestação do devedor, na parte incumprida, deduzido do valor da contraprestação correspondente que ainda não tenha sido realizada;

d) O direito à indemnização dos prejuízos causados à outra parte pelo incumprimento:

(*i*) Apenas existe até ao valor da obrigação eventualmente imposta nos termos da alínea *b*);

(*ii*) É abatido do quantitativo a que a outra parte tenha direito, por aplicação da alínea *c*);

(*iii*) Constitui crédito sobre a insolvência.

e) Qualquer das partes pode declarar a compensação das obrigações referidas nas alíneas *c*) e *d*) com a aludida na alínea *b*), até à concorrência dos respectivos montantes.

4. A opção pela execução é abusiva se o cumprimento pontual das obrigações contratuais por parte da massa insolvente for manifestamente improvável.

1. O nº 1 tem a redacção do D.L. 200/2004, de 18 de Agosto.

2. Cfr. José de Oliveira Ascensão, "Insolvência: Efeitos sobre os negócios em curso", na *ROA* 65 (2005), pp. 281-312 = *Themis*, edição especial, 2005, pp. 105-130 = AAVV, *Estudos Jurídicos e Económicos em Homenagem ao Professor Doutor António Sousa Franco*, II, Coimbra, Coimbra Editora, 2006, pp. 255-280 e Nuno Pinto Oliveira, "Efeitos da declaração de insolvência sobre os negócios em curso: em busca dos princí-

pios perdidos?", em Catarina Serra (org.), *I Congresso de Direito da Insolvência*, Coimbra, Almedina, 2013, pp. 201-227.

3. Este artigo tem correspondência parcial no art. 161º do CPEREF. A sua inspiração principal é, porém, o § 103 da *Insolvenzordnung* alemã, de 5 de Outubro de 1994, que, no entanto, tem uma formulação muito mais simples.

4. Na sequência da proposta de Oliveira Ascensão, *ROA* 1995, pp. 658 e ss., institui-se agora um "princípio geral" que, no entanto, na sequência do art. 1197º do anterior CPC, apenas se aplica a contratos bilaterais em que o insolvente seja parte, dando-se nesse caso, como alternativa ao administrador de falência a opção pela execução do contrato ou pela "recusa de cumprimento", caso em que a outra parte fica constituída no direito de reclamar indemnização como crédito da insolvência. Generaliza-se, assim, como príncipio, aplicável a todos os contratos bilaterais, uma solução já instituída no art. 161º do CPEREF para a compra e venda ainda não cumprida. Por inspiração do § 103 da *Insolvenzordnung* alemã estabelece-se, porém, o requisito de que o contrato não possa ter sido executado por nenhuma das partes, o que restringe consideravelmente o referido "princípio geral". É manifesto, portanto, que a formulação não é feliz. Basta ver que a norma não se vai aplicar à maioria dos contratos bilaterais, uma vez que é rara a situação em que nenhuma das partes executou o contrato no momento da insolvência. Por outro lado, uma norma restrita a contratos bilaterais não executados dificilmente pode ser elevada à categoria de princípio geral. Mais correctamente, o § 103 da *Insolvenzordnung* alemã qualifica esta situação simplesmente como "direito de escolha do administrador de insolvência" (*Wahlrecht des Insolvenzverwalters*).

5. Oliveira Ascensão, *ROA* 65 (2005), pp. 288 e ss. = *Themis*, edição especial, 2005, pp. 111 e ss. = *Estudos Sousa Franco*, II, pp. 260 e ss., propõe a aplicação analógica desta disposição não apenas aos contratos bilaterais, mas também aos contratos e negócios unilaterais, posição que não acompanhamos, pois não vemos que a analogia se justifique.

6. A suspensão do cumprimento do contrato bilateral ainda não executado por nenhuma das partes e a concessão ao administrador da insolvência da faculdade de optar pela execução ou recusa do cumprimento explica-se em função da primazia conferida ao interesse dos credores após a declaração de insolvência, que prevalece sobre o interesse de terceiros que contratam com o devedor. Salienta-se, porém, que, caso o administrador da insolvência não recuse o cumprimento, a obrigação correspondente ao período posterior passa a constituir dívida da massa, nos termos do art. 51º, nº 1 e), f), e g).

7. Uma outra inovação deste artigo é a de passar a limitar a indemnização ao valor da prestação do devedor, abatido do valor da contraprestação de que a outra parte ficou exonerada, admitindo ainda que o administrador da insolvência possa exigir da outra parte o valor da prestação já realizada pelo devedor, na parte em que o mesmo exceda o valor da contrapartida recebida. A denominada "recusa de cumprimento"

gera assim uma indemnização por incumprimento, em que o legislador manda aplicar integralmente a teoria da diferença. Em qualquer caso, e como salienta Oliveira Ascensão, *ROA* 65 (2005), pp. 309 e ss. = *Themis*, edição especial, 2005, pp. 127 e ss. = *Estudos Sousa Franco*, pp. 277 e ss., salienta-se que, face ao que se dispõe no nº 3, d) (iii), esta constitui apenas um crédito sobre a insolvência, não gozando da mesma prioridade de satisfação dos créditos da massa. Por outro lado, ao estabelecer como limite máximo o valor da obrigação correspondente à prestação já efectuada pelo devedor (nº 3, d (i), parece que o crédito é meramente eventual, só existindo na medida em que possa ser compensado por dívidas à massa. O crédito de indemnização é, por outro lado, nos termos do nº 3, d) (ii), abatido do valor a que a parte tenha direito, como prestação, ao abrigo do do nº 3, c). Numa redundância desnecessária, o nº 3, e) vem referir que as obrigações são compensáveis, o que já resultava das regras expostas.

8. O direito de opção pelo administrador não é, no entanto, absolutamente livre, já que o nº 4 vem prever que existirá abuso de direito na opção do administrador pela execução se o cumprimento pontual das obrigações contratuais por parte da massa insolvente for manifestamente improvável. *A contrario*, também nos parece que poderá haver abuso de direito por parte do administrador da insolvência nos casos em que ele recusar o cumprimento quando a massa insolvente estivesse em perfeitas condições de cumprir o contrato.

Artigo 103º – Prestações indivisíveis

1. Se o contrato impuser à outra parte o cumprimento de prestação que tenha natureza infungível, ou que seja fraccionável na entrega de várias coisas, não facilmente substituíveis, entre as quais interceda uma conexão funcional, e o administrador da insolvência recusar o cumprimento:

a) O direito referido na alínea *b)* do nº 3 do artigo anterior é substituído pelo direito de exigir à outra parte a restituição do que lhe tiver sido prestado, na medida do seu enriquecimento à data da declaração de insolvência;

b) O direito previsto na alínea *c)* do nº 3 do artigo anterior tem por objecto a diferença, se favorável à outra parte, entre os valores da totalidade das prestações contratuais;

c) A outra parte tem direito, como credor da insolvência, ao reembolso do custo ou à restituição do valor da parte da prestação realizada anteriormente à declaração de insolvência, consoante tal prestação seja ou não infungível.

2. A outra parte tem direito, porém, a completar a sua prestação, e a exigir, como crédito sobre a insolvência, a parte da contraprestação em dívida, caso em que cessa o disposto no nº 1 e no artigo anterior.

3. Se o administrador da insolvência não recusar o cumprimento, o direito da outra parte à contraprestação só constitui crédito sobre a massa no que exceda o valor do que seria apurado por aplicação do disposto na alínea *c*) do nº 1, caso o administrador da insolvência tivesse optado pela recusa do cumprimento.

4. Sendo o cumprimento de uma prestação do tipo das referidas no nº 1 imposto pelo contrato ao insolvente, e recusando o administrador esse cumprimento:

***a*)** O direito referido na alínea *b*) do nº 3 do artigo anterior cessa ou é substituído pelo direito à restituição do valor da parte da prestação já efectuada anteriormente à declaração de insolvência, consoante essa prestação tenha ou não natureza infungível;

***b*)** Aplica-se o disposto na alínea *b*) do nº 1, tendo a outra parte, adicionalmente, direito ao reembolso do que já tiver prestado, também como crédito sobre a insolvência.

5. Sendo o cumprimento de uma prestação do tipo das referidas no nº 1 imposto por contrato ao insolvente e não recusando o administrador esse cumprimento, o direito da outra parte à contraprestação em dívida constitui, na sua integralidade, crédito sobre a massa.

6. Se a prestação de natureza infungível se desdobrar em parcelas autónomas e alguma ou algumas destas já tiverem sido efectuadas, o disposto nos números anteriores apenas se aplica às demais, repartindo-se a contraprestação por todas elas, pela forma apropriada.

1. Sob a manifestamente errada epígrafe "prestações indivisíveis" o legislador refere duas situações: prestações que tenham "natureza infungível" (parecendo não se referir a este conceito, mas antes a prestações de coisas infungíveis) e prestações que sejam fraccionáveis "na entrega de várias coisas, não facilmente substituíveis, entre as quais interceda uma conexão funcional" (as quais são prestações divisíveis!). Parece, por isso, que se pretendeu transpor o § 105 da *Insolvenzordnung* que se refere precisamente a prestações divisíveis (*Teilbare Leistungen*). O cerne da norma parece corresponder à divisibilidade da prestação, já que mesmo no caso de prestações de natureza infungível, o relevante é a sua divisibilidade, conforme resulta do nº 6. O que estão em causa nesta divisão são assim prestações divisíveis, as quais podem ser respeitantes a coisas fungíveis ou infungíveis. Há, no entanto, uma diferença de regime consoante se essas prestações correspondam a créditos ou a dívidas do insolvente.

2. Estando em causa créditos do insolvente, em caso de recusa de cumprimento a massa insolvente perde o direito a exigir o valor da contraprestação correspondente à prestação já efectuada pelo devedor (art. 102º, nº 3, b)), o qual é substituído pelo direito a exigir da outra parte a restituição do que lhe tiver sido prestado, na medida do seu enriquecimento à data da declaração de insolvência (art. 103º, nº 1, a)). Simultaneamente a outra parte perde o direito de exigir, como crédito sobre a insolvência, o valor da prestação do devedor, na parte incumprida, deduzido do valor da contrapres-

tação correspondente que não tenha sido realizada (art. 102º, nº 3, c)), passando apenas a poder exigir, também como crédito sobre a insolvência, a diferença, se favorável à outra parte, entre a totalidade das prestações contratuais (art. 103º, nº 1, b)). A outra parte tem, porém, igualmente direito a completar a sua prestação, e a exigir como crédito sobre a insolvência, a parte da contraprestação em dívida, caso em que a massa insolvente perde o direito à restituição do que tiver prestado (art. 103º, nº 2).

Se, porém, o administrador da insolvência optar pela execução do contrato, o direito da outra parte à contraprestação só constitui crédito sobre a massa na parte que exceda o valor que seria apurado por aplicação do disposto no art. 103º, nº 1, c) se o administrador da insolvência tivesse optado pela recusa do cumprimento (art. 103º, nº 3). A opção pelo cumprimento dos contratos com prestações divisíveis implica assim que a lei opere uma divisão do direito à contraprestação em dois créditos de natureza distinta. A parte que não exceda o valor correspondente ao reembolso do custo da prestação de coisa infungível, ou à parte da prestação de coisa fungível, realizadas antes da declaração de insolvência, assume a natureza de crédito sobre a insolvência. Já a parte que exceda esse valor adquire a natureza de crédito sobre a massa.

3. Estando em causa dívidas do insolvente, e optando o administrador da insolvência pela recusa de cumprimento, caso se trate de uma prestação de coisa infungível, a massa insolvente perde o direito de exigir o valor da contraprestação correspondente à parte já efectuada pelo devedor, na medida em que ainda não tenha sido realizada pela outra parte (art. 103º, nº 4, a) *in principio* e 102º, nº 3, b)). No caso de se tratar de prestação de coisa fungível, esse direito é substituído pelo direito à restituição do valor da parte da prestação já efectuada anteriormente à declaração de insolvência (art. 103º, nº 4, a), *in fine*). A lei continua, porém, em qualquer caso, a permitir à outra parte o direito a pedir a diferença, se favorável a essa parte, entre os valores da totalidade das prestações contratuais (art. 103º, nº 1, b)), a que acresce o direito ao reembolso do que tiver sido prestado, como crédito sobre a insolvência (art. 103º, nº 4, b)).

Caso, porém, o administrador da insolvência venha a optar pela execução do contrato, o direito da outra parte à contraprestação em dívida constitui, na sua totalidade, crédito sobre a massa (art. 103º, nº 5).

Artigo 104º – Venda com reserva de propriedade e operações semelhantes

1. No contrato de compra e venda com reserva de propriedade em que o vendedor seja o insolvente, a outra parte poderá exigir o cumprimento do contrato se a coisa já lhe tiver sido entregue na data da declaração da insolvência.

2. O disposto no número anterior aplica-se, em caso de insolvência do locador, ao contrato de locação financeira e ao contrato de locação com a cláusula de que a coisa locada se tornará propriedade do locatário depois de satisfeitas todas as rendas pactuadas.

3. Sendo o comprador ou o locatário o insolvente, e encontrando-se ele na posse da coisa, o prazo fixado ao administrador da insolvência, nos termos do nº 2 do artigo 102º, não pode esgotar-se antes de decorridos cinco dias sobre a data da assembleia de apreciação do relatório, salvo se o bem for passível de desvalorização considerável durante esse período e a outra parte advertir expressamente o administrador da insolvência dessa circunstância.

4. A cláusula de reserva de propriedade, nos contratos de alienação de coisa determinada em que o comprador seja o insolvente, só é oponível à massa no caso de ter sido estipulada por escrito, até ao momento da entrega da coisa.

5. Os efeitos da recusa de cumprimento pelo administrador, quando admissível, são os previstos no nº 3 do artigo 102º, entendendo-se que o direito consignado na respectiva alínea *c*) tem por objecto o pagamento, como crédito sobre a insolvência, da diferença, se positiva, entre o montante das prestações ou rendas previstas até final do contrato, actualizadas para a data da declaração de insolvência por aplicação do estabelecido no nº 2 do artigo 91º, e o valor da coisa na data da recusa, se a outra parte for o vendedor ou locador, ou da diferença, se positiva, entre este último valor e aquele montante, caso ela seja o comprador ou o locatário.

1. Corresponde, com modificações, aos arts. 161º e 155º, nº 4, do CPEREF, inspirando-se ainda no § 107 da *Insolvenzordnung*.

2. Cfr. os arts. 409º e 936º, nº 2, do Código Civil.

3. A solução consagrada nos nºs 1 e 2 harmoniza-se com o art. 7º, nº 2 do Regulamento 1346/2000 e do que se tem propugnado na doutrina mais moderna de que a reserva de propriedade constitui uma mera garantia a favor do vendedor, pelo que não deve privar o comprador do domínio da coisa em caso de falência daquele (neste sentido, já Lima Pinheiro, *A cláusula de reserva de propriedade*, Coimbra, Almedina, 1988, pp. 78 e ss.). Parece também correcto que esta solução seja igualmente aplicável à locação-venda e locação financeira, uma vez que estas constituem igualmente meras garantias do locador, que não devem prejudicar a aquisição da propriedade pelo locatário.

4. Em relação à locação financeira coloca-se, porém, o problema da conjugação entre esta disposição e o disposto no art. 18º, *b*) do D.L. 149/95, de 24 de Junho, que admite a resolução do contrato de locação financeira pelo locador sempre que se verifiquem qualquer dos fundamentos de declaração de falência do locatário. Seguindo Pestana de Vasconcelos, *A cessão*, p. 773, nota (1456), consideramos que esta faculdade apenas ocorre no período anterior à declaração de insolvência, já que após a mesma se passa a aplicar o art. 104º CIRE.

5. A insolvência do locatário nos contratos de locação financeira não prejudica o direito de separação dos bens da massa, caso a opção de compra não seja exercida pelo

administrador da insolvência. Cfr. Ac. RG 9/10/2008 (Conceição Bucho), em *CJ* 33 (2008), 4, pp. 291-293.

6. O nº 4 deste artigo consagra, porém, na sequência da anterior norma do art. 155º, nº 4, do CPEREF, que a oponibilidade da cláusula de reserva de propriedade à massa insolvente nos contratos de alienação de coisa determinada, em que o comprador seja o insolvente, depende de ter sido estipulada por escrito, até ao momento da entrega da coisa". Trata-se de disposição necessária para evitar simulações em prejuízo da massa insolvente, mas que constitui uma atenuação da eficácia comum da reserva em sede de insolvência. É, no entanto, de salientar que semelhante regra não se encontra também consagrada em sede de locação-venda, a qual não exige a forma escrita, ao contrário do que sucede com a locação financeira.

Artigo 105º – Venda sem entrega

1. Sem prejuízo do disposto no artigo 107º, se a obrigação de entrega por parte do vendedor ainda não tiver sido cumprida, mas a propriedade já tiver sido transmitida:

***a*)** O administrador da insolvência não pode recusar o cumprimento do contrato, no caso de insolvência do vendedor;

***b*)** A recusa de cumprimento pelo administrador da insolvência, no caso de insolvência do comprador, tem os efeitos previstos no nº 5 do artigo anterior, aplicável com as necessárias adaptações.

2. O disposto no número anterior é igualmente aplicável, com as devidas adaptações, aos contratos translativos de outros direitos reais de gozo.

3. [*Revogado*].

1. O nº 3 foi revogado pelo D. L. 200/2004, de 18 de Agosto.

2. Corresponde, com modificações, aos art. 161º do CPEREF.

3. Nesta disposição refere-se o caso da venda sem entrega, em que já ocorreu a transmissão da propriedade, distinguindo-se as situações de insolvência do vendedor e do comprador. Em caso de insolvência do vendedor, mesmo que o contrato não esteja cumprido por nenhuma das partes, a situação não poderia ser enquadrada no art. 102º e objecto do direito de escolha do administrador da insolvência, já que o art. 3º do Regulamento 1346/2000 determina expressamente que o direito de um terceiro a reivindicar um bem nunca é afectado pelos processos de insolvência. Exclui-se, por isso, expressamente neste âmbito a possibilidade de recusa do cumprimento pelo administrador.

4. Em caso de insolvência do comprador, já se admite a recusa de cumprimento pelo administrador, caso em que terá que o comprador terá de devolver a diferença entre o valor da prestação incumprida e o valor da coisa na data da recusa, que cons-

titui crédito sobre a insolvência. Poderá, porém, o administrador optar pelo cumprimento. Nesse caso, esta disposição parece manter em vigor o art. 468º do Código Comercial, para o qual o art. 201º, *d*) do CPEREF remetia, apesar das críticas que Oliveira Ascensão, *ROA* 1995, p. 663, justificadamente formulou a esta solução. No entanto, o facto de no art. 141º do Código se ter eliminado a remissão para essa norma, ao contrário do que fazia aquele preceito, e ainda se previa no anteprojecto (art. 125º, nº 1, *d*)) coloca dúvidas sobre esta questão. Actualmente, Oliveira Ascensão, *ROA* 65 (2005), pp. 304-305 = *Themis*, edição especial, 2005, pp. 123-124 = *Estudos Sousa Franco*, II, pp. 273-274, considera o art. 468º CCom revogado, remetendo a solução para as causas de justificação gerais do Direito das Obrigações. Igualmente no sentido da revogação do art. 468º CCom., Carvalho Fernandes/João Labareda, *Código da Insolvência*, sub art. 105º, nº 6, pp. 494-495. Em sentido contrário, veja-se, porém, Ana Prata/Jorge Morais de Carvalho/Rui Simões, *Código da Insolvência*, sub art. 141º, nº 14, p. 411.

5. O nº 2 constitui uma manifesta infelicidade jurídica, uma vez que um "contrato translativo de outros direitos reais de gozo" é juridicamente uma compra e venda, se for celebrado a título oneroso (cfr. art. 874º do Código Civil). Carvalho Fernandes/João Labareda, *Código da Insolvência*, sub art. 105º, nº 7, p. 495, não acompanham este entendimento, sustentando que poderão estar em causa os contratos a que se refere o art. 939º CC, mas não nos parece que com razão. Seguramente que o preceito não se pode aplicar aos outros contratos onerosos de alienação de bens, como a troca ou o mútuo, parecendo antes pressupor que a alienação por um preço de direitos reais menores, como o usufruto e a superfície, não se enquadra na compra e venda, o que não é correcto.

Artigo 106º – Promessa de contrato

1. No caso de insolvência do promitente-vendedor, o administrador da insolvência não pode recusar o cumprimento de contrato-promessa com eficácia real, se já tiver havido tradição da coisa a favor do promitente-comprador.

2. À recusa de cumprimento de contrato-promessa de compra e venda pelo administrador da insolvência é aplicável o disposto no nº 5 do artigo 104º, com as necessárias adaptações, quer a insolvência respeite ao promitente-comprador quer ao promitente-vendedor.

3. (*Revogado*).

1. O nº 3 foi revogado pelo D. L. 200/2004, de 18 de Agosto.

2. Corresponde, com modificações, aos art. 164-Aº do CPEREF.

3. Passou-se a consignar que a não afectação do contrato-promessa com eficácia real (cfr. art. 413º CC), em caso de insolvência do promitente vendedor, depende de o

beneficiário ter obtido a tradição da coisa à data da declaração de insolvência, solução que temos por dificilmente justificável. Efectivamente o contrato-promessa com eficácia real institui um direito real de aquisição a favor do beneficiário da promessa, que não se vê por que deva ser afectado pela insolvência, independentemente de o beneficiário ter ou não a posse da coisa. Em sentido contrário, veja-se, porém, ALEXANDRE SOVERAL MARTINS, *Um curso*, pp. 154-155, argumentando que a sujeição a registo do contrato-promessa com eficácia real "faz toda a diferença".

4. A recusa de cumprimento da promessa de compra e venda é sujeita ao mesmo regime do da venda com reserva de propriedade, quanto à limitação de indemnização. Este artigo omite, porém, a hipótese de o beneficiário da promessa *sem eficácia real* se encontrar na posse da coisa, caso em que o art. 755º, *f*) CC lhe atribui um direito de retenção, que constitui uma garantia que tem que ser atendida em sede de insolvência. Neste sentido, cfr. Ac. RG 11/11/2009 (MARIA ROSA TCHING), em *CJ* 34 (2009), 5, pp. 251-254. Para além disso, a estipulação de sinal e o direito ao aumento do valor da coisa não podem ser nesse caso afectados por esta recusa do administrador, pelo que a solução deste artigo é dificilmente compreensível.

5. Justificar-se-á, por isso, uma interpretação correctiva desta disposição, da qual resulte que o contrato-promessa com eficácia real não seja, em caso algum, afectado pela declaração de insolvência. Já o contrato-promessa sem eficácia real não poderia ser objecto de recusa do cumprimento se o beneficiário tiver obtido a tradição da coisa, sendo esta a hipótese contemplada no nº 1. Neste enquadramento, o nº 2 abrangeria apenas as situações em que ainda não ocorreu a entrega da coisa ao promitente-comprador, caso em que pode haver recusa de cumprimento, nos termos gerais. Em sentido contrário, com base numa interpretação puramente literal do art. 106º, cfr. NUNO MANUEL PINTO OLIVEIRA/CATARINA SERRA, "Insolvência e contrato-promessa: os efeitos da insolvência sobre o contrato-promessa com eficácia obrigacional", na *ROA* 70 (2010), pp. 395-440 (403 e ss.) e NUNO MANUEL PINTO OLIVEIRA, "'Com mais irreflexão que culpa'? o debate sobre o regime da recusa de cumprimento do contrato-promessa", em *CDP* nº 36 (Outubro/Dezembro 2011), pp. 3-21. Em CATARINA SERRA (org.), *I Congresso de Direito da Insolvência*, Coimbra, Almedina, 2013, pp. 211 e ss. (214-215), este último autor veio, no entanto, defender que a opção da recusa do cumprimento poderia ser abusiva em caso de já ter sido entregue uma casa de habitação. A jurisprudência foi uniformizada no sentido que defendemos no Ac. STJ 20/3/2014 (TÁVORA VÍTOR), publicado no D.R. I Série de 19 de Maio de 2014, que estabeleceu que "no âmbito da graduação de créditos em insolvência, o consumidor promitente-comprador em contrato, ainda que com eficácia obrigacional com *traditio*, devidamente sinalizado, que não obteve o cumprimento do negócio por parte do administrador da insolvência goza do direito de retenção nos termos do estatuído no art. 755º, nº 1, f) do Código Civil". Este acórdão tem anotação concordante de GRAVATO MORAIS, "Da tutela do retentor-consumidor em face da insolvência do promitente-vendedor – Ac.

de Uniformização de Jurisprudência nº 4/2014, de 20.3.2014, Proc. 92/05", em *CDP* nº 46 (Abril/Junho 2014), pp. 52-56.

O AUJ 4/2014 colocou, porém, um problema desnecessário ao restringir a sua doutrina aos promitentes-compradores que sejam consumidores, quando nada na lei permite estabelecer essa restrição. A jurisprudência posterior tem vindo, porém, a abandonar progressivamente essa restrição, aplicando o mesmo regime a casos em que não estão em causa consumidores, pelo menos no sentido jurídico do termo. Foi assim que no Ac. STJ 29/5/2014 (João Bernardo), processo 1092/10.0TBLSD-G.P1.S1, se considerou que a referência apenas excluía "aquele que adquire o bem no exercício da sua atividade profissional de comerciante de imóveis", considerando por isso ireelevante que no imóvel estivesse instalada uma loja de artigos para o lar. Igualmente no Ac. STJ 16/2/2016 (Maria Clara Sottomayor), processo 135/12.7TBMSF.G1.S1, se considerou beneficiar do direito de retenção no processo de insolvência o promitente-comprados de um imóvel destinado a exploração agrícola. Também no Ac. STJ 24/5/2016 (Nuno Cameira, vencido João Camilo), processo 3374/07.9TBGMR-C.G2.S1, se considerou poder ser invocado o direito de retenção em processo de insolvência pelo promitente-comprador de um imóvel para arrendamento. Da mesma forma, no Ac. STJ 5/7/2016 (Ana Paula Boularot), processo 1129/11.5TBCVL-C.C1.S1, considerou-se gozar do direito de retenção o advogado titular de um contrato-promessa de dação em pagamento para liquidação dos honorários em dívida, que depois de obter a tradição da fracção a destinou à habitação de amigos. Finalmente no Ac. STJ 3/10/2017 (Júlio Gomes), processo 212/11.1T2AVR-B.P1.S1, considerou-se que consumidor é todo o utilizador final de imóveis considerando como tais promitentes-compradores que instalaram nos imóveis prometidos vender uma agência de seguros e um salão de cabeleireiro.

6. Sendo realizada a recusa de cumprimento, nenhuma das partes tem direito à restituição do que prestou (art. 102º, nº 3, a)), o que leva a que o promitente-vendedor não tenha que restituir o sinal recebido ou qualquer antecipação do preço. Nesse caso, no entanto, e por força do art. 104º, nº 5, o promitente-comprador terá direito como indemnização a receber a diferença, se positiva, entre o valor da coisa objecto do contrato prometido, na data da recusa, e o montante do preço que ainda teria que pagar, a qual constitui crédito sobre a insolvência. O promitente-comprador acaba assim, em consequência da recusa de cumprimento, por ver afectados os seus direitos decorrentes do contrato-promessa, uma vez que não poderá recorrer à execução específica (art. 830º CC), nem solicitar o pagamento do sinal em dobro (art. 442º, nº 2 CC). Neste sentido, cfr. Nuno Oliveira/Catarina Serra, *ROA* 70 (2010), pp. 413 e ss. e Nuno Manuel Pinto Oliveira, em *CDP* nº 36 (Outubro/Dezembro 2011), pp. 9 e ss. Em sentido contrário, defendendo a aplicação do art. 106º, nº 2, apenas às promessas não sinalizadas, continuando a vigorar para as sinalizadas o regime do art. 442º CC, veja-se, porém, Luís Miguel Pestana de Vasconcelos, "Contrato-promessa e falência/insolvência – Ac. do TRC de 15.4.2008, Proc. 937/07", em *CDP* nº 24 (Outubro/

Dezembro 2008), pp. 54-64 (62-63), "Direito de retenção, contrato-promessa e insolvência", em *CDP* nº 33 (Janeiro/Março 2011), pp. 3-29 (9 e ss.) e "O regime insolvencial do contrato-promessa de compra e venda", na *RDI*, nº 1 (Abril 2016), pp. 57-74 (60 e ss.) e Fernando de Gravato Morais, "Promessa obrigacional de compra e venda com tradição da coisa e insolvência do promitente-vendedor", em *CDP* nº 29 (Janeiro/Março 2010), pp. 3-12 (9).

7. Temos defendido ainda que o direito de retenção do promitente-comprador pode ser exercido em caso de insolvência, tendo que ser atendido no processo. Discordamos por isso de Nuno Oliveira/Catarina Serra, *ROA* 70 (2010), pp. 433 e ss., que defendem não existir direito de retenção em caso de recusa do cumprimento do contrato-promessa, verificada em sede de insolvência. Nessa hipótese, o direito de retenção do promitente-comprador seria uma garantia inaplicável na insolvência, que é precisamente a situação em que as garantias mais se justificam, sendo manifesto que a lei não prevê a sua caducidade nessa situação. No sentido de que o direito de retenção se mantém em caso de insolvência, cfr. ainda Gravato Morais, em *CDP* nº 29 (Janeiro/Março 2010), pp. 9 e ss., e na jurisprudência Ac. RP 26/5/2011 (Filipe Caroço), em *CJ* 36 (2011), 3, pp. 188-191. Já Pestana de Vasconcelos, em *CDP* nº 33 (Janeiro/Março 2011), p. 20, e na *RDI* nº 1 (Abril 2016), pp. 70 e ss., restringe, a nosso ver sem qualquer base legal, a aplicação do direito de retenção aos casos em que o promitente-comprador seja um consumidor, posição que foi acolhida no Ac. STJ 14/6/2011 (Fonseca Ramos), em *CJ-ASTJ* 19 (2011), 2, pp. 108-112, no Ac. STJ 9/7/2014 (Nuno Cameira) e no Ac. STJ 25/11/2014 (Fernandes do Vale), estes últimos disponíveis em www.dgsi.pt.

8. O direito do promitente-comprador, em caso de eficácia real ou tradição da coisa, deve ser considerado como dívida da massa, uma vez que se trata de contrato que não pode ser recusado pelo administrador da insolvência (art. 51º, nº 1, e)). Neste sentido, Nuno Manuel Pinto Oliveira, "A qualificação do crédito resultante da não execução do contrato-promessa", em Catarina Serra (org.), *III Congresso de Direito da Insolvência*, Coimbra, Almedina, 2015, pp. 115-135. Ao contrário do que sustenta este autor, não consideramos, porém, que esta qualificação afecte minimamente o direito de retenção conferido pelo art. 755º, nº 1, f) CC.

Artigo 107º – Operações a prazo

1. Se a entrega de mercadorias, ou a realização de prestações financeiras, que tenham um preço de mercado, tiver de se efectuar em determinada data ou dentro de certo prazo, e a data ocorrer ou o prazo se extinguir depois de declarada a insolvência, a execução não pode ser exigida por nenhuma das partes, e o comprador ou vendedor, consoante o caso, tem apenas direito ao pagamento da diferença entre o preço ajustado e o preço de mercado do bem ou prestação financeira no 2º dia posterior ao da declaração de insolvência, relativamente a contratos com a mesma data ou prazo de cumprimento, a qual, sendo exigível ao insolvente, constitui crédito sobre a insolvência.

2. Em qualquer dos casos, o vendedor restituirá as importâncias já pagas, podendo compensar tal obrigação com o crédito que lhe seja conferido pelo número anterior, até à concorrência dos respectivos montantes; sendo o vendedor o insolvente, o direito à restituição constitui para a outra parte crédito sobre a insolvência.

3. Para efeitos do disposto no número anterior consideram-se prestações financeiras, designadamente:

a) A entrega de valores mobiliários, excepto se se tratar de acções representativas de, pelo menos, 10% do capital da sociedade, e não tiver carácter meramente financeiro a liquidação contratualmente prevista;

b) A entrega de metais preciosos;

c) Os pagamentos em dinheiro cujo montante seja directa ou indirectamente determinado pela taxa de câmbio de uma divisa estrangeira, pela taxa de juro legal, por uma unidade de cálculo ou pelo preço de outros bens ou serviços;

d) Opções ou outros direitos à venda ou à entrega de bens referidos nas alíneas *a)* e *b)* ou a pagamentos referidos na alínea *c)*.

4. Integrando-se vários negócios sobre prestações financeiras num contrato-quadro ao qual só possa pôr-se termo unitariamente no caso de incumprimento, o conjunto de tais negócios é havido como um contrato bilateral, para efeitos deste artigo e do artigo 102º.

5. Às operações a prazo não abrangidas pelo nº 1 é aplicável o disposto no nº 5 do artigo 104º, com as necessárias adaptações.

1. O nº 1 tem a redacção do D.L. 200/2004, de 18 de Agosto.

2. Corresponde parcialmente ao art. 163º do CPEREF.

3. Neste artigo passa-se a contemplar a situação específica das operações a prazo, que são alargadas em relação à antiga disposição do art. 163º CPEREF. Nos termos em que o artigo está redigido parece querer contemplar-se as operações referidas nos arts. 252º e ss. CVM, designadamente os futuros, opções, reportes e empréstimos e ainda os *forwards* e *swaps*. É, no entanto, de salientar que relativamente a estas operações, o art. 122º CIRE exclui a possibilidade de resolução em benefício da massa.

Artigo 108º – Locação em que o locatário é o insolvente

1. A declaração de insolvência não suspende o contrato de locação em que o insolvente seja locatário, mas o administrador da insolvência pode sempre denunciá-lo com um pré-aviso de 60 dias, se nos termos da lei ou do contrato não for suficiente um pré-aviso inferior.

2. Exceptua-se do número anterior o caso de o locado se destinar à habitação do insolvente, caso em que o administrador da insolvência poderá apenas declarar que o direito ao pagamento de rendas vencidas depois de transcorridos 60 dias sobre tal declaração não será exercível no processo de insolvência, ficando o senhorio, nessa hipótese, constituído no direito de exigir, como crédito sobre a insolvência, indemnização dos prejuízos sofridos em caso de despejo por falta de pagamentos de alguma ou algumas das referidas rendas, até ao montante das correspondentes a um trimestre.

3. A denúncia do contrato pelo administrador da insolvência facultada pelo nº 1 obriga ao pagamento, como crédito sobre a insolvência, das retribuições correspondentes ao período intercedente entre a data de produção dos seus efeitos e a do fim do prazo contratual estipulado, ou a data para a qual de outro modo teria sido possível a denúncia pelo insolvente, deduzidas dos custos inerentes à prestação do locador por esse período, bem como dos ganhos obtidos através de uma aplicação alternativa do locado, desde que imputáveis à antecipação do fim do contrato, com actualização de todas as quantias, nos termos do nº 2 do artigo 91º, para a data de produção dos efeitos da denúncia.

4. O locador não pode requerer a resolução do contrato após a declaração de insolvência do locatário com algum dos seguintes fundamentos:

a) Falta de pagamento das rendas ou alugueres respeitantes ao período anterior à data da declaração de insolvência;

b) Deterioração da situação financeira do locatário.

5. Não tendo a coisa locada sido ainda entregue ao locatário à data da declaração de insolvência deste, tanto o administrador da insolvência como o locador podem resolver o contrato, sendo lícito a qualquer deles fixar ao outro um prazo razoável para o efeito, findo o qual cessa o direito de resolução.

1. Corresponde, com modificações, ao art. 169º do CPEREF, inspirando-se no § 109 da *Insolvenzordnung* alemã.

2. No caso de o locatário ser o insolvente, a lei admite que o administrador possa denunciar o contrato, salvo se se tratar de arrendamento para habitação, em que apenas se pode excluir do processo de insolvência o direito ao pagamento de rendas vencidas. Em caso de denúncia, o locador fica com o direito a receber, como crédito sobre a insolvência, a indemnização dos prejuízos que lhe causou a antecipação do fim do contrato.

3. De realçar que, nos termos do nº 4 a) deste artigo passa a ser retirada ao senhorio a faculdade de resolver o contrato com fundamento no não pagamento de rendas anteriormente à declaração de insolvência, o que nos parece criticável. Já será, porém, possível a resolução do contrato pelo locador com fundamento na falta de pagamento das rendas ou alugueres vencidos após a declaração de insolvência, mas a respectiva declaração tem que ser dirigida ao administrador de insolvência. Neste sentido, relati-

vamente a um aluguer de veículos sem condutor, cfr. Ac. RP 13/3/2008 (Carlos Portela), em *CJ* 33 (2008), 2, pp. 181-183.

4. No caso de não haver entrega da coisa locada à data da declaração de insolvência, o nº 5 deste artigo admite uma livre resolução do contrato por ambas as partes, cujos efeitos não são esclarecidos. Não se compreende designadamente como se articula esta resolução com a opção do administrador da insolvência entre a execução e a recusa de cumprimento do contrato, prevista no art. 102º. Salienta-se, porém, a prevalência deste art. 108º sobre aquela disposição.

Artigo 109º – Locação em que o insolvente é o locador

1. A declaração de insolvência não suspende a execução de contrato de locação em que o insolvente seja locador, e a sua denúncia por qualquer das partes apenas é possível para o fim do prazo em curso, sem prejuízo dos casos de renovação obrigatória.

2. Se, porém, a coisa ainda não tiver sido entregue ao locatário à data da declaração de insolvência, é aplicável o disposto no nº 5 do artigo anterior, com as devidas adaptações.

3. A alienação da coisa locada no processo de insolvência não priva o locatário dos direitos que lhe são reconhecidos pela lei civil em tal circunstância.

1. Corresponde com modificações ao art. 170º do CPEREF, inspirando-se igualmente no § 110 da *Insolvenzordnung*.

2. No caso de ser o locador o insolvente os direitos do locatário só vêm a ser afectados se a coisa ainda não tiver sido entregue, solução que se compreende em função do vinculismo arrendatício. Criticamente, veja-se, porém, Ascensão, *ROA* 65 (2005), p. 292 = *Themis*, edição especial, 2005, p. 114 = *Estudos Sousa Franco*, II, pp. 263-264, que propõe a restrição da solução ao arrendamento para habitação.

3. A não entrega da coisa locada ao tempo da declaração de insolvência permite a qualquer das partes resolver livremente o contrato, sendo questionável a articulação dessa resolução com a opção do administrador da insolvência entre a execução e a recusa de cumprimento do contrato, prevista no art. 102º.

4. Entre os direitos do locatário a que se refere este artigo encontra-se a manutenção da posição contratual e o direito de preferência. Esses direitos nem sequer são afectados pela alienação da coisa em processo de insolvência.

Artigo 110º – Contratos de mandato e de gestão

1. Os contratos de mandato, incluindo os de comissão, que não se mostre serem estranhos à massa insolvente, caducam com a declaração de insolvência do mandante, ainda que o mandato tenha sido conferido também no interesse do mandatário ou de terceiro, sem que o mandatário tenha direito a indemnização pelo dano sofrido.

2. Considera-se, porém, que o contrato de mandato se mantém:

a) Caso seja necessária a prática de actos pelo mandatário para evitar prejuízos previsíveis para a massa insolvente, até que o administrador da insolvência tome as devidas providências;

b) Pelo período em que o mandatário tenha exercido funções desconhecendo, sem culpa, a declaração de insolvência do mandante.

3. A remuneração e o reembolso de despesas do mandatário constitui dívida da massa insolvente, na hipótese da alínea *a*) do número anterior, e dívida da insolvência, na hipótese da alínea *b*).

4. O disposto nos números anteriores é aplicável, com as devidas adaptações, a quaisquer outros contratos pelos quais o insolvente tenha confiado a outrem a gestão de assuntos patrimoniais, com um mínimo de autonomia, nomeadamente a contratos de gestão de carteiras e de gestão do património.

1. Corresponde com muitas modificações ao art. 167º do CPEREF, inspirando-se igualmente no § 115 da *Insolvenzordnung*.

2. Consagra-se agora a regra geral da caducidade do mandato, em consequência da insolvência do mandante, considerando-se, no entanto, que o mandato se mantém pelo tempo necessário até que o administrador da insolvência esteja em condições de providenciar, ou durante o período que o mandatário desconhecia sem culpa a insolvência do mandante. A solução compreende-se face ao cariz *intuitu personae* do mandato, devendo vigorar a mesma solução em caso de insolvência do mandatário, que esta disposição não refere. Neste sentido, também, Raposo Subtil/Matos Esteves/Maria José Esteves/Luís M. Martins, *op. cit.*, sub art. 110º, p. 198, e Luís Carvalho Fernandes/João Labareda, *Código da Insolvência*, sub art. 110º, nº 13, p. 510. Em sentido contrário, Pestana de Vasconcelos, *A cessão*, p. 232, nota (503), e Alexandre Soveral Martins, *Um curso*, p. 176.

3. A solução da caducidade do mandato em consequência da declaração de insolvência é igualmente aplicável ao mandato também no interesse do mandatário ou de terceiro, em que o art. 1170º, nº 2, CC impede a revogação e o art. 1175 CC exclui a caducidade. Embora se trate de solução inicialmente defendida pela doutrina italiana (cfr. Marcello Foschini, "Estinzione del mandato in rem propriam per sopravenuto fallimento del mandante", em *RDComm* 59 (1961), II, pp. 81-96 e Ludovico Pazzaglia, "La sorte del mandato (e di contratti simili) in caso di fallimento d'una delle parti", em *RDComm* 62 (1964), I, pp. 24-38), ela tem vindo a ser contraditada na doutrina mais recente (cfr. Francesco A. Magni, "Il mandato irrevocabile all'incasso", em Vincenzo Cuffaro (org.), *Le garanzie rafforzate del credito*, Torino, Utet,

2000, pp. 339-365 (350 e ss.)), o que consideramos correcto. Efectivamente, o mandato também no interesse do mandatário ou de terceiro constitui um negócio distinto do mandato comum, uma vez que tem por fim atribuir simultaneamente um benefício ao mandatário ou ao terceiro, pelo que não se justifica que o negócio seja afectado com a declaração de insolvência. A lei, porém, nem sequer se limita a estabelecer um direito de escolha do administrador da insolvência, determinando antes a caducidade do mandato, sem direito a qualquer indemnização, o que põe em causa um direito adquirido pelo credor muito antes da declaração de insolvência. Trata-se de uma solução extremamente prejudicial e que pode contribuir para destruir completamente esta figura, amplamente utilizada na prática.

4. No caso de se verificar a caducidade do mandato por insolvência do mandatário sem representação, os bens objecto da exclusão de responsabilidade pelas obrigações deste, nos termos do art. 1184º CC, não deverão ser apreendidos pela massa. Neste sentido, Luís Miguel D. P. Pestana de Vasconcelos, *A cessão de créditos em garantia e a insolvência. Em particular da posição do cessionário na insolvência do cedente*, Coimbra, Coimbra Editora, 2007, p. 232.

Artigo 111º – Contrato de prestação duradoura de serviço

1. Os contratos que obriguem à realização de prestação duradoura de um serviço no interesse do insolvente, e que não caduquem por efeito do disposto no artigo anterior, não se suspendem com a declaração de insolvência, podendo ser denunciados por qualquer das partes nos termos do nº 1 do artigo 108º, aplicável com as devidas adaptações.

2. A denúncia antecipada do contrato só obriga ao ressarcimento do dano causado no caso de ser efectuada pelo administrador da insolvência, sendo a indemnização nesse caso calculada, com as necessárias adaptações, nos termos do nº 3 do artigo 108º, e constituindo para a outra parte crédito sobre a insolvência.

1. Preceito inovador, que se inspira no § 115 da *Insolvenzordnung*.

2. Trata-se de prestação de serviço duradoura no interesse do insolvente. Relativamente à prestação de serviços realizada pelo próprio insolvente, veja-se o art. 114º.

3. Parecem estar aqui apenas em questão as hipóteses de prestação de serviços duradoura com prazo fixado, uma vez que no caso contrário se passaria a conceder um pré-aviso para a denúncia do contrato em caso de insolvência que não se encontra previsto no regime geral do contrato de prestação de serviços. Efectivamente, a prestação de serviços em geral é sujeita às regras do mandato (art. 1156º do Código Civil), e em relação a este, já se prevê, no art. 1170º do Código Civil um direito de livre revogação, pelo que não se vê a que propósito se prevê um direito de denúncia em caso de insol-

vência. Mesmo tratando-se de empreitada, no art. 1229º também se prevê a faculdade de desistência por parte do dono da obra, sem sujeitar a um pré-aviso.

4. No nº 2 deste artigo estabelece-se que a denúncia do contrato apenas dá lugar a indemnização se for efectuada pelo administrador de insolvência, constituindo crédito sobre a insolvência. Trata-se, neste caso, de denúncia antecipada antes do fim do prazo, pelo que a indemnização se limitará às prestações em falta até ao fim do prazo. Daqui resulta, portanto, que o prestador de serviços pode denunciar o contrato com fundamento na insolvência da outra parte, caso em que não fica sujeito a qualquer indemnização.

Artigo 112º – Procurações

1. Salvo nos casos abrangidos pela alínea *a*) do nº 2 do artigo 110º, com a declaração de insolvência do representado caducam as procurações que digam respeito ao património integrante da massa insolvente, ainda que conferidas também no interesse do procurador ou de terceiro.

2. Aos actos praticados pelo procurador depois da caducidade da procuração é aplicável o disposto nos nºs 6 e 7 do artigo 81º, com as necessárias adaptações.

3. O procurador que desconheça sem culpa a declaração de insolvência do representado não é responsável perante terceiros pela ineficácia do negócio derivada da falta de poderes de representação.

1. Preceito inovador, que se inspira no § 117 da *Insolvenzordnung*.

2. O nº 1 vem estabelecer a caducidade da procuração em consequência da declaração de insolvência, estendendo-a igualmente às conferidas também no interesse do procurador ou de terceiro, o que nos suscita as criticas já anteriormente referidas (cfr. anotação ao art. 110º).

3. O nº 2 vem derrogar a regra do art. 266º, nº 2, do Código Civil admitindo que a extinção da procuração em resultado da insolvência possa afectar a posição de terceiros que sem culpa o ignorassem. O nº 3 vem, neste caso, irresponsabilizar o procurador pela ineficácia da procuração, quando desconhecesse sem culpa a declaração de insolvência. De tudo isto resulta um grande enfraquecimento da tutela de terceiros de boa fé, que contratam com o procurador.

Artigo 113º – Insolvência do trabalhador

1. A declaração de insolvência do trabalhador não suspende o contrato de trabalho.

2. O ressarcimento de prejuízos decorrentes de uma eventual violação dos deveres contratuais apenas pode ser reclamado ao próprio insolvente.

1. Cfr. o art. 172º do CPEREF.

2. Este artigo limita-se a referir que a declaração de insolvência do trabalhador não suspende o contrato de trabalho, mas que o ressarcimento de prejuízos decorrentes de uma eventual violação dos deveres contratuais apenas pode ser reclamado ao próprio insolvente. No Código do Trabalho é que aparece regulada especificamente a situação da insolvência e recuperação de empresas (art. 347º CT), estabelecendo-se que a declaração judicial de insolvência não faz cessar os contratos de trabalho, ainda que o administrador da insolvência possa fazer os contratos dos trabalhadores cuja colaboração não seja indispensável ao funcionamento da empresa. Essa cessação, salvo no caso das microempresas obedece ao procedimento exigido para o despedimento colectivo (arts. 360º e ss. CT). Apesar de o art. 347º CT não efectuar qualquer remissão para o art. 366º CT, ao contrário do que sucede no art. 346º, nº 5, CT, atribuiríamos também ao trabalhador neste caso a mesma compensação referida no art. 366º CT, naturalmente sujeita ao processo de insolvência.

Artigo 114º – Prestação de serviço pelo devedor

1. O disposto no artigo anterior aplica-se aos contratos pelos quais o insolvente, sendo uma pessoa singular, esteja obrigado à prestação de um serviço, salvo se este se integrar na actividade da empresa de que for titular e não tiver natureza infungível.

2. Sem prejuízo do disposto no número anterior, aos contratos que tenham por objecto a prestação duradoura de um serviço pelo devedor aplica-se o disposto no artigo 111º, com as necessárias adaptações, mas o dever de indemnizar apenas existe se for da outra parte a iniciativa da denúncia.

1. Este artigo tem a redacção do D.L. 200/2004, de 18 de Agosto.

2. O regime da prestação de serviços pelo devedor insolvente é construído com base em duas remissões, uma para o art. 113º e outra para o art. 111º. Se estiver em causa uma prestação de serviços não duradoura pelo insolvente pessoa singular, aplica-se apenas o regime do art. 113º, salvo se esse serviço se integrar na actividade da empresa de que for titular e tiver natureza fungível. No caso de se tratar de uma prestação duradoura de serviços, aplica-se antes o art. 111º. Destas remissões parece resultar que as prestações de serviço referidas no nº 1 não se suspendem, mas que a indemnização por incumprimento apenas pode ser reclamada ao próprio insolvente, o que parece excluir qualquer intervenção do administrador da insolvência. Já relativamente às prestações referidas no nº 2, prevê-se que qualquer das partes pode denunciar antecipadamente o contrato, mas que só há direito de indemnização se for o beneficiário do serviço prestado pelo insolvente a efectuar a denúncia. Assim, se o administrador da insolvência optar por denunciar o contrato, não haverá lugar a qualquer indemnização.

Artigo 115º – Cessão e penhor de créditos futuros

1. Sendo o devedor uma pessoa singular e tendo ele cedido ou dado em penhor, anteriormente à declaração de insolvência, créditos futuros emergentes de contrato de trabalho ou de prestação de serviços, ou o direito a prestações sucedâneas futuras, designadamente subsídios de desemprego e pensões de reforma, a eficácia do negócio ficará limitada aos rendimentos respeitantes ao período anterior à data de declaração de insolvência, ao resto do mês em curso nesta data e aos 24 meses subsequentes.

2. A eficácia da cessão realizada ou de penhor constituído pelo devedor anteriormente à declaração de insolvência que tenha por objecto rendas ou alugueres devidos por contrato de locação que o administrador da insolvência não possa denunciar ou resolver, nos termos, respectivamente, do nº 2 do artigo 104º e do nº 1 do artigo 109º, fica limitada, seja ou não o devedor uma pessoa singular, às que respeitem ao período anterior à data de declaração de insolvência, ao resto do mês em curso nesta data e ao mês subsequente.

3. O devedor por créditos a que se reportam os números anteriores pode compensá-los com dívidas à massa, sem prejuízo do disposto na alínea *b*) do nº 1 e nas alíneas *b*) a *d*) do nº 4 do artigo 99º.

1. O nº 2 tem a redacção do D.L. 200/2004, de 18 de Agosto.

2. Este artigo deveria resolver o problema da cessão e penhor de créditos futuros perante a insolvência, que constitui uma solução altamente controversa. Efectivamente, para os defensores da teoria da transmissão, uma vez que o crédito chega a pertencer durante um segundo ao património do insolvente, tal é suficiente para que seja objecto de aquisição pela massa insolvente, sendo o negócio de cessão ineficaz em relação a esta nos termos gerais. Assim, de acordo com esta teoria, o cedente tem necessariamente que ser titular do poder de disposição sobre o crédito no segundo em que se deve verificar a sua transmissão para o cessionário. Ora, se nesse momento o cedente já foi declarado insolvente, perdeu o poder de disposição sobre o crédito, sendo os actos de alienação considerados ineficazes em relação à massa. Consequentemente, no momento em que surge o crédito este vem a ser apreendido pela massa, não merecendo qualquer tutela a posição do cessionário, dado que este, ao celebrar a cessão de créditos futuros, aceita o risco da insolvência do cedente no momento da constituição do crédito. Pelo contrário, segundo a teoria da imediação, dado que o crédito se constitui directamente no património do cessionário, a solução lógica seria a de que não poderia ser objecto de apreensão pela massa insolvente, sendo também inatacável o negócio de cessão, uma vez que foi celebrado definitivamente antes da declaração de insolvência. Sucede, no entanto, que o artigo apenas se refere a créditos resultantes de contrato de trabalho, prestação de serviço e prestações sucedâneas futuras, bem como de contratos de locação. No entanto, em relação a eles ao estabelecer-se a doutrina de

que a cessão ou o penhor de créditos futuros fica limitada aos anteriores à declaração de insolvência e a um curto período posterior, consagra-se a teoria da transmissão.

Artigo 116º – Contas correntes

A declaração de insolvência implica o termo dos contratos de conta corrente em que o insolvente seja parte, com o encerramento das contas respectivas.

1. Corresponde parcialmente ao art. 151º, nº 1, do CPEREF.

2. Cfr. os arts. 344º e ss. CCom.

3. Esta solução é incongruente com o que se dispõe no art. 48º, b) e 91º deste Código, em que se admite a manutenção da contagem de juros, na medida em que, enquanto se debitarem juros, não pode ser encerrada a conta-corrente.

Artigo 117º – Associação em participação

1. A associação em participação extingue-se pela insolvência do contraente associante.

2. O contraente associado é obrigado a entregar à massa insolvente do associante a sua parte, ainda não satisfeita, nas perdas em que deva participar, conservando, porém, o direito de reclamar, como crédito sobre a insolvência, as prestações que tenha realizado e não devam ser incluídas na sua participação nas perdas.

1. Corresponde parcialmente ao art. 166º, do CPEREF.

2. Em geral, sobre a associação em participação, cfr. os arts. 21º e ss. do D.L. 231/81, de 28 de Julho.

3. A extinção da associação em participação pela falência do associante, referida no nº 1, já se encontrava prevista no art. 27º, g) do D.L. 231/81. É de lamentar que não se tenha aproveitado também para regular o consórcio, previsto nos arts. 1º e ss. do mesmo diploma, sabendo-se que nos termos do art. 10º, nº 2, a) do D.L. 231/81, a declaração de falência constitui justa causa de resolução deste contrato.

Artigo 118º – Agrupamento complementar de empresas e agrupamento europeu de interesse económico

1. Sem prejuízo de disposição diversa do contrato, o agrupamento complementar de empresas e o agrupamento europeu de interesse económico não se dissolvem em consequência da insolvência de um ou mais membros do agrupamento.

2. O membro declarado insolvente pode exonerar-se do agrupamento complementar de empresas.

3. É nula a cláusula do contrato que obrigue o membro declarado insolvente a indemnizar os danos causados aos restantes membros ou ao agrupamento.

1. Corresponde parcialmente ao art. 165º, do CPEREF.

2. Em geral, sobre o Agrupamento Complementar de Empresas, cfr. a Lei 4/73, de 4 de Junho e o DL 430/73, de 25 de Agosto. Sobre o Agrupamento Europeu de Interesse Económico, cfr. o Regulamento (CEE), nº 2137/85, de 25 de Julho de 1985, o D.L. nº 1/91, de 5 de Janeiro e D.L. 148/90, de 9 de Maio.

3. O regime anterior relativo ao Agrupamento Complementar de Empresas é agora estendido ao Agrupamento Europeu de Interesse Económico, o que parece correcto, já que o art. 36º do Regulamento CEE nº 2137/85, de 25 de Julho de 1985, estabelece que ele se encontra sujeito às disposições do direito nacional que regula a insolvência e cessação de pagamentos. Ora, a única norma nacional que existia era o art. 10º do D.L. 148/90, de 9 de Maio, claramente ultrapassada neste domínio.

Artigo 119º – Normas imperativas

1. É nula qualquer convenção das partes que exclua ou limite a aplicação das normas anteriores do presente capítulo.

2. É em particular nula a cláusula que atribua à situação de insolvência de uma das partes o valor de uma condição resolutiva do negócio ou confira nesse caso à parte contrária um direito de indemnização, de resolução ou de denúncia em termos diversos dos previstos neste capítulo.

3. O disposto nos números anteriores não obsta a que a situação de insolvência possa configurar justa causa de resolução ou de denúncia em atenção à natureza e conteúdo das prestações contratuais.

1. Preceito inovador, que se inspira no art. 61º, nº 3, da *Ley Concursal* espanhola.

2. Cfr. Luís Menezes Leitão, "A (in)admissibilidade da insolvência como causa de resolução dos contratos", em Catarina Serra (org.), *III Congresso de Direito da Insolvência*, Coimbra, Almedina, 2015, pp. 89-101.

3. Este artigo vem não apenas declarar a injuntividade deste regime (nº 1), o que constitui uma solução óbvia, mas também proibir cláusulas resolutivas ou de denúncia expressas relativas à situação de insolvência (nº 2), admitindo, no entanto, ao mesmo tempo que ela possa constituir justa causa de resolução ou denúncia, em atenção à natureza e conteúdo das prestações contratuais (nº 3). Ou seja, o legislador consagra em abstracto essa faculdade com base num conceito indeterminado, ao mesmo tempo que vem proibir que as partes concretizem esse conceito no contrato.

4. Encontra-se, no entanto, uma excepção a esta regra no o art. 118º, nº 1, o qual admite expressamente a possibilidade de as partes convencionarem que o agrupamento complementar de empresas e o agrupamento europeu de interesse económico se dissolvam em consequência da insolvência de um dos seus membros.

CAPÍTULO V - Resolução em benefício da massa insolvente

Artigo 120º - Princípios gerais

1. Podem ser resolvidos em benefício da massa insolvente os atos prejudiciais à massa praticados dentro dos dois anos anteriores à data do início do processo de insolvência.

2. Consideram-se prejudiciais à massa os actos que diminuam, frustrem, dificultem, ponham em perigo ou retardem a satisfação dos credores da insolvência.

3. Presumem-se prejudiciais à massa, sem admissão de prova em contrário, os actos de qualquer dos tipos referidos no artigo seguinte, ainda que praticados ou omitidos fora dos prazos aí contemplados.

4. Salvo nos casos a que respeita o artigo seguinte, a resolução pressupõe a má fé do terceiro, a qual se presume quanto a actos cuja prática ou omissão tenha ocorrido dentro dos dois anos anteriores ao início do processo de insolvência e em que tenha participado ou de que tenha aproveitado pessoa especialmente relacionada com o insolvente, ainda que a relação especial não existisse a essa data.

5. Entende-se por má-fé o conhecimento, à data do acto, de qualquer das seguintes circunstâncias:

a) De que o devedor se encontrava em situação de insolvência;

b) Do carácter prejudicial do acto e de que o devedor se encontrava à data em situação de insolvência iminente;

c) Do início do processo de insolvência.

6. São insuscetíveis de resolução por aplicação das regras previstas no presente capítulo os negócios jurídicos celebrados no âmbito de processo especial de revitalização ou de processo especial para acordo de pagamento regulados no presente diploma, de providência de recuperação ou saneamento, ou de adoção de medidas de resolução previstas no título VIII do Regime Geral das Instituições de Crédito e Sociedades Financeiras, aprovado pelo Decreto-Lei nº 298/92, de 31 de dezembro, bem como os realizados no âmbito do Regime Extrajudicial de Recuperação de Empresas ou de outro procedimento equivalente previsto em legislação especial, cuja finalidade seja prover o devedor com meios de financiamento suficientes para viabilizar a sua recuperação.

1. O nº 1 tem a redacção da Lei 16/2012, de 20 de Abril, que aditou o nº 6 a esta disposição. A actual redacção deste número foi introduzida pelo D.L. 79/2017, de 30 de Junho.

2. Cfr. Fernando de Gravato Morais, *Resolução em benefício da massa insolvente*, Coimbra, Almedina, 2008.

3. A nova redacção dada ao nº 1 pela Lei 16/2012, aboliu a estranha resolução de "actos omitidos" que tínhamos criticado em anteriores edições desta obra, ainda que se continue a fazer-lhe referência no nº 3 e no art. 126º. Em sentido contrário, defendendo que continua a ser possível a resolução de omissões, cfr., no entanto, Pedro Pais de Vasconcelos, "Resolução a favor da massa – atos omissivos", em Catarina Serra (org.), *III Congresso de Direito da Insolvência*, Coimbra, Almedina, 2015, pp. 104-114.

4. A má fé do devedor só se presume relativamente a actos praticados nos dois anos anteriores e em que tenha participado ou de que tenha aproveitado pessoa especialmente relacionada com o insolvente (art. 120º, nº 4 CIRE) e os actos em relação aos quais se estabelece a resolução incondicional, referidos no art. 121º CIRE, terão que ser realizados em prazos que variam entre sessenta dias, um ou dois anos antes da data do início do processo.

5. O CIRE aboliu a impugnação pauliana colectiva, prevista nos arts. 157º e ss. do CPEREF, não sendo hoje possível ao administrador da insolvência recorrer à mesma. Neste sentido, cfr. Ac. RC 12/1/2016 (Barateiro Martins), em *CJ* 41 (2016), I, pp. 5-7. Em consequência, passaram a ser abrangidas pela resolução requisitos da pauliana, como seja a má fé do terceiro, referida nos nºs 4 e 5 desta disposição. Essa má fé é presumida no caso previsto no nº 4 deste art. 120º e dispensada nas situações referidas no art. 121º do CIRE.

6. O nº 4 estabelece uma presunção de má fé do terceiro, relativamente a actos praticados nos dois anos anteriores ao processo de insolvência em que tenha participado pessoa especialmente relacionada com o insolvente, sendo que a enumeração dessas pessoas encontra-se referida no art. 49º, nº 2. No entanto, a lei não exige, para fazer funcionar a presunção, que essas pessoas sejam adquirentes no negócio a resolver, bastando que neles tenham participado ou dele tenham aproveitado. Por esse motivo no AUJ 15/2014, de 13/11/2014 (Salazar Casanova), no D.R. de 22/12/2014 foi uniformizada a jurisprudência no seguinte sentido: "Nos termos e para os efeitos dos artigos 120º, nº 4 e 49º, nºs 1 e 2, alíneas *c*) e *d*) do Código da Insolvência e da Recuperação de Empresas, presume-se que age de má fé a sociedade anónima que adquire bens a sociedade por quotas declarada insolvente, sendo de considerar o sócio-gerente desta e seu filho, interveniente no negócio de aquisição como representante daquela, pessoas especialmente relacionadas com a insolvente".

7. Com o nº 6 pretende-se evitar que a aplicação de medidas destinadas a obter a recuperação do devedor viesse a poder ser resolvida pelo administrador de insolvência no caso de a mesma ser declarada. Declaram-se assim insusceptíveis de resolução em benefício da massa os negócios jurídicos celebrados no âmbito do processo especial

de revitalização (cfr. arts. 17º-A e ss.), ou do processo especial para acordo de pagamento (arts. 222º-A e ss.) de providência de recuperação e financiamento, da adopção de medidas de resolução previstas no Título VIII do RGICSF, do futuro Regime Extrajudicial de Recuperação de Empresas, ou outro procedimento equivalente previsto em legislação especial.

Artigo 121º – Resolução incondicional

1. São resolúveis em benefício da massa insolvente os actos seguidamente indicados, sem dependência de quaisquer outros requisitos:

a) Partilha celebrada menos de um ano antes da data do início do processo de insolvência em que o quinhão do insolvente haja sido essencialmente preenchido com bens de fácil sonegação, cabendo aos co-interessados a generalidade dos imóveis e dos valores nominativos;

b) Actos celebrados pelo devedor a título gratuito dentro dos dois anos anteriores à data do início do processo de insolvência, incluindo o repúdio de herança ou legado, com excepção dos donativos conformes aos usos sociais;

c) Constituição de garantias reais relativas a obrigações preexistentes ou de outras que as substituam, nos seis meses anteriores à data de início do processo de insolvência;

d) Fiança, subfiança, aval e mandatos de crédito, em que o insolvente haja outorgado no período referido na alínea anterior e que não respeitem a operações negociais com real interesse para ele;

e) Constituição de garantias reais em simultâneo com a criação das obrigações garantidas, dentro dos 60 dias anteriores à data do início do processo de insolvência;

f) Pagamento ou outros actos de extinção de obrigações cujo vencimento fosse posterior à data do início do processo de insolvência, ocorridos nos seis meses anteriores à data do início do processo de insolvência, ou depois desta mas anteriormente ao vencimento;

g) Pagamento ou outra forma de extinção de obrigações efectuados dentro dos seis meses anteriores à data do início do processo de insolvência em termos não usuais no comércio jurídico e que o credor não pudesse exigir;

h) Actos a título oneroso realizados pelo insolvente dentro do ano anterior à data do início do processo de insolvência, em que as obrigações por ele assumidas excedam manifestamente as da contraparte;

i) Reembolso de suprimentos, quando tenha lugar dentro do mesmo período referido na alínea anterior.

2. O disposto no número anterior cede perante normas legais que excepcionalmente exijam sempre a má-fé ou a verificação de outros requisitos.

1. O nº 2 tem a redacção do D.L. 200/2004, de 18 de Agosto.

2. Esta disposição conjuga os arts. 156º e 158º do CPEREF.

3. Dado que se aboliu a distinção entre resolução e impugnação pauliana, passando aquela a pressupor o requisito da má fé, o legislador sentiu necessidade de criar uma "resolução incondicionada", dispensando esse requisito (ou outros), nos casos em que a resolução o dispensava ou em que a má fé se presumia.

Artigo 122º – Sistemas de pagamentos

Não podem ser objecto de resolução actos compreendidos no âmbito de um sistema de pagamentos tal como definido pelo alínea *a*) do artigo 2º da Directiva 98/26/CE do Parlamento Europeu e do Conselho, de 19 de Maio 1998, ou equiparável.

1. É publicada em anexo a Directiva 98/26/CE do Parlamento Europeu e do Conselho, de 19 de Maio 1998, que visa estabelecer que todos as operações de pagamento e compensação no âmbito de sistemas de liquidação relativos a valores mobiliários tenham carácter definitivo e não sejam afectados pelos processos de insolvência. Esta Directiva foi alterada pela Directiva 2009/44/CE do Parlamento Europeu e do Conselho, de 6 de Maio de 2009, igualmente publicada em anexo. Publica-se igualmente o diploma de transposição, que é o Decreto-Lei 221/2000, de 9 de Setembro, alterado e republicado pelo Decreto-Lei 85/2011, de 29 de Junho.

2. Em relação à insolvência dos participantes nos sistemas de liquidação de valores mobiliários, cfr. os arts. 283º e ss. CVM.

Artigo 123º – Forma de resolução e prescrição do direito

1. A resolução pode ser efectuada pelo administrador da insolvência por carta registada com aviso de recepção nos seis meses seguintes ao conhecimento do acto, mas nunca depois de decorridos dois anos sobre a data da declaração de insolvência.

2. Enquanto, porém, o negócio não estiver cumprido, pode a resolução ser declarada, sem dependência de prazo, por via de excepção.

1. Corresponde, com muitas alterações, ao art. 156º, nº 3, do CPEREF, sendo de salientar que se dilataram consideravelmente os prazos em que é possível efectuar a resolução.

2. A unificação das figuras da resolução e da impugnação pauliana colectiva, anteriormente previstas separadamente no CPEREF levanta agora grandes dúvidas de interpretação. É que no sistema do CPEREF a resolução efectuava-se, como é regra, por declaração, mas a impugnação pauliana tinha que ser judicialmente instaurada.

Actualmente, a nova resolução parece ser efectuada apenas por declaração do administrador de insolvência, a qual pode ser objecto de impugnação em acção especialmente instaurada para o efeito (cfr. o nº 1 deste artigo, o art. 125º e o art. 127º, nº 2 CIRE), solução que nos parece dificilmente justificável, especialmente nos casos em que a resolução dependa da prova da má fé do terceiro. No entanto, o art. 126º, nº 2, CIRE faz referência a uma acção instaurada pelo administrador da insolvência, com a finalidade de produzir os efeitos da resolução. Ora, sob pena de contradição insanável entre estas disposições, parece-nos que essa acção não pode visar a produção dos efeitos da resolução, que é decretada por carta registada, mas antes a restituição do objecto ou do enriquecimento pelo terceiro.

3. No nº 2 admite-se que, enquanto o negócio não estiver cumprido, pode a resolução ser declarada sem dependência de prazo, por via de excepção. Esta resolução declarada por via de excepção poderá eventualmente sobrepor-se à recusa de cumprimento, prevista no art. 102º CIRE. A delimitação entre as duas figuras parece ser a de que a recusa de cumprimento só é possível quando o contrato não esteja cumprido por nenhuma das partes, enquanto que a resolução não está sujeita a essa limitação.

4. Conforme se defende nos Ac. RG 26/3/2009 (Gouveia Barros), em *CJ* 34 (2009), 2, pp. 311-314, e no Ac. RE 27/2/2014 (Francisco Xavier), em *CJ* 39 (2014), 1, pp. 251-254, a declaração de resolução terá que conter a sua fundamentação, sem o que será nula, nos termos gerais, não caducando o direito de a impugnar. No entanto, como se refere no Ac. RE 25/2/2014 (Moreira Camilo), em *CJ-ASTJ* 22 (2014), 1, pp. 151-152, sendo nula a resolução, o administrador da insolvência não está impedido de proceder ao envio de nova comunicação, desde que entretanto não tenha decorrido o prazo previsto no art. 123º, nº 1. Já não parece, porém, admissível a apresentação de nova comunicação após a impugnação da resolução, nos termos do art. 125º, uma vez que a acção consolida a impugnação do acto. Daí que no Ac. STJ 20/3/2014 (Azevedo Ramos), em *CJ-ASTJ* 22 (2014), 1, pp. 165-167, se tenha rejeitado a possibilidade de efectuar novamente a resolução em reconvenção da acção de impugnação.

Artigo 124º – Oponibilidade a transmissários

1. A oponibilidade da resolução do acto a transmissários posteriores pressupõe a má-fé destes, salvo tratando-se de sucessores a título universal ou se a nova transmissão tiver ocorrido a título gratuito.

2. O disposto no número anterior é aplicável, com as necessárias adaptações, à constituição de direitos sobre os bens transmitidos em benefício de terceiro.

1. Este artigo inspira-se no art. 613º do Código Civil relativo à impugnação pauliana, o que mostra que esta "resolução" se aproxima muito mais daquela figura. Efectivamente, a resolução, mesmo que expressamente convencionada, não prejudica,

salvo registo prévio da acção, os direitos adquiridos por terceiro (art. 435º do Código Civil).

2. Trata-se neste caso de uma segunda transmissão em benefício de terceiro, a qual já não é realizada pelo insolvente, mas antes pelo primeiro adquirente. Consequentemente, a má fé do transmissário posterior tem que ser sempre demonstrada, mesmo que se trate de actos abrangidos pelos arts. 120º, nº 4 e 121º CIRE.

Artigo 125º – Impugnação da resolução

O direito de impugnar a resolução caduca no prazo de três meses, correndo a acção correspondente, proposta contra a massa insolvente, como dependência do processo de insolvência.

1. Este artigo tem a redacção da Lei 16/2012, de 20 de Abril.

2. Corresponde, com modificações, ao art. 160º, nº 3, do CPEREF.

3. Em resultado da unificação num único instituto de resolução das anteriores figuras da resolução e da impugnação pauliana colectiva, o legislador determinou que aquela passasse a ser realizada por declaração do administrador da insolvência, como é regra geral da resolução (art. 436º, nº 1 CC), cabendo à parte que se opõe à resolução o ónus de intentar a acção correspondente. O prazo de três meses aqui previsto deve considerar-se como peremptório, pelo que o seu decurso implica ter-se como definitivamente verificada a resolução. O facto de se prever uma acção autónoma do administrador de insolvência no art. 126º, nº 2 CIRE, não pode servir para dar nova oportunidade de contestação da resolução à outra parte. Neste sentido, cfr. Ac. RG 1/6/2010 (MARIA ROSA TCHING), em *CJ* 35 (2010), 3, pp. 288-290, que conclui em consequência não ser admissível à contraparte no negócio resolvido recorrer ao processo de restituição e separação de bens, previsto no art. 146º, nº 2.

4. A caducidade do direito de impugnar a resolução já não se verificará no caso de a resolução ser nula, como na hipótese de não conter a respectiva fundamentação. Neste sentido, cfr. Ac. RG 26/3/2009 (GOUVEIA BARROS), em *CJ* 34 (2009), 2, pp. 311-314.

Artigo 126º – Efeitos da resolução

1. A resolução tem efeitos retroactivos, devendo reconstituir-se a situação que existiria se o acto não tivesse sido praticado ou omitido, consoante o caso.

2. A acção intentada pelo administrador da insolvência com a finalidade prevista no número anterior é dependência do processo de insolvência.

3. Ao terceiro que não apresente os bens ou valores que hajam de ser restituídos à massa dentro do prazo fixado na sentença, são aplicadas as sanções previstas na lei de processo para o depositário de bens penhorados que falte à oportuna entrega deles.

4. A restituição do objecto prestado pelo terceiro só tem lugar se o mesmo puder ser identificado e separado dos que pertencem à parte restante da massa.

5. Caso a circunstância prevista no número anterior não se verifique, a obrigação de restituir o valor correspondente constitui dívida da massa insolvente na medida do respectivo enriquecimento à data da declaração da insolvência, e dívida da insolvência quanto ao eventual remanescente.

6. A obrigação de restituir a cargo do adquirente a título gratuito só existe na medida do seu próprio enriquecimento, salvo o caso de má fé, real ou presumida.

1. Corresponde, com modificações, ao art. 159º do CPEREF.

2. Os efeitos da resolução correspondem aos estabelecidos nos arts. 433º e 289º do Código Civil. A lei continua a fazer referência à possibilidade de a resolução abranger actos omitidos, mas deve considerar-se essa hipótese revogada dada a alteração ao art. 120º, nº 1, efectuada pela Lei 16/2012, de 20 de Abril.

3. Dado que a resolução é efectuada por carta registada (art. 123º CIRE), cabendo à outra parte o ónus de a impugnar por via judicial (art. 125º CIRE), a acção referida no nº 2 deste artigo 126º apenas pode ter como finalidade a obtenção da restituição das prestações, sendo assim de condenação e não constitutiva. Não pode, por isso, o réu utilizá-la para contestar a eficácia da resolução, se não procedeu atempadamente à sua impugnação, nos prazo referido no art. 125º.

4. Verificada a resolução, o terceiro adquirente é obrigado a restituir à massa os bens e valores que recebeu no prazo que for fixado na sentença, sem o que pode ser ordenado arresto nos seus próprios bens para além de procedimento criminal (cfr. art. 854º CPC). No entanto, só tem direito à restituição do objecto que tiver prestado se o mesmo puder ser identificado e separado da massa. No caso contrário, a obrigação de restituir o valor constitui dívida da massa na medida do enriquecimento desta à data da declaração de insolvência e crédito sobre a insolvência quanto ao remanescente. O crédito sobre a insolvência é considerado subordinado, nos termos do art. 48º, *e*) CIRE.

5. Não se vê justificação para o adquirente a título gratuito ser mais protegido do que o adquirente a título oneroso, uma vez que o primeiro tem que restituir integralmente os bens, ficando com o crédito sobre a massa insolvente ou sobre a insolvência, enquanto que o segundo apenas tem que restituir aquilo com que se enriqueceu.

Artigo 127º – Impugnação pauliana

1. É vedado aos credores da insolvência a instauração de novas acções de impugnação pauliana de actos praticados pelo devedor cuja resolução haja sido decretada pelo administrador da insolvência.

2. As acções de impugnação pauliana pendentes à data da declaração de insolvência ou propostas ulteriormente não serão apensas ao processo de insolvência, e, em caso de resolução do acto pelo administrador de insolvência, só prosseguirão os seus termos se tal resolução vier a ser declarada ineficaz por decisão definitiva, a qual terá força vinculativa no âmbito daquelas acções quanto às questões que tenha apreciado, desde que não ofenda caso julgado de formação anterior.

3. Julgada procedente a acção de impugnação, o interesse do credor que a tenha instaurado é aferido, para efeitos do artigo 616º do Código Civil, com abstracção das modificações introduzidas ao seu crédito por um eventual plano de insolvência ou de pagamentos.

1. Ao contrário do que se previa no art. 160º do CPEREF, em que se admitia que os credores com créditos reconhecidos pudessem requerer a impugnação pauliana de actos do devedor, as quais eram apensadas ao processo de insolvência, passou-se agora a proibir essa impugnação pauliana, suspendendo as acções já instauradas, em caso de resolução do acto pelo administrador de insolvência, e não sendo em qualquer caso apensadas ao processo de insolvência, solução que nos merece discordância por manter imobilizadas essas acções sem necessidade alguma.

TÍTULO V – Verificação dos créditos. Restituição e separação de bens

CAPÍTULO I – Verificação de créditos

Artigo 128º – Reclamação de créditos

1. Dentro do prazo fixado para o efeito na sentença declaratória da insolvência, devem os credores da insolvência, incluindo o Ministério Público na defesa dos interesses das entidades que represente, reclamar a verificação dos seus créditos por meio de requerimento, acompanhado de todos os documentos probatórios de que disponham, no qual indiquem:

a) A sua proveniência, data de vencimento, montante de capital e de juros;

b) As condições a que estejam subordinados, tanto suspensivas como resolutivas;

c) A sua natureza comum, subordinada, privilegiada ou garantida, e, neste último caso, os bens ou direitos objecto da garantia e respectivos dados de identificação registral, se aplicável;

d) A existência de eventuais garantias pessoais, com identificação dos garantes;

e) A taxa de juros moratórios aplicável.

2. O requerimento é endereçado ao administrador da insolvência e apresentado por transmissão eletrónica de dados, nos termos definidos na portaria prevista no nº 2 do artigo 17º

3. Sempre que os credores da insolvência não estejam patrocinados, o requerimento de reclamação de créditos é apresentado no domicílio profissional do administrador da insolvência ou para aí remetido por correio eletrónico ou por via postal registada, devendo o administrador, respetivamente, assinar no ato de entrega, ou enviar ao credor no prazo de três dias da receção, comprovativo do recebimento, sendo o envio efetuado pela forma utilizada na reclamação.

4. A reclamação de créditos prevista no nº 1 pode efetuar-se através do formulário disponibilizado para o efeito no portal a definir por portaria do membro do governo responsável pela área da justiça ou através do formulário-tipo de reclamação de créditos previsto nos artigos 54º e 55º do Regulamento (UE) nº 2015/848 do Parlamento Europeu e do Conselho, de 20 de maio de 2015, nos casos em que aquele regulamento seja aplicável.

5. A verificação tem por objecto todos os créditos sobre a insolvência, qualquer que seja a sua natureza e fundamento, e mesmo o credor que tenha o seu crédito reconhecido por decisão definitiva não está dispensado de o reclamar no processo de insolvência, se nele quiser obter pagamento.

1. Os nº 2, 3 e 4 têm a redacção do D.L. 79/2017, de 30 de Junho, correspondendo o actual nº 5 ao nº 3 na anterior versão desta disposição.

2. Nos termos do art. 6º, nº 2, do D.L. 79/2017, de 30 de Junho, a nova redacção dos nºs 2 e 3 e da primeira parte do nº 4 apenas entram em vigor, quando entrar em vigor a portaria do membro do Governo responsável pela área da justiça, que irá substituir o portal Citius por um novo portal (cfr. art. 5º do D.L. 79/2017, de 30 de Junho).

3. Cfr. Miguel Texeira de Sousa, "A verificação do passivo no processo de falência", na *RFDUL* 36 (1995), nº 2, pp. 353-369, Mariana França Gouveia, "Verificação do passivo", em *Themis*, edição especial (2005), pp. 151-163 e Maria José Costeira, "Classificação, verificação e graduação de créditos no Código da Insolvência e Recuperação de Empresas", em Catarina Serra (org.), *I Congresso de Direito da Insolvência*, Coimbra, Almedina, 2013, pp. 241-253

4. Conforme refere Mariana França Gouveia, em *Themis*, edição especial (2005), p. 151 a verificação do passivo constitui um apenso de natureza declarativa ao processo de insolvência, existindo um apenso regular, regulado nos arts. 128º a 140º, e um apenso de verificação ulterior dos créditos, regulado nos arts. 146º a 148º. O apenso regular compreende quatro fases, a reclamação (arts. 128º e ss.), saneamento (art. 136º), instrução (art. 137º) e julgamento (arts. 138º e ss.). Posteriomente, e conforme resulta do art. 146º, ainda é possível reconhecer créditos em acção instaurada contra a massa insolvente.

4. Todo os credores da insolvência, incluindo o requerente da mesma e o Ministério Público na defesa dos interesses das entidades que represente, que pretendam fazer valer os seus direitos de crédito no âmbito do respectivo processo, têm que apresentar a competente reclamação dos seus créditos. A reclamação não é, no entanto, essencial para o reconhecimento do crédito, dado que o administrador da insolvência tem o dever de reconhecer, não apenas os créditos reclamados, mas também os que constem dos elementos da contabilidade do devedor ou sejam por outra forma do seu conhecimento (art. 129º, nº 1, parte final).

Já os credores da massa não estão sujeitos ao dever de reclamar os seus créditos, devendo aguardar que os mesmos lhe sejam liquidados com precipuidade, nos termos do art. 172º. Neste sentido, cfr. Ac. RC 14/7/2010 (Barateiro Martins), em *CJ* 35 (2010), 3, pp. 38-40.

5. Conforme referem Carvalho Fernandes/João Labareda, *Código da Insolvência*, sub art. 128º, nº 8, p. 547, parece que a reclamação de créditos deverá ser articulada por força do art. 151º, nº 2 CPC, aplicável por força do art. 17º. Em sentido contrário, veja-se, porém, Mariana França Gouveia, *Themis*, edição especial (2005), pp. 152-153.

Artigo 129º – Relação de créditos reconhecidos e não reconhecidos

1. Nos 15 dias subsequentes ao termo do prazo das reclamações, o administrador da insolvência apresenta na secretaria uma lista de todos os credores por si reconhecidos e uma lista dos não reconhecidos, ambas por ordem alfabética, relativamente não só aos que tenham deduzido reclamação como àqueles cujos direitos constem dos elementos da contabilidade do devedor ou sejam por outra forma do seu conhecimento.

2. Da lista dos credores reconhecidos consta a identificação de cada credor, a natureza do crédito, o montante de capital e juros à data do termo do prazo das reclamações, as garantias pessoais e reais, os privilégios, a taxa de juros moratórios aplicável, as eventuais condições suspensivas ou resolutivas e o valor dos bens integrantes da massa insolvente sobre os quais incidem garantias reais de créditos pelos quais o devedor não responda pessoalmente.

3. A lista dos credores não reconhecidos indica os motivos justificativos do não reconhecimento.

4. Todos os credores não reconhecidos, bem como aqueles cujos créditos forem reconhecidos sem que os tenham reclamado, ou em termos diversos dos da respetiva reclamação, devem ser disso avisados pelo administrador de insolvência, por carta registada ou por um dos meios previstos nos nºs 2 e 3 do artigo 128º e tratando-se de credores conhecidos que tenham a residência habitual, o domicílio ou a sede estatutária num Estado-membro diferente daquele em foi aberto o processo, incluindo as autoridades fiscais e os organismos da segurança social desses Estados-membros, o aviso é efetuado, ainda, em conformidade com o artigo 54º do Regulamento (UE) nº 2015/848 do Parlamento Europeu e do Conselho, de 20 de maio de 2015.

5. A comunicação referida no número anterior pode ser feita por correio electrónico nos casos em que a reclamação de créditos haja sido efectuada por este meio e considera-se realizada na data do seu envio, devendo o administrador da insolvência juntar aos autos comprovativo do mesmo.

1. O nº 5 foi aditado pela Lei 16/2012, de 20 de Abril. Os nºs 2 e 4 têm a redacção do D.L. 79/2017, de 30 de Junho.

2. É publicado em anexo o Regulamento (UE) nº 2015/848 do Parlamento Europeu e do Conselho, de 20 de maio de 2015.

3. O administrador tem o dever de reconhecer os créditos que considere existirem sobre o insolvente, independentemente de terem sido reclamados ou não. No caso de não reconhecimento tem o dever de avisar os respectivos credores por carta registada, em ordem a estes poderem proceder à impugnação da lista, nos termos do art. 130º.

Artigo 130º – Impugnação da lista de credores reconhecidos

1. Nos 10 dias seguintes ao termo do prazo fixado no nº 1 do artigo anterior, pode qualquer interessado impugnar a lista de credores reconhecidos através de requerimento dirigido ao juiz, com fundamento na indevida inclusão ou exclusão de créditos, ou na incorrecção do montante ou da qualificação dos créditos reconhecidos.

2. Relativamente aos credores avisados por carta registada, o prazo de 10 dias conta-se a partir do 3º dia útil posterior à data da respectiva expedição.

3. Se não houver impugnações, é de imediato proferida sentença de verificação e graduação dos créditos, em que, salvo o caso de erro manifesto, se homologa a lista de credores reconhecidos elaborada pelo administrador da insolvência e se graduam os créditos em atenção ao que conste dessa lista.

1. Corresponde parcialmente ao art. 192º do CPEREF.

2. Conforme salienta Maria José Costeira, *Themis*, edição especial (2005), p. 31, é manifestamente infeliz a redacção da epígrafe e do corpo deste artigo, na medida em que do mesmo parece resultar que o se impugna é apenas o reconhecimento de créditos e não também o não reconhecimento, quando é manifesto que a impugnação abrange as duas situações. Efectivamente, se é da lista de créditos não reconhecidos que constam as razões do não reconhecimento, não se vê como a mesma pode deixar de ser tomada em consideração na impugnação.

3. Tem sido questionado o que sucede no caso de o administrador da insolvência não cumprir o prazo para a entrega das listas previsto no nº 1 do art. 129º. No Ac. RL

15/2/2011 (Luís Lameiras, vencido Abrantes Geraldes), em *CJ* 36 (2011), 1, pp. 133-138 considerou-se que nesse caso o prazo para as impugnações só se inicia depois da efectiva entrega das listas pelo administrador.

4. Coerentemente com a desjudicialização operada pelo Código, o papel do juiz é limitado pelo nº 3, em caso de inexistência de impugnações, passando a ser apenas o de homologar a lista de créditos reconhecidos e a graduar os créditos que constam dessa lista, salvo em caso de erro manifesto. Para Maria José Costeira, *Themis*, edição especial (2005), p. 31, o juiz perde qualquer possibilidade de controlar a veracidade e legalidade da lista, já que em nenhum lugar se estabelece o dever de o administrador juntar aos autos as reclamações de créditos (cfr. arts. 132º e 133º), o que o impede mesmo de apreciar se a lista enferma de erro grosseiro. Pelo contrário, Carvalho Fernandes/João Labareda, *Código da Insolvência*, sub art. 130º, nº 8, p. 555, propõem que se interprete em termos amplos o conceito de erro manifesto, tendo o juiz sempre que verificar a conformidade substancial e formal dos títulos dos créditos constantes da lista, para o que pode solicitar ao administrador os necessários elementos. Também Mariana França Gouveia, *Themis*, edição especial (2005), p. 156, defende que esta disposição é uma mera faculdade atribuída ao juiz, podendo este solicitar, quando desconfie que a lista apresentada enferma de alguma irregularidade, ao administrador da insolvência que lhe forneça os elementos em que se baseou para elaborar a lista. Parece-nos, porém, que esta posição é incompatível, quer com o facto de o juiz nem sequer ter conhecimento das reclamações apresentadas, quer com a não aplicação do princípio do inquisitório no âmbito da verificação dos créditos, conforme resulta do art. 11º.

5. No Ac. RP 15/1/2007 (Coelho da Rocha), em CJ 32 (2007), 1, pp. 192-194, considera-se que existe erro manifesto do administrador de insolvência no caso de qualificação na lista como comum de um crédito privilegiado, e que, não tendo sido cumprido o art. 129º, nº 4, CIRE, tem o titular do crédito, a partir do momento em que toma conhecimento da decisão, o direito de vir ao processo impugnar a lista.

Artigo 131º – Resposta à impugnação

1. Pode responder a qualquer das impugnações o administrador da insolvência e qualquer interessado que assuma posição contrária, incluindo o devedor.

2. Se, porém, a impugnação se fundar na indevida inclusão de certo crédito na lista de credores reconhecidos, na omissão da indicação das condições a que se encontre sujeito ou no facto de lhe ter sido atribuído um montante excessivo ou uma qualificação de grau superior à correcta, só o próprio titular pode responder.

3. A resposta deve ser apresentada dentro dos 10 dias subsequentes ao termo do prazo referido no artigo anterior ou à notificação ao titular do crédito objecto da impugnação, consoante o caso, sob pena de a impugnação ser julgada procedente.

1. Os nºs 2 e 3 têm a redacção do D.L. 200/2004, de 18 de Agosto..
2. Corresponde parcialmente ao art. 193º do CPEREF.
3. Passou a consignar-se no nº 3 a atribuição de um efeito cominatório pleno à ausência de resposta às impugnações, o que é objecto da crítica de MARIANA FRANÇA GOUVEIA, *Themis*, edição especial (2005), pp. 158-159, em termos que merecem a nossa concordância. Efectivamente, não parece fazer sentido que alguém que reclamou o seu crédito e foi objecto de impugnação, venha a ver a sua reclamação desconsiderada apenas por não ter respondido à impugnação.

Artigo 132º – Autuação das impugnações e respostas

As listas de créditos reconhecidos e não reconhecidos pelo administrador da insolvência, as impugnações e as respostas são autuadas por um único apenso.

1. Corresponde ao art. 190º do CPEREF.
2. É de referir que o apenso não inclui as reclamações de créditos, que não chegam assim ao conhecimento do juiz.

Artigo 133º – Exame das reclamações e dos documentos de escrituração do insolvente

Durante o prazo fixado para as impugnações e as respostas, e a fim de poderem ser examinados por qualquer interessado e pela comissão de credores, deve o administrador da insolvência patentear as reclamações de créditos, os documentos que as instruam e os documentos da escrituração do insolvente no local mais adequado, o qual é objecto de indicação no final das listas de credores reconhecidos e não reconhecidos.

1. Este artigo tem a redacção do D.L. 200/2004, de 18 de Agosto.
2. Corresponde, com modificações, ao art. 194º do CPEREF.

Artigo 134º – Meios de prova, cópias e dispensa de notificação

1. Às impugnações e às respostas é aplicável o disposto no nº 2 do artigo 25º.

2. São apenas oferecidos pelo requerente ou, no caso de apresentação em suporte digital, extraídos pela secretaria, dois duplicados dos articulados e dos documentos que os acompanhem, um dos quais se destina ao arquivo do tribunal, ficando o outro na secretaria judicial, para consulta dos interessados.

3. Exceptua-se o caso em que a impugnação tenha por objecto créditos reconhecidos e não seja apresentada pelo próprio titular, em que se juntará ou será extraída uma cópia adicional, para entrega ao respectivo titular.

4. As impugnações apenas serão objecto de notificação aos titulares de créditos a que respeitem, se estes não forem os próprios impugnantes.

5. Durante o prazo para impugnações e respostas, o processo é mantido na secretaria judicial para exame e consulta dos interessados.

1. O nº 1 tem a redacção do D.L. 200/2004, de 18 de Agosto.

Artigo 135º – Parecer da comissão de credores

Dentro dos 10 dias posteriores ao termo do prazo das respostas às impugnações, deve a comissão de credores juntar aos autos o seu parecer sobre as impugnações.

1. Corresponde, com modificações, ao art. 195º do CPEREF.

2. Salienta-se que agora a emissão do parecer passa a ser realizada exclusivamente pela comissão de credores. No entanto, e conforme resulta do art. 136º, nº 1, a não junção do parecer não impede que o processo siga a sua marcha, o que leva MARIANA FRANÇA GOUVEIA, *Themis*, edição especial (2005), p. 160 a concluir que esse parecer não é obrigatório. Parece-nos, porém, que a junção dese parecer constitui um dever da comissão de credores, cujo incumprimento culposo é susceptível de fazer os seus membros em responsabilidade perante os credores, nos termos do art. 70º.

Artigo 136º – Saneamento do processo

1. Junto o parecer da comissão de credores ou decorrido o prazo previsto no artigo anterior sem que tal junção se verifique, o juiz declara verificados com valor de sentença os créditos incluídos na respetiva lista e não impugnados, salvo o caso de erro manifesto, e pode designar dia e hora para uma tentativa de conciliação a realizar dentro dos 10 dias seguintes, para a qual são notificados, a fim de comparecerem pessoalmente ou de se fazerem representar por procuradores com poderes especiais para transigir, todos os que tenham apresentado impugnações e respostas, a comissão de credores e o administrador da insolvência.

2. Na tentativa de conciliação são considerados como reconhecidos os créditos que mereçam a aprovação de todos os presentes e nos precisos termos em que o forem.

3. Concluída a tentativa de conciliação, o processo é imediatamente concluso ao juiz, para que seja proferido despacho, nos termos previstos nos artigos 595º e 596º do Código de Processo Civil.

4. (*Revogado*).

5. Consideram-se ainda reconhecidos os demais créditos que possam sê-lo face aos elementos de prova contidos nos autos.

6. O despacho saneador tem, quanto aos créditos reconhecidos, a forma e o valor de sentença, que os declara verificados e os gradua em harmonia com as disposições legais.

7. Se a verificação de algum dos créditos necessitar de produção de prova, a graduação de todos os créditos tem lugar na sentença final, a menos que o juiz considere que as impugnações sob apreciação, dado o seu montante ou natureza, não impedem a prolação imediata, observando-se o disposto no nº 1 do artigo 180º.

8. Caso o juiz entenda que não se mostra adequado realizar a tentativa de conciliação, profere de imediato o despacho previsto no nº 3.

1. O nº 1 foi alterado pela Lei 16/2012, de 20 de Abril, que aditou ainda o nº 8 a este artigo. A actual redacção dos nºs 1, 3 e 7 resulta do D.L. 79/2017, de 30 de Junho, que revogou ainda o nº 4 desta disposição.

2. O reconhecimento de créditos pelo juiz pode resultar da sua incusão da lista ou da sua aprovação por todos os presentes na tentativa de conciliação. Caso tal não ocorra, o juiz profere despacho saneador, nos termos do art. 595º CPC, cabendo-lhe ainda, caso o processo haja de prosseguir, proferir despacho a identificar o objecto do litígio e designar os temas de prova, nos termos do art. 596º CPC. No despacho saneador podem ser logo reconhecidos e graduados os créditos, caso em que este tem o valor de uma sentença. Necessitando, porém, a verificação de produção de prova, a graduação de créditos tem lugar apenas na sentença final, a menos que as impugnações, pelo seu montante e natureza, não impeçam essa graduação logo no despacho saneador.

Artigo 137º – Diligências instrutórias

Havendo diligências probatórias a realizar antes da audiência de discussão e julgamento, o juiz ordena as providências necessárias para que estejam concluídas dentro do prazo de 20 dias a contar do despacho que as tiver determinado, aproveitando a todos os interessados a prova produzida por qualquer deles.

1. Corresponde integralmente ao art. 197º do CPEREF.

Artigo 138º – Designação de dia para a audiência

Produzidas as provas ou expirado o prazo marcado nas cartas, é marcada a audiência de discussão e julgamento para um dos 10 dias posteriores.

1. Corresponde, com poucas modificações, ao art. 198º do CPEREF.

2. É de salientar que se eliminou o prazo de cinco dias concedido para vista ao Ministério Público, que anteriormente se estabelecia antes da designação de dia para a audiência.

Artigo 139º – Audiência

Na audiência de julgamento são observados os termos estabelecidos para o processo comum, com as seguintes especialidades:

a) Sempre que necessário, serão ouvidos, na altura em que o tribunal o determine, quer o administrador da insolvência, quer a comissão de credores;

b) As provas são produzidas segundo a ordem por que tiverem sido apresentadas as impugnações;

c) Na discussão, podem usar da palavra, em primeiro lugar, os advogados dos impugnantes e depois os dos respondentes, não havendo lugar a réplica.

1. Este artigo tem a redacção do D.L. 79/2017, de 30 de Junho.

2. Corresponde, com poucas modificações, ao art. 199º do CPEREF.

3. É de salientar que se eliminou a concessão autónoma da palavra, quer ao falido, quer ao Ministério Público.

Artigo 140º – Sentença

1. Finda a audiência de julgamento, o juiz profere sentença de verificação e graduação dos créditos, nos 10 dias subsequentes.

2. A graduação é geral para os bens da massa insolvente e é especial para os bens a que respeitem direitos reais de garantia e privilégios creditórios.

3. Na graduação de créditos não é atendida a preferência resultante de hipoteca judicial, nem a proveniente da penhora, mas as custas pagas pelo autor ou exequente constituem dívidas da massa insolvente.

1. Corresponde parcialmente ao art. 200º do CPEREF.

2. É tradicional o não atendimento, no âmbito da insolvência, da preferência resultante de penhora e de hipoteca judicial, com o que se visa assegurar a *par conditio creditorum*. Em ordem a compensar o credor garantido pela perda dessa preferência,

determina-se, porém, que as custas respectivas passam a constituir dívidas da massa insolvente (cfr., sobre estas, o art. 51º), sendo consequentemente pagas preferencialmente (arts. 46º, nº 1, e 172º).

CAPÍTULO II – Restituição e separação de bens

Artigo 141º – Aplicabilidade das disposições relativas à reclamação e verificação de créditos

1. As disposições relativas à reclamação e verificação de créditos são igualmente aplicáveis:

a) À reclamação e verificação do direito de restituição, a seus donos, dos bens apreendidos para a massa insolvente, mas de que o insolvente fosse mero possuidor em nome alheio;

b) À reclamação e verificação do direito que tenha o cônjuge a separar da massa insolvente os seus bens próprios e a sua meação nos bens comuns;

c) À reclamação destinada a separar da massa os bens de terceiro indevidamente apreendidos e quaisquer outros bens, dos quais o insolvente não tenha a plena e exclusiva propriedade, ou sejam estranhos à insolvência ou insusceptíveis de apreensão para a massa.

2. A aplicabilidade das disposições relativas à reclamação e verificação de créditos tem lugar com as adaptações seguintes, além das outras que se mostrem necessárias:

a) A reclamação não é objecto de notificações, e obedece ao disposto nos nºs 1 e 5 do artigo 134º;

b) As contestações às reclamações podem ser apresentadas pelo administrador da insolvência ou por qualquer interessado nos 10 dias seguintes ao termo do prazo para a reclamação dos créditos fixado na sentença de declaração da insolvência, e o reclamante tem a possibilidade de lhes responder nos 5 dias subsequentes;

c) Na audiência, as provas são produzidas segundo a ordem por que tiverem sido apresentadas as reclamações e, na discussão, usam da palavra em primeiro lugar os advogados dos reclamantes e só depois os dos contestantes.

3. A separação dos bens de que faz menção o nº 1 pode igualmente ser ordenada pelo juiz, a requerimento do administrador da insolvência, instruído com parecer favorável da comissão de credores, se existir.

4. Quando a reclamação verse sobre mercadorias ou outras coisas móveis, o reclamante deve provar a identidade das que lhe pertençam, salvo se forem fungíveis.

5. Se as mercadorias enviadas ao insolvente a título de consignação ou comissão estiverem vendidas a crédito, pode o comitente reclamar o preço devido pelo comprador, a fim de o poder receber deste.

1. A alínea *a*) do nº 2 tem a redacção do D.L. 200/2004, de 18 de Agosto.
2. Corresponde, com poucas modificações, ao art. 201º do CPEREF.
3. Cfr. José Lebre de Freitas, "Apreensão, restituição, separação e venda de bens no processo de falência", na *RFDUL* 36 (1995), nº 2, pp. 371-382 e "Apreensão, separação, restituição e venda", em Catarina Serra (org.), *I Congresso de Direito da Insolvência*, Coimbra, Almedina, 2013, pp. 229-239.
4. É de salientar que se eliminou a remissão para o art. 468º do Código Comercial, o que levanta a questão de saber se essa norma se mantém em vigor. Cfr. a este propósito a anotação ao art. 105º.

Artigo 142º – Perda de posse de bens a restituir

1. Se as coisas que o insolvente deve restituir não se encontrarem na sua posse à data da declaração de insolvência, pode o administrador da insolvência reavê-las, se tal for mais conveniente para a massa insolvente do que o pagamento ao seu titular, como crédito sobre a insolvência, do valor que tinham naquela data ou da indemnização pelas despesas resultantes da sua recuperação.

2. Se a posse se perder depois de terem sido apreendidas para a massa insolvente as coisas que devam ser restituídas, tem o titular direito a receber da massa o seu valor integral.

1. Corresponde, com modificações, ao art. 171º do CPEREF.
2. É de salientar de que no nº 1 se passou a permitir ao administrador da insolvência reclamar os bens que não se encontrarem na posse do insolvente à data da declaração de insolvência.

Artigo 143º – Reclamação de direitos próprios, estranhos à insolvência

Ao insolvente, bem como ao seu consorte, é permitido, sem necessidade de autorização do outro cônjuge, reclamar os seus direitos próprios, estranhos à insolvência.

1. Corresponde integralmente ao art. 202º do CPEREF.

Artigo 144º – Restituição ou separação de bens apreendidos tardiamente

1. No caso de serem apreendidos bens para a massa, depois de findo o prazo fixado para as reclamações, é ainda permitido exercer o direito de restituição ou separação desses bens nos cinco dias posteriores à apreensão, por meio de requerimento, apensado ao processo principal.

2. Citados em seguida os credores, por éditos de 10 dias, o devedor e o administrador da insolvência, para contestarem dentro dos 5 dias imediatos, seguem-se os termos do processo de verificação de créditos, com as adaptações necessárias, designadamente as constantes do nº 2 do artigo 141º.

1. Corresponde integralmente ao art. 203º do CPEREF.

Artigo 145º – Entrega provisória de bens móveis

1. Ao reclamante da restituição de coisas móveis determinadas pode ser deferida a sua entrega provisória, mediante caução prestada no próprio processo.

2. Se a reclamação for julgada definitivamente improcedente, serão restituídos à massa os bens entregues provisoriamente ou o valor da caução.

1. Corresponde integralmente ao art. 204º do CPEREF.

CAPÍTULO III – Verificação ulterior

Artigo 146º – Verificação ulterior de créditos ou de outros direitos

1. Findo o prazo das reclamações, é possível reconhecer ainda outros créditos, bem como o direito à separação ou restituição de bens, de modo a serem atendidos no processo de insolvência, por meio de ação proposta contra a massa insolvente, os credores e o devedor, efetuando-se a citação dos credores por meio de edital electrónico publicado no portal Citius, considerando-se aqueles citados decorridos cinco dias após a data da sua publicação.

2. O direito à separação ou restituição de bens pode ser exercido a todo o tempo, mas a reclamação de outros créditos, nos termos do número anterior:

a) Não pode ser apresentada pelos credores que tenham sido avisados nos termos do artigo 129º, excepto tratando-se de créditos de constituição posterior;

b) Só pode ser feita nos seis meses subsequentes ao trânsito em julgado da sentença de declaração da insolvência, ou no prazo de três meses seguintes à respectiva constituição, caso termine posteriormente.

3. Proposta a acção, a secretaria, oficiosamente, lavra termo no processo principal da insolvência no qual identifica a acção apensa e o reclamante e reproduz o pedido, o que equivale a termo de protesto.

4. A instância extingue-se e os efeitos do protesto caducam se o autor, negligentemente, deixar de promover os termos da causa durante 30 dias.

1. Os nºs 1, 2 e 4 têm a redacção da Lei 16/2012, de 20 de Abril. O nº 3 tem a redacção do D.L. 185/2009, de 12 de Agosto.

2. O art. 5º do D.L. 79/2017, de 30 de Junho, determina a substituição do Portal Citius por um portal a definir por portaria do membro do Governo responsável pela área da justiça, sendo que, a partir da data da disponibilização ao público do referido portal, a qual é comunicada por despacho publicado na 2ª Série do Diário, todas as referências feitas no CIRE ao Citius são consideradas feitas a esse novo portal.

Artigo 147º – Falta de assinatura do protesto ou caducidade dos seus efeitos

Se os efeitos do protesto caducarem, observa-se o seguinte:

a) Tratando-se de acção para a verificação de crédito, o credor só adquire direito a entrar nos rateios posteriores ao trânsito em julgado da respectiva sentença pelo crédito que venha a ser verificado, ainda que de crédito garantido ou privilegiado se trate;

b) Tratando-se de acção para a verificação do direito à restituição ou separação de bens, o autor só pode tornar efectivos os direitos que lhe forem reconhecidos na respectiva sentença passada em julgado, relativamente aos bens que a esse tempo ainda não tenham sido liquidados; se os bens já tiverem sido liquidados, no todo ou em parte, a venda é eficaz e o autor é apenas embolsado do respectivo produto, podendo este ser determinado, ou, quando o não possa ser, do valor que lhe tiver sido fixado no inventário;

c) Para a satisfação do crédito referido na última parte da alínea anterior, o autor só pode obter pagamento pelos valores que não tenham entrado já em levantamento ou rateio anterior, condicional ou definitivamente, nem se achem salvaguardados por terceiros, em virtude de recurso ou de protesto lavrado nos termos do artigo anterior e que, por isso, existam livres na massa insolvente, com respeito da preferência que lhe cabe, enquanto crédito sobre a massa insolvente.

1. Este artigo tem a redacção da Lei 16/2012, de 20 de Abril.

2. Corresponde, com poucas modificações, ao art. 206º do CPEREF.

Artigo 148º – Apensação das acções e forma aplicável

As acções a que se refere o presente capítulo correm por apenso aos autos da insolvência e seguem os termos do processo comum, ficando as respectivas custas a cargo do autor, caso não venha a ser deduzida contestação.

1. Este artigo tem a redacção do D.L. 79/2017, de 30 de Junho.

TÍTULO VI – Administração e liquidação da massa insolvente

CAPÍTULO I – Providências conservatórias

Artigo 149º – Apreensão dos bens

1. Proferida a sentença declaratória da insolvência, procede-se à imediata apreensão dos elementos da contabilidade e de todos os bens integrantes da massa insolvente, ainda que estes tenham sido:

a) Arrestados, penhorados ou por qualquer forma apreendidos ou detidos, seja em que processo for, com ressalva apenas dos que hajam sido apreendidos por virtude de infracção, quer de carácter criminal, quer de mera ordenação social;

b) Objecto de cessão aos credores, nos termos dos artigos 831º e seguintes do Código Civil.

2. Se os bens já tiverem sido vendidos, a apreensão tem por objecto o produto da venda, caso este ainda não tenha sido pago aos credores ou entre eles repartido.

1. Corresponde parcialmente ao nº 1 do art. 175º do CPEREF.

2. A apreensão de bens em processo de insolvência prevalece sobre o arresto, penhora, apreensão ou detenção de bens em qualquer outro processo anterior, com excepção dos que tiverem carácter criminal ou de mera ordenação social. A venda não é, porém, afectada, passando a apreensão a ser sobre o seu produto, a menos que tenha ocorrido pagamento ou repartição dele pelos credores.

3. Caso não tenha ocorrido o pagamento ou a repartição dos montantes recebidos pelos credores, as importâncias depositadas à ordem do processo executivo devem ser apreendidas pela insolvência, atento o facto de ter que ser considerada a posição de todos os credores. Não podemos, por isso, acompanhar o Ac. STJ 30/10/2014 (Orlando Afonso), processo 2308/11, em *CJ-ASTJ* 22 (2014), 3, pp. 99-101, que sustenta que, efectuada a venda executiva, os montantes depositados passam a ser propriedade dos credores reconhecidos e graduados na respectiva sentença, não havendo,

por isso, lugar à sua apreensão para a insolvência. É manifesto que nessa situação ainda não houve pagamento aos credores, pelo que os montantes depositados têm que ser apreendidos para a insolvência.

4. Passou a fazer-se referência específica à eficácia da declaração de insolvência sobre a cessão de bens aos credores, estabelecida nos art. 831º e ss. CC, determinando-se a apreensão dos bens por ela abrangidos, ou do produto da venda, o que determinará naturalmente a caducidade da cessão. Se já tiver sido efectuado o pagamento, este não é afectado pela declaração de insolvência, ainda que possa ocorrer a resolução em benefício da massa, nos termos dos arts. 121º, nº 1, f) e g).

Artigo 150º – Entrega dos bens apreendidos

1. O poder de apreensão resulta da declaração de insolvência, devendo o administrador da insolvência diligenciar, sem prejuízo do disposto nos nºs 1 e 2 do artigo 765º do Código de Processo Civil, no sentido de os bens lhe serem imediatamente entregues, para que deles fique depositário, regendo-se o depósito pelas normas gerais e, em especial, pelas que disciplinam o depósito judicial de bens penhorados.

2. A apreensão é feita pelo próprio administrador da insolvência, assistido pela comissão de credores ou por um representante desta, se existir, e, quando conveniente, na presença do credor requerente da insolvência e do próprio insolvente.

3. Sempre que ao administrador da insolvência não convenha fazê-lo pessoalmente, é a apreensão de bens sitos em comarca que não seja a da insolvência realizada por meio de deprecada, ficando esses bens confiados a depositário especial, mas à ordem do administrador da insolvência.

4. A apreensão é feita mediante arrolamento, ou por entrega directa através de balanço, de harmonia com as regras seguintes:

a) Se os bens já estiverem confiados a depositário judicial, manter-se-á o respectivo depósito, embora eles passem a ficar disponíveis e à ordem exclusiva do administrador da insolvência;

b) Se encontrar dificuldades em tomar conta dos bens ou tiver dúvidas sobre quais integram o depósito, pode o administrador da insolvência requerer que o funcionário do tribunal se desloque ao local onde os bens se encontrem, a fim de, superadas as dificuldades ou esclarecidas as dúvidas, lhe ser feita a entrega efectiva;

c) Quando depare com oposição ou resistência à apreensão, o próprio administrador da insolvência pode requisitar o auxílio da força pública, sendo então lícito o arrombamento de porta ou de cofre e lavrando-se auto de ocorrência do incidente;

d) O arrolamento consiste na descrição, avaliação e depósito dos bens;

e) Quer no arrolamento, quer na entrega por balanço, é lavrado pelo administrador da insolvência, ou por seu auxiliar, o auto no qual se descrevam os bens, em verbas numeradas, como em inventário, se declare, sempre que conveniente, o valor fixado por louvado, se destaque a entrega ao administrador da insolvência ou a depositário especial e se faça menção de todas as ocorrências relevantes com interesse para o processo;

f) O auto é assinado por quem presenciou a diligência e pelo possuidor ou detentor dos valores apreendidos ou, quando este não possa ou não queira assinar, pelas duas testemunhas a que seja possível recorrer.

5. À desocupação de casa de habitação onde resida habitualmente o insolvente é aplicável o disposto no artigo 862º do Código de Processo Civil.

6. As somas recebidas em dinheiro pelo administrador da insolvência, ressalvadas as estritamente indispensáveis às despesas correntes de administração, devem ser imediatamente depositadas em instituição de crédito escolhida pelo administrador da insolvência.

1. Os nºs 1 e 5 têm a redacção do D.L. 79/2017, de 30 de Junho, tendo a alteração se limitado a actualizar as remissões para o Código de Processo Civil.

Artigo 151º – Junção do arrolamento e do balanço aos autos

O administrador da insolvência junta, por apenso ao processo de insolvência, o auto do arrolamento e do balanço respeitantes a todos os bens apreendidos, ou a cópia dele, quando efectuado em comarca deprecada.

1. Corresponde integralmente ao art. 177º do CPEREF.

Artigo 152º – Publicidade da composição da massa insolvente

1. Logo que iniciada a liquidação e partilha da massa insolvente ou quando haja lugar à venda antecipada nos termos do artigo 158º, o administrador da insolvência publicita a composição da massa por anúncio publicado no portal a definir por portaria do membro do Governo responsável pela área da justiça, comprovando tal facto nos autos no prazo de cinco dias.

2. Sempre que a massa insolvente compreenda uma empresa, o anúncio referido no nº 1 conterá também tal menção, se aplicável, a diferenciação de ativos por área de negócio e ainda que a alienação se fará preferencialmente como um todo, nos termos do artigo 162º

3. Aos bens localizados e apreendidos posteriormente ao início da liquidação e partilha aplica-se, com as devidas adaptações, o disposto nos números anteriores.

1. Este artigo foi revogado pelo D.L. 116/2008, de 4 de Julho, tendo sido reintroduzido com outro conteúdo pelo D.L. 79/2017, de 30 de Junho.

2. Nos termos do art. 6º, nº 2, do D.L. 79/2017, de 30 de Junho, a nova redacção deste artigo apenas entram em vigor, quando entrar em vigor a portaria do membro do Governo responsável pela área da justiça, que irá substituir o portal Citius por um novo portal (cfr. art. 5º do D.L. 79/2017, de 30 de Junho).

CAPÍTULO II – Inventário, lista de credores e relatório do administrador da insolvência

Artigo 153º – Inventário

1. O administrador da insolvência elabora um inventário dos bens e direitos integrados na massa insolvente na data anterior à do relatório, com indicação do seu valor, natureza, características, lugar em que se encontram, direitos que os onerem, e dados de identificação registral, se for o caso.

2. Se os valores dos bens ou direitos forem diversos consoante haja ou não continuidade da empresa, o administrador da insolvência consigna no inventário ambos os valores.

3. Sendo particularmente difícil, a avaliação de bens ou direitos pode ser confiada a peritos.

4. O inventário inclui um rol de todos os litígios cujo desfecho possa afectar o seu conteúdo.

5. O juiz pode dispensar a elaboração do inventário, a requerimento fundamentado do administrador da insolvência, com o parecer favorável da comissão de credores, se existir.

1. Passou a atribuir-se ao administrador de insolvência o dever de elaborar inventário dos bens e direitos incluídos na massa insolvente, bem como dos litígios cujo desfecho possa influenciar o seu conteúdo, salvo se o juiz o dispensar dessa obrigação.

2. O inventário previsto nesta disposição constitui um anexo do relatório do administrador de insolvência (art. 155º, nº 2), sendo apreciado pela assembleia de credores juntamente com este (art. 156º).

Artigo 154º – Lista provisória de credores

1. O administrador da insolvência elabora uma lista provisória dos credores que constem da contabilidade do devedor, tenham reclamado os seus créditos ou sejam por outra forma do seu conhecimento, por ordem alfabética, com indicação do respetivo endereço, do montante, fundamento, natureza garantida, privilegiada, comum ou subordinada dos créditos, subordinação a condições, possibilidades de compensação e o valor dos bens compreendidos na massa insolvente sobre os quais incidem garantias reais de créditos pelos quais o devedor não responda pessoalmente, para os efeitos previstos no nº 7 do artigo 73º, se aplicável.

2. A lista contém ainda uma avaliação das dívidas da massa insolvente na hipótese de pronta liquidação.

1. O nº 1 tem a redacção do D.L. 79/2017, de 30 de Junho.

2. A lista provisória de credores constitui um anexo do relatório do administrador de insolvência (art. 155º, nº 2).

Artigo 155º – Relatório

1. O administrador da insolvência elabora um relatório contendo:

a) A análise dos elementos incluídos no documento referido na alínea *c)* do nº 1 do artigo 24º;

b) A análise do estado da contabilidade do devedor e a sua opinião sobre os documentos de prestação de contas e de informação financeira juntos aos autos pelo devedor;

c) A indicação das perspectivas de manutenção da empresa do devedor, no todo ou em parte, da conveniência de se aprovar um plano de insolvência, e das consequências decorrentes para os credores nos diversos cenários figuráveis;

d) Sempre que se lhe afigure conveniente a aprovação de um plano de insolvência, a remuneração que se propõe auferir pela elaboração do mesmo;

e) Todos os elementos que no seu entender possam ser importantes para a tramitação ulterior do processo.

2. Ao relatório são anexados o inventário e a lista provisória de credores.

3. O relatório e seus anexos deverão ser juntos aos autos pelo menos oito dias antes da data da assembleia de apreciação do relatório.

1. Corresponde parcialmente ao art. 38º do CPEREF.

2. O relatório do administrador da insolvência destina-se a permitir à assembleia deliberar sobre os termos ulteriores do processo, devendo por isso explicitar as diversas opções existentes e as consequências previsíveis de a assembleia deliberar num ou noutro sentido.

CAPÍTULO III – Liquidação

SECÇÃO I – Regime aplicável

Artigo 156º – Deliberações da assembleia de credores de apreciação do relatório

1. Na assembleia de apreciação do relatório deve ser dada ao devedor, à comissão de credores e à comissão de trabalhadores ou aos representantes dos trabalhadores a oportunidade de se pronunciarem sobre o relatório.

2. A assembleia de credores de apreciação do relatório delibera sobre o encerramento ou manutenção em actividade do estabelecimento ou estabelecimentos compreendidos na massa insolvente.

3. Se a assembleia cometer ao administrador da insolvência o encargo de elaborar um plano de insolvência pode determinar a suspensão da liquidação e partilha da massa insolvente.

4. Cessa a suspensão determinada pela assembleia:

a) Se o plano não for apresentado pelo administrador da insolvência nos 60 dias seguintes; ou

b) Se o plano apresentado não for subsequentemente admitido, aprovado ou homologado.

5. A suspensão da liquidação não obsta à venda dos bens da massa insolvente, ao abrigo do disposto no nº 2 do artigo 158º.

6. A assembleia pode, em reunião ulterior, modificar ou revogar as deliberações tomadas.

1. Cfr. Paula Costa e Silva, "A liquidação da massa insolvente", na *ROA* 65 (2005), 3, pp. 713-744.

2. A assembleia de credores destina-se à apreciação do relatório do administrador de insolvência, elaborado nos termos do art. 155º. Simultaneamente compete-lhe deliberar sobre se são encerrados ou mantidos em actividade dos estabelecimentos do devedor, bem como sobre se é atribuída ao administrador a tarefa de elaborar um plano de insolvência, o que determina a suspensão da liquidação e partilha da massa insolvente. As deliberações não são, porém, definitivas, já que podem ser revogadas ou modificadas em assembleia posterior.

3. A assembleia de apreciação do relatório pode ainda pronunciar-se sobre o pedido de exoneração do passivo restante formulado pelo devedor pessoa singular (art. 236º, nº 4), ainda que a decisão sobre o mesmo caiba ao juiz (art. 237º).

Artigo 157º – Encerramento antecipado

O administrador da insolvência pode proceder ao encerramento dos estabelecimentos do devedor, ou de algum ou alguns deles, previamente à assembleia de apreciação do relatório:

a) Com o parecer favorável da comissão de credores, se existir;

b) Desde que o devedor se não oponha, não havendo comissão de credores, ou se, não obstante a oposição do devedor, o juiz o autorizar com fundamento em que o adiamento da medida até à data da referida assembleia acarretaria uma diminuição considerável da massa insolvente.

1. Corresponde parcialmente ao art. 145º, *d*) do CPEREF.

2. O encerramento dos estabelecimentos do devedor é em princípio da competência da assembleia de apreciação do relatório (art. 156º, nº 2). O administrador de insolvência só o pode decretar com o acordo da comissão de credores ou do próprio devedor, quando ele não exista. Nesta última hipótese, a oposição do devedor pode ser suprida por autorização judicial em casos de urgência da medida.

Artigo 158º – Começo da venda de bens

1. Transitada em julgado a sentença declaratória da insolvência e realizada a assembleia de apreciação do relatório, o administrador da insolvência procede com prontidão à venda de todos os bens apreendidos para a massa insolvente, independentemente da verificação do passivo, na medida em que a tanto se não oponham as deliberações tomadas pelos credores na referida assembleia.

2. O administrador da insolvência promove, porém, a venda antecipada dos bens da massa insolvente que não possam ou não se devam conservar por estarem sujeitos a deterioração ou depreciação.

3. Caso decida promover a venda antecipada de bens nos termos do número anterior, o administrador da insolvência comunica esse facto ao devedor, à comissão de credores, sempre que exista, e ao juiz, pelo menos, dois dias úteis antes da realização da venda e publica-o no portal Citius.

4. O juiz, por sua iniciativa ou a requerimento do devedor, da comissão de credores ou de qualquer um dos credores da insolvência ou da massa insolvente, pode impedir a venda antecipada dos bens referida no nº 2, sendo essa decisão de imediato comunicada ao administrador da insolvência, ao devedor, à comissão de credores, bem como ao credor que o tenha requerido e insuscetível de recurso.

5. No requerimento a que se refere o número anterior o interessado deve, fundamentadamente, indicar as razões que justificam a não realização da venda e deve apresentar, sempre que tal se afigure possível, uma alternativa viável à operação pretendida pelo administrador da insolvência.

1. O nº 2 tem a redacção da Lei 16/2012, de 20 de Abril, que aditou ainda os nºs 3, 4 e 5 a este artigo.

2. O art. 5º do D.L. 79/2017, de 30 de Junho, determina a substituição do Portal Citius por um portal a definir por portaria do membro do Governo responsável pela área da justiça, sendo que, a partir da data da disponibilização ao público do referido portal, a qual é comunicada por despacho publicado na 2ª Série do Diário, todas as referências feitas no CIRE ao Citius são consideradas feitas a esse novo portal.

3. Para ocorrer trânsito em julgado da declaração de insolvência exige-se, não apenas que esta não seja objecto de recurso (art. 677 CPC), mas também que não haja sido deduzida oposição, ou que esta tenho sido julgada definitivamente improcedente, atento o facto de tanto a oposição (art. 40º, nº 3) como o recurso (art. 42º, nº 3), terem efeito suspensivo da liquidação e partilha. Neste sentido, cfr. Carvalho Fernandes/João Labareda, *Código da Insolvência*, sub art. 158º, nº 7, p. 626 e Paula Costa e Silva, *ROA* 65 (2005), 3, pp. 723 e ss.

Artigo 159º – Contitularidade e indivisão

Verificado o direito de restituição ou separação de bens indivisos ou apurada a existência de bens de que o insolvente seja contitular, só se liquida no processo de insolvência o direito que o insolvente tenha sobre esses bens.

1. Corresponde parcialmente ao nº 2 do art. 179ºº do CPEREF.

Artigo 160º – Bens de titularidade controversa

1. Se estiver pendente acção de reivindicação, pedido de restituição ou de separação relativamente a bens apreendidos para a massa insolvente, não se procede à liquidação destes bens enquanto não houver decisão transitada em julgado, salvo:

***a*)** Com a anuência do interessado;

***b*)** No caso de venda antecipada efectuada nos termos do nº 2 do artigo 158º;

***c*)** Se o adquirente for advertido da controvérsia acerca da titularidade, e aceitar ser inteiramente de sua conta a álea respectiva.

2. Na hipótese da alínea *c*) do número anterior, comunicada a alienação pelo administrador da insolvência ao tribunal da causa, a substituição processual considera-se operada sem mais, independentemente de habilitação do adquirente ou do acordo da parte contrária.

1. Corresponde, como modificações, ao nº 3 do art. 179º do CPEREF.

2. O interessado referido na alínea *a*) do nº 1, é naturalmente o autor da reivindicação ou do pedido de restituição e separação de bens e não o insolvente. Neste sentido, Carvalho Fernandes/João Labareda, *Código da Insolvência*, sub art. 160º, nº 3, p. 631, e Paula Costa e Silva, *ROA* 65 (2005), 3, p. 733.

Artigo 161º – Necessidade de consentimento

1. Depende do consentimento da comissão de credores, ou, se esta não existir, da assembleia de credores, a prática de actos jurídicos que assumam especial relevo para o processo de insolvência.

2. Na qualificação de um acto como de especial relevo atende-se aos riscos envolvidos e às suas repercussões sobre a tramitação ulterior do processo, às perspectivas de satisfação dos credores da insolvência e à susceptibilidade de recuperação da empresa.

3. Constituem, designadamente, actos de especial relevo:

a) A venda da empresa, de partes da empresa, de estabelecimentos ou da totalidade das existências;

b) A alienação de bens necessários à continuação da exploração da empresa, anteriormente ao respectivo encerramento;

c) A alienação de participações noutra sociedades destinadas a garantir o estabelecimento com estas de uma relação duradoura;

d) A aquisição de imóveis:

e) A celebração de novos contratos de execução duradoura;

f) A assunção de obrigações de terceiros e a constituição de garantias;

g) A alienação de qualquer bem da empresa por preço igual ou superior a € 10.000 e que represente, pelo menos, 10% do valor da massa insolvente, tal como existente à data da declaração da insolvência, salvo se se tratar de bens do activo circulante ou for fácil a sua substituição por outro da mesma natureza.

4. A intenção de efectuar alienações que constituam actos de especial relevo por negociação particular, bem como a identidade do adquirente e todas as demais condições do negócio, deverão ser comunicadas não só à comissão de credores, se existir, como ao devedor, com a antecedência mínima de 15 dias relativamente à data da transacção.

5. O juiz manda sobrestar na alienação e convoca a assembleia de credores para prestar o seu consentimento à operação, se isso lhe for requerido pelo devedor ou por um credor ou grupo de credores cujos créditos representem, na estimativa do juiz, pelo menos um quinto do total dos créditos não subordinados, e o requerente demonstrar a plausibilidade de que a alienação a outro interessado seria mais vantajosa para a massa insolvente.

1. Preceito inovador.

2. Ao contrário do que se previa no art. 180º do CPEREF, em que se estabelecia a competência para a liquidação ao liquidatário judicial, sujeito apenas à cooperação e fiscalização da comissão de credores, estabelece-se agora a necessidade.do consentimento da comissão de credores ou, se esta não existir, da assembleia de credores, para a prática de actos de especial relevo para o processo de insolvência.

3. Os nºs 4 e 5 do art. 161º estão em aparente contradição com o disposto no nº 1, dado que, enquanto neste preceito se exige o consentimento para quaisquer actos de especial relevo, daqueles parece resultar que a venda por negociação particular que revista esta qualificação se basta com a comunicação à comissão de credores e ao devedor, só sendo a assembleia chamada a prestar o seu consentimento no caso referido no nº 5. Essa interpretação é, porém, inaceitável face aos riscos da venda por negociação particular, onde se exige a maior transparência e isenção. Entendemos, por isso, na sequência de Paula Costa e Silva, *ROA* 65 (2005), 3, p. 738, que, na venda por negociação particular que corresponda a um acto de especial relevo, é sempre de exigir o consentimento da comissão de credores, só se aplicando o nº 5 do art. 161º, no caso de esta ter prestado esse consentimento. No caso de não existir comissão de credores, será obrigatório solicitar o consentimento da assembleia de credores, nos termos do art. 161º, nº 1, recebendo esta os elementos referidos no art. 161º, nº 4 (cfr. art. 80º). Em sentido contrário, veja-se, porém, Ana Prata/Jorge Morais de Carvalho/Rui Simões, *Código da Insolvência*, sub art. 161º, nº 8, p. 489.

Artigo 162º – Alienação da empresa

1. A empresa compreendida na massa insolvente é alienada como um todo, a não ser que não haja proposta satisfatória ou se reconheça vantagem na liquidação ou na alienação separada de certas partes.

2. Iniciadas as suas funções, o administrador da insolvência efectua imediatamente diligências para a alienação da empresa do devedor ou dos seus estabelecimentos.

1. O nº 1 corresponde ao art. 181º, nº 3 do CPEREF.

2. A obrigação de se alienar a empresa como um todo é justificável em ordem a não permitir a perda do valor do *aviamento* que a alienação separada da empresa normalmente implica.

Artigo 163º – Eficácia dos actos

A violação do disposto nos dois artigos anteriores não prejudica a eficácia dos actos do administrador da insolvência, excepto se as obrigações por ele assumidas excederem manifestamente as da contraparte.

1. Preceito inovador.

2. Trata-se de uma solução que dificilmente se compreende. Se o administrador da insolvência aliena bens sem obter o consentimento, a solução deveria ser a anulabilidade do negócio. O Código, porém, considera-o válido, ainda que admita que possa ser ineficaz "se as obrigações assumidas pelo administrador excederem manifestamente as da contraparte". No entanto, esta situação parece constituir antes uma hipótese de negócio usurário ou em fraude aos credores, o que implica uma valoração distinta.

Artigo 164º – Modalidades da alienação

1. O administrador da insolvência procede à alienação dos bens preferencialmente através de venda em leilão eletrónico, podendo, de forma justificada, optar por qualquer das modalidades admitidas em processo executivo ou por alguma outra que tenha por mais conveniente.

2. O credor com garantia real sobre o bem a alienar é sempre ouvido sobre a modalidade da alienação, e informado do valor base fixado ou do preço da alienação projectada a entidade determinada.

3. Se, no prazo de uma semana, ou posteriormente mas em tempo útil, o credor garantido propuser a aquisição do bem, por si ou por terceiro, por preço superior ao da alienação projectada ou ao valor base fixado, o administrador da insolvência, se não aceitar a proposta, fica obrigado a colocar o credor na situação que decorreria da alienação a esse preço, caso ela venha a ocorrer por preço inferior.

4. A proposta prevista no número anterior só é eficaz se for acompanhada, como caução, de um cheque visado à ordem da massa insolvente, no valor de 20% do montante da proposta, aplicando-se, com as devidas adaptações, o disposto nos artigos 824º e 825º do Código de Processo Civil.

5. Se o bem tiver sido dado em garantia de dívida de terceiro ainda não exigível pela qual o insolvente não responda pessoalmente, a alienação pode ter lugar com essa oneração, excepto se tal prejudicar a satisfação de crédito, com garantia prevalecente, já exigível ou relativamente ao qual se verifique aquela responsabilidade pessoal.

6. À venda de imóvel, ou de fracção de imóvel, em que tenha sido feita, ou esteja em curso de edificação, uma construção urbana, é aplicável o disposto no nº 6 do artigo 833º do Código do Processo Civil, não só quando tenha lugar por negociação particular como quando assuma a forma de venda directa.

1. A epígrafe tem a redacção do D.L. 282/2007, de 7 de Agosto. Os nºs 1, 4, e 6 têm a redacção do D.L. 79/2017, de 30 de Junho.

2. É de realçar que no âmbito da insolvência as modalidades da venda deixaram de ter carácter taxativo, podendo o administrador optar não apenas pelas reconhecidas

em processo executivo, mas também por qualquer outra que considere adequada. No entanto, dado que o art. 161º considera como acto de especial relevo a alienação de um elenco muito exaustivo de bens do insolvente, entende MARIA JOSÉ COSTEIRA, *Themis*, edição especial (2005), p. 37, que só em casos de pequena monta o administrador pode livremente escolher a modalidade da venda, já que na prática a mesma depende quase sempre de autorização da comissão de credores ou da assembleia.

3. Aplica-se em qualquer caso à venda celebrada pelo administrador da insolvência, o regime da venda em processo executivo, constante hoje dos arts. 811º e ss. CPC. Assim, a venda ser inválida nos termos do art. 838º CPC, sempre que se reconheça a existência de algum ónus ou limitação ou de erro sobre a coisa transmitida resultante de falta de conformidade. Neste sentido. cfr. Ac. RC 11/2/2014 (FREITAS NETO), em *CJ* 39 (2014), 1, pp. 38-41.

4. Conforme salienta PAULA COSTA E SILVA, *ROA* 65 (2005), 3, p. 740, no nº 3 institui-se uma responsabilidade pessoal do administrador da insolvência, não havendo consequentemente alteração ao regime do concurso de credores. Esta é a única sanção para a não aceitação da proposta do credor com garantia real, pelo que não é nula a venda feita a terceiro por preço inferior. Cfr. Ac. RG 28/7/2008 (MARIA ROSA TCHING), em *CJ* 33 (2008), 3, pp. 291-294.

5. Entendemos que a responsabilidade estabelecida no nº 3, deve ser analogicamente aplicada à hipótese de o administrador da insolvência omitir a notificação aos credores com garantia real, desde que estes demonstrem que essa omissão frustrou a possibilidade de apresentar proposta com essas consequências. Em sentido diferente, consideram CARVALHO FERNANDES/JOÃO LABAREDA, *Código da Insolvência*, sub art. 164º, nº 12, p. 653, que nessa situação "o administrador responderá perante o credor pelo diferencial entre o valor obtido e o total do crédito garantido, sem prejuízo da faculdade de provar que o credor preterido, se devidamente notificado, apresentaria proposta que não permitiria o ressarcimento integral do seu crédito, caso em que, então, responderá somente até à concorrência da proposta presuntiva".

6. Conforme salienta ALEXANDRE SOVERAL MARTINS, *Um curso*, pp. 300-301, o Decreto-Lei 281/99, de 26 de Julho, alterado pelo Decreto-Lei 116/2008, de 4 de Julho, proíbe a celebração dos contratos relativos a imóveis edificados ou em curso de edificação sem a prova da existência de licença de utilização ou construção. Uma vez que a obtenção dessas licenças poderia implicar um atraso considerável na liquidação o nº 6 estende à venda directa a dispensa dessas licenças já prevista no nº 6 do art. 833º CPC para a venda por negociação particular.

Artigo 165º – Credores garantidos e preferentes

Aos credores garantidos que adquiram bens integrados na massa insolvente e aos titulares de direito de preferência, legal ou convencional com eficácia real, é aplicável o disposto para o exercício dos respectivos direitos na venda em processo executivo.

1. Corresponde ao art. 183º do CPEREF.

2. Esta disposição implica a aplicação aos credores garantidos e preferentes do disposto no art. 815º CPC, que os dispensa de depositar a parte do preço que não seja necessária para pagar a credores graduados antes deles e que não exceda a importância que tem a receber. Em relação aos credores titulares de direito de preferência, legal ou convencional, com eficácia real, tratando-se de venda por propostas em carta fechada aplicar-se-á o disposto no art. 819º CPC, que determina a sua notificação para a data em que deva realizar-se a abertura das propostas, e no art. 823º CPC, quanto à forma de exercício do respectivo direito. Caso o administrador da insolvência opte pela venda directa deverá dar execução ao disposto no art. 831º CPC. Neste sentido, PAULA COSTA E SILVA, *ROA* 65 (2005), 3, p. 740.

Artigo 166º – Atraso na venda de bem objecto de garantia real

1. Transitada em julgado a sentença declaratória da insolvência e realizada a assembleia de apreciação do relatório, o credor com garantia real deve ser compensado pelo prejuízo causado pelo retardamento da alienação do bem objecto da garantia que lhe não seja imputável, bem como pela desvalorização do mesmo resultante da sua utilização em proveito da massa insolvente.

2. O administrador da insolvência pode optar por satisfazer integralmente um crédito com garantia real à custa da massa insolvente antes de proceder à venda do bem objecto da garantia, contanto que o pagamento tenha lugar depois da data fixada no nº 1 do artigo 158º para o começo da venda dos bens.

1. Preceito inovador.

2. O credor com garantia real passou a beneficiar de uma compensação pelos prejuízos causados pela alienação tardia do bem objecto da garantia, bem como pela desvalorização do mesmo resultante da sua utilização em proveito da massa insolvente. Não parece, porém, tratar-se de um crédito garantido, uma vez que estes, nos termos do art. 47º, nº 4, a) não podem ultrapassar o valor dos bens objecto da garantia, tendo que ser um crédito comum, já que não se inclui na lista de créditos subordinados.

3. Em face da consagração da compensação ao titular de garantias reais pelo atraso na venda ou desvalorização resultante da utilização em proveito da massa, admite-se a possibilidade de a dívida respectiva ser paga autonomamente à custa da massa insolvente, solução que nos parece prejudicial aos restantes credores, até porque deixa de ser o mercado a determinar o valor da garantia.

Artigo 167º – Depósito do produto da liquidação

1. À medida que a liquidação se for efectuando, é o seu produto depositado à ordem da administração da massa, em conformidade com o disposto no nº 6 do artigo 150º.

2. Quando exista comissão de credores, a movimentação do depósito efectuado, seja qual for a sua modalidade, só pode ser feita mediante assinatura conjunta do administrador da insolvência e de, pelo menos, um dos membros da comissão.

3. Sempre que sejam previstos períodos relativamente longos de imobilização dos fundos depositados, devem ser feitas aplicações deles em modalidades sem grande risco e que recolham o parecer prévio favorável da comissão de credores, se existir.

1. Corresponde, com muitas modificações, ao art. 185º do CPEREF.

Artigo 168º – Proibição de aquisição

1. O administrador da insolvência não pode adquirir, directamente ou por interposta pessoa, bens ou direitos compreendidos na massa insolvente, qualquer que seja a modalidade da venda.

2. O administrador da insolvência que viole o disposto no número anterior é destituído por justa causa e restitui à massa o bem ou direito ilicitamente adquirido, sem direito a reaver a prestação efectuada.

1. Cfr. o art. 56º, sobre a destituição do administrador de insolvência.

2. A aquisição de bens da massa por parte do administrador de insolvência constitui uma flagrante violação dos seus deveres, uma vez que institui um conflito claro entre o seu próprio interesse e o interesse dos credores, que lhe compete assegurar. A lei, por esse motivo, não apenas o sanciona com a destituição por justa causa, mas também determina a perda do bem que adquiriu, sem direito a reaver a prestação efectuada à massa, nem sequer como crédito sobre a insolvência.

Artigo 169º – Prazo para a liquidação

A requerimento de qualquer interessado, o juiz decretará a destituição, com justa causa, do administrador da insolvência, caso o processo de insolvência não seja encerrado no prazo de um ano contado da data da assembleia de apreciação do relatório, ou no final de cada período de seis meses subsequente, salvo havendo razões que justifiquem o prolongamento.

1. Corresponde parcialmente ao nº 2 do art. 180º do CPEREF.

2. Passa a prever-se expressamente que a ultrapassagem do prazo para a liquidação constitui justificação para a destituição do administrador, faculdade que já se previa genericamente no art. 137º do CPEREF.

3. Cfr. o art. 56º, sobre a destituição do administrador de insolvência.

Artigo 170º – Processamento por apenso

O processado relativo à liquidação constitui um apenso ao processo de insolvência.

1. Corresponde à parte final do nº 1 do art. 180º do CPEREF.

SECÇÃO II – Dispensa de liquidação

Artigo 171º – Pressupostos

1. Se o devedor for uma pessoa singular e a massa insolvente não compreender uma empresa, o juiz pode dispensar a liquidação da massa, no todo ou em parte, desde que o devedor entregue ao administrador da insolvência uma importância em dinheiro não inferior à que resultaria dessa liquidação.

2. A dispensa da liquidação supõe uma solicitação nesse sentido por parte do administrador da insolvência, com o acordo prévio do devedor, ficando a decisão sem efeito se o devedor não fizer entrega da importância fixada pelo juiz, no prazo de oito dias.

1. Corresponde com muitas modificações ao art. 27º do CPEREF.

2. Enquanto que no âmbito do art. 27º do CPEREF apenas se estabelecia a inaplicabilidade da recuperação ao devedor não titular de empresa, fosse este pessoa singular ou colectiva, que podia no entanto ser declarado falido, agora consigna-se a possibilidade de dispensa de liquidação em caso de insolvência de pessoa singular não titular de empresa se for entregue ao administrador uma importância em dinheiro não inferior à que resultaria dessa liquidação, hipótese que nos parece de verificação rara.

TÍTULO VII – Pagamento aos credores

Artigo 172º – Pagamento das dívidas da massa

1. Antes de proceder ao pagamento dos créditos sobre a insolvência, o administrador da insolvência deduz da massa insolvente os bens ou direitos necessários à satisfação das dívidas desta, incluindo as que previsivelmente se constituirão até ao encerramento do processo.

2. As dívidas da massa insolvente são imputadas aos rendimentos da massa, e, quanto ao excedente, na devida proporção, ao produto de cada bem, móvel ou imóvel; porém, a imputação não excederá 10% do produto de bens objecto de garantias reais, salvo na medida do indispensável à satisfação integral das dívidas da massa insolvente ou do que não prejudique a satisfação integral dos créditos garantidos.

3. O pagamento das dívidas da massa insolvente tem lugar nas datas dos respectivos vencimentos, qualquer que seja o estado do processo.

4. Intentada acção para a verificação do direito à restituição ou separação de bens que já se encontrem liquidados e lavrado o competente termo de protesto, é mantida em depósito e excluída dos pagamentos aos credores da massa insolvente ou da insolvência, enquanto persistirem os efeitos do protesto, quantia igual à do produto da venda, podendo este ser determinado, ou, quando o não possa ser, à do valor constante do inventário; é aplicável o disposto nos nºs 2 e 3 do artigo 180º, com as devidas adaptações.

1. O nº 4 tem a redacção da Lei 16/2012, de 20 de Abril.

2. Preceito inovador, com correspondência parcial no art. 212º do CPEREF. Inspira-se no art. 154 da *Ley Concursal* espanhola.

3. As dívidas da massa insolvente encontram-se enumeradas no art. 51º.

Artigo 173º – Início do pagamento dos créditos sobre a insolvência

O pagamento dos créditos sobre a insolvência apenas contempla os que estiverem verificados por sentença transitada em julgado.

1. Corresponde parcialmente ao nº 2 do art. 213º do CPEREF.

2. Em ordem a evitar futuras discussões sobre a regularidade dos pagamentos, a lei faz depender o pagamento aos credores da insolvência do reconhecimento dos respectivos créditos por sentença transitada em julgado. Exige-se assim que a sentença proferida ao abrigo dos arts. 130º, nº 3, 140º ou 146º já não possa ser objecto de recurso ordinário, não podendo até lá os credores da insolvência obter o pagamento dos seus créditos. O recurso da sentença de verificação e graduação de créditos ou protesto na acção pendente tem os efeitos previstos no art. 180º.

3. A violação desta disposição implica naturalmente a responsabilidade do administrador da insolvência, nos termos do art. 59º. Para Carvalho Fernandes/João Labareda, *op. cit.*, sub art. 173º, nº 2, p. 683, haverá igualmente lugar à repetição do indevido por parte do credor da insolvência, sem prejuízo de a mesma poder ser des-

necessária, em caso de improcedência do recurso. A nosso ver, no entanto, o pagamento deve ser considerado devido, sendo o trânsito em julgado uma condição de vencimento da obrigação, pelo que haverá apenas lugar à restituição do enriquecimento por pagamento antecipado, nos termos do art. 476º, nº 3 CC. A repetição da prestação apenas ocorrerá, nos termos do art. 476º, nº 1, CC, no caso de o recurso ser julgado procedente.

Artigo 174º – Pagamento aos credores garantidos

1. Sem prejuízo do disposto nos nºs 1 e 2 do artigo 172º, liquidados os bens onerados com garantia real, e abatidas as correspondentes despesas, é imediatamente feito o pagamento aos credores garantidos, com respeito pela prioridade que lhes caiba; quanto àqueles que não fiquem integralmente pagos e perante os quais o devedor responda com a generalidade do seu património, são os saldos respectivos incluídos entre os créditos comuns, em substituição dos saldos estimados, caso não se verifique coincidência entre eles.

2. Anteriormente à venda dos bens, o saldo estimado reconhecido como crédito comum é atendido nos rateios que se efectuarem entre os credores comuns, devendo continuar, porém, depositadas as quantias que pelos rateios lhe correspondam até à confirmação do saldo efectivo, sendo o levantamento autorizado na medida do que se vier a apurar.

3. O pagamento de dívida de terceiro não exigível:

a) Não tem lugar, na hipótese prevista na primeira parte do nº 5 do artigo 164º ou se o respectivo titular renunciar à garantia;

b) Não pode exceder o montante da dívida, actualizado para a data do pagamento por aplicação do nº 2 do artigo 91º;

c) Importa sub-rogação nos direitos do credor, na proporção da quantia paga relativamente ao montante da dívida, actualizado nos mesmos termos.

1. O nº 3 tem a redacção do D.L. 200/2004, de 18 de Agosto.
2. O nº 1 corresponde ao art. 209º do CPEREF.

Artigo 175º – Pagamento aos credores privilegiados

1. O pagamento dos créditos privilegiados é feito à custa dos bens não afectos a garantias reais prevalecentes, com respeito da prioridade que lhes caiba, e na proporção dos seus montantes, quanto aos que sejam igualmente privilegiados.

2. É aplicável o disposto na segunda parte do nº 1 e no nº 2 do artigo anterior, com as devidas adaptações.

1. Preceito inovador, inspirando-se no art. 156º da *Ley Concursal* espanhola.

2. Passa a distinguir-se expressamente a situação dos privilégios gerais da situação das garantias reais referidas no número anterior, ainda que o regime seja praticamente idêntico.

Artigo 176º – Pagamento aos credores comuns

O pagamento aos credores comuns tem lugar na proporção dos seus créditos, se a massa for insuficiente para a respectiva satisfação integral.

1. Corresponde parcialmente ao art. 214º do CPEREF.

Artigo 177º – Pagamento aos credores subordinados

1. O pagamento dos créditos subordinados só tem lugar depois de integralmente pagos os créditos comuns, e é efectuado pela ordem segundo a qual esses créditos são indicados no artigo 48º, na proporção dos respectivos montantes, quanto aos que constem da mesma alínea, se a massa for insuficiente para o seu pagamento integral.

2. No caso de subordinação convencional, é lícito às partes atribuírem ao crédito uma prioridade diversa da que resulta do artigo 48º.

1. Preceito inovador, que se inspira no art. 158º da *Ley Concursal* espanhola.

2. Passa a prever-se, conforme se refere no art. 48º, uma nova categoria de créditos, ao lado dos comuns e dos garantidos, que se caracterizam por não concorrerem com os créditos comuns, já que apenas são satisfeitos depois destes.

Artigo 178º – Rateios parciais

1. Sempre que haja em depósito quantias que assegurem uma distribuição não inferior a 5% do valor de créditos privilegiados, comuns ou subordinados, o administrador da insolvência judicial apresenta, com o parecer da comissão de credores, se existir, para ser junto ao processo principal, o plano e mapa de rateio que entenda dever ser efectuado.

2. O juiz decide sobre os pagamentos que considere justificados.

1. Corresponde integralmente ao art. 210º do CPEREF.

Artigo 179º – Pagamento no caso de devedores solidários

1. Quando, além do insolvente, outro devedor solidário com ele se encontre na mesma situação, o credor não recebe qualquer quantia sem que apresente certidão comprovativa dos montantes recebidos nos processos de insolvência dos restantes devedores; o administrador da insolvência dá conhecimento do pagamento nos demais processos.

2. O devedor solidário insolvente que liquide a dívida apenas parcialmente não pode ser pago nos processos de insolvência dos condevedores sem que o credor se encontre integralmente satisfeito.

1. Corresponde com muitas modificações ao art. 212º do CPEREF.

2. As modificações consistem em se ter eliminado a sanção estabelecida aos credores que reclamavam o seu crédito em mais do que um processo (anterior nº 2 do art. 212º do CPEREF) e se ter estabelecido a prioridade do credor originário sobre o credor de regresso, o que já resultava da regra *nemo contra se subrogasse censetur.*

Artigo 180º – Cautelas de prevenção

1. Havendo recurso da sentença de verificação e graduação de créditos, ou protesto por acção pendente, consideram-se condicionalmente verificados os créditos dos autores do protesto ou objecto do recurso, neste último caso pelo montante máximo que puder resultar do conhecimento do mesmo, para o efeito de serem atendidos nos rateios que se efectuarem, devendo continuar, porém, depositadas as quantias que por estes lhes sejam atribuídas.

2. Após a decisão definitiva do recurso ou da acção, é autorizado o levantamento das quantias depositadas, na medida que se imponha, ou efectuado o rateio delas pelos credores, conforme os casos; sendo o levantamento parcial, o rateio terá por objecto a importância sobrante.

3. Aquele que, por seu recurso ou protesto, tenha obstado ao levantamento de qualquer quantia, e venha a decair, indemniza os credores lesados, pagando juros de mora às taxas legais pela quantia retardada, desde a data do rateio em que foi incluída.

4. Sendo o protesto posterior à efectivação de algum rateio, deve ser atribuído aos credores em causa, em rateios ulteriores, o montante adicional necessário ao restabelecimento da igualdade com os credores equiparados, sem prejuízo da manutenção desse montante em depósito se a acção não tiver ainda decisão definitiva.

1. O nº 4 tem a redacção do D.L. 200/2004, de 18 de Agosto.

2. Os nºs 1 a 3 correspondem art. 213º do CPEREF.

3. Esta disposição vem esclarecer as consequências da existência de recurso da sentença de verificação e graduação de créditos (arts. 130º, nº 3 e 140º) ou de protesto por reclamação tardia em acção judicial (art. 140º) sobre os rateios a efectuar. O recurso e o protesto implicam uma verficação condicional automática, apenas para efeito do rateio, dos créditos dos seus autores pelo montante máximo reclamada, mas esses credores não podem obter pagamento, por que a tal se opõe o art. 173º, permanecendo assim depositadas as quantias que lhes são atribuídas no rateio até à decisão definitiva do recurso ou da acção. Caso, porém, estes venham a ser julgados improcedentes, os seus autores são obrigados a indemnizar os credores lesados pelos juros legais correspondentes à mora no recebimento das quantias que lhes eram devidas.

Artigo 181º – Créditos sob condição suspensiva

1. Os créditos sob condição suspensiva são atendidos pelo seu valor nominal nos rateios parciais, devendo continuar, porém, depositadas as quantias que por estes lhes sejam atribuídas, na pendência da condição.

2. No rateio final, todavia, não estando preenchida a condição:

a) Não se atenderá a crédito que seja desprovido de qualquer valor em virtude da manifesta improbabilidade da verificação da condição, hipótese em que as quantias depositadas nos termos do número anterior serão rateadas pelos demais credores;

b) Não se verificando a situação descrita na alínea anterior, o administrador da insolvência depositará em instituição de crédito a quantia correspondente ao valor nominal do crédito para ser entregue ao titular, uma vez preenchida a condição suspensiva, ou rateada pelos demais credores, depois de adquirida a certeza de que tal verificação é impossível.

1. Cfr., sobre os créditos sujeitos a condição, o disposto no art. 50º. Os créditos sujeitos a condição suspensiva não se vencem em virtude da declaração de insolvência, conforme resulta do art. 91º, nº 1.

2. O facto de o crédito estar sujeito a condição suspensiva não o desvaloriza nos rateios parciais, sendo o mesmo considerado no seu valor nominal, ainda que não possa ser objecto de pagamento enquanto não se verificar a condição, permanecendo por isso depositadas as quantias que lhe sejam atribuídas. Apenas no rateio final se avalia da probabilidade de verificação da condição, sendo que em caso de manifesta improbabilidade da sua verificação, as quantias depositadas são rateadas pelos demais credores. No caso contrário, a quantia permanece depositada a favor do credor sob condição suspensiva para lhe ser entregue após a verificação da condição, só sendo rateada pelos demais credores quando houver certeza da sua não verificação.

Artigo 182º – Rateio final

1. Encerrada a liquidação da massa insolvente, a distribuição e o rateio final são efectuados pela secretaria do tribunal quando o processo for remetido à conta e em seguida a esta; o encerramento da liquidação não é prejudicado pela circunstância de a actividade do devedor gerar rendimentos que acresceriam à massa.

2. As sobras de liquidação, que nem sequer cubram as despesas do rateio, são atribuídas ao organismo responsável pela gestão financeira e patrimonial do Ministério da Justiça.

3. O administrador da insolvência pode apresentar no processo proposta de distribuição e de rateio final, acompanhada da respectiva documentação de suporte, sendo tal informação apreciada pela secretaria.

1. O nº 3 foi aditado pela Lei 16/2012, de 20 de Abril. O nº 2 tem a redacção do D.L. 79/2017, de 30 de Junho.

Artigo 183º – Pagamentos

1. Todos os pagamentos são efetuados, sem necessidade de requerimento, preferencialmente, por meio de transferência bancária para o IBAN do respetivo destinatário, sendo a quantia sacada sobre a conta da insolvência.

2. Não sendo possível efetuar o pagamento de um crédito nos termos do número anterior, o administrador da insolvência deve utilizar cheque sacado sobre a conta da insolvência.

3. Não sendo o cheque apresentado a pagamento no prazo de um ano contado desde a data do aviso ao credor, prescreve o crédito respetivo e reverte a quantia a favor do Instituto de Gestão Financeira e Equipamentos da Justiça, I.P.

4. A utilização de qualquer um dos meios de pagamento referidos nos nºs 1 e 2 não desonera o administrador da insolvência de observar os requisitos legais ou contratualmente definidos para a movimentação da conta da insolvência, aplicando-se com as necessárias adaptações, designadamente, o nº 2 do artigo 167º

1. Este artigo tem a redacção do D.L. 79/2017, de 30 de Junho.

Artigo 184º – Remanescente

1. Se o produto da liquidação for suficiente para o pagamento da integralidade dos créditos sobre a insolvência, o saldo é entregue ao devedor pelo administrador da insolvência.

2. Se o devedor não for uma pessoa singular, o administrador da insolvência entrega às pessoas que nele participem a parte do saldo que lhes pertenceria se a liquidação fosse efectuada fora do processo de insolvência, ou cumpre o que de diverso estiver a este respeito legal ou estatutariamente previsto.

1. O nº 2 tem a redacção do D.L. 200/2004, de 18 de Agosto.
2. O nº 2 corresponde ao nº 2 do art. 216º do CPEREF.

TÍTULO VIII – Incidentes de qualificação da insolvência

CAPÍTULO I – Disposições gerais

Artigo 185º – Tipos de insolvência

A insolvência é qualificada como culposa ou fortuita, mas a qualificação atribuída não é vinculativa para efeitos da decisão de causas penais, nem das ações a que se reporta os nº 3 do artigo 82º.

1. Este artigo tem a redacção do D.L. 79/2017, de 30 de Junho.
2. Cfr. Rui Estrela de Oliveira, "Uma brevíssima incursão pelos incidentes de qualificação da insolvência", em *O Direito* 142º (2010), V, pp. 931-987.
3. Ao contrário do CPEREF que não distinguia entre as causas de insolvência, admite-se agora a possibilidade de qualificar a insolvência como culposa nos casos previstos no artigo seguinte, através do incidente pleno de qualificação de insolvência, regulado nos arts. 188º e ss. do Código.

Artigo 186º – Insolvência culposa

1. A insolvência é culposa quando a situação tiver sido criada ou agravada em consequência da actuação, dolosa ou com culpa grave, do devedor, ou dos seus administradores, de direito ou de facto, nos três anos anteriores ao início do processo de insolvência.

2. Considera-se sempre culposa a insolvência do devedor que não seja uma pessoa singular quando os seus administradores, de direito ou de facto, tenham:

a) Destruído, danificado, inutilizado, ocultado, ou feito desaparecer, no todo ou em parte considerável, o património do devedor;

b) Criado ou agravado artificialmente passivos ou prejuízos, ou reduzido lucros, causando, nomeadamente, a celebração pelo devedor de negócios ruinosos em seu proveito ou no de pessoas com eles especialmente relacionadas;

c) Comprado mercadorias a crédito, revendendo-as ou entregando-as em pagamento por preço sensivelmente inferior ao corrente, antes de satisfeita a obrigação;

d) Disposto dos bens do devedor em proveito pessoal ou de terceiros;

e) Exercido, a coberto da personalidade colectiva da empresa, se for o caso, uma actividade em proveito pessoal ou de terceiros e em prejuízo da empresa;

f) Feito do crédito ou dos bens do devedor uso contrário ao interesse deste, em proveito pessoal ou de terceiros, designadamente para favorecer outra empresa na qual tenham interesse directo ou indirecto;

g) Prosseguido, no seu interesse pessoal ou de terceiro, uma exploração deficitária, não obstante saberem ou deverem saber que esta conduziria com grande probabilidade a uma situação de insolvência;

h) Incumprido em termos substanciais a obrigação de manter contabilidade organizada, mantido uma contabilidade fictícia ou uma dupla contabilidade ou praticado irregularidade com prejuízo relevante para a compreensão da situação patrimonial e financeira do devedor;

i) Incumprido, de forma reiterada, os seus deveres de apresentação e de colaboração até à data da elaboração do parecer referido no nº 2 do artigo 188º.

3. Presume-se a existência de culpa grave quando os administradores, de direito ou de facto, do devedor que não seja uma pessoa singular, tenham incumprido:

a) O dever de requerer a declaração de insolvência;

b) A obrigação de elaborar as contas anuais, no prazo legal, de submetê-las à devida fiscalização ou de as depositar na conservatória do registo comercial.

4. O disposto nos nºs 2 e 3 é aplicável, com as necessárias adaptações, à actuação de pessoa singular insolvente e seus administradores, onde a isso não se opuser a diversidade das situações.

5. Se a pessoa singular insolvente não estiver obrigada a apresentar-se à insolvência, esta não será considerada culposa em virtude da mera omissão ou retardamento na apresentação, ainda que determinante de um agravamento da situação económica do insolvente.

1. Institui-se agora o conceito de insolvência culposa quando a mesma resulta do comportamento censurável do devedor que, no entanto, é limitada às situações de dolo ou culpa grave. A lei institui no art. 186º, nº 2, uma presunção *iuris et de iure*, quer da existência de culpa grave, quer do nexo de causalidade desse comportamento para a criação ou agravamento da situação de insolvência, não admitindo a produção de prova em sentido contrário. Já no art. 186º, nº 3, consagra-se apenas uma presunção de culpa grave, em resultado da actuação dos seus administradores, de direito ou de facto, mas não uma presunção da causalidade da sua conduta em relação à situação de

insolvência, exigindo-se a demonstração nos termos do art. 186º, nº 1, que a insolvência foi causada ou agravada em consequência dessa mesma conduta.

2. No Ac. RG 14/6/2006 (Manso Rainho), em *CJ* 31 (2006), 3, pp. 288-290 sustentou-se que a insolvência é de considerar como fortuita, independentemente de o gerente não ter requerido a declaração de insolvência nem ter procedido ao depósito das contas na conservatória do registo comercial se se provou que a impossibilidade de cumprimento resultou da falência de outra sociedade, com a qual se tinha celebrado contrato de empreitada. Da mesma forma, no Ac. RG 12/3/2009 (Manso Rainho), em *CJ* 34 (2009), 2, pp. 309-311, considerou-se ilidida a presunção de insolvênca estabelecida no nº 3 com a demonstração de que a mesma teve por causa variáveis incontroláveis pelo devedor insolvente, como é o caso de dificuldades do sector de actividade em que se insere e a conjuntura do mercado. No Ac. RC 8/2/2011 (Beça Pereira), em *CJ* 36 (2011), 1, pp. 31-33, considerou-se de excluir a qualificação como culposa da insolvência se não se demonstrar a existência de nexo de causalidade entre a falta de depósito das contas e a situação de insolvência.

3. De notar que fora dos casos referidos na alínea *i*) do nº 2 deste artigo a recusa de prestação de informação e colaboração é livremente apreciada pelo juiz para efeitos de qualificação da insolvência como culposa (art. 83º, nº 3).

4. No Ac. RC 22/5/2007 (Freitas Neto) na *CJ* 32 (2007), 3, pp. 12-14, considerou-se a insolvência como culposa em consequência da inexistência de livros de contabilidade, considerando-se responsáveis pela situação todos os gerentes, e não apenas o executivo. No Ac. RP 22/5/2007 (Mário Cruz) na *CJ* 32 (2007), 3, pp. 174-176, considerou-se como presunção *iuris tantum* da qualificação da insolvência como culposa a ausência de depósito das contas numa conservatória nos últimos quatro anos. Também no Ac. RL 27/11/2007 (Isabel Salgado) na *CJ* 32 (2007), 5, pp. 104-108, se considerou que o incumprimento, em termos substanciais da obrigação de manter a contabilidade organizada, acarreta automaticamente a qualificação da insolvência de uma sociedade entre cônjuges, responsabilizando-se pela situação os cônjuges, enquanto únicos sócios da sociedade. Da mesma forma, no Ac. RE 5/6/2008 (Maria Alexandra Moura Santos), em *CJ* 33 (2008), 3, pp. 247-249 se considerou como fundamento da insolvência culposa a não organização da contabilidade da sociedade desde há vários anos.

5. No Ac. RL 9/7/2015 (Regina Almeida), processo 519/10.5TYLSB, publicado na *CJ* 40 (2015), 3, pp. 118-127, considerou-se que uma vez verificados factos integradores das situações contempladas no nº 2 do art. 186º, a insolvência tem que ser declarada como culposa, mesmo que existam outras causas que para ela tenham concorrido como a crise financeira mundial.

Artigo 187º – Declaração de insolvência anterior

Se o devedor insolvente houver já sido como tal declarado em processo anteriormente encerrado, o incidente de qualificação da insolvência só é aberto se o não tiver sido naquele processo em virtude da aprovação de um plano de pagamentos aos credores, ou for provado que a situação de insolvência não se manteve ininterruptamente desde a data da sentença de declaração anterior.

1. Desta norma parece resultar que a não qualificação da insolvência em processo anterior vale, em princípio, para o novo processo. Efectivamente, apenas no caso de a não qualificação da insolvência ter tido por fundamente a aprovação de um plano de pagamentos aos credores ou tiver havido suspensão desse estado é que a discussão sobre a qualificação pode ser novamente reatada.

CAPÍTULO II – Incidente pleno de qualificação da insolvência

Artigo 188º – Tramitação

1. Até 15 dias após a assembleia de apreciação do relatório ou, no caso de dispensa da realização desta, após a junção aos autos do relatório a que se refere o artigo 155º, o administrador da insolvência ou qualquer interessado pode alegar, fundamentadamente, por escrito, em requerimento autuado por apenso, o que tiver por conveniente para efeito da qualificação da insolvência como culposa e indicar as pessoas que devem ser afetadas por tal qualificação, cabendo ao juiz conhecer dos factos alegados e, se o considerar oportuno, declarar aberto o incidente de qualificação da insolvência, nos 10 dias subsequentes.

2. O despacho que declara aberto o incidente de qualificação da insolvência é irrecorrível, sendo de imediato publicado no portal Citius.

3. Declarado aberto o incidente, o administrador da insolvência, quando não tenha proposto a qualificação da insolvência como culposa nos termos do nº 1, apresenta, no prazo de 20 dias, se não for fixado prazo mais longo pelo juiz, parecer, devidamente fundamentado e documentado, sobre os factos relevantes, que termina com a formulação de uma proposta, identificando, se for o caso, as pessoas que devem ser afectadas pela qualificação da insolvência como culposa.

4. O parecer e as alegações referidos nos números anteriores vão com vista ao Ministério Público, para que este se pronuncie, no prazo de 10 dias.

5. Se tanto o administrador da insolvência como o Ministério Público propuserem a qualificação da insolvência como fortuita, o juiz pode proferir de imediato decisão nesse sentido, a qual é insuscetível de recurso.

6. Caso não exerça a faculdade que lhe confere o número anterior, o juiz manda notificar o devedor e citar pessoalmente aqueles que em seu entender devam ser afetados pela qualificação da insolvência como culposa para se oporem, querendo, no prazo de 15 dias; a notificação e as citações são acompanhadas dos pareceres do administrador da insolvência e do Ministério Público e dos documentos que os instruam.

7. O administrador da insolvência, o Ministério Público e qualquer interessado que assuma posição contrária à das oposições pode responder-lhe dentro dos 10 dias subsequentes ao termo do prazo referido no número anterior.

8. É aplicável às oposições e às respostas, bem como à tramitação ulterior do incidente da qualificação da insolvência, o disposto nos artigos 132º a 139º, com as devidas adaptações.

1. Este artigo tem a redacção da Lei 16/2012, de 20 de Abril. O nº 1 tem a redacção do D.L. 79/2017, de 30 de Junho.

2. O art. 5º do D.L. 79/2017, de 30 de Junho, determina a substituição do Portal Citius por um portal a definir por portaria do membro do Governo responsável pela área da justiça, sendo que, a partir da data da disponibilização ao público do referido portal, a qual é comunicada por despacho publicado na 2ª Série do Diário, todas as referências feitas no CIRE ao Citius são consideradas feitas a esse novo portal.

3. Esta disposição inspira-se nas soluções dos arts. 168 a 170 da *Ley Concursal* espanhola.

4. Este artigo regula o processamento do incidente relativo à qualificação da insolvência, o qual se destina a apreciar a culpa do devedor na sua verificação. O administrador da insolvência e os interessados na qualificação da insolvência como culposa têm 15 dias, após a realização da assembleia de apreciação do relatório, para alegar os fundamentos que possuem para o efeito (nº 1), sendo então emitido despacho a declarar aberto o incidente, o qual é irrecorrível (nº 2). Se não for o requerente, o administrador deve em 20 dias elaborar um parecer sobre a questão (nº 3), indo então o processo nos 10 dias seguintes com vista ao Ministério Público para se pronunciar (nº 4). Caso as posições do administrador da insolvência e do Ministério Público convirjam no sentido do carácter fortuito da insolvência, o juiz pode seguir de imediato essa posição (nº 5). Caso não exerça essa faculdade, manda citar o devedor e os eventuais afectados para se oporem no prazo de 15 dias à qualificação da insolvência como culposa (nº 6), podendo ainda o administrador da insolvência, o Ministério Público, e qualquer interessado responder às oposições no prazo de 10 dias (nº 7). Segue-se o regime estabelecido para as reclamações de créditos (nº 8), o que implica para além da obrigação de indicar os meios de prova (arts. 134º e 25º, nº 2), a emissão de parecer pela comissão de credores (art. 135º), o saneamento do processo (art. 136º), a realização de diligências instrutórias (art. 137º) e audiência de julgamento (arts. 138º e 139º).

5. O nº 3 estabelece que o parecer do administrador deve ser devidamente fundamentado e documentado, e apresentado no prazo de 15 dias, após o prazo concedido aos interessados para alegarem nesse sentido. A exigência de fundamentação variará, no entanto, consoante a existência ou não existência de alegações, e a sua proposta seja a de qualificar a insolvência como culposa ou fortuita. Propondo a qualificação da insolvência como culposa, o administrador tem que apreciar os factos invocados nas alegações ou outros de que teha conhecimento, e averiguar se eles correspondem efectivamente à qualificação da insolvência como culposa. No segundo caso, bastará ao administrador invocar a inexistência de factos que justifiquem essa qualificação, bem como a ausência de alegações dos interessados. Neste sentido, cfr. Luís Carvalho Fernandes/João Labareda, *Código da Insolvência*, sub art. 188º, nº 9, p. 727, e na jurisprudência, Ac. RG 14/6/2006 (Vieira da Cunha), em *CJ* 31 (2006), 3, pp. 290-292. Já em relação ao prazo, tem-se considerado que este não é peremptório, mas meramente ordenador, podendo o juiz instar o administrador a apresentar o parecer. Neste sentido, cfr. Carvalho Fernandes/João Labareda, *Código da Insolvência*, sub art. 188º, nº 12, p. 728, e, na jurisprudência, Ac. RC 23/1/2008 (Falcão de Magalhães), em *CJ* 33 (2008), 1, pp. 13-17. Em sentido contrário, Rui Estrela de Oliveira, *O Direito* 142º (2010), V, p. 956, entende ser o prazo peremptório, tendo a omissão do administrador por efeito propor a qualificação da insolvência como fortuita.

6. Com a nova redacção do nº 5 ficou alterada a incorrecta solução do anterior nº 4, que retirava injustificamente o poder jurisdicional ao tribunal, obrigando-o a seguir a posição conjunta do Ministério Público e do administrador de insolvência. Criticando a anterior solução, cfr. Maria José Costeira, *Themis*, edição especial (2005), p. 32, Luís Carvalho Fernandes, "A qualificação da insolvência e a administração da massa insolvente pelo devedor", na *Themis*, edição especial (2005), pp. 81-104 (90) e Luís Carvalho Fernandes/João Labareda, *Código da Insolvência*, sub art. 188º, nº 13, p. 729 e Rui Estrela de Oliveira, *O Direito* 142 (2010), V, pp. 959 e ss. Fica agora claro que o juiz não é obrigado a seguir a posição conjunta do administrador da insolvência e do Ministério Público, pelo que só irá qualificar de imediato a insolvência como fortuita se for esse o seu próprio entendimento.

Artigo 189º – Sentença de qualificação

1. A sentença qualifica a insolvência como culposa ou como fortuita.

2. Na sentença que qualifique a insolvência como culposa, o juiz deve:

a) Identificar as pessoas, nomeadamente administradores, de direito ou de facto, técnicos oficiais de contas e revisores oficiais de contas, afetadas pela qualificação, fixando, sendo o caso, o respetivo grau de culpa;

b) Decretar a inibição das pessoas afetadas para administrarem patrimónios de terceiros, por um período de 2 a 10 anos;

c) Declarar essas pessoas inibidas para o exercício do comércio durante um período de 2 a 10 anos, bem como para a ocupação de qualquer cargo de titular de órgão de sociedade comercial ou civil, associação ou fundação privada de actividade económica, empresa pública ou cooperativa;

d) Determinar a perda de quaisquer créditos sobre a insolvência ou sobre a massa insolvente detidos pelas pessoas afectadas pela qualificação e a sua condenação na restituição dos bens ou direitos já recebidos em pagamento desses créditos;

e) Condenar as pessoas afetadas a indemnizarem os credores do devedor declarado insolvente no montante dos créditos não satisfeitos, até às forças dos respectivos patrimónios, sendo solidária tal responsabilidade entre todos os afetados.

3. A inibição para o exercício do comércio tal como a inibição para a administração de patrimónios alheios são oficiosamente registadas na conservatória do registo civil, e bem assim, quando a pessoa afetada for comerciante em nome individual, na conservatória do registo comercial, com base em comunicação electrónica ou telemática da secretaria, acompanhada de extrato da sentença.

4. Ao aplicar o disposto na alínea *e*) do nº 2, o juiz deve fixar o valor das indemnizações devidas ou, caso tal não seja possível em virtude de o tribunal não dispor dos elementos necessários para calcular o montante dos prejuízos sofridos, os critérios a utilizar para a sua quantificação, a efectuar em liquidação de sentença.

1. Os nºs 2 e 3 têm a redacção da Lei 16/2012, de 20 de Abril, que ainda aditou o nº 4 a este artigo.

2. Cfr. Carvalho Fernandes, *Themis*, edição especial (2005), pp. 97 e ss.

3. O incidente de qualificação de insolvência passa a ter como consequência civil a inibição para a administração de patrimónios alheios, bem como a inibição para o exercício de comércio ou para ser titular de órgão de pessoa colectiva, prevendo-se ainda a perda dos créditos sobre a insolvência e a condenação solidária das pessoas afectadas a indemnizar os credores do insolvente.

4. Na sua versão originária, a alínea *b*) do nº 2 previa antes a sanção da inabilitação (arts. 152º e ss. CC) Face à gravidade dessa sanção, suscitou-se desde cedo na jurisprudência a questão da constitucionalidade dessa norma, em virtude a sua manifesta contradição com o art. 26º da Constituição. O Ac. RG 14/6/2006 (Manso Rainho), na *CJ* 31 (2006), 3, pp. 288-290, considerou constitucional a conjugação do art. 186º, nº 3 com as consequências emergentes do art. 189º, nº 2 CIRE. Mas já o Tribunal Constitucional, no Ac. TC 564/2007, de 13 de Novembro de 2007 (Sousa Ribeiro, vencido Benjamim Rodrigues) julgou inconstitucional a norma do art. 189º, nº 2, b)

por ofensa ao art. 26º da Constituição. Esta solução viria a ser confirmada na decisão sumária 615/2007, de 27 de Novembro (Cura Mariano), para a hipótese de a norma se aplicar a administrador da sociedade comercial declarada insolvente. Com o mesmo alcance, vieram a pronunciar-se os Acs. 570/2008, de 26 de Novembro (Vítor Gomes), 571/2008, de 26 de Novembro (Carlos Fernandes Cadilha) e 584/2008, de 26 de Novembro (Gil Galvão), assim como as decisões sumárias 85/2008, de 22 de Fevereiro (Maria Lúcia Amaral), 267/2008, de 26 de Maio (Mário Torres), 323/2008, de 19 de Junho (Benjamim Rodrigues), 376/2008, de 16 de Julho (Vítor Gomes), 417/2008, de 16 de Setembro (Sousa Ribeiro), e 425/2008, de 22 de Setembro (Vítor Gomes), disponíveis em http://www.tribunalconstitucional.pt. Posteriormente, no Ac. TC nº 173/2009, de 2 de Abril (Joaquim de Sousa Ribeiro), publicado no D.R. I Série, de 4 de Maio de 2009, pp. 2518-2523, o Tribunal Constitucional veio declarar a inconstitucionalidade com força obrigatória geral do art. 189º, nº 2, *b*) do CIRE, mas fê-lo apenas no caso da sua aplicação a administrador de sociedade declarada insolvente, tendo assim a norma ficado em vigor para as restantes situações. A nosso ver, no entanto, o art. 189º, nº 2, *b*) do CIRE era integralmente inconstitucional, independentemente da pessoa a quem viesse a ser aplicado, por estabelecer como sanção uma restrição à capacidade civil das pessoas, o que não é constitucionalmente admissível. Bem andou, por isso, a Lei 16/2012, de 20 de Abril ao extinguir definitivamente essa aberração.

5. A nova redacção do nº 2 com a introdução da alínea *e*), efectua um retorno ao sistema do art. 126º-A CPEREF, permitindo responsabilizar os administradores pelas dívidas da pessoa colectiva insolvente. Cfr. Adelaide Menezes Leitão, "Insolvência culposa e responsabilidade dos administradores na Lei nº 16/2012, de 20 de Abril", em Catarina Serra (org.), *I Congresso de Direito da Insolvência*, Coimbra, Almedina, 2013, pp. 269-283. Ao contrário, no entanto, do que se exigia nessa disposição, não está prevista na lei a exigência de requerimento do Ministério Público ou de qualquer credor nesse sentido. Rosário Epifâneo, *Manual*, p. 142, e Alexandre Soveral Martins, *Um curso*, pp. 388-389, invocando o caso paralelo do art. 82º, nº 3, *b*) sustentam não haver lugar neste caso ao pagamento directo aos credores, uma vez que tal violaria o princípio da igualdade entre credores e o regime da graduação de créditos, ingressando antes essas quantias na massa insolvente em benefício de todos os credores.

Ainda a propósito dessa alínea, é duvidoso o significado a atribuir à expressão "até às forças dos respectivos patrimónios". Temos sutentando que o que a lei pretende é excluir a possibilidade de os afectados pela qualificação serem declarados insolventes por não poderem cumprir esta obrigação de indemnização na sua integralidade, dado que a mesma se reduz ao montante correspondente aos seus patrimónios. Não se devem admitir assim novos processos de insolvência contra os afectados em virtude de não poderem cumprir a obrigação de indemnização aos credores em que foram condenados. Em sentido contrário, veja-se, no entanto, Rui Pinto Duarte, "Responsabilidade dos administradores: coordenação dos regimes do CSC e do CIRE", em CATARINA SERRA (org.), *III Congresso de Direito da Insolvência*, Coimbra, Almedina, 2015, pp. 151-173 (168) que considera que "não deve ser atribuído significado especial à expressão (...), entendendo que o legislador apenas quis enfatizar que todo o património de cada pessoa afetada responde pela indemnização em causa". Também JOSÉ MANUEL BRANCO, "Qualificação da insolvência (evolução da figura), na *RDI*, nº 1 (Abril 2016), pp. 13-43 (22-23), sustenta que esta "pouco rigorsa expressão" se identifica apenas com o disposto no art. 601º CC, que limita a responsabilidade do devedor aos bens susceptíveis de penhora.

Artigo 190º – Suprimento da inabilidade

1. (*Revogado*).

2. (*Revogado*).

1. Este artigo foi revogado pelo art. 5º da Lei 16/2012, de 20 de Abril.

CAPÍTULO III – Incidente limitado de qualificação da insolvência

Artigo 191º – Regras aplicáveis

1. O incidente limitado de qualificação de insolvência aplica-se nos casos previstos no nº 1 do artigo 39º e no nº 5 do artigo 232º e rege-se pelo disposto nos artigos 188º e 189º, com as seguintes adaptações:

a) O prazo para o administrador da insolvência ou qualquer interessado alegar o que tiver por conveniente para o efeito da qualificação da insolvência como culposa é, nos casos do nº 1 do artigo 39º, de 45 dias contados da data da sentença de declaração de insolvência e, quando aplicável, o prazo para o administrador de insolvência apresentar o seu parecer é de 15 dias;

b) Os documentos da escrituração do insolvente são patenteados pelo próprio a fim de poderem ser examinados por qualquer interessado;

c) Da sentença que qualifique a insolvência como culposa constam apenas as menções referidas nas alíneas *a)* a *c)* e *e)* do nº 2 do artigo 189º.

2. É aplicável o disposto no artigo 83º na medida do necessário ou conveniente para a elaboração do parecer do administrador da insolvência, sendo-lhe designadamente facultado o exame a todos os elementos da contabilidade do devedor.

1. O nº 1 foi sucessivamente alterado pela Lei 16/2012, de 20 de Abril e pelo D.L. 79/2017, de 30 de Junho.

2. Cfr. Carvalho Fernandes, *Themis*, edição especial (2005), pp. 92 e ss.

3. O incidente limitado de qualificação de insolvência aplica-se nos casos erm que o tribunal verifica que o património não é presumivelmente suficiente para satisfação das custas do processo e das dívidas da massa insolvente, e que não está a sua satisfação garantida por outra via (art. 39º, nº 1). Essa situação pode ocorrer em resultado de comunicação do administrador de insolvência (art. 232º, nºs 1 e 5).

4. O incidente limitado distingue-se do pleno pelo facto de o Tribunal não declarar a perda de créditos nem ordenar a restituição de bens em relação às pessoas afectadas pela qualificação, ao contrário do que se prevê no art. 189º, nº 2 d).

TÍTULO IX – Plano de insolvência

CAPÍTULO I – Disposições gerais

Artigo 192º – Princípio geral

1. O pagamento dos créditos sobre a insolvência, a liquidação da massa insolvente e a sua repartição pelos titulares daqueles créditos e pelo devedor, bem como a responsabilidade do devedor depois de findo o processo de insolvência, podem ser regulados num plano de insolvência em derrogação das normas do presente Código.

2. O plano só pode afectar por forma diversa a esfera jurídica dos interessados, ou interferir com direitos de terceiros, na medida em que tal seja expressamente autorizado neste título ou consentido pelos visados.

3. O plano que se destine a prover à recuperação do devedor designa-se plano de recuperação, devendo tal menção constar em todos os documentos e publicações respeitantes ao mesmo.

1. O nº 3 foi aditado pela Lei 16/2012, de 20 de Abril.

2. Cfr. Eduardo Santos Júnior, "O plano de insolvência. Algumas notas", em *O Direito*, 138 (2006), III, pp. 571-591 = Ruy de Albuquerque/António Menezes Cordeiro (org.), *Estudos em Memória do Professor Doutor José Dias Marques*, Coimbra, 2007, pp. 121-141.

3.Em lugar das providências de recuperação previstas nos arts. 62º e ss. do CPEREF (concordata, reconstituição empresarial, reestruturação financeira e gestão controlada) prevê-se agora a figura genérica do plano de insolvência, inspirado nos §§ 217 e ss. da *Insolvenzordnung* alemã, através do qual pode ser alterado o regime da insolvência. É de salientar que a localização sistemática da figura acentua a nova vertente de fazer prevalecer a declaração de insolvência sobre as providências de recuperação, assim se alterando a filosofia do CPEREF.

4. Para Menezes Cordeiro, *O Direito* 137 (2005), III, p. 503, apesar de o conteúdo concreto do plano de insolvência depender da vontade das partes, é possível, com base no art. 195º, nº 2 b), apresentar uma classificação exemplificativa de planos de insolvência, abrangendo: a) o plano de liquidação da massa insolvente; b) o plano de recuperação; c) o plano de transmissão de empresa; e d) o plano misto. No mesmo sentido, Catarina Serra, *O regime*, p. 146, fala na "existência de quatro modalidades de plano: o plano de liquidação da massa insolvente (*Liquidationsplan* na *InsO*), o plano de recuperação (*Sanierungsplan* na *InsO*), o plano de saneamento por transmissão da empresa a outra entidade (*Übertragungsplan* na *InsO*) e, naturalmente o plano misto, que resulta da liberdade de combinar todas ou algumas das modalidades anteriores".

5. A Lei 16/2012 determinou a autonomização no âmbito do plano de insolvência do plano de recuperação do devedor, o qual passou a constituir uma modalidade especial desse plano, a qual deve ser sempre referida.

Artigo 193º – Legitimidade

1. Podem apresentar proposta de plano de insolvência o administrador da insolvência, o devedor, qualquer pessoa que responda legalmente pelas dívidas da insolvência e qualquer credor ou grupo de credores cujos créditos representem pelo menos um quinto do total dos créditos não subordinados reconhecidos na sentença de verificação e graduação de créditos, ou na estimativa do juiz, se tal sentença ainda não tiver sido proferida.

2. O administrador da insolvência deve apresentar em prazo razoável a proposta de plano de insolvência de cuja elaboração seja encarregado pela assembleia de credores.

3. O administrador elabora a proposta de plano de insolvência em colaboração com a comissão de credores, se existir, com a comissão ou representantes dos trabalhadores e com o devedor, devendo conformar-se com as directrizes que tenham sido aprovadas em assembleia de credores, quando a proposta não seja de sua iniciativa.

1. A legitimidade para a apresentação do plano da insolvência é atribuída tanto ao administrador da insolvência como ao devedor, aos responsáveis legais pelas suas dívidas, e a qualquer credor ou grupo de credores cujos créditos representem pelo menos um quinto do total dos créditos não subordinados reconhecidos na sentença de verificação dos créditos, ou na estimativa do juiz, se tal sentença ainda não tiver sido proferida.

2. Em relação ao administrador da insolvência, este pode apresentar a proposta por sua própria iniciativa ou a requerimento da assembleia de credores (arts. 193º, nº 2, e 156º, nº 3), devendo neste último caso fazê-lo em prazo razoável. A lei não define o que se deve entender por prazo razoável, sendo este um conceito vago e indeterminado,

a necessitar de ser concretizado em relação a cada insolvência em particular. Parece, no entanto, que esse prazo não deverá exceder os 60 dias, atenta a circunstância de a liquidação e partilha da massa insolvente não se poder prolongar para além dessa data (arts. 156º, nº 3, e nº 4, a)). Neste sentido, cfr. CARVALHO FERNANDES/JOÃO LABAREDA, *Código da Insolvência*, sub art. 193º, nº 8, pp. 639-640, e SANTOS JÚNIOR, *O Direito*, 138 (2006), III, p. 582 = *Estudos Dias Marques*, p. 132.

Artigo 194º – Princípio da igualdade

1. O plano de insolvência obedece ao princípio da igualdade dos credores da insolvência, sem prejuízo das diferenciações justificadas por razões objectivas.

2. O tratamento mais desfavorável relativamente a outros credores em idêntica situação depende do consentimento do credor afectado, o qual se considera tacitamente prestado no caso de voto favorável.

3. É nulo qualquer acordo em que o administrador da insolvência, o devedor ou outrem confira vantagens a um credor não incluídas no plano de insolvência em contrapartida de determinado comportamento no âmbito do processo de insolvência, designadamente quanto ao exercício do direito de voto.

1. Corresponde, com muitas modificações, ao art. 62º do CPEREF. O nº 3 tem correspondência no art. 69º do CPEREF.

2. Em consequência do princípio da igualdade dos credores, o plano de insolvência não tem que atribuir preferências de pagamento a credores privilegiados, cujos privilégios se extinguem com a declaração de insolvência, mesmo que os respectivos credores tenham votado contra o plano. Neste sentido, quanto aos créditos do Estado, cfr Ac. RL 22/11/2007 (PEDRO LIMA GONÇALVES) na *CJ* 32 (2007), 5, pp. 98-100. Quanto aos créditos da Segurança Social, cfr. Ac. RG 9/7/2009 (MARIA ROSA TCHING) na *CJ* 34 (2009), 3, pp. 299-301. Apenas os credores poderão estabelecer essa diferenciação, desde que para o efeito tenham razões objectivas. A nossa jurisprudência tem interpretado latamente esta possibilidade de estabelecer diferenciações entre os credores com fundamento em razões objectivas. Assim, no Ac. RL 12/7/2007 (ANTÓNIO ABRANTES GERALDES) na *CJ* 32 (2007), 3, pp. 110-115, considerou-se ser admissível a homologação de plano de insolvência que previa a manutenção apenas de alguns trabalhadores na empresa adquirente do património da insolvente e diferentes percentagens de pagamento imediato a certos credores privilegiados.

Artigo 195º – Conteúdo do plano

1. O plano de insolvência indica claramente as alterações dele decorrentes para as posições jurídicas dos credores da insolvência.

2. O plano de insolvência indica a sua finalidade, descreve as medidas necessárias à sua execução, já realizadas ou ainda a executar, e contém todos os elementos relevantes para efeitos da sua aprovação pelos credores e homologação pelo juiz, nomeadamente:

a) A descrição da situação patrimonial, financeira e reditícia do devedor;

b) A indicação sobre se os meios de satisfação dos credores serão obtidos através de liquidação da massa insolvente, de recuperação do titular da empresa ou da transmissão da empresa a outra entidade;

c) No caso de se prever a manutenção em actividade da empresa, na titularidade do devedor ou de terceiro, e pagamentos aos credores à custa dos respectivos rendimentos, plano de investimentos, conta de exploração previsional e demonstração previsional de fluxos de caixa pelo período de ocorrência daqueles pagamentos, e balanço pró-forma, em que os elementos do activo e do passivo, tal como resultantes da homologação do plano de insolvência, são inscritos pelos respectivos valores;

d) O impacto expectável das alterações propostas, por comparação com a situação que interviria na ausência de qualquer plano de insolvência;

e) A indicação dos preceitos legais derrogados, e do âmbito dessa derrogação.

1. O plano de insolvência não é sujeito a condicionalismos específicos, sendo deixada à autonomia dos credores a escolha da solução que melhor corresponda aos seus interesses, tendo por isso carácter exemplificativo as medidas mencionadas no art. 196º e supletivo a fixação geral das suas consequências no art. 197º. Apenas estando em causa sociedades comerciais é que o legislador procede à tipificação de providências a adoptar no âmbito do art. 198º.

2. Conforme acima se referiu, os credores podem alterar no plano de insolvência a respectiva graduação, sem necessidade de consentimento do lesado. Assim, no Ac. RP 15/11/2007 (Deolinda Varão) na *CJ* 32 (2007), 5, pp. 175-178, considerou-se que, face ao art. 195º, nº 2, é possível determinar o pagamento dos credores hipotecários à frente dos privilégios dos trabalhadores, não sendo necessário o consentimento destes, por a lei autorizar expressamente essa situação, como prevê o art. 192º, nº 2.

3. É controvertido o significado a atribuir à alínea *e)* do nº 2. Para Carvalho Fernandes/João Labareda, *Código da Insolvência*, sub art. 195º, nº 7, p. 758, estará aqui em causa apenas a derrogação das normas supletivas aplicáveis. No Ac. RP 13/7/2006 (José Ferraz), em CJ 31 (2006), 3, pp. 200-205, admitiu-se, porém, com base nesta norma a possibilidade de o plano de insolvência derrogar as disposições legais que estabelecem sobre a regularização de créditos à segurança social, nomeadamente o D.L. 411/91, de 17 de Outubro, podendo assim o plano de insolvência determinar a redução dos créditos e perdão de juros sem consentimento do credor, não se tendo considerado essa solução inconstitucional. A mesma solução foi adoptada no Ac. RC

27/5/2008 (HÉLDER ROQUE) na *CJ* 33 (2008), 3, pp. 14-17, onde se considerou que o plano da insolvência pode, em derrogação a esse diploma, estabelecer modificações do prazo de pagamento e da taxa de juro dos créditos da Segurança Social. Da mesma forma, o Supremo Tribunal de Justiça, no Ac. STJ 4/6/2009 (ÁLVARO RODRIGUES), considerou admissível que o plano de insolvência estabelecesse a redução ou perdão de dívidas do insolvente ao Estado, derrogando assum o regime dos créditos tributários, não tendo igualmente considerado essa solução inconstitucional. No mesmo sentido, cfr. Ac. RC 6/10/2009 (FREITAS NETO), em *CJ* 34 (2009), 4, pp. 28-31 e Ac. RC 1/6/2010 (CARLOS MOREIRA), em *CJ* 35 (2010), 3, pp. 17-20. A solução veio a ser, no entanto, derrogada pelo Lei 55-A/2010, de 31 de Dezembro, cujo art. 123º aditou um nº 3 ao art. 30º da LGT esclarecendo que o regime de indisponibilidade do crédito tributário prevalece sobre qualquer legislação especial, acrescentando o art. 125º que "o disposto no nº 3 do art. 30º da LGT é aplicável, designadamente aos processos de insolvência que se encontrem pendentes e ainda não tenham sido objecto de homologação, sem prejuízo da prevalência dos privilégios dos créditos dos trabalhadores previstos no Código do Trabalho sobre quaisquer outros créditos".

Artigo 196º – Providências com incidência no passivo

1. O plano de insolvência pode, nomeadamente, conter as seguintes providências com incidência no passivo do devedor:

a) O perdão ou redução do valor dos créditos, quer quanto ao capital, quer quanto aos juros, com ou sem cláusula "salvo regresso de melhor fortuna";

b) O condicionamento do reembolso de todos os créditos ou de parte deles às disponibilidades do devedor;

c) A modificação dos prazos de vencimento ou das taxas de juro dos créditos;

d) A constituição de garantias;

e) A cessão de bens aos credores.

2. O plano de insolvência não pode afectar as garantias reais e os privilégios creditórios gerais acessórios de créditos detidos pelo Banco Central Europeu, por bancos centrais de um Estado Membro da União Europeia e por participantes num sistema de pagamentos tal como definido pela alínea *a*) do artigo 2º da Directiva 98/26/CE do Parlamento Europeu e do Conselho, de 19 de Maio 1998, ou equiparável, em decorrência do funcionamento desse sistema.

1. O nº 1 corresponde com modificações ao nº 1 do art. 88º do CPEREF.

2. A Directiva 98/26/CE é publicada em anexo, estabelecendo o seu art. 2º, nº 1, *a*) a definição de sistema de pagamentos.

3. No Ac. STJ 4/6/2009 (Álvaro Rodrigues), em *CJ-ASTJ* 17 (2009), 2, pp. 91-93 considerou-se, em virtude do art. 196º, nº 1, *a*), não ser obstáculo à homologação do plano de insolvência a previsão da redução ou perdão de dívidas fiscais. Hoje tal solução é inadmissível em face do art. 30º, nº 3, da LGT.

Artigo 197º – Ausência de regulamentação expressa

Na ausência de estatuição expressa em sentido diverso constante do plano de insolvência:

***a*)** Os direitos decorrentes de garantias reais e de privilégios creditórios não são afectados pelo plano;

***b*)** Os créditos subordinados consideram-se objecto de perdão total;

***c*)** O cumprimento do plano exonera o devedor e os responsáveis legais da totalidade das dívidas da insolvência remanescentes.

1. Estabelece-se agora supletivamente o conteúdo genérico do plano de insolvência, sendo necessário que os credores adoptem determinações expressas para derrogar este conteúdo.

2. Em derrogação à alínea *a*) os credores podem naturalmente estabelecer a afectação de garantias reais e privilégios creditórios, com excepção daqueles que se encontram referidos no art. 196º, nº 2, desde que respeitem o princípio da igualdade dos credores previsto no art. 194º, nº 1. Não é necessário neste caso o consentimento do credor afectado, a menos que exista em relação a ele tratamento mais desfavorável do que o atribuído a credores em idêntica situação. O credor afectado poderá, no entanto, requerer ao juiz a não homologação do plano, ao abrigo do art. 216º, nº 1, *a*), demonstrando que a sua situação ao abrigo do plano é previsivelmente menos favorável do que a que interviria na ausência de qualquer plano.

Artigo 198º – Providências específicas de sociedades comerciais

1. Se o devedor for uma sociedade comercial, o plano de insolvência pode ser condicionado à adopção e execução, pelos órgãos sociais competentes, de medidas que não consubstanciem meros actos de disposição do património societário, sem prejuízo do nº 1 do artigo 201º.

2. Podem, porém, ser adoptados pelo próprio plano de insolvência:

***a*)** Uma redução do capital social para cobertura de prejuízos, incluindo para zero ou outro montante inferior ao mínimo estabelecido na lei para o respectivo tipo de sociedade, desde que, neste caso, a redução seja acompanhada de aumento do capital para montante igual ou superior àquele mínimo;

***b*)** Um aumento do capital social, em dinheiro ou em espécie, a subscrever por terceiros ou por credores, nomeadamente mediante a conversão de créditos em participações sociais, com ou sem respeito pelo direito de preferência dos sócios legal ou estatutariamente previsto;

c) A alteração dos estatutos da sociedade;

d) A transformação da sociedade noutra de tipo distinto;

e) A alteração dos órgãos sociais;

f) A exclusão de todos os sócios, tratando-se de sociedade em nome colectivo ou em comandita simples, acompanhada da admissão de novos sócios;

g) A exclusão dos sócios comanditados acompanhada da redução do capital a zero nos termos da alínea *a*), tratando-se de sociedade em comandita por acções;

3. A redução de capital a zero só é admissível se for de presumir que, em liquidação integral do património da sociedade, não subsistiria qualquer remanescente a distribuir pelos sócios.

4. A aprovação de aumento de capital sem concessão de preferência aos sócios, ainda que por entradas em espécie, pressupõe, em alternativa, que:

a) O capital da sociedade seja previamente reduzido a zero;

b) A medida não acarrete desvalorização das participações que os sócios conservem.

5. A adopção das medidas previstas nas alíneas *c*) a *e*) do nº 2, a menos que o capital tenha sido reduzido a zero ou todos os sócios hajam sido excluídos, depende, cumulativamente, de que:

a) Do plano de insolvência faça parte igualmente um aumento de capital da sociedade destinado, no todo ou em parte, a não sócios;

b) Tais medidas pudessem, segundo a lei e o pacto da sociedade, ser deliberadas em assembleia geral dos sócios, e de que do aumento decorra para o conjunto dos credores e terceiros participantes a maioria para esse efeito legal ou estatutariamente estabelecida.

6. As medidas previstas nas alíneas *f*) e *g*) do nº 2 pressupõem o pagamento aos sócios excluídos da contrapartida adequada, caso as partes sociais não sejam destituídas de qualquer valor.

1. A alínea *b*) do nº 5 tem a redacção do D.L. 200/2004, de 18 de Agosto.

2. Corresponde parcialmente ao art. 88º, nº 2, do CPEREF.

3. Cfr. Paulo Olavo Cunha, "Providências específicas do plano de recuperação de sociedades", em Catarina Serra (org.), *I Congresso de Direito da Insolvência*, Coimbra, Almedina, 2013, pp. 107-139 e "A recuperação das sociedades no contexto do PER e da insolvência", na *RDI* nº 1 (Abril 2016), pp. 99-119 (113 e ss.).

Artigo 199º – Saneamento por transmissão

O plano de insolvência que preveja a constituição de uma ou mais sociedades, neste Código designadas por nova sociedade ou sociedades, destinadas à exploração de um ou mais estabelecimentos adquiridos à massa insolvente mediante contrapartida adequada, contém, em anexo, os estatutos da nova ou novas sociedades e provê quanto ao preenchimento dos órgãos sociais.

1. Corresponde parcialmente aos arts. 78º e 80º do CPEREF.

2. Cfr. Filipe Cassiano dos Santos, "Plano de insolvência e transmissão da empresa", em Catarina Serra (org.), *I Congresso de Direito da Insolvência*, Coimbra, Almedina, 2013, pp. 141-151.

3. Inclui-se genericamente no plano de insolvência a anteriormente autonomizada providência de reconstituição empresarial.

Artigo 200º – Proposta com conteúdos alternativos

Se o plano de insolvência oferecer a todos os credores, ou a algum ou alguns deles, várias opções em alternativa, deve indicar qual a aplicável se, no prazo fixado para o efeito, não for exercida a faculdade de escolha.

1. Atento o facto de ser comum os credores não exercerem dentro do prazo a sua opção sobre as soluções alternativas propostas no plano de insolvência, determina-se que este consagre qual a solução que vigora na falta de escolha.

Artigo 201º – Actos prévios à homologação e condições

1. A aposição de condições suspensivas ao plano de insolvência só é lícita tratando-se da realização de prestações ou da execução de outras medidas que devam ocorrer antes da homologação pelo juiz.

2. Se o plano de insolvência contemplar um aumento do capital social da sociedade devedora ou um saneamento por transmissão, a subscrição das participações sociais ocorre anteriormente à homologação, assim como a realização integral das entradas em dinheiro, mediante depósito à ordem do administrador da insolvência, a emissão das declarações de que se transmitem as entradas em espécie e a verificação do valor destas pelo revisor oficial de contas designado no plano.

3. Ao plano de insolvência não podem ser apostas condições resolutivas, sem prejuízo do disposto no artigo 218º.

1. Corresponde parcialmente aos arts. 78º e 80º do CPEREF.

2. Inclui-se genericamente no plano de insolvência a anteriormente autonomizada providência de reconstituição empresarial.

Artigo 202º – Consentimentos

1. A proposta de plano de insolvência segundo o qual o devedor deva continuar a exploração da empresa é acompanhada da declaração, por parte deste, da sua disponibilidade para o efeito, sendo ele uma pessoa singular, ou, no caso de uma sociedade comercial, por parte dos sócios que mantenham essa qualidade e respondam pessoalmente pelas suas dívidas.

2. A dação de bens em pagamento dos créditos sobre a insolvência, a conversão destes em capital ou a transmissão das correspondentes dívidas com efeitos liberatórios para o antigo devedor depende da anuência dos titulares dos créditos em causa, prestada por escrito, aplicando-se o disposto na parte final do nº 2 do artigo 194º.

3. Exceptua-se do disposto no número anterior o caso em que a dação em pagamento de créditos comuns ou subordinados tenha por objecto créditos sobre a nova sociedade ou sociedades decorrentes da aquisição de estabelecimentos à massa.

1. Sob a epígrafe genérica "consentimentos" acabam por ser misturadas aqui várias questões. A primeira é a necessidade do consentimento do devedor para que este possa continuar a explorar a empresa, solução óbvia, mas que o legislador entende que deve ser formalizada em declaração assinada pelo devedor pessoa singular, ou, no caso de uma sociedade, por parte dos sócios que mantenham essa qualidade e respondam pessoalmente pelas dívidas (!), o que parece levar à conclusão de que não haverá continuação da exploração da empresa por sociedades a menos que os seus sócios assumam responsabilidade pessoal. A segunda questão é a exigência de consentimento escrito dos credores para a dação em pagamento (art. 840º C.C.), conversão dos créditos em capital e transmissão das dívidas com efeitos liberatórios para o devedor (art. 595º, nº 2, C.C.), ainda que se admita que este seja tacitamente prestado em caso de voto favorável. Incompreensivelmente, o nº 3 dispensa, porém, a necessidade desse consentimento para a dação em pagamento de créditos comuns ou subordinados que tenha por objecto créditos sobre a nova sociedade ou sociedades decorrentes da aquisição de estabelecimentos à massa.

Artigo 203º – Conversão e extinção independentes do consentimento

1. Não carece do consentimento dos respectivos titulares a conversão de créditos comuns ou subordinados em capital da sociedade insolvente ou de uma nova sociedade, bem como a extinção desses créditos por contrapartida da atribuição de opções de compra de participações representativas do respectivo capital social liberadas por conversão de créditos sobre a insolvência de grau hierarquicamente superior, válidas pelo período mínimo de 60 dias contados da data do registo do aumento de capital ou da constituição da nova sociedade, e livremente transmissíveis, consoante o caso, desde que, em qualquer das situações, e ainda que em consequência do plano:

a) A sociedade emitente revista a forma de sociedade anónima;

b) Dos respectivos estatutos não constem quaisquer restrições à transmissibilidade das acções;

c) Dos respectivos estatutos conste a obrigatoriedade de ser requerida a admissão imediata das acções à cotação a mercado regulamentado, ou logo que verificados os requisitos exigidos;

d) Dos respectivos estatutos conste a insusceptibilidade de uma alteração que contrarie o disposto nas alíneas *b*) e *c*), excepto por unanimidade, enquanto a sociedade mantiver a qualidade de sociedade aberta.

2. O preço de exercício das opções de compra referidas no número anterior é igual ao valor nominal dos créditos empregues na liberação das acções a adquirir; o exercício das opções por parte dos titulares de créditos de certo grau faz caducar, na proporção que couber, as opções atribuídas aos titulares de créditos de grau hierarquicamente superior, pressupondo o pagamento a estes últimos do valor nominal dos créditos extintos por contrapartida da atribuição das opções caducadas.

3. A sociedade emitente das acções objecto das opções de compra emite, no prazo de 10 dias, títulos representativos dessas opções a pedido dos respectivos titulares, formulado após a homologação do plano de insolvência.

1. Nos termos do art. 204º do Código, a sociedade assim constituída adquire o cariz de sociedade aberta.

Artigo 204º – Qualidade de sociedade aberta

É considerada sociedade com o capital aberto ao investimento do público a sociedade emitente de acções em que sejam convertidos créditos sobre a insolvência independentemente do consentimento dos respectivos titulares.

1. Cfr. o art. 203º do Código, que regula a forma de constituição desta sociedade.

2. A qualificação de sociedade aberta determina a aplicação das disposições dos arts. 13º e ss. do CVM. No entanto, o art. 205º do Código efectua uma série de exclusões em relação a essa aplicação.

Artigo 205º – Oferta de valores mobiliários

O disposto no Código dos Valores Mobiliários e legislação complementar não é aplicável:

a) À oferta de valores mobiliários da sociedade devedora ou da nova sociedade ou sociedades, na parte dirigida a credores, e que estes devam liberar integralmente através da dação em pagamento de créditos sobre o devedor insolvente;

b) À oferta coenvolvida na atribuição de opções de compra que satisfaçam os requisitos previstos nos nºs 1 e 2 do artigo 203º, bem como a oferta dirigida à respectiva aquisição;

c) À ultrapassagem dos limiares de obrigatoriedade do lançamento de uma oferta pública de aquisição decorrente do exercício de tais opções de compra, ou da aquisição de acções em aumento de capital da sociedade insolvente previsto no plano de insolvência.

1. Sobre ofertas públicas de valores mobiliários, cfr. os art. 108º e ss. CVM, cuja aplicação é afastada por esta disposição.

Artigo 206º – Suspensão da liquidação e partilha

1. A requerimento do respectivo proponente, o juiz decreta a suspensão da liquidação da massa insolvente e da partilha do produto pelos credores da insolvência se tal for necessário para não pôr em risco a execução de um plano de insolvência proposto.

2. O juiz deve, porém, abster-se de ordenar a suspensão, ou proceder ao levantamento de suspensão já decretada, se a medida envolver o perigo de prejuízos consideráveis para a massa insolvente, ou o prosseguimento da liquidação e da partilha lhe for requerido pelo administrador da insolvência, com o acordo da comissão de credores, se existir, ou da assembleia de credores.

3. Aplica-se o disposto na alínea *b*) do nº 4 e no nº 5 do artigo 156º, com as devidas adaptações.

1. Com a apresentação do plano de insolvência pode ser requerida a título cautelar a suspensão da liquidação da massa insolvente e da partilha pelos credores. O juiz não deve, porém, deferir essa medida se a mesma envolver o perigo de prejuízos consideráveis para a massa insolvente ou o administrador da insolvência, com o apoio da comissão de credores ou, se esta não existir, da assembleia de credores, se opuser à mesma.

Artigo 207º – Não admissão da proposta de plano de insolvência

1. O juiz não admite a proposta de plano de insolvência:

a) Se houver violação dos preceitos sobre a legitimidade para apresentar a proposta ou sobre o conteúdo do plano e os vícios forem insupríveis ou não forem sanados no prazo razoável que fixar para o efeito;

b) Quando a aprovação do plano pela assembleia de credores ou a posterior homologação pelo juiz forem manifestamente inverosímeis;

c) Quando o plano for manifestamente inexequível;

d) Quando, sendo o proponente o devedor, o administrador da insolvência se opuser à admissão, com o acordo da comissão de credores, se existir, contanto que anteriormente tenha já sido apresentada pelo devedor e admitida pelo juiz alguma proposta de plano.

2. Da decisão de admissão da proposta de plano de insolvência não cabe recurso.

1. Passa a conferir-se ao juiz a possibilidade de recusar liminarmente as propostas de plano da insolvência, com base nos critérios aqui referidos. Conforme salienta Santos Júnior. Cfr. Santos Júnior, *O Direito*, 138 (2006), III, pp. 582-583 = *Estudos Dias Marques*, pp. 133-134, estão em causa na decisão do juiz sobre a admissibilidade da proposta não apenas considerações de legalidade estrita, mas também de economia processual. Em relação às considerações da legalidade estrita, elas resultam do disposto na alínea *a*), relativa à violação dos preceitos sobre a legitimidade da proposta ou sobre o conteúdo do plano, e na alínea *d*), relativa à apresentação pelo devedor de nova proposta, quando ele já tivesse apresentado previamente uma anterior, sendo que a nova proposta recebe a oposição do administrador, com o acordo da comissão de credores, se existir. Já em relação às considerações de economia processual, as mesmas ocorrem na alínea *b*), que se refere ao facto de a aprovação do plano pela assembleia de credores ou a sua homologação pelo juiz forem manifestamente inexequíveis, e na alínea *c*), que abrange a circunstância de o próprio plano ser manifestamente inexequível. Efectivamente, estas alíneas destinam-se a permitir ao juiz rejeitar liminarmente propostas manifestamente inviáveis, independentemente da razão por que foram apresentadas, evitando assim os atrasos que a discussão dessas propostas necessariamente causaria no processo. Não concordamos por isso com Carvalho Fernandes/João Labareda, *Código da Insolvência*, sub art. 207º, nº 2, p. 689, que consideram que, em desvio à anunciada *desjudicialização* do processo de insolvência, as alíneas *b*) e *c*) cometem ao juiz "uma sindicação de mérito que vai muito para além do que consubstancia o normal exercício dos poderes jurisdicionais de dirimência de litígios e de controlo da legalidade da actividade desenvolvida no processo".

2. Existindo vícios supríveis no plano de insolvência, resulta do nº 1, *a*) que o juiz deve emitir, em lugar de um despacho de rejeição do plano, um despacho de aperfei-

çoamento. O prazo para o aperfeiçoamento é fixado pelo juiz, sendo que, na falta de fixação deve considerar-se aplicável o prazo de 10 dias previsto no art. 149º CPC, por força do art. 17º CIRE. Neste sentido, Carvalho Fernandes/João Labareda, *Código*, sub art. 207º, nº 5, p. 802 e Rosário Epifâneo, *Manual*, p. 300, e nota (999).

3. Ainda que não caiba recurso da decisão de admissão da proposta de plano de insolvência, cabe manifestamente recurso da decisão que não a admita.

Artigo 208º – Recolha de pareceres

Admitida a proposta de plano de insolvência, o juiz notifica a comissão de trabalhadores, ou, na sua falta, os representantes designados pelos trabalhadores, a comissão de credores, se existir, o devedor e o administrador da insolvência, para se pronunciarem, no prazo de 10 dias.

1. Qualquer proposta de plano de insolvência que seja admitida pelo juiz deve ser objecto de apreciação pelos representantes dos trabalhadores, comissão de credores, devedor e administrador de insolvência.

CAPÍTULO II – Aprovação e homologação do plano de insolvência

Artigo 209º – Convocação da assembleia de credores

1. O juiz convoca a assembleia de credores para discutir e votar a proposta de plano de insolvência nos termos do artigo 75º, mas com a antecedência mínima de 20 dias, e devendo do anúncio e das circulares constar adicionalmente que a proposta de plano de insolvência se encontra à disposição dos interessados, para consulta, na secretaria do tribunal, desde a data da convocação, e que o mesmo sucederá com os pareceres eventualmente emitidos pelas entidades referidas no artigo anterior, durante os 10 dias anteriores à data da assembleia.

2. A assembleia de credores convocada para os fins do número anterior não se pode reunir antes de transitada em julgado a sentença de declaração de insolvência, de esgotado o prazo para a impugnação da lista de credores reconhecidos e da realização da assembleia de apreciação de relatório.

3. O plano de insolvência aprovado antes do trânsito em julgado da sentença de verificação e graduação dos créditos acautela os efeitos da eventual procedência das impugnações da lista de credores reconhecidos ou dos recursos interpostos dessa sentença, de forma a assegurar que, nessa hipótese, seja concedido aos créditos controvertidos o tratamento devido.

1. Os nºs 2 e 3 têm a redacção do D.L. 200/2004, de 18 de Agosto.
2. Corresponde, com modificações, ao art. 50º do CPEREF.

Artigo 210º - Alterações do plano de insolvência na assembleia de credores

O plano de insolvência pode ser modificado na própria assembleia pelo proponente, e posto à votação na mesma sessão com as alterações introduzidas, desde que estas, ainda que substanciais quanto a aspectos particulares de regulamentação, não contendam com o próprio cerne ou estrutura do plano ou com a finalidade prosseguida.

1. Uma vez apresentada a proposta de plano de insolvência, a mesma não é imutável, podendo ser alterada pelo proponente na assembleia de credores. A lei apenas estabelece o limite que as alterações não contendam com o próprio cerne ou estrutura do plano ou com a finalidade prosseguida, o que constitui uma formulação altamente indeterminada, de difícil concretização.

Artigo 211º - Votação por escrito

1. Finda a discussão do plano de insolvência, o juiz pode determinar que a votação tenha lugar por escrito, em prazo não superior a 10 dias; na votação apenas podem participar os titulares de créditos com direito de voto presentes ou representados na assembleia.

2. O voto escrito deve conter a aprovação ou rejeição da proposta de plano de insolvência; qualquer proposta de modificação deste ou condicionamento do voto implica rejeição da proposta.

1. O voto escrito tem que expressar concordância integral ou rejeição da proposta apresentada, não sendo admissíveis alterações ou condicionamentos à mesma. Caso estes surjam na declaração de voto, considera-se que o voto é de rejeição da proposta.

Artigo 212º - Quórum

1. A proposta de plano de insolvência considera-se aprovada se, estando presentes ou representados na reunião credores cujos créditos constituam, pelo menos, um terço do total dos créditos com direito de voto, recolher mais de dois terços da totalidade dos votos emitidos e mais de metade dos votos emitidos correspondentes a créditos não subordinados, não se considerando como tal as abstenções.

2. Não conferem direito de voto:

a) Os créditos que não sejam modificados pela parte dispositiva do plano;

b) Os créditos subordinados de determinado grau, se o plano decretar o perdão integral de todos os créditos de graus hierarquicamente inferiores e não atribuir qualquer valor económico ao devedor ou aos respectivos sócios, associados ou membros, consoante o caso.

3. Cessa o disposto na alínea *a*) do número anterior, se, por aplicação desse preceito, em conjugação com o da alínea *b*), todos os créditos resultassem privados do direito de voto.

4. Considera-se, designadamente, que o plano de insolvência atribui um valor aos sócios de uma sociedade comercial se esta houver de continuar a exploração da empresa e o plano não contemplar uma redução a zero do respectivo capital.

1. O nº 1 tem a redacção do D.L. 200/2004, de 18 de Agosto.
2. Corresponde parcialmente, com muitas modificações, ao art. 54º do CPEREF.

Artigo 213º – Publicidade da deliberação

A deliberação de aprovação de um plano de insolvência é objecto de imediata publicação, nos termos prescritos no artigo 75º, aplicáveis com as devidas adaptações.

1. Corresponde ao art. 59º, *b*) do CPEREF.

Artigo 214º – Prazo para a homologação

A sentença de homologação do plano de insolvência só pode ser proferida decorridos pelo menos 10 dias sobre a data da respectiva aprovação, ou, tendo o plano sido objecto de alterações na própria assembleia, sobre a data da publicação da deliberação.

1. Cfr. o art. 56º CPEREF.

Artigo 215º – Não homologação oficiosa

O juiz recusa oficiosamente a homologação do plano de insolvência aprovado em assembleia de credores no caso de violação não negligenciável de regras procedimentais ou das normas aplicáveis ao seu conteúdo, qualquer que seja a sua natureza, e ainda quando, no prazo razoável que estabeleça, não se verifiquem as condições suspensivas do plano ou não sejam praticados os actos ou executadas as medidas que devam preceder a homologação.

1. Corresponde parcialmente ao art. 56º do CPEREF.

2. É consideravelmente dilatada a margem de apreciação do juiz, que anteriormente tinha que homologar se tivessem sido observadas as normas aplicáveis (art. 56º, nº 2, CPEREF).

Artigo 216º – Não homologação a solicitação dos interessados

1. O juiz recusa ainda a homologação se tal lhe for solicitado pelo devedor, caso este não seja o proponente e tiver manifestado nos autos a sua oposição, anteriormente à aprovação do plano de insolvência, ou por algum credor ou sócio, associado ou membro do devedor cuja oposição haja sido comunicada nos mesmos termos, contanto que o requerente demonstre em termos plausíveis, em alternativa, que:

a) A sua situação ao abrigo do plano é previsivelmente menos favorável do que a que interviria na ausência de qualquer plano, designadamente face à situação resultante de acordo já celebrado em procedimento extrajudicial de regularização de dívidas;

b) O plano proporciona a algum credor um valor económico superior ao montante nominal dos seus créditos sobre a insolvência, acrescido do valor das eventuais contribuições que ele deva prestar.

2. Se o plano de insolvência tiver sido objecto de alterações na própria assembleia, é dispensada a manifestação da oposição por parte de quem não tenha estado presente ou representado.

3. Cessa o disposto no nº 1 caso o oponente seja o devedor, um seu sócio, associado ou membro, ou um credor comum ou subordinado, se o plano de insolvência previr, cumulativamente:

a) A extinção integral dos créditos garantidos e privilegiados por conversão em capital da sociedade devedora ou de uma nova sociedade ou sociedades, na proporção dos respectivos valores nominais;

b) A extinção de todos os demais créditos por contrapartida da atribuição de opções de compra conformes com o disposto nos nºs 1 e 2 do artigo 203º relativamente à totalidade das acções assim emitidas;

c) A concessão ao devedor ou, se for o caso, aos respectivos sócios, associados ou membros, na proporção das respectivas participações, de opções de compra da totalidade das acções emitidas, contanto que o seu exercício determine a caducidade das opções atribuídas aos credores e pressuponha o pagamento do valor nominal dos créditos extintos por contrapartida da atribuição das opções caducadas.

4. Se, respeitando-se quanto ao mais o previsto no número anterior, a conversão dos créditos em capital da sociedade devedora ou de uma nova sociedade ou sociedades não abranger apenas algum ou alguns dos créditos garantidos e privilegiados, ou for antes relativa à integralidade dos créditos comuns e somente a estes, o pedido de não homologação apresentado pelo devedor, pelos seus sócios, associados ou membros, ou por um credor comum ou subordinado, somente se pode basear na circunstância de o plano de insolvência proporcionar aos titulares dos créditos garantidos ou privilegiados excluídos da conversão, por contrapartida dos mesmos, um valor económico superior ao respectivo montante nominal.

1. O nº 1 tem a redacção do D.L. 282/2007, de 7 de Agosto..

2. No regime do CPEREF estabelecia-se apenas que a decisão de homologação, sendo susceptível de recurso, dependia apenas da observância legais aplicáveis. Prevê-se agora uma não homologação a pedido de quem se tenha oposto à proposta na assembleia.

3. Segundo o Ac. RP 15/11/2007 (DEOLINDA VARÃO) na *CJ* 32 (2007), 5, pp. 175-178, o prazo para requerer a não homologação é o prazo supletivo de 10 dias fixado no art. 153º, nº 1, CPC *ex vi* do art. 17º CIRE, que se articula com o prazo mínimo de 10 dias, antes do qual o juiz não pode proferir a sentença de homologação, nos termos do art. 214º.

4. No Ac. RG 22/11/2007 (MANSO RAINHO), na *CJ* 32 (2007), 5, pp. 283-285, considerou-se como menos favorável para o credor um plano de insolvência que, embora lhe atribuísse um pagamento de valor superior ao que resultava da imediata execução de duas hipotecas, só lhe permitiria receber ao fim de 15 anos, quando a liquidação do património do insolvente lhe permitia receber imediatamente.

CAPÍTULO III – Execução do plano de insolvência e seus efeitos

Artigo 217º – Efeitos gerais

1. Com a sentença de homologação produzem-se as alterações dos créditos sobre a insolvência introduzidas pelo plano de insolvência, independentemente de tais créditos terem sido, ou não, reclamados ou verificados.

2. A sentença homologatória confere eficácia a quaisquer atos ou negócios jurídicos previstos no plano de insolvência, independentemente da forma legalmente prevista, desde que constem do processo, por escrito, as necessárias declarações de vontade de terceiros e dos credores que o não tenham votado favoravelmente, ou que, nos termos do plano, devessem ser emitidas posteriormente à aprovação, mas prescindindo-se das declarações de vontade do devedor cujo consentimento não seja obrigatório nos termos das disposições do presente Código e da nova sociedade ou sociedades a constituir.

3. A sentença homologatória constitui, designadamente, título bastante para:

a) A constituição da nova sociedade ou sociedades e para a transmissão em seu benefício dos bens e direitos que deva adquirir, bem como para a realização dos respetivos registos;

b) A redução de capital, aumento de capital, modificação dos estatutos, transformação, exclusão de sócios e alteração dos órgãos sociais da sociedade devedora, bem como para a realização dos respetivos registos.

4. As providências previstas no plano de insolvência com incidência no passivo do devedor não afetam a existência nem o montante dos direitos dos credores da insolvência contra os codevedores ou os terceiros garantes da obrigação, mas estes sujeitos apenas podem agir contra o devedor em via de regresso nos termos em que o credor da insolvência pudesse exercer contra ele os seus direitos.

5. A sentença homologatória produz de imediato os efeitos referidos nos nºs 1 a 3, ainda que seja interposto recurso.

1. Os nºs 1 a 4 têm a redacção do D.L. 79/2017, de 30 de Junho, que aditou ainda o nº 5 a esta disposição.

Artigo 218º – Incumprimento

1. Salvo disposição expressa do plano de insolvência em sentido diverso, a moratória ou o perdão previstos no plano ficam sem efeito:

a) Quanto a crédito relativamente ao qual o devedor se constitua em mora, se a prestação, acrescida dos juros moratórios, não for cumprida no prazo de 15 dias após interpelação escrita pelo credor;

b) Quanto a todos os créditos se, antes de finda a execução do plano, o devedor for declarado em situação de insolvência em novo processo.

2. A mora do devedor apenas tem os efeitos previstos na alínea a) do número anterior na medida em que diga respeito a créditos tal como reconhecidos pela sentença de verificação de créditos ou por outra decisão judicial, ainda que não transitadas em julgado.

3. Os efeitos previstos no nº 1 podem ser associados pelo plano à verificação de acontecimentos de outro tipo desde que ocorrida dentro do período máximo de três anos contados da data da sentença homologatória.

1. Cfr. os arts. 76º e 77º CPEREF.

Artigo 219º – Dívidas da massa insolvente

Antes do encerramento do processo que decorra da aprovação do plano de insolvência, o administrador da insolvência procede ao pagamento das dívidas da massa insolvente; relativamente às dívidas litigiosas, o administrador da insolvência acautela os eventuais direitos do credor por meio de caução, prestada nos termos do Código de Processo Civil.

1. As dívidas da massa insolvente encontram-se enumeradas no art. 51º.

2. A aprovação do plano de insolvência não prejudica o pagamento das dívidas à massa, que deve ser satisfeito pelo administrador antes do encerramento do processo. Sendo a dívida litigiosa, o administrador fica obrigado a prestar caução para garantia de eventuais direitos do credor.

Artigo 220º – Fiscalização

1. O plano de insolvência que implique o encerramento do processo pode prever que a sua execução seja fiscalizada pelo administrador da insolvência e que a autorização deste seja necessária para a prática de determinados atos pelo devedor ou pela nova sociedade ou sociedades; é aplicável neste último caso, com as devidas adaptações, o disposto no nº 6 do artigo 81º

2. O administrador da insolvência:

a) Informa anualmente a comissão de credores, se existir, e o juiz do estado da execução e das perspectivas de cumprimento do plano de insolvência pelo devedor;

b) Presta à comissão de credores e ao juiz as informações que lhe forem requeridas;

c) Informa de imediato o juiz e a comissão de credores, ou, não existindo esta, todos os titulares de créditos reconhecidos, da existência ou inevitabilidade de situações de incumprimento.

3. O administrador da insolvência representa o devedor nas acções de impugnação da resolução de actos em benefício da massa insolvente durante o período de fiscalização, se o plano de insolvência assim o determinar de modo expresso.

4. Para o efeito dos números anteriores, o administrador da insolvência e os membros da comissão de credores mantêm-se em funções e subsiste a fiscalização pelo juiz não obstante o encerramento do processo de insolvência.

5. O plano de insolvência fixa a remuneração do administrador da insolvência durante o período de fiscalização, bem como as despesas a cujo reembolso têm direito quer o administrador quer os membros da comissão de credores; os custos da fiscalização são suportados pelo devedor ou pela nova sociedade ou sociedades, consoante o caso.

6. A fiscalização não se pode prolongar por mais de três anos e termina logo que estejam satisfeitos os créditos sobre a insolvência, nas percentagens previstas no plano de insolvência, ou que, em novo processo, seja declarada a situação de insolvência do devedor ou da nova sociedade ou sociedades; o juiz profere decisão confirmando o fim do período de fiscalização, a requerimento do administrador da insolvência, do devedor ou da nova sociedade ou sociedades.

1. O nº 1 tem a redacção do D.L. 79/2017, de 30 de Junho.

Artigo 221º – Prioridade a novos créditos

1. No caso de fiscalização da sua execução pelo administrador da insolvência, o plano da insolvência pode estipular que terão prioridade sobre os créditos sobre a insolvência, em novo processo de insolvência aberto antes de findo o período de fiscalização, os créditos que, até certo limite global, sejam constituídos nesse período, desde que essa prioridade lhes seja reconhecida expressamente e por escrito, com indicação do montante abrangido e confirmação pelo administrador da insolvência.

2. A prioridade reconhecida pelo número anterior é igualmente válida face a outros créditos de fonte contratual constituídos durante o período da fiscalização.

1. Corresponde, com modificações, ao art. 65º do CPEREF.

Artigo 222º – Publicidade

1. Sendo a execução do plano de insolvência objecto de fiscalização, a publicação e registo da decisão de encerramento do processo de insolvência incluirão a referência a esse facto, com divulgação, se for o caso, dos actos cuja prática depende do consentimento do administrador da insolvência e do limite dentro do qual é lícita a concessão de prioridade a novos créditos, nos termos do artigo anterior.

2. A confirmação pelo juiz do fim do período de fiscalização é publicada e registada, nos termos previstos para a decisão de encerramento do processo de insolvência.

1. Sendo determinada a fiscalização da execução do plano de insolvência, tanto esse facto como o fim do período de fiscalização devem ser objecto de adequada publicidade.

Artigo 222º-A – Finalidade e natureza do processo especial para acordo de pagamento

1. O processo especial para acordo de pagamento destina-se a permitir ao devedor que, não sendo uma empresa e comprovadamente se encontre em situação económica difícil ou em situação de insolvência meramente iminente, estabelecer negociações com os respetivos credores de modo a concluir com estes acordo de pagamento.

2. O processo referido no número anterior pode ser utilizado por qualquer devedor que, preenchendo os requisitos ali previstos, o ateste, mediante declaração escrita e assinada.

3. O processo especial para acordo de pagamento tem caráter urgente, aplicando-se-lhe todas as regras previstas no presente Código que não sejam incompatíveis com a sua natureza.

1. Este artigo foi aditado pelo D.L. 79/2017, de 30 de Junho.

2. Cfr. Ana Alves Leal/Cláudia Trindade, "O processo especial para acordo de pagamento (PEAP): O novo regime pré-insolvencial para devedores não empresários", na *RDS* IX (2017), 1, pp. 68-122.

3. Em consequência da desnecessária restrição do processo especial de revitalização às empresas, viu-se o legislador obrigado a criar um novo processo de recuperação para as entidades sem natureza empresarial, denominado processo especial para acordo de pagamento (PEAP), totalmente moldado sobre o regime daquele, às vezes com reprodução quase integral dos preceitos relativos ao PER. É assim que este artigo é muito semelhante ao art. 17º-A. Melhor seria, por isso, ter deixado o processo de revitalização aplicar-se aos devedores não empresários, o que era aliás a doutrina maioritária, evitando assim uma desnecessária duplicação de processos.

4. Conforme salientam Ana Alves Leal/Cláudia Trindade, *RDS* IX (2017), 1, p. 80 o elemento distintivo essencial entre o PER e o PEAP "não é só o facto de o PER se destinar a devedores empresários: é o facto de *também* pressupor a recuperabilidade destes, diversamente do que sucede no regime do PEAP". Efectivamente, não se encontra neste artigo qualquer referência à susceptibilidade de recuperação, prevista no art. 17º-A, nº 1, nem se prevê a aprovação de qualquer plano de recuperação, mas apenas de um acordo de pagamento. Por esse motivo, também não se exige que o devedor obtenha uma certificação de que não se encontra em situação de insolvência actual, ao contrário do que está previsto para o PER.

Artigo 222º-B – Noção de situação económica difícil

Para efeitos do presente processo, encontra-se em situação económica difícil o devedor que enfrentar dificuldade séria para cumprir pontualmente as suas obrigações, designadamente por ter falta de liquidez ou por não conseguir obter crédito.

1. Este artigo foi aditado pelo D.L. 79/2017, de 30 de Junho.

2. Cfr. Ana Alves Leal/Cláudia Trindade, *RDS* IX (2017), 1, pp. 94 e ss.

3. Esta disposição duplica desnecessariamente a definição de situação económica difícil do art. 17º-B, apenas substituindo "Código" por "processo" e "empresa" por "devedor". Ficámos a saber que para o legislador a situação económica difícil das empresas não se distingue da dos devedores não empresários, apesar de ser criado um processo especial só para estes.

Artigo 222º-C – Requerimento e formalidades

1. O processo especial para acordo de pagamento inicia-se pela manifestação de vontade do devedor e de pelo menos um dos seus credores, por meio de declaração escrita, de encetarem negociações conducentes à elaboração de acordo de pagamento.

2. A declaração referida no número anterior deve ser assinada por todos os declarantes, da mesma constando a data da assinatura.

3. O devedor apresenta no tribunal competente para declarar a sua insolvência requerimento comunicando a manifestação de vontade referida no nº 1, acompanhado dos seguintes elementos:

***a*)** A declaração escrita referida nos números anteriores;

***b*)** Lista de todas as ações de cobrança de dívida pendentes contra o devedor, comprovativo da declaração de rendimentos deste, comprovativo da sua situação profissional ou, se aplicável, situação de desemprego, bem como cópias dos documentos elencados nas alíneas *a*), *d*) e *e*) do nº 1 do artigo 24º, ficando esta documentação disponível na secretaria para consulta dos credores durante todo o processo.

4. Recebido o requerimento referido no número anterior, o juiz nomeia de imediato, por despacho, administrador judicial provisório, aplicando-se o disposto nos artigos 32º a 34º com as devidas adaptações.

5. O despacho referido no número anterior é de imediato notificado ao devedor, sendo-lhe aplicável o disposto nos artigos 37º e 38º com as devidas adaptações.

1. Este artigo foi aditado pelo D.L. 79/2017, de 30 de Junho.

2. O requerimento inicial relativo ao PEAP tem um regime semelhante ao do PER, pelo que esta disposição é decalcada sobre o regime do art. 17º-C. A diferença essencial é a de que, enquanto para início do PER é necessário que a empresa obtenha o

acordo com credores que, não estando especialmente relacionados com esta, sejam titulares de 10% de créditos não subordinados, para encetarem negociações conducentes à revitalização daquela, no PEAP exige-se apenas que o devedor obtenha o acordo de um credor para encetar negociações relativa a um acordo de pagamento. Para além disso, o devedor não tem que apresentar qualquer proposta de plano de recuperação e descrição da sua situação patrimonial, financeira e reditícia, ao contrário do que se prevê no PER (art. 17º-C, nº 3, *c*)). Tal é devido ao facto de a ideia de recuperação estar ausente do PEAP.

3. Não parece que a controvérsia doutrinária e jurisprudencial que se estabeleceu a propósito do art. 17º-C, nº 3 sobre a possibilidade de nesta fase o juiz indeferir liminarmente o PER tanha cabimento no âmbito do PEAP. Não se exigindo nesta sede a recuperabilidade do devedor, nem a demonstração de que o mesmo não se encontra em situação de insolvência actual, como condição de acesso ao PEAP, parece afastar-se qualquer possibilidade de apreciação liminar deste requerimento.

Artigo 222º-D – Tramitação subsequente

1. Logo que seja notificada do despacho a que se refere o nº 4 do artigo anterior, o devedor comunica, de imediato e por meio de carta registada, a todos os seus credores que não hajam subscrito a declaração mencionada no nº 1 do mesmo preceito, que deu início a negociações com vista à elaboração de acordo de pagamento, convidando-os a participar, caso assim o entendam, nas negociações em curso e informando que a documentação referida na alínea *b*) do nº 3 do artigo anterior se encontra patente na secretaria do tribunal, para consulta.

2. Qualquer credor dispõe de 20 dias contados da publicação no portal Citius do despacho a que se refere o nº 4 do artigo anterior para reclamar créditos, devendo as reclamações ser remetidas ao administrador judicial provisório, que, no prazo de cinco dias, elabora uma lista provisória de créditos.

3. A lista provisória de créditos é imediatamente apresentada na secretaria do tribunal e publicada no portal Citius, podendo ser impugnada no prazo de cinco dias úteis e o juiz dispõe, em seguida, de idêntico prazo para decidir sobre as impugnações formuladas.

4. Não sendo impugnada, a lista provisória de créditos converte-se de imediato em lista definitiva.

5. Findo o prazo para impugnações, os declarantes dispõem do prazo de dois meses para concluir as negociações encetadas, o qual pode ser prorrogado por uma só vez e por um mês, mediante acordo prévio e escrito entre o administrador judicial provisório nomeado e o devedor, devendo tal acordo ser junto aos autos e publicado no portal Citius.

6. Durante as negociações o devedor presta toda a informação pertinente aos seus credores e ao administrador judicial provisório que haja sido nomeado para que as mesmas se possam realizar de forma transparente e equitativa, devendo manter sempre actualizada e completa a informação facultada ao administrador judicial provisório e aos credores.

7. Os credores que decidam participar nas negociações em curso declaram-no ao devedor por carta registada, podendo fazê-lo durante todo o tempo em que perdurarem as negociações, sendo tais declarações juntas ao processo.

8. As negociações encetadas entre o devedor e os seus credores regem-se pelos termos convencionados entre todos os intervenientes, ou na falta de acordo, pelas regras definidas pelo administrador judicial provisório nomeado, nelas podendo participar os peritos que cada um dos intervenientes considerar oportuno, cabendo a cada qual suportar os custos dos peritos que haja contratado, se o contrário não resultar expressamente do acordo de pagamento que venha a ser aprovado.

9. O administrador judicial provisório participa nas negociações, orientando e fiscalizando o decurso dos trabalhos e a sua regularidade, e deve assegurar que as partes não adotam expedientes dilatórios ou inúteis, prejudiciais à boa marcha daquelas.

10. Durante as negociações os intervenientes devem actuar de acordo com os princípios orientadores aprovados pela Resolução do Conselho de Ministros nº 43/2011, de 25 de Outubro.

11. O devedor, bem como os seus administradores de direito ou de facto, no caso de aquele ser uma pessoa colectiva, são solidária e civilmente responsáveis pelos prejuízos causados aos seus credores em virtude de falta ou incorrecção das comunicações ou informações a estes prestadas, correndo autonomamente ao presente processo a acção intentada para apurar as aludidas responsabilidades.

1. Este artigo foi aditado pelo D.L. 79/2017, de 30 de Junho.

2. O art. 5º do D.L. 79/2017, de 30 de Junho, determina a substituição do Portal Citius por um portal a definir por portaria do membro do Governo responsável pela área da justiça, sendo que, a partir da data da disponibilização ao público do referido portal, a qual é comunicada por despacho publicado na 2ª Série do Diário, todas as referências feitas no CIRE ao Citius são consideradas feitas a esse novo portal.

3. O conteúdo desta disposição é praticamente idêntico ao do art. 17º-D, com a mera substituição de "empresa" por "devedor" e "revitalização" por "acordo de pagamento".

4. Encontra-se publicada em anexo a Resolução do Conselho de Ministros nº 43/2011, de 25 de Outubro.

Artigo 222º-E – Efeitos

1. A decisão a que se refere o nº 4 do artigo 222º-C obsta à instauração de quaisquer ações para cobrança de dívidas contra o devedor e, durante todo o tempo em que perdurarem as negociações, suspende, quanto ao devedor, as ações em curso com idêntica finalidade, extinguindo-se aquelas logo que seja aprovado e homologado plano de recuperação, salvo quando este preveja a sua continuação.

2. Caso o juiz nomeie administrador judicial provisório nos termos do nº 4 do artigo 222º-C, o devedor fica impedido de praticar atos de especial relevo, tal como definidos no nº 2 e nas alíneas *d*), *e*), *f*) e *g*) do nº 3 do artigo 161º, sem que previamente obtenha autorização para a realização da operação pretendida por parte do administrador judicial provisório.

3. A autorização a que se refere o número anterior deve ser requerida por escrito pelo devedor ao administrador judicial provisório e concedida pela mesma forma.

4. Entre a comunicação do devedor ao administrador judicial provisório e a receção da resposta ao peticionado não podem mediar mais de cinco dias, devendo, sempre que possível, recorrer-se a comunicações electrónicas.

5. A falta de resposta do administrador judicial provisório ao pedido formulado pelo devedor corresponde a declaração de recusa de autorização para a realização do negócio pretendido.

6. Os processos de insolvência em que anteriormente haja sido requerida a insolvência do devedor suspendem-se na data de publicação no portal Citius do despacho a que se refere o nº 4 do artigo 222º-C, desde que não tenha sido proferida sentença declaratória da insolvência, extinguindo-se logo que seja aprovado e homologado acordo de pagamento.

7. A decisão a que se refere o nº 4 do artigo 222º-C determina a suspensão de todos os prazos de prescrição e de caducidade oponíveis pelo devedor, durante todo o tempo em que perdurarem as negociações e até à prolação dos despachos de homologação, de não homologação, caso não seja aprovado plano de pagamento até ao apuramento do resultado da votação ou até ao encerramento das negociações nos termos previstos nos nºs 1 e 6 do artigo 222º-G.

8. A partir da decisão a que se refere o número anterior e durante todo o tempo em que perdurarem as negociações, não pode ser suspensa a prestação dos seguintes serviços públicos essenciais:

a) Serviço de fornecimento de água;

b) Serviço de fornecimento de energia elétrica;

c) Serviço de fornecimento de gás natural e gases de petróleo liquefeitos canalizados;

d) Serviço de comunicações eletrónicas;

e) Serviços postais;

f) Serviço de recolha e tratamento de águas residuais;

g) Serviços de gestão de resíduos sólidos urbanos.

9. O preço dos serviços públicos essenciais prestados durante o período referido no número anterior que não sejam objeto de pagamento pelo devedor será considerado dívida da massa insolvente em insolvência da mesma que venha a ser decretada nos dois anos posteriores ao termo do prazo de negociações, sem prejuízo do disposto no artigo 10º da Lei nº 23/96 de 26 de julho, alterada e republicada pela Lei nº 12/2008, de 26 de fevereiro, e alterada pelas Leis nºs 24/2008, de 2 de junho, 6/2011, de 10 de março, 44/2011, de 22 de junho, e 10/2013, de 28 de janeiro.

1. Este artigo foi aditado pelo D.L. 79/2017, de 30 de Junho.

2. Corresponde quase integralmente ao art. 17º-E, com uma simples alteração das remissões, substituindo-se a a expressão "a empresa" por "o devedor".

3. O art. 5º do D.L. 79/2017, de 30 de Junho, determina a substituição do Portal Citius por um portal a definir por portaria do membro do Governo responsável pela área da justiça, sendo que, a partir da data da disponibilização ao público do referido portal, a qual é comunicada por despacho publicado na 2ª Série do Diário, todas as referências feitas no CIRE ao Citius são consideradas feitas a esse novo portal.

4. Cfr. Ana Alves Leal/Cláudia Trindade, *RDS* IX (2017), 1, pp. 97 e ss.

5. Uma vez obtida a nomeação do administrador judicial provisório no processo especial para acordo de pagamento o devedor obtém a suspensão de todas as acções destinadas à cobrança de dívidas (nº 1), assim como do processos de insolvência contra ele instaurados se a sua insolvência não tiver sido já decretada (nº 6), extinguindo-se futuramente todos esses processos no caso de vir a ser aprovado e homologado o acordo de pagamento. No entanto, o devedor perde a possibilidade de praticar actos de especial relevo, a menos que obtenha previamente a autorização do administrador judicial provisório.

6. À semelhança do que sucede no PER, o nº 7 estabelece como efeito da nomeação do administrador judicial provisório no PEAP a suspensão dos prazos de prescrição e caducidade oponíveis pela empresa, durante todo o tempo em que perdurarem as negociações. Trata-se, neste caso, de uma situação de suspensão e não de interrupção dos prazos de prescrição e de caducidade, pelo que o tempo anteriormente decorrido antes da suspensão é contabilizado na altura em que o prazo voltar a correr.

6. Também à semelhança do que sucede no PER, o nº 8 passou a determinar que a partir da decisão de nomeação do administrador judicial provisório não pode ser suspensa a prestação dos seguintes serviços públicos essenciais de fornecimento de água, electricidade, comunicações electrónicas, correio, esgotos e recolha de lixo. Os fornecedores desses serviços públicos essenciais perdem assim, durante a fase das negocia-

ções, a faculdade de recorrer à excepção de não cumprimento do contrato (arts. 428º e ss. CC) e até à resolução por incumprimento (art. 801º, nº 2, CC) em ordem a evitar que uma suspensão da actividade do devedor, em resultado da ausência de fornecimento dos serviços públicos essenciais, pudesse prejudicar a negociação com os credores para acordo de pagamento.

7. Como contrapartida pela retirada desses direitos, estabelece, entanto, o nº 9, que o preço dos serviços públicos prestados nesse período que não sejam objecto de pagamento pelo devedor será considerado dívida da massa insolvente em insolvência da mesma que venha a ser decretada nos dois anos posteriores ao termo do prazo das negociações. Ressalva-se, no entanto, o disposto no art. 10º da Lei 23/96, de 26 de Julho, na redacção da Lei 24/2008, de 2 de Junho, que estabelece um prazo de prescrição de seis meses para estas obrigações, a partir da prestação do serviço, assim como um prazo de caducidade do direito ao recebimento da diferença de preço, em caso de pagamento inferior por erro do prestador de serviços, a contar do pagamento inicial. Essa prescrição ou caducidade apenas pode ocorrer, no entanto, após o termo das negociações, uma vez que, conforme acima se referiu, durante o prazo em que decorrerem as mesmas, esses prazos ficam suspensos.

Artigo 222º-F – Conclusão das negociações com a aprovação de acordo de pagamento

1. Concluindo-se as negociações com a aprovação unânime de acordo de pagamento, em que intervenham todos os seus credores, este deve ser assinado por todos, sendo de imediato remetido ao processo, para homologação ou recusa da mesma pelo juiz, acompanhado da documentação que comprova a sua aprovação, atestada pelo administrador judicial provisório nomeado, produzindo tal acordo de pagamento, em caso de homologação, de imediato, os seus efeitos.

2. Concluindo-se as negociações com a aprovação de acordo de pagamento, sem observância do disposto no número anterior, o devedor remete-o ao tribunal, sendo de imediato publicado anúncio no portal Citius advertindo da junção do plano e correndo desde a publicação o prazo de votação de 10 dias, no decurso do qual qualquer interessado pode solicitar a não homologação do plano, nos termos e para os efeitos previstos nos artigos 215º e 216º, com as devidas adaptações.

3. Sem prejuízo de o juiz poder computar no cálculo das maiorias os créditos que tenham sido impugnados se entender que há probabilidade séria de estes serem reconhecidos, considera-se aprovado o plano de recuperação que:

a) Sendo votado por credores cujos créditos representem, pelo menos, um terço do total dos créditos relacionados com direito de voto, contidos na lista de créditos a que se referem os nºs 3 e 4 do artigo 222º-D, recolha o voto favorável de mais de dois terços da totalidade dos votos emitidos e mais de metade dos votos emitidos correspondentes a créditos não subordinados, não se considerando como tal as abstenções; ou

b) Recolha o voto favorável de credores cujos créditos representem mais de metade da totalidade dos créditos relacionados com direito de voto, calculados de harmonia com o disposto na alínea anterior, e mais de metade destes votos correspondentes a créditos não subordinados, não se considerando como tal as abstenções.

4. A votação efectua-se por escrito, aplicando-se-lhe o disposto no artigo 211º com as necessárias adaptações e sendo os votos remetidos ao administrador judicial provisório, que os abre em conjunto com o devedor e elabora um documento com o resultado da votação, que remete de imediato para tribunal.

5. O juiz decide se deve homologar o plano de recuperação ou recusar a sua homologação, nos 10 dias seguintes à receção da documentação mencionada nos números anteriores, aplicando, com as necessárias adaptações, as regras previstas no título IX, em especial o disposto nos artigos 215º e 216º

6. Caso o juiz não homologue o acordo aplica-se o disposto nos nºs 2 a 5, 7 e 8 do artigo 222º-G.

7. Sendo proferida decisão de não homologação, é aplicável ao recurso que venha a ser interposto dessa decisão o disposto no nº 3 do artigo 40º, com as devidas adaptações, caso o parecer do administrador venha a ser de que o devedor se encontra em situação de insolvência.

8. A decisão de homologação vincula o devedor e os credores, mesmo que não hajam reclamado os seus créditos ou participado nas negociações, relativamente aos créditos constituídos à data em que foi proferida a decisão prevista no nº 4 do artigo 222º-C, e é notificada, publicitada e registada pela secretaria do tribunal.

9. Compete ao devedor suportar as custas do processo de homologação.

10. É aplicável ao acordo de pagamento o disposto no nº 1 do artigo 218º

11. É aplicável o disposto no nº 7 do artigo seguinte, contando-se o prazo de dois anos da decisão prevista no nº 5 do presente artigo, exceto se o devedor demonstrar, no respetivo requerimento inicial, que executou integralmente o acordo de pagamento ou que o requerimento de novo processo especial para acordo de pagamento é motivado por fatores alheios ao próprio plano e a alteração superveniente é alheia à empresa.

1. Este artigo foi aditado pelo D.L. 79/2017, de 30 de Junho.

2. O art. 5º do D.L. 79/2017, de 30 de Junho, determina a substituição do Portal Citius por um portal a definir por portaria do membro do Governo responsável pela

área da justiça, sendo que, a partir da data da disponibilização ao público do referido portal, a qual é comunicada por despacho publicado na 2ª Série do Diário, todas as referências feitas no CIRE ao Citius são consideradas feitas a esse novo portal.

3. Cfr. Ana Alves Leal/Cláudia Trindade, *RDS* IX (2017), 1, pp. 107 e ss.

4. A lei distingue consoante o acordo de pagamento seja aprovado por unanimidade dos credores ou por maioria destes, com base nos critérios constantes do nº 3. Verifica-se, no entanto, que em ambos os casos compete ao juiz decidir se homologa ou recusa esse acordo, pelo que a existência ou não de unanimidade apenas releva porque na segunda hipótese a decisão do juiz vincula os credores, independentemente de terem concordado ou não com o acordo de pagamento.

5. Nos termos dos nºs 6 e 7, efectuada a votação do acordo, o juiz é informado do resultado da mesma, após o que decide se deve ou não homologar o referido plano, podendo recusar a sua homologação oficiosamente (art. 215º) ou a requerimento de qualquer interessado (art. 216º), e devendo a decisão ser tomada nos 10 dias subsequentes à recepção da documentação.

A não homologação oficiosa deve ocorrer no caso de violação não negligenciável de regras procedimentais ou das normas aplicáveis ao seu conteúdo, qualquer que seja a sua natureza, e ainda quando, no prazo razoável que estabeleça, não se verifiquem as condições suspensivas do acordo ou não sejam praticados os actos ou executadas as medidas que devam preceder a homologação (art. 215º).

Já a não homologação a pedido dos interessados ocorre se tal for solicitado, quer pelo devedor, caso este não seja o proponente e tiver manifestado nos autos a sua oposição, anteriormente à aprovação do plano de recuperação, quer por algum credor ou sócio, associado ou membro do devedor cuja oposição haja sido comunicada nos mesmos termos. Exige-se, no entanto, que o requerente demonstre em termos plausíveis, em alternativa, que: a) a sua situação ao abrigo do plano é previsivelmente menos favorável do que a que interviria na ausência de qualquer plano, designadamente face à situação resultante de acordo já celebrado em procedimento extrajudicial de regularização de dívidas; b) O plano proporciona a algum credor um valor económico superior ao montante nominal dos seus créditos sobre a insolvência, acrescido do valor das eventuais contribuições que ele deva prestar (art. 216º, nº 1).

Artigo 222º-G – Conclusão do processo negocial sem a aprovação de acordo de pagamento

1. Caso o devedor ou a maioria dos credores prevista no nº 3 do artigo anterior concluam antecipadamente não ser possível alcançar acordo, ou caso seja ultrapassado o prazo previsto no nº 5 do artigo 222º-D, o processo negocial é encerrado, devendo o administrador judicial provisório comunicar tal facto ao processo, se possível, por meios eletrónicos e publicá-lo no portal Citius.

2. Nos casos em que o devedor ainda não se encontre em situação de insolvência, o encerramento do processo acarreta a extinção de todos os seus efeitos.

3. Estando, porém, o devedor já em situação de insolvência, o encerramento do processo regulado no presente capítulo acarreta a insolvência do devedor, devendo a mesma ser declarada pelo juiz no prazo de três dias úteis, contados a partir do termo do prazo previsto no nº 5, sem prejuízo do disposto no nº 1 do artigo 255º

4. Compete ao administrador judicial provisório na comunicação a que se refere o nº 1 e mediante a informação de que disponha, após ouvir o devedor e os credores, emitir o seu parecer sobre se aquela se encontra em situação de insolvência, e em caso afirmativo, requerer a insolvência do devedor, aplicando-se o disposto no artigo 28º, com as necessárias adaptações, e sendo o processo especial para acordo de pagamento apenso ao processo de insolvência.

5. Recebida a comunicação e sendo o parecer no sentido da insolvência do devedor, o tribunal notifica aquele para, querendo e caso se mostrem preenchidos os respetivos pressupostos, em cinco dias, apresentar plano de pagamentos nos termos do disposto nos artigo 249º e seguintes ou requerer a exoneração do passivo restante nos termos do disposto nos artigos 235º e seguintes.

6. O devedor pode pôr termo às negociações a todo o tempo, independentemente de qualquer causa, devendo, para o efeito, comunicar tal pretensão ao administrador judicial provisório, a todos os seus credores e ao tribunal, por meio de carta registada, aplicando-se, com as necessárias adaptações, o disposto nos números anteriores.

7. O termo do processo especial para acordo de pagamento efetuado de harmonia com os números anteriores impede o devedor de recorrer ao mesmo pelo prazo de dois anos.

8. Havendo lista definitiva de créditos reclamados, e sendo o processo especial para acordo de pagamento convertido em processo de insolvência por aplicação do disposto no nº 4, o prazo de reclamação de créditos previsto na alínea *j)* do nº 1 do artigo 36º destina-se apenas à reclamação de créditos não reclamados nos termos do nº 2 do artigo 222º-D.

1. Este artigo foi aditado pelo D.L. 79/2017, de 30 de Junho.

2. Corresponde, com muito poucas modificações, ao art. 17º-G.

3. O art. 5º do D.L. 79/2017, de 30 de Junho, determina a substituição do Portal Citius por um portal a definir por portaria do membro do Governo responsável pela área da justiça, sendo que, a partir da data da disponibilização ao público do referido portal, a qual é comunicada por despacho publicado na 2ª Série do Diário, todas as referências feitas no CIRE ao Citius são consideradas feitas a esse novo portal.

4. Desta disposição resulta que, caso o processo não conduza à aprovação de um acordo de pagamento, seja porque os credores não o aprovaram, seja porque o devedor desistiu do processo, basta para que este seja declarada em situação de insolvência que o administrador judicial provisório conclua ser essa a sua situação, sendo a mesma equiparada a insolvência por apresentação do devedor. Já se o devedor não se encontrar em situação de insolvência, o encerramento do processo especial para acordo de pagamento acarreta a extinção de todos os seus efeitos.

5. Coloca-se igualmente no âmbito do PEAP a questão surgida na doutrina e na jurisprudência a propósito do PER, sobre se a insolvência é declarada no próprio processo ou se terá que ocorrer uma nova distribuição como processo de insolvência, após o requerimento do administrador judicial provisório. A dúvida justifica-se, dado que enquanto o nº 3 estabelece que o encerramento do processo acarreta a insolvência da empresa, a qual deve ser declarada pelo juiz no prazo de três dias úteis, contados do termo do prazo referido no nº 5, o nº 4 determina que a insolvência é requerida pelo administrador judicial provisório, aplicando-se o disposto no art. 28º com as necessárias adaptações, e sendo o processo de revitalização apenso ao processo de insolvência.

6. Em ordem a evitar o recurso sucessivo ao processo especial por parte dos devedores, o nº 7 determina que o termo do mesmo de harmonia com os números anteriores impede o devedor de a ele recorrer pelo prazo de dois anos.

Artigo 222º-H – Garantias

1. As garantias convencionadas entre o devedor e os seus credores durante o processo especial para acordo de pagamento, com a finalidade de proporcionar àquele os necessários meios financeiros para o desenvolvimento da sua atividade, mantêm-se mesmo que, findo o processo, venha a ser declarada, no prazo de dois anos, a insolvência do devedor.

2. Os credores que, no decurso do processo, financiem a atividade do devedor tendo em vista o cumprimento do acordo de pagamento gozam de privilégio creditório mobiliário geral, graduado antes do privilégio creditório mobiliário geral concedido aos trabalhadores.

1. Este artigo foi aditado pelo do D.L. 79/2017, de 30 de Junho.

2. Corresponde ao art. 17º-H do CIRE, apenas com a substituição da expressão "a empresa" por "o devedor".

3. À semelhança do que sucede no PER, permite-se, em ordem a obter um acordo de pagamento, que o devedor convencione garantias especiais com os seus credores, garantias essas que se mantêm em caso de a insolvência ocorrer nos dois anos subsequentes. Quanto ao privilégio mobiliário geral, não parece que, só por si, seja uma

garantia suficientemente atractiva para que os credores se disponham a financiar a actividade do devedor.

3. As garantias convencionadas no âmbito do processo especial para acordo de pagamento ficam imunes à resolução em benefício da massa insolvente, como determina o art. 120º, nº 6, mas também deixam de ser objecto de extinção, caso se enquadrassem no art. 97º, nº 1, d) e e).

Artigo 222º-I – Homologação de acordo extrajudicial de pagamento

1. O processo previsto no presente título pode igualmente iniciar-se pela apresentação pelo devedor de acordo extrajudicial de pagamento, assinado pelo devedor e por credores que representem pelo menos a maioria de votos prevista no nº 3 do artigo 222º-F, acompanhado dos documentos previstos no nº 2 do artigo 222º-A.

2. Recebidos os documentos mencionados no número anterior, o juiz nomeia administrador judicial provisório, aplicando-se o disposto nos artigos 32º a 34º com as necessárias adaptações, devendo a secretaria:

a) Notificar os credores que no mesmo não intervieram e que constam da lista de créditos relacionados pelo devedor da existência do acordo, ficando este patente na secretaria do tribunal para consulta;

b) Publicar no portal Citius a lista provisória de créditos.

3. O disposto nos nºs 2 a 4 do artigo 222º-D aplica-se, com as necessárias adaptações, ao previsto no número anterior.

4. Convertendo-se a lista de créditos em definitiva, o juiz procede, no prazo de 10 dias, à análise do acordo extrajudicial, devendo homologá-lo se respeitar a maioria prevista no nº 3 do artigo 222º-F, exceto se subsistir alguma das circunstâncias previstas nos artigos 215º e 216º.

5. Caso o juiz não homologue o acordo, aplica-se com as necessárias adaptações o disposto nos nºs 2 a 5 e 8 do artigo 222º-G.

6. O disposto no artigo 222º-E, nos nºs 6, 7, 8, 9, 10 e 11 do artigo 222º-F e no artigo 222º-H aplica-se com as necessárias adaptações.

1. Este artigo foi aditado pelo D.L. 79/2017, de 30 de Junho.

2. Corresponde, com muito poucas, alterações ao art. 17º-I.

3. O art. 5º do D.L. 79/2017, de 30 de Junho, determina a substituição do Portal Citius por um portal a definir por portaria do membro do Governo responsável pela área da justiça, sendo que, a partir da data da disponibilização ao público do referido portal, a qual é comunicada por despacho publicado na 2ª Série do Diário, todas as referências feitas no CIRE ao Citius são consideradas feitas a esse novo portal.

4. O processo especial para acordo de pagamento pode ser consideravelmente simplificado, caso o devedor consiga que a maioria dos credores prevista no nº 3 art. 222º-F, assine um acordo extrajudicial de pagamento. Neste caso, conforme resulta do nº 1, o processo especial para acordo de pagamento inicia-se pela apresentação pelo devedor do acordo assinado juntamente com a documentação a que se refere o nº 2 do art. 222º-A.

5. Conforme determina o nº 2, logo que receba os documentos o juiz procede à nomeação do administrador judicial provisório, cabendo à secretaria publicar no portal a lista provisória dos créditos e notificar os credores constantes dessa lista, que não tiveram intervenção no acordo. Verificam-se igualmente neste caso, por remissão do nº 6, os efeitos correspondente à nomeação do administrador judicial provisório, nomeadamente a suspensão das acções de cobrança de dívida contra a empresa (art. 222º-E, nº 1), a necessidade de autorização do administrador judicial provisório para a prática de actos de especial relevo (art. 222º-E, nºs 2 a 5), a suspensão dos processos de insolvência (art. 222º-E, nº 6), a suspensão dos prazos de prescrição e caducidade (art. 222º-E, nº 7) e a proibição da suspensão dos serviços públicos essenciais (art. 222º-E, nºs 8 e 9).

5. Em virtude da remissão do nº 3 para o art. 222º-D, nºs 2 a 4, os credores não intervenientes dispõem do prazo de 20 dias para reclamar os seus créditos, devendo as reclamações ser remetidas ao administrador judicial provisório que, no prazo de 5 dias, elabora uma lista provisória dos créditos. Essa lista é imediatamente apresentada na secretaria do tribunal e publicada no portal, podendo ser impugnada no prazo de cinco dias úteis e dispondo, em seguida, o juiz de idêntico prazo para decidir sobre as impugnações formuladas, convertendo-se a lista de créditos em definitiva se não houver reclamações.

6. Conforme resulta do nº 4, o juiz procede então, no prazo de 10 dias, à análise do acordo extrajudicial devendo homologá-lo se respeitar a maioria prevista no nº 3 do art. 222º-F, a menos que se verifiquem casos de não homologação oficiosa (art. 215º) ou a requerimento dos interessados (art. 216º).

7. Caso o juiz homologue o acordo aplica-se, em virtude da remissão do nº 6, o regime resultante da conclusão do processo pela obtenção de acordo previsto no art. 222º-F, nºs 8 a 10. Nesse caso, a decisão vincula a empresa e os credores, mesmo que não hajam reclamado os seus créditos ou participado nas negociações, relativamente aos créditos constituídos à data em que foi proferido o despacho de nomeação do administrador judicial provisório, e é notificada, publicitada e registada pela secretaria do tribunal (art. 222º-F, nº 8). Salvo disposição expressa do acordo de pagamento em sentido diverso, verifica-se igualmente a perda de eficácia da moratória ou do perdão previstos no plano quanto a crédito relativamente ao qual o devedor se constitua em mora, se a prestação, acrescida dos juros moratórios, não for cumprida no prazo de 15 dias após interpelação escrita pelo credor e quanto a todos os créditos se, antes de finda a execução do plano, o devedor for declarado em situação de insolvência em novo processo (arts. 222º-F, nº 10, e 218º, nº 1).

8. Caso o juiz não homologue o acordo resulta das remissões do nº 5 e do nº 6 que cessam os efeitos do processo, podendo o devedor ser declarado em situação de insolvência, se for o caso (222º-F, nº, 8 e 222º-G, nºs 2 a 4 e 7). É admissível, no entanto, o recurso da decisão de não homologação (art. 222º-F, nº 7).

Artigo 222º-J – Encerramento do processo especial para acordo de pagamento e cessação de funções do administrador judicial provisório

1. O processo especial para acordo de pagamento considera-se encerrado:

***a*)** Após o trânsito em julgado da decisão de homologação do plano de pagamento;

***b*)** Após o cumprimento do disposto nos nºs 1 a 6 do artigo 222º-G nos casos em que não tenha sido aprovado ou homologado plano de pagamento.

2. O administrador judicial provisório manter-se-á em funções, sem prejuízo da sua substituição ou remoção:

***a*)** Até ser proferida decisão de homologação do plano de plano de pagamento;

***b*)** Até ao encerramento do processo nos termos previstos na alínea *b*) do número anterior nos demais casos.

1. Este artigo foi aditado pelo D.L. 79/2017, de 30 de Junho.
2. Corresponde em termos praticamente idênticos ao art. 17º-J.
3. Esclarece-se em que momento se considera encerrado o processo especial para acordo de pagamento e até que altura se mantém em funções o administrador judicial provisório.

TÍTULO X – Administração pelo devedor

Artigo 223º – Limitação às empresas

O disposto neste título é aplicável apenas aos casos em que na massa insolvente esteja compreendida uma empresa.

1. Cfr. Carvalho Fernandes, *Themis*, edição especial (2005), pp. 82 e ss. e Rui Pinto Duarte, "A administração da empresa insolvente: rutura ou continuidade?", em Catarina Serra (org.), *I Congresso de Direito da Insolvência*, Coimbra, Almedina, 2013, pp. 175-186.

2. Contempla-se um regime especial de administração pelo próprio devedor, nos casos em que este seja titular de empresa. Conforme resulta do art. 81º, nº 1, essa situação impede a retirada ao devedor dos poderes de administração e disposição do seu património. Aliás, do art. 228º, nº 2, resulta que a administração do devedor evita a apreensão de bens, que passa apenas a ter lugar em caso de termo dessa administração.

Artigo 224º – Pressupostos da administração pelo devedor

1. Na sentença declaratória da insolvência o juiz pode determinar que a administração da massa insolvente seja assegurada pelo devedor.

2. São pressupostos da decisão referida no número anterior que:

a) O devedor a tenha requerido;

b) O devedor tenha já apresentado, ou se comprometa a fazê-lo no prazo de 30 dias após a sentença de declaração de insolvência, um plano de insolvência que preveja a continuidade da exploração da empresa por si próprio;

c) Não haja razões para recear atrasos na marcha do processo ou outras desvantagens para os credores;

d) O requerente da insolvência dê o seu acordo, caso não seja o devedor.

3. A administração é também confiada ao devedor se este o tiver requerido e assim o deliberarem os credores na assembleia de apreciação de relatório ou em assembleia que a preceda, independentemente da verificação dos pressupostos previstos nas alínea *c)* e *d)* do número anterior, contando-se o prazo previsto na alínea *b)* do mesmo número a partir da deliberação dos credores.

1. Uma vez que um dos efeitos da declaração de falência era a liquidação do activo, não se previa a administração pelo devedor. Agora, vem admitir-se essa possibilidade, a qual no entanto determina o adiamento da apreensão de bens e da liquidação. Vide o artigo seguinte e os arts. 228º, nº 2 e 36º, *e)* do Código.

2. É sempre indispensável para que a administração da empresa insolvente seja confiada ao devedor que este o tenha requerido. A decisão compete ao juiz, na sentença de declaração de insolvência (art. 36º, *e)*) ou à assembleia de credores, sendo a deliberação tomada na assembleia de apreciação do relatório (art. 156º), ou na primeira assembleia que antes desta se realizar. Os pressupostos da decisão variam, no entanto, nos dois casos já que o juiz só pode deferir o requerimento do devedor se estiverem preenchidos os pressupostos das alíneas *b)* a *d)* do número 2, enquanto que o seu deferimento pela assembleia de credores depende apenas do preenchimento do requisito da alínea *b)* do número 2, mas o prazo só se conta a partir da deliberação dos credores.

Artigo 225º – Início da liquidação

A liquidação só tem lugar depois que ao devedor seja retirada a administração, sem prejuízo do disposto no nº 1 do artigo 158º e da realização pelo devedor de vendas ao abrigo do nº 2 do mesmo artigo, com o consentimento do administrador da insolvência e da comissão de credores, se existir.

1. Atribuída ao devedor a administração da massa insolvente, é adiada a liquidação, ainda que este possa proceder ao começo da venda de bens, nos termos do art. 158º.

Artigo 226º – Intervenção do administrador da insolvência

1. O administrador da insolvência fiscaliza a administração da massa insolvente pelo devedor e comunica imediatamente ao juiz e à comissão de credores quaisquer circunstâncias que desaconselhem a subsistência da situação; não havendo comissão de credores, a comunicação é feita a todos os credores que tiverem reclamado os seus créditos.

2. Sem prejuízo da eficácia do acto, o devedor não deve contrair obrigações:

a) Se o administrador da insolvência se opuser, tratando-se de actos de gestão corrente;

b) Sem o consentimento do administrador da insolvência, tratando-se de actos de administração extraordinária.

3. O administrador da insolvência pode exigir que fiquem a seu cargo todos os recebimentos em dinheiro e todos os pagamentos.

4. Oficiosamente ou a pedido da assembleia de credores, pode o juiz proibir a prática de determinados actos pelo devedor sem a aprovação do administrador da insolvência, aplicando-se, com as devidas adaptações, o disposto no nº 6 do artigo 81º.

5. (*Revogado*).

6. É da responsabilidade do devedor a elaboração e o depósito das contas anuais que forem legalmente obrigatórias.

7. A atribuição ao devedor da administração da massa insolvente não prejudica o exercício pelo administrador da insolvência de todas as demais competências que legalmente lhe cabem e dos poderes necessários para o efeito, designadamente o de examinar todos os elementos da contabilidade do devedor.

1. O nº 5 foi revogado pelo D.L. 79/2017, de 30 de Junho.

2. A atribuição ao devedor da administração da massa insolvente não prejudica a manutenção do administrador da insolvência, quem compete fiscalizar a administra-

ção pelo devedor (nº 1), para o que dispõe de todos os poderes necessários, incluindo o de exame da contabilidade (nº 7). O administrador deve ainda dar o seu consentimento à assunção de obrigações que resultem de actos de administração extraordinária (nº 2 b)), podendo ainda opor-se à assunção de quaisquer obrigações mesmo que resultantes da gestão corrente (nº 2 a)). Para além disso, o administrador da insolvência pode exigir que fiquem a seu cargo os recebimentos em dinheiro e todos os pagamentos (nº 3). O juiz, oficiosamente ou a requerimento da assembleia de credores, pode ainda proibir ao devedor a realização de uma série de actos sem aprovação do administrador (nº 4).

3. Conforme salientam Carvalho Fernandes/João Labareda, *Código*, sub art. 226º, nº 4, p. 865, a referência a actos de gestão corrente no art. 226º, nº 2, a) deve ser interpretada como referente a actos de administraçãoordinária por contraposição aos actos de administração extraordinária, previstos no art. 226º, nº 2, b)). Assim, em relação a actos que visem promover a conservação e frutificação normal dos bens, o administrador apenas se pode opor no caso de deles resultar a assunção de obrigações. Mas já será exigido o consentimento do administrador da insolvência em relação aos actos de administração extraordinária, ou seja àqueles que visem promover uma frutificação anormal dos bens ou a realização de benfeitorias ou melhoramentos nos bens. No Ac. RC 16/2/2016 (Ferreira Lopes), processo 362/11.4TBCNT, na *CJ* 41 (2016), 1, pp. 21-23 considerou-se como acto de administração extraordinária, a exigir o consentimento do administrador da insolvência, o reconhecimento de uma dívida de honorários a advogado no montante de € 48,097,69.

4. Parece resultar do proémio do art. 226º, nº 2, que a inexistência de consentimento do administrador não prejudica a eficácia dos actos de administração praticados pelo devedor. Neste sentido, Carvalho Fernandes/João Labareda, *Código*, sub art. 226º, nº 4, p. 865, que apesar disso propõem *de iure condendo* a consagração da ineficácia do acto, apenas excluída se o terceiro provasse estar de boa fé. Também Ana Prata/Jorge Morais de Carvalho/Rui Simões, *Código*, sub art. 226º, nº 3, p. 626, consideram "peculiar" a solução legal "pois, se os atos carecem de não oposição ou de consentimento, faltando-lhes estes, não se vê que não tenham de resultar afetados". Já em relação aos actos de disposição, deve-se considerar que se mantém operacional a norma do art. 81º, nº 6, sendo assim os mesmos ineficazes em relação à massa insolvente.

5. Em virtude da revogação do nº 5 parece que deixou se permitir ao devedor o exercício dos poderes que o capítulo IV do título IV atribui ao administrador da insolvência relativamente aos negócios em curso (erradamente essa disposição remetia antes para o capítulo III do título IV), não podendo podendo assim o devedor optar pela execução ou pela recusa de cumprimento nos termos gerais (art. 102º e ss.), e muito menos pela resolução em benefício da massa (arts. 120º e ss.). Já os deveres de elaboração e depósito das contas mantêm-se no devedor (nº 6).

Artigo 227º – Remuneração

1. Enquanto a administração da insolvência for assegurada pelo próprio devedor, manter-se-ão as remunerações dos seus administradores e membros dos seus órgãos sociais.

2. Sendo o devedor uma pessoa singular, assiste-lhe o direito de retirar da massa os fundos necessários para uma vida modesta dele próprio e do seu agregado familiar, tendo em conta a sua condição anterior e as possibilidades da massa.

1. O exercício da administração pelo devedor pessoa colectiva implica a manutenção da remuneração pelos titulares dos órgãos de gestão. Incompreensivelmente não é aplicada a mesma solução à gestão de empresas singulares em que em lugar da remuneração se permite retirar da massa insolvente "os fundos necessários para uma vida modesta dele próprio e do agregado familiar".

Artigo 228º – Termo da administração pelo devedor

1. O juiz põe termo à administração da massa insolvente pelo devedor:

***a*)** A requerimento deste;

***b*)** Se assim for deliberado pela assembleia de credores;

***c*)** Se for afectada pela qualificação da insolvência como culposa a própria pessoa singular titular da empresa;

***d*)** Se, tendo deixado de se verificar o pressuposto previsto na alínea *c*) do nº 2 do artigo 224º, tal lhe for solicitado por algum credor;

***e*)** Se o plano de insolvência não for apresentado pelo devedor no prazo aplicável, ou não for subsequentemente admitido, aprovado ou homologado.

2. Tomada a decisão referida no número anterior, tem lugar imediatamente a apreensão dos bens, em conformidade com o disposto nos artigos 149º e seguintes, prosseguindo o processo a sua tramitação, nos termos gerais.

1. A administração de bens pelo devedor é encarada como uma situação transitória e excepcional, pelo que se compreenda que seja encerrada em caso de verificação dos factos acima enunciados.

2. Para Carvalho Fernandes, *Themis*, edição especial (2005), p. 84, a suspensão da apreensão dos bens, pressuposta neste artigo, apenas tem lugar no caso de a atribuição da administração ao devedor resultar de decisão do juiz (art. 36º, *e*)) e 224º, nº 1), dado que apenas neste caso ela tem lugar antes da apreensão dos bens pelo administrador da insolvência, referida no art. 149º. Resultando essa atribuição de deliberação da assembleia de credores (art. 224º, nº 2), a apreensão já se terá naturalmente verificado anteriormente. Entendemos, porém, que nesse caso a apreensão deverá ser revogada.

Artigo 229º – Publicidade e registo

A atribuição ao devedor da administração da massa insolvente, a proibição da prática de certos actos sem o consentimento do administrador da insolvência e a decisão que ponha termo a essa administração são objecto de publicidade e registo, nos termos constantes dos artigos 37º e 38º.

1. Este artigo tem a redacção do D.L. 282/2007, de 7 de Agosto..
2. Nos termos do art. 38º, o registo é realizado oficiosamente.

TÍTULO XI – Encerramento do processo

Artigo 230º – Quando se encerra o processo

1. Prosseguindo o processo após a declaração de insolvência, o juiz declara o seu encerramento:

a) Após a realização do rateio final, sem prejuízo do disposto no nº 6 do artigo 239º;

b) Após o trânsito em julgado da decisão de homologação do plano de insolvência, se a isso não se opuser o conteúdo deste;

c) A pedido do devedor, quando este deixe de se encontrar em situação de insolvência ou todos os credores prestem o seu consentimento;

d) Quando o administrador da insolvência constate a insuficiência da massa insolvente para satisfazer as custas do processo e as restantes dívidas da massa insolvente;

e) Quando este ainda não haja sido declarado, no despacho inicial do incidente de exoneração do passivo restante referido na alínea *b*) do artigo 237º

2. A decisão de encerramento do processo é notificada aos credores e objecto da publicidade e do registo previstos nos artigos 37º e 38º, com indicação da razão determinante.

1. O nº 1 tem a redacção da Lei 16/2012, de 20 de Abril, que aditou a alínea *e*). O nº 2 tem a redacção do D.L. 282/2007, de 7 de Agosto.

2. Nos termos do art. 6º, nº 6, do D.L. 79/2017, de 30 de Junho, o disposto na alínea *e*) do nº 1 do artigo 230º do CIRE, em que não tenha sido declarado o encerramento e tenha sido proferido o despacho inicial de exoneração do passivo restante, considera-se iniciado o período de cessão do rendimento disponível na data de entrada em vigor do referido decreto-lei.

3. Esta disposição, que se inspira no art. 176º da *Ley Concursal* espanhola, pretende estabelecer uma tipificação das causas de encerramento do processo de insolvência, desenvolvidos nos artigos seguintes.

Artigo 231º – Encerramento a pedido do devedor

1. O pedido do devedor de encerramento do processo fundado na cessação da situação de insolvência é notificado aos credores para que estes, querendo, deduzam oposição, no prazo de oito dias, aplicando-se o disposto nos nºs 3 e 4 do artigo 41º.

2. O pedido do devedor que não se baseie na cessação da situação de insolvência é acompanhado de documentos que comprovem o consentimento de todos os credores que tenham reclamado os seus créditos, quando seja apresentado depois do terminado o prazo concedido para o efeito, ou de todos os credores conhecidos, na hipótese contrária.

3. Antes de decidir sobre o pedido o juiz ouve, em qualquer dos casos, o administrador da insolvência e a comissão de credores, se existir.

1. O nº 2 tem a redacção do D.L. 200/2004, de 18 de Agosto.
2. Cfr. o art. 231º do CPEREF.
3. Admite-se agora a possibilidade de o devedor vir requerer a cessação do processo, comprovando a extinção da sua situação de insolvência.

Artigo 232º – Encerramento por insuficiência da massa insolvente

1. Verificando o administrador da insolvência que a massa insolvente é insuficiente para a satisfação das custas do processo e das restantes dívidas da massa insolvente, dá conhecimento do facto ao juiz, podendo este conhecer oficiosamente do mesmo.

2. Ouvidos o devedor, a assembleia de credores e os credores da massa insolvente, o juiz declara encerrado o processo, salvo se algum interessado depositar à ordem do tribunal o montante determinado pelo juiz segundo o que razoavelmente entenda necessário para garantir o pagamento das custas do processo e restantes dívidas da massa insolvente.

3. A secretaria do tribunal, quando o processo for remetido à conta e em seguida a esta, distribui as importâncias em dinheiro existentes na massa insolvente, depois de pagas as custas, pelos credores da massa insolvente, na proporção dos seus créditos.

4. Depois de verificada a insuficiência da massa, é lícito ao administrador da insolvência interromper de imediato a respectiva liquidação.

5. Encerrado o processo de insolvência por insuficiência da massa, nos casos em que tenha sido aberto incidente de qualificação da insolvência e se o mesmo ainda não estiver findo, este prossegue os seus termos como incidente limitado.

6. O disposto nos números anteriores não é aplicável na hipótese de o devedor beneficiar do diferimento do pagamento das custas, nos termos do nº 1 do artigo 248º, durante a vigência do benefício.

7. Presume-se a insuficiência da massa quando o património seja inferior a 5.000 euros.

1. Os nºs 1 e 5 têm a redacção da Lei 16/2012, de 20 de Abril. O nº 7 foi acrescentado pelo D.L. 282/2007, de 7 de Agosto.
2. Corresponde, com modificações e aditamentos, ao art. 187º do CPEREF.

Artigo 233º – Efeitos do encerramento

1. Encerrado o processo:

a) Cessam todos os efeitos que resultam da declaração de insolvência, recuperando designadamente o devedor o direito de disposição dos seus bens e a livre gestão dos seus negócios, sem prejuízo dos efeitos da qualificação da insolvência como culposa e do disposto no artigo seguinte;

b) Cessam as atribuições da comissão de credores e do administrador da insolvência, com excepção das referentes à apresentação de contas e das conferidas, se for o caso, pelo plano de insolvência;

c) Os credores da insolvência poderão exercer os seus direitos contra o devedor sem outras restrições que não as constantes do eventual plano de insolvência e plano de pagamentos e do nº 1 do artigo 242º, constituindo para o efeito título executivo a sentença homologatória do plano de pagamentos, bem como a sentença de verificação de créditos ou a decisão proferida em acção de verificação ulterior, em conjugação, se for o caso, com a sentença homologatória do plano de insolvência;

d) Os credores da massa podem reclamar do devedor os seus direitos não satisfeitos.

2. O encerramento do processo de insolvência antes do rateio final determina:

a) A ineficácia das resoluções de actos em beneficio da massa insolvente, excepto se o plano de insolvência atribuir ao administrador da insolvência competência para a defesa nas acções dirigidas à respectiva impugnação, bem como nos casos em que as mesmas não possam já ser impugnadas em virtude do decurso do prazo previsto no artigo 125º, ou em que a impugnação deduzida haja já sido julgada improcedente por decisão com trânsito em julgado;

b) A extinção da instância dos processos de verificação de créditos e de restituição e separação de bens já liquidados que se encontrem pendentes, exceto se tiver já sido proferida a sentença de verificação e graduação de créditos prevista no artigo 140º, ou se o encerramento decorrer da aprovação do plano de insolvência, caso em que prosseguem até final os recursos interpostos dessa sentença e as ações cujos autores ou a devedora assim o requeiram, no prazo de 30 dias;

c) A extinção da instância das acções pendentes contra os responsáveis legais pelas dívidas do insolvente propostas pelo administrador da insolvência, excepto se o plano de insolvência atribuir ao administrador da insolvência competência para o seu prosseguimento.

3. As custas das acções de impugnação da resolução de actos em benefício da massa insolvente julgadas procedentes em virtude do disposto na alínea *a*) do número anterior constituem encargo da massa insolvente, se o processo for encerrado por insuficiência desta.

4. Exceptuados os processos de verificação de créditos, qualquer acção que corra por dependência do processo de insolvência e cuja instância não se extinga, nos termos da alínea *b*) do nº 2, nem deva ser prosseguida pelo administrador da insolvência, nos termos do plano de insolvência, é desapensada do processo e remetida para o tribunal competente, passando o devedor a ter exclusiva legitimidade para a causa, independentemente de habilitação ou do acordo da contraparte.

5. Nos 10 dias posteriores ao encerramento, o administrador da insolvência entrega no tribunal, para arquivo, toda a documentação relativa ao processo que se encontre em seu poder, bem como os elementos da contabilidade do devedor que não hajam de ser restituídas ao próprio.

6. Sempre que ocorra o encerramento do processo de insolvência sem que tenha sido aberto incidente de qualificação por aplicação do disposto na alínea *i*) do artigo 36º, deve o juiz declarar expressamente na decisão prevista no artigo 230º o carácter fortuito da insolvência.

7. O encerramento do processo de insolvência nos termos da alínea *e*) do nº 1 do artigo 230º, quando existam bens ou direitos a liquidar, determina unicamente o início do período de cessão do rendimento disponível.

1. O nº 6 foi aditado pela Lei 16/2012, de 20 de Abril. O nº 4 tem a redacção do D.L. 200/2004, de 18 de Agosto. A alínea *b*) do nº 2 tem a redacção do D.L. 79/2017, de 30 de Junho, que aditou ainda o nº 7 a esta disposição.

2. Passou-se agora a tipificar os efeitos do encerramento do processo que no fundo se reconduzem à eliminação dos efeitos da declaração de insolvência.

3. Tem sido controvertida na doutrina e na jurisprudência quais os efeitos do encerramento do processo de insolvência em virtude da aprovação do plano de insolvência no apenso de verificação e graduação de créditos. Para Carvalho Fernandes/João Labareda, *Código*, sub art. 233º, nºs 10 e 11, pp. 887-888, da norma do art. 233º, nº 2, b) apenas resulta a continuição das acções de restituição e separação de bens, não havendo lugar ao prosseguimento da verificação e graduação de créditos que assim se deve considerar extinta. Nesse sentido, se pronunciaram na jurisprudência os Ac. RG 19/2/2013 (Paulo Barreto), processo 1808/12.0TBBRG-D.G1 e

Ac. RG 4/6/2013 (António Figueiredo de Almeida), processo 1808/12.0TBBRG--F.G1. Em sentido diferente, Ana Prata/Jorge Morais de Carvalho/Rui Simões, *Código*, sub art. 233º, p. 645, sustentam que a aprovação do plano de insolvência não prejudica a continuação do apenso de verificação e graduação de créditos. Neste sentido parece ser a posição maioritária da jurisprudência. Cfr. Ac. RP 15/10/2013 (Maria João Areias), processo 1881/12.0TBPNF.P1, Ac. RL 31/10/2013 (Ana Lucinda Cabral), processo 1144/08.6TYLSB.L1-6, Ac. RP 6/2/2014 (Leonel Serôdio), processo 106/11.0TBAMM-B.P1, Ac. RP 28/4/2014 (Manuel Domingos Fernandes), processo 2609/11.8TBPDL-K.P1, Ac. RL 24/9/2015 (Anabela Calafate), processo 3293-12.7TBPDL-H.L1-6, AC. STJ 22/11/2016 (José Rainho), processo 4843/10.9TBFUN-B.L1.S1, na *CJ-ASTJ* 24 (2016), 3, pp. 105-108, e Ac. RL 13/7/2017 (Jorge Leal), processo 4462/15.3.T8SNT-B.L1-2. Parece-nos igualmente ser esta última a melhor posição, atenta a obrigatoriedade, prevista no art. 209º, nº 3, de o plano de insolvência ter que acautelar os efeitos das decisões tomadas no apenso de verificação e graduação de créditos. Não faria consequentemente sentido que se verificasse a extinção da instância nesse apenso em virtude da aprovação do plano de insolvência.

Artigo 234º – Efeitos sobre sociedades comerciais

1. Baseando-se o encerramento do processo na homologação de um plano de insolvência que preveja a continuidade da sociedade comercial, esta retoma a sua actividade independentemente de deliberação dos sócios.

2. Os sócios podem deliberar a retoma da actividade se o encerramento se fundar na alínea *c*) do nº 1 do artigo 230º.

3. Com o registo do encerramento do processo após o rateio final, a sociedade considera-se extinta.

4. No caso de encerramento por insuficiência da massa insolvente, a liquidação da sociedade prossegue nos termos do regime jurídico dos procedimentos administrativos de dissolução e de liquidação de entidades comerciais, devendo o juiz comunicar o encerramento e o património da sociedade ao serviço de registo competente.

1. O nº 4 tem a redacção que lhe foi conferida pelo art. 35º do Decreto-Lei nº 76-A/2006, de 29 de Março.

2. A extinção da personalidade jurídica da sociedade comercial declarada insolvente apenas ocorre com o registo do encerramento do processo após o rateio final. Se o encerramento do processo se basear na recuperação do devedor ou no consentimento de todos os credores, cabe aos sócios deliberar se retomam a actividade. Se for homologado um plano de insolvência o regresso à actividade ocorre independentemente de deliberação dos sócios. Sendo encerrado o processo por insuficiência

da massa, a liquidação prossegue nos termos do regime jurídico dos procedimentos administrativos de dissolução e de liquidação de entidades comerciais.

3. A extinção da sociedade prevista no nº 3 implica a responsabilidade dos sócios pelo passivo superveniente, ainda que nos termos limitados do art. 163º CSC. Por esse motivo se decidiu no Ac. RC 7/2/2017 (Jorge Loureiro), processo 51/14.8T8CTB.C1, em *CJ* 42 (2017), 2, pp. 17-21, que a extinção da sociedade com o encerramento do processo não implica a extinção das hipotecas que esta constituiu.

TÍTULO XII – Disposições específicas da insolvência de pessoas singulares

CAPÍTULO I – Exoneração do passivo restante

Artigo 235º – Princípio geral

Se o devedor for uma pessoa singular, pode ser-lhe concedida a exoneração dos créditos sobre a insolvência que não forem integralmente pagos no processo de insolvência ou nos cinco anos posteriores ao encerramento deste, nos termos das disposições do presente capítulo.

1. Este artigo inspira-se nas disposições da *Insolvenzordnung* relativas à liberação das obrigações (§§ 286 e ss.) e à insolvência dos consumidores (§§ 304 e ss). Cfr., no entanto, o anterior art. 240º do CPEREF.

2. Cfr. Assunção Cristas, "Exoneração do devedor pelo passivo restante", em *Themis*, edição especial (2005), pp. 165-182, Luís A. Carvalho Fernandes, "A exoneração do passivo restante na insolvência de pessoas singulares no Direito Português", em Luís A. Carvalho Fernandes/João Labareda, *Colectânea de Estudos sobre a insolvência*, Coimbra, Almedina, 2009, pp. 275-309, Ana Filipa Conceição, "Disposições específicas da insolvência de pessoas singulares no Código da Insolvência e da Recuperação de Empresas", em Catarina Serra (org.), *I Congresso de Direito da Insolvência*, Coimbra, Almedina, 2013, pp. 29-62 (47 e ss.) e Paulo Mota Pinto, "Exoneração do passivo restante: fundamento e constitucionalidade", em Catarina Serra (org.), *III Congresso de Direito da Insolvência*, Coimbra, Almedina, 2015, pp. 175-195.

3. Passou a incluir-se a possibilidade de conceder aos devedores pessoas singulares a exoneração dos créditos sobre a insolvência que não sejam integralmente pagos no processo de insolvência ou nos cinco anos posteriores ao encerramento deste. Visa-se com esta medida, algo afastada da filosofia geral do Código, conceder ao devedor um *fresh start*, permitindo-lhe recomeçar a sua actividade, sem o peso da insolvência anterior.

Artigo 236º – Pedido de exoneração do passivo restante

1. O pedido de exoneração do passivo restante é feito pelo devedor no requerimento de apresentação à insolvência ou no prazo de 10 dias posteriores à citação, e será sempre rejeitado, se for deduzido após a assembleia de apreciação do relatório, ou, no caso de dispensa da realização desta, após os 60 dias subsequentes à sentença que tenha declarado a insolvência; o juiz decide livremente sobre a admissão ou rejeição de pedido apresentado no período intermédio.

2. Se não tiver sido dele a iniciativa do processo de insolvência, deve constar do acto de citação do devedor pessoa singular a indicação da possibilidade de solicitar a exoneração do passivo restante, nos termos previstos no número anterior.

3. Do requerimento consta expressamente a declaração de que o devedor preenche os requisitos e se dispõe a observar todas as condições exigidas nos artigos seguintes.

4. Na assembleia de apreciação de relatório ou, sendo dispensada a realização da mesma, no prazo de 10 dias subsequente ao decurso do prazo de 60 dias previsto na parte final do nº 1, é dada aos credores e ao administrador da insolvência a possibilidade de se pronunciarem sobre o requerimento.

1. Os nºs 1 e 4 têm a redacção do D.L. 79/2017, de 30 de Junho.

Artigo 237º – Processamento subsequente

A concessão efectiva da exoneração do passivo restante pressupõe que:

a) Não exista motivo para o indeferimento liminar do pedido, por força do disposto no artigo seguinte;

b) O juiz profira despacho declarando que a exoneração será concedida uma vez observadas pelo devedor as condições previstas no artigo 239º durante os cinco anos posteriores ao encerramento do processo de insolvência, neste capítulo designado despacho inicial;

c) Não seja aprovado e homologado um plano de insolvência;

d) Após o período mencionado na alínea *b*), e cumpridas que sejam efectivamente as referidas condições, o juiz emita despacho decretando a exoneração definitiva, neste capítulo designado despacho de exoneração.

1. A exoneração do passivo restante aparece como subsidiária ao plano de insolvência e tem como contrapartida a cessão do rendimento disponível do devedor, nos termos do art. 239º.

Artigo 238º – Indeferimento liminar

1. O pedido de exoneração é liminarmente indeferido se:

a) For apresentado fora de prazo;

b) O devedor, com dolo ou culpa grave, tiver fornecido por escrito, nos três anos anteriores à data do início do processo de insolvência, informações falsas ou incompletas sobre as suas circunstâncias económicas com vista à obtenção de crédito ou de subsídios de instituições públicas ou a evitar pagamentos a instituições dessa natureza;

c) O devedor tiver já beneficiado da exoneração do passivo restante nos 10 anos anteriores à data do início do processo de insolvência;

d) O devedor tiver incumprido o dever de apresentação à insolvência ou, não estando obrigado a se apresentar, se tiver abstido dessa apresentação nos seis meses seguintes à verificação da situação de insolvência, com prejuízo em qualquer dos casos para os credores, e sabendo, ou não podendo ignorar sem culpa grave, não existir qualquer perspectiva séria de melhoria da sua situação económica;

e) Constarem já no processo, ou forem fornecidos até ao momento da decisão, pelos credores ou pelo administrador da insolvência, elementos que indiciem com toda a probabilidade a existência de culpa do devedor na criação ou agravamento da situação de insolvência, nos termos do artigo 186º;

f) O devedor tiver sido condenado por sentença transitada em julgado por algum dos crimes previstos e punidos nos artigos 227º a 229º do Código Penal nos 10 anos anteriores à data da entrada em juízo do pedido de declaração da insolvência ou posteriormente a esta data;

g) O devedor, com dolo ou culpa grave, tiver violado os deveres de informação, apresentação e colaboração que para ele resultam do presente Código, no decurso do processo de insolvência.

2. O despacho de indeferimento liminar é proferido após a audição dos credores e do administrador da insolvência nos termos previstos no nº 4 do artigo 236º, exceto se o pedido for apresentado fora do prazo ou constar já dos autos documento autêntico comprovativo de algum dos factos referidos no número anterior.

1. O nº 2 tem a redacção do D.L. 79/2017, de 30 de Junho.

2. É compreensível que nestas situações não seja concedida ao devedor esse benefício. Não se compreende, no entanto, a sua previsão como hipóteses de indeferimento liminar, uma vez que é manifesto que se terá que produzir prova destes factos, conforme resulta do nº 2. Neste sentido, cfr., na jurisprudência Ac. RC 27/9/2011 (Teles Pereira), na *CJ* 36 (2011), 4, pp. 21-24.

3. Em relação à exclusão prevista na alínea *d*), sustentou-se no Ac. RP 6/10/2009 (Sílvia Pires), em *CJ* 34 (2009), 4, pp. 184-186, para fundamentar o indeferimento

liminar do pedido de exoneração do passivo restante o incumprimento deste prazo tem que resultar claro dos autos e ser cumulativo com a evidência de que o atraso na apresentação prejudicou os interesses dos credores, sabendo o insolvente ou não podendo ignorar, sem culpa grave, que inexistia qualquer perspectiva de melhoria da sua situação económica. No Ac. RG 12/7/2010 (Maria Luísa Ramos), em *CJ* 35 (2010), 3, pp. 294-297. considerou-se ser de presumir que o atraso, só por si, envolve prejuízo para os credores, atento o avolumar de juros de mora e a desvalorização do capital. Pelo contrário no Ac. STJ 24/1/2012 (Fonseca Ramos) na *CJ-ASTJ* 20 (2012), I, pp. 55-59, considerou-se que a apresentação tardia do requerente da exoneração não constitui presunção de prejuízo para os credores pelo facto de se terem acumulado juros de mora, competindo aos credores do insolvente e ao administrador a prova efectiva do prejuízo, que não se presume.

4. Em relação à exclusão prevista na alínea *e*), no Ac. RP 9/1/2006 (Pinto Ferreira) na *CJ* 31 (2006), 1, pp. 160-162 considerou-se não poder beneficiar da exoneração do passivo restante, por não merecer nova oportunidade o devedor que incorreu em insolvência em consequência de especulação bolsista.. Da mesma forma, no Ac. RE 26/1/2011 (Ribeiro Cardoso), em *CJ* 36 (2011), 1, pp. 257-260, sustentou-se que tendo a insolvência resultado do despedimento com justa causa do trabalhador por se ter apropriado do dinheiro da entidade patronal, deve a mesma considerar-se como culposa para efeitos do art. 186º, nº 2, *a*) e nº 4, o que constitui fundamento para o indeferimento liminar do pedido de exoneração do passivo restante.

5. Em relação à exclusão prevista na alínea *g*), considerou-se no Ac. RP 31/5/2007 (Gonçalo Silvano) na *CJ* 32 (2007), 3, pp. 188-190, não infringir os deveres de informação o devedor que omite a pendência de uma execução no seu requerimento de apresentação à insolvência. Já no Ac. RP 28/9/2010 (João Ramos Lopes), em *CDP* nº 35 (Julho/Setembro 2011), pp. 57-68, com anotação favorável de Adelaide Menezes Leitão, "Pré-condições para a exoneração do passivo restante – Ac. do TRP de 28.9.2010, Proc. 995/09", *ibid*, pp. 65-68, considerou-se infringir esses deveres o devedor que na petição inicial alega a inexistência de bens susceptíveis de integrar a massa insolvente, o que não corresponde à verdade.

Artigo 239º – Cessão do rendimento disponível

1. Não havendo motivo para indeferimento liminar, é proferido o despacho inicial, na assembleia de apreciação do relatório, ou nos 10 dias subsequentes a esta ou ao decurso dos prazos previstos no nº 4 do artigo 236º

2. O despacho inicial determina que, durante os cinco anos subsequentes ao encerramento do processo de insolvência, neste capítulo designado período da cessão, o rendimento disponível que o devedor venha a auferir se considera cedido a entidade, neste capítulo designada fiduciário, escolhida pelo tribunal de entre as inscritas na lista oficial de administradores da insolvência, nos termos e para os efeitos do artigo seguinte.

3. Integram o rendimento disponível todos os rendimentos que advenham a qualquer título ao devedor, com exclusão:

a) Dos créditos a que se refere o artigo 115º cedidos a terceiro, pelo período em que a cessão se mantenha eficaz;

b) Do que seja razoavelmente necessário para:

(*i*) O sustento minimamente digno do devedor e do seu agregado familiar, não devendo exceder, salvo decisão fundamentada do juiz em contrário, três vezes o salário mínimo nacional;

(*ii*) O exercício pelo devedor da sua actividade profissional;

(*iii*) Outras despesas ressalvadas pelo juiz no despacho inicial ou em momento posterior, a requerimento do devedor.

4. Durante o período da cessão, o devedor fica ainda obrigado a:

a) Não ocultar ou dissimular quaisquer rendimentos que aufira, por qualquer título, e a informar o tribunal e o fiduciário sobre os seus rendimentos e património na forma e no prazo em que isso lhe seja requisitado;

b) Exercer uma profissão remunerada, não a abandonando sem motivo legítimo, e a procurar diligentemente tal profissão quando desempregado, não recusando desrazoavelmente algum emprego para que seja apto;

c) Entregar imediatamente ao fiduciário, quando por si recebida, a parte dos seus rendimentos objecto de cessão;

d) Informar o tribunal e o fiduciário de qualquer mudança de domicílio ou de condições de emprego, no prazo de 10 dias após a respectiva ocorrência, bem como, quando solicitado e dentro de igual prazo, sobre as diligências realizadas para a obtenção de emprego;

e) Não fazer quaisquer pagamentos aos credores da insolvência a não ser através do fiduciário e a não criar qualquer vantagem especial para algum desses credores.

5. A cessão prevista no nº 2 prevalece sobre quaisquer acordos que excluam, condicionem ou por qualquer forma limitem a cessão de bens ou rendimentos do devedor.

6. Sendo interposto recurso do despacho inicial, a realização do rateio final só determina o encerramento do processo depois de transitada em julgado a decisão.

1. O nº 1 tem a redacção do D.L. 79/2017, de 30 de Junho.

2. A previsão da cessão do rendimento disponível constitui um ónus imposto ao devedor como contrapartida do facto de ser exonerado do passivo que possuía.

3. É duvidoso se se estará perante uma verdadeira cessão do rendimento disponível, qualificada como cessão de créditos futuros, ou se estará antes perante uma promessa

de entrega dos ganhos gerados pelo devedor, no momento em que o sejam. Defendendo que se trata de uma verdadeira cessão de créditos futuros, veja-se Assunção Cristas, *Themis*, edição especial (2005), pp. 174 e ss. (176) e Carvalho Fernandes/João Labareda, *Código da Insolvência*, sub art. 239º, nº 6, p. 907. Apesar de em edições anteriores termos sufragado a posição contrária, em virtude da obrigação de entrega estabelecida no nº 4 c), tendemos a seguir hoje a posição de que se trata de uma efectiva cessão de créditos futuros. Cfr. Menezes Leitão, *Direito da Insolvência*, pp. 310 e ss.

4. Conforme se salientou no Ac. RL 12/4/2011 (Ana Resende), em *CJ* 36 (2011), 2, pp. 129-131, o montante indispensável a uma existência condigna deve ser objecto de uma ponderação casuística perante a situação em causa, sendo que nas despesas a ressalvar se incluem as necessárias em virtude da situação clínica do devedor.

Artigo 240º – Fiduciário

1. A remuneração do fiduciário e o reembolso das suas despesas constitui encargo do devedor.

2. São aplicáveis ao fiduciário, com as devidas adaptações, os nºs 2 e 4 do artigo 38º, os artigos 56º, 57º, 58º, 59º e 62º a 64º; é também aplicável o disposto no nº 1 do artigo 60º e no nº 1 do artigo 61º, devendo a informação revestir periodicidade anual e ser enviada a cada credor e ao juiz.

1. Utiliza-se a expressão "fiduciário", para designar o titular do rendimento disponível objecto de cessão, o qual lhe deve ser afecto nos termos do art. seguinte. Cfr. Assunção Cristas, *Themis*, edição especial (2005), pp. 178 e ss.

Artigo 241º – Funções

1. O fiduciário notifica a cessão dos rendimentos do devedor àqueles de quem ele tenha direito a havê-los, e afecta os montantes recebidos, no final de cada ano em que dure a cessão:

a) Ao pagamento das custas do processo de insolvência ainda em dívida;

b) Ao reembolso ao organismo responsável pela gestão financeira e patrimonial do Ministério da Justiça das remunerações e despesas do administrador da insolvência e do próprio fiduciário que por aquele tenham sido suportadas;

c) Ao pagamento da sua própria remuneração já vencida e despesas efectuadas;

d) À distribuição do remanescente pelos credores da insolvência, nos termos prescritos para o pagamento aos credores no processo de insolvência.

2. O fiduciário mantém em separado do seu património pessoal todas as quantias provenientes de rendimentos cedidos pelo devedor, respondendo com todos os seus haveres pelos fundos que indevidamente deixe de afectar às finalidades indicadas no número anterior, bem como pelos prejuízos provocados por essa falta de distribuição.

3. A assembleia de credores pode conferir ao fiduciário a tarefa de fiscalizar o cumprimento pelo devedor das obrigações que sobre este impendem, com o dever de a informar em caso de conhecimento de qualquer violação.

1. A alínea *b*) do nº 2 tem a redacção do D.L. 79/2017, de 30 de Junho.

2. Apesar de a lei considerar o fiduciário como titular dos rendimentos, eles ficam segregados do seu património pessoal, sendo afectos aos fim específico de cumprimento das obrigações referidas no nº 1.

Artigo 242º – Igualdade dos credores

1. Não são permitidas quaisquer execuções sobre os bens do devedor destinadas à satisfação dos créditos sobre a insolvência, durante o período da cessão.

2. É nula a concessão de vantagens especiais a um credor da insolvência pelo devedor ou por terceiro.

3. A compensação entre dívidas da insolvência e obrigações de um credor sobre a insolvência apenas é lícita nas condições em que seria admissível durante a pendência do processo.

1. A autonomia patrimonial instituída em relação à denominada cessão dos rendimentos do devedor resulta, em primeiro lugar, no afastamento da possibilidade de os credores executarem esse património. Proibe-se ainda, durante esse período, a concessão de vantagens especiais, ainda que se admita a compensação.

Artigo 243º – Cessação antecipada do procedimento de exoneração

1. Antes ainda de terminado o período da cessão, deve o juiz recusar a exoneração, a requerimento fundamentado de algum credor da insolvência, do administrador da insolvência, se estiver ainda em funções, ou do fiduciário, caso este tenha sido incumbido de fiscalizar o cumprimento das obrigações do devedor, quando:

***a*)** O devedor tiver dolosamente ou com grave negligência violado alguma das obrigações que lhe são impostas pelo artigo 239º, prejudicando por esse facto a satisfação dos créditos sobre a insolvência;

***b*)** Se apure a existência de alguma das circunstâncias referidas nas alíneas *b*), *e*) e *f*) do nº 1 do artigo 238º, se apenas tiver sido conhecida pelo requerente após o despacho inicial ou for de verificação superveniente;

c) A decisão do incidente de qualificação da insolvência tiver concluído pela existência de culpa do devedor na criação ou agravamento da situação de insolvência.

2. O requerimento apenas pode ser apresentado dentro do ano seguinte à data em que o requerente teve ou poderia ter tido conhecimento dos fundamentos invocados, devendo ser oferecida logo a respectiva prova.

3. Quando o requerimento se baseie nas alíneas *a*) e *b*) do nº 1, o juiz deve ouvir o devedor, o fiduciário e os credores da insolvência antes de decidir a questão; a exoneração é sempre recusada se o devedor, sem motivo razoável, não fornecer no prazo que lhe seja fixado informações que comprovem o cumprimento das suas obrigações, ou, devidamente convocado, faltar injustificadamente à audiência em que deveria prestá-las.

4. O juiz, oficiosamente ou a requerimento do devedor ou do fiduciário, declara também encerrado o incidente logo que se mostrem integralmente satisfeitos todos os créditos sobre a insolvência.

1. Admite-se a possibilidade de os credores de insolvência, o administrador ou o fiduciário requererem antecipadamente a não exoneração do passivo do devedor, com fundamento na sua responsabilidade pela situação de insolvência.

Artigo 244º – Decisão final da exoneração

1. Não tendo havido lugar a cessação antecipada, o juiz decide nos 10 dias subsequentes ao termo do período da cessão sobre a concessão ou não da exoneração do passivo restante do devedor, ouvido este, o fiduciário e os credores da insolvência.

2. A exoneração é recusada pelos mesmos fundamentos e com subordinação aos mesmos requisitos por que o poderia ter sido antecipadamente, nos termos do artigo anterior.

1. O processo deve terminar com a exoneração do passivo do devedor, salvo se se demonstrar a sua responsabilidade pela verificação da situação de insolvência.

Artigo 245º – Efeitos da exoneração

1. A exoneração do devedor importa a extinção de todos os créditos sobre a insolvência que ainda subsistam à data em que é concedida, sem excepção dos que não tenham sido reclamados e verificados, sendo aplicável o disposto no nº 4 do artigo 217º.

2. A exoneração não abrange, porém:

a) Os créditos por alimentos;

b) As indemnizações devidas por factos ilícitos dolosos praticados pelo devedor, que hajam sido reclamadas nessa qualidade;

c) Os créditos por multas, coimas e outras sanções pecuniárias por crimes ou contra-ordenações;

d) Os créditos tributários.

1. A exoneração determina a extinção das obrigações do devedor, salvo em relação aos casos previstos no nº 2. De realçar a não exoneração das obrigações tributárias, o que pode diminuir amplamente o interesse desta figura.

2. Numa posição que não podemos acompanhar, Paulo Mota Pinto, em Catarina Serra (org.), *III Congresso de Direito da Insolvência*, Coimbra, Almedina, 2015, pp. 194-195 sustenta que as obrigações do devedor se manterão como obrigações naturais, uma vez que correspondem a um dever de justiça (art. 402º CC).

Artigo 246º – Revogação da exoneração

1. A exoneração do passivo restante é revogada provando-se que o devedor incorreu em alguma das situações previstas nas alíneas *b*) e seguintes do nº 1 do artigo 238º, ou violou dolosamente as suas obrigações durante o período da cessão, e por algum desses motivos tenha prejudicado de forma relevante a satisfação dos credores da insolvência.

2. A revogação apenas pode ser decretada até ao termo do ano subsequente ao trânsito em julgado do despacho de exoneração; quando requerida por um credor da insolvência, tem este ainda de provar não ter tido conhecimento dos fundamentos da revogação até ao momento do trânsito.

3. Antes de decidir a questão, o juiz deve ouvir o devedor e o fiduciário.

4. A revogação da exoneração importa a reconstituição de todos os créditos extintos.

1. Com excepção da ultrapassagem do prazo, os fundamentos de indeferimento liminar do pedido de exoneração do passivo são também fundamentos para ser revogada a exoneração entretanto decretada, a que acresce a violação dolosa das suas obrigações durante o período de cessão.

Artigo 247º – Publicação e registo

Os despachos inicial, de exoneração, de cessação antecipada e de revogação da exoneração são publicados e registados, nos termos previstos para a decisão de encerramento do processo de insolvência.

1. Cfr. os arts. 69º, nº 1, *l*) do Código de Registo Civil e 9º, *m*) do Código de Registo Comercial, na redacção dada pelo D.L. 53/2004, de 18 de Março.

Artigo 248º – Apoio judiciário

1. O devedor que apresente um pedido de exoneração do passivo restante beneficia do diferimento do pagamento das custas até à decisão final desse pedido, na parte em que a massa insolvente e o seu rendimento disponível durante o período da cessão sejam insuficientes para o respetivo pagamento integral, o mesmo se aplicando à obrigação de reembolsar o organismo responsável pela gestão financeira e patrimonial do Ministério da Justiça das remunerações e despesas do administrador da insolvência e do fiduciário que o organismo tenha suportado.

2. Sendo concedida a exoneração do passivo restante, o disposto no artigo 33º do Regulamento das Custas Processuais é aplicável ao pagamento das custas e à obrigação de reembolso referida no número anterior.

3. Se a exoneração for posteriormente revogada, caduca a autorização do pagamento em prestações, e aos montantes em dívida acrescem juros de mora calculados como se o benefício previsto no nº 1 não tivesse sido concedido, à taxa prevista no nº 1 do artigo 33º do Regulamento das Custas Processuais.

4. O benefício previsto no nº 1 afasta a concessão de qualquer outra forma de apoio judiciário ao devedor, salvo quanto à nomeação e pagamento de honorários de patrono.

1. O nº 1 tem a redacção do D.L. 79/2017, de 30 de Junho. Os nºs 2 e 3 têm a redacção da Lei 16/2012, de 20 de Abril.

2. Em geral, sobre apoio judiciário, cfr. a Lei 34/2004, de 22 de Julho, alterada pela Lei 47/2007, de 28 de Agosto.

CAPÍTULO II – Insolvência de não empresários e titulares de pequenas empresas

SECÇÃO I – Disposições gerais

Artigo 249º – Âmbito de aplicação

1. O disposto neste capítulo é aplicável se o devedor for uma pessoa singular, e, em alternativa:

a) Não tiver sido titular da exploração de qualquer empresa nos três anos anteriores ao início do processo de insolvência;

b) À data do início do processo:

(*i*) Não tiver dívidas laborais;

(*ii*) O número dos seus credores não for superior a 20;

(*iii*) O seu passivo global não exceder € 300.000.

2. Apresentando-se ambos os cônjuges à insolvência, ou sendo o processo instaurado contra ambos, nos termos do artigo 264º, os requisitos previstos no número anterior devem verificar-se relativamente a cada um dos cônjuges.

1. O nº 2 tem a redacção do D.L. 79/2017, de 30 de Junho.

2. Admite-se um processo simplificado de insolvência para as pessoas singulares não empresárias ou titulares de pequenas empresas. Para beneficiarem deste regime é necessário que as pessoas singulares não tenham sido titulares da exploração de qualquer empresa nos três anos anteriores ao início do processo de insolvência ou que, à data do início desse processo, não tenham dívidas laborais, mais de vinte credores e o seu passivo global não exceda €300.000.

Artigo 250º – Inadmissibilidade de plano de insolvência e da administração pelo devedor

Aos processos de insolvência abrangidos pelo presente capítulo não são aplicáveis as disposições dos títulos IX e X.

1. As pessoas singulares não empresárias nem titulares de pequenas empresas não podem ser sujeitas a planos de insolvência, nem podem solicitar a administração pelo devedor.

SECÇÃO II – Plano de pagamentos aos credores

Artigo 251º – Apresentação de um plano de pagamentos

O devedor pode apresentar, conjuntamente com a petição inicial do processo de insolvência, um plano de pagamentos aos credores.

1. Corresponde, com modificações, ao art. 240º do CPEREF.

2. Nos termos do art. 263º CIRE, o plano de pagamentos é autuado por apenso ao processo de insolvência.

3. Sobre o plano de pagamentos, cfr. especialmente José Alberto Vieira, "Insolvência de não empresários e titulares de pequenas empresas", em Ruy de Albuquerque/António Menezes Cordeiro (org.), *Estudos em Memória do Professor Doutor José*

Dias Marques, Coimbra, Almedina, 2007, pp. 251-276, e ANA FILIPA CONCEIÇÃO, *I Congresso de Direito da Insolvência*, pp. 32 e ss.

Artigo 252º – Conteúdo do plano de pagamentos

1. O plano de pagamentos deve conter uma proposta de satisfação dos direitos dos credores que acautele devidamente os interesses destes, de forma a obter a respectiva aprovação, tendo em conta a situação do devedor.

2. O plano de pagamentos pode designadamente prever moratórias, perdões, constituições de garantias, extinções, totais ou parciais, de garantias reais ou privilégios creditórios existentes, um programa calendarizado de pagamentos ou o pagamento numa só prestação, e a adopção pelo devedor de medidas concretas de qualquer natureza susceptíveis de melhorar a sua situação patrimonial.

3. O devedor pode incluir no plano de pagamentos créditos cuja existência ou montante não reconheça, com a previsão de que os montantes destinados à sua liquidação serão objecto de depósito junto de intermediário financeiro para serem entregues aos respectivos titulares ou repartidos pelos demais credores depois de dirimida a controvérsia, na sede própria.

4. A apresentação do plano de pagamentos envolve confissão da situação de insolvência, ao menos iminente, por parte do devedor.

5. O plano de pagamentos é acompanhado dos seguintes anexos:

a) Declaração de que o devedor preenche os requisitos exigidos pelo artigo 249º;

b) Relação dos bens disponíveis do devedor, bem como dos seus rendimentos;

c) Sumário com o conteúdo essencial dessa relação, neste capítulo designado resumo do activo;

d) Relação por ordem alfabética dos credores e dos seus endereços, com indicação dos montantes, natureza e eventuais garantias dos seus créditos;

e) Declaração de que as informações prestadas são verdadeiras e completas.

6. Salvo manifesta inadequação ao caso concreto, os elementos constantes do número anterior devem constar de modelo aprovado por portaria do Ministro da Justiça.

7. O plano de pagamentos e os seus anexos são apresentados em duas cópias, uma das quais se destina ao arquivo do tribunal, ficando a outra na secretaria judicial para consulta dos interessados; tratando-se de documentos digitalizados, são extraídas pela secretaria duas cópias, para os mesmos efeitos.

8. Considera-se que desiste da apresentação do plano de pagamentos o devedor que, uma vez notificado pelo tribunal, não forneça no prazo fixado os elementos mencionados no nº 5 que haja omitido inicialmente.

1. O plano de pagamentos permite ao devedor regularizar o seu passivo, no caso de vir a ser aceite pelos credores, ainda que não afecte a sua situação de insolvência.

Artigo 253º – Pedido de insolvência apresentado por terceiro

Se não tiver sido dele a iniciativa do processo de insolvência, deve constar do acto de citação do devedor pessoa singular a indicação da possibilidade de apresentação de um plano de pagamentos em alternativa à contestação, no prazo fixado para esta, verificado algum dos pressupostos referidos no nº 1 do artigo 249º, com expressa advertência para as consequências previstas no nº 4 do artigo anterior e no artigo seguinte.

1. Estando preenchidos os pressupostos do art. 249º, nº 1, deve o devedor receber no acto da citação informação sobre a possibilidade de apresentar plano de pagamentos, no caso de a insolvência não ser requerida por ele.

Artigo 254º – Preclusão da exoneração do passivo restante

Não pode beneficiar da exoneração do passivo restante o devedor que, aquando da apresentação de um plano de pagamentos, não tenha declarado pretender essa exoneração, na hipótese de o plano não ser aprovado.

1. Cfr. os arts. 235º e ss. do Código sobre a exoneração do passivo restante.

2. A lei não indica o lugar onde o devedor deve fazer essa declaração, cuja exigência dificilmente se compreende, dado que o art. 23º, nº 2, a) determina que na própria petição inicial de insolvência deve sempre o devedor pessoa singular tomar posição sobre se pretende ou não a exoneração do passivo restante, e o plano de pagamentos é apresentado conjuntamente com a petição inicial (art. 251º). Para Carvalho Fernandes/João Labareda, *Código da Insolvência*, sub art. 254º, nº 3, p. 935, a declaração deve ser feita no próprio requerimento do plano, atento o facto de os anexos referidos no art. 252º, nº 6, e constantes da Portaria 1039/2004, de 13 de Agosto, não preverem essa declaração.

Artigo 255º – Suspensão do processo de insolvência

1. Se se afigurar altamente improvável que o plano de pagamentos venha a merecer aprovação, o juiz dá por encerrado o incidente, sem que da decisão caiba recurso; caso contrário, determina a suspensão do processo de insolvência até à decisão sobre o incidente do plano de pagamentos.

2. Se o processo de insolvência houver de prosseguir, é logo proferida sentença de declaração da insolvência, seguindo-se os trâmites subsequentes, nos termos gerais.

3. A suspensão prevista no nº 1 não prejudica a adopção das medidas cautelares previstas no artigo 31º.

1. Este constitui um dos casos expressamente previstos de suspensão da instância, a qual é vedada noutras situações (cfr. o art. 8º do Código).

Artigo 256º – Notificação dos credores

1. Havendo lugar à suspensão do processo de insolvência, a secretaria extrai ou notifica o devedor para juntar, no prazo de cinco dias, o número de cópias do plano de pagamentos e do resumo do activo necessários para entrega aos credores mencionados em anexo ao plano, consoante tais documentos tenham sido ou não apresentados em suporte digital.

2. A notificação ao credor requerente da insolvência, se for o caso, e a citação dos demais credores é feita por carta registada, acompanhada dos documentos referidos no nº 1, devendo do acto constar a indicação de que:

a) Dispõem de 10 dias para se pronunciarem, sob pena de se ter por conferida a sua adesão ao plano;

b) Devem, no mesmo prazo, corrigir as informações relativas aos seus créditos constantes da relação apresentada pelo devedor, sob pena de, em caso de aprovação do plano, se haverem como aceites tais informações e perdoadas quaisquer outras dívidas cuja omissão não seja por esse credor devidamente reportada;

c) Os demais anexos ao plano estão disponíveis para consulta na secretaria do tribunal.

3. Quando haja sido contestada por algum credor a natureza, montante ou outros elementos do seu crédito tal como configurados pelo devedor, ou invocada a existência de outros créditos de que seja titular, é o devedor notificado para, no prazo máximo de 10 dias, declarar se modifica ou não a relação dos créditos, só ficando abrangidos pelo plano de pagamentos os créditos cuja existência seja reconhecida pelo devedor, e apenas:

a) Na parte aceite pelo devedor, caso subsista divergência quanto ao montante;

b) Se for exacta a indicação feita pelo devedor, caso subsista divergência quanto a outros elementos.

4. Pode ainda ser dada oportunidade ao devedor para modificar o plano de pagamentos, no prazo de cinco dias, quando tal for tido por conveniente em face das observações dos credores ou com vista à obtenção de acordo quanto ao pagamento das dívidas.

5. As eventuais modificações ou acrescentos a que o devedor proceda nos termos dos nºs 3 e 4 serão notificadas, quando necessário, aos credores para novo pronunciamento quanto à adesão ao plano, entendendo-se que mantêm a sua posição os credores que nada disserem, no prazo de 10 dias.

1. A apresentação pelo devedor de um plano de pagamentos obriga naturalmente à notificação ao credor requerente da insolvência e à citação dos demais credores para sobre ele se pronunciarem, tendo a ausência de resposta como efeito a sua adesão ao plano. Caso os credores contestem a forma como o devedor refere os créditos de que são titulares, é o devedor notificado para indicar se modifica ou não a relação de créditos, sem o que a parte não reconhecida por ele não será abrangida pelo plano de pagamentos. O tribunal pode ainda conceder ao devedor a possibilidade de modificar o plano de pagamentos, se tal for considerado conveniente em face das observações dos credores, devendo as modificações ser igualmente notificadas aos credores, quando necessário, tendo a ausência de resposta destes também como efeito a sua adesão ao plano.

Artigo 257º – Aceitação do plano de pagamentos

1. Se nenhum credor tiver recusado o plano de pagamentos, ou se a aprovação de todos os que se oponham for objecto de suprimento, nos termos do artigo seguinte, o plano é tido por aprovado.

2. Entende-se que se opõem ao plano de pagamentos:

a) Os credores que o tenham recusado expressamente;

b) Os credores que, por forma não aceite pelo devedor, tenham contestado a natureza, montante ou outros elementos dos seus créditos relacionados pelo devedor, ou invocado a existência de outros créditos.

3. Não são abrangidos pelo plano de pagamentos os créditos que não hajam sido relacionados pelo devedor, ou em relação aos quais não tenha sido possível ouvir os respectivos titulares, por acto que não lhes seja imputável.

1. Prevê-se nesta norma a aceitação tácita dos credores, caso nenhum se tenha pronunciado em sentido contrário. O art. 258º do Código prevê, no entanto, a possibilidade de se suprir a falta de aprovação de um terço dos credores.

Artigo 258º – Suprimento da aprovação dos credores

1. Se o plano de pagamentos tiver sido aceite por credores cujos créditos representem mais de dois terços do valor total dos créditos relacionados pelo devedor, pode o tribunal, a requerimento de algum desses credores ou do devedor, substituir a rejeição dos demais credores pela aprovação, desde que:

a) Para nenhum dos oponentes decorra do plano uma desvantagem económica superior à que, mantendo-se idênticas as circunstâncias do devedor, resultaria do prosseguimento do processo de insolvência, com liquidação da massa insolvente e exoneração do passivo restante, caso esta tenha sido solicitada pelo devedor em condições de ser concedida;

b) Os oponentes não sejam objecto de um tratamento discriminatório injustificado;

c) Os oponentes não suscitem dúvidas legítimas quanto à veracidade ou completude da relação de créditos apresentada pelo devedor, com reflexos na adequação do tratamento que lhes é dispensado.

2. A apreciação da oposição fundada na alínea *c*) do número anterior não envolve decisão sobre a efectiva existência, natureza, montante e demais características dos créditos controvertidos.

3. Pode ser sempre suprida pelo tribunal a aprovação do credor que se haja limitado a impugnar a identificação do crédito, sem adiantar quaisquer elementos respeitantes à sua configuração.

4. Não cabe recurso da decisão que indefira o pedido de suprimento da aprovação de qualquer credor.

1. Nos termos do art. 257º do Código, considera-se que aceitam o plano os credores que não o tenham recusado expressamente ou que tenham contestado a natureza, montante ou outros elementos dos créditos, ou invocado a existência de outros.

Artigo 259º – Termos subsequentes à aprovação

1. O juiz homologa o plano de pagamentos aprovado nos termos dos artigos anteriores por meio de sentença, e, após o seu trânsito em julgado, declara igualmente a insolvência do devedor no processo principal; da sentença de declaração de insolvência constam apenas as menções referidas nas alíneas *a*) e *b*) do nº 1 do artigo 36º, sendo aplicável o disposto na alínea *a*) do nº 7 do artigo 39º

2. Ambas as sentenças são notificadas apenas aos credores constantes da relação fornecida pelo devedor.

3. Só podem recorrer da sentença de homologação do plano de pagamentos ou reagir contra a sentença de declaração de insolvência proferida nos termos do nº 1, por via de recurso ou da oposição de embargos, os credores cuja aprovação haja sido suprida; a revogação desta última sentença implica também a ineficácia do plano.

4. O trânsito em julgado das sentenças de homologação do plano de pagamentos e de declaração da insolvência determina o encerramento do processo de insolvência.

5. As referidas sentenças e a decisão de encerramento do processo proferida nos termos do número anterior não são objecto de qualquer publicidade ou registo.

1. Resulta desta disposição que a aprovação do plano de pagamentos não impede, antes determina a insolvência do devedor, embora com eficácia restrita.

Artigo 260º – Incumprimento

Salvo disposição expressa do plano de pagamentos em sentido diverso, a moratória ou o perdão previstos no plano ficam sem efeito nos casos previstos no nº 1 do artigo 218º, não sendo aplicável, todavia, o nº 2 desse preceito.

1. A mora do devedor pelo prazo de quinze dias após interpelação pelo credor ou a sua declaração de insolvência noutro processo determina a ineficácia da moratória ou perdão de pagamentos.

Artigo 261º – Outro processo de insolvência

1. Os titulares de créditos constantes da relação anexa ao plano de pagamentos homologado judicialmente não podem pedir a declaração de insolvência em outro processo, excepto:

a) No caso de incumprimento do plano de pagamentos, nas condições definidas no artigo anterior;

b) Provando que os seus créditos têm um montante mais elevado ou características mais favoráveis do que as constantes daquela relação;

c) Por virtude da titularidade de créditos não incluídos na relação, total ou parcialmente, e que não se devam ter por perdoados, nos termos do nº 3 do artigo 256º.

2. Em derrogação do disposto no artigo 8º, a pendência de um processo de insolvência em que tenha sido apresentado um plano de pagamentos não obsta ao prosseguimento de outro processo instaurado contra o mesmo devedor por titulares de créditos não incluídos na relação anexa ao plano, nem a declaração de insolvência proferida no primeiro, nos termos do nº 1 do artigo 259º, suspende ou extingue a instância do segundo.

3. O disposto no número anterior aplica-se igualmente se o outro processo for instaurado por titular de crédito que o devedor tenha relacionado, contanto que, após o termo do prazo previsto no nº 3 do artigo 256º, subsista divergência quanto ao montante ou a outros elementos do respectivo crédito, mas a insolvência não será declarada neste processo sem que o requerente faça a prova da incorreção da identificação efectuada pelo devedor.

1. Como consequência da aprovação do plano de pagamentos, fica altamente condicionada a possibilidade de os credores requererem a insolvência do devedor noutro processo.

Artigo 262º – Retoma dos trâmites gerais

Se o plano de pagamentos não obtiver aprovação, ou a sentença de homologação for revogada em via de recurso, são logo retomados os termos do processo de insolvência através da prolação de sentença de declaração de insolvência nos termos dos artigos 36º ou 39º, consoante o caso.

1. Uma vez concluída a discussão do plano de pagamentos retoma-se naturalmente o processo de insolvência.

Artigo 263º – Processamento por apenso

O incidente de aprovação do plano de pagamentos é processado por apenso ao processo de insolvência.

1. A autonomia do plano de pagamentos em relação ao processo de insolvência justifica que o mesmo seja processado por apenso. Efectivamente, resulta do art. 255º que o processo de insolvência se encontra suspenso enquanto ocorre a discussão em torno do plano de pagamentos. Por esse motivo, apesar do art. 251º estabelecer que o mesmo pode ser apresentado conjuntamente com a petição inicial do processo de insolvência, entendemos que o deve ser em requerimento autónomo.

SECÇÃO III – Insolvência de ambos os cônjuges

Artigo 264º – Coligação

1. Incorrendo ambos os cônjuges em situação de insolvência, e não sendo o regime de bens o da separação, é lícito aos cônjuges apresentarem-se conjuntamente à insolvência, ou o processo ser instaurado contra ambos, a menos que perante o requerente seja responsável um só deles.

2. Se o processo for instaurado contra um dos cônjuges apenas, pode o outro, desde que com a anuência do seu consorte, mas independentemente do acordo do requerente, apresentar-se à insolvência no âmbito desse processo; se, porém, já se tiver iniciado o incidente de aprovação de um plano de pagamentos, a intervenção apenas é admitida no caso de o plano não ser aprovado ou homologado.

3. A apresentação à insolvência nos termos do número anterior, uma vez admitida:

a) Envolve confissão da situação de insolvência do apresentante apenas se a insolvência do outro cônjuge vier a ser declarada;

b) Suspende qualquer processo de insolvência anteriormente instaurado apenas contra o apresentante e em que a insolvência não haja sido já declarada, se for acompanhada de confissão expressa da situação de insolvência ou caso seja apresentada pelos cônjuges uma proposta de plano de pagamentos.

4. Apresentando-se ambos os cônjuges à insolvência, ou correndo contra ambos o processo instaurado por terceiro:

a) A apreciação da situação de insolvência de ambos os cônjuges consta sempre da mesma sentença;

b) Deve ser formulada conjuntamente pelos cônjuges uma eventual proposta de plano de pagamentos.

5. Exceptua-se do disposto na alínea *b*) do número anterior a hipótese em que um dos cônjuges se oponha ao pedido de declaração de insolvência, caso em que:

a) Apresentada uma proposta de um plano de pagamentos pelo outro cônjuge, correm em paralelo o correspondente incidente e o processo de insolvência contra o seu consorte, sem que, todavia, a tramitação do primeiro possa prosseguir, cumprido que seja o disposto no artigo 256º, antes de proferida sentença no último;

b) Improcedendo a oposição ao pedido, a sentença declara a insolvência de ambos os cônjuges e extingue-se o incidente do plano de pagamentos;

c) Sendo a oposição julgada procedente, o incidente do plano de pagamentos segue os seus termos até final, cumprindo-se subsequentemente o disposto nos artigos 259º ou 262º, consoante o que for aplicável.

1. Os nºs 1 e 4 têm a redacção do D.L. 79/2017, de 30 de Junho.

2. Por razões de economia processual, admite-se a discussão no mesmo processo da insolvência dos dois cônjuges sempre que existam bens comuns, o que só não ocorre em caso de separação de bens.

Artigo 265º – Dívidas comuns e próprias de cada um dos cônjuges

1. Respeitando o processo de insolvência a ambos os cônjuges, a proposta de plano de pagamentos apresentada por ambos os cônjuges e as reclamações de créditos indicam, quanto a cada dívida, se a responsabilidade cabe aos dois ou a um só dos cônjuges, e a natureza comum ou exclusiva de um dos cônjuges dessa responsabilidade há-de ser igualmente referida na lista de credores reconhecidos elaborada pelo administrador da insolvência e fixada na sentença de verificação e graduação de créditos.

2. Os votos na assembleia de credores são conferidos em função do valor nominal dos créditos, independentemente de a responsabilidade pelas dívidas ser de ambos os cônjuges ou exclusiva de um deles.

3. Nas deliberações da assembleia de credores e da comissão de credores que incidam sobre bens próprios de um dos cônjuges, todavia, não são admitidos a votar os titulares de créditos da responsabilidade exclusiva do outro cônjuge.

1. O nº 1 tem a redacção do D.L: 79/2017, de 30 de Junho.

2. Relativamente à distinção entre dívidas da responsabilidade de ambos ou de cada um dos cônjuges, cfr. os arts. 1691º e ss. do Código Civil.

Artigo 266º – Separação dos bens

Os bens comuns e os bens próprios de cada um dos cônjuges são inventariados, mantidos e liquidados em separado.

1. O inventário e liquidação em separado dos bens comuns e dos bens próprios justifica-se devido ao facto de a coligação não prejudicar o reconhecimento em separado das dívidas pelas quais respondem apenas os bens próprios ou também a sua meação nos bens comuns, conforme resulta do artigo anterior.

TÍTULO XIII – Benefícios emolumentares e fiscais

Artigo 267º – Emolumentos de registo

Não podem ser exigidos quaisquer preparos pelos actos de registo de despachos ou sentenças proferidos no processo de insolvência, bem como pelos de registo de apreensão de bens para a massa insolvente, constituindo os respectivos emolumentos uma dívida da massa equiparada às custas do processo de insolvência.

1. Corresponde, com modificações, ao art. 118º do CPEREF.

2. Estabelece-se aqui um benefício tributário, afastando-se os preparos devidos pelos actos de registo, sendo os respectivos emolumentos uma dívida da massa sujeita ao mesmo regime das custas. Cfr., quanto a estas, o art. 304º deste Código.

Artigo 268º – Benefícios relativos a impostos sobre o rendimento das pessoas singulares e colectivas

1. Os rendimentos e ganhos apurados e as variações patrimoniais positivas não refletidas no resultado líquido, verificadas por efeito da dação em cumprimento de bens e direitos do devedor, da cessão de bens e direitos dos credores e da venda de bens e direitos, em processo de insolvência que prossiga para liquidação, estão isentos de impostos sobre o rendimento das pessoas singulares e coletivas, não concorrendo para a determinação da matéria coletável do devedor.

2. Não entram igualmente para a formação da matéria coletável do devedor as variações patrimoniais positivas resultantes das alterações das suas dívidas previstas em plano de insolvência, plano de pagamentos ou plano de recuperação.

3. O valor dos créditos que for objeto de redução, ao abrigo de plano de insolvência, plano de pagamentos ou plano de recuperação, é considerado como custo ou perda do respetivo exercício, para efeitos de apuramento do lucro tributável dos sujeitos passivos do imposto sobre o rendimento das pessoas singulares e do imposto sobre o rendimento das pessoas coletivas.

1. Este artigo tem a redacção da Lei 114/2017, de 29 de Dezembro.

2. A dação em cumprimento de bens do devedor, a cessão de bens e direitos aos credores, ou a venda de bens ou direitos em processo de insolvência poderiam gerar mais-valias tributáveis em IRS (cfr. art. 10º do CIRS) ou em IRC (art. 20º, nº 1, f) C.I.R.C.). Para além disso, a alteração do valor das dívidas poderia constituir uma variação patrimonial positiva, a qual é igualmente objecto de tributação em IRC (art. 21º C.I.R.C.). Por esta via evita-se que estes ganhos influenciem o resultado tributável, o que constitui um benefício fiscal do devedor insolvente.

3. O nº 3 prevê ainda que a redução dos créditos é considerada custo ou perda em IRS ou IRC. É de salientar, no entanto, que já existe uma provisão para créditos de cobrança duvidosa, no âmbito do art. 35º, a) do CIRC, a qual é fiscalmente dedutível (art. 34º, nº 1, a) C.I.R.C.).

Artigo 269º – Benefício relativo ao imposto do selo

Estão isentos de imposto do selo, quando a ele se encontrem sujeitos, os seguintes atos, desde que previstos em planos de insolvência, de pagamentos ou de recuperação ou praticados no âmbito da liquidação da massa insolvente:

a) As modificações dos prazos de vencimento ou das taxas de juro dos créditos sobre a insolvência;

b) [*Revogada*];

c) A constituição de nova sociedade ou sociedades;

d) A dação em cumprimento de bens da empresa e a cessão de bens aos credores;

e) A realização de operações de financiamento, o trespasse ou a cessão da exploração de estabelecimentos da empresa, a constituição de sociedades e a transferência de estabelecimentos comerciais, a venda, permuta ou cessão de elementos do activo da empresa, bem como a locação de bens;

f) A emissão de letras ou livranças;

g) A constituição ou prorrogação de garantias.

1. Este artigo tem a redacção da Lei 114/2017, de 29 de Dezembro, que revogou a alínea *b*), deixando assim de ser isentos de imposto de selo os aumentos de capital, as conversões de créditos em capital e as alienações de capital, tendo ainda aditado a alínea *g*), que isentou de imposto de selo a constituição ou prorrogação de garantias.

2. Em ordem a evitar mais encargos fiscais para o devedor, estabelece-se um benefício fiscal consistente na isenção de imposto de selo, regulado pelo Código do Imposto de Selo, relativamente aos previstos nos planos de insolvência, de pagamentos ou de recuperação.

Artigo 270º – Benefício relativo ao imposto municipal sobre as transmissões onerosas de imóveis

1. Estão isentas de imposto municipal sobre as transmissões onerosas de imóveis as seguintes transmissões de bens imóveis, integradas em qualquer plano de insolvência, de pagamentos ou de recuperação:

a) As que se destinem à constituição de nova sociedade ou sociedades e à realização do seu capital;

b) As que se destinem à realização do aumento do capital da sociedade devedora;

c) As que decorram da dação em cumprimento de bens da empresa e da cessão de bens aos credores.

2. Estão igualmente isentos de imposto municipal sobre as transmissões onerosas de imóveis os atos de venda, permuta ou cessão da empresa ou de estabelecimentos desta integrados no âmbito de planos de insolvência, de pagamentos ou de recuperação ou praticados no âmbito da liquidação da massa insolvente.

1. Este artigo tem a redacção da Lei 66-B/2012, de 31 de Dezembro.

2. A transmissão onerosa de imóveis, tributada pelo Código do Imposto Municipal sobre as Transmissões Onerosas de Imóveis, origina grandes encargos fiscais que poderiam inviabilizar a execução destes actos. Estabelece-se assim um benefício fiscal em ordem a possibilitar a sua realização.

3. A interpretação do âmbito da isenção consagrada no nº 2 deste artigo tem gerado alguma controvérsia nos tribunais administrativos, que têm propugnado uma interpretação extensiva desta disposição em ordem a abranger igualmente a cessão de elementos do activo da empresa. Assim no Ac. STA 30/5/2012 (Isabel Marques da Silva), 2ª Secção, processo 0949/11 decidiu-se o seguinte: "I – O nº 2 do artigo 270º do CIRE, cuja redacção não é clara no que respeita ao âmbito da isenção de IMT aí consignada, deve ser interpretado em conformidade com a alínea *c*) do nº 3 do artigo 9º da Lei nº 39/2003, de 22 de Agosto, pois que entre dois sentidos da lei, ambos com apoio – pelo menos mínimo – na respectiva letra, deve o intérprete optar por aquele que o compatibilize com o texto constitucional (*interpretação conforme à Constituição*), em detrimento da interpretação que o vicie de inconstitucionalidade. II – Como tal, deve entender-se estarem isentas de IMT não apenas as vendas da empresa ou estabelecimentos desta, enquanto universalidades de bens, mas também as vendas de elementos do seu activo, desde que integradas *no âmbito de plano de insolvência ou de pagamentos ou praticados no âmbito da liquidação da massa insolvente*". Já no Ac. STA 3/7/2013 (Fernanda Maçãs), 2ª Secção, processo 0765/13 se decidiu o seguinte: "I – O nº 2 do artigo 270º do CIRE, cuja redacção não é clara no que respeita ao âmbito da isenção de IMT aí consignada, poderá, quando muito, interpretar-se como abrangendo não apenas as vendas da empresa ou estabelecimentos desta, enquanto universalidades de bens, mas também as vendas de elementos do seu activo, desde que integradas no âmbito de plano de insolvência ou de pagamentos ou praticados no âmbito da liquidação da massa insolvente.II – Assim sendo, a referida isenção não abrange a venda de prédio urbano destinado à habitação, que pertence a pessoa singular, não bastando para beneficiar daquela isenção o facto de se tratar de actos de venda praticados no âmbito da liquidação da massa insolvente, independentemente da mesma pertencer a pessoa singular ou colectiva (entidade empresarial)".

A jurisprudência foi entretanto uniformizada pelo Ac. Uniformizador nº 3/2017, de 29/3/2017 (Dulce Neto), no processo 1521/15 – Pleno da 2ª Secção, publicado no D.R. I Série, nº 103, de 29 de Maio de 2017, no sentido de que "*a isenção de IMT prevista pelo nº 2 do artigo 270º do CIRE aplica-se, não apenas às vendas ou permutas de empresas ou estabelecimentos enquanto universalidade de bens, mas também às vendas e permutas de imóveis, enquanto elementos do seu ativo, desde que enquadradas no âmbito de um plano de insolvência ou de pagamento, ou praticados no âmbito da liquidação da massa insolvente*".

TÍTULO XIV – Execução do Regulamento (CE) nº 1346/2000 do Conselho, de 29 de Maio de 2000

Artigo 271º – Fundamentação da competência internacional

(*Revogado*).

1. Este artigo foi revogado pelo D.L. 79/2017, de 30 de Junho.

Artigo 272º – Prevenção de conflitos de competência

1. (*Revogado*).
2. (*Revogado*).
3. (*Revogado*).

1. Este artigo foi revogado pelo D.L. 79/2017, de 30 de Junho.

Artigo 273º – Efeitos do encerramento

1. (*Revogado*).
2. (*Revogado*).

1. Este artigo foi revogado pelo D.L. 79/2017, de 30 de Junho.

Artigo 274º – Publicidade de decisão estrangeira

1. (*Revogado*)
2. (*Revogado*).
3. (*Revogado*).

1. Este artigo foi revogado pelo D.L. 79/2017, de 30 de Junho.

TÍTULO XV – Normas de conflitos

CAPÍTULO I – Disposições gerais

Artigo 275º – Prevalência de outras normas

1. Os processos regulados neste Código a que se aplica o Regulamento (UE) nº 2015/848 do Parlamento Europeu e do Conselho, de 20 de maio de

2015, regem-se pela disciplina vertida naquele instrumento e, em tudo quanto a não contrarie, pelo presente diploma.

2. As disposições do presente título são aplicáveis apenas na medida em que não contrariem o estabelecido no Regulamento referido no número anterior ou noutras normas de Direito da União Europeia ou em tratados e convenções internacionais.

1. Este artigo tem a redacção do D.L. 79/2017, de 30 de Junho.

2. Nos termos do art. 6º, nº 4 do D.L. 79/2017, de 30 de Junho, as disposições de adaptação do Código da Insolvência e da Recuperação de Empresas, aprovado pelo Decreto-Lei nº 53/2004, de 18 de março, ao Regulamento (UE) 2015/848 do Parlamento Europeu e do Conselho, de 20 de maio de 2015, aplicam-se aos processos abertos a partir de 26 de junho de 2017.

3. Cfr. Helena Brito, "Falências internacionais. Algumas considerações a propósito do Código da Insolvência e da Recuperação de Empresas" na *Themis*, edição especial, 2005, pp. 183-220 e Dário Moura Vicente, "Insolvência internacional: Direito aplicável", em Ruy de Albuquerque/António Menezes Cordeiro (org.), *Estudos em Memória do Professor Doutor José Dias Marques*, Coimbra, Almedina, 2007, pp. 81-104.

4. O disposto no art. 8º da Constituição torna completamente inútil esta disposição.

Artigo 276º – Princípio geral

Na falta de disposição em contrário, o processo de insolvência e os respectivos efeitos regem-se pelo direito do Estado em que o processo tenha sido instaurado.

1. Esta solução já resulta do art. 7º do Regulamento (UE) 2015/848 do Parlamento Europeu e do Conselho, de 20 de Maio de 2015, publicado em anexo, preceito esse que é directamente aplicável em Portugal.

Artigo 277º – Relações laborais

Os efeitos da declaração de insolvência relativamente a contratos de trabalho e à relação laboral regem-se exclusivamente pela lei aplicável ao contrato de trabalho.

1. Esta solução já resulta do art. 13º do ao Regulamento (UE) 2015/848 do Parlamento Europeu e do Conselho, de 20 de maio de 2015, publicado em anexo, preceito esse que é directamente aplicável em Portugal.

Artigo 278º – Direitos do devedor sobre imóveis e outros bens sujeitos a registo

Os efeitos da declaração de insolvência sobre os direitos do devedor relativos a um bem imóvel, a um navio ou a uma aeronave, cuja inscrição num registo público seja obrigatória, regem-se pela lei do Estado sob cuja autoridade é mantido esse registo.

1. Esta solução já resulta do art. 14º do ao Regulamento (UE) 2015/848 do Parlamento Europeu e do Conselho, de 20 de maio de 2015, publicado em anexo, preceito esse que é directamente aplicável em Portugal.

Artigo 279º – Contratos sobre imóveis e móveis sujeitos a registo

1. Os efeitos da declaração de insolvência sobre os contratos que conferem o direito de adquirir direitos reais sobre bem imóvel, ou o direito de o usar, regem-se exclusivamente pela lei do Estado em cujo território está situado esse bem.

2. Respeitando o contrato a um navio ou a uma aeronave cuja inscrição num registo público seja obrigatória, é aplicável a lei do Estado sob cuja autoridade é mantido esse registo.

1. A solução do nº 1 já resulta do art. 11º do Regulamento (UE) 2015/848 do Parlamento Europeu e do Conselho, de 20 de maio de 2015, publicado em anexo, preceito esse que é directamente aplicável em Portugal.
2. A solução do nº 2 visa aplicar a lei do registo também à aquisição dos bens sujeitos a registo, o que já parece resultar do art. 17º do Regulamento (UE) 2015/848.

Artigo 280º – Direitos reais e reserva de propriedade

1. Os efeitos da declaração de insolvência sobre direitos reais de credores ou de terceiros sobre bens corpóreos ou incorpóreos, móveis ou imóveis, quer sejam bens específicos, quer sejam conjuntos de bens indeterminados considerados como um todo, cuja composição pode sofrer alterações ao longo do tempo, pertencentes ao devedor e que, no momento da abertura do processo, se encontrem no território de outro Estado regem-se exclusivamente pela lei deste; o mesmo se aplica aos direitos do vendedor relativos a bens vendidos ao devedor insolvente com reserva de propriedade.

2. A declaração de insolvência do vendedor de um bem, após a entrega do mesmo, não constitui por si só fundamento de resolução ou de rescisão da venda nem obsta à aquisição pelo comprador da propriedade do bem vendido, desde que, no momento da abertura do processo, esse bem se encontre no território de outro Estado.

3. O disposto nos números anteriores não prejudica a possibilidade de resolução em benefício da massa insolvente, nos termos gerais.

1. A solução deste artigo já resulta dos arts. 8º e 10º do Regulamento (UE) 2015/848 do Parlamento Europeu e do Conselho, de 20 de maio de 2015, publicado em anexo.

Artigo 281º – Terceiros adquirentes

A validade de um acto celebrado após a declaração de insolvência pelo qual o devedor disponha, a título oneroso, de bem imóvel ou de navio ou de aeronave cuja inscrição num registo público seja obrigatória, rege-se pela lei do Estado em cujo território está situado o referido bem imóvel ou sob cuja autoridade é mantido esse registo.

1. Esta solução já resulta do art. 17º do ao Regulamento (UE) 2015/848 do Parlamento Europeu e do Conselho, de 20 de maio de 2015, publicado em anexo, preceito esse que é directamente aplicável em Portugal.

Artigo 282º – Direitos sobre valores mobiliários e sistemas de pagamento e mercados financeiros

1. Os efeitos da declaração de insolvência sobre direitos relativos a valores mobiliários registados ou depositados regem-se pela lei aplicável à respectiva transmissão, nos termos do artigo 41º do Código de Valores Mobiliários.

2. Sem prejuízo do disposto no artigo 281º, a determinação da lei aplicável aos efeitos da declaração de insolvência sobre os direitos e as obrigações dos participantes num mercado financeiro ou num sistema de pagamentos tal como definido pela alínea *a*) do artigo 2º da Directiva 98/26/CE do Parlamento Europeu e do Conselho, de 19 de Maio 1998, ou equiparável, rege-se pelo disposto no artigo 285º do Código de Valores Mobiliários.

1. Esta solução já resulta do art. 12º do ao Regulamento (UE) 2015/848 do Parlamento Europeu e do Conselho, de 20 de maio de 2015, publicado em anexo, preceito esse que é directamente aplicável em Portugal.

2. Nos termos do art. 41º do CVM, a lei aplicável à transmissão de direitos e a constituição de garantias sobre valores mobiliários integrados em sistema centralizado é a do Estado onde se situa o estabelecimento da entidade gestora desse sistema. Em relação a valores mobiliários registados ou depositados não integrados em sistema centra-

lizado, a lei aplicável é a lei do Estado em que se situa o estabelecimento onde estão registados ou depositados os valores mobiliários. Quanto a outros valores mobiliários, é aplicável a lei pessoal do emitente.

3. O art. 285º do CVM manda reger os direitos e obrigações decorrentes de uma participação cujo titular seja objecto de um processo de insolvência pelo direito aplicável ao sistema.

4. Encontra-se publicada em anexo a Directiva 98/26/CE do Parlamento Europeu e do Conselho de 19 de Maio 1998 relativa ao carácter definitivo da liquidação nos sistemas de pagamentos e de liquidação de valores mobiliários.

Artigo 283º – Operações de venda com base em acordos de recompra

Os efeitos da declaração de insolvência sobre operações de venda com base em acordos de recompra, na acepção do artigo 12º da Directiva 86/635/CEE do Conselho, de 8 de Dezembro de 1986, regem-se pela lei aplicável a tais contratos.

1. Nos termos do artigo 12º da Directiva 86/635/CEE do Conselho, de 8 de Dezembro de 1986, por operações de venda com base em acordos de recompra entende-se as operações pelas quais uma instituição de crédito ou um cliente (o cedente) cede a outra instituição ou cliente (o cessionário) elementos do activo que lhe pertençam, como por exemplo, efeitos, créditos ou valores mobiliários sob reserva de um acordo que preveja que os mesmos elementos do activo serão posteriormente retrocedidos para o cedente a um preço estabelecido.

Artigo 284º – Exercício dos direitos dos credores

1. Qualquer credor pode exercer os seus direitos tanto no processo principal de insolvência como em quaisquer processos secundários.

2. Na medida em que tal seja admissível segundo a lei aplicável a processo estrangeiro, o administrador da insolvência designado nesse processo pode:

a) Reclamar em Portugal os créditos reconhecidos no processo estrangeiro;

b) Exercer na assembleia de credores os votos inerentes a tais créditos, salvo se a tanto se opuserem os respectivos titulares.

3. O credor que obtenha pagamento em processo estrangeiro de insolvência não pode ser pago no processo pendente em Portugal enquanto os credores do mesmo grau não obtiverem neste satisfação equivalente.

1. A solução do nºs 1 e 2 já resulta do art. 45º do Regulamento (UE) 2015/848 do Parlamento Europeu e do Conselho, de 20 de maio de 2015, publicado em anexo, preceito esse que é directamente aplicável em Portugal.

Artigo 285º – Acções pendentes

Os efeitos da declaração de insolvência sobre acção pendente relativa a um bem ou um direito integrante da massa insolvente regem-se exclusivamente pela lei do Estado em que a referida acção corra os seus termos.

1. Esta solução já resulta do art. 18º do Regulamento (UE) 2015/848 do Parlamento Europeu e do Conselho, de 20 de maio de 2015, publicado em anexo, preceito esse que é directamente aplicável em Portugal.

Artigo 286º – Compensação

A declaração de insolvência não afecta o direito do credor da insolvência à compensação, se esta for permitida pela lei aplicável ao contra-crédito do devedor.

1. Esta solução já resulta do art. 9º do Regulamento (UE) 2015/848 do Parlamento Europeu e do Conselho, de 20 de maio de 2015, publicado em anexo, preceito esse que é directamente aplicável em Portugal.

Artigo 287º – Resolução em benefício da massa insolvente

A resolução de actos em benefício da massa insolvente é inadmissível se o terceiro demonstrar que o acto se encontra sujeito a lei que não permita a sua impugnação por nenhum meio.

1. Esta solução já resulta do art. 16º do Regulamento (UE) 2015/848 do Parlamento Europeu e do Conselho, de 20 de maio de 2015, publicado em anexo, preceito esse que é directamente aplicável em Portugal.

CAPÍTULO II – Processo de insolvência estrangeiro

Artigo 288º – Reconhecimento

1. A declaração de insolvência em processo estrangeiro é reconhecida em Portugal, salvo se:

a) A competência do tribunal ou autoridade estrangeira não se fundar em algum dos critérios referidos no artigo 7º ou em conexão equivalente;

b) O reconhecimento conduzir a resultado manifestamente contrário aos princípios fundamentais da ordem jurídica portuguesa.

2. O disposto no número anterior é aplicável às providências de conservação adoptadas posteriormente à declaração de insolvência, bem como a quaisquer decisões tomadas com vista à execução ou encerramento do processo.

1. Esta solução já resulta do art. 19º do Regulamento (UE) 2015/848 do Parlamento Europeu e do Conselho, de 20 de maio de 2015, publicado em anexo, preceito esse que é directamente aplicável em Portugal.

Artigo 289º – Medidas cautelares

O administrador provisório designado anteriormente à declaração de insolvência pode solicitar a adopção das medidas cautelares referidas no artigo 31º para efeitos da conservação de bens do devedor situados em Portugal.

1. Esta solução já resulta do art. 21º do Regulamento (UE) 2015/848 do Parlamento Europeu e do Conselho, de 20 de maio de 2015, publicado em anexo, preceito esse que é directamente aplicável em Portugal.

Artigo 290º – Publicidade

1. Verificando-se os pressupostos do reconhecimento da declaração de insolvência, o tribunal português ordena, a requerimento do administrador da insolvência estrangeiro, a publicidade do conteúdo essencial da decisão de declaração de insolvência, da decisão de designação do administrador de insolvência e da decisão de encerramento do processo, nos termos do artigo 37º, aplicável com as devidas adaptações, podendo o tribunal exigir tradução certificada por pessoa que para o efeito seja competente segundo o direito do Estado do processo.

2. As publicações referidas no número anterior são determinadas oficiosamente se o devedor tiver estabelecimento em Portugal.

1. O nº 1 tem a redacção do D.L. 282/2007, de 7 de Agosto.
2. A solução desde artigo já resulta do art. 24º do Regulamento (UE) 2015/848 do Parlamento Europeu e do Conselho, de 20 de maio de 2015.
3. Os arts. 25º e ss. do Regulamento (UE) 2015/848 do Parlamento Europeu e do Conselho, de 20 de Maio de 2015, prevêm a interligação dos registos de insolvência nos diversos Estados-Membros.

Artigo 291º – Tribunal português competente

À determinação do tribunal competente para a prática dos atos referidos nos artigos 289º e 290º é aplicável o disposto no nº 9 do artigo 38º

1. Este artigo tem a redacção do D.L. 79/2017, de 30 de Junho.

2. Da remissão para o art. 274º, nº 1, resulta que a determinação do tribunal competente varia consoante o devedor tenha ou não estabelecimento em Portugal. No primeiro caso, a competência é atribuída ao tribunal português em cuja área se situe o estabelecimento do devedor. No segundo caso, a competência é atribuída ao Tribunal de Comércio de Lisboa ou ao Tribunal Cível de Lisboa, consoante a massa insolvente integre ou não uma empresa.

Artigo 292º – Cumprimento a favor do devedor

É liberatório o pagamento efectuado em Portugal ao devedor na ignorância da declaração de insolvência, presumindo-se o conhecimento da declaração de insolvência à qual tenha sido dada publicidade, nos termos do artigo 290º.

1. Este artigo tem a redacção do D.L. 200/2004, de 18 de Agosto.

2. Esta solução já resulta do art. 31º do Regulamento (UE) 2015/848 do Parlamento Europeu e do Conselho, de 20 de Maio de 2015.

3. Este regime justifica-se por razões de tutela da confiança do autor do pagamento.

Artigo 293º – Exequibilidade

As decisões tomadas em processo de insolvência estrangeiro só se podem executar em Portugal depois de revistas e confirmadas, não sendo, porém, requisito da confirmação o respectivo trânsito em julgado.

1. Este regime contraria o art. 32º do Regulamento (UE) 2015/848 do Parlamento Europeu e do Conselho, de 20 de Maio de 2015, pelo que não se pode aplicar na parte por este abrangida.

CAPÍTULO III – Processo particular de insolvência

Artigo 294º – Pressupostos de um processo particular

1. Se o devedor não tiver em Portugal a sua sede ou domicílio, nem o centro dos principais interesses, o processo de insolvência abrange apenas os seus bens situados em território português.

2. Se o devedor não tiver estabelecimento em Portugal, a competência internacional dos tribunais portugueses depende da verificação dos requisitos impostos pela alínea *c*) do nº 1 do artigo 62º do Código do Processo Civil.

3. Sempre que seja aplicável o Regulamento (UE) nº 2015/848 do Parlamento Europeu e do Conselho, de 20 de maio de 2015, o processo particular é designado por processo territorial de insolvência até que seja aberto um processo principal, caso em que passa a ser designado por processo secundário.

1. O nº 2 tem a redacção do D.L. 79/2017, de 30 de Junho, que aditou o nº 3 a esta disposição.

2. Nos termos do art. 6º, nº 4 do D.L. 79/2017, de 30 de Junho, as disposições de adaptação do Código da Insolvência e da Recuperação de Empresas, aprovado pelo Decreto-Lei nº 53/2004, de 18 de março, ao Regulamento (UE) 2015/848 do Parlamento Europeu e do Conselho, de 20 de maio de 2015, aplicam-se aos processos abertos a partir de 26 de junho de 2017.

3. Salienta Helena Brito, *Themis*, edição especial (2005), pp. 216-217 e 220, que face às características e efeitos do processo particular de insolvência, não se compreende a relevância da remissão realizada no nº 2, sendo que, em qualquer caso, a norma só pode aplicar-se a um processo de insolvência não abrangido pelo (hoje) Regulamento (UE) nº 2015/848 do Parlamento Europeu e do Conselho, de 20 de Maio de 2015, que atribui sempre competência aos tribunais do Estado-Membro, em cujo território se situe um estabelecimento do devedor. O aditamento do nº 3 clarificou esse entendimento.

Artigo 295º – Especialidades de regime

Em processo particular de insolvência:

***a*)** O plano de insolvência ou de pagamentos só pode ser homologado pelo juiz se for aprovado por todos os credores afectados, caso preveja uma dação em pagamento, uma moratória, um perdão ou outras modificações de créditos sobre a insolvência;

***b*)** A insolvência não é objecto de qualificação como fortuita ou culposa;

***b*)** Não são aplicáveis as disposições sobre exoneração do passivo restante.

1. O processo particular de insolvência é sujeito a algumas especialidades de regime. Assim, o plano de insolvência ou de pagamentos, quando preveja dação em pagamento, moratória, perdão ou outras modificações de créditos, depende de acordo de todos os credores afectados, solução que se justifica, face ao previsto nos arts. 20º, nº 2, e 47º, nº 2, do Regulamento (UE) nº 2015/848 do Parlamento Europeu e do Conselho, de 20 de Maio de 2015, assim se derrogando o disposto nos arts. 212º e 257º e ss. Para além disso, a insolvência não vem a ser qualificada como fortuita ou culposa, ao

contrário do disposto nos arts. 185º e ss. Finalmente, não são aplicáveis as disposições dos arts. 235º e ss., relativas à exoneração do passivo restante.

Artigo 296º – Processo secundário

1. O reconhecimento de um processo principal de insolvência estrangeiro não obsta à instauração em Portugal de um processo particular, adiante designado processo secundário.

2. Aberto o processo principal referido no número anterior e havendo outros processos anteriormente instaurados em Portugal e que por via daquela abertura venham a ser encerrados, ficam salvaguardados os efeitos já produzidos que não se circunscrevam à duração do processo, inclusive os decorrentes de atos praticados pelo administrador de insolvência ou perante este, no exercício das suas funções.

3. Na hipótese prevista no número anterior, é aplicável o disposto no nº 2 do artigo 233º, extinguindo-se a instância de todos os processos que corram por apenso ao processo de insolvência.

4. O administrador de insolvência estrangeiro tem legitimidade para requerer a instauração de um processo secundário.

5. No processo secundário é dispensada a comprovação da situação de insolvência.

6. O administrador da insolvência deve comunicar prontamente ao administrador estrangeiro todas as circunstâncias relevantes para o desenvolvimento do processo estrangeiro.

7. O administrador estrangeiro tem legitimidade para participar na assembleia de credores e para a apresentação de um plano de insolvência.

8. Satisfeitos integralmente os créditos sobre a insolvência, a importância remanescente é remetida ao administrador do processo principal.

1. Os nºs 2 e 3 foram aditados pelo D.L. 79/2017, de 30 de Junho, o que implicou que os anteriores nºs 2 a 6 passassem a 4 e 8 na redacção introduzida por este diploma.

2. Este regime já resulta dos arts. 35º e 37º, nº 1, do Regulamento (UE) nº 2015/848 do Parlamento Europeu e do Conselho, de 20 de maio de 2015, publicado em anexo.

TÍTULO XVI – Indiciação de infracção penal

Artigo 297º – Indiciação de infracção penal

1. Logo que haja conhecimento de factos que indiciem a prática de qualquer dos crimes previstos e punidos nos artigos 227º a 229º do Código Penal, manda o juiz dar conhecimento da ocorrência ao Ministério Público, para efeitos do exercício da acção penal.

2. Sendo a denúncia feita no requerimento inicial, são as testemunhas ouvidas sobre os factos alegados na audiência de julgamento para a declaração de insolvência, extractando-se na acta os seus depoimentos sobre a matéria.

3. Dos depoimentos prestados extrair-se-á certidão, que é mandada entregar ao Ministério Público, conjuntamente com outros elementos existentes, nos termos do disposto na alínea *h*) do nº 1 do artigo 36º

1. O nº 3 tem a redacção da Lei 16/2012, de 20 de Abril.
2. Corresponde ao art. 224º do CPEREF.

Artigo 298º – Interrupção da prescrição

A declaração de insolvência interrompe o prazo de prescrição do procedimento criminal.

1. Corresponde ao art. 225º do CPEREF.

Artigo 299º – Regime aplicável à instrução e julgamento

Na instrução e julgamento das infracções referidas no nº 1 do artigo 297º, observam-se os termos prescritos nas leis de processo penal.

1. Corresponde ao art. 226º do CPEREF.

Artigo 300º – Remessa das decisões proferidas no processo penal

1. Deve ser remetida ao tribunal da insolvência certidão do despacho de pronúncia ou de não pronúncia, de acusação e de não acusação, da sentença e dos acórdãos proferidos no processo penal

2. A remessa da certidão deve ser ordenada na própria decisão proferida no processo penal.

1. Corresponde ao art. 227º do CPEREF.

TÍTULO XVII – Disposições finais

Artigo 301º – Valor da causa para efeitos de custas

Para efeitos de custas, o valor da causa no processo de insolvência em que a insolvência não chegue a ser declarada ou em que o processo seja encerrado antes da elaboração do inventário a que se refere o artigo 153º é o equivalente ao da alçada da Relação, ou ao valor aludido no artigo 15º, se este for inferior; nos demais casos, o valor é o atribuído ao activo no referido inventário, atendendo-se aos valores mais elevados dos bens, se for o caso.

1. Corresponde, com poucas modificações, ao art. 246º do CPEREF.

Artigo 302º – Taxa de justiça

1. A taxa de justiça é reduzida a metade no processo de insolvência, quando a insolvência não seja declarada; se o processo findar antes de iniciada a audiência de discussão e julgamento, a taxa de justiça é reduzida a um quarto.

2. Havendo plano de insolvência que ponha termo ao processo, é reduzida a dois terços a taxa de justiça que no caso seria devida.

3. Em qualquer dos casos a que se referem os nºs 1 e 2, a taxa de justiça pode ser reduzida pelo juiz para um montante não inferior a cinco unidades de conta de custas, sempre que por qualquer circunstância especial considere manifestamente excessiva a taxa aplicável.

1. Os nºs 1, 2, e 3 correspondem, respectivamente, ao nºs 5, 7 e 8 do art. 247º do CPEREF.

Artigo 303º – Base de tributação

Para efeitos de tributação, o processo de insolvência abrange o processo principal, a apreensão dos bens, os embargos do insolvente, ou do seu cônjuge, descendentes, herdeiros, legatários ou representantes, a liquidação do activo, a verificação do passivo, o pagamento aos credores, as contas de administração, os incidentes do plano de pagamentos, da exoneração do passivo restante, de qualificação da insolvência e quaisquer outros incidentes cujas custas hajam de ficar a cargo da massa, ainda que processados em separado.

1. Corresponde, com poucas modificações, ao nº 2 do art. 248º do CPEREF.

Artigo 304º – Responsabilidade pelas custas do processo

As custas do processo de insolvência são encargo da massa insolvente ou do requerente, consoante a insolvência seja ou não decretada por decisão com trânsito em julgado.

1. Corresponde, com modificações, ao art. 249º do CPEREF.

Legislação Complementar

Decreto-Lei nº 54/2004, de 18 de Março

Regime jurídico das sociedades de administradores da insolvência

O novo Código da Insolvência e da Recuperação da Empresa eliminou a distinção existente entre gestor judicial e liquidatário judicial mediante a criação da nova figura do administrador da insolvência.

Deste modo, para que o desempenho das funções de administrador da insolvência possa continuar a beneficiar das sinergias e economias resultantes da associação dos seus profissionais – que se verificava nas sociedades de gestores judiciais e nas sociedades de liquidatários judiciais –, é necessário que se possibilite a constituição de sociedades de administradores da insolvência.

Por outro lado, tal como se passava com as sociedades de gestores judiciais e as sociedades de liquidatários judiciais, a natureza específica das funções que as sociedades de administradores da insolvência exercem impõe o estabelecimento de regras próprias, quer quanto à constituição quer quanto ao exercício da actividade na forma societária.

Por último, introduz-se um regime que permite a transformação das actuais sociedades de gestores judiciais e sociedades de liquidatários judiciais em sociedades de administradores da insolvência, com isenção de emolumentos para os correspondentes actos notariais e de registo.

Assim:

Nos termos da alínea *a*) do nº 1 do artigo 198º da Constituição, o Governo decreta o seguinte:

Artigo 1º – Sociedades de administradores da insolvência

1 – Os administradores da insolvência podem constituir sociedades de administradores da insolvência (SAI).

2 – Apenas as pessoas singulares inscritas nas listas de administradores da insolvência podem ser sócios das sociedades de administradores da insolvência.

1. No Ac. RP 27/10/2016 (Deolinda Varão), processo 407/15.9T8VNG.P1, considerou-se que, apesar de a nomeação do administrador da insolvência recair necessariamente em pessoa singular, no caso de ele ser sócio, de uma sociedade de administradores da insolvência, é possível determinar o pagamento da remuneração directamente à sociedade.

Artigo 2º – Objecto social

As sociedades de administradores da insolvência têm por objecto exclusivo o exercício das funções de administrador da insolvência.

Artigo 3º – Natureza

As sociedades de administradores da insolvência devem assumir a natureza de sociedades civis sob a forma comercial.

Artigo 4º – Exercício de actividade remunerada fora da sociedade

1 – Somente com a autorização da respectiva sociedade de administradores da insolvência podem os sócios exercer actividades de gestão, com carácter profissional e remunerado, fora da sociedade.

2 – A actividade de gestão, com carácter profissional e remunerado, autorizada nos termos do número anterior, deve constar expressamente do relatório anual da sociedade.

Artigo 5º – Firma

1 – A firma das sociedades de administradores da insolvência deve, quando não individualizar todos os sócios, por extenso ou abreviadamente, conter, pelo menos, o nome de um deles, mas, em qualquer caso, concluir pela expressão «sociedade de administradores da insolvência» ou pela abreviatura «SAI», seguida da firma correspondente ao tipo societário adoptado.

2 – A firma deve constar de todos os actos externos da sociedade, nos termos do disposto no artigo 171º do Código das Sociedades Comerciais.

Artigo 6º – Responsabilidade

A sociedade de administradores da insolvência e os seus gerentes, administradores ou directores são solidariamente responsáveis pelos prejuízos decorrentes dos actos praticados no exercício das funções de administrador da insolvência.

Artigo 7º – Estatutos

Os estatutos das sociedades de administradores da insolvência, bem como as respectivas alterações, são objecto de depósito na comissão competente prevista no Estatuto do Administrador da Insolvência, nos 30 dias subsequentes à sua aprovação.

Artigo 8º – Regime

1 – As sociedades de administradores da insolvência devem respeitar o disposto no Estatuto do Administrador da Insolvência.

2 – A tudo o que não se encontre especialmente previsto neste diploma aplica-se o Código das Sociedades Comerciais.

Artigo 9º – Transformação de sociedades de gestores judiciais e de sociedades de liquidatários judiciais

1 – As sociedades de gestores judiciais e as sociedades de liquidatários judiciais podem, no prazo de 60 dias úteis a contar da publicação no Diário da República das listas de administradores da insolvência, transformar-se em sociedades de administradores da insolvência, desde que respeitem os requisitos de constituição destas últimas, nomeadamente no que respeita à qualificação dos sócios.

2 – A transformação referida no número anterior está isenta de emolumentos notariais e de registo, sem prejuízo do disposto no nº 2 do artigo 1º do Regulamento Emolumentar dos Registos e Notariado, aprovado pelo Decreto-Lei nº 322-A/2001, de 14 de Dezembro, quanto à participação emolumentar e aos emolumentos pessoais devidos aos conservadores, notários e oficiais dos registos e do notariado pela sua intervenção nos actos.

Artigo 10º – Entrada em vigor

O presente diploma entra em vigor 30 dias após a data da sua publicação.

Visto e aprovado em Conselho de Ministros de 28 de Janeiro de 2004. – *José Manuel Durão Barroso – Maria Manuela Dias Ferreira Leite – Maria Celeste Ferreira Lopes Cardona – Carlos Manuel Tavares da Silva – António José de Castro Bagão Félix.*

Promulgado em 3 de Março de 2004.

Publique-se.

O Presidente da República, JORGE SAMPAIO.

Referendado em 5 de Março de 2004.

O Primeiro-Ministro, *José Manuel Durão Barroso.*

Lei nº 22/2013, de 26 de Fevereiro, alterada pela Lei 17/2017, de 16 de Maio

Estabelece o estatuto do administrador judicial

A Assembleia da República decreta, nos termos da alínea *c*) do artigo 161º da Constituição, para valer como lei geral da República, o seguinte:

CAPÍTULO I - Disposições gerais

Artigo 1º - Objecto

A presente lei estabelece o estatuto do administrador judicial.

Artigo 2º - Noção des administrador judicial

1 - O administrador judicial é a pessoa incumbida da fiscalização e da orientação dos atos integrantes do processo especial de revitalização, bem como da gestão ou liquidação da massa insolvente no âmbito do processo de insolvência, sendo competente para a realização de todos os atos que lhe são cometidos pelo presente estatuto e pela lei.

2 - O administrador judicial designa-se administrador judicial provisório, administrador da insolvência ou fiduciário, dependendo das funções que exerce no processo, nos termos da lei.

CAPÍTULO II - Acesso à atividade

Artigo 3º - Habilitação

1 - Podem ser administradores judiciais as pessoas que, cumulativamente:

a) Tenham uma licenciatura e experiência profissional adequadas ao exercício da atividade;

b) Frequentem estágio profissional promovido para o efeito;

c) Obtenham aprovação em exame de admissão especificamente organizado para avaliar os conhecimentos adquiridos durante o período de estágio profissional;

d) Não se encontrem em nenhuma situação de incompatibilidade para o exercício da atividade;

e) Sejam pessoas idóneas para o exercício da atividade de administrador judicial.

2 – Para os efeitos da alínea *a*) do número anterior, considera-se licenciatura e experiência profissional adequadas ao exercício da atividade aquelas que, apreciadas conjuntamente, atestem a existência de formação de base e experiência do candidato na generalidade das matérias sobre que versa o exame de admissão.

Artigo 4º – Incompatibilidades, impedimentos e suspeições

1 – Os administradores judiciais estão sujeitos aos impedimentos e suspeições aplicáveis aos juízes, bem como às regras gerais sobre incompatibilidades aplicáveis aos titulares de órgãos sociais das sociedades.

2 – Os administradores judiciais, enquanto no exercício das respetivas funções, não podem integrar órgãos sociais ou ser dirigentes de empresas que prossigam atividades total ou predominantemente semelhantes às de empresa que lhe seja confiada para gestão no âmbito do processo especial de revitalização, ou que se encontre compreendida na massa insolvente.

3 – Os administradores judiciais e os seus cônjuges e parentes ou afins até ao 2º grau da linha reta ou colateral não podem, por si ou por interposta pessoa, ser titulares de participações sociais nas empresas referidas no número anterior.

4 – Os administradores judiciais não podem, por si ou por interposta pessoa:

a) Ser membros de órgãos sociais ou dirigentes de empresas em que tenham exercido as suas funções; ou

b) Ter desempenhado alguma função na dependência hierárquica ou funcional dos gerentes das sociedades, quer ao abrigo de um contrato de trabalho, quer a título de prestação de serviços, sem que hajam decorrido três anos após a cessação do exercício daquelas funções ou atividades.

5 – Não configura situação de incompatibilidade, impedimento ou suspeição a nomeação de um mesmo administrador judicial para o exercício das respetivas funções em sociedades que se encontrem em relação de domínio ou de grupo, quando o juiz o considere adequado à salvaguarda dos interesses das sociedades.

Artigo 5º – Idoneidade

1 – Cada candidato a administrador judicial deve emitir, aquando da sua candidatura ao exercício da atividade, declaração escrita, dirigida à entidade responsável pelo acompanhamento, fiscalização e disciplina dos administradores judiciais, atestando que dispõe da aptidão necessária para o exercício da mesma, e que conduz a sua vida pessoal e profissional de forma idónea.

2 – Entre outras circunstâncias, considera-se indiciador de falta de idoneidade para o exercício da atividade o facto de a pessoa ter sido:

a) Condenada com trânsito em julgado, no País ou no estrangeiro, por crime de furto, roubo, burla, burla informática e nas comunicações, extorsão, abuso de confiança, recetação, infidelidade, falsificação, falsas declarações, insolvência dolosa, frustração de créditos, insolvência negligente, favorecimento de credores, emissão de cheques sem provisão, abuso de cartão de garantia ou de crédito, apropriação ilegítima de bens do sector público ou cooperativo, administração danosa em unidade económica do sector público ou cooperativo, usura, suborno, corrupção, tráfico de influência, peculato, receção não autorizada de depósitos ou outros fundos reembolsáveis, prática ilícita de atos ou operações inerentes à atividade seguradora ou dos fundos de pensões, fraude fiscal ou outro crime tributário, branqueamento de capitais ou crime previsto no Código das Sociedades Comerciais ou no Código dos Valores Mobiliários;

b) Declarada, nos últimos 15 anos, por sentença nacional ou estrangeira transitada em julgado, insolvente ou julgada responsável por insolvência de empresa por ela dominada ou de cujos órgãos de administração ou fiscalização tenha sido membro.

3 – O disposto no número anterior não impede que a entidade responsável pelo acompanhamento, fiscalização e disciplina dos administradores judiciais considere qualquer outro facto como indiciador de falta de idoneidade para o exercício da atividade.

4 – A verificação da ocorrência dos factos descritos no nº 2 não impede a entidade responsável pelo acompanhamento, fiscalização e disciplina dos administradores judiciais de considerar, de forma fundamentada, que estão reunidas as condições de idoneidade para o exercício da atividade de administrador judicial, tendo em conta, nomeadamente, o tempo decorrido desde a prática dos factos.

Artigo 6º – Listas oficiais de administradores judiciais

1 – Para cada comarca existe uma lista de administradores judiciais, contendo o nome, o domicílio profissional, o endereço de correio eletrónico e o telefone profissional das pessoas habilitadas a exercer tal atividade na respetiva comarca.

2 – Se o administrador judicial for sócio de uma sociedade de administradores judiciais, a lista deve conter, para além dos elementos referidos no número anterior, a referência àquela qualidade e a identificação da respetiva sociedade.

3 – A manutenção e atualização das listas oficiais de administradores judiciais, bem como a sua colocação à disposição dos tribunais, preferencialmente por meios eletrónicos, cabem à entidade responsável pelo acompanhamento, fiscalização e disciplina dos administradores judiciais.

4 – As listas oficiais de administradores judiciais são públicas e disponibilizadas de forma permanente no Portal Citius.

5 – A inscrição nas listas oficiais não investe os inscritos na qualidade de agente nem garante o pagamento de qualquer remuneração fixa por parte do Estado.

Artigo 7º – Inscrição no estágio

1 – A inscrição no estágio é solicitada à entidade responsável pelo acompanhamento, fiscalização e disciplina dos administradores judiciais, mediante requerimento acompanhado dos seguintes elementos:

a) Curriculum vitae;

b) Certificado de licenciatura;

c) Certificado do registo criminal;

d) Declaração sobre o exercício de qualquer outra actividade remunerada e sobre a inexistência de qualquer das situações de incompatibilidade previstas no artigo seguinte;

e) Declaração de idoneidade;

f) Declaração da sua situação financeira, com a discriminação de proveitos auferidos e encargos suportados à data da declaração;

g) Atestado médico a que se referem os nºs 6 e 7 do artigo 12º, no caso de o candidato ter 70 anos completos;

h) Documento em que o interessado identifica as listas de administradores judiciais que pretende integrar no primeiro ano de atividade;

i) Qualquer outro documento que o candidato considere relevante para instruir a sua candidatura.

2 – Sem prejuízo do disposto no número anterior, a entidade responsável pelo acompanhamento, fiscalização e disciplina dos administradores judiciais pode solicitar ao interessado qualquer outro documento que repute como necessário para prova dos factos declarados.

3 – Compete à entidade responsável pelo acompanhamento, fiscalização e disciplina dos administradores judiciais determinar o momento de realização do estágio e fixar o número de candidatos ao estágio a ministrar em cada

processo de recrutamento de administradores judiciais, devendo para o efeito atender às necessidades efetivas de recursos humanos para o exercício da atividade.

4 – A entidade responsável pelo acompanhamento, fiscalização e disciplina dos administradores judiciais fixa, por regulamento, os critérios a observar na seleção dos candidatos ao estágio, sendo o referido regulamento publicado no Portal Citius, em simultâneo com o anúncio de abertura do processo de recrutamento, com, pelo menos, 30 dias de antecedência face à data do início do estágio.

5 – O candidato ao estágio, bem como o administrador judicial que venha a ser admitido para o exercício da atividade, deve manter atualizada a informação prestada à entidade responsável pelo acompanhamento, fiscalização e disciplina da sua atividade no momento da sua candidatura, devendo, contudo, ser anualmente atualizada a informação a que se refere a alínea *f*) do nº 1.

Artigo 8º – Formação inicial e estágio

1 – O estágio referido na alínea *b*) do nº 1 do artigo 3º, constituindo a fase inicial de formação dos candidatos a administradores judiciais, tem a duração de seis meses, competindo a sua organização à entidade com habilitação para ministrar o ensino ou para prestar formação profissional, sob o controlo da entidade responsável pelo acompanhamento, fiscalização e disciplina dos administradores judiciais.

2 – O estágio tem uma componente teórica e uma componente prática.

3 – A componente teórica do estágio tem a duração de dois meses e a componente prática tem a duração de quatro meses.

4 – A componente prática do estágio traduz-se no acompanhamento por um patrono do estagiário que pretende inscrever-se como administrador judicial, devendo aquele transmitir a este os conhecimentos práticos e as regras deontológicas existentes que devem ser observados no exercício da atividade.

5 – Compete à entidade responsável pelo acompanhamento, fiscalização e disciplina dos administradores judiciais proceder à nomeação de patrono a cada um dos candidatos que se encontrem validamente inscritos no estágio.

Artigo 9º – Exame de admissão

1 – O exame de admissão, realizado no termo do estágio a que se refere o artigo anterior, consiste numa prova escrita, elaborada pela entidade incumbida de organizar o estágio e aprovada pela entidade responsável pelo acompanhamento, fiscalização e disciplina dos administradores judiciais, sobre as seguintes matérias:

a) Direito comercial e Código da Insolvência e da Recuperação de Empresas;

b) Direito processual civil e direito do trabalho;

c) Contabilidade e fiscalidade;

d) Economia e gestão de empresas;

e) Regras éticas e deontológicas a observar no exercício de funções de administrador judicial, as quais são definidas em regulamento aprovado pela entidade responsável pelo acompanhamento, fiscalização e disciplina dos administradores judiciais, ouvidas as associações representativas dos administradores judiciais; e

f) Prática da atividade de administrador judicial.

2 – A data de realização do exame é publicada no Portal Citius, com um mínimo de quatro meses de antecedência sobre a sua realização e de 30 dias de antecedência face ao início do estágio.

3 – Considera-se aprovação no exame de admissão a obtenção de uma classificação igual ou superior a 10 valores, numa escala de 0 a 20 valores.

4 – Os resultados do exame e a lista de classificação dos candidatos a administrador judicial são publicados no Portal Citius, no prazo de 10 dias após a realização do exame.

Artigo 10º – Inscrição nas listas oficiais

1 – Em caso de aprovação no exame de admissão, a entidade responsável pelo acompanhamento, fiscalização e disciplina dos administradores judiciais, no prazo de cinco dias após a publicação dos resultados do exame referido no artigo anterior e da lista de classificação dos candidatos inscreve os candidatos nas listas oficiais.

2 – Cada candidato pode inscrever-se em mais do que uma lista oficial, havendo uma lista por cada comarca.

CAPÍTULO III – Direitos e deveres dos administradores judiciais

Artigo 11º – Direitos dos administradores judiciais

No exercício das suas funções, os administradores judiciais gozam dos direitos a:

a) Equiparação aos agentes de execução para efeitos de

- *i*) Direito de ingresso nas secretarias judiciais e demais serviços públicos, designadamente conservatórias e serviços de finanças;
- *ii*) Acesso ao registo informático de execuções nos termos do Decreto-Lei nº 201/2003, de 10 de setembro, alterado pelo Decreto-Lei nº 53/2004, de 18 de março, pela Lei nº 60-A/2005, de 30 de dezembro, e pelo Decreto-Lei nº 226/2008, de 20 de novembro;

iii) Consulta das bases de dados da administração tributária, da segurança social, das conservatórias do registo predial, comercial e automóvel e de outros registos e arquivos semelhantes, de acordo com o disposto no artigo 749º do Código de Processo Civil e a regulamentar por portaria nos termos do nº 3 desse artigo, na medida necessária ao exercício das competências que lhes são legalmente atribuídas;

b) Possuir documento de identificação profissional emitido pelo Ministério da Justiça, nos termos a aprovar por portaria do membro do Governo responsável pela área da justiça, que atesta a qualidade de administrador judicial;

c) Distribuição equitativa das nomeações nos processos, a qual deve ser assegurada, preferencialmente, através de meios eletrónicos.

Artigo 12º – Deveres

1 – Os administradores judiciais devem, no exercício das suas funções e fora delas, considerar-se servidores da justiça e do direito e, como tal, mostrar-se dignos da honra e das responsabilidades que lhes são inerentes.

2 – Os administradores judiciais, no exercício das suas funções, devem atuar com absoluta independência e isenção, estando-lhes vedada a prática de quaisquer atos que, para seu benefício ou de terceiros, possam pôr em crise, consoante os casos, a recuperação do devedor, ou, não sendo esta viável, a sua liquidação, devendo orientar sempre a sua conduta para a maximização da satisfação dos interesses dos credores em cada um dos processos que lhes sejam confiados.

3 – Os administradores judiciais só devem aceitar as nomeações efetuadas pelo juiz caso disponham dos meios necessários para o efetivo acompanhamento dos processos em que são nomeados.

4 – Os administradores judiciais devem comunicar, preferencialmente, por via eletrónica, à entidade responsável pelo seu acompanhamento, fiscalização e disciplina, bem como ao juiz do processo, a recusa de aceitação de qualquer nomeação fundada na inexistência de meios, devendo a referida entidade, de imediato, impedir a ocorrência de novas nomeações.

5 – Os administradores judiciais devem comunicar, preferencialmente por via eletrónica, com a antecedência mínima de 15 dias, aos juízes dos processos em que se encontrem a exercer funções e à entidade responsável pelo seu acompanhamento, fiscalização e disciplina qualquer mudança de domicílio profissional, bem como a informação atinente ao novo domicílio.

6 – Os administradores judiciais que tenham completado 70 anos de idade devem fazer prova, mediante atestado médico, que possuem aptidão para o exercício da atividade.

7 – O atestado a que se refere o número anterior é apresentado, preferencialmente por via eletrónica, à entidade responsável pelo acompanhamento, fiscalização e disciplina dos administradores judiciais no mês seguinte àquele em que o administrador judicial completar 70 anos, devendo ser apresentado novo atestado de idêntico teor a cada dois anos.

8 – Os administradores judiciais devem contratar seguro de responsabilidade civil obrigatório que cubra o risco inerente ao exercício das suas funções, sendo o montante do risco coberto definido em portaria do membro do Governo responsável pela área da justiça, e devem remeter, de imediato, preferencialmente por meios eletrónicos, à entidade responsável pelo acompanhamento, fiscalização e disciplina da sua atividade cópias dos contratos celebrados, bem como comprovativos da sua renovação, sempre que tal se justifique.

9 – Os administradores judiciais estão sujeitos ao pagamento das taxas devidas à entidade responsável pelo seu acompanhamento, fiscalização e disciplina, a fixar por portaria dos membros do Governo responsáveis pelas áreas das finanças e da justiça.

10 – Os administradores judiciais devem frequentar as ações de formação contínua definidas pela entidade responsável pelo acompanhamento, fiscalização e disciplina da sua atividade em regulamento próprio desta entidade, competindo à mesma estabelecer os protocolos que julgue necessários para esse efeito, designadamente, com universidades, centros de formação profissional legalmente reconhecidos e com as associações representativas dos administradores judiciais.

11 – Ao subcontratar qualquer entidade nos processos para os quais é nomeado, designadamente para efeitos de alienação de ativos, o administrador judicial deve celebrar com o subcontratante um contrato escrito no qual, expressamente, se definam, entre outros, o objeto contratual e os deveres e os direitos que assistem a ambas as partes.

12 – Os administradores judiciais devem fornecer à entidade responsável pelo acompanhamento, fiscalização e disciplina a informação necessária que possibilite a avaliação do seu desempenho, nos termos definidos pela referida entidade.

CAPÍTULO IV – Atividade dos administradores judiciais

Artigo 13º – Nomeação dos administradores judiciais

1 – Sem prejuízo do disposto no artigo 53º do Código da Insolvência e da Recuperação de Empresas, apenas podem ser nomeados administradores judiciais aqueles que constem das listas oficiais de administradores judiciais.

2 - Sem prejuízo do disposto no nº 2 do artigo 52º do Código da Insolvência e da Recuperação de Empresas, a nomeação a efetuar pelo juiz processa-se por meio de sistema informático que assegure a aleatoriedade da escolha e a distribuição em idêntico número dos administradores judiciais nos processos.

3 - Não sendo possível ao juiz recorrer ao sistema informático a que alude o número anterior, este deve pugnar por nomear os administradores judiciais de acordo com os princípios vertidos no presente artigo, socorrendo-se para o efeito das listas a que se refere a presente lei.

Artigo 14º - Exercício de funções

Sem prejuízo do disposto no nº 3 do artigo 12º, os administradores judiciais exercem as suas funções por tempo indeterminado e sem limite máximo de processos.

Artigo 15º - Suspensão do exercício de funções

1 - Os administradores judiciais podem suspender o exercício da sua atividade pelo período máximo de dois anos, mediante requerimento dirigido, preferencialmente por via eletrónica, à entidade responsável pelo acompanhamento, fiscalização e disciplina.

2 - Sendo requerida nova suspensão do exercício de funções pelo mesmo administrador judicial, esta apenas pode ser concedida depois de decorridos pelo menos três anos após o termo da primeira suspensão.

3 - Sendo deferido o pedido de suspensão, o administrador judicial deve, por via eletrónica, comunicá-lo aos juízes dos processos em que se encontra a exercer funções, para que se proceda à sua substituição.

4 - O administrador judicial substituído deve prestar toda a colaboração necessária que seja solicitada pelos administradores judiciais que o substituam.

Artigo 16º - Escusa e substituição do administrador judicial

1 - A todo o tempo, o administrador judicial pode pedir escusa de um processo para o qual tenha sido nomeado pelo juiz, em caso de grave e temporária impossibilidade de exercício de funções.

2 - O pedido de escusa é apreciado pelo juiz, sendo comunicado à entidade responsável pelo acompanhamento, fiscalização e disciplina dos administradores judiciais juntamente com a respetiva decisão, com vista à eventual instauração de processo disciplinar ou de processo de contraordenação.

3 - Se a nomeação ou a escolha de administrador judicial o colocar em alguma das situações de impedimento ou de incompatibilidade previstos na presente lei, o administrador judicial deve comunicar imediatamente esse facto ao juiz do processo, requerendo a sua substituição.

4 – Se, em qualquer momento, se verificar alguma circunstância suscetível de revelar falta de idoneidade, o administrador judicial deve comunicar imediatamente esse facto aos juízes dos processos em que tenha sido nomeado, requerendo a sua substituição.

5 – Os juízes devem comunicar qualquer pedido de substituição que recebam dos administradores judiciais à entidade responsável pelo acompanhamento, fiscalização e disciplina dos administradores judiciais.

6 – O administrador judicial substituído deve prestar toda a colaboração necessária que seja solicitada pelos administradores judiciais que o substituam.

CAPÍTULO V – Regime sancionatório

Artigo 17º – Competências sancionatórias

1 – Compete à entidade responsável pelo acompanhamento, fiscalização e disciplina dos administradores judiciais instruir os processos disciplinares e os processos de contraordenação relativos ao exercício de funções dos administradores judiciais, bem como punir as infrações por estes cometidas.

2 – Ao processo disciplinar dos administradores judiciais aplica-se, subsidiariamente e com as necessárias adaptações, o Estatuto Disciplinar dos Trabalhadores Que Exercem Funções Públicas, aprovado em anexo à Lei nº 58/2008, de 9 de setembro.

3 – Aos processos de contraordenação instaurados contra administrador judicial aplica-se, subsidiariamente, o regime geral do ilícito de mera ordenação social, constante do Decreto-Lei nº 433/82, de 27 de outubro, alterado pelos Decretos-Leis nºs 356/89, de 17 de outubro, 244/95, de 14 de setembro, e 323/2001, de 17 de dezembro, e pela Lei nº 109/2001, de 24 de dezembro.

Artigo 18º – Processo disicplinar

1 – A entidade responsável pelo acompanhamento, fiscalização e disciplina dos administradores judiciais pode, por deliberação fundamentada e na sequência de processo disciplinar:

a) Suspender preventivamente o administrador judicial contra o qual tenha sido instaurado processo disciplinar ou contraordenacional, até à decisão dos referidos processos, a fim de prevenir a ocorrência de factos ilícitos;

b) Admoestar, por escrito, o administrador judicial que tenha violado de forma leve os deveres profissionais a que está adstrito nos termos dos presentes estatutos e da lei;

c) Instaurar processo de contraordenação, aplicando-se, neste caso, as sanções mencionadas no artigo seguinte.

2 – A aplicação de qualquer das sanções previstas no número anterior é sempre precedida de audiência do interessado.

3 – A instauração de processo disciplinar interrompe os prazos de prescrição das contraordenações eventualmente praticadas, iniciando-se a contagem dos prazos na data de decisão do processo disciplinar.

Artigo 19º – Contraordenações

1 – O exercício de funções de administrador judicial em violação do preceituado nos artigos 4º ou 5º, bem como o exercício de funções durante o período de suspensão ou após o cancelamento da inscrição, constitui contraordenação punível com coima de € 2500 a € 250 000.

2 – A violação pelo administrador judicial dos deveres previstos nos nºs 2 e 10 do artigo 12º, por ação ou omissão por ele praticada, constitui contraordenação punível com coima de € 5000 a € 500 000.

3 – A violação de qualquer dever de informação previsto no presente estatuto ou na lei a cujo cumprimento esteja adstrito o administrador judicial constitui contraordenação punível com coima de € 1000 a € 50 000.

4 – A violação de qualquer outro dever previsto no presente estatuto ou na lei a cujo cumprimento esteja obrigado o administrador judicial constitui contraordenação punível com coima de € 1000 a € 25 000.

Artigo 20º – Regime

1 – Os ilícitos de mera ordenação social previstos na presente lei são imputados a título de dolo ou de negligência.

2 – A negligência é punível, sendo os limites mínimo e máximo das coimas previstas no artigo anterior reduzidos para metade.

3 – A tentativa é punível com a coima aplicável à contraordenação consumada, especialmente atenuada.

4 – A determinação da coima concreta e das sanções acessórias faz-se em função da ilicitude concreta do facto, da culpa do agente, dos benefícios obtidos e das exigências de prevenção.

5 – Na determinação da ilicitude concreta do facto e da culpa das pessoas atende-se, entre outras, às seguintes circunstâncias:

a) O perigo ou o dano causados ao devedor e aos credores do processo em que o facto foi praticado;

b) O caráter ocasional ou reiterado da infração;

c) A existência de atos de ocultação tendentes a dificultar a descoberta da infração;

d) A existência de atos do agente destinados a, por sua iniciativa, reparar os danos ou obviar aos perigos causados pela infração;

e) Intenção de obter, para si ou para outrem, um benefício ilegítimo ou de causar danos.

6 – Na determinação da sanção aplicável são ainda tomadas em consideração a situação económica e a conduta anterior do agente.

7 – Sempre que o ilícito de mera ordenação social resulte da omissão de um dever, o pagamento da coima ou o cumprimento da sanção acessória não dispensam o infrator do cumprimento daquele, se tal ainda for possível.

8 – Cumulativamente com as coimas, podem ser aplicadas aos responsáveis por qualquer contraordenação, além das previstas no regime geral do ilícito de mera ordenação social, as seguintes sanções acessórias:

a) Apreensão e perda do objeto da infração, incluindo o produto do benefício obtido pelo infrator através da prática da contraordenação;

b) Interdição temporária do exercício pelo infrator da atividade de administrador judicial;

c) Inibição do exercício de funções de administração, direção, chefia ou fiscalização de quaisquer pessoas coletivas e, em geral, de representação de quaisquer pessoas ou entidades;

d) Publicação pela entidade responsável pelo acompanhamento, fiscalização e disciplina dos administradores judiciais, a expensas do infrator e em locais idóneos para o cumprimento das finalidades de prevenção geral do sistema jurídico, da sanção aplicada pela prática da contraordenação;

e) Cancelamento da inscrição para o exercício da atividade de administrador judicial.

9. As sanções referidas nas alíneas *b*) e *c*) do número anterior não podem ter duração superior a cinco anos, contados da decisão condenatória definitiva.

10. A publicação referida na alínea *d*) do nº 8 pode ser feita na íntegra ou por extrato, conforme for decidido pela entidade responsável pelo acompanhamento, fiscalização e disciplina dos administradores judiciais.

11. As sociedades de administradores judiciais respondem solidariamente pelo pagamento das coimas, das custas e dos demais encargos com o processo em que forem condenados os seus sócios.

12. O produto das coimas previstas no artigo anterior é distribuído da seguinte forma:

a) 60% para o Estado;

b) 40% para a entidade responsável pelo acompanhamento, fiscalização e disciplina dos administradores judiciais.

Artigo 21º – Deveres de comunicação

1 – A destituição do administrador da insolvência pelo juiz, nos termos do artigo 56º do Código da Insolvência e da Recuperação de Empresas, é sempre

comunicada por este à entidade responsável pelo acompanhamento, fiscalização e disciplina dos administradores judiciais, tendo em vista a eventual instauração de processo disciplinar ou de processo de contraordenação.

2 – O juiz, os credores, o devedor e o Ministério Público devem ainda comunicar à entidade responsável pelo acompanhamento, fiscalização e disciplina dos administradores judiciais a violação reiterada por parte destes de quaisquer outros deveres a que os mesmos estejam sujeitos no âmbito do processo especial de revitalização ou do processo de insolvência, para eventual instauração de processo disciplinar ou de processo de contraordenação.

CAPÍTULO VI – Remuneração e pagamento do administrador judicial

Artigo 22º – Remuneração do administrador judicial

O administrador judicial tem direito a ser remunerado pelo exercício das funções que lhe são cometidas, bem como ao reembolso das despesas necessárias ao cumprimento das mesmas.

Artigo 23º – Remuneração do administrador judicial provisório ou do administrador da insolvência nomeado por iniciativa do juiz

1 – O administrador judicial provisório em processo especial de revitalização ou o administrador da insolvência em processo de insolvência nomeado por iniciativa do juiz tem direito a ser remunerado pelos atos praticados, de acordo com o montante estabelecido em portaria dos membros do Governo responsáveis pelas áreas das finanças, da justiça e da economia.

2 – O administrador judicial provisório ou o administrador da insolvência nomeado por iniciativa do juiz aufere ainda uma remuneração variável em função do resultado da recuperação do devedor ou da liquidação da massa insolvente, cujo valor é o fixado nas tabelas constantes da portaria referida no número anterior.

3 – Para efeito do disposto no número anterior, em processo especial de revitalização ou em processo de insolvência que envolva a apresentação de um plano de recuperação que venha a ser aprovado, considera-se resultado da recuperação o valor determinado com base no montante dos créditos a satisfazer aos credores integrados no plano, conforme tabela específica constante da portaria referida no nº 1.

4 – Para efeitos do nº 2, considera-se resultado da liquidação o montante apurado para a massa insolvente, depois de deduzidos os montantes necessários ao pagamento das dívidas dessa mesma massa, com exceção da remune-

ração referida no nº 1 e das custas de processos judiciais pendentes na data de declaração da insolvência.

5 – O valor alcançado por aplicação das tabelas referidas nos nºs 2 e 3 é majorado, em função do grau de satisfação dos créditos reclamados e admitidos, pela aplicação dos fatores constantes da portaria referida no nº 1.

6 – Se, por aplicação do disposto nos números anteriores, a remuneração exceder o montante de € 50 000 por processo, o juiz pode determinar que a remuneração devida para além desse montante seja inferior à resultante da aplicação dos critérios legais, tendo em conta, designadamente, os serviços prestados, os resultados obtidos, a complexidade do processo e a diligência empregue no exercício das funções.

Artigo 24º – Remuneração do administrador da insolvência nomeado ou substituído pela assembleia de credores

1 – Sempre que o administrador da insolvência for nomeado pela assembleia de credores, o montante da remuneração é fixado na mesma deliberação que procede à nomeação.

2 – O administrador da insolvência nomeado pelo juiz, que for substituído pelos credores, nos termos do nº 1 do artigo 53º do Código da Insolvência e da Recuperação de Empresas, tem direito a receber, para além da remuneração determinada em função dos atos por si praticados, o valor resultante da aplicação das tabelas referidas nos nºs 2 e 3 do artigo anterior, em função do resultado da recuperação do devedor, ou do produto percebido pela massa insolvente fruto das diligências por si efetuadas, proporcionalmente ao montante total apurado para satisfação de créditos recuperados, sendo o valor assim calculado reduzido a um quinto.

Artigo 25º – Remuneração pela gestão de estabelecimento compreendido na massa insolvente

1 – Quando competir ao administrador da insolvência a gestão de estabelecimento em atividade compreendido na massa insolvente, cabe ao juiz fixar-lhe a remuneração devida até à deliberação a tomar pela assembleia de credores, nos termos do nº 1 do artigo 156º do Código da Insolvência e da Recuperação de Empresas.

2 – Na fixação da remuneração prevista no número anterior, deve o juiz atender ao volume de negócios do estabelecimento, à prática de remunerações seguida na empresa, ao número de trabalhadores e à dificuldade das funções compreendidas na gestão do estabelecimento.

3 – Caso os credores deliberem, nos termos referidos no nº 1, manter em atividade o estabelecimento compreendido na massa insolvente, devem, na

mesma deliberação, fixar a remuneração devida ao administrador da insolvência pela gestão do mesmo.

Artigo 26º – Remuneração pela elaboração do plano de insolvência

Caso os credores deliberem, na assembleia referida no nº 1 do artigo anterior, instruir o administrador da insolvência no sentido de elaborar um plano de insolvência, devem, na mesma deliberação, fixar a remuneração devida pela elaboração deste, podendo o administrador da insolvência recusar-se a elaborar o plano se considerar que a remuneração que lhe seja fixada não é adequada.

Artigo 27º – Remuneração do administrador judicial provisório no processo de insolvência

A fixação da remuneração do administrador judicial provisório, nos termos do nº 2 do artigo 32º do Código da Insolvência e da Recuperação de Empresas, deve respeitar os critérios enunciados no nº 2 do artigo 25º, bem como ter em conta a extensão das tarefas que lhe são confiadas.

Artigo 28º – Remuneração do administrador judicial provisório no processo de insolvência

A remuneração do fiduciário corresponde a 10% das quantias objeto de cessão, com o limite máximo de € 5000 por ano.

Artigo 29º – Pagamento da remuneração do administrador da insolvência

1 – Sem prejuízo do disposto no nº 4 do artigo 52º e no nº 7 do artigo 55º do Código da Insolvência e da Recuperação de Empresas, a remuneração do administrador da insolvência e o reembolso das despesas são suportados pela massa insolvente, salvo o disposto no artigo seguinte.

2 – A remuneração prevista no nº 1 do artigo 23º é paga em duas prestações de igual montante, vencendo-se a primeira na data da nomeação e a segunda seis meses após tal nomeação, mas nunca após a data de encerramento do processo.

3 – A remuneração determinada nos termos do nº 3 do artigo 23º é paga em duas prestações de igual valor, sendo a primeira liquidada no momento da aprovação do plano e a segunda dois anos após a aprovação do plano, caso o devedor continue a cumprir regularmente o plano aprovado.

4 – Caso o devedor deixe de cumprir o plano aprovado, o valor da segunda prestação é reduzido para um quinto.

5 – A remuneração variável relativa ao produto da liquidação da massa insolvente é paga a final, vencendo-se na data de encerramento do processo.

6 – A remuneração pela gestão de estabelecimento integrado na massa insolvente, nos termos do nº 1 do artigo 25º, é suportada pela massa insolvente e, prioritariamente, pelos proventos obtidos com a exploração do estabelecimento.

7 – Sempre que a administração da massa insolvente seja assegurada pelo devedor, nos termos dos artigos 223º a 229º do Código da Insolvência e da Recuperação de Empresas, a remuneração prevista no nº 2 e a provisão para despesas referida no número seguinte são por este retiradas da massa insolvente e entregues ao administrador da insolvência.

8 – A provisão para despesas equivale a um quarto da remuneração fixada na portaria referida no nº 1 do artigo 23º e é paga em duas prestações de igual montante, sendo a primeira paga imediatamente após a nomeação e a segunda após a elaboração do relatório pelo administrador da insolvência, nos termos do artigo 155º do Código da Insolvência e da Recuperação de Empresas.

9 – Nos casos em que a administração da massa insolvente ou a liquidação fiquem a cargo do administrador da insolvência e a massa insolvente tenha liquidez, os montantes referidos nos números anteriores são diretamente retirados por este da massa.

10 – Não se verificando liquidez na massa insolvente, é aplicável o disposto no nº 1 do artigo seguinte relativamente ao pagamento da provisão para despesas do administrador da insolvência.

11 – No que respeita às despesas de deslocação, apenas são reembolsadas aquelas que seriam devidas a um administrador da insolvência que tenha domicílio profissional na comarca em que foi instaurado o processo de insolvência, ou nas comarcas limítrofes.

12 – Os credores podem igualmente assumir o encargo de adiantamento da remuneração do administrador da insolvência ou das respetivas despesas.

13 – A massa insolvente deve reembolsar os credores dos montantes adiantados nos termos dos números anteriores logo que tenha recursos disponíveis para esse efeito.

Artigo 30º – Pagamento da remuneração do administrador da insolvência suportada pelo organismo responsável do Ministério da Justiça

1 – Nas situações previstas nos artigos 39º e 232º do Código da Insolvência e da Recuperação de Empresas, a remuneração do administrador da insolvência e o reembolso das despesas são suportados pelo organismo responsável pela gestão financeira e patrimonial do Ministério da Justiça.

2 – Nos casos previstos no artigo 39º do Código da Insolvência e da Recuperação de Empresas, a provisão a adiantar pelo organismo referido no

número anterior é metade da prevista no nº 8 do artigo anterior, sendo paga imediatamente após a nomeação.

3 – Se o devedor beneficiar do diferimento do pagamento das custas, nos termos do nº 1 do artigo 248º do Código da Insolvência e da Recuperação de Empresas, o pagamento da remuneração e o reembolso das despesas são suportados pelo organismo referido no nº 1, na medida em que a massa insolvente seja insuficiente para esse efeito.

4 – Nos casos previstos no artigo 39º do Código da Insolvência e da Recuperação de Empresas, a remuneração do administrador da insolvência é reduzida a um quarto do valor fixado pela portaria referida no nº 1 do artigo 23º

5 – Para efeitos do presente artigo, não se considera insuficiência da massa a mera falta de liquidez.

CAPÍTULO VII – Disposições finais e transitórias

Artigo 31º – Entidade responsável pelo acompanhamento, fiscalização e disciplina dos administradores judiciais

A entidade responsável pelo acompanhamento, fiscalização e disciplina dos administradores judiciais rege-se por diploma próprio.

Artigo 32º – Disposições transitórias

1 – No prazo de 60 dias após a data da entrada em vigor da presente lei, os administradores da insolvência, inscritos nas listas previstas na Lei nº 32/2004, de 22 de julho, alterada pela Lei nº 34/2009, de 14 de julho, e pelo Decreto-Lei nº 282/2007, de 7 de agosto, que demonstrem exercício efetivo das respetivas funções e que respeitem os requisitos previstos nas alíneas *d*) e *e*) do nº 1 do artigo 3º, podem requerer a inscrição nas listas oficiais de administradores judiciais.

2 – Para efeitos do disposto no presente artigo, considera-se exercício efetivo de funções de administrador da insolvência o exercício das respetivas funções em, pelo menos, dois processos de insolvência nos últimos dois anos.

3 – O requerimento de inscrição é dirigido à entidade responsável pelo acompanhamento, fiscalização e disciplina dos administradores judiciais, devendo ser instruído com os elementos necessários para demonstrar o cumprimento dos requisitos mencionados no nº 1, bem como com a prova documental do exercício efetivo da atividade, nos termos do número anterior.

4 – A entidade responsável pelo acompanhamento, fiscalização e disciplina dos administradores judiciais deve, no prazo de 10 dias após o termo do perí-

odo previsto no nº 1, publicar no Portal Citius as listas oficiais de administradores judiciais.

5 – Até à publicação das listas oficiais referidas no número anterior no Portal Citius, os administradores da insolvência inscritos nas listas oficiais previstas pela Lei nº 32/2004, de 22 de julho, alterada pela Lei nº 34/2009, de 14 de julho, e pelo Decreto-Lei nº 282/2007, de 7 de agosto, exercem as funções de administradores judiciais, sendo todas as nomeações efetuadas de entre os inscritos nas mencionadas listas, incidindo sobre os administradores da insolvência especialmente qualificados para a prática de atos de gestão as nomeações para processos em que seja previsível a existência de atos dessa natureza que requeiram especiais conhecimentos nessa área.

6 – É extinta a comissão de apreciação e controlo da atividade dos administradores da insolvência a que se refere o artigo 12º da Lei nº 32/2004, de 22 de julho, alterada pela Lei nº 34/2009, de 14 de julho, e pelo Decreto-Lei nº 282/2007, de 7 de agosto, permanecendo esta em funções até à data de tomada de posse dos membros do órgão de direção da entidade responsável pelo acompanhamento, fiscalização e disciplina dos administradores judiciais, cujos estatutos são regulados por diploma próprio.

7 – Até à tomada de posse dos membros do órgão de gestão da entidade responsável pelo acompanhamento, fiscalização e disciplina dos administradores judiciais, a comissão de apreciação e controlo da atividade dos administradores da insolvência assegura a marcha dos processos instaurados ou a instaurar contra os administradores da insolvência, podendo praticar os atos de gestão corrente que se mostrem necessários.

8 – Os membros da comissão de apreciação e controlo da atividade dos administradores da insolvência devem prestar toda a colaboração aos órgãos da entidade responsável pelo acompanhamento, fiscalização e disciplina dos administradores judiciais a que se refere a presente lei.

9 – Até à entrada em vigor da lei que aprovar a reforma judiciária atualmente em curso, a unidade territorial de base às listas de administradores judiciais referidas na presente lei é o distrito judicial.

Artigo 33º – Norma revogatória

É revogada a Lei nº 32/2004, de 22 de julho, alterada pela Lei nº 34/2009, de 14 de julho, e pelo Decreto-Lei nº 282/2007, de 7 de agosto.

Artigo 34º – Entrada em vigor

A presente lei entra em vigor 30 dias após a data da sua publicação.

Aprovada em 25 de janeiro de 2013.

O Presidente da Assembleia da República, *Maria da Assunção A. Esteves*

Promulgado em 18 de fevereiro de 2013.

Publique-se.

O Presidente da República, ANÍBAL CAVACO SILVA.

Referendado em 19 de fevereiro de 2013.

O Primeiro-Ministro, *Pedro Passos Coelho.*

Lei nº 6/2018, de 22 de Fevereiro

Estabelece o estatuto do mediador de recuperação de empresas

A Assembleia da República decreta, nos termos da alínea *c*) do artigo 161º da Constituição, o seguinte:

CAPÍTULO I - Disposições gerais

Artigo 1º - Objeto

A presente lei estabelece o estatuto do mediador de recuperação de empresas.

Artigo 2º - Mediador de recuperação de empresas

O mediador de recuperação de empresas, adiante designado como mediador, é a pessoa incumbida de prestar assistência a uma empresa devedora que, de acordo com o previsto no Código da Insolvência e da Recuperação de Empresas (CIRE), aprovado em anexo ao Decreto-Lei nº 53/2004, de 18 de março, se encontre em situação económica difícil ou em situação de insolvência, nomeadamente em negociações com os seus credores com vista a alcançar um acordo extrajudicial de reestruturação para a sua recuperação.

CAPÍTULO II - Acesso à atividade

Artigo 3º - Habilitação

1 - Podem ser mediadores de recuperação de empresas as pessoas que, cumulativamente:

a) Tenham uma licenciatura e experiência profissional adequada ao exercício da atividade;

b) Frequentem com aproveitamento ação de formação em mediação de recuperação de empresas, nos termos a definir por portaria dos membros do Governo responsáveis pelas áreas da justiça e da economia, ministrada por entidade certificada pela Direção-Geral da Política de Justiça (DGPJ);

c) Não se encontrem em nenhuma situação de incompatibilidade para o exercício da atividade;

e) Sejam pessoas idóneas para o exercício da atividade de mediador.

2 – Para os efeitos da alínea *a*) do número anterior, considera-se adequada a experiência profissional com um mínimo de 10 anos em funções de administração ou direção ou gestão de empresas, auditoria económico-financeira ou reestruturação de créditos.

3 – Podem ainda ser mediadores os administradores judiciais e os revisores oficiais de contas que para o efeito se inscrevam no IAPMEI – Agência para a Competitividade e Inovação, I.P. (IAPMEI, I.P.), e que frequentem com aproveitamento ação de formação em mediação de recuperação de empresas ministrada por entidade certificada pela DGPJ.

4 – A DGPJ informa o serviço central competente do ministério responsável pela área de formação profissional do ato de certificação, para efeitos de divulgação de uma lista geral de entidades formadoras certificadas, nos termos da Portaria nº 208/2013, de 26 de junho.

Artigo 4º – Incompatibilidades, impedimentos e suspeições

1 – Os mediadores estão sujeitos às regras gerais sobre incompatibilidades aplicáveis aos titulares de órgãos sociais da empresa devedora.

2 – O mediador não pode ser nomeado para mediar negociações em que esteja envolvida empresa relativamente à qual haja desempenhado funções nos respetivos órgãos sociais nos três anos anteriores à nomeação ou tenha sido nomeado e exercido efetivamente as funções de administrador de insolvência ou de administrador judicial provisório.

3 – O mediador não pode ser nomeado para mediar negociações em que esteja envolvida empresa de que seja titular, ou o seu cônjuge, parentes ou afins até ao 2º grau da linha reta ou colateral, ou de que seja titular pessoa coletiva em que estes detenham, direta ou indiretamente, participações sociais qualificadas.

4 – O mediador não pode, sem que hajam decorrido três anos após a cessação do exercício das funções de mediação, por si ou por interposta pessoa:

a) Ser membros de órgãos sociais ou dirigentes de empresas que hajam estado envolvidas em processos de recuperação ou reestruturação em que aquele tenha exercido as suas funções;

b) Desempenhar nessas empresas alguma outra função, quer ao abrigo de um contrato de trabalho, quer a título de prestação de serviços;

c) Ser nomeado administrador judicial provisório em processo especial de revitalização ou administrador de insolvência em processo de insolvência, nos quais seja devedora a empresa que o mediador tenha assistido no exercício das funções previstas na presente lei.

5 – Pode ser nomeado um mesmo mediador para o exercício das respetivas funções em sociedades que se encontrem em relação de domínio ou de grupo, exceto quando o IAPMEI, I.P., considere que tal nomeação não é adequada à salvaguarda dos interesses das sociedades ou quando daí resulte ou se configure situação de incompatibilidade, impedimento ou suspeição.

Artigo 5º – Idoneidade

1 – Cada candidato a mediador deve emitir, aquando da sua candidatura ao exercício da atividade, declaração escrita, dirigida ao IAPMEI, I.P., atestando que dispõe da aptidão necessária para o exercício da mesma, e que conduz a sua vida pessoal e profissional de forma idónea.

2 – Na avaliação da idoneidade, o IAPMEI, I.P., deve ter em conta o modo como a pessoa gere habitualmente os negócios, profissionais ou pessoais, ou exerce a profissão, em especial nos aspetos que revelem a sua capacidade para decidir de forma ponderada e criteriosa, ou a sua tendência para cumprir pontualmente as suas obrigações ou para ter comportamentos compatíveis com a preservação da confiança de terceiros, tomando em consideração todas as circunstâncias que permitam avaliar o comportamento profissional para as funções em causa.

3 – A apreciação da idoneidade é efetuada pelo IAPMEI, I.P., com base em critérios de natureza objetiva, tomando por base informação tanto quanto possível completa sobre as funções passadas do interessado como profissional, as características mais salientes do seu comportamento e o contexto em que as suas decisões foram tomadas.

4 – Na apreciação a que se referem os números anteriores, o IAPMEI, I.P., deve ter em consideração, à luz das finalidades preventivas do presente artigo, pelo menos, as seguintes circunstâncias, consoante a sua gravidade:

a) Indícios de que o candidato não agiu de forma transparente ou cooperante nas suas relações com quaisquer autoridades judiciais, de supervisão ou regulação, ordens profissionais ou organismos com funções análogas;

b) Recusa, revogação, cancelamento ou cessação de registo, autorização, admissão ou licença para o exercício de uma atividade comercial, empresarial ou profissional, por autoridade de supervisão, ordem profissional ou organismo com funções análogas, ou destituição do exercício de um cargo por entidade pública;

c) As razões que motivaram um despedimento, a cessação de um vínculo ou a destituição de um cargo que exija uma especial relação de confiança;

d) Proibição, por autoridade judicial, autoridade de supervisão, ou organismo com funções análogas, de agir na qualidade de administrador ou gerente de uma sociedade civil ou comercial ou de nela desempenhar funções;

e) Infrações de regras disciplinares, deontológicas ou de conduta profissional, no âmbito de atividades profissionais reguladas;

f) Os resultados obtidos, do ponto de vista financeiro ou empresarial, por entidades geridas pela pessoa em causa ou em que esta tenha sido ou seja titular de uma participação que lhe confira poderes de controlo dessa entidade, tendo especialmente em conta quaisquer processos de recuperação, insolvência ou liquidação, e a forma como contribuiu para a situação que conduziu a tais processos;

g) A insolvência, declarada por sentença nacional ou estrangeira, transitada em julgado, nos últimos 15 anos, da pessoa interessada ou de empresa por si dominada ou de que tenha sido administrador, diretor ou gerente, de direito ou de facto, ou membro do órgão de fiscalização;

h) Condenação, com trânsito em julgado, no país ou no estrangeiro, por crime de furto, roubo, burla, burla informática e nas comunicações, extorsão, abuso de confiança, recetação, infidelidade, falsificação, falsas declarações, insolvência dolosa, frustração de créditos, insolvência negligente, favorecimento de credores, emissão de cheques sem provisão, abuso de cartão de garantia ou de crédito, apropriação ilegítima de bens do sector público ou cooperativo, administração danosa em unidade económica do sector público ou cooperativo, usura, suborno, corrupção, tráfico de influência, peculato, receção não autorizada de depósitos ou outros fundos reembolsáveis, prática ilícita de atos ou operações inerentes à atividade seguradora ou dos fundos de pensões, fraude fiscal ou outro crime tributário, branqueamento de capitais ou crime previsto no Código das Sociedades Comerciais, aprovado pelo Decreto-Lei nº 262/86, de 2 de setembro, ou no Código dos Valores Mobiliários, aprovado pelo Decreto-Lei nº 486/99, de 13 de novembro;

i) Factos praticados na qualidade de administrador, diretor ou gerente de qualquer sociedade comercial que tenham determinado a condenação por danos causados à sociedade, a sócios, a credores sociais ou a terceiros;

j) Ações cíveis, processos administrativos ou processos criminais, bem como quaisquer outras circunstâncias que, atento o caso concreto, possam ter um impacto significativo sobre a idoneidade da pessoa em causa.

5 – No seu juízo valorativo, o IAPMEI, I.P., deve ter em consideração, à luz das finalidades preventivas do presente artigo, toda e qualquer circunstância cujo conhecimento lhe seja legalmente acessível e que, pela gravidade, fre-

quência ou quaisquer outras características atendíveis, permitam fundar um juízo de prognose sobre as garantias que a pessoa em causa oferece em relação a uma atividade de mediação idónea.

6 – A condenação, ainda que definitiva, por factos ilícitos de natureza criminal, contraordenacional ou outra não tem como efeito necessário a perda de idoneidade para o exercício de funções de mediador de recuperação de empresas, devendo a sua relevância ser ponderada, entre outros fatores, em função da natureza do ilícito cometido e da sua conexão com a atividade de mediação, do seu caráter ocasional ou reiterado e do nível de envolvimento pessoal da pessoa interessada, do benefício obtido por esta ou por pessoas com ela diretamente relacionadas, do prejuízo causado a instituições, aos seus clientes, aos seus credores ou a terceiros.

Artigo 6º – Listas oficiais de mediadores

1 – As listas oficiais de mediadores, uma por cada Centro de Apoio Empresarial, são públicas e disponibilizadas de forma permanente no sítio eletrónico do IAPMEI, I.P., e contêm o nome, o domicílio profissional, o endereço de correio eletrónico e o telefone profissional das pessoas habilitadas a exercer tal atividade na respetiva área de jurisdição.

2 – Se o mediador for sócio de sociedade de auditoria, consultoria ou outra pessoa coletiva, a lista deve conter, para além dos elementos referidos no número anterior, a referência àquela qualidade e a identificação da respetiva sociedade.

3 – A manutenção e atualização das listas oficiais de mediadores cabe ao IAPMEI, I.P.

4 – A inscrição nas listas oficiais não investe os inscritos na qualidade de agente, nem garante o pagamento de qualquer remuneração por parte do IAPMEI, I.P., ou de qualquer outra entidade pública, com exceção do previsto no nº 5 do artigo 22º

Artigo 7º – Pedido de inscrição na lista de mediadores

1 – A inscrição na lista de mediadores é solicitada ao IAPMEI, I.P., preferencialmente por meios eletrónicos, mediante requerimento acompanhado dos seguintes elementos:

a) Curriculum vitae;

b) Certificado de habilitações académicas;

c) Certificado do registo criminal;

d) Declaração sobre o exercício de qualquer outra atividade remunerada e sobre a inexistência de qualquer das situações de incompatibilidade previstas na presente lei;

e) Declaração de idoneidade;

f) Certificado de aproveitamento em ação de formação em mediação de recuperação de empresas ministrada por entidade certificada para o efeito;

g) Documento em que o interessado identifica as listas de mediadores que pretende integrar;

h) Qualquer outro documento que o candidato considere relevante para instruir a sua candidatura.

2 – Sem prejuízo do disposto no número anterior, o IAPMEI, I.P., pode, excecionalmente, solicitar ao interessado qualquer outro documento que repute como necessário para prova dos factos declarados.

3 – No caso dos administradores judiciais e dos revisores oficiais de contas, a sua inscrição como mediador depende de requerimento dirigido ao IAPMEI, I.P., acompanhado de comprovativo da sua qualidade de administrador judicial ou de revisor oficial de contas apto ao exercício dessas funções e dos elementos referidos nas alíneas *d*), *f*) e *g*) do nº 1.

4 – Os interessados são dispensados da apresentação dos elementos instrutórios previstos no números anteriores, quando estes estejam em posse de qualquer autoridade administrativa pública nacional, devendo para o efeito indicar os dados necessários para a obtenção dos elementos instrutórios em questão e dar o seu consentimento para que o IAPMEI, I.P., proceda à respetiva obtenção, nos termos da alínea *d*) do artigo 5º do Decreto-Lei nº 92/2010, de 26 de julho, e do artigo 28º-A do Decreto-Lei nº 135/99, de 22 de abril, alterado e republicado pelo Decreto-Lei nº 73/2014, de 13 de maio.

5 – Os mediadores devem manter atualizada a informação que, no momento da sua candidatura, seja prestada ao IAPMEI, I.P.

6 – A DGPJ é a autoridade competente para o reconhecimento das qualificações profissionais adquiridas fora do território nacional, por cidadãos da União Europeia ou do Espaço Económico Europeu, nos termos da Lei nº 9/2009, de 4 de março, alterada pelas Leis nºs 41/2012, de 28 de agosto, 25/2014, de 2 de maio, e 26/2017, de 30 de maio.

7 – Verificadas as condições para o exercício da atividade de mediador de recuperação de empresas previstas na presente lei, os prestadores de serviços legalmente estabelecidos noutro Estado-Membro da União Europeia ou do Espaço Económico Europeu podem exercer a atividade em Portugal, tendo em conta o disposto no Decreto-Lei nº 92/2010, de 26 de julho.

Artigo 8º – Formação em mediação de recuperação de empresas

1 – Os mediadores devem fazer prova de aproveitamento em ação de formação em mediação de recuperação de empresas ministrada por entidade certificada para o efeito pela DGPJ.

2 – A duração da ação de formação prevista no número anterior é estabelecida em portaria dos membros do Governo responsáveis pelas áreas da justiça e da economia.

3 – Os membros do Governo responsáveis pelas áreas da justiça e da economia fixam, por portaria, os requisitos a preencher pelas entidades que pretendam certificar-se para ministrar as ações de formação referidas no número anterior, incluindo, entre outras, as competências dos formadores, os módulos de formação, que devem incluir necessariamente elementos de mediação e de direito da insolvência e das sociedades comerciais, e o método de avaliação.

Artigo 9º – Processo de inscrição na lista de mediadores

1 – O IAPMEI, I.P., delibera sobre o requerimento de inscrição nas listas oficiais de mediadores no prazo de 30 dias a contar da respetiva apresentação.

2 – O prazo referido no número anterior suspende-se em caso de solicitação de informações ao candidato ou de regularização do requerimento.

3 – Cada candidato pode requerer, livremente e sem qualquer limitação, a sua inscrição em mais do que uma lista oficial, havendo uma lista por cada Centro de Apoio Empresarial.

4 – A inscrição deve ser renovada no termo do prazo de cinco anos a contar da respetiva inscrição, sob pena de caducidade.

5 – O pedido de renovação da inscrição deve ser acompanhado dos elementos referidos no nº 1 do artigo 7º e, na decisão sobre a renovação, o IAPMEI, I.P., pondera, além das circunstâncias referidas nesse artigo, os elementos de informação de que disponha sobre o desempenho como mediador nos períodos anteriores, podendo recusar a renovação com fundamento, designadamente, no número de recusas de nomeação, salvo nos casos de recusas com os fundamentos previstos no nº 3 do artigo 13º, no número de processos de recuperação concluídos pelo mediador e no tempo médio da sua intervenção, bem como outros elementos que considere relevantes.

Artigo 10º – Suspensão do exercício de funções

1 – O mediador pode suspender o exercício da sua atividade pelo período máximo de dois anos, mediante requerimento dirigido ao IAPMEI, I.P., onde identifique, se for caso disso, os processos em que esteja envolvido e os respetivos intervenientes.

2 – Sendo deferido o pedido de suspensão, o mediador deve comunicar tal deferimento às entidades envolvidas nos processos em que se encontra a exercer funções, para que se proceda à sua substituição.

3 – O mediador substituído deve prestar toda a colaboração necessária que seja solicitada pelos mediadores que o substituam.

Artigo 11º – Escusa e substituição

1 – O mediador pode, a todo o tempo, pedir escusa de um processo para o qual tenha sido nomeado, em caso de grave e temporária impossibilidade de exercício de funções ou da verificação subsequente de qualquer situação de impedimento ou incompatibilidade previstas na presente lei.

2 – O pedido de escusa é apreciado pelo IAPMEI, I.P.

3 – O mediador substituído deve prestar toda a colaboração necessária que seja solicitada pelos mediadores que o substituam.

Artigo 12º – Acompanhamento, fiscalização e disciplina da atividade

Compete ao IAPMEI, I.P., proceder ao acompanhamento, fiscalização e disciplina da atividade dos mediadores, incluindo proceder à respetiva nomeação e destituição.

Artigo 13º – Deveres

1 – Os mediadores, no exercício das suas funções, devem atuar com independência e isenção, estando-lhes vedada a prática de quaisquer atos que, para seu benefício ou de terceiros, possam pôr em crise a recuperação da empresa e a satisfação dos interesses dos respetivos credores em cada um dos processos que lhes sejam confiados.

2 – Os mediadores só devem aceitar as nomeações efetuadas pelo IAPMEI, I.P., caso disponham do tempo e dos meios necessários para o efetivo acompanhamento dos processos em que são nomeados.

3 – Os mediadores têm o dever de comunicar ao IAPMEI, I.P., no prazo de cinco dias, a recusa de aceitação de qualquer nomeação sempre que considerem não dispor do tempo adequado em razão de outros processos de mediação em que estejam envolvidos, ou com fundamento na inexistência de meios, tendo em conta as caraterísticas da empresa, ou no facto de se encontrarem em alguma das situações de impedimento ou de incompatibilidade previstos na presente lei.

4 – Os mediadores devem contratar seguro de responsabilidade civil que cubra o risco inerente ao exercício das suas funções, salvo se o risco estiver coberto por seguro, garantia ou instrumento equivalente subscrito ou prestado no Estado-Membro onde se encontrem estabelecidos, sendo o montante do risco coberto definido em portaria dos membros do Governo responsáveis pelas áreas das finanças e da economia, e devem remeter ao IAPMEI, I.P., cópias das respetivas apólices, bem como comprovativos da sua renovação.

5 – Os mediadores estão sujeitos ao pagamento das taxas devidas ao IAPMEI, I.P., a fixar por decreto-lei.

6 – Os mediadores devem frequentar as ações de formação contínua definidas pelo IAPMEI, I.P., competindo a este estabelecer os protocolos que julgue necessários para esse efeito, designadamente com universidades e centros de formação profissional legalmente reconhecidos pelo IAPMEI, I.P., e pela DGPJ.

7 – Os mediadores devem fornecer a informação necessária que possibilite a avaliação do seu desempenho, nos termos definidos pelo IAPMEI, I.P.

CAPÍTULO III – Atividade dos mediadores

Artigo 14º – Nomeação

1 – Apenas podem ser nomeados mediadores para prestar assistência a um determinado devedor aqueles que constem das listas oficiais de mediadores.

2 – O devedor interessado na intervenção de mediador deve apresentar requerimento nesse sentido ao IAPMEI, I.P., segundo formulário constante do sítio eletrónico do IAPMEI, I.P., acompanhado da informação empresarial simplificada dos últimos três anos.

3 – O IAPMEI, I.P., deve proceder à nomeação do mediador no prazo de cinco dias a contar da receção do pedido.

4 – A nomeação recai em mediador inscrito na lista oficial do Centro de Apoio Empresarial da área da sede da empresa que requeira a nomeação, por ordem sequencial da lista, voltando a nomear-se o primeiro da lista quando todos os anteriores hajam sido nomeados.

5 – O mediador que recuse a nomeação não pode voltar a ser nomeado até que a ordem de nomeação volte à sua posição na lista, salvo quando a recusa se haja fundamentado na justificação referida no nº 3 do artigo anterior.

6 – Quando, em função dos elementos do requerimento, se constate que a empresa é de grande dimensão, que se encontra em relação de domínio ou de grupo com outras empresas que igualmente solicitaram a nomeação de um mediador, que o processo compreende um número elevado de credores ou que a respetiva atividade ou estrutura do passivo é de especial complexidade, o IAPMEI, I.P., pode, com observância do disposto no nº 5 do artigo 4º, designar um mediador que considere deter a experiência e meios adequados, de entre aqueles que se seguem na ordem da lista, mas não necessariamente aquele que imediatamente se segue.

7 – Nos casos referidos no número anterior, as nomeações subsequentes voltam a seguir a ordem anterior, sendo o mediador que foi nomeado nos termos desse número preterido na respetiva ordem sequencial de nomeação.

Artigo 15º – Exercício de funções no contexto do Processo Especial de Revitalização

Por indicação do devedor, o mediador que haja participado na elaboração de uma proposta de plano de reestruturação pode assistir o devedor nas negociações previstas no nº 9 do artigo 17º-D do CIRE a realizar no processo especial de revitalização que seja iniciado por requerimento desse devedor.

Artigo 16º – Princípio da voluntariedade

1 – A intervenção do mediador é facultativa.

2 – Até ao início da negociação com os credores, o devedor pode fazer cessar em qualquer momento a intervenção do mediador, mediante comunicação ao mediador, da qual faz chegar cópia ao IAPMEI, I.P., preferencialmente por meios eletrónicos.

3 – Após a assinatura do protocolo de negociação previsto no Regime Extrajudicial de Recuperação de Empresas (RERE), a cessação da intervenção do mediador depende do consentimento de credores que sejam parte no protocolo de negociação e que representem a maioria dos créditos aí representados.

Artigo 17º – Deveres de comunicação

O mediador tem o dever de comunicar ao IAPMEI, I.P., preferencialmente por meios eletrónicos, o encerramento do processo para o qual tenha sido nomeado, indicando o respetivo motivo.

Artigo 18º – Competências

Cabe ao mediador analisar a situação económico-financeira do devedor, aferir conjuntamente com o devedor as suas perspetivas de recuperação, auxiliar o devedor na elaboração de uma proposta de acordo de reestruturação e nas negociações a estabelecer com os seus credores relativas à mesma.

Artigo 19º – Dever de sigilo

1 – O mediador deve manter sob sigilo todas as informações que lhe sejam facultadas pelo devedor, delas não podendo fazer uso em proveito próprio ou de outrem.

2 – Sem prejuízo do disposto no número anterior, após a assinatura do protocolo de negociação previsto no RERE, o mediador tem o dever de assegurar que todos os credores que participam na negociação têm acesso equitativo a todas as informações relevantes para o bom andamento do processo de negociação, nomeadamente as que permitam realizar o diagnóstico da situação económico-financeira do devedor e aferir as suas perspetivas de recuperação.

Artigo 20º – Princípio da igualdade e da imparcialidade

1 – Os credores devem ser tratados de forma equitativa durante todo o procedimento de negociação, cabendo ao mediador gerir o procedimento de forma a garantir o equilíbrio e a transparência do mesmo.

2 – O mediador deve agir com o devedor e os credores de forma imparcial durante toda a negociação.

Artigo 21º – Atos vedados

No decurso do exercício das funções de mediador e nos três anos seguintes à cessação dessas funções, o mediador não pode praticar os atos e as atividades seguintes:

a) Intermediação em negócios realizados entre o devedor e credores ou entre os credores do devedor, ou entre entidades em relação de domínio ou de grupo ou de simples participação com o devedor ou com algum dos seus credores;

b) Assessoria ao devedor, a qualquer dos credores do devedor e a entidades em relação de domínio ou de grupo ou de simples participação com o devedor ou com algum dos seus credores.

CAPÍTULO IV – Remuneração e pagamento do mediador

Artigo 22º – Remuneração

1 – O mediador tem direito a ser remunerado pelo exercício das funções que lhe são cometidas, bem como ao reembolso das despesas necessárias ao cumprimento das mesmas, nos termos a ser fixados em decreto-lei.

2 – A remuneração do mediador deve compreender uma componente base e uma componente a pagar em caso de conclusão de um acordo de reestruturação.

3 – O pagamento da componente base da remuneração deve efetuar-se em três prestações, sendo a primeira após a nomeação, a segunda após a elaboração do plano de recuperação e a terceira após o encerramento do processo de negociação com os credores.

4 – O pagamento da segunda componente deve ocorrer apenas em caso de celebração de um acordo com os credores.

5 – São encargo da empresa a remuneração do mediador e o reembolso das despesas necessárias ao exercício da sua função, exceto se o acordo de reestruturação alcançado entre o devedor e os seus credores dispuser diversamente, caso em que prevalece o estabelecido no acordo, constituindo a primeira prestação da componente base encargo do IAPMEI, I.P.

CAPÍTULO V – Disposições complementares e finais

Artigo 23º – Competências sancionatórias

1 – Compete ao IAPMEI, I.P., instruir os processos de contraordenação relativos ao exercício de funções dos mediadores e aplicar as respetivas sanções.

2 – Aos processos de contraordenação instaurados contra mediador aplica-se, subsidiariamente, o regime geral do ilícito de mera ordenação social, constante do Decreto-Lei nº 433/82, de 27 de outubro, alterado pelos Decretos-Leis nºs 356/89, de 17 de outubro, 244/95, de 14 de setembro, e 323/2001, de 17 de dezembro, e pela Lei nº 109/2001, de 24 de dezembro.

Artigo 24º – Sanções

1 – O IAPMEI, I.P., pode, por deliberação fundamentada:

a) Suspender preventivamente o mediador contra o qual tenha sido instaurado processo contraordenacional, até à decisão dos referidos processos, a fim de prevenir a ocorrência de factos ilícitos;

b) Remover provisoriamente o mediador da lista de mediadores ou destituí-lo de intervir em qualquer processo para o qual esteja nomeado;

c) Admoestar, por escrito, o mediador que tenha violado de forma leve os deveres profissionais a que está adstrito nos termos da presente lei.

2 – A aplicação de qualquer das sanções previstas no número anterior é sempre precedida de audiência do interessado, estando os prazos do procedimento sujeitos ao estabelecido no capítulo v do Código de Procedimento Administrativo (CPA), aprovado pelo Decreto-Lei nº 4/2015, de 7 de janeiro.

3 – A aplicação de sanções ao abrigo da presente lei não obsta à adoção de medidas provisórias, nos termos dos artigos 89º e 90º do CPA.

4 – A empresa e os seus credores podem comunicar ao IAPMEI, I.P., a violação por parte destes de quaisquer deveres a que os mesmos estejam sujeitos, para eventual aplicação de sanção ou instauração de processo de contraordenação.

Artigo 25º – Contraordenações

1 – O exercício de funções de mediador em violação do preceituado nos artigos 4º ou 5º, bem como o exercício de funções durante o período de suspensão ou após o cancelamento da inscrição, constitui contraordenação punível com coima de € 2500 a € 100 000.

2 – A violação pelo mediador dos deveres previstos nos nºs 1 ou 6 do artigo 13º, por ação ou omissão por ele praticada, constitui contraordenação punível com coima de € 5000 a € 200 000.

3 – A violação de qualquer dever de informação previsto no presente estatuto ou na lei a cujo cumprimento esteja adstrito o mediador constitui contraordenação punível com coima de € 1000 a € 25 000.

4 – A violação de qualquer outro dever previsto no presente estatuto ou na lei a cujo cumprimento esteja obrigado o mediador constitui contraordenação punível com coima de € 1000 a €10 000.

Artigo 26º – Regime contraordenacional

1 – Os ilícitos de mera ordenação social previstos na presente lei são imputados a título de dolo ou de negligência.

2 – A negligência é punível, sendo os limites mínimo e máximo das coimas previstas no artigo anterior reduzidos para metade.

3 – A tentativa é punível com a coima aplicável à contraordenação consumada, especialmente atenuada.

4 – A determinação da coima concreta e das sanções acessórias faz-se em função da ilicitude concreta do facto, da culpa do agente, dos benefícios obtidos e das exigências de prevenção.

5 – Na determinação da ilicitude concreta do facto e da culpa das pessoas atende-se, entre outras, às seguintes circunstâncias:

a) O perigo ou o dano causados ao devedor e aos credores do processo em que o facto foi praticado;

b) O caráter ocasional ou reiterado da infração;

c) A existência de atos de ocultação tendentes a dificultar a descoberta da infração;

d) A existência de atos do agente destinados a, por sua iniciativa, reparar os danos ou obviar aos perigos causados pela infração;

e) A intenção de obter, para si ou para outrem, um benefício ilegítimo ou de causar danos.

6 – Na determinação da sanção aplicável são ainda tomadas em consideração a situação económica e a conduta anterior do agente.

7 – Sempre que o ilícito de mera ordenação social resulte da omissão de um dever, o pagamento da coima ou o cumprimento da sanção acessória não dispensam o infrator do cumprimento daquele, se tal ainda for possível.

Artigo 27º – Sanções acessórias

1 – Cumulativamente com as coimas previstas no artigo anterior, podem ser aplicadas aos responsáveis por qualquer contraordenação, além das previstas no regime geral do ilícito de mera ordenação social, as seguintes sanções acessórias:

a) Apreensão e perda do objeto da infração, incluindo o produto do benefício obtido pelo infrator através da prática da contraordenação;

b) Interdição temporária do exercício pelo infrator da atividade de mediador;

c) Cancelamento da inscrição para o exercício da atividade de mediador.

2 – As sanções referidas nas alíneas *b*) e *c*) do número anterior não podem ter duração superior a cinco anos, contados da decisão condenatória definitiva.

Artigo 28º – Distribuição do produto das coimas

O produto das coimas previstas na presente lei é distribuído da seguinte forma:

a) 60% para o Estado;

b) 40% para o IAPMEI, I.P.

Artigo 29º – Entrada em vigor

A presente lei entra em vigor no dia seguinte ao da sua publicação.

Aprovada em 15 de dezembro de 2017.

O Presidente da Assembleia da República, *Eduardo Ferro Rodrigues.*

Promulgada em 6 de fevereiro de 2018.

Publique-se

O Presidente da República, MARCELO REBELO DE SOUSA

Referendada em 14 de fevereiro de 2018.

O Primeiro-Ministro, *António Luís Santos da Costa.*

Lei nº 7/2018, de 2 de Março

Regime jurídico da conversão de créditos em capital

A Assembleia da República decreta, nos termos da alínea *c*) do artigo 161º da Constituição, o seguinte:

Artigo 1º – Objeto

A presente lei cria o regime jurídico da conversão de créditos em capital.

Artigo 2º – Âmbito de aplicação

1 – A presente lei consagra o regime da conversão em capital de créditos detidos sobre uma sociedade comercial ou sob forma comercial com sede em Portugal, adiante designadas por sociedade.

2 – A presente lei não se aplica à conversão em capital de créditos detidos sobre empresas de seguros, instituições de crédito, sociedades financeiras, empresas de investimento, sociedades abertas e entidades integradas no setor público empresarial, na aceção do Decreto-Lei nº 133/2013, de 3 de outubro, alterado pelas Leis nºs 75-A/2014, de 30 de setembro, e 42/2016, de 28 de dezembro.

3 – Não são suscetíveis de conversão em capital nos termos previstos na presente lei os créditos detidos por entidades públicas, excetuando-se as entidades integradas no setor público empresarial.

4 – Não são suscetíveis de conversão em capital nos termos previstos na presente lei os créditos sobre sociedades cujo volume de negócios, tal como resultante das últimas contas de exercício aprovadas, seja inferior a € 1 000 000.

5 – A aplicação do presente regime às entidades integradas no setor público empresarial depende de autorização prévia do membro do Governo responsável pela área das finanças e do cumprimento dos princípios e regras aplicáveis ao setor público empresarial.

6 – O presente regime não prejudica a aplicação de outros mecanismos de conversão de créditos em capital, seja esta operada de modo voluntário, seja por aplicação do previsto no Código da Insolvência e da Recuperação de Empresas (CIRE), aprovado em anexo ao Decreto-Lei nº 53/2004, de 18 de março.

Artigo 3º – Proposta de conversão

1 – Os credores podem propor à sociedade, nos termos previstos no presente artigo, a conversão dos seus créditos em capital social, quando se verifiquem, cumulativamente, os seguintes pressupostos:

a) O capital próprio da sociedade, tal como resultante das últimas contas de exercício aprovadas ou, caso existam, de contas intercalares elaboradas pelo órgão de administração e aprovadas há menos de três meses, seja inferior ao capital social;

b) Se encontrem em mora, superior a 90 dias, créditos não subordinados sobre a sociedade de valor superior a 10% do total de créditos não subordinados ou, caso estejam em causa prestações de reembolso parcial de capital ou juros, desde que estas respeitem a créditos não subordinados de valor superior a 25% do total de créditos não subordinados.

2 – Para efeitos da presente lei, consideram-se créditos subordinados e não subordinados aqueles assim qualificados nos termos do disposto nos artigos 47º e 48º do CIRE.

3 – A proposta referida no nº 1 deve ser subscrita por credores cujos créditos constituam, pelo menos, dois terços do total do passivo da sociedade e a maioria dos créditos não subordinados, e deve ser acompanhada dos seguintes elementos:

a) Relatório elaborado por revisor oficial de contas que demonstre a verificação dos pressupostos referidos no nº 1;

b) Documento contendo as propostas de alteração do capital social da sociedade, aplicando-se o disposto no artigo 28º do Código das Sociedades Comerciais, aprovado pelo Decreto-Lei nº 262/86, de 2 de setembro.

4 – No cálculo do passivo da sociedade referido no número anterior não se computam os créditos referidos no nº 3 do artigo anterior.

5 – O órgão de administração da sociedade tem o dever de prestar aos credores a informação por estes solicitada com vista à elaboração da proposta referida no nº 1.

6 – Não sendo prestada a informação referida no número anterior no prazo de 10 dias a contar da data em que a mesma seja solicitada, os pressupostos referidos na alínea *b*) do nº 1 são aferidos pelo revisor oficial de contas, em função dos elementos fornecidos pelos credores no que respeita aos montantes em mora, e das últimas contas aprovadas, no que respeita à proporção entre os montantes em mora e o passivo da sociedade.

7 – O aumento de capital social pode ser precedido de redução prévia do capital social para cobertura de prejuízos, incluindo para zero ou outro montante inferior ao mínimo estabelecido na lei para o respetivo tipo de sociedade, caso seja de presumir que, em liquidação integral do património da sociedade, não subsistiria qualquer remanescente a distribuir pelos sócios.

8 – O documento a que se refere a alínea *b*) do nº 3 deve:

a) Descrever o conteúdo concreto da operação;

b) Quando aplicável, prever a redução do capital social e respetiva justificação, nos termos do número anterior;

c) Prever o montante do aumento do capital social a subscrever pelos credores proponentes, mediante a conversão dos créditos não subordinados de que sejam titulares em participações sociais, bem como a fundamentação do rácio de conversão do crédito em capital.

9 – Quando aplicável, o relatório do revisor oficial de contas referido na alínea *a*) do nº 3 deve demonstrar a verificação do requisito previsto no nº 7 para a redução prévia do capital social.

10 – A proposta a que se refere o presente artigo deve ser acompanhada de projetos de alteração dos estatutos da sociedade, e, quando aplicável, pode prever a transformação da sociedade noutra de tipo distinto, bem como a exclusão de todos os sócios, desde que as participações sejam destituídas de qualquer valor.

11 – Após o aumento, o capital próprio da sociedade tem de ser superior ao valor do capital social à data da proposta.

12 – Os sócios gozam sempre de preferência no aumento de capital, entendendo-se que, nesse caso, o aumento deve ser realizado em dinheiro, que é obrigatoriamente aplicado na amortização dos créditos que, nos termos da proposta, seriam convertidos em capital.

13 – Se nem todos os sócios exercerem o seu direito de preferência, podem os preferentes subscrever a parte de capital que caberia aos demais, na proporção das suas ações.

14 – Caso não haja intenções de subscrição correspondentes à totalidade das novas entradas, o valor das entradas em dinheiro que sejam efetivamente realizadas é aplicado na amortização dos créditos que não sejam convertidos em capital, proporcionalmente ao montante dos mesmos e com respeito pela prioridade que lhes caiba.

Artigo 4º – Deliberação dos sócios

1 – Uma vez recebida a proposta de conversão, deve ser imediatamente convocada assembleia geral da sociedade, a qual tem lugar no prazo de 60 dias a contar da data de receção da proposta, com o objetivo de aprovar ou recusar as deliberações nela referidas.

2 – A sociedade pode acordar modificações à proposta com os credores, as quais, no entanto, devem ser facultadas aos sócios com a antecedência correspondente ao prazo legal ou contratual de convocação da assembleia geral da sociedade.

3 – Sendo recusada a proposta, com as eventuais modificações resultantes do disposto no número anterior, não sendo realizada assembleia geral ou não sendo aprovadas ou executadas as deliberações nela previstas no prazo de 90 dias a contar da data da sua receção, podem os credores proponentes requerer ao tribunal competente para o processo de insolvência o suprimento judicial da deliberação de alteração social, nos termos do artigo seguinte.

Artigo 5º – Suprimento judicial

1 – Para os efeitos da presente lei, o processo de suprimento judicial da deliberação social inicia-se pela apresentação de requerimento pelos credores proponentes da alteração do capital social, acompanhado dos seguintes elementos:

a) A proposta de conversão, acompanhada de todos os documentos que a instruem;

b) O comprovativo da recusa da proposta, quando tal tenha ocorrido, o comprovativo da não realização da assembleia geral, declaração subscrita pela sociedade ou ata da assembleia geral que comprove que a proposta não foi adotada;

c) Uma lista de credores conhecidos para além dos proponentes.

2 – Recebidos os documentos mencionados no número anterior, o juiz nomeia um administrador judicial provisório, devendo a secretaria:

a) Notificar os credores não proponentes que constem da lista de créditos relacionados pelos requerentes da existência da proposta, ficando esta disponível na secretaria do tribunal para consulta;

b) Publicar no portal Citius a lista provisória de créditos, nos termos previstos no nº 4.

3 – Qualquer credor dispõe de 20 dias a partir da data de publicação no portal Citius do despacho a que se refere o número anterior para relacionar os seus créditos e para referir se pretende igualmente converter os seus créditos em capital, devendo as comunicações ser remetidas ao administrador judicial provisório, que, no prazo de cinco dias, elabora uma lista provisória de créditos.

4 – A lista provisória de créditos é imediatamente apresentada na secretaria do tribunal e publicada no portal Citius, podendo ser impugnada no prazo de 10 dias úteis.

5 – Após o decurso do prazo a que se refere o número anterior, o juiz dispõe de cinco dias úteis para decidir sobre as impugnações formuladas.

6 – Não sendo impugnada no prazo previsto no nº 4, a lista provisória de créditos converte-se de imediato em lista definitiva, procedendo o juiz, no prazo de 10 dias, à análise da proposta, devendo homologá-la se respeitar a maioria prevista no nº 3 do artigo 3º e se se verificarem as demais condições previstas na presente lei.

7 – A lista a que se refere o número anterior é apenas considerada para os efeitos previstos no presente artigo.

8 – A sentença homologatória constitui título bastante para a redução de capital, aumento de capital, modificação dos estatutos, transformação e exclusão de sócios, bem como para a realização dos respetivos registos.

9 – O processo de suprimento judicial a que se refere o presente artigo tem natureza urgente.

Artigo 6º – Aquisição subsequente do capital

Os sócios podem, no prazo de 30 dias a contar do trânsito em julgado da sentença homologatória, adquirir ou fazer adquirir por terceiro por si indicado o capital da sociedade resultante da alteração, pelo respetivo valor nominal, desde que igualmente adquiram ou paguem na totalidade os créditos remanescentes sobre a sociedade, detidos pelos credores proponentes.

Artigo 7º – Processo de insolvência da sociedade

1 – Caso a sociedade seja declarada insolvente, produzem-se os seguintes efeitos:

a) Caducam imediatamente, consoante os casos, a proposta prevista no artigo 3º e os efeitos da deliberação prevista no artigo 4º;

b) Estando pendente o processo de suprimento judicial previsto no artigo 5º, extingue-se a respetiva instância.

2 – Uma vez registadas as alterações ao capital social nos termos da presente lei, a sociedade deve comunicar imediatamente as mesmas e o seu registo a qualquer processo de insolvência que se encontre pendente, extinguindo-se a respetiva instância, caso não haja ainda sido declarada a insolvência.

Artigo 8º – Entrada em vigor

A presente lei entra em vigor no dia seguinte ao da sua publicação.

Aprovada em 15 de dezembro de 2017.

O Presidente da Assembleia da República, *Eduardo Ferro Rodrigues.*

Promulgada em 15 de fevereiro de 2018.

Publique-se

O Presidente da República, *Marcelo Rebelo de Sousa*

Referendada em 22 de fevereiro de 2018.

O Primeiro-Ministro, *António Luís Santos da Costa.*

Lei nº 8/2018, de 3 de Março

Regime Extrajudicial de Recuperação de Empresas

A Assembleia da República decreta, nos termos da alínea *c*) do nº 1 do artigo 161º da Constituição, o Governo decreta o seguinte:

CAPÍTULO I – Disposições gerais

Artigo 1º – Objeto

A presente lei:

a) Cria o Regime Extrajudicial de Recuperação de Empresas (RERE);

b) Altera o Código do Imposto sobre o Rendimento das Pessoas Coletivas (Código do IRC) e o Código do Imposto sobre o Valor Acrescentado (Código do IVA);

c) Define a responsabilidade por dívidas tributárias dos administradores judiciais e titulares de órgãos de administração de uma pessoa coletiva ou ente fiscalmente equiparado, que sejam investidos nessas funções na sequência de acordo celebrado nos termos do RERE, da aprovação de plano de revitalização homologado no âmbito de Processo Especial de Revitalização (PER) ou de plano de recuperação aprovado no âmbito de processo de insolvência.

1. O objecto essencial da lei consiste na criação do RERE que ocupa os seus arts. 1º a 30º. A restante matéria é objecto de uma regulação muito escassa, constando as alterações ao CIRC do art. 31º e as alterações ao CIVA do art. 32º. Já a responsabilidade dos administradores judiciais aparece regulada no art. 33º.

2. O RERE foi complementado através da aprovação de novos mecanismos extrajudiciais de recuperação de empresas, como seja o regime do mediador de recuperação

de empresas (Lei 6/2018, de 22 de Fevereiro), o regime jurídico da conversão dos créditos em capital (Lei 7/2018, de 2 de Março), os quais se encontram igualmente publicados neste volume.

Artigo 2º – Âmbito objetivo de aplicação do Regime Extrajudicial de Recuperação de Empresas

1 – O RERE regula os termos e os efeitos das negociações e do acordo de reestruturação que seja alcançado entre um devedor e um ou mais dos seus credores, na medida em que os participantes manifestem, expressa e unanimemente, a vontade de submeter as negociações ou o acordo de reestruturação ao regime previsto na presente lei.

2 – Entende-se por acordo de reestruturação, para os efeitos do número anterior, o acordo com vista à alteração da composição, das condições ou da estrutura do ativo ou do passivo de um devedor, ou de qualquer outra parte da estrutura de capital do devedor, incluindo o capital social, ou uma combinação destes elementos, incluindo a venda de ativos ou de partes de atividade, com o objetivo de permitir que a empresa sobreviva na totalidade ou em parte.

1. O RERE visa estimular a recuperação extrajudicial de empresas em dificuldades através da celebração de um acordo de reestruturação entre a empresa e um ou mais dos seus credores, acordo esse de onde deve resultar uma alteração da estrutura patrimonial ou financeira da empresa, realizada com o objectivo de permitir a sua sobrevivência, total ou parcial. Para esse efeito, a lei regula, quer a condução das negociações, quer a celebração e a eficácia do acordo de reestruturação.

Artigo 3º – Âmbito subjetivo de aplicação do Regime Extrajudicial de Recuperação de Empresas

1 – O RERE aplica-se às negociações e aos acordos de reestruturação que envolvam entidades devedoras que, cumulativamente:

a) Estejam referidas nas alíneas *a*) a *h*) do nº 1 do artigo 2º do Código da Insolvência e da Recuperação de Empresas (CIRE), aprovado em anexo ao Decreto-Lei nº 53/2004, de 18 de março, com exceção das pessoas singulares que não sejam titulares de empresa, na aceção do artigo 5º do mesmo diploma;

b) Estejam em situação económica difícil ou em situação de insolvência iminente.

2 – Não podem submeter-se ao RERE as negociações nem os acordos de reestruturação quando o devedor seja uma das entidades referidas no nº 2 do artigo 2º do CIRE.

3 – Para efeitos do disposto na alínea *b*) do nº 1, a situação do devedor é aferida de acordo com o estabelecido no artigo 3º e no artigo 17º-B do CIRE.

4 – Para efeitos da presente lei, são credores do devedor os titulares de créditos de natureza patrimonial sobre este, vencidos, vincendos e sob condição, tal como definidos no nº 1 do artigo 50º do CIRE, qualquer que seja a sua nacionalidade ou domicílio.

5 – Na medida do que seja necessário à prestação de consentimento relativo a alteração dos termos e condições da garantia, podem intervir nas negociações e no acordo de reestruturação os titulares de garantias sobre bens do devedor, mesmo não sendo credores do devedor.

6 – Podem ser admitidos a intervir nas negociações e no acordo de reestruturação os sócios do devedor, na medida em que, em virtude da lei ou dos estatutos do devedor, seja necessária a sua intervenção ou consentimento.

7 – Para efeitos do acordo de reestruturação, admite-se que grupos de credores sejam representados coletivamente por entidade que esteja mandatada por estes, no caso dos trabalhadores, as organizações representativas dos trabalhadores, para atuar como agente de financiamento e que grupos de beneficiários de garantias sobre bens do devedor sejam representados coletivamente por entidade que esteja mandatada por estes para atuar como agente de garantias.

1. A exigência de que o devedor se encontre em situação económica difícil ou em situação de insolvência iminente institui um paralelismo entre os pressupostos do recurso ao RERE e os do recurso ao processo de revitalização (art. 17º-A, CIRE), parecendo assim que a lei deixa ao devedor nestas circunstâncias a possibilidade de optar entre uma via judicial e uma via extrajudicial para a sua recuperação. No entanto, ao contrário do que sucede no processo de revitalização, e sucedia com o SIREVE após a sua reforma efectuada pelo Decreto-Lei 26/2015, a lei deixou de impedir a utilização do RERE por empresas em situação de insolvência actual, nem sequer exigindo, entre os pressupostos do recurso ao RERE, que a empresa ainda seja susceptível de recuperação. Tal é comprovado pelo facto de o art. 1º da Lei 6/2018, de 22 de Fevereiro, admitir que o mediador de recuperação de empresas preste assistência a empresas em situação de insolvência actual. Apenas aquando da celebração do acordo de reestruturação, o art. 19º, nº 2, da Lei 8/2018 exige uma declaração de revisor oficial de contas a atestar que a sociedade não se encontra em situação de insolvência, declaração que é, aliás, dispensada a título transitório por 18 meses, nos termos do art. 35º, nº 1, do RERE.

2. Nos termos do art. 14º, nº 3, da Lei 8/2018, sempre que forem credoras do devedor ou que com este mantenham acordo prestacional, a segurança social e a AT, os trabalhadores e as organizações representativas dos trabalhadores, participam obrigatoriamente nas negociações a realizar ao abrigo do RERE, mesmo que não subscrevam o protocolo de negociação. Esta participação obrigatória não afecta, no entanto, o regime da indisponibilidade dos créditos tributários, nos termos do art. 30º da LGT.

Artigo 4º – Natureza voluntária do Regime Extrajudicial de Recuperação de Empresas

1 – As partes são livres de sujeitar ao RERE os efeitos do acordo de reestruturação que alcancem, bem como os efeitos decorrentes das negociações.

2 – A participação nas negociações e no acordo de reestruturação é livre, podendo o devedor para o efeito convocar todos ou apenas alguns dos seus credores, segundo o que considerar mais apropriado a alcançar o acordo de reestruturação, sem prejuízo do disposto nos nºs 5 e 6 do artigo 7º.

1. A aplicação do RERE é de natureza voluntária podendo as partes optar ou não pela sujeição ao mesmo, quer das negociações, quer dos efeitos do acordo de reestruturação que venham a alcançar.

Artigo 5º – Princípios orientadores

1 – O acordo de reestruturação e as respetivas negociações devem pautar-se pelo princípio da boa-fé e pelos Princípios Orientadores da Recuperação Extrajudicial de Devedores aprovados pela Resolução do Conselho de Ministros nº 43/2011, de 25 de outubro, sem prejuízo de as partes envolvidas nas negociações poderem, a todo o tempo, adotar um código de conduta.

2 – No decurso das negociações, o devedor deve fornecer às demais partes envolvidas informação atual, verdadeira e completa, que permita aferir com rigor a sua situação económico-financeira e os credores devem partilhar entre si, de forma transparente, a informação que possuam sobre o devedor, sem prejuízo das limitações legais decorrentes de deveres de sigilo a que estejam vinculados.

1. Encontra-se abaixo publicada a Resolução do Conselho de Ministros nº 43/2011, de 25 de Outubro.
2. O incumprimento dos deveres das partes durante as negociações poderá ser constitutivo de responsabilidade pré-contratual, nos termos gerais (art. 227º CC).

CAPÍTULO II – Negociação do acordo de reestruturação

SECÇÃO I – Sujeição das negociações ao Regime Extrajudicial de Recuperação de Empresas

Artigo 6º – Opção pela sujeição das negociações ao Regime Extrajudicial de Recuperação de Empresas e depósito

1 – Caso as partes pretendam que as negociações destinadas a alcançar um acordo de reestruturação produzam os efeitos previstos na secção seguinte,

podem sujeitá-las ao RERE, devendo o devedor e credores que representem pelo menos 15% do passivo daquele que, de acordo com o CIRE, seja considerado não subordinado, para o efeito, assinar um protocolo de negociação e promover o seu depósito na Conservatória do Registo Comercial.

2 – O depósito do protocolo de negociação, do protocolo de alteração e das declarações de adesão podem ser feitos a todo o tempo, por qualquer interessado, segundo o Processo Especial de Depósito do RERE.

3 – As declarações de adesão constantes dos nºs 5 e 6 do artigo 7º podem ser feitas durante o período em que decorrerem as negociações, por qualquer interessado.

4 – Para verificação do requisito previsto no nº 1, deve o devedor anexar ao protocolo de negociação uma declaração de um contabilista certificado ou revisor oficial de contas emitida há 30 dias ou menos.

5 – O prazo das negociações resultante do protocolo de negociação, incluindo a prorrogação em que as partes acordem, não pode exceder três meses contados desde a data em que for requerido o respetivo depósito na Conservatória do Registo Comercial.

1. Embora seja livre a sujeição das negociações ao RERE, a aplicação dos efeitos previstos nos arts. 9º e ss. depende dessa sujeição. No entanto, e conforme resulta do nº 1, para poderem sujeitar as negociações ao RERE, com a produção dos efeitos nele previstos, é, porém, necessário que o devedor e credores não subordinados que representem pelo menos 15% do passivo da empresa assinem um protocolo de negociação e promovam o seu depósito na conservatória do registo comercial.

2. Não tendo sido efectuado o depósito do protocolo de negociação, o acordo de reestruturação pode, ainda assim, ser submetido ao RERE, desde que o mesmo, uma vez assinado por todas as partes nele intervenientes, seja objecto de depósito electrónico na conservatória do registo comercial, a requerimento do devedor ou de qualquer credor nos termos do processo especial de depósito do RERE (art. 22º, nº 1, da Lei 8/2008).

Artigo 7º – Protocolo de negociação

1 – O conteúdo do protocolo de negociação é estabelecido livremente entre as partes e contém, pelo menos, os seguintes elementos:

a) Identificação completa do devedor, dos credores participantes, dos representantes do devedor e dos representantes dos credores para efeitos do RERE;

b) Prazo máximo acordado para as negociações, com o limite previsto no nº 5 do artigo anterior;

c) Passivo total do devedor, apurado de acordo com o disposto no nº 4 do artigo 3º;

d) Responsabilidade pelos custos inerentes ao processo negocial, incluindo o custo com a assessoria técnica, financeira e legal, e modo de repartição dos mesmos;

e) Acordo relativo à não instauração pelas partes, contra o devedor no decurso do prazo acordado para as negociações, de processos judiciais de natureza executiva, de processos judiciais que visem privar o devedor da livre disposição dos seus bens ou direitos, bem como de processo relativo à declaração da insolvência do devedor;

f) Data e assinaturas reconhecidas.

2 – O protocolo de negociação pode, adicionalmente, incluir os seguintes elementos:

a) Lista dos fornecedores dos serviços essenciais referidos no artigo 12º e identificação completa dos respetivos contratos de prestação de serviços;

b) Autorização dos credores participantes para que o devedor divulgue a existência e conteúdo do protocolo de negociação junto dos seus credores, na medida do que o devedor considere necessário à participação de outros credores no processo de negociação ou no acordo em negociação.

3 – O protocolo de negociação é acompanhado, pelo menos, dos seguintes documentos:

a) Certidão do registo comercial do devedor ou código de acesso à respetiva certidão eletrónica e estatutos, se aplicável;

b) Documentos de prestação de contas do devedor relativos aos três últimos exercícios;

c) Declaração do devedor a indicar o detalhe do seu passivo, apurado de acordo com o disposto no nº 4 do artigo 3º, designadamente, nome de todos os credores, proveniência, montante e natureza dos créditos, e garantias associadas;

d) Lista de todos os processos judiciais e arbitrais nos quais o devedor seja parte;

e) Justificação para a não apresentação de algum destes documentos, se não forem apresentados com o protocolo de negociação.

4 – O protocolo de negociação e qualquer documento que o altere podem conter os seguintes elementos:

a) Manifestação da opção pela publicidade da existência de negociações nos termos do nº 1 do artigo 8º;

b) Identificação do credor líder e do mediador de recuperação de empresas que possa ter sido nomeado;

c) Identificação dos credores que integram o comité de credores e das competências que lhe são atribuídas;

d) Identificação do assessor jurídico e/ou do assessor financeiro nomeado para assistir as partes subscritoras do protocolo de negociação e respetivos termos e condições;

e) Termos e condições aplicáveis ao novo financiamento a conceder no decurso das negociações e respetivas garantias.

5 – Enquanto decorrerem as negociações, qualquer credor do devedor pode, a todo o tempo, aderir ao protocolo de negociação, através de uma declaração de adesão.

6 – Apenas se admitem adesões integrais ao protocolo de negociação, considerando-se não escritas as adesões parciais ou sujeitas a condição, bem como as adesões que incidam apenas sobre parte dos créditos que o credor detém sobre o devedor.

7 – O protocolo de negociação apenas pode ser alterado através de protocolo de alteração e requer o consentimento expresso de todas as partes que o subscreveram inicialmente e das que ulteriormente a ele tenham aderido.

1. Determina esta disposição o conteúdo obrigatório e a documentação que deve acompanhar o protocolo de negociação, bem como as eventuais adesões ou modificações.

2. O nº 6 exige que a adesão ao protocolo de negociação seja integral, considerando não escritas as adesões parciais ou sujeitas a condição, bem como as que abranjam apenas parte dos créditos. Esta disposição suscita a dúvida sobre se o legislador pretendeu considerar como não escritas as limitações ou condições estipuladas em relação à adesão, ou se entendeu considerar ineficaz a própria adesão. Parece-nos ser esta última a solução legal.

3. Resulta do nº 7 que, uma vez depositado o protocolo de negociação, a sua alteração apenas pode ocorrer mediante a celebração de um protocolo de alteração, o qual, no entanto, requer o consentimento expresso de todas as partes que o subscreveram inicialmente, assim como o das que ulteriormente a ele tenham aderido. Esse protocolo de alteração é igualmente sujeito a depósito, nos termos do mesmo Processo Especial de Depósito de RERE (art. 6º, nº 2, Lei 8/2018).

Artigo 8º – Confidencialidade das negociações e do protocolo de negociação

1 – Sem prejuízo do disposto no número seguinte, as negociações e o conteúdo do protocolo de negociação são confidenciais, exceto se as partes acordarem por unanimidade em dar-lhes publicidade, no todo ou em parte.

2 – Cessa a confidencialidade relativa à existência e ao conteúdo do protocolo de negociação na medida necessária à suspensão dos processos judiciais e à execução judicial da obrigação, previstos respetivamente no artigo 11º e no nº 4 do artigo 30º

3 – O depósito do protocolo de negociação não prejudica a confidencialidade do seu conteúdo.

4 – Caso o protocolo de negociação o autorize expressamente, a Conservatória do Registo Comercial publica anúncio relativo ao início das negociações, identificando o devedor e as partes envolvidas na negociação.

5 – A confidencialidade não prejudica o direito de qualquer entidade que seja parte no acordo de reestruturação a obter cópia dos documentos arquivados na Conservatória do Registo Comercial, nem o direito da Autoridade Tributária e Aduaneira (AT) de aceder aos mesmos, para efeitos de verificação dos pressupostos necessários à produção dos efeitos previstos no artigo 27º

6 – Sem prejuízo do disposto nos números anteriores, a segurança social, a AT e os trabalhadores são, obrigatoriamente, informados do depósito do protocolo de negociação e do seu conteúdo, sempre que sejam titulares de créditos sobre o devedor.

7 – O incumprimento do disposto no número anterior, importa a nulidade do protocolo de negociação, bem como de todos os atos a ele inerentes.

1. A lei procura assegurar a confidencialidade das negociações e do protocolo de negociação, salvo na medida do necessário à produção dos seus efeitos, cabendo às partes decidir se o pretendem tornar público. Dessa confidencialidade são, no entanto, exceptuados a segurança social, a AT e os trabalhadores, em relação aos quais existe mesmo um dever de informação, cujo incumprimento gera a nulidade do protocolo de negociação.

SECÇÃO II – Efeitos do depósito do protocolo de negociação

Artigo 9º – Obrigações do devedor

1 – Após o depósito do protocolo de negociação, o devedor fica obrigado a manter o curso normal do seu negócio e a não praticar atos de especial relevo, tal como definidos nos nºs 2 e 3 do artigo 161º do CIRE, exceto se previstos no referido protocolo ou se previamente autorizados por todos os credores, diretamente ou através do comité de credores.

2 – Caso o devedor considere não existirem condições para prosseguir com as negociações e decida fazer cessar as mesmas, está obrigado a comunicar essa sua decisão a todos os credores que subscreveram o protocolo de negociação e aos que a ele aderiram ulteriormente, bem como a requerer o depósito de tal comunicação na Conservatória do Registo Comercial.

3 – O cumprimento do disposto no nº 6 do artigo anterior é da responsabilidade do devedor.

1. O depósito do protocolo de negociação implica a produção de uma série de efeitos sobre o devedor. Assim, logo após o depósito do protocolo de negociação, o devedor está obrigado a comunicar esse facto e o conteúdo do protocolo à segurança social, à AT e aos trabalhadores, sempre que estes sejam seus credores, sob pena de nulidade

do mesmo e de todos os actos a ele inerentes (arts. 9º, nº 3, e 8º, nº 6 e 7, Lei 8/2018). O devedor será naturalmente responsabilizado caso falhe esse comunicação, não apenas perante os destinatários da mesma, mas também perante os outros credores, em virtude da nulidade do protocolo de negociação.

2. O devedor deve ainda comunicar o depósito do protocolo aos fornecedores de serviços essenciais, em ordem a impedir a suspensão do fornecimento desses serviços (art. 12º, nº 6, Lei 8/2018).

Artigo 10º – Obrigações dos credores

1 – Sem prejuízo do direito à resolução do protocolo de negociação motivado por violação grosseira pelo devedor das obrigações dele decorrentes, após o depósito daquele, os credores não podem desvincular-se dos compromissos aí assumidos antes de decorrido o prazo máximo previsto para as negociações, embora possam cessar a participação ativa nas mesmas.

2 – A obrigação prevista no número anterior vincula o adquirente do crédito, caso o crédito seja cedido ou por qualquer forma transmitido no decurso do prazo estabelecido no protocolo de negociação ou em documento que o altere, estando o credor cedente obrigado a informar o cessionário da existência e conteúdo do protocolo de negociação.

3 – A obrigação prevista no nº 1 cessa com a comunicação do devedor prevista no nº 2 do artigo anterior.

4 – Excetua-se da aplicação dos números anteriores o acordo previsto na alínea *e*) do nº 1 do artigo 7.

1. A principal obrigação resultante da subscrição do protocolo de negociação encontra-se prevista no art. 7º, nº 1, *e*) correspondente à não instauração pelos credores contra o devedor, no decurso do prazo acordado para as negociações, de processos judiciais de natureza executiva, de processos judiciais que visem privar o devedor da livre disposição dos seus bens ou direitos, bem como de processo relativo à declaração da insolvência do devedor.

2. Os credores conservam, porém, o direito à resolução do protocolo de negociação, mas apenas em caso de violação grosseira pelo devedor das obrigações dele decorrentes. Não é assim qualquer incumprimento do devedor que pode desencadear a resolução do protocolo de negociação, exigindo-se uma violação especialmente grave. Caso algum credor decida resolver o protocolo de negociação sem fundamento legal, considerar-se-á que incorreu em incumprimento do mesmo.

Artigo 11º – Suspensão de processos judiciais

1 – Sem prejuízo de as partes poderem acordar sobre outros efeitos processuais do protocolo de negociação, a participação no protocolo de negocia-

ção ou a adesão a este por credor que tenha requerido a insolvência do devedor determina a imediata suspensão do processo de insolvência, caso esta não tenha ainda sido declarada.

2 – Celebrado acordo nos termos da presente lei, e salvo quando o mesmo preveja a manutenção da respetiva suspensão, extinguem-se automaticamente as ações executivas para pagamento de quantia certa instauradas contra a empresa e ou os seus respetivos garantes relativamente às operações garantidas, e, salvo transação, mantêm-se suspensas, por prejudicialidade, as ações destinadas a exigir o cumprimento de ações pecuniárias instauradas contra a empresa e ou os seus respetivos garantes relativamente às operações garantidas.

3 – O disposto no número anterior não se aplica às ações executivas para pagamento de quantia certa ou quaisquer outras ações destinadas a exigir o cumprimento de obrigações pecuniárias, instauradas por credores que não tenham subscrito o acordo.

4 – Cabe ao conservador do registo comercial informar do respetivo depósito os tribunais onde se encontrem pendentes os processos judiciais identificados no protocolo de negociação, por meios eletrónicos, para os efeitos previstos no presente artigo.

1. Em virtude do depósito do protocolo de negociação, os credores que o subscreveram ficam impedidos de instaurar contra o devedor, no decurso do prazo acordado para as negociações, processos judiciais de natureza executiva, de processos judiciais que visem privar o devedor da livre disposição dos seus bens ou direitos, bem como processos de insolvência (art. 7º, nº 1, e) e 10º, nº 1). A lei não prevê expressamente que esses processos se suspendam durante a fase das negociações, mas parece claro que essa suspensão se encontra implícita no nº 2 deste artigo, quando se refere à "*manutenção*" da respectiva suspensão, quando tal seja previsto no acordo de reestruturação.

2. Já relativamente aos processos de insolvência prevê-se expressamente no art. 11º, nº 1, a sua suspensão em virtude da participação no protocolo de negociação ou a adesão a este por credor que tenha requerido a insolvência do devedor, caso esta não tenha ainda sido declarada. Naturalmente que, se a insolvência já tiver sido declarada, não faz qualquer sentido a continuação das negociações, uma vez que o RERE se destina a situações de pré-insolvência.

3. Conforme resulta do nº 1 *in principio*, as partes são ainda livres de estipular outros efeitos processuais do protocolo de negociação. O nº 3 impede-lhes, porém, suspender as acções instauradas por credores que não não tenham subscrito o protocolo.

Artigo 12º – Prestação de serviços essenciais

1 – Com o depósito do protocolo de negociação previsto no artigo 6º, os prestadores dos seguintes serviços essenciais ficam impedidos de interrom-

per o fornecimento dos mesmos por dívidas relativas a serviços prestados em momento anterior ao depósito:

a) Serviço de fornecimento de água;

b) Serviço de fornecimento de energia elétrica;

c) Serviço de fornecimento de gás natural e gases de petróleo liquefeitos canalizados;

d) Serviço de comunicações eletrónicas;

e) Serviços postais;

f) Serviço de recolha e tratamento de águas residuais;

g) Serviços de gestão de resíduos sólidos urbanos.

2 – O disposto no número anterior não afeta os créditos dos fornecedores dos serviços aí indicados que sejam anteriores ao depósito do protocolo de negociação.

3 – A proibição prevista no nº 1 dura pelo prazo máximo de três meses, exceto se os prestadores aí referidos forem parte do protocolo de negociação e acordarem prazo mais longo.

4 – A proibição prevista no nº 1 cessa se o devedor não efetuar o pagamento pontual do custo dos serviços que sejam prestados após o depósito do protocolo de negociação.

5 – O custo decorrente do fornecimento de serviços essenciais a prestar ao abrigo do nº 1 que não seja pago pelo devedor constitui dívida da massa insolvente caso o devedor seja declarado insolvente no prazo de dois anos após o depósito do protocolo de negociação e, nos demais casos, beneficia de privilégio creditório mobiliário geral, graduado antes do privilégio creditório mobiliário geral concedido aos trabalhadores.

6 – Cabe ao devedor comunicar aos prestadores referidos no nº 1 o depósito do protocolo de negociação.

1. Em face desta disposição, os fornecedores destes serviços essenciais perdem, durante a fase das negociações, a faculdade de recorrer à excepção de não cumprimento do contrato (arts. 428º e ss. CC) e até à resolução por incumprimento (art. 801º, nº 2, CC) em ordem a evitar que uma suspensão da actividade do devedor, em resultado da ausência de fonecimento dos serviços públicos essenciais, pudesse prejudicar a negociação com os credores.

Artigo 13º – Situação de insolvência superveniente

Se, após o depósito do protocolo de negociação, o devedor ficar em situação de insolvência, aferida nos termos dos nºs 1 a 3 do artigo 3º do CIRE, a contagem do prazo de apresentação do devedor à insolvência apenas se inicia após o encerramento das negociações, não sendo nesse caso admissível prorrogação do prazo das negociações ao abrigo da presente lei.

1. Confome acima se salientou, a lei não estabelece qualquer impedimento à utilização do RERE por devedores em situação de insolvência actual. Caso a insolvência se verifique após o depósito do protocolo de negociação, não se inicia o prazo para apresentação do devedor à insolvência sem que sejam encerradas as negociações, as quais não admitem, nesse caso, prorrogação do prazo.

SECÇÃO III – Negociação do acordo de reestruturação

Artigo 14º – Negociações

1 – Caso não haja sido nomeado previamente, o devedor pode solicitar, no decurso das negociações, a nomeação de um mediador de recuperação de empresas, nos termos do respetivo regime jurídico.

2 – Caso não hajam sido designados previamente, os credores, no decurso das negociações, podem:

a) Designar um credor líder, que será o interlocutor preferencial dos credores no contacto com o devedor, ou mais do que um credor líder, na medida em que os credores considerem que a tutela dos seus interesses justifica essa pluralidade; e

b) Acordar na nomeação de um comité de credores, para acompanhar a atividade do devedor no decurso das negociações e assessorar o credor líder na interligação com o devedor, devendo as funções específicas deste comité de credores ser acordado entre as partes.

3 – Sempre que forem credoras do devedor ou que com este mantenham acordo prestacional, a segurança social e a AT, os trabalhadores e as organizações representativas dos trabalhadores, participam obrigatoriamente nas negociações a realizar ao abrigo do RERE, mesmo que não subscrevam o protocolo de negociação, sem prejuízo do estipulado no artigo 30º da Lei Geral Tributária, aprovada pelo Decreto-Lei nº 398/98, de 17 de dezembro.

1. O estatuto do mediador de empresas consta da Lei 6/2018, de 22 de Fevereiro, publicada em anexo.

Artigo 15º – Diagnóstico económico-financeiro

1 – No decurso das negociações, o devedor, em articulação com o credor líder, os assessores financeiros e legais, se existirem, e o mediador de recuperação de empresas, se houver sido nomeado, devem elaborar e apresentar de forma transparente aos credores participantes nas negociações o diagnóstico económico-financeiro do devedor que lhes permita conhecer os pressupostos nos quais pode basear-se o acordo de reestruturação.

2 – Para efeitos do diagnóstico económico-financeiro referido no número anterior, pode o devedor recorrer à ferramenta de autodiagnóstico financeiro disponibilizada no sítio na Internet do IAPMEI – Agência para a Competitividade e Inovação, I.P.

1. O diagnóstico económico-financeiro constitui a ferramenta essencial para que os credores. Para esse efeito o IAPMEI disponibiliza na internet uma plataforma de autodiagnóstico, cuja utilização tem carácter facultativo.

SECÇÃO IV – Negociação do acordo de reestruturação

Artigo 16º – Encerramento das negociações

1 – As negociações encerram-se:

a) Com o depósito do acordo de reestruturação, nos termos previstos no artigo 22º;

b) Com o depósito da declaração a que alude o nº 2 do artigo 9º;

c) Não tendo havido depósito do acordo de reestruturação, decorrido que seja o prazo previsto no protocolo de negociação, sem que haja acordo quanto à extensão do mesmo, ou o prazo máximo previsto no nº 5 do artigo 6º;

d) Nos casos previstos no nº 5.

2 – Com o encerramento das negociações cessam os efeitos previstos na secção II do capítulo II.

3 – O prazo das negociações pode ser prorrogado, por acordo entre o devedor e todos ou alguns dos credores anteriormente envolvidos nas negociações, desde que continue a verificar-se um dos pressupostos previstos na alínea *b*) do nº 1 do artigo 3º.

4 – Se, no decurso das negociações, o devedor ficar em situação de insolvência, aferida nos termos dos nºs 1 a 3 do artigo 3º do CIRE, o prazo das negociações não é suscetível de prorrogação.

5 – Se, no decurso do prazo das negociações, o devedor se apresentar à insolvência ou for declarado insolvente em processo de insolvência requerido por um credor, estas encerram-se automática e imediatamente.

1. Com o encerramento das negociações cessam todos os efeitos do protocolo de negociação, nomeadamente as obrigações do devedor, dos credores, a suspensão de processsos judiciais, e a proibição de os prestadores de serviços essenciais interromperem esses serviços.

Artigo 17º – Registo e publicidade do encerramento

1 – Está sujeito a registo pela Conservatória do Registo Comercial, nos termos do Processo Especial de Registo do RERE, o encerramento das negociações com a menção da respetiva causa.

2 – Caso as partes tenham atribuído caráter público às negociações, a Conservatória do Registo Comercial publica anúncio relativo ao termo das negociações e respetiva causa, com indicação sobre se foi ou não alcançado acordo de reestruturação entre as partes.

3 – Para efeitos do disposto no nº 2 do artigo anterior, é comunicado o encerramento das negociações aos processos judiciais referidos no nº 4 do artigo 11º, por via eletrónica, e aos fornecedores de serviços essenciais previstos no artigo 12º.

1. Compete à Conservatória do Registo Comercial registar o encerramento das negociações, comunicando o mesmo aos processos judiciais por via eletrónica, em ordem a permitir o levantamento da sua suspensão, e aos fornecedores de serviços essenciais, o que lhes possibilita passar a interromper esses serviços.

Artigo 18º – Novas negociações

1 – O devedor não pode sujeitar ao RERE mais do que um processo de negociação em simultâneo.

2 – Após a conclusão das negociações, tenha ou não sido alcançado acordo de reestruturação, o devedor é livre de sujeitar novas negociações, iniciadas com os mesmos ou com diferentes credores, ao RERE, desde que não viole os termos específicos de acordo anteriormente alcançado ao abrigo deste mesmo regime.

1. Enquanto decorrer um processo de negociação o devedor não pode sujeitar ao RERE outro processo, mas após a conclusão das negociações já fica livre para submeter ao RERE outros processos, desde que não viole os termos de um acordo de reestruturação que tenha alcançado.

CAPÍTULO III – Acordo de reestruturação

SECÇÃO I – Conteúdo, forma e depósito

Artigo 19º – Conteúdo do acordo de reestruturação

1 – Sem prejuízo das normas legais que devam ser cumpridas para efeitos do disposto no artigo 29º, o conteúdo do acordo de reestruturação é fixado livremente pelas partes, podendo compreender, designadamente, os termos

da reestruturação da atividade económica do devedor, do seu passivo, da sua estrutura legal, dos novos financiamentos a conceder ao devedor e das novas garantias a prestar por este.

2 – O acordo de reestruturação é acompanhado de:

a) Declaração, redigida em língua portuguesa, emitida por um revisor oficial de contas a atestar que, na data da celebração do acordo, a sociedade não se encontra em situação de insolvência, tendo em conta o disposto nos nºs 1 a 3 do artigo 3º do CIRE, e a certificar o passivo total do devedor, apurado de acordo com o disposto no nº 4 do artigo 3º da presente lei;

b) Lista de todas as ações judiciais em curso contra o devedor movidas por entidades que sejam parte no mesmo, na medida do necessário à produção dos efeitos previstos no artigo 25º.

3 – O acordo de reestruturação pode incidir sobre a totalidade ou sobre parte dos créditos que sejam detidos pelos credores nele participantes.

4 – São nulos os negócios jurídicos celebrados após o início das negociações e na pendência da execução do acordo de reestruturação entre o devedor e qualquer credor participante neste, que tenha como objeto responsabilidades, garantias ou direitos, que tenham sido incluídos no acordo de reestruturação e que disponha em termos diversos do que aí ficou estabelecido.

5 – Os direitos de crédito sobre o devedor e as garantias sobre os seus bens apenas são afetados nos termos especificamente previstos no acordo de reestruturação, desde que os respetivos titulares sejam parte do mesmo.

6 – O acordo de reestruturação deve indicar claramente as alterações dele decorrentes para as posições jurídicas dos credores.

7 – Salvo se o acordo de reestruturação dispuser diversamente, a redução da obrigação do devedor determina a redução da obrigação dos condevedores ou dos terceiros garantes em termos equivalentes aos que resultem para o devedor do acordo de reestruturação.

8 – Os termos do acordo de reestruturação não podem prejudicar o cumprimento das obrigações do devedor enquanto empregador perante os trabalhadores.

1. O conteúdo do acordo de reestruturação é livremente fixado pelas partes, não estabelecendo a lei qualquer conteúdo injuntivo. Uma das medidas a adoptar no acordo de reestruturação pode ser a conversão dos créditos sobre a empresa em capital, havendo neste caso que obedecer ao disposto no procedimento previsto na Lei 7/2018, de 2 de Março, publicada em anexo. Outra medida pode passar por alterar a administração do devedor pessoa colectiva ou ente fiscalmente equiparado, nomeando outras pessoas para o efeito, designadamente administradores judiciais.

Artigo 20º – Forma do acordo de reestruturação

1 – O acordo de reestruturação é celebrado por escrito e o respetivo conteúdo consta de um único documento, a ser integralmente aceite, ainda que através de termo de adesão, por todos os credores que nele decidam participar.

2 – O acordo de reestruturação e o termo de adesão devem conter o reconhecimento da assinatura dos subscritores.

1. O acordo de reestruturação é celebrado entre o devedor e os credores que o decidam subscrever, não podendo ser objecto de aceitação parcial. Admite-se a possibilidade de os credores a ele aderirem através de termo de adesão, mas nesse caso é igualmente necessária que a adesão seja integral.

Artigo 21º – Confidencialidade do acordo de reestruturação

1 – Sem prejuízo do disposto no número seguinte e dos direitos legais dos sócios à informação, a existência e conteúdo do acordo de reestruturação é confidencial, salvo se as partes acordarem expressamente no mesmo em conferir-lhe publicidade, no todo ou em parte.

2 – A confidencialidade do acordo de reestruturação cessa nos termos previstos na presente lei, designadamente para efeito de extinção dos processos judiciais de acordo com o artigo 25º e de comunicação à AT de acordo com o artigo 27º.

1. A lei determina a confidencialidade do acordo de reestruturação, salvo se as partes acordarem expressamente em conferir-lhe publicidade. Essa confidencialidade é, no entanto, limitada pelos direitos legais dos sócios à informação, pela obrigação de comunicação aos tribunais para extinção de processos judiciais, e à AT para obtenção dos efeitos fiscais dele resultantes.

Artigo 22º – Depósito do acordo de reestruturação

1 – O acordo de reestruturação, assinado por todas as partes nele intervenientes, fica sujeito a depósito eletrónico na Conservatória do Registo Comercial, a requerimento do devedor ou de qualquer credor, segundo processo especial de depósito do RERE.

2 – Os efeitos previstos nos artigos 27º e 28º ficam dependentes do depósito referido no número anterior.

3 – O acordo de reestruturação depositado nos termos do nº 1 é automaticamente comunicado à AT, por via eletrónica, nos termos do processo especial de registo do RERE.

4 – O depósito do acordo de reestruturação não prejudica a confidencialidade do mesmo.

1. O depósito do acordo de reestruturação tem que ser requerido pelo devedor ou por qualquer credor. É do interesse das partes proceder a esse depósito, uma vez que, não só o mesmo é em princípio condição geral de eficácia do acordo (art. 23º, nº 1, da Lei 8/2018), como também a lei faz depender os efeitos de extinção dos processos judiciais (art. 25º da Lei 8/2018) e a atribuição de benefícios fiscais (art. 27º da Lei 8/2018), bem como a insusceptibilidade da resolução em benefício da massa insolvente (art. 28º da Lei 8/2018) da verificação do depósito.

SECÇÃO II - Efeitos do acordo de reestruturação

Artigo 23º - Regra geral

1 – O acordo de reestruturação produz efeitos entre o devedor e cada um dos credores após o depósito previsto no artigo anterior, salvo disposição em contrário do próprio acordo, salvaguardando-se, em qualquer caso, o disposto no número seguinte.

2 – O acordo de reestruturação apenas produz efeitos para o futuro.

1. O acordo de reestruturação apenas produz efeitos entre as partes que o subscreveram, ficando a sue eficácia dependente do seu depósito na conservatória do registo comercial, a menos que o acordo disponha em sentido contrário. As partes estão, no entanto, proibidas de atribuir ao acordo eficácia retroactiva.

Artigo 24º - Efeitos sobre as garantias

1 – Na medida em que o acordo de reestruturação afete garantias preexistentes, o consentimento dos respetivos beneficiários consta como anexo ao próprio acordo.

2 – A constituição de novas garantias e as modificações às garantias prestadas pelo devedor, pessoalmente ou através de bens de sua propriedade, ocorrem com a respetiva formalização segundo as regras que lhe sejam especificamente aplicáveis, podendo os documentos comprovativos ser anexados ao acordo de reestruturação aquando do seu depósito.

1. O acordo de reestruturação pode afectar garantias preexistentes, mas apenas com o consentimento dos respetivos beneficiários, que deve constar como anexo ao próprio acordo, sem o que naturalmente não produzirá efeitos.

2. O acordo de reestruturação pode igualmente prever a constituição de novas garantias, bem como as modificações às garantias prestadas pelo devedor, pessoalmente ou através de bens de sua propriedade. Neste caso a eficácia das garantias ocorre com a respectiva formalização segundo as regras que lhe sejam especifica-

mente aplicáveis, não estando assim dependentes do depósito do acordo de reestruturação. Os documentos comprovativos das mesmas são posteriormente anexados ao acordo de reestruturação aquando do seu depósito.

Artigo 25º – Efeitos processuais

1 – Sem prejuízo de o acordo de reestruturação poder dispor diversamente, o seu depósito determina a imediata extinção dos processos judiciais declarativos, executivos ou de natureza cautelar, que respeitem a créditos incluídos no acordo de reestruturação e dos processos de insolvência, desde que a mesma não tenha ainda sido declarada, que hajam sido instaurados contra o devedor por entidade que seja parte no acordo de reestruturação, independentemente de o crédito que funda o pedido ter sido incluído ou não no acordo de reestruturação.

2 – Nos casos em que os processos referidos no número anterior hajam sido instaurados por mais do que uma entidade, os efeitos processuais previstos no presente artigo verificam-se apenas relativamente às entidades que sejam parte no acordo de reestruturação.

3 – Excluem-se do nº 1 os processos judiciais de natureza laboral, declarativos, executivos ou cautelares.

4 – No prazo de três dias úteis após o depósito do acordo de reestruturação, o conservador do registo comercial comunica, por meios eletrónicos, aos processos judiciais identificados na lista anexa ao acordo de reestruturação prevista na alínea *b*) do nº 2 do artigo 19º, informando-os do respetivo depósito, nos termos e para os efeitos previstos no presente artigo.

1. A extinção prevista neste artigo é restrita aos créditos incluídos no acordo, e aos processos de insolvência instaurados por participantes no acordo, não sendo extinto qualquer outro processo. A lei esclarece inclusivamente que nos casos em que os referidos processos hajam sido instaurados por mais do que uma entidade, os efeitos processuais previstos no presente artigo verificam-se apenas relativamente às entidades que sejam parte no acordo.

2. Em face do disposto no nº 3, não são, porém, extintos os processos judiciais de natureza laboral, sejam eles declarativos, executivos ou cautelares, ainda que os trabalhadores sejam participantes no acordo.

Artigo 26º – Reestruturação societária

As modificações societárias previstas no acordo de reestruturação ocorrem com a respetiva formalização, nos termos das regras legais e estatutárias que lhes sejam aplicáveis.

1. Desta disposição resulta que a celebração e depósito do acordo de reestruturação não permite assim dispensar a formalização das medidas de reestruturação societária que nele tenham sido acordadas, ainda que se deva considerar que dele resulta uma obrigação de o devedor proceder às mesmas.

Artigo 27º – Efeitos fiscais

1 – O acordo de reestruturação confere às partes os benefícios previstos nos artigos 268º a 270º do CIRE, desde que compreenda a reestruturação de créditos correspondentes a, pelo menos, 30% do total do passivo não subordinado do devedor.

2 – A AT pode, por requerimento fundamentado apresentado por alguma das partes subscritoras do acordo de reestruturação, aceitar que o mesmo produza os efeitos previstos no número anterior, ainda que este não abranja a percentagem do passivo aí referido.

3 – Para os efeitos previstos no nº 1, o acordo de reestruturação é acompanhado de declaração, redigida em língua portuguesa, emitida por revisor oficial de contas a certificar que o acordo de reestruturação compreende a reestruturação de créditos correspondentes a, pelo menos, 30% do total do passivo não subordinado do devedor e que, em virtude do acordo de reestruturação, a situação financeira da empresa fica mais equilibrada, por aumento da proporção do ativo sobre o passivo, e os capitais próprios do devedor são superiores ao capital social.

4 – Os titulares de créditos sobre o devedor que, de acordo com o CIRE, sejam considerados créditos subordinados, e o devedor, em relação a tais créditos, apenas podem beneficiar dos efeitos previstos no nº 1 após autorização específica da AT, a pedido do credor ou do devedor.

5 – Para efeitos do disposto no nº 12 do artigo 52º do Código do IRC, presume-se que os acordos de reestruturação que as partes decidam submeter ao RERE e que cumpram o disposto nos nºs 1 a 3, revestem reconhecido interesse económico.

1. A concessão dos benefícios fiscais previstos nesta disposição depende de o acordo determinar uma reestruturação de créditos não inferior a 30% do passivo não subordinado do devedor, podendo, no entanto, a AT conceder esses benefícios a acordos em que este limite não tenha sido obtido.

Artigo 28º – Resolução de negócios em benefício da massa insolvente

1 – Caso o devedor venha a ser ulteriormente declarado insolvente, são insuscetíveis de resolução em benefício da massa insolvente os negócios jurídicos que hajam compreendido a efetiva disponibilização ao devedor de novos

créditos pecuniários, incluindo sob a forma de deferimento de pagamento, e a constituição, por este, de garantias respeitantes a tais créditos pecuniários, desde que os negócios jurídicos hajam sido expressamente previstos no acordo de reestruturação, ou no protocolo de negociação que o preceder, e que o acordo de reestruturação contenha a declaração prevista no nº 3 do artigo anterior.

2 – Cessa a insuscetibilidade de resolução em benefício da massa insolvente prevista no número anterior, se o novo financiamento tiver sido utilizado pelo devedor em benefício da respetiva entidade financiadora ou de entidade que com esta esteja especialmente relacionada, nos termos referidos no artigo 49º do CIRE.

1. Contempla-se neste disposição um importante efeito do acordo de reestruturação que consiste em excluir da resolução em benefício da massa insolvnte os negócios jurídicos que hajam sido expressamente previstos no acordo de reestruturação, ou no protocolo de negociação que o preceder, e que compreendam a efectiva disponibilização ao devedor de novos créditos pecuniários, incluindo sob a forma de deferimento de pagamento, e a constituição, por este, de garantias respeitantes a esses créditos pecuniários.

Artigo 29º – Articulação com o processo especial de revitalização

Se o acordo de reestruturação for subscrito por credores que representem as maiorias previstas no nº 1 do artigo 17º-I do CIRE, ou a ele vierem posteriormente a aderir os credores suficientes para perfazer aquela maioria, pode o devedor iniciar um PER com vista à homologação judicial do acordo de reestruturação, devendo nesse caso acautelar que este cumpre o previsto no nº 4 do artigo 17º-I do CIRE.

1. A lei prevê a possibilidade de o acordo de reestruturação obtido no âmbito do RERE poder ser usado para efeitos do processo especial de revitalização, bastando para isso que o acordo de reestruturação seja subscrito por credores que representem as maiorias previstas no nº 1 do artigo 17º-I do CIRE, ou que a ele vierem posteriormente a aderir os credores suficientes para perfazer aquela maioria.

SECÇÃO III – Incumprimento do acordo de reestruturação

Artigo 30º – Incumprimento

1 – O incumprimento de alguma das obrigações previstas no acordo de reestruturação não determina a invalidade das demais obrigações dele decor-

rentes perante o mesmo ou outros credores, nem afeta a validade dos atos que hajam sido praticados em sua execução, designadamente os atos societários.

2 – Na ausência de disposição expressa do acordo de reestruturação:

a) O seu incumprimento por uma das partes legitima a parte afetada pelo mesmo a resolver o acordo de reestruturação;

b) O incumprimento de uma prestação legitima o credor da mesma a declarar imediatamente vencidas todas as demais prestações de que seja credor constantes do acordo de reestruturação;

c) O incumprimento perante um credor não determina o automático incumprimento das demais obrigações constantes do acordo de reestruturação.

3 – Em caso algum a resolução tem efeitos retroativos ou importa a repristinação dos termos originais da obrigação alterada no acordo de reestruturação.

4 – O acordo de reestruturação constitui título executivo relativamente às obrigações pecuniárias nele assumidas pelo devedor.

1. Apesar de o acordo de reestruturação ser um acordo plurilateral, abrangendo o devedor e todos ou alguns dos seus credores, o mesmo é tratado para efeitos de incumprimento como estabelecendo uma relação separada entre o devedor e cada um dos seus credores. Em consequência, a lei estabelece que o incumprimento de alguma das obrigações previstas no acordo de reestruturação não determina a invalidade das demais obrigações dele decorrentes perante o mesmo ou diferentes credores, nem afecta a validade dos actos, designadamente societários, praticados em sua execução.

2. Da mesma forma, prevê-se que, a menos que se estabeleça em sentido diferente, o incumprimento perante um credor não determina o automático incumprimento das demais obrigações constantes do acordo de reestruturação. Assim, cada credor deve reagir individualmente perante incumprimentos do acordo de reestruturação por parte do devedor e apenas em relação às obrigações que o devedor tem para com ele.

CAPÍTULO IV – Alterações aos Códigos do IRC e do IVA

Artigo 31º – Alteração ao Código do IRC

O artigo 41º do Código do IRC, aprovado pelo Decreto-Lei nº 442-B/88, de 30 de novembro, passa a ter a seguinte redação:

> «Artigo 41º – [...]
>
> 1 – ...
>
> a) ...
>
> b) ...

c) ...

d) (*Revogada.*)

e) ...

f) ...

g) Quando for celebrado e depositado na Conservatória do Registo Comercial acordo sujeito ao Regime Extrajudicial de Recuperação de Empresas (RERE) que cumpra com o disposto no nº 3 do artigo 27º do RERE e do qual resulte o não pagamento definitivo do crédito.

2 – ...»

1. Resulta desta alteração ao Código do IRC que os créditos que não venham a ser pagos no âmbito do acordo de reestruturação celebrado no âmbito do RERE podem ser considerados como custos e perdas em IRC, à semelhança do que ocorria em relação ao SIREVE.

Artigo 32º – Alteração ao Código do IVA

O artigo 78º-A do Código do IVA, aprovado pelo Decreto-Lei nº 394-B/84, de 26 de dezembro, passa a ter a seguinte redação:

«Artigo 78º-A – [...]

1 – ...

2 – ...

3 – ...

4 – ...

a) ...

b) ...

c) ...

d) (*Revogada.*)

e) Quando for celebrado e depositado na Conservatória do Registo Comercial acordo sujeito ao Regime Extrajudicial de Recuperação de Empresas (RERE) que cumpra com o disposto no nº 3 do artigo 27º do RERE e do qual resulte o não pagamento definitivo do crédito.

5 – ...

6 – ...

7 – ...

8 – ...»

1. Resulta desta alteração ao Código do IVA que os créditos que não venham a ser pagos no âmbito do acordo de reestruturação celebrado no âmbito do RERE podem ser considerados como créditos incobráveis para efeitos da dedução do IVA, à semelhança do que ocorria em relação ao SIREVE.

CAPÍTULO V – Responsabilidade dos administradores judiciais

Artigo 33º – Responsabilidade dos administradores judiciais

Os administradores judiciais ou titulares de órgãos de administração de uma pessoa coletiva ou ente fiscalmente equiparado, que sejam investidos nessas funções na sequência de acordo celebrado nos termos do RERE, da aprovação de plano de revitalização homologado no âmbito de PER ou de plano de recuperação aprovado no âmbito de processo de insolvência, são subsidiariamente responsáveis em relação àquelas e solidariamente entre si, pelas dívidas tributárias cujo facto constitutivo se tenha verificado no período de exercício do seu cargo ou cujo prazo legal de pagamento ou entrega tenha terminado no período do exercício do seu cargo ou depois deste, quando, em qualquer dos casos, tiver sido por culpa sua que o património da pessoa coletiva ou ente fiscalmente equiparado se tornou insuficiente para a sua satisfação.

1. Estabelece esta norma que os administradores investidos na sequência de acordo celebrado no âmbito do RERE, de processo especial de revitalização ou de plano de recuperação aprovado no processo de insolvência se presumem responsáveis pelas dívidas fiscais das pessoas colectivas que administrem surgidas durante o exercício do cargo, em termos semelhantes aos já estabelecidos no art. 24º da LGT para a generalidade dos administradores.

CAPÍTULO VI – Disposições finais e transitórias

Artigo 34º – Benefícios emolumentares

Os atos de registo que sejam praticados junto da Conservatória do Registo Comercial ao abrigo da presente lei e os atos de registo relativos à execução dos atos previstos no acordo de reestruturação que seja depositado gozam do benefício previsto no nº 18 do artigo 28º do Regulamento Emolumentar dos Registos e Notariado, aprovado pelo Decreto-Lei nº 322-A/2001, de 14 de dezembro.

1. Desta norma resulta que estão isentos de tributação emolumentar os actos de registo exigidos para execução actos previstos no acordo de reestruturação, bem como os demais actos de registo previstos nesta lei.

Artigo 35º – Disposições transitórias

1 – Pelo prazo de 18 meses a contar da entrada em vigor da presente lei, podem recorrer ao RERE devedores que estejam em situação de insolvência, aferida nos termos do nº 3 do artigo 3º, dispensando-se nesse caso a apresentação da declaração prevista na alínea *a*) do nº 2 do artigo 19º.

2 – No período previsto no número anterior e na medida em que o acordo de reestruturação preveja a necessidade de o devedor proceder à reavaliação dos seus ativos ao valor de mercado, as perdas resultantes da reavaliação são admitidas como custo fiscal do respetivo exercício, para efeitos do disposto no artigo 31º-B do Código do IRC.

3 – Os procedimentos de Sistema de Recuperação de Empresas por Via Extrajudicial (SIREVE), regulados pelo Decreto-Lei nº 178/2012, de 3 de agosto, alterado pelo Decreto-Lei nº 26/2015, de 6 de fevereiro, que estejam em curso sem que tenha sido celebrado acordo, podem ser concluídos ao abrigo do regime em que foram desencadeados, nos termos e prazos estipulados no referido diploma.

4 – Sem prejuízo do disposto no nº 2 do artigo 36º, aos acordos celebrados ao abrigo do número anterior é aplicável a alínea *d*) do nº 1 do artigo 41º do Código do IRC e a alínea *d*) do nº 4 do artigo 78º-A do Código do IVA.

1. A título transitório, a lei admite que num prazo de 18 meses possam recorrer ao RERE os devedores em situação de insolvência actual.

2. Também a título transitório admite-se que os processos instaurados ao abrigo do SIREVE mas cujo acordo ainda não tenha sido cleberado, possam ser finalizados no quadro desse regime, continuando a usufruir dos benefícios fiscais nele previstos.

Artigo 36º – Norma revogatória

1 – Sem prejuízo do disposto no nº 3 do artigo anterior é revogado o Decreto-Lei nº 178/2012, de 3 de agosto.

2 – São ainda revogados:

a) O nº 2 do artigo 16º do CIRE;

b) A alínea *d*) do nº 1 do artigo 41º do Código do IRC;

c) A alínea *d*) do nº 4 do artigo 78º-A do Código do IVA.

Artigo 37º – Entrada em vigor

O presente diploma entra em vigor no dia seguinte ao da sua publicação.

Aprovada em 15 de dezembro de 2017.

O Presidente da Assembleia da República, *Eduardo Ferro Rodrigues.*

Promulgada em 12 de fevereiro de 2018.

Publique-se.

O Presidente da República, *Marcelo Rebelo de Sousa.*

Referendada em 22 de fevereiro de 2018.

O Primeiro-Ministro, *António Luís Santos da Costa.*

Decreto-Lei nº 59/2015, de 21 de abril

Aprova o novo regime do Fundo de Garantia Salarial, previsto no artigo 336º do Código do Trabalho, aprovado pela Lei nº 7/2009, de 12 de fevereiro, transpondo a Diretiva nº 2008/94/CE, do Parlamento Europeu e do Conselho, de 22 de outubro de 2008, relativa à proteção dos trabalhadores assalariados em caso de insolvência do empregador

O Fundo de Garantia Salarial (FGS), criado pelo Decreto-Lei nº 219/99, de 15 de junho, surgiu como um Fundo que, em caso de incumprimento pela entidade patronal, assegurava aos trabalhadores o pagamento de créditos emergentes do contrato de trabalho. Já a sua génese estava garantida pelo Decreto-Lei nº 50/85, de 27 de fevereiro, que instituiu um sistema de garantia salarial com o objetivo de garantir aos trabalhadores o pagamento das retribuições devidas e não pagas pela entidade empregadora declarada extinta, falida ou insolvente.

O artigo 336º do Código do Trabalho, aprovado pela Lei nº 7/2009, de 12 de fevereiro, prevê que o pagamento de créditos emergentes de contrato de trabalho ou da sua violação ou cessação, que não possam ser pagos pelo empregador, por motivo de insolvência ou de situação económica difícil, é assegurado pelo FGS, nos termos previsto em legislação específica. A referida legislação específica encontra-se atualmente dispersa.

Com efeito, os aspetos substantivos do FGS encontram-se previstos nos artigos 317º a 326º da Regulamentação do Código do Trabalho, aprovada pela Lei nº 35/2004, de 29 de julho, alterada pela Lei nº 9/2006, de 20 de março, pelo Decreto-Lei nº 164/2007, de 3 de maio, e pela Lei nº 59/2008, de 11 de setembro, os quais têm natureza provisória e vigoram apenas até à aprovação do diploma específico que regulamente o Fundo [alínea *o*) do nº 6 do artigo 12º da Lei nº 7/2009, de 12 de fevereiro].

Já os aspetos organizativos, financeiros e procedimentais encontram-se previstos no Regulamento do FGS, aprovado em anexo ao Decreto-Lei nº 139/2001, de 24 de abril.

Constata-se, assim, a necessidade de unificação do regime jurídico do FGS, o que se faz através do presente decreto-lei, que aprova o novo regime do Fundo de Garantia Salarial.

No novo regime, o FGS continua a surgir como um fundo autónomo que não integra o âmbito de proteção social garantido pelo sistema de segurança social, antes com este se relacionando, quer pela via de parte do seu financiamento, quer pela via da sua gestão entregue ao Instituto de Gestão Financeira da Segurança Social, I.P. (IGFSS, I.P.).

Um aspeto crucial do novo regime resulta da necessidade de garantir a transposição da Diretiva nº 2008/94/CE, do Parlamento Europeu e do Conselho, de 22 de outubro de 2008, relativa à aproximação das legislações dos Estados-Membros respeitantes à proteção dos trabalhadores assalariados em caso de insolvência do empregador, passando o FGS a abranger os trabalhadores que exerçam, ou tenham exercido habitualmente, a sua atividade em território nacional, mas ao serviço de empregador com atividade no território de dois ou mais Estados-Membros, ainda que o empregador seja declarado insolvente por tribunal ou autoridade competente de outro Estado-Membro da União Europeia ou do Espaço Económico Europeu.

Igualmente nuclear é a adaptação do FGS, efetuada pelo novo regime, ao Programa Revitalizar.

Em face da criação pela Lei nº 16/2012, de 20 de abril, do Processo Especial de Revitalização (PER) e da aprovação pelo Decreto-Lei nº 178/2012, de 2 de agosto, alterado pelo Decreto-Lei nº 26/2015, de 6 de fevereiro, do Sistema de Recuperação de Empresas por Via Extrajudicial (SIREVE), o novo regime condensa as necessárias adaptações para garantir que os créditos dos trabalhadores em empresas alocadas a esses planos de revitalização ou de recuperação têm acesso ao FGS.

Entendeu-se, porém, ir mais longe, prevendo o novo regime uma norma de direito transitório que permite também o acesso ao FGS pelos trabalhadores que tenham apresentado requerimentos na pendência de Processo Especial de Revitalização ou entre 1 de setembro de 2012 e a data da entrada em vigor do presente decreto-lei, conquanto abrangidos por plano de insolvência, homologado por sentença, no âmbito do processo de insolvência, alargando-se assim a abrangência do FGS, mediante reapreciação oficiosa dos processos.

Promovendo uma lógica de estabilidade temporal e de segurança jurídica manteve-se no novo regime a regra de que o FGS assegura o pagamento dos créditos que se tenham vencido nos seis meses anteriores à propositura da ação de insolvência ou à apresentação do requerimento do PER ou do procedimento extrajudicial de recuperação de empresas, atualmente o SIREVE, passando-se agora, no entanto, a prever que o pagamento dos créditos requeridos é assegurado até um ano a partir do dia seguinte àquele em que cessou o contrato de trabalho.

Em ordem à proteção do interesse público, no novo regime foi criada uma norma antiabuso que determina que o FGS pode recusar o pagamento dos créditos garantidos caso se verifique situação de abuso, nomeadamente conluio ou simulação, permitindo ainda a redução do valor dos créditos, caso se verifique desconformidade dos montantes requeridos com a média dos valores constantes das declarações de remunerações dos 12 meses anteriores à data do requerimento, quando as mesmas se refiram a remuneração efetivamente auferida.

Adicionalmente, procede-se no novo regime à articulação entre o regime do FGS e os regimes jurídicos do fundo de compensação do trabalho (FCT), do mecanismo equivalente (ME) e do fundo de garantia de compensação do trabalho (FGCT), estabelecidos pela Lei nº 70/2013, de 30 de agosto.

Foram ouvidos os parceiros sociais com assento na Comissão Permanente de Concertação Social, do Conselho Económico e Social, tendo sido promovida a publicação do anteprojeto de diploma no Boletim do Trabalho e Emprego, para efeito de cumprimento do disposto no artigo 470º do Código do Trabalho, aprovado pela Lei nº 7/2009, de 12 de fevereiro.

Assim:

Nos termos da alínea *a*) do nº 1 do artigo 198º da Constituição, o Governo decreta o seguinte:

Artigo 1º - Objeto

O presente decreto-lei aprova o novo regime do Fundo de Garantia Salarial, previsto no artigo 336º do Código do Trabalho, aprovado pela Lei nº 7/2009, de 12 de fevereiro, transpondo para a ordem jurídica interna a Diretiva nº 2008/94/CE, do Parlamento Europeu e do Conselho, de 22 de outubro de 2008, relativa à proteção dos trabalhadores assalariados em caso de insolvência do empregador.

Artigo 2º - Aprovação do novo regime do Fundo de Garantia Salarial

É aprovado, em anexo ao presente decreto-lei e do qual faz parte integrante, o novo regime do Fundo de Garantia Salarial.

Artigo 3º - Aplicação da lei no tempo

1 - Ficam sujeitos ao novo regime do Fundo de Garantia Salarial, aprovado em anexo ao presente decreto-lei, os requerimentos apresentados após a sua entrada em vigor.

2 – Os requerimentos apresentados ao Fundo de Garantia Salarial e pendentes de decisão são apreciados de acordo com a lei em vigor no momento da sua apresentação.

3 – Ficam sujeitos ao novo regime do Fundo de Garantia Salarial, aprovado em anexo ao presente decreto-lei, sendo objeto de reapreciação oficiosa:

a) Os requerimentos apresentados, na pendência de Processo Especial de Revitalização, instituído pela Lei nº 16/2012, de 20 de abril;

b) Os requerimentos apresentados entre 1 de setembro de 2012 e a data da entrada em vigor do presente decreto-lei, por trabalhadores abrangidos por plano de insolvência, homologado por sentença, no âmbito do processo de insolvência.

Artigo 4º – Norma revogatória

São revogados:

a) Os artigos 316º a 326º da Lei nº 35/2004, de 29 de julho, alterada pela Lei nº 9/2006, de 20 de março, pelo Decreto-Lei nº 164/2007, de 3 de maio, e pela Lei nº 59/2008, de 11 de setembro;

b) O Decreto-Lei nº 139/2001, de 24 de abril.

Artigo 5º – Entrada em vigor

O presente decreto-lei entra em vigor no primeiro dia útil do mês seguinte ao da sua publicação.

Visto e aprovado em Conselho de Ministros de 12 de fevereiro de 2015. – *Pedro Passos Coelho – Maria Luís Casanova Morgado Dias de Albuquerque – Paula Maria von Hafe Teixeira da Cruz – António de Magalhães Pires de Lima – Luís Pedro Russo da Mota Soares.*

Promulgado em 16 de abril de 2015.

Publique-se.

O Presidente da República, Aníbal Cavaco Silva.

Referendado em 17 de abril de 2015

O Primeiro-Ministro, *Pedro Passos Coelho.*

ANEXO

(a que se refere o artigo 2º)

Novo Regime do Fundo de Garantia Salarial

CAPÍTULO I - Regime material do Fundo de Garantia Salarial

Artigo 1º - Situações abrangidas

1 - O Fundo de Garantia Salarial, abreviadamente designado por Fundo, assegura o pagamento ao trabalhador de créditos emergentes do contrato de trabalho ou da sua violação ou cessação, desde que seja:

a) Proferida sentença de declaração de insolvência do empregador;

b) Proferido despacho do juiz que designa o administrador judicial provisório, em caso de processo especial de revitalização;

c) Proferido despacho de aceitação do requerimento proferido pelo IAPMEI - Agência para a Competitividade e Inovação, I.P. (IAPMEI, I.P.), no âmbito do procedimento extrajudicial de recuperação de empresas.

2 - Para efeitos do disposto no número anterior, o Fundo é notificado nos seguintes casos:

a) No âmbito do processo especial de insolvência, o tribunal judicial notifica o Fundo da sentença de declaração de insolvência do empregador, a qual deve ser acompanhada de cópia da petição inicial e dos documentos identificados nas alíneas *a*) e *b*) do artigo 24º do Código da Insolvência e da Recuperação de Empresas (CIRE);

b) No âmbito do processo especial de revitalização, o administrador judicial provisório notifica o Fundo da apresentação do requerimento previsto no artigo 17º-C do CIRE com cópia dos documentos indicados nas alíneas *a*) e *b*) do artigo 24º do CIRE e referidos na alínea *b*) do nº 3 do artigo 17º-C do CIRE, bem como do despacho do juiz que o designa;

c) No âmbito do procedimento extrajudicial de recuperação de empresas, o IAPMEI, I.P., notifica o Fundo da apresentação do requerimento de utilização do Sistema de Recuperação de Empresas por Via Extrajudicial (SIREVE), do despacho de aceitação deste requerimento, da celebração e cessação do acordo e da extinção do procedimento.

3 – O Fundo assegura o pagamento dos créditos referidos no nº 1 ao trabalhador que exerça ou tenha exercido habitualmente a sua atividade em território nacional ao serviço de empregador com atividade no território de dois ou mais Estados-Membros, ainda que este seja declarado insolvente por tribunal ou outra autoridade competente de outro Estado-Membro da União Europeia ou outro Estado abrangido pelo Acordo sobre o Espaço Económico Europeu.

Artigo 2º – Créditos abrangidos

1 – Os créditos referidos no nº 1 do artigo anterior abrangem os créditos do trabalhador emergentes do contrato de trabalho ou da sua violação ou cessação.

2 – Aos créditos devidos ao trabalhador referidos no número anterior deduzem-se:

a) Os montantes de quotizações para a segurança social, da responsabilidade do trabalhador;

b) Os valores devidos pelo trabalhador correspondentes à retenção na fonte do imposto sobre o rendimento.

3 – O Fundo entrega às entidades competentes as importâncias referidas no número anterior.

4 – O Fundo assegura o pagamento dos créditos previstos no nº 1 que se tenham vencido nos seis meses anteriores à propositura da ação de insolvência ou à apresentação do requerimento no processo especial de revitalização ou do requerimento de utilização do procedimento extrajudicial de recuperação de empresas.

5 – Caso não existam créditos vencidos no período de referência mencionado no número anterior ou o seu montante seja inferior ao limite máximo definido no nº 1 do artigo seguinte, o Fundo assegura o pagamento, até este limite, de créditos vencidos após o referido período de referência.

6 – A compensação devida ao trabalhador por cessação do contrato de trabalho que seja calculada nos termos do artigo 366º do Código do Trabalho, diretamente ou por remissão legal, é paga pelo Fundo, com exceção da parte que caiba ao fundo de compensação do trabalho (FCT), ao fundo de garantia de compensação do trabalho (FGCT) ou a mecanismo equivalente (ME), após o seu acionamento, salvo nos casos em que este não possa ter lugar.

7 – O disposto nos números anteriores não exime o empregador da responsabilidade pelo cumprimento das respetivas obrigações fiscais e contributivas de segurança social.

8 – O Fundo só assegura o pagamento dos créditos quando o pagamento lhe seja requerido até um ano a partir do dia seguinte àquele em que cessou o contrato de trabalho.

Artigo 3º – Limites das importâncias pagas

1 – O Fundo assegura o pagamento de créditos emergentes do contrato de trabalho, referidos no nº 1 do artigo anterior, com o limite máximo global equivalente a seis meses de retribuição, e com o limite máximo mensal correspondente ao triplo da retribuição mínima mensal garantida.

2 – Quando o trabalhador seja titular de créditos correspondentes a prestações diversas, o pagamento é prioritariamente imputado à retribuição base e diuturnidades.

Artigo 4º – Sub-rogação legal

1 – O Fundo fica sub-rogado nos direitos e nos privilégios creditórios do trabalhador, na medida dos pagamentos efetuados, acrescidos de juros de mora vincendos.

2 – Sendo os bens da massa insolvente insuficientes para garantir o pagamento da totalidade dos créditos laborais, são graduados os créditos em que o Fundo fica sub-rogado a pari com o valor remanescente dos créditos laborais.

Artigo 5º – Requerimento

1 – O Fundo efetua o pagamento dos créditos garantidos mediante requerimento do trabalhador, do qual constam, designadamente, a identificação do requerente e do respetivo empregador e a discriminação dos créditos objeto do pedido.

2 – O requerimento é instruído, consoante as situações, com os seguintes documentos:

a) Declaração ou cópia autenticada de documento comprovativo dos créditos reclamados pelo trabalhador, emitida pelo administrador de insolvência ou pelo administrador judicial provisório;

b) Declaração comprovativa da natureza e do montante dos créditos em dívida declarados no requerimento pelo trabalhador, quando o mesmo não seja parte constituída, emitida pelo empregador;

c) Declaração de igual teor, emitida pelo serviço com competência inspetiva do ministério responsável pela área do emprego, quando não seja possível obtenção dos documentos previstos nas alíneas anteriores.

3 – O requerimento é certificado pelo administrador da insolvência, pelo administrador judicial provisório, pelo empregador ou pelo serviço com competência inspetiva do ministério responsável pela área do emprego, consoante o caso, sendo a certificação feita:

a) Através de aposição de assinatura eletrónica; ou

b) Através de assinatura manuscrita no verso do documento.

4 – O requerimento é apresentado em qualquer serviço da segurança social ou em www.seg-social.pt, através de modelo aprovado por portaria dos membros do Governo responsáveis pelas áreas do emprego e da segurança social.

Artigo 6º – Comunicação do fundo de garantia de compensação do trabalho

1 – Após receção do requerimento referido no artigo anterior, verificando-se que nele se encontram discriminados créditos emergentes de compensação devida por cessação de contrato de trabalho, o Fundo solicita à entidade gestora do FGCT informações sobre os montantes pagos ao trabalhador ou existentes para esse efeito, quer no FGCT, quer no FCT ou no ME.

2 – O pedido de informação referido no número anterior é feito, preferencialmente, através da plataforma de integração setorial ou através da plataforma de interoperabilidade da Administração Pública.

3 – Para efeitos do disposto no presente artigo, a entidade gestora do FGCT presta ao Fundo as informações solicitadas no prazo máximo de 15 dias a contar da data do pedido.

Artigo 7º – Situações abusivas

O Fundo pode recusar o pagamento dos créditos garantidos caso verifique a existência de uma situação de abuso, nomeadamente por conluio ou simulação, ou reduzir o valor dos mesmos caso se verifique desconformidade entre os montantes requeridos e a média dos valores constantes das declarações de remunerações dos 12 meses anteriores à data do requerimento, quando as mesmas se refiram a remuneração efetivamente auferida.

Artigo 8º – Decisão

1 – O requerimento é decidido no prazo de 30 dias, a contar da data em que o requerimento se encontre devidamente instruído.

2 – A decisão fundamentada é notificada ao requerente, indicando-se, em caso de deferimento total ou parcial, o montante a pagar, a forma de pagamento e os valores deduzidos.

Artigo 9º – Situações transnacionais

1 – Nas situações previstas no nº 3 do artigo 1º, o Fundo solicita à autoridade competente do Estado-Membro em causa a informação pertinente para a decisão.

2 – O Fundo presta à autoridade competente de outro Estado-Membro a informação que esta solicite sobre processo a que se refere o artigo 1º

3 – O Fundo solicita ainda à autoridade competente do Estado-Membro onde corra o processo de insolvência a colaboração necessária para garantir que os créditos pagos aos trabalhadores sejam tidos em conta no processo, bem como o seu reembolso.

Artigo 10º – Troca de informação

1 – O Fundo deve dispor do intercâmbio de informação pertinente entre administrações públicas competentes e ou entre as instituições de garantia dos Estados-Membros.

2 – O intercâmbio deve permitir, nomeadamente, dar à instituição de garantia competente conhecimento dos créditos em dívida dos trabalhadores.

3 – O intercâmbio é feito, preferencialmente, através da plataforma de interoperabilidade da Administração Pública.

Artigo 11º – Dívida do empregador

A dívida do empregador ao Fundo compreende os valores ilíquidos dos créditos laborais pagos e é notificada ao empregador em simultâneo com o pagamento.

Artigo 12º – Certidão de dívida

1 – A cobrança às entidades empregadoras tem por base certidão emitida pelo presidente do conselho de gestão do Fundo.

2 – A certidão deve conter assinatura devidamente autenticada, data de emissão, nome e domicílio do devedor, proveniência da natureza dos créditos e indicação, por extenso, do seu montante, da data a partir da qual são devidos juros de mora e da importância sobre que incidem.

Artigo 13º – Regularização da dívida

A dívida pode ser paga em prestações, mediante acordo a celebrar com o Fundo e em conformidade com as condições aprovadas por despacho do presidente do conselho de gestão do Fundo.

CAPÍTULO II – Regime institucional do Fundo de Garantia Salarial

Artigo 14º – Gestão e financiamento

1 – A gestão do Fundo cabe ao Estado e a representantes dos parceiros sociais com assento na Comissão Permanente de Concertação Social.

2 – O financiamento do Fundo é assegurado pelos empregadores, através de verbas respeitantes à parcela dos encargos com políticas ativas de emprego

e valorização profissional da taxa contributiva global, nos termos previstos no Código dos Regimes Contributivos do Sistema Previdencial de Segurança Social, na quota-parte por aqueles devida, e pelo Estado, em termos a fixar por portaria dos membros do Governo responsáveis pelas áreas das finanças, do emprego e da segurança social.

3 – Os saldos gerados pelas receitas atribuídas nos termos do número anterior revertem para o orçamento da segurança social.

Artigo 15º – Denominação e natureza

1 – O Fundo é dotado de personalidade jurídica e autonomia administrativa, patrimonial e financeira.

2 – O Fundo goza de capacidade judiciária.

Artigo 16º – Sede

O Fundo tem a sua sede em Lisboa.

Artigo 17º – Atribuições

O Fundo tem por atribuições assegurar o pagamento de créditos emergentes de contratos de trabalho ou da sua violação ou cessação e promover a respetiva recuperação, nos casos e nos termos previstos e regulados no presente regime, no Código do Trabalho e legislação complementar.

Artigo 18º – Tutela e superintendência

O Fundo está sujeito à tutela e superintendência dos membros do Governo responsáveis pelas áreas do emprego e da segurança social.

Artigo 19º – Serviços administrativos e apoio financeiro e logístico

1 – O funcionamento do Fundo é assegurado pelo Instituto de Gestão Financeira da Segurança Social, I.P. (IGFSS, I.P.), que, para efeitos de apoio administrativo e logístico, celebra os protocolos necessários com as instituições de segurança social territorialmente competentes.

2 – O IGFSS, I.P., presta apoio financeiro ao Fundo.

Artigo 20º – Gestão do Fundo de Garantia Salarial

1 – O Fundo é gerido por um conselho de gestão composto por um presidente e 11 vogais.

2 – O conselho de gestão integra:

a) O presidente do IGFSS, I.P., que preside;

b) Um representante designado pelo membro do Governo responsável pela área das finanças;

c) Um representante designado pelo membro do Governo responsável pela área da economia;

d) Um representante designado pelo membro do Governo responsável pela área do emprego e da segurança social;

e) Um representante de cada uma das confederações de empregadores com assento na Comissão Permanente de Concertação;

f) Dois representantes de cada uma das confederações sindicais com assento na Comissão Permanente de Concertação Social.

3 – Por cada membro efetivo é também designado um membro suplente.

4 – Os membros do conselho de gestão referidos no nº 2 e respetivos suplentes são nomeados por despacho do membro do Governo responsável pela área da segurança social, por indicação das seguintes entidades:

a) Membro do Governo respetivo, nos casos das alíneas *b*) a *d*) do nº 2;

b) Parceiros sociais com assento efetivo na Comissão Permanente de Concertação Social, nos casos das alíneas *e*) e *f*) do nº 2.

5 – O presidente do conselho de gestão tem voto de qualidade.

6 – Nas suas ausências e impedimentos, o presidente é substituído pelo seu substituto legal, designado no âmbito da gestão do IGFSS, I.P.

7 – Os membros do conselho de gestão não auferem qualquer remuneração ou abono pelo exercício das suas funções.

Artigo 21º – Competências do conselho de gestão

Compete ao conselho de gestão:

a) Aprovar o plano de atividades e do orçamento;

b) Aprovar o relatório de atividades e do relatório de contas e balanço anuais;

c) Acompanhar as atividades do Fundo, apresentando ao presidente as propostas, as sugestões, as recomendações ou os pedidos de esclarecimento que entender convenientes, bem como propor a adoção de medidas que julgue necessárias à realização dos seus fins;

d) Aprovar o seu regulamento interno, bem como eventuais alterações ao mesmo.

Artigo 22º – Reuniões do conselho de gestão

1 – O conselho de gestão reúne, ordinariamente, de dois em dois meses e, extraordinariamente, sempre que o respetivo presidente o convoque, por sua iniciativa ou por solicitação de um terço dos seus membros.

2 – Os membros do conselho de gestão podem delegar o seu voto dentro de cada representação.

Artigo 23º – Competências do presidente

1 – Compete ao presidente do conselho de gestão:

a) Dirigir a atividade do Fundo, assegurando o desenvolvimento das suas atribuições;

b) Gerir os recursos financeiros do Fundo;

c) Emitir as diretrizes de natureza interna adequadas ao bom funcionamento do Fundo;

d) Elaborar proposta de regulamento interno necessário à organização e funcionamento do conselho de gestão do Fundo, bem como de eventuais alterações a este;

e) Ponderar, no âmbito da sua autonomia funcional, o acolhimento e as formas de implementação das sugestões e recomendações formuladas pelo conselho de gestão;

f) Elaborar relatórios mensais da atividade desenvolvida, que incluam informação sobre o volume de requerimentos apresentados, o sentido das decisões, o volume e a duração das pendências e sobre as diligências de recuperação de créditos em curso, submetendo-os à apreciação do conselho de gestão;

g) Elaborar o plano anual de atividades e o orçamento anual e apresentá-los aos membros do Governo responsáveis pelas áreas do emprego e da segurança social para homologação depois de aprovados pelo conselho de gestão;

h) Elaborar o relatório anual de atividades e o relatório de contas e balanço de cada exercício e apresentá-los aos membros do Governo responsáveis pelas áreas do emprego e da segurança social para homologação depois de aprovados pelo conselho de gestão;

i) Assegurar a representação do Fundo em juízo ou fora dele, bem como conferir mandato para esse efeito;

j) Autorizar despesas com a aquisição, alienação ou locação de bens e serviços e realização de empreitadas dentro dos limites fixados por lei;

k) Estabelecer relações com as instituições do sistema bancário, designadamente para a contração de empréstimos, sempre que tal se revelar necessário à prossecução das suas atribuições;

l) Assegurar o pagamento dos créditos garantidos nos termos do nº 1 do artigo 1º;

m) Promover a recuperação dos créditos em que ficar sub-rogado por via da sua satisfação aos trabalhadores, desenvolvendo todas as diligências judiciais e extrajudiciais adequadas a tal fim;

n) Dar parecer aos membros do Governo responsáveis pelas áreas do emprego e da segurança social sobre as matérias concernentes às atribuições do Fundo;

o) Exercer as demais competências que lhe sejam delegadas ou subdelegadas pela tutela, bem como praticar quaisquer atos necessários à prossecução das atribuições do Fundo que não sejam da competência de outros órgãos.

2 - As competências referidas nas alíneas *l*) e *m*) do número anterior podem ser objeto de delegação.

Artigo 24º - Fiscal único

1 - O fiscal único efetivo e o fiscal único suplente devem ser revisores oficiais de contas ou sociedades de revisores oficiais de contas, sendo designados mediante despacho dos membros do Governo responsáveis pelas áreas das finanças, do emprego e da segurança social, o qual define a respetiva remuneração.

2 - Os mandatos do fiscal único efetivo e do fiscal único suplente têm a duração de três anos, podendo ser renovados por iguais períodos de tempo.

Artigo 25º - Competências do fiscal único

Compete ao fiscal único:

a) Acompanhar a gestão financeira do Fundo;

b) Emitir parecer sobre o orçamento, o relatório de contas e balanço anuais;

c) Fiscalizar a execução da contabilidade do Fundo e o cumprimento dos normativos aplicáveis, informando o conselho de gestão de qualquer anomalia detetada;

d) Solicitar ao conselho diretivo reuniões conjuntas dos dois órgãos, quando, no âmbito das suas competências, o entender;

e) Pronunciar-se sobre qualquer assunto de interesse para o Fundo, que seja submetido à sua apreciação pelo presidente do conselho de gestão;

f) Elaborar relatório anual sobre a ação fiscalizadora exercida;

g) Acompanhar as operações de satisfação de créditos de trabalhadores e respetiva recuperação desenvolvidas pelo Fundo.

Artigo 26º - Vinculação

1 - O Fundo obriga-se pela assinatura do presidente do conselho de gestão, ou pelo respetivo substituto legal, nas suas ausências e impedimentos.

2 - Os atos de mero expediente de que não resultem obrigações para o Fundo podem ser assinados pelos dirigentes dos serviços a que se refere o nº 1 do artigo 19º ou por funcionários a quem tal competência seja expressamente delegada.

Artigo 27º - Gestão financeira

1 - A gestão financeira do Fundo, incluindo a organização da sua contabilidade, rege-se exclusivamente pelo regime jurídico aplicável aos fundos e servi-

ços autónomos do Estado, em tudo o que não for especialmente regulado pelo presente regime e no seu regulamento interno.

2 – A gestão económica e financeira é disciplinada pelo plano de atividades, orçamento, relatório de contas e balanço anuais.

Artigo 28º – Receitas

1 – Constituem receitas do Fundo:

a) As que lhe forem atribuídas pelos Orçamentos do Estado e da Segurança Social;

b) As advindas da venda de publicações;

c) Os subsídios ou donativos que lhe forem atribuídos por qualquer entidade nacional ou estrangeira;

d) As provenientes da recuperação de créditos pagos aos trabalhadores no exercício das suas atribuições;

e) Quaisquer outras receitas que lhe forem atribuídas nos termos da lei.

2 – O Fundo está isento de taxas, custas e emolumentos nos processos, contratos, atos notariais e registais em que intervenha, com exceção dos emolumentos pessoais e das importâncias correspondentes à participação emolumentar devida aos notários, conservadores e oficiais do registo e do notariado pela sua intervenção nos atos.

Artigo 29º – Despesas

Constituem despesas do Fundo:

a) O pagamento de créditos emergentes do contrato de trabalho ou da sua violação ou cessação, previstos no nº 1 do artigo 2º;

b) Os encargos com o respetivo funcionamento;

c) Os custos de aquisição, manutenção e conservação de bens ou serviços que tenha de utilizar;

d) Outras legalmente previstas ou permitidas.

Artigo 30º – Instrumentos de gestão

1 – Os instrumentos de gestão previstos no artigo 21º são elaborados pelo presidente do conselho de gestão, aprovados pelo conselho de gestão e homologados pelo membro do Governo responsável pela área segurança social.

2 – O plano de atividades e orçamento anuais são aprovados pelo conselho de gestão até final de dezembro de cada ano e o relatório de atividades, relatório de contas e balanço anuais até final de março de cada ano.

3 – A deliberação do conselho de gestão sobre o orçamento, o relatório de contas e o balanço anuais é obrigatoriamente precedida de parecer do fiscal único.

Decreto-Lei nº 105/2004, de 8 de Maio

Alterado e republicado pelo Decreto-Lei nº 85/2011, de 29 de Junho, alterado pelo Decreto-Lei nº 192/2012, de 23 de Agosto

Regime jurídico dos contratos de garantia financeira

O presente decreto-lei transpõe para a ordem jurídica portuguesa a Directiva nº 2002/47/CE, do Parlamento Europeu e do Conselho, de 6 de Junho, relativa aos acordos de garantia financeira. Este diploma surge na continuidade da Directiva nº 98/26/CE, do Parlamento Europeu e do Conselho, de 19 de Maio, relativa ao carácter definitivo da liquidação nos sistemas de pagamento e de liquidação de valores mobiliários e insere-se no âmbito de objectivos genéricos de limitação dos riscos sistémicos inerentes ao funcionamento dos referidos sistemas, assim como de criação de condições para o aumento da liquidez nos mercados financeiros.

Ao realizar a transposição, o presente diploma consagra, entre nós, o contrato de garantia financeira, que se define e caracteriza a partir dos elementos previstos nos artigos 3º a 7º do presente diploma (sujeitos do contrato, objecto das garantias, necessidade de desapossamento e requisitos probatórios), sendo desses elementos contratuais que se depreende a sua natureza financeira. Com efeito, o leque de entidades que pode assumir-se como prestador ou beneficiário da garantia financeira (grosso modo, instituições financeiras), a natureza do objecto susceptível de ser prestado em garantia financeira (instrumentos financeiros ou numerário), assim como as obrigações passíveis de serem garantidas por este tipo de contrato (obrigações cuja prestação consista numa liquidação em numerário ou na entrega de instrumentos financeiros), explicam o seu carácter financeiro, resultante das disposições consagradas no título I deste diploma.

O contrato de garantia financeira não é, contudo, uniforme nos seus efeitos, podendo revestir tanto a modalidade de alienação fiduciária em garantia como a de penhor financeiro, consoante implique, ou não, a transmissão da propriedade do objecto da garantia para o respectivo beneficiário. A relevância dessa distinção justifica, aliás, a estrutura do diploma que, nos seus títulos II e III, regula, respectivamente, as especificidades ora do penhor financeiro (contrato de garantia financeira sem transmissão da propriedade), ora da alienação fiduciária em garantia (contrato de garantia financeira com transmissão da propriedade).

A possibilidade de as partes convencionarem a transmissão da propriedade a título de garantia resulta de expressa imposição da directiva agora transposta e constitui um dos aspectos mais inovadores do regime aprovado. Com a consagração de uma nova forma de transmissão de propriedade, ainda que a título de garantia, é alargado o numerus clausus pressuposto pelo artigo 1306º do Código Civil, o que permitirá o reconhecimento da validade das alienações fiduciárias em garantia e o fim da insegurança jurídica que resultava da necessária requalificação desses acordos como meros contratos de penhor.

No que respeita ao contrato de penhor financeiro, merece ser realçada a possibilidade de as partes convencionarem, a favor do beneficiário da garantia, o direito de disposição sobre o objecto desta. Trata-se de uma faculdade que, no caso de instrumentos financeiros, permitirá aumentar a liquidez dos respectivos mercados.

Outra das novidades mais significativas deste diploma respeita ainda ao contrato de penhor financeiro e corresponde à aceitação do pacto comissório, em desvio da regra consagrada no artigo 694º do Código Civil. Com efeito, desde que as partes o convencionem e acordem na forma de avaliação dos instrumentos financeiros dados em garantia, permite-se excepcionalmente que o beneficiário execute a garantia por apropriação do objecto desta, ficando obrigado a restituir o montante correspondente à diferença entre o valor do objecto da garantia e o montante da dívida. Este «direito de apropriação» visa dar resposta à necessidade de existência de mecanismos de execução das garantias sobre activos financeiros que, não pressupondo necessariamente a venda destes, permitam ver reduzidos os riscos decorrentes da potencial desvalorização do bem.

Prerrogativa comum aos contratos de alienação fiduciária em garantia e ao penhor financeiro é a possibilidade de as partes convencionarem que, em caso de incumprimento pelo prestador da garantia, se vence antecipadamente a obrigação de restituição e que esta pode ser objecto de compensação.

A directiva ora transposta, além de cláusulas de transposição obrigatória, contém também disposições de transposição facultativa para os Estados membros. Relativamente a estas, não se fez uso da possibilidade de excluir do âmbito de aplicação deste diploma determinadas garantias financeiras como, por exemplo, as que incidem sobre acções próprias do prestador da garantia. O não exercício da referida possibilidade de exclusão (opt-out) significa que tais garantias podem estar sujeitas ao âmbito de aplicação do presente diploma, sem prejuízo do regime fixado no Código das Sociedades Comerciais para a aquisição e alienação de acções próprias que, com as necessárias adaptações, é susceptível de aplicação.

Também não se fez uso da possibilidade dada aos Estados membros de excluir do âmbito de aplicação do diploma de transposição os contratos de garantia financeira em que uma das partes fosse uma pessoa colectiva não sujeita a supervisão prudencial. Tais contratos estão, portanto, abrangidos pelo presente decreto-lei, desde que a outra parte no contrato seja uma instituição sujeita a tal supervisão.

São ainda de assinalar como objectivos deste regime a simplificação do processo de celebração deste tipo de contratos, a celeridade a conferir à execução da garantia, bem como o alargamento do leque de situações em que a validade e eficácia dos mesmos contratos é ressalvada em prol da segurança jurídica.

Estas preocupações são legítimas, mesmo em situações que envolvam a possibilidade de insolvência de uma das partes no contrato, caso em que o diploma consagra um conjunto de disposições de carácter excepcional face ao regime comum estabelecido no Código da Insolvência e Recuperação de Empresas que, nos aspectos que poderiam constituir um entrave à execução da garantia, não são aplicáveis. Consagra-se assim a validade dos contratos de garantia celebrados e das prestações em garantia efectuadas no dia da abertura de processos de insolvência, no dia da adopção de medidas de saneamento e mesmo num período de tempo anterior a estas situações, não valendo neste âmbito a presunção de invalidade dos contratos celebrados nos chamados «períodos suspeitos».

Ao transpor a Directiva comunitária nº 2002/47/CE, o presente diploma não pretende consagrar exaustivamente o regime jurídico dos contratos de garantia financeira, limitando-se, portanto, a introduzir as disposições que assumem especialidades ou representam excepções face ao regime comum que vigora, nomeadamente, para o penhor e para outros contratos de garantia. Do mesmo modo, o presente diploma não reproduz normas da directiva que traduzem meras faculdades das partes contratantes já decorrentes do direito vigente, como seja a possibilidade de tais contratos serem celebrados mediante subscrição ou aceitação de cláusulas contratuais gerais ou de serem acessórios de um outro contrato principal. Ainda neste sentido, o presente diploma transpõe apenas as definições da directiva que, pelo seu carácter inovador, se revelam indispensáveis à compreensão da globalidade do regime ora introduzido.

Por fim, os contratos de garantia financeira abrangidos pelo presente diploma terão naturalmente vocação para dar resposta a relações contratuais plurilocalizadas, assim se justificando a existência, neste diploma, de uma norma de conflitos específica que elege como elemento de conexão o sítio da localização da conta de referência.

Foram ouvidos o Banco de Portugal, a Comissão do Mercado de Valores Mobiliários, o Instituto de Seguros de Portugal, a Associação Portuguesa de Bancos e a Associação Portuguesa de Fundos de Investimento, Pensões e Patrimónios.

Assim:

Nos termos da alínea *a*) do nº 1 do artigo 198º da Constituição, o Governo decreta o seguinte:

TÍTULO I – Disposições gerais

Artigo 1º – Objecto

1 – O presente diploma transpõe a Directiva nº 2002/47/CE, do Parlamento Europeu e do Conselho, de 6 de Junho, relativa aos acordos de garantia financeira, com as alterações introduzidas pela Directiva nº 2009/44/CE, do Parlamento Europeu e do Conselho, de 6 de Maio.

2 – O disposto no presente diploma não prejudica as normas aplicáveis em matéria de contratos de crédito ao consumidor.

Artigo 2º – Noção e modalidades

1 – Para efeitos do presente diploma, são contratos de garantia financeira os que preencham os requisitos previstos nos artigos 3º a 7º

2 – São modalidades de contratos de garantia financeira, designadamente, a alienação fiduciária em garantia e o penhor financeiro, que se distinguem consoante tenham, ou não, por efeito a transmissão da propriedade com função de garantia.

3 – É modalidade de contrato de alienação fiduciária em garantia o contrato de reporte.

Artigo 3º – Sujeitos

1 – O presente diploma é aplicável aos contratos de garantia financeira cujo prestador e beneficiário pertençam a uma das seguintes categorias:

a) Entidades públicas, incluindo os organismos do sector público do Estado responsáveis pela gestão da dívida pública ou que intervenham nesse domínio e os autorizados a deter contas de clientes;

b) Banco de Portugal, outros bancos centrais, Banco Central Europeu, Fundo Monetário Internacional, Banco de Pagamentos Internacionais, bancos multilaterais de desenvolvimento nos termos referidos no Aviso do Banco de Portugal nº 5/2007 e Banco Europeu de Investimento;

c) Instituições sujeitas a supervisão prudencial, incluindo:

i) Instituições de crédito, tal como definidas no nº 1 do artigo 2º do Regime Geral das Instituições de Crédito e Sociedades Financeiras, aprovado pelo Decreto-Lei nº 298/92, de 31 de Dezembro;

ii) Empresas de investimento, tal como referidas no nº 2 do artigo 293º do Código dos Valores Mobiliários, aprovado pelo Decreto-Lei nº 486/99, de 13 de Novembro;

iii) Instituições financeiras, tal como definidas no nº 4 do artigo 13º do Regime Geral das Instituições de Crédito e Sociedades Financeiras;

iv) Empresas de seguros, tal como definidas na alínea *b*) do artigo 2º do Decreto-Lei nº 94-B/98, de 17 Abril;

v) Organismos de investimento colectivo, tal como definidas no artigo 1º do Decreto-Lei nº 252/2003, de 17 de Outubro;

vi) Entidades gestoras de organismos de investimento colectivo, tal como definidas no nº 1 do artigo 29º do Decreto-Lei nº 252/2003, de 17 de Outubro;

d) Uma contraparte central, um agente de liquidação ou uma câmara de compensação, tal como definidos, respectivamente, nas alíneas *e*), *f*) e *g*) do artigo 2º do Decreto-Lei nº 221/2000, de 9 de Setembro, no que aos sistemas de pagamento diz respeito, e no artigo 268º do Código dos Valores Mobiliários, incluindo instituições similares regulamentadas no âmbito da legislação nacional que operem nos mercados de futuros e opções, nos mercados de instrumentos financeiros derivados não abrangidos pela referida legislação e nos mercados de natureza monetária;

e) Uma pessoa que não seja pessoa singular, que actue na qualidade de fiduciário ou de representante por conta de uma ou mais pessoas, incluindo quaisquer detentores de obrigações ou de outras formas de títulos de dívida, ou qualquer instituição tal como definida nas alíneas *a*) a *d*);

f) Pessoas colectivas, desde que a outra parte no contrato pertença a uma das categorias referidas nas alíneas *a*) a *d*).

2 – A capacidade para a celebração de contratos de garantia financeira é a que resulta das normas especialmente aplicáveis às entidades referidas no nº 1.

Artigo 4º – Obrigações financeiras garantidas

Para efeitos do presente diploma, entende-se por obrigações financeiras garantidas quaisquer obrigações abrangidas por um contrato de garantia financeira cuja prestação consista numa liquidação em numerário ou na entrega de instrumentos financeiros.

Artigo 5º – Objecto das garantias financeiras

1 – O presente diploma é aplicável às garantias financeiras que tenham por objecto:

a) «Numerário», entendido como o saldo disponível de uma conta bancária, denominada em qualquer moeda, ou créditos similares que confiram direito à restituição de dinheiro, tais como depósitos no mercado monetário;

b) «Instrumentos financeiros», entendidos como valores mobiliários, instrumentos do mercado monetário e créditos ou direitos relativos a quaisquer dos instrumentos financeiros referidos

c) «Créditos sobre terceiros», entendidos como tal os créditos pecuniários decorrentes de um acordo mediante o qual uma instituição de crédito concede um crédito sob a forma de empréstimo.

2 – Ficam excluídos do âmbito do presente diploma, as garantias que tenham por objecto créditos sobre terceiros em que o prestador ou o beneficiário da garantia não seja uma das entidades referidas na alínea *b*) do nº 1 do artigo 3º, e o crédito seja concedido a:

a) Consumidores, nos termos da Lei nº 24/96, de 31 de Julho de 1996, alterada pela Lei nº 85/98, de 16 de Dezembro, e pelo Decreto-Lei nº 67/2003, de 8 de Abril; ou

b) Microempresas ou pequenas empresas, conforme definidas na Recomendação nº 2003/361/CE, da Comissão Europeia, de 6 de Maio, relativa à definição de microempresas, pequenas e médias empresas.

Artigo 6º – Desapossamento

1 – O presente diploma é aplicável às garantias financeiras cujo objecto seja efectivamente prestado.

2 – Considera-se prestada a garantia financeira cujo objecto tenha sido entregue, transferido, registado ou que de outro modo se encontre na posse ou sob o controlo do beneficiário da garantia ou de uma pessoa que actue em nome deste, incluindo a composse ou o controlo conjunto com o proprietário.

3 – Nas garantias financeiras que tenham por objeto créditos sobre terceiros, prestadas ao banco central pelas instituições de crédito no âmbito das operações de cedência de liquidez, a posse transfere-se para o beneficiário da garantia por mero efeito do contrato de garantia financeira.

Artigo 7º - Prova

1 - O presente diploma é aplicável aos contratos de garantia financeira e às garantias financeiras cuja celebração e prestação sejam susceptíveis de prova por documento escrito ou de forma juridicamente equivalente.

2 - O registo em suporte electrónico ou em outro suporte duradouro equivalente cumpre a exigência de prova por documento escrito ou de forma juridicamente equivalente à forma escrita.

3 - A prova da prestação da garantia financeira deve permitir identificar o objecto correspondente.

4 - É suficiente para identificar o objecto da garantia financeira:

a) Nas garantias financeiras sobre numerário, para o penhor financeiro, o registo na conta do prestador e, para a alienação fiduciária em garantia, o registo do crédito na conta do beneficiário;

b) Nas garantias financeiras sobre valores mobiliários escriturais, para o penhor financeiro, o registo na conta do titular ou, nos termos da lei, na conta do beneficiário e, para a alienação fiduciária em garantia, o registo da aquisição fiduciária;

c) Nas garantias financeiras que tenham por objecto créditos sobre terceiros, a inclusão numa lista de créditos apresentada ao beneficiário da garantia por escrito ou de forma juridicamente equivalente à forma escrita é suficiente para identificar o crédito sobre terceiros e fazer prova da prestação do crédito dado como garantia financeira entre as partes.

4 - Nas garantias financeiras que tenham por objeto créditos sobre terceiros, prestadas ao banco central pelas instituições de crédito no âmbito das operações de cedência de liquidez, a inclusão numa lista de créditos apresentada ao beneficiário da garantia por escrito, ou de forma juridicamente equivalente à forma escrita, é suficiente para identificar o crédito sobre terceiros e fazer prova da prestação da garantia, quer entre as partes quer em relação aos devedores ou a terceiros.

Artigo 8º - Formalidades

1 - Sem prejuízo do disposto nos artigos 6º e 7º, a validade, a eficácia ou a admissibilidade como prova de um contrato de garantia financeira e da prestação de uma garantia financeira não dependem da realização de qualquer acto formal.

2 - Sem prejuízo do acordado pelas partes, a execução da garantia pelo beneficiário não está sujeita a nenhum requisito, nomeadamente a notificação prévia ao prestador da garantia da intenção de proceder à execução.

3 - O disposto nos números anteriores não prejudica, nos casos em que sejam utilizados créditos sobre terceiros como garantia financeira, a existên-

cia e a validade de regimes de registo ou notificação, para efeitos de conclusão, prioridade, execução ou admissibilidade enquanto prova contra o devedor ou terceiros.

4 – As garantias financeiras que tenham por objeto créditos sobre terceiros, prestadas ao banco central pelas instituições de crédito no âmbito das operações de cedência de liquidez, não dependem de registo nem de notificação ao devedor, prevalecendo sobre quaisquer outros direitos sobre os mesmos créditos, ainda que registados ou notificados ao devedor em data posterior à constituição do penhor financeiro.

Artigo 8º-A – Renúncia de direitos

Sem prejuízo das normas em matéria de cláusulas contratuais gerais, em particular cláusulas abusivas, os devedores dos créditos sobre terceiros podem renunciar validamente, por escrito ou outra forma juridicamente equivalente:

a) Aos direitos de compensação perante os respectivos credores e perante as pessoas ou entidades a favor das quais os credores tenham prestado em garantia os créditos sobre terceiros, com ou sem transmissão da titularidade;

b) Aos direitos decorrentes das regras de segredo bancário que, caso contrário, impediriam ou restringiriam a possibilidade de o credor do crédito sobre terceiros prestar informações, sobre o crédito ou sobre o devedor, para efeitos da utilização do crédito a título de garantia.

TÍTULO II – Penhor financeiro

Artigo 9º – Direito de disposição

1 – O contrato de penhor financeiro pode conferir ao beneficiário da garantia o direito de disposição sobre o objecto desta, salvo no caso de créditos sobre terceiros.

2 – O direito de disposição confere ao beneficiário da garantia financeira os poderes de alienar ou onerar o objecto da garantia prestada, nos termos previstos no contrato, como se fosse seu proprietário.

3 – O exercício do direito de disposição depende, relativamente aos valores mobiliários escriturais, de menção no respectivo registo em conta e, relativamente aos valores mobiliários titulados, de menção na conta de depósito.

Artigo 10º – Efeitos do exercício do direito de disposição

1 – Exercido o direito de disposição, deve o beneficiário da garantia, até à data convencionada para o cumprimento das obrigações financeiras garantidas:

a) Restituir ao prestador objecto equivalente ao objecto da garantia financeira original, em caso de cumprimento das obrigações financeiras garantidas por parte deste; ou

b) Quando o contrato de penhor financeiro o preveja e em caso de cumprimento pelo prestador da garantia, entregar-lhe quantia em dinheiro correspondente ao valor que o objecto da garantia tem no momento do vencimento da obrigação de restituição, nos termos acordados pelas partes e segundo critérios comerciais razoáveis; ou

c) Quando o contrato de penhor financeiro o preveja, livrar-se da sua obrigação de restituição por meio de compensação, sendo o crédito do prestador avaliado nos termos da alínea anterior.

2 – O disposto no número anterior não é prejudicado pelo cumprimento antecipado das obrigações financeiras garantidas.

3 – O objecto equivalente substitui, para todos os efeitos, a garantia financeira original e considera-se como tendo sido prestado no momento da prestação desta.

4 – Os direitos que o beneficiário tenha ao abrigo do penhor financeiro relativamente à garantia financeira original mantêm-se relativamente ao objecto equivalente.

Artigo 11º – Pacto comissório

1 – No penhor financeiro, o beneficiário da garantia pode proceder à sua execução, fazendo seu o objecto da garantia, mediante venda ou apropriação, quer compensando o seu valor, quer aplicando-o para liquidação das obrigações financeiras garantidas:

a) Se tal tiver sido convencionado pelas partes;

b) Se houver acordo das partes relativamente à avaliação dos instrumentos financeiros e dos créditos sobre terceiros dados em garantia.

2 – O beneficiário da garantia fica obrigado a restituir ao prestador o montante correspondente à diferença entre o valor do objecto da garantia e o montante das obrigações financeiras garantidas.

3 – O disposto na alínea *b*) do nº 1 não prejudica qualquer obrigação legal de proceder à realização ou avaliação da garantia financeira e ao cálculo das obrigações financeiras garantidas de acordo com critérios comerciais razoáveis.

4 – Na execução do penhor financeiro de créditos sobre terceiros, constituído a favor do banco central pelas instituições de crédito no âmbito das operações de cedência de liquidez:

a) As garantias do crédito empenhado transferem-se por efeito da lei para o beneficiário da garantia, não dependendo de registo ainda que as garantias se encontrem registadas;

b) O beneficiário da garantia pode exigir que o prestador da garantia, ainda que em liquidação, pratique em seu nome e representação todos os atos que se revelem adequados à boa gestão dos créditos e das respetivas garantias, incluindo os serviços de cobrança e as relações com os devedores;

c) A eficácia em relação ao devedor do crédito empenhado depende de notificação, exceto se o beneficiário da garantia exercer a faculdade prevista na alínea anterior.

Artigo 12º – Vencimento antecipado e compensação

1 – As partes podem convencionar o vencimento antecipado da obrigação de restituição do beneficiário da garantia e o cumprimento da mesma por compensação, caso ocorra um facto que desencadeie a execução.

2 – Entende-se por facto que desencadeia a execução o não cumprimento do contrato ou qualquer facto a que as partes atribuam efeito análogo.

Artigo 13º – Objecto equivalente

Para efeitos do presente diploma, entende-se por objecto equivalente:

i) No caso de numerário, um pagamento do mesmo montante e na mesma moeda;

ii) No caso de instrumentos financeiros, instrumentos financeiros do mesmo emitente ou devedor, que façam parte da mesma emissão ou categoria e tenham o mesmo valor nominal, sejam expressos na mesma moeda e tenham a mesma denominação, ou outros instrumentos financeiros, quando o contrato de garantia financeira o preveja, na ocorrência de um facto respeitante ou relacionado com os instrumentos financeiros prestados enquanto garantia financeira original.

TÍTULO III – Alienação fiduciária em garantia

Artigo 14º – Deveres do beneficiário da garantia

Nos contratos de alienação fiduciária em garantia, deve o beneficiário, até à data convencionada para o cumprimento das obrigações financeiras garantidas:

a) Restituir ao prestador a garantia financeira prestada ou objecto equivalente;

b) Entregar ao prestador quantia em dinheiro correspondente ao valor que o objecto da garantia tem no momento do vencimento da obrigação de rcstituição, nos termos acordados pelas partes e segundo critérios comerciais razoáveis;

c) Livrar-se da sua obrigação por meio de compensação, avaliando-se o crédito do prestador nos termos da alínea anterior.

Artigo 15º – Vencimento antecipado e compensação

O disposto no artigo 12º é aplicável aos contratos de alienação fiduciária em garantia.

TÍTULO IV – Liquidação e saneamento

Artigo 16º – Processo de liquidação e medidas de saneamento

1 – Para efeitos do presente diploma e relativamente ao prestador ou ao beneficiário da garantia, entende-se por:

a) «Processo de liquidação» o processo colectivo que inclui a realização de activos e a repartição do produto dessa realização entre os credores, os accionistas ou os membros, consoante o caso, e que implica a intervenção de uma autoridade administrativa ou judicial, incluindo os casos em que esse processo é encerrado mediante uma concordata ou qualquer outra medida análoga, independentemente de se basear ou não numa insolvência e de ter carácter voluntário ou obrigatório;

b) «Medidas de saneamento» as medidas que implicam a intervenção de uma autoridade administrativa ou judicial e destinadas a preservar ou restabelecer a situação financeira e que afectam os direitos preexistentes de terceiros, incluindo, nomeadamente, as medidas que envolvem uma suspensão de pagamentos, uma suspensão das medidas de execução ou uma redução dos montantes dos créditos.

2 – Se o prestador da garantia for uma instituição sujeita à supervisão prudencial do Banco de Portugal, só se consideram medidas de saneamento para efeitos do disposto na alínea *b*) do número anterior as medidas de administração provisória ou resolução que sejam aplicadas em simultâneo com a dispensa temporária do cumprimento pontual de obrigações anteriormente contraídas, nos termos do disposto, respetivamente, na alínea *b*) do nº 11 do artigo 145º e na alínea *b*) do nº 1 do artigo 145º-J do Regime Geral das Instituições de Crédito e Sociedades Financeiras.

Artigo 17º – Validade dos contratos e das garantias financeiras

1 – Os contratos de garantia financeira celebrados e as garantias financeiras prestadas ao abrigo desses contratos não podem ser resolvidos pelo facto de o contrato ter sido celebrado ou a garantia financeira prestada:

a) No dia da abertura de um processo de liquidação ou da adopção de medidas de saneamento, desde que antes de proferido o despacho, a sentença ou decisão equivalente;

b) Num determinado período anterior definido por referência:

i) À abertura de um processo de liquidação ou à adopção de medidas de saneamento;

ii) À tomada de qualquer outra medida ou à ocorrência de qualquer outro facto no decurso desse processo ou dessas medidas.

2 – Não podem ser declarados nulos ou anulados os seguintes actos quando praticados no período referido no número anterior:

a) A prestação de nova garantia no caso de variação do montante das obrigações financeiras garantidas ou a prestação de garantia financeira adicional em situação de variação do valor da garantia financeira;

b) A substituição da garantia financeira por objecto equivalente.

Artigo 18º – Eficácia dos contratos

1 – Em situação de abertura ou prossecução de um processo de liquidação ou de adopção de medidas de saneamento relativas ao prestador ou ao beneficiário da garantia, os contratos de garantia financeira produzem efeitos nas condições e segundo os termos convencionados pelas partes.

2 – Os contratos de garantia financeira celebrados e as garantias financeiras prestadas após a abertura de processos de liquidação e a adopção de medidas de saneamento relativas ao prestador da garantia financeira são eficazes perante terceiros desde que o beneficiário da garantia prove que não tinha nem deveria ter conhecimento da abertura desse processo ou da adopção dessas medidas.

Artigo 19º – Actos fraudulentos

A validade dos actos a que se referem os artigos 17º e 18º não é ressalvada sempre que os mesmos tenham sido praticados intencionalmente em detrimento de outros credores.

Artigo 20º – Vencimento antecipado e compensação

O vencimento antecipado e a compensação previstos nos artigos 12º e 15º não são prejudicados:

a) Pela abertura ou prossecução de um processo de liquidação relativamente ao prestador ou ao beneficiário da garantia;

b) Pela adopção de medidas de saneamento relativamente ao prestador e ou beneficiário da garantia;

c) Pela cessão, apreensão judicial ou actos de outra natureza nem por qualquer alienação de direitos respeitante ao beneficiário ou ao prestador da garantia.

TÍTULO V – Disposições finais e transitórias

Artigo 21º – Norma de conflitos

São reguladas pela lei do país em que está localizada a conta na qual é feito o registo da garantia as seguintes matérias:

a) A qualificação e os efeitos patrimoniais da garantia que tenha por objecto valores mobiliários escriturais;

b) Os requisitos relativos à celebração de um contrato de garantia financeira que tenha por objecto valores mobiliários escriturais;

c) A prestação de uma garantia que tenha por objecto valores mobiliários escriturais ao abrigo de determinado contrato de garantia financeira;

d) As formalidades necessárias à oponibilidade a terceiros do contrato de garantia financeira e da prestação da garantia financeira;

e) A relação entre o direito de propriedade ou outro direito de determinada pessoa a uma garantia financeira que tenha por objecto valores mobiliários e outro direito de propriedade concorrente;

f) A qualificação de uma situação como de aquisição do objecto da garantia pela posse de terceiro de boa fé;

g) As formalidades necessárias à execução de uma garantia que tenha por objecto valores mobiliários escriturais.

Artigo 22º – Direito subsidiário

Em tudo que não vier previsto no presente diploma aplicam-se os regimes comum ou especial estabelecidos para outras modalidades de penhor ou reporte.

Artigo 23º – Aplicação no tempo

O presente diploma aplica-se aos contratos de garantia financeira celebrados após a sua entrada em vigor.

Artigo 24º – Entrada em vigor

O presente diploma entra em vigor 30 dias após a sua publicação.

Visto e aprovado em Conselho de Ministros de 24 de Março de 2004. – *José Manuel Durão Barroso – Maria Manuela Dias Ferreira Leite – Maria Teresa Pinto Basto Gouveia.*

Promulgado em 26 de Abril de 2004.

Publique-se.

O Presidente da República, *JORGE SAMPAIO.*

Referendado em 27 de Abril de 2004.

O Primeiro-Ministro, *José Manuel Durão Barroso.*

Decreto-Lei nº 75/2017, de 26 de junho

Aprova o regime da apropriação do bem empenhado no penhor mercantil

O Programa do XXI Governo Constitucional assumiu, entre os seus objetivos essenciais para o relançamento da economia portuguesa e para a criação de emprego, a redução do elevado nível de endividamento das empresas e a melhoria de condições para o investimento, nomeadamente através da eliminação ou mitigação dos constrangimentos com que as empresas atualmente se deparam no acesso ao financiamento por capitais próprios ou alheios. A definição destes objetivos tem subjacente o pressuposto de que o investimento empresarial deve assumir um papel preponderante na recuperação forte e sustentada do crescimento económico.

Tendo presente este entendimento, a Estrutura de Missão para a Capitalização de Empresas desenvolveu uma análise abrangente e transversal da economia e da realidade empresarial nacionais, com vista à conceção de medidas de apoio à capitalização das empresas, tendo identificado e apresentado ao Governo um conjunto de 131 medidas enquadradas em cinco eixos estratégicos de intervenção: Simplificação Administrativa e Enquadramento Sistémico, Fiscalidade, Reestruturação Empresarial, Alavancagem de Financiamento e Investimento e, por último, Dinamização do Mercado de Capitais.

Com base nos referidos eixos estratégicos de intervenção, o Governo aprovou o Programa Capitalizar, através da Resolução do Conselho de Ministros nº 42/2016, de 18 de agosto, enquanto programa estratégico de apoio à capitalização das empresas, à retoma do investimento e ao relançamento da economia, com o objetivo de promover estruturas financeiras mais equilibradas, reduzindo os passivos das empresas economicamente viáveis, ainda que com níveis excessivos de endividamento, bem como de melhorar as condições de acesso ao financiamento das micro, pequenas e médias empresas.

O Programa Capitalizar prossegue os objetivos identificados, assentando nas cinco áreas estratégicas de intervenção já referidas e é concretização de um dos pilares do Programa Nacional de Reformas, a Capitalização das Empresas.

Neste contexto, e muito embora o nº 2 do artigo 675º do Código Civil, aprovado pelo Decreto-Lei nº 47344/66, de 25 de novembro, permita a adjudicação pelo credor do bem que lhe tenha sido dado em garantia, e a larga maioria da doutrina assim reconheça a validade do chamado «pacto marciano», não existe no ordenamento jurídico processo especial que permita concretizar essa faculdade.

Sem querer limitar a autonomia das partes para, como vem sucedendo, fixarem livremente, por via contratual, as condições de execução da faculdade prevista no referido nº 2 do artigo 675º do Código Civil, aprovado pelo Decreto-Lei nº 47344/66, de 25 de novembro, considera-se imprescindível, no contexto do Programa Capitalizar, tornar mais operacional esta faculdade para os comerciantes.

Adicionalmente, e na medida em que, como se referiu, entidades comerciantes e não comerciantes vêm recorrendo ao «pacto marciano» e o mesmo tem sido considerado admissível, não se quer pôr em causa a validade e a executoriedade de convenções que tenham sido estabelecidas antes da entrada em vigor deste diploma, que deverão continuar a ser reconhecidas nos termos gerais, decorrentes da lei civil, e nos específicos termos contratuais que lhes sejam aplicáveis.

Assim, em cumprimento de uma das medidas do Programa Capitalizar procede-se à aprovação do regime da apropriação do bem empenhado no penhor mercantil, doutrinalmente conhecido como «pacto marciano».

Este regime corresponde à convenção nos termos da qual, em caso de incumprimento pelo devedor, o bem dado em garantia transfere-se para o credor, ficando este, porém, obrigado a restituir ao devedor a soma correspondente à diferença entre o valor do bem e o montante em dívida. Nestes termos, por esta via, admite-se que o credor se aproprie do bem dado em garantia ou do direito empenhado, mas com a obrigação de restituição do excesso, relativamente ao valor em dívida.

O presente decreto-lei foi submetido a consulta pública entre 17 de março e 14 de abril de 2017.

Assim:

Nos termos da alínea *a*) do nº 1 do artigo 198º da Constituição, o Governo decreta o seguinte:

Artigo 1º – Objeto

O presente decreto-lei aprova o regime da apropriação do bem empenhado no penhor mercantil.

Artigo 2º – Apropriação do bem empenhado no penhor mercantil

1 – É lícito às partes convencionar, no contrato de penhor para garantia de obrigação comercial em que o prestador da garantia seja comerciante, que o credor pignoratício, em caso de incumprimento, se aproprie da coisa ou do direito empenhado, pelo valor que resulte de avaliação realizada após o vencimento da obrigação, devendo o modo e os critérios de avaliação ser estabelecidos no contrato.

2 – O contrato de penhor referido no número anterior é celebrado por documento escrito que contenha o reconhecimento presencial da assinatura das partes.

3 – O direito de apropriação só pode ser convencionado quando sobre a coisa ou direito dado em penhor não incida penhor de grau superior.

4 – O credor pignoratício fica obrigado a restituir ao prestador da garantia o montante correspondente à diferença entre o valor da coisa ou do direito empenhado e o montante da obrigação garantida

5 – O disposto no nº 1 não prejudica a possibilidade de as partes convencionarem que a coisa ou o direito empenhado seja adjudicado ao credor pignoratício pelo valor que o tribunal fixar, nos termos do nº 2 do artigo 675º do Código Civil, aprovado pelo Decreto-Lei nº 47344/66, de 25 de novembro, nem de as partes acordarem a sua venda extraprocessual.

Artigo 3º – Entrada em vigor

O presente decreto-lei entra em vigor no dia 1 de julho de 2017.

Visto e aprovado em Conselho de Ministros de 18 de maio de 2017. – *António Luís Santos da Costa – Francisca Eugénia da Silva Dias Van Dunem – Manuel de Herédia Caldeira Cabral.*

Promulgado em 22 de junho de 2017.

Publique-se.

O Presidente da República, *Marcelo Rebelo de Sousa.*

Referendado em 23 de junho de 2017.

Pelo Primeiro-Ministro, *Augusto Ernesto Santos Silva*, Ministro dos Negócios Estrangeiros.

Decreto-Lei nº 221/2000 de 9 de Setembro

Alterado e republicado pelo Decreto-Lei nº 85/2011, de 29 de Junho, alterado pelo Decreto-Lei nº 18/2013, de 6 de Fevereiro e pelo Decreto-Lei nº 40/2014

Carácter definitivo da liquidação financeira realizada no âmbito de sistemas de pagamentos

O presente diploma transpõe para a ordem jurídica interna, apenas no que aos sistemas de pagamentos diz respeito, a Directiva nº 98/26/CE, do Parlamento Europeu e do Conselho, de 19 de Maio de 1998, porquanto no que respeita ao carácter definitivo da liquidação de valores mobiliários, a transposição da citada directiva foi efectuada através do Decreto-Lei nº 486/99, de 13 de Novembro, que aprovou o Código dos Valores Mobiliários.

Os sistemas de pagamentos, principalmente devido aos montantes elevados que processam diariamente, à sua interdependência nacional e internacional e à velocidade a que as operações ocorrem, comportam elevados riscos, nomeadamente o chamado «risco sistémico», que consiste na possibilidade de um incumprimento gerar, sucessivamente, muitos outros. Com efeito, sendo impossível a um participante liquidar uma dívida no quadro dos referidos sistemas – no caso mais grave, devido a falência –, isto pode facilmente gerar uma incontrolável série de incumprimentos ou mesmo de falências em cadeia.

Para minimizar este tipo específico de risco torna-se necessário que a liquidação financeira não seja posta em causa e que as garantias constituídas possam, em qualquer circunstância, ser executadas.

À luz deste objectivo fundamental, torna-se necessário garantir, de acordo com as disposições da directiva, os efeitos jurídicos das ordens de transferência e da respectiva compensação no âmbito dos sistemas de pagamentos, bem como a sua oponibilidade a terceiros em caso de falência ou medida equivalente. Dentro do mesmo espírito, estabelece-se a irrevogabilidade das ordens de transferência, em termos que assegurem a intangibilidade da liquidação financeira operada no âmbito do sistema.

O cumprimento das obrigações dos participantes é também protegido, em caso de falência ou medida equivalente, pela possibilidade de utilização dos fundos existentes nas contas de liquidação até ao fim do dia da abertura do respectivo processo, assim como, em qualquer caso, pela impenhorabilidade desses mesmos fundos enquanto existirem outros bens ou direitos penhoráveis no património do respectivo titular. Com idêntico objectivo, estabelece-se a imunidade, perante os efeitos de uma eventual falência ou medida equivalente, das garantias constituídas no quadro dos sistemas de pagamentos.

Por fim, importa salientar que, para protecção dos terceiros que tenham um interesse legítimo, se consagra o direito de estes obterem informações sobre a participação de uma entidade em determinado sistema e sobre as regras essenciais do mesmo.

Foram ouvidos o Banco Central Europeu, o Banco de Portugal e a Associação Portuguesa de Bancos.

Assim:

Nos termos da alínea *a*) do nº 1 do artigo 198º da Constituição, o Governo decreta o seguinte:

Artigo 1º – Objecto e âmbito

1 – O presente diploma regula o carácter definitivo da liquidação financeira realizada no âmbito dos sistemas de pagamentos, nomeadamente no caso de insolvência aplicada a um dos participantes.

2 – O disposto no presente diploma é aplicável:

a) Aos sistemas de pagamento que realizem operações em qualquer moeda ou em várias moedas que o sistema converta entre si;

b) Aos participantes nos sistemas de pagamentos;

c) Às garantias constituídas no quadro da participação num sistema ou no quadro das operações dos bancos centrais dos Estados membros e do Banco Central Europeu, quando desempenham funções típicas de bancos centrais.

Artigo 2º – Definições

Para efeitos do presente diploma entende-se por:

a) *(Revogada)*;

b) «Instituição de crédito» uma instituição tal como definida no artigo 2º do Regime Geral das Instituições de Crédito e Sociedades Financeiras, aprovado pelo Decreto-Lei nº 298/92, de 31 de Dezembro, incluindo as instituições enumeradas no seu artigo 3º

c) «Empresa de investimento» uma empresa tal como definida no nº 4 do artigo 199º-A do Regime Geral das Instituições de Crédito e Sociedades Financeiras, aprovado pelo Decreto-Lei nº 298/92, de 31 de Dezembro;

d) «Instituição» uma instituição de crédito, uma empresa de investimento, um organismo público ou empresa que beneficie de garantia estatal, ou qualquer empresa estrangeira com funções idênticas às instituições de crédito ou às empresas de investimento, que participe num sistema e que seja responsável pela execução das obrigações financeiras decorrentes de ordens de transferência emitidas no âmbito desse sistema;

e) «Contraparte central» uma entidade intermediária entre as instituições de um sistema, actuando como contraparte exclusiva dessas instituições no que respeita às ordens de transferência;

f) «Agente de liquidação» entidade na qual são abertas as contas para a liquidação de obrigações no quadro dos sistemas;

g) «Câmara de compensação» entidade que calcula os saldos resultantes da compensação dos créditos e das dívidas das instituições, das contrapartes centrais e dos agentes de liquidação;

h) *(Revogada)*;

i) *(Revogada)*;

j) «Instrumentos financeiros» valores mobiliários tal como definidos no artigo 1º do Código dos Valores Mobiliários, aprovado pelo Decreto-Lei nº 486/99, de 13 de Novembro, e os instrumentos do mercado monetário, futuros sobre instrumentos financeiros, incluindo instrumentos equivalentes que dêem origem a uma liquidação em dinheiro, contratos a prazo relativos a taxas de juro (FRA), swaps de taxas de juro, de divisas, ou relativos a um índice sobre acções (equity swaps) e opções destinadas à compra ou à venda de qualquer instrumento financeiro atrás referido;

l) «Ordem de transferência» instrução de um participante para colocar um certo montante pecuniário à disposição de um destinatário ou que resulte na assunção ou na execução de uma obrigação de pagamento tal como definida pelas regras do sistema;

m) *(Revogada)*;

n) «Conta de liquidação» conta aberta num banco central, num agente de liquidação ou numa contraparte central, funcionando para depósito de dinheiro ou para a liquidação de transacções entre participantes num sistema;;

o) *(Revogada)*;

p) «Compensação» a conversão de créditos e obrigações decorrentes de ordens de transferência que um ou mais participantes emitem a favor de outro ou outros participantes, ou que dele ou deles recebem, num único crédito (líquido ou numa única obrigação líquida, de forma que apenas será exigível esse crédito líquido ou devida essa obrigação líquida).

Artigo 2º-A – Sistemas de pagamentos

1 – Para os efeitos do presente diploma, considera-se que um sistema é o acordo escrito cujo objecto principal vise a compensação e a execução de ordens que respeitem regras comuns e procedimentos padronizados, regulado pela lei portuguesa e notificado à Comissão Europeia nos termos do presente diploma.

2 – Constituem sistemas interoperáveis o conjunto de dois ou mais sistemas cujos operadores tenham celebrado entre si um acordo que implique a execução de ordens de transferência entre sistemas.

3 – O operador de sistema é a entidade ou entidades legalmente responsáveis pelo funcionamento do sistema.

Artigo 2º-B – Participação nos sistemas de pagamentos.

1 – Para efeitos do presente diploma, a compensação e a execução de ordens de transferência num sistema pode operar-se entre:

a) Três participantes, sem contar com o operador desse sistema, um agente de liquidação, uma contraparte central, uma câmara de compensação ou um participante indirecto, excepto quando este seja considerado participante nos termos da alínea *h*) do artigo 2º; ou,

b) Dois participantes, sem contar com o operador desse sistema, um agente de liquidação, uma contraparte central, uma câmara de compensação ou um participante indirecto, sempre que o Banco de Portugal considerar que essa designação se justifica por razões de risco sistémico.

2 – Podem ser participantes de um sistema as seguintes entidades:

a) Uma instituição;

b) Uma contraparte central;

c) Um agente de liquidação;

d) Uma câmara de compensação;

e) Um operador de sistema; ou

f) Um participante indirecto.

3 – O participante indirecto só é considerado participante de um sistema se o Banco de Portugal entender, nos casos dos sistemas referidos na alínea *a*) do nº 1, que a qualidade de participante se justifica em razão do risco sistémico e desde que o participante seja conhecido do sistema.

4 – Um participante é indirecto sempre que se encontre ligado a outro participante num sistema por uma relação contratual, notificada ao operador do sistema de acordo com as regras deste, sendo-lhe permitido executar ordens de transferência através do sistema do participante.

5 – A qualidade de participante indirecto nos termos do número anterior depende da responsabilidade pela introdução das ordens de transferência no sistema referidas se manter no participante.

Artigo 3º – Ordens de transferência e compensação

1 – As ordens de transferência, assim como a sua compensação bilateral ou multilateral de acordo com as regras do sistema, produzem efeitos jurídicos e, mesmo em caso de insolvência relativa a um participante no sistema em causa ou num sistema interoperável, ou relativas ao operador de um sistema interoperável que não seja participante, são oponíveis a terceiros, desde que tenham sido introduzidas no sistema antes do momento da abertura do respectivo processo, nos termos definidos no nº 1 do artigo 8º

2 – As ordens de transferência introduzidas após o momento da abertura do processo de insolvência, e executadas até ao fim do respectivo dia útil, são ainda juridicamente eficazes e oponíveis a terceiros se o operador do sistema demonstrar que não conhecia, nem tinha a obrigação de conhecer, a abertura daquele processo no momento em que as ordens de transferência em causa se tornaram irrevogáveis.

3 – Nenhuma norma, qualquer que seja a sua fonte, relativa à invalidade dos negócios jurídicos celebrados antes da abertura de um processo de insolvência pode conduzir a que seja anulada, alterada ou por qualquer modo afectada uma operação de compensação realizada no âmbito de um sistema.

4 – O momento da introdução de uma ordem de transferência, quer num sistema, quer em sistemas interoperáveis, é definido pelas regras próprias de cada sistema, devendo relativamente aos sistemas interoperáveis ser assegurada, na medida do possível, a coordenação das regras de todos os sistemas participantes nos sistemas interoperáveis envolvidos.

5 – No caso de sistemas interoperáveis, a menos que as regras de todos os sistemas participantes o prevejam expressamente, as regras de cada sistema relativas ao momento de introdução das ordens de transferência não são afectadas pelas regras dos outros sistemas com os quais o primeiro seja interoperável.

6 – Para efeitos do presente diploma, o dia útil inclui todas as liquidações diurnas e nocturnas e engloba todos os acontecimentos ocorridos durante o ciclo de um sistema.

Artigo 4º – Irrevogabilidade das ordens de transferência

1 – A partir do momento definido pelo próprio sistema, uma ordem de transferência não pode ser revogada pelos participantes ou por terceiros.

2 – No caso de sistemas interoperáveis, cada sistema determina nas suas próprias regras o momento da irrevogabilidade, devendo ser assegurada, na

medida do possível, a coordenação de todos os sistemas participantes nos sistemas interoperáveis envolvidos.

3 – As regras relativas ao momento da irrevogabilidade definidas por um sistema não são afectadas pelas regras dos outros sistemas com os quais o primeiro seja interoperável, salvo referência expressa em contrário nas regras que regulam o sistema.

4 – O momento da irrevogabilidade não pode ser posterior à liquidação financeira.

Artigo 5º – Cumprimento de obrigações

Para satisfazer as obrigações de um participante ou de um operador de um sistema interoperável que tenha sido objecto de um processo de insolvência, podem ser utilizados, até ao fim do dia da abertura desse processo:

a) Os fundos existentes na respectiva conta de liquidação;

b) Uma linha de crédito relacionada com o sistema, mediante constituição de garantias.

Artigo 6º – Garantias

1 – As garantias constituídas no quadro de um sistema ou de um sistema interoperável em favor de um participante ou de um banco central integrante do sistema europeu de bancos centrais não são afectadas pela abertura de um processo de insolvência contra:

a) Um participante;

b) Um operador de um sistema interoperável que não seja participante;

c) Uma contraparte de um banco central integrante de um sistema europeu de bancos centrais;

d) Qualquer terceiro que tenha constituído as garantias.

2 – As garantias referidas no número anterior podem ser executadas pelos respectivos titulares, revertendo o saldo remanescente para a massa falida.

3 – Se o operador tiver constituído garantias em favor de outro operador no quadro de um sistema interoperável, os direitos do operador do sistema que constituiu as garantias não são afetados por um eventual processo de insolvência relativo ao operador do sistema que as recebeu.

4 – Para os efeitos do presente diploma, considera-se garantia qualquer activo susceptível de execução, incluindo as garantias financeiras previstas no Decreto-Lei nº 105/2004, de 8 de Maio, objecto de uma relação jurídica, nomeadamente de penhor ou de reporte, com o objectivo de tornar mais segura a posição jurídica dos participantes e dos bancos integrantes do sistema europeu de bancos centrais.

Artigo 7º – Contas de liquidação

Os saldos das contas de liquidação só podem ser penhorados ou objecto de medida cautelar se no património da instituição titular da conta não existirem outros bens adequados ao mesmo fim.

Artigo 8º – Abertura e efeitos da insolvência

1 – Para efeitos do presente diploma, o momento da abertura do processo de insolvência é aquele em que a autoridade competente profere qualquer decisão que limita, suspenda ou faça cessar o cumprimento de obrigações ou as garantias a estas associadas.

2 – O processo de insolvência não produz qualquer efeito sobre os direitos e obrigações de um participante, decorrentes da sua participação num sistema ou a esta associados, que se tenham constituído antes do momento da respectiva abertura.

3 – O disposto no número anterior aplica-se igualmente aos direitos e obrigações dos participantes em sistemas interoperáveis ou dos operadores de sistemas interoperáveis que não sejam participantes.

4 – As regras previstas no presente diploma para os processos de insolvência aplicam-se a quaisquer medidas de efeito equivalente aos processos de insolvência.

5 – Para os efeitos do presente diploma, considera-se que têm efeito equivalente ao processo de insolvência quaisquer medidas colectivas que visem a liquidação ou a recuperação de um participante, de que resulte a limitação, suspensão ou cessação do cumprimento das respectivas obrigações ou das garantias a elas associadas.

Artigo 9º – Notificações

1 – Sem prejuízo das notificações a que se refere o artigo 286º do Código dos Valores Mobiliários, a autoridade competente deve comunicar de imediato ao Banco de Portugal a decisão referida no nº 1 do artigo anterior, quando esta tenha por objecto qualquer instituição.

2 – O Banco de Portugal notifica imediatamente as entidades designadas pelos outros Estados Membros, bem como o Comité Europeu do Risco Sistémico e a Autoridade Europeia dos Valores Mobiliários e dos Mercados, devendo a CMVM assegurar a transmissão da notificação à Autoridade Europeia dos Valores Mobiliários e dos Mercados.

3 – O Banco de Portugal, sempre que receba do estrangeiro qualquer notificação relativa à insolvência de uma instituição, deve notificar imediatamente as entidades que gerem os sistemas.

Artigo 10º – Direito de informação

Quem demonstre interesse legítimo, nomeadamente por ser credor de uma instituição, pode requerer junto desta informação sobre a respectiva participação em um ou vários dos sistemas abrangidos pelo presente diploma, bem como sobre as regras essenciais de funcionamento dos referidos sistemas.

Artigo 11º – Informações ao Banco de Portugal

Os operadores de sistemas regidos pela lei portuguesa comunicam ao Banco de Portugal, no mais breve prazo possível, as regras jurídicas, técnicas e operacionais do sistema, bem como a lista dos participantes, incluindo os participantes indirectos, e todas as alterações ocorridas.

Artigo 12º – Lei reguladora dos sistemas

1 – As regras dos sistemas podem determinar a aplicabilidade da lei portuguesa desde que pelo menos um participante tenha a sede principal e efectiva da sua administração ou a sede estatutária em Portugal.

2 – Na falta de estipulação em contrário, presume-se a sujeição à lei portuguesa quando a liquidação financeira tenha lugar em Portugal.

3 – Sem prejuízo de regras especiais sobre a lei aplicável aos direitos dos titulares de garantias constituídas por valores mobiliários ou direitos sobre valores mobiliários, a lei portuguesa, quando aplicável, regula todos os direitos e obrigações decorrentes da participação no sistema, mesmo em caso de abertura de um processo de insolvência.

Artigo 13º – Designação dos sistemas

1 – O Banco de Portugal designa, através de aviso, os sistemas, bem como os respectivos operadores, abrangidos pelo presente diploma.

2 – O Banco de Portugal informa a Comissão Europeia da designação referida no número anterior.

Visto e aprovado em Conselho de Ministros de 27 de Julho de 2000. – *Jaime José Matos da Gama – Joaquim Augusto Nunes Pina Moura – Diogo Campos Barradas de Lacerda Machado.*

Promulgado em 23 de Agosto de 2000.

Publique-se.

O Presidente da República, JORGE SAMPAIO.

Referendado em 1 de Setembro de 2000.

O Primeiro-Ministro, *António Manuel de Oliveira Guterres.*

Decreto-Lei nº 199/2006, de 25 de Outubro

Alterado pelo Decreto-Lei nº 31-A/2012, de 10 de Fevereiro, e pela Lei nº 23-A/2015, de 26 de Março

Liquidação de instituições de crédito e sociedades financeiras

Uma das principais finalidades do presente decreto-lei é proceder à transposição para a ordem jurídica portuguesa da Directiva nº 2001/24/CE do Parlamento Europeu e do Conselho, de 4 de Abril, relativa ao saneamento e à liquidação de instituições de crédito. Trata-se de um conjunto de normas aplicáveis ao saneamento e liquidação de instituições de crédito que se encontrem estabelecidas em mais de um país do espaço comunitário.

Na linha das recomendações do Livro Branco para a Realização do Mercado Interno, apresentado pela Comissão Europeia, em Junho de 1985, aquela directiva veio estabelecer normas visando a harmonização de procedimentos, na base do mútuo reconhecimento e com respeito pelos princípios da liberdade de estabelecimento e de prestação de serviços, da universalidade e da igualdade de tratamento dos credores. Instituiu-se, como regra fundamental, que o saneamento e a liquidação das instituições de crédito, incluindo as respectivas sucursais, sejam regulados pela lei do Estado membro em que tenham sido autorizadas. De entre as outras normas, cabe destacar a que constitui as autoridades nacionais dc supervisão na obrigação de comunicar às entidades homólogas de outros Estados membros a adopção de medidas de saneamento e a decisão de instaurar processos de liquidação. Consagra-se, também, o reconhecimento no Estado membro de acolhimento das decisões tomadas pelas autoridades dos Estados membros de origem.

Aproveita-se, entretanto, a oportunidade para actualizar o regime da liquidação das instituições de crédito e das sociedades financeiras vigente há dezenas de anos.

Até à entrada em vigor do Decreto-Lei nº 298/92, de 31 de Dezembro, diploma que aprovou o Regime Geral das Instituições de Crédito e Sociedades Financeiras, adiante abreviadamente designado por RGICSF, o saneamento e a liquidação destas instituições era regulado pelo Decreto-Lei nº 30689, de 27 de Agosto de 1940. No título VIII do RGICSF foi atribuída ao Banco de Portugal competência para adoptar, relativamente às instituições de crédito e sociedades financeiras, providências extraordinárias de saneamento. A liquidação das instituições de crédito e sociedades financeiras continuou, porém, a ser regulada pelo já referido Decreto-Lei nº 30689, de 27 de Agosto de 1940, que não foi, nessa parte, revogado.

Como se referiu, o saneamento de instituições de crédito e sociedades financeiras tem a sua disciplina estabelecida no RGICSF e não se vê razão para alterá-la. Para ali, portanto, se limita o presente decreto-lei a remeter. No que respeita à liquidação, estabelece-se um regime actualizado, mais conforme às novas exigências e também à harmonização da legislação comunitária. Abandona-se, deste modo, o sistema predominantemente administrativo da liquidação das instituições de crédito e sociedades financeiras, anteriormente em vigor, reconhecendo a natureza específica do sector financeiro e tendo em conta, nomeadamente, as particularidades da actividade das instituições de crédito e das sociedades financeiras e a necessidade de instituir um sistema que contribua para a credibilização da actividade financeira e dos respectivos agentes. Julgou-se oportuno tornar este regime igualmente aplicável à liquidação de sucursais, situadas em Portugal, de instituições de crédito com sede em países que não sejam membros da União Europeia. Do mesmo modo, entendeu-se que faria todo o sentido submeter ao mesmo regime a liquidação de sucursais, situadas em Portugal e sujeitas à supervisão do Banco de Portugal, de empresas incluídas pelo RGICSF na categoria de instituições financeiras.

Mantém-se, no entanto, a legislação aplicável às caixas de crédito agrícola mútuo pertencentes ao Sistema Integrado do Crédito Agrícola Mútuo, em razão do regime de garantia e solidariedade vigente naquele Sistema.

Continua a atribuir-se ao Banco de Portugal, enquanto autoridade de supervisão, a competência para a revogação da autorização de exercício da actividade bancária, à semelhança, aliás, do que sucede nos demais países da União Europeia, produzindo a decisão de revogação da autorização os efeitos da declaração de insolvência. A liquidação propriamente dita é cometida ao sistema judicial, opção justificada pela excepcional complexidade e especificidades características do sistema financeiro, bem como pela dimensão dos interesses e valores envolvidos, cabendo ao Banco de Portugal continuar a exercer as suas funções de supervisão, na parte relevante, e, ainda, prestar a necessária colaboração em juízo. Assim, pode o Banco de Portugal requerer e propor o que entender conveniente em face da especificidade técnica das matérias e respectiva incidência no sistema financeiro, bem como recorrer das decisões proferidas.

No respeitante aos demais aspectos do novo regime de liquidação, salienta-se ainda que as instituições de crédito, tendo em conta a complexidade, as características e a dimensão dos interesses envolvidos, se dissolvem apenas por força da revogação da respectiva autorização ou por deliberação dos sócios. Deste facto decorre que tanto as instituições de crédito e sociedades financeiras como os respectivos credores continuam a não ter legitimidade para requerer a declaração judicial de insolvência. Decorre ainda, atenta a especificidade da composição dos capitais próprios e a permanente sujeição a normas prudenciais, designadamente de solvabilidade, que às instituições de crédito e sociedades financeiras não é aplicável o disposto no artigo 35º do Código das Sociedades Comerciais.

A dissolução voluntária e a subsequente liquidação podem processar-se nos termos gerais da legislação comercial, de acordo com as deliberações dos sócios, acautelados que se mostrem os interesses dos credores e do sistema financeiro: havendo lugar à revogação da autorização, a regra é a da liquidação judicial, pelos motivos já indicados. O regime instituído no presente decreto-lei não interfere com as normas que transpuseram para o ordenamento jurídico nacional a Directiva nº 98/26/CE do Parlamento Europeu e do Conselho, de 19 de Maio, relativa ao carácter definitivo da liquidação em caso de insolvência de um participante no sistema de liquidação, designadamente em sede de Código dos Valores Mobiliários.

Na sistemática do presente decreto-lei, reservam-se os capítulos I e IV para disposições de âmbito geral, respectivamente introdutórias e finais; no capítulo II regula-se a liquidação de instituições de crédito e sociedades financeiras que tenham sede em Portugal; no capítulo III dispõe-se quanto ao saneamento e à liquidação das instituições de crédito, sempre que estas se encontrem estabelecidas em mais de um Estado membro.

Foram ouvidos o Banco de Portugal, o Banco Central Europeu, a Comissão do Mercado de Valores Mobiliários e a Associação Portuguesa de Bancos.

Assim:

No uso da autorização legislativa concedida pelos artigos 1º a 10º da Lei nº 18/2006, de 29 de Maio, e nos termos das alíneas *a*) e *b*) do nº 1 do artigo 198º da Constituição, o Governo decreta o seguinte:

CAPÍTULO I – Disposições introdutórias

Artigo 1º – Objecto

1 – O presente decreto-lei regula a liquidação de instituições de crédito e sociedades financeiras com sede em Portugal e suas sucursais criadas noutro Estado membro, procedendo à transposição para a ordem jurídica portuguesa da Directiva nº 2001/24/CE, do Parlamento Europeu e do Conselho, de 4 de Abril, relativa ao saneamento e à liquidação das instituições de crédito.

2 – A aplicação de medidas de saneamento a instituições de crédito e sociedades financeiras com sede em Portugal rege-se pelo disposto no Regime Geral das Instituições de Crédito e Sociedades Financeiras, aprovado pelo Decreto-Lei nº 298/92, de 31 de Dezembro, adiante abreviadamente designado por RGICSF, sem prejuízo do que se estabelece no capítulo III do presente decreto-lei.

3 – A aplicação de medidas de resolução e o exercício de poderes de resolução previstos no título VIII do RGICSF às entidades referidas no nº 1 do artigo 152º do RGICSF e às empresas de investimento referidas no nº 2 do artigo 199º-I do RGICSF rege-se pelo disposto nesse diploma, sem prejuízo do que se estabelece no capítulo III do presente decreto-lei.

Artigo 2º – Definições

1 – Para efeitos do presente decreto-lei, entende-se por:

a) «Medidas de saneamento» as medidas destinadas a preservar ou restabelecer a situação financeira de uma instituição de crédito ou de uma sociedade financeira, suscetíveis de afetar direitos preexistentes de terceiros, incluindo as de suspensão de pagamentos, de suspensão de processos de execução ou de redução de créditos;

b) «Processo de liquidação» o processo colectivo a cargo das autoridades administrativas ou judiciais de um Estado membro, com o objectivo de proceder à liquidação dos bens, sob fiscalização dessas autoridades, inclusivamente quando esse processo se extinga por efeito de concordata ou medida análoga;

c) «Administrador» a pessoa ou o órgão designado pelas autoridades administrativas ou judiciais para adoptar e gerir medidas de saneamento;

d) «Liquidatário» a pessoa ou o órgão designado pelas autoridades administrativas ou judiciais para gerir processos de liquidação;

e) «Autoridades competentes» as autoridades nacionais de supervisão ou de resolução das instituições de crédito;

f) «Autoridades administrativas ou judiciais» as autoridades administrativas ou judiciais dos Estados membros competentes em matéria de medidas de saneamento ou de processos de liquidação

g) «Estado membro de origem» o Estado membro da União Europeia no qual a instituição de crédito tenha sido autorizada;

h) «Estado membro de acolhimento» o Estado membro da União Europeia no qual a instituição de crédito tenha uma sucursal ou preste serviços.

2 – Relativamente ao saneamento ou à liquidação de sucursais, situadas na União Europeia, de instituições de crédito com sede em país terceiro, as expressões «Estado membro de origem», «autoridades competentes» e «autoridades administrativas ou judiciais» respeitam ao Estado membro da União Europeia em que se situa a sucursal.

3 – São consideradas medidas de saneamento nos termos da alínea *a*) do nº 1 a nomeação de administração provisória, as medidas de resolução e os poderes de resolução previstos no título VIII do RGICSF.

Artigo 3º – Informação à Comissão do Mercado de Valores Mobiliários

O Banco de Portugal comunica à Comissão do Mercado de Valores Mobiliários as propostas ou medidas adoptadas no âmbito do saneamento ou da liquidação de instituições de crédito ou de sociedades financeiras que sejam intermediários financeiros registados naquela Comissão, sem prejuízo do disposto nos artigos 145º, 145º-A, 198º e 199º do RGICSF.

CAPÍTULO II – Liquidação de instituições de crédito e sociedades financeiras com sede em Portugal

SECÇÃO I – Disposições gerais

Artigo 4º – Liquidação

1 – A liquidação de instituições de crédito com sede em Portugal rege-se pelo disposto no presente capítulo.

2 – *(Revogado).*

3 – As disposições do presente capítulo são aplicáveis, com as devidas adaptações, à liquidação das sociedades financeiras.

4 – Na pendência da liquidação, é aplicável, com as necessárias adaptações, o disposto nos títulos VI e VII do RGICSF.

Artigo 5º – Dissolução e entrada em liquidação

1 – As instituições de crédito dissolvem-se apenas por força da revogação da respectiva autorização, nos termos do artigo 22º do RGICSF, ou por deliberação dos sócios.

2 – Com a dissolução, as instituições de crédito entram em liquidação, sem prejuízo do estabelecido na parte final do nº 3 do artigo 22º do RGICSF.

3 – Na decisão de revogação da autorização, é indicada a hora da prática do acto, considerando-se, em caso de omissão, que o mesmo ocorreu às 12 horas, valendo essa hora, para todos os efeitos legais, como o momento da instauração do processo de liquidação.

SECÇÃO II – Dissolução voluntária e liquidação extra-judicial

Artigo 6º – Dissolução voluntária

1 – É aplicável à dissolução voluntária o disposto no artigo 35º-A do RGICSF, devendo constar do respectivo projecto um plano pormenorizado de liquidação e a identificação dos liquidatários.

2 – A dissolução voluntária não obsta a que, a todo o tempo, o Banco de Portugal requeira a liquidação judicial nos termos do artigo 8º, incluindo eventuais medidas cautelares.

Artigo 7º – Liquidação extrajudicial

1 – As instituições de crédito dissolvidas voluntariamente são liquidadas nos termos previstos no capítulo XIII do título I do Código das Sociedades Comerciais, com excepção do artigo 161º

2 – À designação dos liquidatários é aplicável, com as necessárias adaptações, o disposto nos artigos 69º e 70º do RGICSF.

3 – Os liquidatários devem remeter ao Banco de Portugal os relatórios e contas anuais e finais.

4 – Na pendência da liquidação, é aplicável o disposto no título VII do RGICSF, com as necessárias adaptações.

SECÇÃO III – Procedimento pré-judicial de liquidação

Artigo 7º-A – Procedimento pré-judicial

Caso exista urgência no início das operações de liquidação, nomeadamente para garantir a continuidade de funções essenciais da instituição de crédito e a conservação do seu património, ou para salvaguarda da estabilidade do sistema financeiro, o Banco de Portugal, na decisão que revogar a autorização, pode nomear um ou mais administradores pré-judiciais, que exercerão funções sob o seu controlo por um prazo de até 6 meses, renovável por igual período.

Artigo 7º-B – Efeitos do procedimento pré-judicial

1 – Com a notificação do acto de revogação à instituição de crédito, deve a mesma entregar imediatamente aos administradores pré-judiciais os documentos a que se refere o nº 1 do artigo 24º do Código da Insolvência e da Recuperação de Empresas, bem como os elementos da contabilidade e todos os seus bens, ainda que arrestados e penhorados, ou por qualquer forma detidos por terceiros.

2 – A nomeação de administradores pré-judiciais não obsta à produção dos efeitos da declaração de insolvência, conforme o disposto no nº 2 do artigo 8º, salvas as seguintes adaptações:

a) A apensação de processos pendentes prevista pelos artigos 85º e e 86º do Código da Insolvência e da Recuperação de Empresas terá lugar depois de proferido o despacho de prosseguimento a que se refere o nº 1 do artigo 9º;

b) Enquanto os administradores pré-judiciais estiverem em funções, as acções destinadas a impugnar a eventual resolução de actos prejudicais para a massa em liquidação, ao abrigo dos artigos 120º e seguintes do Código da Insolvência e da Recuperação de Empresas, devem ser propostas contra a massa, representada em juízo pelos administradores pré-judiciais, no tribunal competente para a liquidação, procedendo-se à sua apensação aos autos da liquidação judicial logo que proferido o despacho de prosseguimento.

Artigo 7º-C – Administradores pré-judiciais

1 – Na nomeação dos administradores pré-judiciais, o Banco de Portugal tem em conta critérios de idoneidade e experiência de funções no sector financeiro.

2 – Se a revogação da autorização tiver sido precedida da aplicação de medidas de intervenção correctiva ou de resolução ou da nomeação de uma administração provisória, nos termos do título VIII do RGICSF, a escolha dos administradores pré-judiciais recai preferencialmente sobre os administradores que tenham sido nomeados para o efeito.

3 – Tratando-se de instituições de crédito ou sociedades financeiras que exerçam actividades de intermediação financeira, o Banco de Portugal comunica à Comissão do Mercado de Valores Mobiliários a identidade dos administradores pré-judiciais nomeados.

Artigo 7º-D – Funções de administradores pré-judiciais e reclamação dos seus actos.

1 – Sem prejuízo do dever de diligência na gestão e liquidação da massa, cabe aos administradores pré-judiciais, em especial, exercer os poderes de administração e disposição do administrador da insolvência, carecendo de

autorização do Banco de Portugal para a prática dos actos de especial relevo referidos nas alíneas *a*) a *d*) e *e*) do nº 3 do artigo 161º do Código da Insolvência e da Recuperação de Empresas.

2 – Os administradores pré-judiciais exercem as competências atribuídas ao administrador da insolvência pelos artigos 149º e 150º do Código da Insolvência e da Recuperação de Empresas, podendo ser assistidos, no exercício dos seus poderes de apreensão, por elementos do Banco de Portugal.

3 – Os administradores pré-judiciais preparam uma lista provisória dos créditos sobre a instituição em liquidação, com base na informação nela disponível, que acompanhará o requerimento da liquidação judicial a que se refere o nº 3 do artigo 8º

4 – Quando se mostre necessário ou conveniente, podem os administradores pré-judiciais requerer ao Banco de Portugal a continuação parcial da actividade da instituição de crédito.

5 – Dos actos dos administradores pré-judiciais susceptíveis de causar prejuízo aos credores ou aos accionistas da instituição, cabe reclamação para o Banco de Portugal, no prazo de 10 dias após o conhecimento do acto, pelos credores interessados ou por detentores de participações qualificadas que atinjam, individualmente ou em conjunto, pelo menos 10% do capital ou dos direitos de voto, sendo proferida decisão no prazo de 20 dias.

SECÇÃO IV – Liquidação judicial

Artigo 8º – Liquidação judicial

1 – A liquidação judicial das instituições de crédito fundada na revogação de autorização pelo Banco de Portugal faz-se nos termos do presente diploma e, em tudo o que nele não estiver previsto, nos termos do Código da Insolvência e da Recuperação de Empresas.

2 – A decisão de revogação da autorização pelo Banco de Portugal produz os efeitos da declaração de insolvência.

3 – Cabe em exclusivo ao Banco de Portugal requerer, no tribunal competente, a liquidação da instituição de crédito, no prazo máximo de 10 dias úteis após a revogação da autorização, proferida nos termos do artigo 22º do RGICSF.

4 – Se tiverem sido nomeados administradores pré-judiciais ao abrigo do disposto no artigo 7º-A, o prazo para o Banco de Portugal requerer a liquidação da instituição de crédito é de 6 meses após a revogação da autorização, renovável por igual período, se tal renovação for necessária à conclusão, em condições de eficácia e celeridade, de operações em curso.

5 – O requerimento deve ser instruído com cópia da decisão de revogação e com a proposta de liquidatário judicial ou comissão liquidatária a designar pelo juiz, nos termos e para os efeitos dos artigos seguintes.

Artigo 9º – Tramitação subsequente

1 – No despacho de prosseguimento, o juiz limita-se a verificar o preenchimento dos requisitos enunciados no artigo anterior, sendo quaisquer questões sobre a legalidade da decisão de revogação da autorização suscitáveis apenas no processo de impugnação a que se refere o artigo 15º

2 – No mesmo despacho, o juiz nomeia o liquidatário ou a comissão liquidatária e toma as decisões previstas nas alíneas *b*), *c*) e *f*) a *n*) do artigo 36º do Código da Insolvência e da Recuperação de Empresas.

3 – São aplicáveis, com as necessárias adaptações, as demais disposições do Código da Insolvência e da Recuperação de Empresas que se mostrem compatíveis com as especialidades constantes do presente decreto-lei, com excepção dos títulos IX e X.

Artigo 10º – Liquidatário ou comissão liquidatária

1 – O juiz, sob proposta do Banco de Portugal, nomeia um liquidatário judicial ou uma comissão liquidatária composta por três membros, consoante a complexidade e dificuldade da liquidação, aos quais compete o exercício das funções cometidas ao administrador da insolvência pelo Código da Insolvência e da Recuperação de Empresas.

2 – O Banco de Portugal pode propor ao juiz a destituição e substituição do liquidatário judicial ou dos membros da comissão liquidatária, no todo ou em parte, bem como a substituição da comissão liquidatária por um único liquidatário judicial ou deste por uma comissão.

3 – A remuneração do liquidatário judicial ou dos membros da comissão liquidatária é fixada anualmente pelo juiz, sob proposta do Banco de Portugal.

4 – O liquidatário judicial ou os membros da comissão liquidatária são propostos pelo Banco de Portugal, tendo em conta critérios de idoneidade e experiência de exercício de funções no sector financeiro.

Artigo 11º – Comunicação ao Fundo de Garantia de Depósitos ou ao Fundo de Garantia do Crédito Agrícola e ao Sistema de Indemnização aos Investidores

1 – No prazo estabelecido para entrega na secretaria judicial da lista dos credores reconhecidos e não reconhecidos, o liquidatário remete cópia da mesma ao Fundo de Garantia de Depósitos ou, respeitando o processo à liquidação de uma caixa de crédito agrícola mútuo pertencente ao Sistema Inte-

grado do Crédito Agrícola Mútuo, ao Fundo de Garantia do Crédito Agrícola Mútuo e, tratando-se de participante, ao Sistema de Indemnização aos Investidores.

2 – No caso de se aplicar o procedimento previsto no artigo 7º-A, os administradores pré-judiciais remetem às entidades referidas no número anterior a lista provisória de créditos sobre a liquidação, logo que a mesma esteja concluída.

Artigo 12º – Continuação da actividade

1 – Quando se mostre necessário ou conveniente à liquidação, podem os liquidatários requerer ao juiz a continuação parcial da actividade da instituição de crédito.

2 – O requerimento a que se refere o número anterior deve ser instruído com parecer favorável do Banco de Portugal.

Artigo 13º – Comissão de credores

1 – A comissão de credores é nomeada pelo juiz, ouvido o Banco de Portugal.

2 – As competências conferidas pelo Código da Insolvência e da Recuperação de Empresas à assembleia de credores são exercidas pela comissão de credores.

Artigo 14º – Intervenção do Banco de Portugal

1 – O Banco de Portugal tem a faculdade de acompanhar a actividade do liquidatário judicial ou da comissão liquidatária, podendo, ainda, requerer ao juiz o que entender conveniente.

2 – Para efeitos do disposto no número anterior, o Banco de Portugal pode examinar os elementos da contabilidade da instituição de crédito e solicitar ao liquidatário judicial ou à comissão liquidatária as informações e a apresentação dos elementos que considere necessários.

3 – Por iniciativa própria, pode o Banco de Portugal apresentar em juízo os relatórios e pareceres julgados convenientes.

4 – O Banco de Portugal tem legitimidade para reclamar ou recorrer das decisões judiciais que admitam reclamação ou recurso.

Artigo 15º – Efeitos sobre a liquidação da suspensão de eficácia do acto de revogação

1 – Os efeitos previstos na parte final do nº 3 do artigo 40º do Código da Insolvência e da Recuperação de Empresas apenas se produzem no caso de ter sido requerida a suspensão de eficácia do acto de revogação da autorização para o exercício da actividade, sem prejuízo da faculdade de o Banco de Portu-

gal emitir resolução fundamentada, nos termos e com os efeitos previstos no artigo 128º do Código de Processo nos Tribunais Administrativos.

2 – Para efeitos do disposto no número anterior, o juiz determina o envio para o tribunal da liquidação de cópia das decisões que proferir relativamente ao requerimento de suspensão da eficácia do acto de revogação, solicitando às partes, se necessário, a indicação do tribunal e do processo.

3 – Das decisões, ainda que não definitivas, que alterem, revoguem ou declarem a caducidade da providência de suspensão da eficácia, bem como das que julguem definitivamente procedente a impugnação contenciosa do acto de revogação, é igualmente enviada cópia ao tribunal da liquidação, sem prejuízo da faculdade que assiste a qualquer interessado regularmente notificado de requerer a junção da referida decisão ao processo de liquidação, para os efeitos do disposto no nº 1.

Artigo 15º-A – Execução de sentença e interesse público

O Banco de Portugal pode, em execução de sentença anulatória do acto de revogação da autorização para o exercício da actividade, invocar causa legítima de inexecução, nos termos conjugados do nº 2 do artigo 175º e do artigo 163º do Código de Processo nos Tribunais Administrativos, iniciando-se, nesse caso, de imediato, o procedimento tendente à fixação da indemnização devida, de acordo com os trâmites previstos nos artigos 178º e 166º daquele mesmo Código.

Artigo 15º-B – Insolvência da sociedade-mãe

1 – Se a instituição de crédito for totalmente dominada por outra sociedade ou mantiver a gestão da sua própria actividade subordinada, por contrato, à direcção de outra sociedade, nos termos do Código das Sociedades Comerciais, o Banco de Portugal pode requerer a insolvência da sociedade dominante ou directora, se tiver fundadas razões para concluir, a partir da situação patrimonial líquida da instituição de crédito dominada em liquidação, que o activo da sociedade dominante ou directora será provavelmente insuficiente para satisfazer o passivo próprio, acrescido do passivo não pago da instituição dominada.

2 – Sem prejuízo dos direitos próprios dos credores nos processos de liquidação da sociedade dominante ou directora e da instituição de crédito dominada, os liquidatários nomeados colaboram entre si, nomeadamente trocando os relatórios elaborados nos termos da lei e prestando assistência mútua com vista a maximizar a recuperação de créditos.

3 – Cabe ao Banco de Portugal exercer no processo de insolvência da sociedade dominante ou directora as competências que lhe são conferidas pelo artigo 14º do presente diploma.

CAPÍTULO III - Saneamento e liquidação de âmbito comunitário

SECÇÃO I - Instituições de crédito com sede em Portugal e com sucursais noutro Estado membro

SUBSECÇÃO I - Saneamento

Artigo 16º - Adopção de medidas de saneamento

Compete ao Banco de Portugal adotar medidas de saneamento relativamente às instituições de crédito com sede em Portugal e às respectivas sucursais estabelecidas noutros Estados membros da União Europeia.

Artigo 17º - Informação às autoridades de cada Estado membro de acolhimento

1 - Antes da respectiva decisão ou, não sendo possível, imediatamente depois, o Banco de Portugal deve informar as autoridades competentes de cada Estado membro de acolhimento acerca das medidas de saneamento adoptadas e dos seus efeitos concretos.

2 - O previsto no número anterior não é aplicável aos casos de aplicação pelo Banco de Portugal de uma medida de resolução.

Artigo 18º - Publicação

1 - Se a aplicação de medidas de saneamento for susceptível de afectar os direitos de terceiro no Estado membro de acolhimento, o Banco de Portugal publica um extracto da sua decisão no Jornal Oficial da União Europeia e em, pelo menos, dois jornais de circulação nacional no referido Estado membro.

2 - O extracto da decisão é redigido na língua ou nas línguas oficiais do Estado membro de acolhimento, devendo mencionar, pelo menos, o objecto e o fundamento jurídico da decisão, os prazos de recurso, incluindo o respectivo termo, bem como o endereço das entidades competentes para conhecer do recurso.

3 - A falta de publicação nos termos dos números anteriores não obsta à produção dos efeitos das medidas de saneamento.

SUBSECÇÃO II - Liquidação

Artigo 19º - Entrada em liquidação

1 - A entrada em liquidação de instituições de crédito autorizadas em Portugal, incluindo as sucursais situadas noutros Estados membros da União Europeia, rege-se pelo disposto no presente decreto-lei.

2 – Antes da decisão de revogação ou, não sendo possível, imediatamente depois, o Banco de Portugal deve informar as autoridades competentes de cada Estado membro de acolhimento acerca daquela decisão e dos seus efeitos concretos.

3 – O disposto no número anterior aplica-se, com as necessárias adaptações, à dissolução voluntária.

Artigo 20º – Lei aplicável

1 – Salvo o disposto em contrário neste decreto-lei, nomeadamente no nº 3 do presente artigo e nos artigos 27º a 34º, as instituições de crédito referidas no artigo anterior são liquidadas de acordo com as leis, regulamentos e procedimentos aplicáveis em Portugal.

2 – São determinados de acordo com a lei portuguesa, designadamente:

a) Os bens que fazem parte da massa falida e o destino a dar aos bens adquiridos pela instituição de crédito após a instauração do processo de liquidação;

b) A capacidade jurídica da instituição de crédito;

c) Os poderes do liquidatário;

d) Os efeitos do processo de liquidação sobre os contratos de que a instituição de crédito seja parte;

e) Os efeitos do processo de liquidação sobre acções propostas por credores;

f) Os créditos susceptíveis de reclamação e o destino a dar aos créditos constituídos após a instauração do processo de liquidação;

g) As condições de oponibilidade da compensação;

h) As normas relativas à reclamação, verificação e aprovação de créditos;

i) As normas sobre distribuição do produto da liquidação dos bens, a graduação dos créditos e os direitos dos credores que tenham sido parcialmente satisfeitos após a instauração do processo de liquidação por força de direito real ou de compensação;

j) As condições e os efeitos da extinção e da suspensão do processo de liquidação, nomeadamente por concordata;

l) Os direitos dos credores após a extinção do processo de liquidação;

m) As custas e despesas do processo de liquidação;

n) As normas sobre nulidade, anulabilidade ou oponibilidade dos actos prejudiciais ao conjunto dos credores.

3 – A lei portuguesa não é aplicável às hipóteses previstas na alínea *n*) do número anterior, quando o beneficiário dos actos prejudiciais ao conjunto dos credores faça prova, cumulativamente, de que:

a) O acto prejudicial é regulado pela lei de outro Estado membro;

b) No caso em apreço, essa lei proíbe a impugnação do acto por qualquer meio.

Artigo 21º – Publicação

O Banco de Portugal publica no Jornal Oficial da União Europeia e em, pelo menos, dois jornais de circulação nacional em cada Estado membro de acolhimento um extracto da decisão referida no nº 2 do artigo 19º ou da deliberação da dissolução voluntária.

Artigo 22º – Notificação dos credores

1 – Os credores conhecidos que tenham domicílio, residência habitual ou sede social noutros Estados membros devem ser notificados pelo liquidatário, com a brevidade possível, do despacho a que se referem os nºs 1 e 2 do artigo 9º, devendo a notificação informar sobre os prazos a observar, as consequências da inobservância desses prazos, o tribunal competente para receber a reclamação dos créditos, bem como sobre outras medidas que tenham sido determinadas.

2 – Os credores a que se refere o número anterior, cujos créditos gozem de privilégio ou garantia real, são igualmente informados sobre os termos em que possa ou deva processar-se a reclamação desses créditos.

Artigo 23º – Reclamação de créditos

Os créditos cujos titulares tenham domicílio, residência habitual ou sede noutro Estado membro, incluindo os das autoridades públicas, podem ser reclamados e são graduados como os créditos de natureza equivalente cujos titulares tenham residência habitual, domicílio ou sede em Portugal.

Artigo 24º – Idiomas

1 – A informação prevista nos artigos 21º e 22º é prestada em português, utilizando-se, para o efeito, um formulário em que figura, em todas as línguas oficiais da União Europeia, o título «Aviso de reclamação de créditos. Prazos legais a observar».

2 – Os credores que tenham domicílio, residência habitual ou sede social noutro Estado membro podem reclamar os respectivos créditos na língua oficial desse Estado membro.

3 – No caso previsto no número anterior, a reclamação dos créditos inclui em título a expressão «Reclamação de créditos», em língua portuguesa, podendo o liquidatário exigir tradução integral da reclamação para a língua portuguesa.

SECÇÃO II – Sucursais em Portugal de instituições de crédito com sede noutro Estado membro

Artigo 25º – Saneamento

Se o Banco de Portugal considerar necessária a aplicação de uma ou mais medidas de saneamento, a sucursal de instituição de crédito com sede noutro Estado membro da União Europeia deve informar desse facto as respectivas autoridades competentes.

SECÇÃO III – Sucursais de instituições de crédito com sede em países não membros da União Europeia

Artigo 26º – Saneamento e liquidação

1 – O Banco de Portugal deve informar as autoridades competentes dos Estados membros em que tenham sido estabelecidas sucursais constantes da lista referida no artigo 11º da Directiva nº 2000/12/CE, do Parlamento Europeu e do Conselho, de 20 de Março, relativa ao acesso à actividade das instituições de crédito e seu exercício, por instituições com sede em países não membros da União Europeia, da adopção de medidas de saneamento ou da instauração de processos de liquidação relativamente a sucursal dessas instituições estabelecida em Portugal.

2 – O Banco de Portugal e o tribunal competente para a liquidação da sucursal em Portugal coordenam as suas acções com as autoridades administrativas ou judiciais dos Estados membros a que se refere o número anterior, devendo o liquidatário nomeado no âmbito do processo de liquidação, incluindo, se for o caso, os administradores pré-judiciais, proceder da mesma maneira em relação aos seus congéneres.

SECÇÃO IV – Disposições comuns

SUBSECÇÃO I – Lei aplicável a situações especiais

Artigo 27º – Efeitos sobre certos contratos e direitos

Os efeitos da adopção de medidas de saneamento ou da instauração de processos de liquidação regulam-se:

a) Pela lei do Estado membro aplicável ao contrato, quanto a contratos e relações de trabalho;

b) Pela lei do Estado membro do registo, quanto a direitos relativos a bens imóveis, navios ou aeronaves sujeitos a inscrição em registo público;

c) Quanto a contratos que confiram direitos de gozo sobre imóveis ou o direito à sua aquisição, pela lei do Estado membro em cujo território se situem esses imóveis, a qual determina igualmente a qualificação do bem como móvel ou imóvel.

Artigo 28º – Direitos reais de terceiros

1 – A aplicação de medidas de saneamento ou a instauração de processos de liquidação não prejudica os direitos reais de credores ou de terceiros sobre bens corpóreos ou incorpóreos, móveis ou imóveis, incluindo as universalidades, pertencentes à instituição de crédito, que, no momento da aplicação dessas medidas ou da instauração desses processos, se encontrem no território de outro Estado membro.

2 – O disposto no número anterior compreende, nomeadamente:

a) O direito de reivindicar o bem ou de exigir a sua restituição;

b) A consignação de rendimentos e outros direitos reais sobre o rendimento de bens;

c) O direito de obter satisfação do crédito através do produto da alienação ou dos rendimentos de activos, designadamente em execução de caução ou hipoteca;

d) O direito exclusivo de cobrança de dívidas, nomeadamente por força de prestação de caução ou transmissão da dívida a título de garantia.

3 – Considera-se igualmente direito real o direito inscrito em registo público e oponível a terceiros que permita adquirir algum dos direitos previstos no nº 1.

4 – O disposto no presente artigo não prejudica a aplicação das normas previstas na alínea *n*) do nº 2 do artigo 20º

Artigo 29º – Actos supervenientes

A validade dos actos de disposição a título oneroso, praticados após a adopção de medidas de saneamento ou após a instauração do processo de liquidação, regula-se:

a) Pela lei do Estado membro da respectiva situação, tratando-se de imóvel;

b) Pela lei do Estado membro do registo, tratando-se de navio ou aeronave sujeitos a inscrição em registo público;

c) Pela lei do Estado membro do sistema centralizado, do registo ou depósito, ou da conta, relativamente a instrumentos financeiros ou direitos sobre estes instrumentos, cuja existência ou transmissão pressuponha a sua inscrição em sistema centralizado, registo ou depósito, ou em conta.

Artigo 30º – Compra e venda de activos

Sem prejuízo da aplicação das normas a que se refere a alínea *n*) do nº 2 do artigo 20º, a adopção de medidas de saneamento ou a instauração de processos de liquidação não prejudica:

a) Os direitos do vendedor de activos à instituição de crédito que se fundamentem em reserva de propriedade, se, no momento da adopção da medida ou da instauração do processo, os activos se encontrarem no território de outro Estado membro;

b) A aquisição de activos à instituição de crédito, por esta já entregues, nem constitui fundamento para resolução da sua compra, se, no momento da adopção da medida ou da instauração do processo, aqueles activos se encontrarem no território de outro Estado membro.

Artigo 31º – Compensação

Sem prejuízo da aplicação das normas a que se refere a alínea *n*) do nº 2 do artigo 20º, a adopção de medidas de saneamento ou a instauração de processo de liquidação não prejudica o direito dos credores à compensação dos seus créditos com os da instituição em causa, desde que esse direito seja reconhecido pela lei aplicável aos créditos da instituição.

Artigo 32º – Instrumentos financeiros

1 – Regula-se pela lei do Estado membro do sistema centralizado, do registo ou depósito, ou da conta, o exercício de direitos de propriedade ou de outros direitos sobre instrumentos financeiros, cuja existência ou transmissão pressuponha a sua inscrição em sistema centralizado, registo ou depósito, ou em conta.

2 – Sem prejuízo do disposto no número anterior, as transacções efectuadas no quadro de um mercado regulamentado regem-se exclusivamente pela lei aplicável aos respectivos contratos.

3 – Sem prejuízo do disposto no nº 1 e nos artigos 145º-AB e 145º-AV do RGICSF, os contratos de reporte regem-se exclusivamente pela lei aplicável aos respetivos contratos.

Artigo 33º – Convenções de compensação e de novação

Sem prejuízo do disposto nos artigos 145º-AB e 145º-AV do RGICSF, as convenções de compensação e de novação (netting agreements) regem-se exclusivamente pela lei aplicável ao respetivo contrato.

Artigo 34º – Processos pendentes

Os efeitos da adopção de medidas de saneamento ou da instauração de processos de liquidação sobre processos pendentes que tenham por objecto actos que envolvam diminuição da garantia patrimonial da instituição de crédito regulam-se exclusivamente pela lei do Estado membro em que os processos estejam pendentes.

SUBSECÇÃO II – Poderes do administrador e do liquidatário

Artigo 35º – Exercício de poderes

1 – Os administradores ou o liquidatário podem exercer em território nacional os poderes que estão habilitados a exercer no Estado membro em que tenham sido adoptadas medidas de saneamento ou instaurado o processo de liquidação.

2 – Os administradores ou o liquidatário podem designar pessoas que os coadjuvem ou os representem no âmbito das medidas de saneamento ou processo de liquidação.

3 – No exercício dos seus poderes, os administradores ou o liquidatário observam a lei portuguesa, em particular, no que respeita às modalidades de venda dos bens.

Artigo 36º – Prova da nomeação dos liquidatários

1 – A prova da nomeação dos administradores ou do liquidatário, incluindo, se for o caso, dos administradores pré-judiciais, é efectuada mediante apresentação de cópia autenticada da decisão da sua nomeação ou de certificado emitido pelas autoridades competentes.

2 – Pode ser exigida aos administradores ou ao liquidatário a tradução dos documentos referidos no número anterior, sem dependência de legalização dessa tradução ou de qualquer outra formalidade.

Artigo 37º – Inscrição em registo público

Sem prejuízo da respectiva obrigatoriedade, quando prevista, os administradores, o liquidatário, incluindo, se for o caso, os administradores pré-judiciais, e as autoridades administrativas ou judiciais têm legitimidade para requerer a inscrição das medidas de saneamento ou de instauração do processo de liquidação no registo predial ou comercial.

SECÇÃO V – Decisões tomadas noutros Estados membros

Artigo 38º – Reconhecimento de decisões

As decisões de adopção de medidas de saneamento e de instauração de processos de liquidação tomadas pelas autoridades administrativas ou judiciais de outro Estado membro, em conformidade com o disposto na Directiva nº 2001/24/CE, do Parlamento Europeu e do Conselho, de 4 de Abril, são reconhecidas em Portugal, independentemente de revisão, confirmação ou de outra formalidade de efeito equivalente.

CAPÍTULO IV – Disposições finais e transitórias

Artigo 39º – Cumprimento das obrigações

1 – É liberatório o pagamento feito a instituição de crédito que não seja pessoa colectiva, em liquidação noutro Estado membro, se, no momento do pagamento, a instauração do processo de liquidação for desconhecida de quem o efectue.

2 – Salvo prova em contrário, presume-se:

a) Não haver conhecimento da instauração do processo de liquidação se o pagamento tiver sido efectuado antes da publicação a que alude o artigo 21º;

b) Haver conhecimento da instauração do processo de liquidação se o pagamento tiver sido efectuado após a publicação referida na alínea anterior.

Artigo 40º – Segredo profissional

Ficam sujeitas ao dever de segredo, nos termos do disposto no RGICSF, todas as pessoas intervenientes na aplicação de medidas de saneamento ou em processos de liquidação.

Artigo 41º – Norma revogatória

É revogado o Decreto-Lei nº 30689, de 27 de Agosto de 1940, com excepção das normas relativas à liquidação que continuam a aplicar-se às caixas de crédito agrícola mútuo pertencentes ao Sistema Integrado do Crédito Agrícola Mútuo, nos termos da respectiva legislação especial.

Artigo 42º – Entrada em vigor e aplicação no tempo

1 – O presente decreto-lei entra em vigor no dia seguinte ao da sua publicação.

2 – O presente decreto-lei apenas é aplicável às medidas de saneamento adoptadas ou aos processos de liquidação instaurados após a sua entrada em vigor.

Visto e aprovado em Conselho de Ministros de 3 de Agosto de 2006. – *António Luís Santos Costa – Manuel Lobo Antunes – João José Amaral Tomaz – José Manuel Vieira Conde Rodrigues.*

Promulgado em 13 de Outubro de 2006.

Publique-se.

O Presidente da República, ANÍBAL CAVACO SILVA.

Referendado em 18 de Outubro de 2006.

O Primeiro-Ministro, *José Sócrates Carvalho Pinto de Sousa.*

Portaria nº 1039/2004, de 13 de Agosto

Aprova, nos termos do nº 6 do artigo 252º do Código de Insolvência e da Recuperação de Empresas, vários modelos a serem juntos ao plano de pagamentos

Com a aprovação do Código da Insolvência e da Recuperação de Empresas (CIRE) pelo Decreto-Lei nº 53/2004, de 18 de Março, reformou-se profundamente o direito falimentar português. Em traços gerais, ocorreu não só a modificação da estrutura do processo, como também a introdução de novas figuras com ele relacionadas. Uma dessas figuras é o plano de pagamentos, que, todavia, apenas se aplica nos casos em que o devedor seja uma pessoa singular, que não seja empresário ou que seja titular de uma pequena empresa.

O plano de pagamentos consiste numa proposta de satisfação dos direitos dos credores que acautele devidamente os seus interesses e que poderá conter moratórias, perdões, constituições de garantias, extinções, totais ou parciais, de garantias reais ou privilégios creditórios existentes, um programa calendarizado de pagamentos ou o pagamento numa só prestação e a adopção pelo devedor de medidas concretas de qualquer natureza susceptíveis de melhorar a sua situação patrimonial. O plano de pagamentos é apresentado pelo devedor conjuntamente com a petição inicial do processo de insolvência ou após a sua citação, no caso de o pedido de insolvência ter sido requerido por terceiro. O processo dc insolvência em que ocorra a apresentação de um plano de pagamentos e este seja homologado possui características especiais face ao processo comum de insolvência, entre as quais se contam o encerramento do processo após o trânsito em julgado das sentenças de homologação do plano de pagamentos e de declaração de insolvência.

Desta forma, o plano de pagamentos é um instrumento útil para imprimir celeridade ao processo de insolvência e obter a satisfação dos direitos dos credores, constituindo, face ao processo comum de insolvência, uma verdadeira alternativa para as pessoas singulares, quer se tratem de não empresários quer de titulares de pequenas empresas.

Nos termos do nº 6 do artigo 252º do CIRE, os anexos que acompanham o plano de pagamentos elaborado pelo devedor devem constar de modelo aprovado por portaria do Ministro da Justiça.

Assim:

Manda o Governo, pela Ministra da Justiça, ao abrigo do nº 6 do artigo 252º do Código da Insolvência e da Recuperação de Empresas, aprovado pelo Decreto-Lei nº 53/2004, de 18 de Março, que sejam aprovados os seguintes modelos, anexos à presente portaria:

a) Declaração de que o devedor preenche os requisitos do artigo 249º do Código da Insolvência e da Recuperação de Empresas (anexo I);

b) Relação dos bens disponíveis do devedor, bem como dos seus rendimentos (anexo II);

c) Sumário com o conteúdo essencial da relação de bens disponíveis do devedor e dos seus rendimentos, designado por resumo do activo (anexo III);

d) Relação por ordem alfabética dos credores e dos seus endereços, com indicação dos montantes, natureza e eventuais garantias dos seus créditos (anexo IV);

e) Declaração que as informações prestadas são verdadeiras e completas (anexo V).

A Ministra da Justiça, *Maria Celeste Ferreira Lopes Cardona*, em 2 de Julho de 2004.

ANEXO I

Eu, [nome do devedor], declaro que preencho os requisitos constantes no artigo 249º do Código da Insolvência e da Recuperação de Empresas. Nestes termos, declaro que sou uma pessoa singular e que não fui titular da exploração de qualquer empresa nos três anos anteriores à apresentação da petição inicial do processo de insolvência ou que, à data do início do processo, não tenho dívidas laborais, o número dos meus credores não é superior a 20 e o meu passivo global não excede os € 300000.

ANEXO II

Eu, [nome do devedor], declaro que os meus bens disponíveis são:

Caso se trate de um bem imóvel:

1º [identificação do bem], [estado de conservação], sito em [localização que deve compreender a rua/lugar, localidade, freguesia e concelho], não descrito/descrito sob o número [indicação do número] na Conservatória do Registo Predial de [indicação da conservatória] e omisso na matriz/inscrito sob o artigo [indicação do artigo] no Serviço de Finanças de [indicação do serviço de finanças].

Caso se trate de um bem móvel sujeito a registo:

1º [identificação do bem, incluindo o número de matrícula ou o número de registo], [estado de conservação], que se encontra em [localização que deve compreender a rua/lugar, localidade, freguesia e concelho], do ano de [indicação do ano], registado na Conservatória/entidade de registo [indicação do organismo competente], no valor aproximado de [indicação do valor].

Caso se trate de um bem móvel não sujeito a registo:

1º [identificação do bem], [estado de conservação], que se encontra em [localização que deve compreender a rua/lugar, localidade, freguesia e concelho], do ano de [indicação do ano], no valor aproximado de [indicação do valor].

Caso algum dos bens supradescritos proporcione rendimentos, os mesmos deverão ser discriminados na verba respectiva.

ANEXO III

Resumo do activo

Eu, [nome do devedor], declaro que o conteúdo essencial da relação de bens disponíveis apresentada é constituído por: [indicação e descrição dos bens da mesma forma que se encontra no anexo II].

ANEXO IV

Eu, [nome do devedor], declaro que os meus credores, por ordem alfabética, são os seguintes:

a) [nome do credor], residente em [endereço do credor], com um crédito no montante de [indicação do montante] decorrente de [indicação da natureza do crédito] e garantido por [indicação das eventuais garantias do crédito].

ANEXO V

Eu, [nome do devedor], declaro que todas as informações prestadas constantes dos anexos I, II, III e IV são verdadeiras e completas.

Portaria nº 51/2005, de 20 de Janeiro

Rectificada pela Declaração de Rectificação nº 25/2005, de 22 de Março

Aprova o montante fixo da remuneração do administrador da insolvência nomeado pelo juiz, bem como as tabelas relativas ao montante variável de tal remuneração, em função dos resultados obtidos

A Lei nº 32/2004, de 22 de Julho, aprovou o estatuto do administrador da insolvência, remetendo para portaria a fixação dos valores da respectiva remuneração.

A presente portaria aprova o montante fixo de remuneração do administrador da insolvência nomeado pelo juiz, bem como as tabelas relativas ao montante variável de tal remuneração, em função dos resultados obtidos.

Procede-se ainda à regulamentação da forma como são pagas as despesas do administrador da insolvência, em especial quanto à provisão paga nos termos dos artigos 26º e 27º do Estatuto. Assim:

Manda o Governo, pelos Ministros das Finanças e da Administração Pública e da Justiça, ao abrigo do disposto na alínea *c*) do artigo 199º da Constituição e na Lei nº 32/2004, de 22 de Julho, o seguinte:

1º - Valor fixo da remuneração

1 - O valor da remuneração do administrador da insolvência nomeado pelo juiz, nos termos do nº 1 do artigo 20º da Lei nº 32/2004, de 22 de Julho, que aprovou o estatuto do administrador da insolvência, é de € 2000.

2 - No caso de o administrador da insolvência exercer as suas funções por menos de seis meses devido à sua substituição por outro administrador, aquele terá direito somente á primeira das prestações referidas no nº 2 do artigo 26º da Lei nº 32/2004, de 22 de Julho, que aprovou o estatuto do administrador da insolvência.

2º – Tabelas de remuneração variável

São aprovadas, em anexo à presente portaria, as tabelas que estabelecem a remuneração variável do administrador da insolvência, nos termos dos nºs 2 a 4 do artigo 20º da Lei nº 32/2004, de 22 de Julho, que aprovou o estatuto do administrador da insolvência.

3º – Provisão para despesas

1 – Presume-se que a provisão para despesas paga pelo Cofre Geral dos Tribunais nos termos do nº 5 do artigo 26º e do nº 2 do artigo 27º da Lei nº 32/2004, de 22 de Julho, corresponde às despesas efectuadas pelo administrador da insolvência, não havendo lugar à restituição da mesma ainda que as despesas efectivamente realizadas sejam inferiores ao valor da provisão.

2 – Nos casos previstos no nº 2 do artigo 27º da Lei nº 32/2004, de 22 de Julho, se o montante das despesas realizadas pelo administrador da insolvência for superior à provisão paga, o reembolso pelo Cofre Geral dos Tribunais só é efectuado mediante a apresentação de prova documental justificativa.

Em 12 de Janeiro de 2005.

O Ministro das Finanças e da Administração Pública, *António José de Castro Bagão Félix*. – O Ministro da Justiça, *José Pedro Aguiar Branco*.

ANEXO I

Tabela a que se refere o nº 2 do artigo 20º da Lei nº 32/2004, de 22 de Julho, que aprovou o estatuto do administrador da insolvência.

Escalões (em euros)	Taxa base (em percentagem)	Taxa marginal (em percentagem)
Até 15000	7	7
De 15 000,01 até 50 000	5,5	5,95
De 50 000,01 até 150 000	3	3,983
De 150 000,01 até 250 000	2,5	3,39
De 250 000,01 até 500 000	2	2,695
De 500 000,01 até 1 000 000	1,25	1,972 5
De 1 000 000,01 até 2 000 000	0,5	1,236 3
De 2 000 000,01 até 5 000 000	0,45	0,764 5
De 5 000 000,01 até 7 500 000	0,3	0,609 7
Superior a 7 500 000	0,1	

O resultado da liquidação da massa insolvente, tal como definido no nº 3 do artigo 20º da Lei nº 32/2004, de 22 de Julho, que aprovou o estatuto do administrador da insolvência, quando superior a € 15 000, é dividido em duas partes: uma, igual ao limite do maior dos escalões que nele couber, à qual se aplica a taxa marginal correspondente a esse escalão, outra, igual ao excedente, à qual se aplica a taxa base respeitante ao escalão imediatamente superior.

ANEXO II
Tabela a que se refere o nº 4 do artigo 20º da Lei nº 32/2004, de 22 de Julho, que aprovou o estatuto do administrador da insolvência.

Percentagem dos créditos admitidos que foi satisfeita	Factor aplicável
Até 5	1
De mais de 5 até 10	1,05
De mais de 10 até 20	1,10
De mais de 20 até 30	1,20
De mais de 30 até 50	1,30
De mais de 50 até 70	1,40
Superior a 70	1,60

Resolução do Conselho de Ministros nº 43/2011, de 25 de Outubro de 2011

Aprova os Princípios Orientadores da Recuperação Extrajudicial de Devedores

O memorando de entendimento celebrado entre a República Portuguesa e o Banco Central Europeu, a Comissão Europeia e o Fundo Monetário Internacional no quadro do programa de auxílio financeiro a Portugal prevê um conjunto de medidas que têm como objectivo a promoção dos mecanismos de reestruturação extrajudicial de devedores, ou seja, de procedimentos que permitem que, antes de recorrerem ao processo judicial de insolvência, a empresa que se encontra numa situação financeira difícil e os respectivos credores possam optar por um acordo extrajudicial que visa a recuperação do devedor e que permita a este continuar a sua actividade económica.

O enfoque dado a estes mecanismos decorre do facto de se considerar que, em comparação com o processo judicial de insolvência, estes procedimentos, em virtude da sua flexibilidade e eficiência, permitem alcançar diversas vantagens: a empresa mantém-se sempre em actividade, os credores têm uma taxa de recuperação de crédito mais elevada e a empresa mantém as suas relações jurídicas e económicas com trabalhadores, clientes e fornecedores.

Por outro lado, estes procedimentos permitem ainda evitar que estas situações cheguem aos tribunais, libertando-os para outros processos.

Por estes motivos, os procedimentos extrajudiciais de recuperação de devedores são instrumentos fundamentais numa estratégia de recuperação e viabilização de empresas em dificuldade económica.

No entanto, o sucesso destes procedimentos depende de um conjunto de condições que têm que ser reunidas e conhecidas dos interessados.

Daí que, entre os compromissos assumidos por Portugal no referido memorando de entendimento, se encontre o compromisso de definir «princípios gerais de reestruturação voluntária extra judicial em conformidade com boas práticas internacionais» (compromisso 2.18).

Estes princípios gerais consistem, no fundo, num conjunto de regras a serem seguidas pelas partes, se assim o entenderem, com o objectivo de potenciar o processo negocial iniciado tendo em vista a recuperação de uma empresa, contribuindo para o aumento do número de negociações concluídas com sucesso.

Tratam-se, por isso, de princípios orientadores, de adesão voluntária, que resultam do trabalho conjunto dos Ministérios das Finanças, da Justiça, da Economia e do Emprego e da Solidariedade e Segurança Social, e que foram desenvolvidos tendo em conta as boas práticas e recomendações internacionais.

No que respeita aos credores públicos, estes devem divulgar e promover a adopção destes princípios junto das entidades privadas que com eles se relacionam, mas devendo a eventual aplicação destes princípios, na totalidade ou parcialmente, efectuar-se dentro do quadro legal que rege a intervenção dessas entidades nos procedimentos extrajudiciais de reestruturação.

Para além da definição destes princípios orientadores, importa garantir a sua divulgação junto daqueles que são, de modo mais premente, os destinatários desta medida: as empresas e respectivos empresários que, enquanto devedores ou credores, podem estar envolvidos num procedimento extrajudicial de reestruturação.

Assim:

Nos termos da alínea *g*) do artigo 199º da Constituição, o Conselho de Ministros resolve:

1 – Aprovar os Princípios Orientadores da Recuperação Extrajudicial de Devedores, publicados em anexo à presente resolução e que dela fazem parte integrante, enquanto instrumento de adesão voluntária destinado a promover a eficácia dos procedimentos extrajudiciais de recuperação de devedores.

2 – Determinar que os ministérios com competência e intervenção no âmbito da recuperação extrajudicial de devedores devem divulgar e promover o recurso aos princípios referidos no número anterior.

3 – Determinar que, entre as actividades de divulgação e promoção referidas no número anterior, devem ser privilegiadas, entre outras formas de actuação, a celebração de protocolos com associações representativas dos sectores económicos mais susceptíveis de participarem nos procedimentos extrajudiciais de recuperação de devedores, nos quais os signatários se comprometam a promover, no âmbito das suas actividades, a utilização dos Princípios Orientadores.

Presidência do Conselho de Ministros, 29 de Setembro de 2011. – O Primeiro-Ministro, *Pedro Passos Coelho*.

ANEXO
Princípios Orientadores da Recuperação Extrajudicial de Devedores

De modo a fomentar o recurso ao procedimento extrajudicial de recuperação de empresas, bem como a contribuir para o aumento do número de negociações concluídas com sucesso, foram assumidas pela República Portuguesa, no âmbito do memorando de entendimento celebrado com o Banco Central Europeu, com a Comissão Europeia e com o Fundo Monetário Internacional no quadro do programa de auxílio financeiro a Portugal, um conjunto de medidas que têm como objectivo a promoção dos mecanismos de reestruturação extrajudicial de devedores, entre as quais se encontra o compromisso de definir «princípios gerais de reestruturação voluntária extra judicial em conformidade com boas práticas internacionais» (compromisso 2.18).

A emissão desses princípios, que se efectua através do presente documento, dá assim cumprimento ao compromisso assumido por Portugal e enquadra-se num conjunto de mais alargado de medidas de incentivo à reestruturação extrajudicial de devedores, que inclui alterações ao Código da Insolvência e da Recuperação de Empresas, visando, nomeadamente, a introdução de um mecanismo processual de aprovação de planos de reestruturação negociados fora dos tribunais e a revisão do procedimento extrajudicial de recuperação que decorre junto do Instituto de Apoio às Pequenas e Médias Empresas e à Inovação (IAPMEI).

O destaque dado, no referido memorando de entendimento, ao procedimento extrajudicial de recuperação de devedores decorre das vantagens que o desenvolvimento de um mecanismo desta natureza poderá permitir, enquanto instrumento fundamental numa estratégia de recuperação e viabilização de empresas em dificuldade económica.

O procedimento extrajudicial de recuperação de devedores permite que, antes de se recorrer ao processo judicial de insolvência, as partes – ou seja, a empresa que se encontra numa situação financeira difícil (o devedor) e os respectivos credores – possam optar por um acordo extrajudicial visando a recuperação do devedor e a continuação da sua actividade económica.

Uma negociação extrajudicial bem sucedida tem, assim, como resultado final um plano de reestruturação da dívida acordado entre devedor e credores, assente na redefinição dos prazos de pagamento ou até no perdão de parte da dívida, e que permite ao devedor manter-se em actividade sem interrupções.

Quando comparado com o processo judicial de insolvência, é genericamente reconhecido, a nível internacional, que o procedimento extrajudicial permite reestruturações mais vantajosas para todos os envolvidos, em atenção à flexibilidade e eficiência dos seus procedimentos. Este procedimento permite ainda:

- Que a empresa se mantenha em actividade sem necessidade de intervenção de terceiros (nomeadamente, o administrador da insolvência), contribuindo para que esta ultrapasse as suas dificuldades económicas;
- Que os credores reduzam as suas perdas (os dados estatísticos apontam para uma maior recuperação de créditos nos casos de recuperação extrajudicial de empresas, quando comparada com os casos de insolvência e liquidação do património do devedor);
- Evitar os efeitos sociais e económicos negativos que advêm da liquidação de uma empresa, traduzindo-se num procedimento benéfico, também, para trabalhadores, clientes, fornecedores e investidores;
- A adopção de mecanismos informais mais céleres, eficientes e eficazes que, quando aplicados correctamente, permitem resoluções mais rápidas dos processos, com mais elevadas taxas de recuperação das empresas;
- Que, em comparação com o processo judicial de insolvência, o devedor e os credores envolvidos tenham maior controlo do processo e das soluções adoptadas;
- Libertar os tribunais para outros processos, contribuindo assim, também, para uma maior eficiência e celeridade do sistema judicial.

Só podem recorrer a este mecanismo devedores que se encontrem, efectivamente, numa situação financeira que ainda permita a sua recuperação, pelo que o momento em que se iniciam as negociações entre devedor e credores é fundamental para o sucesso das mesmas.

Por outro lado, se nos casos mais simples as negociações podem envolver todos os credores, nas situações mais complexas ou com grande número de credores pode ser preferível que apenas participem os principais credores. Nestes casos, o acordo extrajudicial que venha a ser conseguido não pode, por si só, afectar os direitos de outros credores não envolvidos nas negociações ou impor-lhes qualquer obrigação que não aceitaram, podendo ser necessário recorrer, então, aos mecanismos judiciais legalmente previstos para esse efeito.

Fundamental é que, tratando-se de um procedimento voluntário, os credores entendam que o mesmo se baseia na sua vontade de ajudar o devedor e, com isso, obterem, também, benefícios a longo prazo.

Como referido, o IAPMEI exerce, através do procedimento extrajudicial de recuperação que já tem implementado, importantes funções, não só no âmbito da própria mediação, mas também na divulgação dos procedimentos extrajudiciais e das suas vantagens, constituindo-se como o interlocutor público privilegiado para todos os interessados nesses mecanismos.

Os princípios orientadores são, deste modo, recomendações destinadas a potencializar as negociações num processo extrajudicial de reestruturação, providenciando-se deste modo ao devedor e aos credores um instrumento ao qual podem recorrer, podendo a sua utilização ocorrer quer as negociações envolvam todos os credores quer envolvam apenas os principais credores.

Estes princípios orientadores resultam de um trabalho conjunto dos Ministérios das Finanças, da Justiça, da Economia e do Emprego e da Solidariedade e Segurança Social e foram desenvolvidos tendo em conta as boas práticas e recomendações internacionais existentes nesta matéria, nomeadamente o *Statement of Principles for a Global Approach to Multi-Creditor Workouts*, publicado pela Insol International, e as soluções internacionais, nomeadamente europeias, adoptadas nos anos mais recentes.

Princípios Orientadores

A conduta do devedor e dos credores durante o procedimento extrajudicial de recuperação de devedores deve orientar-se pelos seguintes princípios:

Primeiro princípio. – O procedimento extrajudicial de recuperação de devedores corresponde às negociações entre o devedor e os credores envolvidos, tendo em vista obter um acordo que permita a efectiva recuperação do devedor. O procedimento extrajudicial corresponde a um compromisso assumido entre o devedor e os credores envolvidos, e não a um direito, e apenas deve ser iniciado quando os problemas financeiros do devedor possam ser ultrapassados e este possa, com forte probabilidade, manter-se em actividade após a conclusão do acordo.

Segundo princípio. – Durante todo o procedimento, as partes devem actuar de boa-fé, na busca de uma solução construtiva que satisfaça todos os envolvidos.

Terceiro princípio. – De modo a garantir uma abordagem unificada por parte dos credores, que melhor sirva os interesses de todas as partes, os credores envolvidos podem criar comissões e ou designar um ou mais representantes para negociar com o devedor. As partes podem, ainda, designar consultores que as aconselhem e auxiliem nas negociações, em especial nos casos de maior complexidade.

Quarto princípio. – Os credores envolvidos devem cooperar entre si e com o devedor de modo a concederem a este um período de tempo suficiente (mas limitado) para obter e partilhar toda a informação relevante e para elaborar e apresentar propostas para resolver os seus problemas financeiros. Este período de tempo, designado por período de suspensão, é uma concessão dos credores envolvidos, e não um direito do devedor.

Quinto princípio. – Durante o período de suspensão, os credores envolvidos não devem agir contra o devedor, comprometendo-se a abster-se de intentar novas acções judiciais e a suspender as que se encontrem pendentes.

Sexto princípio. – Durante o período de suspensão, o devedor compromete-se a não praticar qualquer acto que prejudique os direitos e as garantias dos credores (conjuntamente ou a título individual), ou que, de algum modo, afecte negativamente as perspectivas dos credores de verem pagos os seus créditos, em comparação com a sua situação no início do período de suspensão.

Sétimo princípio. – O devedor deve adoptar uma postura de absoluta transparência durante o período de suspensão, partilhando toda a informação relevante sobre a sua situação, nomeadamente a respeitante aos seus activos, passivos, transacções comerciais e previsões da evolução do negócio.

Oitavo princípio. – Toda a informação partilhada pelo devedor, incluindo as propostas que efectue, deve ser transmitida a todos os credores envolvidos e reconhecida por estes como confidencial, não podendo ser usada para outros fins, excepto se estiver publicamente disponível.

Nono princípio. – As propostas apresentadas e os acordos realizados durante o procedimento, incluindo aqueles que apenas envolvam os credores, devem reflectir a lei vigente e a posição relativa de cada credor.

Décimo princípio. – As propostas de recuperação do devedor devem basear-se num plano de negócios viável e credível, que evidencie a capacidade do devedor de gerar fluxos de caixa necessários ao plano de reestruturação, que demonstre que o mesmo não é apenas um expediente para atrasar o processo judicial de insolvência, e que contenha informação respeitante aos passos a percorrer pelo devedor de modo a ultrapassar os seus problemas financeiros.

Décimo primeiro princípio. – Se durante o período de suspensão ou no âmbito da reestruturação da dívida for concedido financiamento adicional ao devedor, o crédito resultante deve ser considerado pelas partes como garantido.

Resolução do Conselho de Ministros nº 11/2012, de 19 de Janeiro de 2012

Cria o Programa Revitalizar, uma iniciativa do Governo com vista à otimização do enquadramento legal, tributário e financeiro, em que o tecido empresarial em Portugal desenvolve a sua atividade

Um dos principais objetivos de política económica do XIX Governo Constitucional consiste na criação de apoios e incentivos à reestruturação e revitalização do tecido empresarial, dadas as externalidades positivas que promove, como sejam a criação de postos de trabalho, o crescimento das exportações, o fomento do desenvolvimento regional, em particular das regiões mais carecidas, o dinamismo das entidades da economia social, bem como o contributo para a estabilização do sistema de segurança social.

Também o Memorando de Entendimento sobre as Condicionalidades de Política Económica, celebrado entre a República Portuguesa e o Banco Central Europeu, a Comissão Europeia e o Fundo Monetário Internacional, no quadro do programa de auxílio financeiro a Portugal, prevê um conjunto de medidas que têm como objetivo a promoção de mecanismos de revitalização empresarial tendentes à recuperação de empresas, nomeadamente, através de processos negociais com reduzida ou mesmo nula intervenção em sede judicial.

A deterioração do contexto económico e financeiro, nacional e internacional, e a consequente desalavancagem generalizada da banca, vieram agravar as fragilidades das empresas em Portugal, em particular das pequenas e médias empresas (PME), o que resultou no aumento da morosidade no cumprimento das respetivas obrigações contratuais e incumprimentos efetivos.

De uma forma geral, as empresas nacionais apresentam uma estrutura financeira desequilibrada, com elevada dependência do financiamento de terceiros, em particular da banca, e possuem capitais próprios inferiores ao desejável. Adicionalmente, as empresas têm, na maioria dos casos, uma estrutura de governação pouco profissionalizada, nem sempre alinhada com as melhores práticas de governança e apresentam uma estrutura acionista de matriz e natureza familiar.

A situação acima mencionada tem um impacto direto na região em que as empresas se encontram estabelecidas, conduzindo à destruição de emprego e desestruturando subsequentemente o equilíbrio socioeconómico aí existente, prejudicando os objetivos de coesão territorial.

Algumas das empresas que se encontram na situação referida nos parágrafos anteriores poderão ser efetivamente recuperadas se for possível encetar um conjunto de medidas tendentes a otimizar a sua gestão, a reconfigurar adequadamente o seu modelo de negócio e, finalmente, a proceder à sua reestruturação financeira mediante instrumentos de financiamento de médio e longo prazo, bem como através de formas eficazes de apoio ao fundo de maneio.

Tendo em vista aquele objetivo, isto é, o de revitalizar empresas viáveis, torna-se necessária a existência de um ambiente regulamentar e tributário adequado. Com este intuito já foi plasmado no Projeto de lei que procede à alteração ao Código de Insolvência e da Recuperação de Empresas o novo Processo Especial de Revitalização com o objetivo de promover a revitalização de empresas, assegurando a produção de riqueza e a manutenção de postos de trabalho. Encontra-se, igualmente, em curso a revisão de um sistema de negociação extrajudicial que permita às empresas regularizarem os compromissos assumidos para com os seus credores, assegurando a estabilização da sua situação financeira. Concorre, ainda para os mesmos objetivos a crescente harmonização de regras de regularização de dívidas de empresas para com alguns organismos do Estado.

Adicionalmente, é necessário garantir uma articulação ágil e eficaz entre as diversas entidades, públicas e privadas, essenciais àquele processo de revitalização bem como a existência de instrumentos financeiros ajustados às necessidades específicas de cada empresa e com capacidade de resposta à dimensão da procura, em particular, quando estejam em causa unidades empresariais com grande impacto socioeconómico local ou regional.

O Programa Revitalizar é um programa de ação do Governo envolvendo, nomeadamente, o Ministério da Economia e do Emprego, o Ministério das Finanças, o Ministério da Justiça e o Ministério da Solidariedade e da Segurança Social, e visa dar uma resposta estratégica global à importância que presentemente assume a temática da revitalização do tecido empresarial em Portugal.

É necessário apostar em mecanismos céleres e cada vez mais imediatos, pelo que o tempo é um elemento preponderante na construção de um eficiente e eficaz regime de incentivo às empresas. Assim, no âmbito das respostas necessárias à otimização dos processos de revitalização é fundamental criar condições para que o recurso por parte das empresas aos mecanismos legais disponibilizados ocorra cada vez mais cedo, antecipando os problemas mais graves e evitando que os problemas existentes na estrutura e na gestão empresariais coloquem em causa a revitalização desejada.

Pelo exposto, e reafirmando a regeneração e revitalização do tecido empresarial nacional como um dos principais objetivos de política económica do XIX Governo Constitucional, afigura-se crítica uma intervenção concertada entre vários ministérios.

Assim:

Nos termos da alínea *g*) do artigo 199º da Constituição, o Conselho de Ministros resolve:

1 – Lançar o Programa Revitalizar, uma iniciativa do Governo com vista à otimização do enquadramento legal, tributário e financeiro em que o tecido empresarial em Portugal desenvolve a sua atividade, de modo a fomentar projetos empresariais operacionalmente viáveis, mas em que a componente financeira se encontra desajustada face ao modelo de negócio em que aqueles projetos se inserem e às condicionantes existentes no panorama económico-financeiro atual.

2 – Estabelecer como objetivos prioritários do Programa Revitalizar:

a) A execução de mecanismos eficazes de revitalização de empresas viáveis nos domínios da insolvência e da recuperação de empresas;

b) O desenvolvimento de mecanismos céleres e eficazes na articulação das empresas com o Estado, em particular com a Segurança Social e a Administração Tributária, tendo em vista o desenho de soluções que promovam a viabilização daquelas;

c) O reforço dos instrumentos financeiros disponíveis para a capitalização e reestruturação financeira de empresas, com particular enfoque no capital de risco e em outros instrumentos que em simultâneo concorram para o desenvolvimento regional;

d) A facilitação de processos de transação de empresas ou de ativos empresariais tangíveis ou intangíveis;

e) A agilização da articulação entre as empresas e os instrumentos financeiros do Estado e os do sistema financeiro, com vista a acelerar processos decisórios e a assegurar o êxito das operações de revitalização empresarial.

3 – Criar uma Comissão de Dinamização e Acompanhamento Interministerial do Programa Revitalizar, coordenada pelo Ministério da Economia e do Emprego e integrada por representantes dos Ministérios das Finanças, da Justiça e da Solidariedade e da Segurança Social.

4 – Determinar que, no prazo de 30 dias a contar da data da publicação da presente resolução, seja apresentado um primeiro conjunto de iniciativas do

Programa Revitalizar, sem prejuízo de outras que o possam posteriormente integrar.

5 – Determinar que a presente resolução do Conselho de Ministros entra em vigor no dia seguinte ao da sua publicação.

Presidência do Conselho de Ministros, 19 de janeiro de 2012. – O Primeiro-Ministro, *Pedro Passos Coelho.*

Legislação Comunitária

Regulamento (UE) 2015/848 do Parlamento Europeu e do Conselho de 20 de Maio de 2015

Relativo aos processos de insolvência (reformulação)

O PARLAMENTO EUROPEU E O CONSELHO DA UNIÃO EUROPEIA,

Tendo em conta o Tratado sobre o Funcionamento da União Europeia, nomeadamente o artigo 81º,

Tendo em conta a proposta da Comissão Europeia,

Após transmissão do projeto de ato legislativo aos parlamentos nacionais,

Tendo em conta o parecer do Comité Económico e Social Europeu[1],

Deliberando de acordo com o processo legislativo ordinário[2],

Considerando o seguinte:

(1) Em 12 de dezembro de 2012, a Comissão adotou um relatório sobre a aplicação do Regulamento (CE) nº 1346/2000 do Conselho[3]. O relatório concluiu que a aplicação do regulamento é geralmente satisfatória, mas que seria desejável aperfeiçoar a aplicação de algumas das suas disposições, a fim de melhorar a gestão eficaz dos processos de insolvência transfronteiriços. Uma vez que o regulamento foi alterado várias vezes e que é necessário fazer novas alterações, por razões de clareza, deverá proceder-se à reformulação do referido regulamento.

(2) A União estabeleceu o objetivo de criar um espaço de liberdade, de segurança e de justiça.

[1] JO C 271 de 19.9.2013, p. 55.

[2] Posição do Parlamento Europeu de 5 de fevereiro de 2014 (ainda não publicada no Jornal Oficial) e posição do Conselho em primeira leitura de 12 de março de 2015 (ainda não publicada no Jornal Oficial). Posição do Parlamento Europeu de 20 de maio de 2015 (ainda não publicada no Jornal Oficial)

[3] Regulamento (CE) nº 1346/2000 do Conselho, de 29 de maio de 2000, relativo aos processos de insolvência (JO L 160 de 30.6.2000, p. 1)

(3) O bom funcionamento do mercado interno implica a tramitação eficiente e eficaz dos processos de insolvência que produzem efeitos transfronteiriços. A aprovação do presente regulamento é necessária para alcançar esse objetivo, o qual se insere no âmbito da cooperação judiciária em matéria civil, na aceção do artigo 81º do Tratado.

(4) As atividades das empresas produzem cada vez mais efeitos transfronteiriços e são, por este motivo, regulamentadas pelo direito da União. A insolvência dessas empresas afeta, nomeadamente, o bom funcionamento do mercado interno, fazendo-se sentir a necessidade de um ato da União que exija a coordenação das medidas a tomar relativamente aos bens de um devedor insolvente.

(5) Para o bom funcionamento do mercado interno, é necessário evitar incentivos que levem as partes a transferir bens ou ações judiciais de um Estado-Membro para outro, no intuito de obter uma posição jurídica mais favorável em detrimento do interesse coletivo dos credores (seleção do foro).

(6) O presente regulamento deverá incluir disposições que regulem a competência para a abertura de processos de insolvência e a propositura de ações que deles decorram diretamente e que com eles se encontrem estreitamente relacionadas. O presente regulamento deverá igualmente incluir disposições relativas ao reconhecimento e à execução das decisões judiciais proferidas em processos desta natureza e disposições relativas à lei aplicável ao processo de insolvência. Além disso, o presente regulamento deverá prever regras de coordenação dos processos de insolvência relativos ao mesmo devedor ou a vários membros do mesmo grupo de sociedades.

(7) As falências, concordatas e processos análogos e as ações relacionadas com esses processos estão excluídos do âmbito de aplicação do Regulamento (UE) nº 1215/2012 do Parlamento Europeu e do Conselho[4]. Estes processos deverão ser abrangidos pelo presente regulamento. A interpretação do presente regulamento deverá, na medida do possível, evitar lacunas legislativas entre os dois instrumentos. Todavia, o simples facto de um processo nacional não constar da lista do anexo A do presente regulamento não deverá implicar que esse processo seja abrangido pelo Regulamento (UE) nº 1215/2012.

(8) Para alcançar o objetivo de melhorar a eficácia e a eficiência dos processos de insolvência que produzem efeitos transfronteiriços, é necessário e oportuno que as disposições em matéria de competência, reconhecimento e lei

[4] Regulamento (UE) nº 1215/2012 do Parlamento Europeu e do Conselho, de 12 de dezembro de 2012, relativo à competência judiciária, ao reconhecimento e à execução de decisões em matéria civil e comercial (JO L 351 de 20.12.2012, p. 1).

aplicável neste domínio constem de um ato normativo da União, vinculativo e diretamente aplicável nos Estados-Membros.

(9) O presente regulamento deverá ser aplicável aos processos de insolvência que preencham as condições nele fixadas, independentemente de o devedor ser uma pessoa singular ou coletiva, um comerciante ou um particular. Estes processos de insolvência são enumerados de modo exaustivo no anexo A. Em relação aos processos nacionais que figuram no anexo A, o presente regulamento deverá ser aplicável sem que os órgãos jurisdicionais de outro Estado-Membro devam apreciar se as condições nele fixadas estão preenchidas. Os processos nacionais de insolvência não enumerados no anexo A não deverão ser abrangidos pelo presente regulamento.

(10) O âmbito de aplicação do presente regulamento deverá estender-se aos processos que promovem a recuperação de empresas economicamente viáveis mas que se encontram em dificuldades e que concedem uma segunda oportunidade aos empresários. Deverá, nomeadamente, estender-se aos processos que preveem a revitalização do devedor numa fase em que existe apenas uma probabilidade de insolvência ou que mantêm o devedor em situação de controlo total ou parcial dos seus bens e negócios. Deverá igualmente estender-se aos processos que preveem o perdão ou o ajustamento das dívidas relativamente aos consumidores e trabalhadores independentes, por exemplo através da redução do montante a pagar pelo devedor ou da prorrogação do prazo de pagamento que lhe é concedido. Uma vez que não implicam necessariamente a nomeação de um administrador da insolvência, estes processos deverão ser abrangidos pelo presente regulamento se a sua tramitação estiver sujeita ao controlo ou à fiscalização por parte de um órgão jurisdicional. Neste contexto, o termo «controlo» deverá incluir as situações em que o órgão jurisdicional só intervém se for interposto recurso por um credor ou por outras partes interessadas.

(11) O presente regulamento deverá ser igualmente aplicável aos processos no âmbito dos quais pode ser ordenada uma suspensão temporária das ações executivas instauradas individualmente pelos credores, quando tais ações puderem afetar negativamente as negociações e comprometer as perspetivas de revitalização do devedor. Esses processos não deverão ser desfavoráveis ao interesse coletivo dos credores e, se não puder ser obtido acordo relativamente a um plano de recuperação, deverão ser preliminares relativamente a outros processos abrangidos pelo presente regulamento.

(12) O presente regulamento deverá ser aplicável aos processos cuja abertura esteja sujeita a publicidade, a fim de permitir aos credores tomar conhecimento do processo e reclamar os seus créditos, assegurando-se, desse modo, o caráter coletivo do processo, e a fim de dar aos credores a oportunidade de contestarem a competência do órgão jurisdicional que abriu o processo.

(13) Assim sendo, os processos de insolvência de caráter confidencial deverão ser excluídos do âmbito de aplicação do presente regulamento. Embora estes processos possam desempenhar um papel importante em alguns Estados-Membros, a sua natureza confidencial impede que um credor ou um órgão jurisdicional situado noutro Estado-Membro tenha conhecimento da sua abertura, tornando assim difícil prever o reconhecimento dos seus efeitos em toda a União.

(14) Os processos coletivos abrangidos pelo presente regulamento deverão incluir todos os credores – ou uma parte significativa dos credores – aos quais o devedor deve a totalidade ou uma parte substancial do montante das suas dívidas pendentes, desde que os créditos dos credores que não estão em causa nesses processos não sejam afetados. Também deverão ser incluídos os processos que envolvam apenas os credores financeiros do devedor. Os processos que não incluam todos os credores do devedor deverão destinar-se à recuperação do devedor. Os processos que conduzam a uma cessação definitiva das atividades do devedor ou à liquidação dos seus bens deverão incluir todos os credores do devedor. Além disso, o facto de alguns processos de insolvência relativos a pessoas singulares excluírem da possibilidade de perdão da dívida categorias específicas de créditos, tais como os créditos alimentares, não deverá significar que esses processos não sejam coletivos.

(15) O presente regulamento deverá ser também aplicável aos processos que, ao abrigo da lei de alguns Estados-Membros, são abertos e correm por um determinado período de tempo a título temporário ou provisório antes de o órgão jurisdicional proferir uma decisão que confirme a prossecução do processo a título não temporário. Apesar de designados como «temporários», esses processos deverão satisfazer todos os outros requisitos do presente regulamento.

(16) O presente regulamento deverá ser aplicável aos processos que se baseiam nas leis no domínio da insolvência. Todavia, os processos que se baseiem no direito geral das sociedades não exclusivamente consagrado às situações de insolvência não deverão considerar-se baseados nas leis no domínio da insolvência. Da mesma forma, o ajustamento da dívida não deverá incluir determinados processos em que são anuladas as dívidas de uma pessoa singular de baixos rendimentos com ativos de valor reduzido, desde que esse tipo de processos nunca preveja, em circunstância alguma, o pagamento aos credores.

(17) O âmbito de aplicação do presente regulamento deverá estender-se aos processos desencadeados por situações em que o devedor enfrenta dificuldades que, não sendo de natureza financeira, dão lugar a uma ameaça real e grave que compromete a capacidade, atual ou futura, do devedor para pagar as suas dívidas na data de vencimento. O horizonte temporal pertinente

para a determinação dessa ameaça pode estender-se a um período de vários meses ou mesmo mais longo, a fim de ter em conta os casos em que o devedor se defronta com dificuldades não financeiras que ameaçam a continuidade do estatuto das suas atividades e, a médio prazo, a sua liquidez. Poderá ser o caso, por exemplo, em que um devedor tenha perdido um contrato que era para ele de fundamental importância.

(18) O presente regulamento não deverá prejudicar as regras que regem a recuperação de auxílios estatais concedidos a sociedades insolventes, de acordo com a interpretação dada pela jurisprudência do Tribunal de Justiça da União Europeia.

(19) Os processos de insolvência referentes a empresas de seguros, instituições de crédito, empresas de investimento e outras empresas ou instituições abrangidas pela Diretiva 2001/24/CE do Parlamento Europeu e do Conselho[5] e organismos de investimento coletivo deverão ficar excluídos do âmbito de aplicação do presente regulamento, uma vez que estão sujeitos a um regime específico e que as autoridades nacionais de supervisão dispõem de extensos poderes de intervenção.

(20) Os processos de insolvência não implicam necessariamente a intervenção de uma autoridade judicial. Por conseguinte, no presente regulamento, a expressão «órgão jurisdicional» deverá, em certas disposições, ser interpretada em sentido lato e abranger pessoas ou órgãos habilitados pela lei nacional a abrir processos de insolvência. Para que o presente regulamento seja aplicável, os processos (incluindo atos e diligências previstos na lei) deverão não só cumprir o disposto no presente regulamento, mas também ser oficialmente reconhecidos e produzir efeitos jurídicos no Estado-Membro em que tiver sido aberto o processo de insolvência.

(21) Os administradores da insolvência são definidos no presente regulamento e enumerados no anexo B. Os administradores da insolvência nomeados sem a participação de um órgão judicial deverão, ao abrigo da lei nacional, ser devidamente regulamentados e autorizados a agir em processos de insolvência. O regime nacional deverá prever disposições adequadas para regular os potenciais conflitos de interesses.

(22) O presente regulamento reconhece que não é praticável criar um processo de insolvência de alcance universal na União, tendo em conta a grande diversidade das leis substantivas. Nestas circunstâncias, a aplicabilidade exclusiva da lei do Estado de abertura do processo levantaria frequentemente dificuldades. Tal vale, por exemplo, para a grande diversidade dos direi-

[5] Diretiva 2001/24/CE do Parlamento Europeu e do Conselho, de 4 de abril de 2001, relativa ao saneamento e à liquidação das instituições de crédito (JO L 125 de 5.5.2001, p. 15).

tos nacionais sobre as garantias vigentes nos Estados-Membros. Além disso, os privilégios creditórios de alguns credores no processo de insolvência são, muitas vezes, completamente diferentes. Na próxima revisão do presente regulamento, será necessário identificar novas medidas a fim de melhorar os privilégios creditórios dos trabalhadores a nível europeu. O presente regulamento deverá ter em conta a diversidade dos direitos nacionais de dois modos diferentes: por um lado, deverão ser previstas regras específicas em matéria da lei aplicável no caso de direitos e relações jurídicas particularmente significativos (por exemplo, direitos reais e contratos de trabalho) e, por outro, deverá igualmente admitir-se, a par de um processo de insolvência principal de alcance universal, processos nacionais que incidam apenas sobre os bens situados no território do Estado de abertura do processo.

(23) O presente regulamento permite que o processo de insolvência principal seja aberto no Estado-Membro em que se situa o centro dos interesses principais do devedor. Esse processo tem alcance universal e visa abarcar todo o património do devedor. Para proteger a diversidade dos interesses, o presente regulamento permite que os processos secundários de insolvência eventualmente instaurados corram paralelamente ao processo principal de insolvência. Pode-se instaurar um processo secundário de insolvência no Estado-Membro em que o devedor tenha um estabelecimento. Os efeitos dos processos secundários de insolvência limitar-se-ão aos ativos situados no território desse Estado. A necessidade de manter a unidade dentro da União é garantida por normas imperativas de coordenação com o processo principal de insolvência.

(24) No caso de o processo principal de insolvência relativo a uma pessoa coletiva ou a uma sociedade ter sido aberto num Estado-Membro distinto daquele em que se situa a sua sede estatutária, deverá ser possível abrir um processo secundário de insolvência no Estado-Membro da sede estatutária, desde que o devedor exerça nesse Estado uma atividade económica com recurso a meios humanos e a bens materiais, de acordo com a jurisprudência do Tribunal de Justiça da União Europeia.

(25) O presente regulamento aplica-se exclusivamente aos processos relativos ao devedor cujo centro dos interesses principais está situado na União.

(26) As normas de competência previstas no presente regulamento estabelecem unicamente a competência internacional, isto é, determinam o Estado-Membro cujos órgãos jurisdicionais estão habilitados a abrir processos de insolvência. A competência territorial interna deverá ser determinada pela lei nacional do Estado-Membro em questão.

(27) Antes de abrir o processo de insolvência, o órgão jurisdicional competente deverá verificar oficiosamente se o centro dos interesses principais ou o estabelecimento do devedor se situa de facto na sua área de competência.

(28) Ao decidir se o centro dos interesses principais do devedor é cognoscível por terceiros, haverá que ter em especial consideração os credores e a sua perceção quanto ao local em que o devedor administra os seus interesses. Para tal, poderá ser necessário, em caso de mudança do centro dos interesses principais, informar, em tempo útil, os credores do novo local a partir do qual o devedor passou a exercer as suas atividades, por exemplo, chamando a atenção para a mudança de endereço em correspondência comercial ou publicitando o novo local por outros meios adequados.

(29) O presente regulamento deverá conter uma série de salvaguardas destinadas a prevenir a seleção do foro fraudulenta ou abusiva.

(30) Assim, a presunção de que a sede estatutária, o local de atividade principal e a residência habitual constituem o centro dos interesses principais deverá ser ilidível e o órgão jurisdicional competente de um Estado-Membro deverá ponderar cuidadosamente se o centro dos interesses principais do devedor está verdadeiramente situado nesse Estado-Membro. No caso de uma sociedade, essa presunção deverá poder ser ilidida se a administração central da sociedade se situar num Estado-Membro diferente do da sede estatutária e se uma avaliação global de todos os fatores relevantes permitir concluir, de forma cognoscível por terceiros, que o centro efetivo da administração e supervisão da sociedade e da gestão dos seus interesses se situa nesse outro Estado-Membro. No caso de uma pessoa singular que não exerça uma atividade comercial ou profissional independente, essa presunção deverá poder ser ilidida, por exemplo, se a maior parte dos bens do devedor estiver situada fora do Estado-Membro onde este tem a sua residência habitual, ou se puder ficar comprovado que o principal motivo para a sua mudança de residência foi o de requerer a abertura de um processo de insolvência na nova jurisdição e se tal pedido prejudicar significativamente os interesses dos credores cujas relações com o devedor tenham sido estabelecidas antes da mudança.

(31) Com o mesmo objetivo de prevenir a seleção do foro fraudulenta ou abusiva, a presunção de que o centro dos interesses principais se situa no local da sede estatutária, no local de atividade principal da pessoa singular ou no seu local de residência habitual não deverá ser aplicável quando, tratando-se respetivamente de uma sociedade, de uma pessoa coletiva ou de uma pessoa singular que exerça uma atividade comercial ou profissional independente, o devedor tiver transferido a sua sede estatutária ou o seu local de atividade principal para outro Estado-Membro nos três meses anteriores ao pedido de abertura do processo de insolvência, ou, tratando-se de uma pessoa singular que não exerça uma atividade comercial ou profissional independente, o devedor tiver transferido a sua residência habitual para outro Estado-Membro nos seis meses anteriores ao pedido de abertura do processo de insolvência.

(32) Em todos os casos, se as circunstâncias específicas derem azo a dúvidas acerca da competência do órgão jurisdicional, este deverá requerer ao devedor a apresentação de elementos de prova adicionais justificativos das suas alegações e, se a lei aplicável ao processo de insolvência o permitir, dar aos credores do devedor a oportunidade de apresentarem as suas observações relativamente à questão da competência.

(33) Caso o órgão jurisdicional ao qual foi apresentado o pedido de abertura de um processo de insolvência considere que o centro dos interesses principais não se situa no seu território, não deverá abrir um processo principal de insolvência.

(34) Além disso, todos os credores do devedor deverão dispor de vias de recurso efetivas contra a decisão de abertura do processo de insolvência. As consequências da impugnação da decisão de abertura do processo de insolvência deverão reger-se pela lei nacional.

(35) Os órgãos jurisdicionais do Estado-Membro em cujo território for aberto o processo de insolvência deverão também ser competentes para apreciar as ações que decorram diretamente do processo de insolvência e que com este se encontrem estreitamente relacionadas. Tais ações deverão incluir as ações de impugnação pauliana contra requeridos noutros Estados-Membros e as ações relativas a obrigações que se constituam durante o processo de insolvência, tais como adiantamentos para as custas do processo. Pelo contrário, as ações relativas ao cumprimento das obrigações nos termos de um contrato celebrado pelo devedor antes da abertura do processo não decorrem diretamente do processo. Caso uma ação esteja relacionada com outra ação baseada no direito civil e comercial geral, o administrador da insolvência deverá poder instaurar ambas as ações no órgão jurisdicional do domicílio do requerido, se considerar mais eficaz fazê-lo. Poderá ser nomeadamente o caso se o administrador da insolvência pretender combinar uma ação de responsabilidade dos gerentes, administradores ou diretores da sociedade, com base na lei em matéria de insolvência, com uma ação baseada no direito das sociedades ou no direito da responsabilidade civil.

(36) O órgão jurisdicional competente para abrir o processo de insolvência principal deverá poder ordenar a adoção de medidas provisórias e cautelares a partir da apresentação do pedido de abertura do processo. A adoção de medidas cautelares antes ou depois do início do processo de insolvência é importante para garantir a eficácia do processo. O presente regulamento deverá prever várias possibilidades nesse sentido: por um lado, o órgão jurisdicional competente para abrir o processo de insolvência principal deverá também estar habilitado a ordenar a adoção de medidas provisórias e cautelares inclusivamente em relação aos bens que se encontrem no território de outros

Estados-Membros, e, por outro lado, o administrador da insolvência nomeado provisoriamente antes da abertura do processo principal deverá estar habilitado a requerer, nos Estados-Membros em que se encontre qualquer estabelecimento do devedor, as medidas cautelares admissíveis nos termos da lei desses Estados-Membros.

(37) Antes da abertura do processo de insolvência principal, o direito de requerer a abertura de um processo de insolvência no Estado-Membro em que o devedor tenha um estabelecimento só deverá ser concedido aos credores locais e às autoridades públicas, ou nos casos em que o processo principal de insolvência não possa ser aberto, nos termos da lei do Estado-Membro em que está situado o centro dos interesses principais do devedor. Esta limitação deve-se à preocupação de restringir ao mínimo indispensável os casos em que é pedida a abertura de um processo de insolvência territorial antes da abertura do processo principal.

(38) O presente regulamento não restringe o direito de pedir, na sequência da abertura do processo de insolvência principal, a abertura de um processo de insolvência no Estado-Membro em que o devedor tenha um estabelecimento: o administrador da insolvência do processo principal de insolvência ou qualquer outra pessoa habilitada pela lei nacional desse Estado-Membro pode pedir a abertura de um processo de insolvência secundário.

(39) O presente regulamento deverá prever regras para determinar o local onde se situam os bens do devedor, que deverão aplicar-se ao determinar quais os bens pertencentes ao processo principal de insolvência ou ao processo secundário de insolvência ou às situações que envolvem direitos reais de terceiros. Em especial, o presente regulamento deverá estabelecer que as patentes europeias com efeito unitário, as marcas comunitárias ou quaisquer outros direitos análogos, como os direitos comunitários de proteção das variedades vegetais ou os desenhos e modelos comunitários, só deverão ser abrangidos pelo processo principal de insolvência.

(40) Os processos de insolvência secundários podem ter diferentes finalidades, para além da proteção dos interesses locais. Pode acontecer que a massa insolvente do devedor seja demasiado complexa para ser administrada como uma unidade, ou que as diferenças entre os sistemas jurídicos sejam tão substanciais que possam surgir dificuldades decorrentes da extensão dos efeitos produzidos pela lei do Estado de abertura do processo a outros Estados-Membros em que se encontrem situados os bens. Por esse motivo, o administrador da insolvência do processo principal de insolvência pode pedir a abertura de um processo secundário de insolvência caso a administração eficaz da massa insolvente assim o exija.

(41) Os processos secundários de insolvência podem também comprometer a administração eficaz da massa insolvente. Por conseguinte, o presente regulamento estabelece duas situações específicas em que o órgão jurisdicional ao qual foi pedida a abertura de um processo secundário de insolvência deverá poder, a pedido do administrador da insolvência do processo principal de insolvência, adiar ou indeferir o pedido de abertura de tal processo.

(42) Em primeiro lugar, o presente regulamento confere ao administrador da insolvência do processo principal de insolvência a possibilidade de dar uma garantia aos credores locais de que serão tratados como se tivesse sido aberto um processo secundário de insolvência. Essa garantia tem de preencher uma série de condições estabelecidas no presente regulamento, em especial, tem de ser aprovada por uma maioria qualificada dos credores locais. Se tiver sido dada tal garantia, o órgão jurisdicional ao qual foi apresentado o pedido de abertura do processo secundário de insolvência deverá poder indeferir o pedido, se considerar provado que a garantia protege adequadamente os interesses coletivos dos credores locais. Ao avaliar esses interesses, o órgão jurisdicional deverá ter em conta o facto de a garantia ter sido aprovada por uma maioria qualificada dos credores locais.

(43) Para efeitos da concessão de uma garantia aos credores locais, os bens e direitos situados no Estado-Membro onde o devedor tem um estabelecimento deverão constituir uma subcategoria da massa insolvente e, ao distribuir os bens ou as receitas obtidas com a sua liquidação, o administrador da insolvência do processo principal de insolvência deverá respeitar os privilégios creditórios que assistiriam aos credores se tivesse sido aberto um processo secundário de insolvência nesse Estado-Membro.

(44) A lei nacional deverá ser aplicável, consoante adequado, à aprovação da garantia. Em particular, quando nos termos da lei nacional as regras de votação para a adoção de um plano de recuperação requeiram a aprovação prévia dos créditos do credor, esses créditos deverão ser considerados aprovados para efeitos da votação relativa à garantia. Quando haja diferentes procedimentos para a adoção dos planos de recuperação nos termos da lei nacional, os Estados-Membros deverão designar o procedimento específico aplicável neste contexto.

(45) Em segundo lugar, o presente regulamento deverá prever a possibilidade de o órgão jurisdicional suspender temporariamente a abertura do processo secundário de insolvência se tiver sido ordenada no processo principal de insolvência uma suspensão temporária das ações executivas singulares, a fim de preservar a eficiência da suspensão ordenada no processo principal de insolvência. O órgão jurisdicional deverá poder ordenar a suspensão temporária se considerar provado que foram tomadas medidas adequadas para pro-

teger os interesses coletivos dos credores locais. Nesse caso, todos os credores suscetíveis de serem afetados pelo resultado das negociações relativas a um plano de recuperação deverão ser informados das negociações e ser autorizados a nelas participar.

(46) A fim de garantir a proteção eficaz dos interesses locais, o administrador da insolvência do processo principal de insolvência não deverá estar habilitado a liquidar nem a transferir, de forma abusiva, os bens situados no Estado-Membro em que se situa um estabelecimento, em especial com o objetivo de impedir a satisfação efetiva desses interesses caso seja posteriormente aberto um processo secundário de insolvência.

(47) O presente regulamento não deverá impedir os órgãos jurisdicionais do Estado-Membro em que o processo secundário de insolvência foi aberto de impor sanções aos administradores do devedor pelo incumprimento dos seus deveres, desde que, nos termos da lei nacional, os referidos órgãos jurisdicionais tenham competência para dirimir tais litígios.

(48) O processo principal e os processos secundários de insolvência podem contribuir para a administração eficaz da massa insolvente do devedor ou para a liquidação efetiva da totalidade dos bens se houver uma cooperação adequada entre todos os atores em causa em todos os processos paralelos. Uma cooperação adequada implica a cooperação estreita entre os diversos administradores da insolvência e os órgãos jurisdicionais em causa através, nomeadamente, de um suficiente intercâmbio de informações. Para assegurar o papel dominante do processo principal de insolvência, deverão ser atribuídas ao administrador da insolvência desse processo várias possibilidades de intervenção nos processos de insolvência secundários simultaneamente pendentes. Em especial, o administrador da insolvência deverá poder propor um plano de recuperação ou uma concordata, ou requerer a suspensão da liquidação dos bens no processo secundário de insolvência. No âmbito da sua cooperação, os administradores da insolvência e os órgãos jurisdicionais deverão ter em conta as boas práticas de cooperação em casos de insolvência transfronteiriça, resultantes dos princípios e orientações em matéria de comunicação e cooperação adotados por organizações europeias e internacionais que atuem no domínio da lei em matéria de insolvência, em especial as orientações relevantes da Comissão das Nações Unidas para o Direito Comercial Internacional (CNUDCI).

(49) À luz de tal cooperação, os administradores da insolvência e os órgãos jurisdicionais deverão poder celebrar acordos e protocolos para efeitos de facilitar a cooperação transfronteiriça no âmbito de processos de insolvência múltiplos em diferentes Estados-Membros relativos ao mesmo devedor ou a membros do mesmo grupo de sociedades, caso tal seja compatível com as normas

aplicáveis em cada um dos processos. Esses acordos e protocolos podem assumir diferentes formas, a saber, escrita ou oral, e diferentes âmbitos de aplicação, desde um genérico a um mais específico, e podem ser celebrados por diversas partes. Os acordos genéricos simples podem salientar a necessidade de uma estreita cooperação entre as partes, sem abordarem aspetos específicos, ao passo que os acordos mais pormenorizados e específicos podem estabelecer um quadro de princípios para reger os processos de insolvência múltiplos e podem ser aprovados pelos órgãos jurisdicionais em causa, se a lei nacional o exigir. Podem refletir um acordo entre as partes para tomar ou abster-se de tomar determinadas medidas ou de praticar certas ações.

(50) Da mesma forma, os órgãos jurisdicionais de diferentes Estados-Membros podem cooperar coordenando a nomeação dos administradores da insolvência. Nesse contexto, podem nomear um administrador da insolvência único para vários processos de insolvência relativos ao mesmo devedor ou para diferentes membros de um grupo de sociedades, desde que tal seja compatível com as normas aplicáveis em cada um dos processos, em especial com os eventuais requisitos relativos à qualificação e habilitação do administrador da insolvência.

(51) O presente regulamento deverá garantir uma gestão eficiente dos processos de insolvência respeitantes a diferentes sociedades que façam parte de um grupo.

(52) Se forem abertos diversos processos de insolvência relativos a várias sociedades do mesmo grupo, deverá haver uma cooperação adequada entre as partes em causa nesses processos. Os vários administradores da insolvência e os órgãos jurisdicionais em causa deverão, por conseguinte, estar sujeitos a um dever de cooperar e comunicar entre si semelhante ao dos em causa nos processos principais e secundários de insolvência relativos ao mesmo devedor. A cooperação entre os administradores da insolvência não deverá ser contrária aos interesses dos credores em cada um dos processos em causa e deverá ter por objetivo encontrar uma solução que promova sinergias dentro do grupo.

(53) A introdução de regras sobre o processo de insolvência de grupos de sociedades não deverá limitar a possibilidade de um órgão jurisdicional abrir o processo de insolvência relativamente a várias sociedades pertencentes ao mesmo grupo numa única jurisdição, se considerar que o centro dos interesses principais destas sociedades se situa num único Estado-Membro. Nesses casos, o órgão jurisdicional deverá também poder nomear, se necessário, o mesmo administrador da insolvência em todos os processos em questão, desde que tal não seja incompatível com as regras que lhes são aplicáveis.

(54) A fim de melhorar ainda mais a coordenação do processo de insolvência dos membros de um grupo de sociedades, e de permitir uma recuperação

coordenada do grupo, o presente regulamento deverá introduzir regras processuais sobre a coordenação do processo de insolvência dos membros de um grupo de sociedades. Tal coordenação deverá visar a eficiência, respeitando ao mesmo tempo a personalidade jurídica própria de cada membro do grupo.

(55) O administrador da insolvência nomeado num processo de insolvência aberto em relação a um membro de um grupo de sociedades deverá poder requerer a abertura de um processo de coordenação de grupo. Todavia, se a lei aplicável à insolvência o exigir, esse administrador da insolvência deverá obter a autorização necessária antes de apresentar esse pedido. O pedido deverá especificar os elementos essenciais da coordenação, em especial um resumo do plano de coordenação, uma proposta relativa à pessoa a nomear como coordenador e um resumo dos custos estimados da coordenação.

(56) A fim de assegurar o caráter voluntário dos processos de coordenação de grupo, os administradores da insolvência em causa deverão poder formular objeções à sua participação no processo dentro de um prazo especificado. Para lhes permitir tomar uma decisão informada sobre a participação no processo de coordenação de grupo, os administradores da insolvência em causa deverão ser informados, numa fase inicial, dos elementos essenciais da coordenação. Contudo, os administradores de insolvência que inicialmente tenham formulado objeções à participação no processo de coordenação de grupo deverão poder solicitar, posteriormente, a participação no mesmo. Nesse caso, o coordenador deverá tomar uma decisão sobre a admissibilidade do pedido. Todos os administradores da insolvência, incluindo o administrador da insolvência requerente, deverão ser informados da decisão do coordenador e deverão ter a oportunidade de impugnar a decisão junto órgão jurisdicional que abriu o processo de coordenação de grupo.

(57) O processo de coordenação de grupo deverá sempre procurar facilitar a gestão eficaz do processo de insolvência dos membros do grupo e ter um impacto geralmente positivo nos credores. Por conseguinte, o presente regulamento deverá assegurar que o órgão jurisdicional ao qual tiver sido requerida a abertura de um processo de coordenação de grupo procede à avaliação desses critérios antes de abrir tal processo.

(58) As vantagens da abertura de um processo de coordenação de grupo não deverão ser superadas pelos custos desse processo. Assim, é necessário assegurar que os custos da coordenação, e a quota-parte desses custos a suportar por cada membro do grupo, sejam adequados, proporcionados e razoáveis, e determinados nos termos da lei nacional do Estado-Membro em que o processo de coordenação de grupo foi aberto. Os administradores da insolvência em causa deverão também ter a possibilidade de controlar esses custos desde o início do processo. Se a lei nacional o exigir, o controlo dos custos desde o

início do processo poderá implicar que administrador da insolvência tenha de procurar obter a aprovação de um órgão jurisdicional ou de uma comissão de credores.

(59) Se o coordenador considerar que o cumprimento das suas funções exige um aumento significativo dos custos relativamente à estimativa inicial e, em todo o caso, se os custos excederem em 10% os custos estimados, o coordenador deverá ser autorizado pelo órgão jurisdicional que abriu o processo de coordenação de grupo a ultrapassar os referidos custos. Antes de tomar uma decisão, o órgão jurisdicional que abriu o processo de coordenação de grupo deverá dar aos administradores da insolvência participantes a possibilidade de serem ouvidos, a fim de lhes permitir comunicarem as suas observações relativamente à adequação do pedido do coordenador.

(60) Para os membros de um grupo de sociedades que não participam no processo de coordenação de grupo, o presente regulamento deverá ainda prever um mecanismo alternativo para conseguir uma revitalização coordenada do grupo. O administrador da insolvência nomeado num processo relativo a um membro de um grupo de sociedades deverá ter legitimidade para requerer a suspensão de qualquer medida relacionada com a liquidação dos bens nos processos abertos relativamente a outros membros do mesmo grupo que não estejam sujeitos a processos de coordenação de grupo. Só deverá ser possível requerer tal suspensão se for apresentado um plano de recuperação dos membros do grupo em causa, se esse plano beneficiar os credores do processo relativamente ao qual a suspensão é solicitada e se esta for necessária para assegurar a correta execução do plano.

(61) O presente regulamento não deverá impedir os Estados-Membros de estabelecerem regras nacionais que complementem as regras em matéria de cooperação, comunicação e coordenação, no que respeita à insolvência dos membros de grupos de sociedades, previstas no presente regulamento, desde que o âmbito de aplicação dessas regras nacionais se limite à jurisdição nacional e que a sua aplicação não prejudique a eficácia das regras do presente regulamento.

(62) As regras em matéria de cooperação, comunicação e coordenação no quadro da insolvência dos membros de um grupo de sociedades previstas no presente regulamento só deverão ser aplicáveis na medida em que tenham sido abertos processos relativos a diferentes membros do mesmo grupo de sociedades em mais de um Estado-Membro.

(63) Qualquer credor que tenha residência habitual, domicílio ou sede estatutária na União deverá ter o direito de reclamar os seus créditos sobre os bens do devedor em cada processo de insolvência pendente na União. O mesmo se deverá aplicar às autoridades fiscais e aos organismos da segurança

social. O presente regulamento não deverá impedir o administrador da insolvência de reclamar créditos em nome de determinados grupos de credores, por exemplo, trabalhadores por conta de outrem, se o direito nacional o previr. Porém, para assegurar o tratamento equitativo dos credores, a distribuição do produto deverá ser coordenada. Todos os credores deverão poder conservar o que tiverem obtido no âmbito de um processo de insolvência, mas só deverão ter o direito de participar na distribuição do ativo noutro processo se os credores do mesmo grau tiverem obtido uma quota de rateio equivalente com base no respetivo crédito.

(64) É essencial que os credores que tenham residência habitual, domicílio ou sede estatutária na União sejam informados acerca da abertura de processos de insolvência relativos aos bens dos respetivos devedores. A fim de garantir a rápida transmissão de informações aos credores, o Regulamento (CE) nº 1393/2007 do Parlamento Europeu e do Conselho[6] não deverá ser aplicável nos casos em que o presente regulamento faz referência à obrigação de informação dos credores. A utilização de formulários-tipo disponíveis em todas as línguas oficiais das instituições da União deverá facilitar a reclamação de créditos pelos credores em processos abertos noutro Estado-Membro. As consequências do preenchimento incompleto dos formulários-tipo deverão reger-se pela lei nacional.

(65) O presente regulamento deverá prever o reconhecimento imediato de decisões relativas à abertura, à tramitação e ao encerramento dos processos de insolvência abrangidos pelo seu âmbito de aplicação, bem como de decisões proferidas em conexão direta com esses processos. Assim sendo, o reconhecimento automático deverá conduzir a que os efeitos conferidos ao processo pela lei do Estado-Membro de abertura se estendam a todos os outros Estados-Membros. O reconhecimento das decisões proferidas pelos órgãos jurisdicionais dos Estados-Membros tem de assentar no princípio da confiança mútua. Neste contexto, os motivos de não reconhecimento deverão ser reduzidos ao mínimo. A resolução de conflitos entre os órgãos jurisdicionais de dois Estados-Membros que se considerem competentes para proceder à abertura do processo principal dever-se-á regular por este mesmo princípio. A decisão proferida pelo órgão jurisdicional que proceder à abertura em primeiro lugar deverá ser reconhecida nos demais Estados-Membros, sem que estes estejam habilitados a submeter a decisão desse órgão jurisdicional a quaisquer formalidades de reconhecimento.

[6] Regulamento (CE) nº 1393/2007 do Parlamento Europeu e do Conselho, de 13 de novembro de 2007, relativo à citação e à notificação dos atos judiciais e extrajudiciais em matérias civil e comercial nos Estados-Membros (citação e notificação de atos) e que revoga o Regulamento (CE) nº 1348/2000 do Conselho (JO L 324 de 10.12.2007, p. 79)

(66) O presente regulamento deverá estabelecer, quanto às matérias por ele abrangidas, normas uniformes sobre o conflito de leis que substituam, dentro do respetivo âmbito de aplicação, as normas internas de direito internacional privado. Salvo disposição em contrário do presente regulamento, deverá aplicar-se a lei do Estado-Membro de abertura do processo (lex concursus). Esta norma de conflito de leis deverá aplicar-se tanto aos processos principais como aos processos locais de insolvência. A lex concursus determina todos os efeitos processuais e materiais dos processos de insolvência sobre as pessoas e relações jurídicas em causa, regulando todas as condições de abertura, tramitação e encerramento do processo de insolvência.

(67) O reconhecimento automático de um processo de insolvência ao qual é geralmente aplicável a lei do Estado de abertura do processo pode interferir nas normas a que obedece o comércio jurídico noutros Estados-Membros. Para proteger as expectativas legítimas e a segurança do comércio jurídico nesses outros Estados-Membros, deverá prever-se uma série de derrogações à regra geral.

(68) No caso dos direitos reais, sente-se uma particular necessidade de estabelecer um vínculo especial diverso do da lei do Estado de abertura, uma vez que esses direitos se revestem de substancial importância para a verificação de créditos. Por conseguinte, o fundamento, a validade e o alcance de um direito real deverão ser geralmente determinados pela lei do Estado em que tiver sido constituído o direito (*lex situs*) e não deverão ser afetados pela abertura do processo de insolvência. O titular do direito real deverá, pois, poder continuar a fazer valer o seu direito à restituição ou liquidação do bem em causa. Quando haja bens que sejam objeto de direitos reais constituídos ao abrigo da lei de um Estado-Membro, correndo, porém, o processo principal de insolvência noutro Estado-Membro, o administrador da insolvência deste processo deverá poder requerer a abertura de um processo secundário de insolvência na jurisdição em que foram constituídos os direitos reais, se o devedor aí tiver um estabelecimento. Não sendo aberto processo secundário de insolvência, o excedente da venda dos bens abrangidos por direitos reais deverá ser entregue ao administrador da insolvência do processo principal de insolvência.

(69) O presente regulamento estabelece várias disposições ao abrigo das quais os órgãos jurisdicionais podem ordenar a suspensão da abertura de um processo ou a suspensão de uma ação executiva. Tal suspensão não deverá afetar os direitos reais dos credores ou de terceiros.

(70) Se a lei do Estado de abertura do processo não admitir a compensação de créditos, nenhum credor deverá, contudo, deixar de a ela ter direito se se encontrar prevista na lei aplicável ao crédito do devedor insolvente. Deste modo, a compensação adquirirá como que uma função de garantia com base

em disposições de direito de que o credor em causa se pode prevalecer no momento da constituição do crédito.

(71) Existe igualmente a necessidade de uma proteção especial relativamente aos sistemas de pagamento e aos mercados financeiros, por exemplo, no caso do vencimento antecipado da obrigação e da compensação, bem como da realização de garantias e das garantias constituídas para assegurar estas transações, regulamentadas na Diretiva 98/26/CE do Parlamento Europeu e do Conselho[7]. Por esse motivo, apenas deverá ser determinante para essas transações a lei aplicável ao sistema ou mercado em questão. Essa lei pretende evitar que, em caso de insolvência de um parceiro comercial, possam ser alterados os mecanismos que os sistemas de pagamento, a compensação ou os mercados financeiros regulados dos Estados-Membros preveem para os pagamentos ou a celebração de transações. A Diretiva 98/26/CE contém disposições especiais que prevalecem sobre as normas gerais previstas no presente regulamento.

(72) Para proteger os trabalhadores por conta de outrem e os postos de trabalho, os efeitos dos processos de insolvência sobre a continuação ou a cessação da relação laboral e sobre os direitos e obrigações de todas as partes dessa relação deverão ser determinados pela lei aplicável ao contrato de trabalho em causa, de acordo com as regras gerais sobre conflito de leis. Além disso, nos casos em que a resolução dos contratos de trabalho requer a aprovação de um órgão jurisdicional ou de uma autoridade administrativa, o Estado-Membro em que se situa o estabelecimento do devedor deverá manter a competência para conceder essa aprovação, mesmo que não tenham sido abertos quaisquer processos de insolvência nesse Estado-Membro. Qualquer outra questão legal em matéria de insolvência, como a de saber se os créditos dos trabalhadores se encontram protegidos por privilégios creditórios e a de determinar o estatuto desses privilégios creditórios, deverá ser regulada pela lei do Estado-Membro em que foi aberto o processo de insolvência (principal ou secundário), salvo no caso de ter sido dada uma garantia para evitar um processo secundário de insolvência, nos termos do presente regulamento.

(73) A lei aplicável aos efeitos do processo de insolvência em relação a uma ação ou a um processo de arbitragem pendente que tenha por objeto um bem ou direito pertencente à massa insolvente do devedor deverá ser a lei do Estado-Membro em que a referida ação se encontra pendente ou a da sede da arbitragem. Todavia, esta regra não deverá afetar as regras nacionais aplicáveis ao reconhecimento e à execução de sentenças arbitrais.

[7] Diretiva 98/26/CE do Parlamento Europeu e do Conselho, de 19 de maio de 1998, relativa ao caráter definitivo da liquidação nos sistemas de pagamentos e de liquidação de valores mobiliários (JO L 166 de 11.6.1998, p. 45)

(74) A fim de ter em conta as particularidades processuais dos sistemas jurisdicionais de determinados Estados-Membros, deverá ser prevista flexibilidade relativamente a certas regras previstas no presente regulamento. Por conseguinte, as referências do presente regulamento à notificação que deva ser efetuada por um órgão jurisdicional de um Estado-Membro deverão incluir, se as normas processuais do Estado-Membro o exigirem, a decisão desse órgão jurisdicional ordenando essa notificação.

(75) Por considerações comerciais, o conteúdo essencial da decisão de abertura do processo deverá ser publicado num Estado-Membro diferente do Estado do órgão jurisdicional que proferiu a decisão de abertura, a pedido do administrador da insolvência. Se existir um estabelecimento no Estado-Membro em questão, a publicação deverá ser obrigatória. Porém, em nenhum dos casos a publicação deverá constituir condição do reconhecimento do processo estrangeiro.

(76) Para melhorar a informação aos credores e aos órgãos jurisdicionais interessados e evitar a abertura de processos de insolvência paralelos, os Estados-Membros deverão ser obrigados a publicar as informações relevantes dos processos de insolvência transfronteiriços num registo eletrónico acessível ao público. A fim de facilitar o acesso a essas informações por parte dos credores e órgãos jurisdicionais domiciliados ou situados noutros Estados-Membros, o presente regulamento deverá prever a interligação desses registos de insolvências através do Portal Europeu da Justiça. Os Estados-Membros deverão ter a liberdade de publicar as informações relevantes em diversos registos e deverá ser possível interligar mais do que um registo por Estado-Membro.

(77) O presente regulamento deverá determinar as informações mínimas a publicar nos registos de insolvências. Os Estados-Membros não deverão ser impedidos de incluir informações adicionais. Caso o devedor seja uma pessoa singular, os registos de insolvências só deverão indicar um número de registo, se o devedor exercer uma atividade comercial ou profissional independente. Esse número de registo deverá entender-se como sendo o único número de registo da atividade comercial ou profissional independente do devedor publicado no registo comercial, se existir.

(78) Certas informações relativas a determinados aspetos dos processos de insolvência são essenciais para os credores, tais como os prazos para a reclamação de créditos ou para a impugnação de decisões. No entanto, o presente regulamento não deverá obrigar os Estados-Membros a calcular esses prazos caso a caso. Os Estados-Membros deverão poder cumprir as suas obrigações acrescentando hiperligações ao Portal Europeu da Justiça, onde devem ser dadas informações explícitas sobre os critérios para calcular os referidos prazos.

(79) A fim de conferir uma proteção suficiente às informações relativas a pessoas singulares que não exerçam uma atividade comercial ou profissional independente, os Estados-Membros deverão poder sujeitar o acesso a essas informações a critérios de pesquisa adicionais, tais como o número de identificação pessoal, o endereço e a data de nascimento do devedor ou a comarca do órgão jurisdicional competente, ou à apresentação de um pedido à autoridade competente, ou condicioná-lo à verificação da existência de um interesse legítimo.

(80) Os Estados-Membros deverão igualmente poder não incluir nos seus registos de insolvências informações relativas a pessoas singulares que não exerçam uma atividade comercial ou profissional independente. Nesse caso, os Estados-Membros deverão assegurar que as informações relevantes são prestadas mediante o envio de uma comunicação a cada credor e que os créditos dos credores que não tenham recebido as informações não são afetados pelo processo de insolvência.

(81) No entanto, em certos casos, algumas das pessoas afetadas podem não ter conhecimento da abertura do processo de insolvência e agir de boa fé em contradição com as novas circunstâncias. A fim de proteger as pessoas que, não tendo conhecimento da abertura do processo noutro Estado, tenham cumprido uma obrigação a favor do devedor em vez de o fazerem a favor do administrador da insolvência no outro Estado-Membro, deverá prever-se o carácter liberatório do cumprimento da obrigação.

(82) A fim de assegurar condições uniformes para a execução do presente regulamento, deverão ser atribuídas competências de execução à Comissão. Essas competências deverão ser exercidas nos termos do Regulamento (UE) nº 182/2011 do Parlamento Europeu e do Conselho[8].

(83) O presente regulamento respeita os direitos fundamentais e observa os princípios reconhecidos na Carta dos Direitos Fundamentais da União Europeia. Em especial, o presente regulamento visa promover a aplicação dos artigos 8º, 17º e 47º, relativos, respetivamente, à proteção de dados pessoais, ao direito de propriedade e ao direito à ação e a um tribunal imparcial.

[8] Regulamento (UE) nº 182/2011 do Parlamento Europeu e do Conselho, de 16 de fevereiro de 2011, que estabelece as regras e os princípios gerais relativos aos mecanismos de controlo pelos Estados-Membros do exercício das competências de execução pela Comissão (JO L 55 de 28.2.2011, p. 13).

(84) A Diretiva 95/46/CE do Parlamento Europeu e do Conselho[9] e o Regulamento (CE) nº 45/2001 do Parlamento Europeu e do Conselho[10] são aplicáveis ao tratamento de dados pessoais ao abrigo do presente regulamento.

(85) O presente regulamento não prejudica o Regulamento (CEE, Euratom) nº 1182/71 do Conselho[11].

(86) Atendendo a que o objetivo do presente regulamento não pode ser suficientemente alcançado pelos Estados-Membros mas pode, por força da criação de um regime legal para a administração adequada de processos de insolvência transfronteiriços, ser mais bem alcançado a nível da União, a União pode tomar medidas em conformidade com o princípio da subsidiariedade consagrado no artigo 5º do Tratado da União Europeia. Em conformidade com o princípio da proporcionalidade consagrado no mesmo artigo, o presente regulamento não excede o necessário para alcançar esse objetivo.

(87) Nos termos do artigo 3º e do artigo 4º-A, nº 1, do Protocolo nº 21 relativo à posição do Reino Unido e da Irlanda em relação ao espaço de liberdade, segurança e justiça, anexo ao Tratado da União Europeia e ao Tratado sobre o Funcionamento da União Europeia, o Reino Unido e a Irlanda notificaram a sua intenção de participar na adoção e aplicação do presente regulamento.

(88) Nos termos dos artigos 1º e 2º do Protocolo nº 22 relativo à posição da Dinamarca, anexo ao Tratado da União Europeia ao Tratado sobre o Funcionamento da União Europeia, a Dinamarca não participa na adoção do presente regulamento e não fica a ele vinculada nem sujeita à sua aplicação.

(89) A Autoridade Europeia para a Proteção de Dados foi consultada e emitiu parecer em 27 de março de 2013[12],

ADOTARAM O PRESENTE REGULAMENTO:

[9] Diretiva 95/46/CE do Parlamento Europeu e do Conselho, de 24 de outubro de 1995, relativa à proteção das pessoas singulares no que diz respeito ao tratamento de dados pessoais e à livre circulação desses dados (JO L 281 de 23.11.1995, p. 31).

[10] Regulamento (CE) nº 45/2001 do Parlamento Europeu e do Conselho, de 18 de dezembro de 2000, relativo à proteção das pessoas singulares no que diz respeito ao tratamento de dados pessoais pelas instituições e pelos órgãos comunitários e à livre circulação desses dados (JO L 8 de 12.1.2001, p. 1).

[11] Regulamento (CEE, Euratom) nº 1182/71 do Conselho, de 3 de junho de 1971, relativo à determinação das regras aplicáveis aos prazos, às datas e aos termos (JO L 124 de 8.6.1971, p. 1).

[12] JO C 358 de 7.12.2013, p. 15.

CAPÍTULO I – Disposições Gerais

Artigo 1º – Âmbito de aplicação

1. O presente regulamento é aplicável aos processos coletivos públicos de insolvência, incluindo os processos provisórios, com fundamento na lei no domínio da insolvência e nos quais, para efeitos de recuperação, ajustamento da dívida, reorganização ou liquidação:

a) O devedor é total ou parcialmente privado dos seus bens e é nomeado um administrador da insolvência;

b) Os bens e negócios do devedor ficam submetidos ao controlo ou à fiscalização por um órgão jurisdicional; ou

c) Uma suspensão temporária de ações executivas singulares é ordenada por um órgão jurisdicional ou por força da lei, a fim de permitir a realização de negociações entre o devedor e os seus credores, desde que o processo no qual é ordenada a suspensão preveja medidas adequadas para proteger o interesse coletivo dos credores e, caso não seja obtido acordo, seja preliminar relativamente a um dos processos a que se referem as alíneas *a*) ou *b*).

Nos casos em que os processos referidos no presente número possam ser iniciados em situações em que existe apenas uma probabilidade de insolvência, a sua finalidade deve ser a de evitar a insolvência do devedor ou a cessação das suas atividades.

Os processos referidos no presente número são enumerados no anexo A.

2. O presente regulamento não é aplicável aos processos referidos no nº 1 referentes a:

a) Empresas de seguros;

b) Instituições de crédito;

c) Empresas de investimento e outras empresas e instituições, na medida em que estas sejam abrangidas pela Diretiva 2001/24/CE; e

d) Organismos de investimento coletivo.

Artigo 2º – Definições

Para efeitos do presente regulamento, entende-se por:

1) «Processos coletivos», os processos de insolvência em que estão em causa todos, ou uma parte significativa dos credores do devedor, desde que, neste último caso, os processos não afetem os créditos dos credores que neles não participam;

2) «Organismos de investimento coletivo», os organismos de investimento coletivo em valores mobiliários (OICVM), tal como definidos na Diretiva 2009/65/CE do Parlamento Europeu e do Conselho[13], e os fundos de investi-

[13] Diretiva 2009/65/CE do Parlamento Europeu e do Conselho, de 13 de julho de 2009, que coordena as disposições legislativas, regulamentares e administrativas respeitantes a alguns organismos de investimento coletivo em valores mobiliários (OICVM) (JO L 302 de 17.11.2009, p. 32).

mento alternativos (FIA), tal como definidos na Diretiva 2011/61/UE do Parlamento Europeu e do Conselho[14];

3) «Devedor não desapossado», um devedor em relação ao qual tenha sido aberto um processo de insolvência que não implique necessariamente a nomeação de um administrador da insolvência ou a transferência integral de todos os direitos e deveres de administração dos bens do devedor para um administrador da insolvência e em que, por conseguinte, o devedor mantenha o controlo total ou, pelo menos, parcial dos seus bens e negócios;

4) «Processo de insolvência», os processos enumerados no anexo A;

5) «Administrador da insolvência», qualquer pessoa ou órgão cuja função, inclusive a título provisório, seja:

i) verificar e admitir créditos reclamados em processos de insolvência,

ii) representar o interesse coletivo dos credores,

iii) administrar, no todo ou em parte, os bens de que o devedor foi privado,

iv) liquidar os bens referidos na alínea *iii*), ou

v) supervisionar a administração dos negócios do devedor.As pessoas e os órgãos a que se refere o primeiro parágrafo são enumerados no anexo B;

6) «Órgão jurisdicional»,

i) nos artigos 1º, nº 1, alíneas *b*) e *c*), no artigo 4º, nº 2, nos artigos 5º e 6º, no artigo 21º, nº 3, no artigo 24º, nº 2, alínea *j*), e nos artigos 36º, 39º e 61º a 77º, o órgão judicial de um Estado-Membro,

ii) em todos os outros artigos, o órgão judicial ou qualquer outra autoridade competente de um Estado-Membro habilitada a abrir um processo de insolvência, a confirmar esta abertura ou a tomar decisões durante a tramitação do processo;

7) «Decisão de abertura do processo de insolvência»,

i) a decisão de qualquer órgão jurisdicional de abrir um processo de insolvência ou de confirmar a abertura de um processo dessa natureza, e

ii) a decisão de um órgão jurisdicional de nomeação de um administrador da insolvência;

8) «Momento de abertura do processo», o momento em que a decisão de abertura do processo de insolvência produz efeitos, independentemente de essa decisão ser ou não final;

[14] Diretiva 2011/61/UE do Parlamento Europeu e do Conselho, de 8 de junho de 2011, relativa aos gestores de fundos de investimento alternativos e que altera as Diretivas 2003/41/CE e 2009/65/CE e os Regulamentos (CE) nº 1060/2009 e (UE) nº 1095/2010 (JO L 174 de 1.7.2011, p. 1).

9) «Estado-Membro onde se encontra um bem», no caso de:

i) ações nominativas de empresas distintas das referidas na alínea *ii*), o Estado-Membro em cujo território a empresa que emitiu as ações tem sede estatutária,

ii) instrumentos financeiros cuja titularidade seja comprovada pela inscrição num registo ou numa conta mantida por um intermediário ou em seu nome («títulos escriturais»), o Estado-Membro no qual o registo ou a conta em que as inscrições são feitas são mantidos,

iii) numerário em contas junto de uma instituição de crédito, o Estado-Membro indicado no IBAN da conta, ou, no caso de numerário em contas junto de uma instituição de crédito que não tenha IBAN, o Estado-Membro onde a instituição de crédito em que é mantida a conta tem a sua administração central ou, quando a conta seja mantida numa sucursal, agência ou qualquer outro estabelecimento, o Estado-Membro onde se situa a sucursal, agência ou outro estabelecimento,

iv) bens e direitos cuja propriedade ou titularidade está inscrita num registo público, distintos dos referidos na alínea *i*), o Estado-Membro sob cuja autoridade seja mantido esse registo,

v) patentes europeias, o Estado-Membro para o qual é concedida a patente europeia,

vi) direitos de autor e direitos conexos, o Estado-Membro em cujo território o titular desses direitos tem a sua residência habitual ou a sua sede estatutária,

vii) bens corpóreos, distintos dos referidos nas alíneas *i*) a *iv*), o Estado-Membro em cujo território estão situados esses bens,

viii) créditos sobre terceiros, distintos dos créditos relativos aos bens referidos na alínea *iii*), o Estado-Membro em cujo território o terceiro que deve satisfazer os créditos tiver o centro dos interesses principais, tal como determinado nos termos do artigo 3º, nº 1;

10) «Estabelecimento», o local de atividade em que o devedor exerça, ou tenha exercido, de forma estável, uma atividade económica, com recurso a meios humanos e a bens materiais, nos três meses anteriores à apresentação do pedido de abertura do processo principal de insolvência;

11) «Credor local», um credor cujos créditos sobre o devedor decorrem da atividade de um estabelecimento situado num Estado-Membro diferente daquele em que se situa o centro dos interesses principais do devedor, ou estão relacionados com essa atividade;

12) «Credor estrangeiro», um credor que tenha a residência habitual, o domicílio ou a sede estatutária num Estado-Membro diferente daquele em que

foi aberto o processo, incluindo as autoridades fiscais e os organismos da segurança social dos Estados-Membros;

13) «Grupo de sociedades», uma empresa-mãe e todas as suas empresas filiais;

14) «Empresa-mãe», uma empresa que controla, direta ou indiretamente, uma ou mais empresas filiais. Uma empresa que elabora demonstrações financeiras consolidadas nos termos da Diretiva 2013/34/UE do Parlamento Europeu e do Conselho[15] é considerada uma empresa-mãe.

Artigo 3º – Competência internacional

1. Os órgãos jurisdicionais do Estado-Membro em cujo território está situado o centro dos interesses principais do devedor são competentes para abrir o processo de insolvência («processo principal de insolvência»). O centro dos interesses principais é o local em que o devedor exerce habitualmente a administração dos seus interesses de forma habitual e cognoscível por terceiros.

No caso de sociedades e pessoas coletivas, presume-se, até prova em contrário, que o centro dos interesses principais é o local da respetiva sede estatutária. Esta presunção só é aplicável se a sede estatutária não tiver sido transferida para outro Estado-Membro nos três meses anteriores ao pedido de abertura do processo de insolvência.

No caso de pessoa singular que exerça uma atividade comercial ou profissional independente, presume-se, até prova em contrário, que o centro dos interesses principais é o local onde exerce a atividade principal. Esta presunção só é aplicável se o local de atividade principal da pessoa singular não tiver sido transferido para outro Estado-Membro nos três meses anteriores ao pedido de abertura do processo de insolvência.

No caso de qualquer outra pessoa singular, presume-se, até prova em contrário, que o centro dos interesses principais é o lugar de residência habitual. Esta presunção só é aplicável se a residência habitual não tiver sido transferida para outro Estado-Membro nos seis meses anteriores ao pedido de abertura do processo de insolvência.

2. No caso de o centro dos interesses principais do devedor se situar no território de um Estado-Membro, os órgãos jurisdicionais de outro Estado-Membro são competentes para abrir um processo de insolvência relativo ao referido devedor se este possuir um estabelecimento no território desse outro Estado-

[15] Diretiva 2013/34/UE do Parlamento Europeu e do Conselho, de 26 de junho de 2013, relativa às demonstrações financeiras anuais, às demonstrações financeiras consolidadas e aos relatórios conexos de certas formas de empresas, que altera a Diretiva 2006/43/CE do Parlamento Europeu e do Conselho e revoga as Diretivas 78/660/CEE e 83/349/CEE do Conselho (JO L 182 de 29.6.2013, p. 19).

-Membro. Os efeitos desse processo são limitados aos bens do devedor que se encontrem neste último território.

3. Se for aberto um processo de insolvência nos termos do nº 1, qualquer processo aberto posteriormente nos termos do nº 2 constitui um processo secundário de insolvência.

4. Um processo territorial de insolvência referido no nº 2 só pode ser aberto antes da abertura de um processo principal de insolvência nos termos do nº 1, caso:

a) Não seja possível abrir um processo de insolvência ao abrigo do nº 1 em virtude das condições estabelecidas na lei do Estado-Membro em cujo território se situa o centro dos interesses principais do devedor; ou

b) A abertura do processo territorial de insolvência seja requerida por:

i) um credor cujo crédito decorra da exploração, ou esteja relacionado com a exploração, de um estabelecimento situado no território do Estado-Membro em que é requerida a abertura do processo territorial,

ii) uma autoridade pública que, nos termos da lei do Estado-Membro em cujo território o estabelecimento está situado, tenha o direito de requerer a abertura de um processo de insolvência.

Quando é aberto um processo principal de insolvência, o processo territorial de insolvência passa a ser um processo secundário de insolvência.

Artigo 4º – Verificação da competência

1. Cabe ao órgão jurisdicional ao qual é apresentado o pedido de abertura de um processo de insolvência verificar oficiosamente a sua competência, nos termos do artigo 3º. A decisão de abertura do processo de insolvência indica os fundamentos que determinam a competência do órgão jurisdicional e, em especial, se a mesma decorre do artigo 3º, nºs 1 ou 2.

2. Não obstante o nº 1, se o processo de insolvência for aberto sem decisão de um órgão jurisdicional nos termos da lei nacional, os Estados-Membros podem confiar ao administrador da insolvência nomeado para o processo a verificação da competência, nos termos do artigo 3º do Estado-Membro em que está pendente o pedido de abertura do processo. Nesse caso, o administrador da insolvência indica na decisão de abertura do processo os fundamentos que determinam a competência e, em especial, se a mesma decorre do artigo 3º, nºs 1 ou 2.

Artigo 5º – Recurso judicial da decisão de abertura do processo principal de insolvência

1. O devedor ou qualquer credor pode impugnar junto de um órgão jurisdicional a decisão de abertura do processo principal de insolvência com base na competência internacional.

2. A decisão de abertura do processo principal de insolvência pode ser impugnada por partes não referidas no nº 1 ou com fundamentos distintos da falta de competência internacional, se a lei nacional o previr.

Artigo 6º – Competência para ações diretamente decorrentes do processo de insolvência e que com este se encontrem estreitamente relacionadas

1. Os órgãos jurisdicionais do Estado-Membro em cujo território for aberto o processo de insolvência nos termos do artigo 3º são competentes para apreciar as ações que decorram diretamente do processo de insolvência e que com este se encontrem estreitamente relacionadas, como as ações de impugnação pauliana.

2. Se uma das ações a que se refere o nº 1 estiver relacionada com uma ação em matéria civil e comercial contra o mesmo requerido, o administrador da insolvência pode instaurar ambas as ações nos órgãos jurisdicionais do Estado-Membro do domicílio do requerido ou, se a ação for instaurada contra vários requeridos, nos órgãos jurisdicionais do Estado-Membro do domicílio de algum deles, desde que esses órgãos jurisdicionais sejam competentes ao abrigo do Regulamento (UE) nº 1215/2012.

Aplica-se o primeiro parágrafo ao devedor não desapossado, desde que a lei nacional lhe confira capacidade para intentar ações em nome da massa insolvente.

3. Para efeitos do nº 2, consideram-se relacionadas as ações ligadas entre si por um nexo tão estreito que haja interesse em que sejam instruídas e julgadas conjuntamente para evitar decisões que poderiam ser inconciliáveis se as causas fossem julgadas separadamente.

Artigo 7º – Lei aplicável

1. Salvo disposição em contrário do presente regulamento, a lei aplicável ao processo de insolvência e aos seus efeitos é a lei do Estado-Membro em cujo território é aberto o processo («Estado de abertura do processo»).

2. A lei do Estado de abertura do processo determina as condições de abertura, tramitação e encerramento do processo de insolvência. A lei do Estado de abertura do processo determina, nomeadamente:

a) Os devedores que podem ser objeto de um processo de insolvência em razão da qualidade dos mesmos;

b) Os bens pertencentes à massa insolvente e o destino a dar aos bens adquiridos pelo devedor após a abertura do processo de insolvência;

c) Os poderes respetivos do devedor e do administrador da insolvência;

d) As condições de oponibilidade de uma compensação;

e) Os efeitos do processo de insolvência nos contratos em vigor nos quais o devedor seja parte;

f) Os efeitos do processo de insolvência nas ações instauradas por credores singulares, com exceção das ações pendentes;

g) Os créditos a reclamar contra a massa insolvente do devedor e o destino a dar aos créditos constituídos após a abertura do processo de insolvência;

h) As regras relativas à reclamação, verificação e aprovação dos créditos;

i) As regras de distribuição do produto da liquidação dos bens, a graduação dos créditos e os direitos dos credores que tenham sido parcialmente satisfeitos após a abertura do processo de insolvência, em virtude de um direito real ou por efeito de uma compensação;

j) As condições e os efeitos do encerramento do processo de insolvência, nomeadamente por concordata;

k) Os direitos dos credores após o encerramento do processo de insolvência;

l) A imputação das custas e despesas do processo de insolvência;

m) As regras referentes à nulidade, à anulabilidade ou à impugnação dos atos prejudiciais ao interesse coletivo dos credores.

Artigo 8º – Direitos reais de terceiros

1. A abertura do processo de insolvência não afeta os direitos reais de credores ou de terceiros sobre bens corpóreos ou incorpóreos, móveis ou imóveis, quer sejam bens específicos, quer sejam conjuntos de bens indeterminados considerados como um todo, cuja composição pode sofrer alterações ao longo do tempo, pertencentes ao devedor e que, no momento da abertura do processo, se encontrem no território de outro Estado-Membro.

2. Os direitos referidos no nº 1 são, nomeadamente:

a) O direito de liquidar ou de exigir a liquidação de um bem e de ser pago com o respetivo produto ou rendimentos, em especial por força de um penhor ou hipoteca;

b) O direito exclusivo de cobrar um crédito, nomeadamente quando garantido por um penhor ou pela cessão desse crédito a título de garantia;

c) O direito de reivindicar o bem e/ou de exigir que o mesmo seja restituído por quem o possuir ou dele usufruir contra a vontade do titular;

d) O direito real de perceber os frutos de um bem.

3. É equiparado a um direito real o direito, inscrito num registo público e oponível a terceiros, que permita obter um direito real na aceção do nº 1.

4. O nº 1 não obsta às ações de nulidade, de anulação ou de impugnação referidas no artigo 7º, nº 2, alínea *m*).

Artigo 9º – Compensação

1. A abertura do processo de insolvência não afeta o direito de um credor a invocar a compensação do seu crédito com o crédito do devedor, desde que essa compensação seja permitida pela lei aplicável ao crédito do devedor insolvente.

2. O nº 1 não obsta às ações de nulidade, de anulação ou de impugnação referidas no artigo 7º, nº 2, alínea *m*).

Artigo 10º – Reserva de propriedade

1. A abertura de um processo de insolvência contra o comprador de um bem não afeta os direitos do vendedor decorrentes de reserva de propriedade, desde que, no momento da abertura do processo, esse bem se encontre no território de um Estado-Membro diferente do Estado de abertura do processo.

2. A abertura de um processo de insolvência contra o vendedor de um bem, após a entrega desse bem, não constitui fundamento de resolução do contrato de compra e venda nem obsta à aquisição pelo comprador da propriedade do bem vendido, desde que, no momento da abertura do processo, esse bem se encontre no território de um Estado-Membro diferente do Estado de abertura do processo.

3. Os nºs 1 e 2 não obstam às ações de nulidade, de anulação ou de impugnação referidas no artigo 7º, nº 2, alínea *m*).

Artigo 11º – Contratos relativos a bens imóveis

1. Os efeitos do processo de insolvência nos contratos que conferem o direito de adquisição ou de usufruto de um bem imóvel regem-se exclusivamente pela lei do Estado-Membro em cujo território está situado esse bem.

2. O órgão jurisdicional que tiver aberto o processo de insolvência principal é competente para aprovar a resolução ou modificação dos contratos referidos no presente artigo se:

a) A lei do Estado-Membro aplicável a tais contratos exigir que os mesmos só possam ser objeto de resolução ou modificação com a aprovação do órgão jurisdicional que tiver aberto o processo de insolvência; e

b) Não tiver sido aberto um processo de insolvência nesse Estado-Membro.

Artigo 12º – Sistemas de pagamento e mercados financeiros

1. Sem prejuízo do disposto no artigo 8º, os efeitos do processo de insolvência nos direitos e nas obrigações dos participantes num sistema de pagamento ou de liquidação ou num mercado financeiro regem-se exclusivamente pela lei do Estado-Membro aplicável ao referido sistema ou mercado.

2. O nº 1 não obsta a uma ação de nulidade, de anulação ou de impugnação dos pagamentos ou das transações ao abrigo da lei aplicável ao sistema de pagamento ou ao mercado financeiro em causa.

Artigo 13º – Contratos de trabalho

1. Os efeitos do processo de insolvência nos contratos de trabalho e na relação laboral regem-se exclusivamente pela lei do Estado-Membro aplicável ao contrato de trabalho.

2. Os órgãos jurisdicionais do Estado-Membro em que pode ser aberto um processo secundário de insolvência mantêm competência para aprovar a resolução ou modificação dos contratos referidos no presente artigo, ainda que não tenha sido aberto um processo de insolvência nesse Estado-Membro.

O primeiro parágrafo aplica-se também à autoridade competente, nos termos da lei nacional, para aprovar a resolução ou modificação dos contratos referidos no presente artigo.

Artigo 14º – Efeitos em certos bens sujeitos a registo

Os efeitos do processo de insolvência nos direitos do devedor sobre um bem imóvel, um navio ou uma aeronave, cuja inscrição num registo público seja obrigatória, regem-se pela lei do Estado-Membro sob cuja autoridade é mantido esse registo.

Artigo 15º – Patentes europeias com efeito unitário e marcas comunitárias

Para efeitos do presente regulamento, uma patente europeia com efeito unitário, uma marca comunitária ou qualquer outro direito análogo criado por força do direito da União só pode ser abrangido pelos processos referidos no artigo 3º, nº 1.

Artigo 16º – Atos prejudiciais

O artigo 7º, nº 2, alínea *m*), não é aplicável se quem tiver beneficiado de um ato prejudicial a todos os credores fizer prova de que:

a) Esse ato é regido pela lei de um Estado-Membro diferente do Estado de abertura do processo; e

b) A lei desse Estado-Membro não permite a impugnação do ato por nenhum meio.

Artigo 17º – Proteção do terceiro adquirente

A validade de um ato celebrado após a abertura do processo de insolvência e pelo qual o devedor disponha, a título oneroso,

a) De bem imóvel;

b) De navio ou de aeronave cuja inscrição num registo público seja obrigatória; ou

c) De valores mobiliários cuja existência requeira a respetiva inscrição num registo previsto pela lei, rege-se pela lei do Estado em cujo território está situado o referido bem imóvel ou sob cuja autoridade é mantido esse registo.

Artigo 18º – Efeitos do processo de insolvência sobre ações judiciais ou processos de arbitragem pendentes

Os efeitos do processo de insolvência sobre uma ação judicial ou sobre um processo de arbitragem pendente relativamente a um bem ou direito pertencente à massa insolvente do devedor regem-se exclusivamente pela lei do Estado-Membro em que a referida ação se encontra pendente ou em que o Tribunal arbitral tem a sua sede.

CAPÍTULO II – Reconhecimento do Processo de Insolvência

Artigo 19º – Princípio

1. Qualquer decisão que determine a abertura de um processo de insolvência, proferida por um órgão jurisdicional de um Estado-Membro competente por força do artigo 3º, é reconhecida em todos os outros Estados-Membros logo que produza efeitos no Estado de abertura do processo.

A regra prevista no primeiro parágrafo é aplicável no caso de o devedor, em virtude da sua qualidade, não poder ser sujeito a um processo de insolvência nos restantes Estados-Membros.

2. O reconhecimento de um processo referido no artigo 3º, nº 1, não obsta à abertura de um processo referido no artigo 3º, nº 2, por um órgão jurisdicional de outro Estado-Membro. Este último processo constitui um processo de insolvência secundário na aceção do capítulo III.

Artigo 20º – Efeitos do reconhecimento

1. A decisão de abertura de um processo de insolvência referido no artigo 3º, nº 1, produz, sem mais formalidades, em qualquer dos demais Estados-Membros, os efeitos que lhe são atribuídos pela lei do Estado de abertura do processo, salvo disposição em contrário do presente regulamento e enquanto não tiver sido aberto nesse outro Estado-Membro um processo referido no artigo 3º, nº 2.

2. Os efeitos de um processo referido no artigo 3º, nº 2, não podem ser impugnados nos outros Estados-Membros. Qualquer limitação dos direitos dos credores, nomeadamente uma moratória ou um perdão de dívida resul-

tante desse processo, só é oponível, relativamente aos bens situados no território de outro Estado-Membro, aos credores que tiverem dado o seu consentimento.

Artigo 21º – Poderes do administrador da insolvência

1. O administrador da insolvência nomeado por um órgão jurisdicional competente por força do artigo 3º, nº 1, pode exercer, no território de outro Estado-Membro, todos os poderes que lhe são conferidos pela lei do Estado de abertura do processo, enquanto nesse outro Estado-Membro não tiver sido aberto outro processo de insolvência, nem tiver sido tomada qualquer medida cautelar em contrário na sequência de um pedido de abertura de um processo de insolvência nesse Estado. Sem prejuízo dos artigos 8º e 10º, o administrador da insolvência pode, nomeadamente, transferir os bens do devedor do território do Estado-Membro em que se encontrem.

2. O administrador da insolvência nomeado por um órgão jurisdicional competente por força do artigo 3º, nº 2, pode arguir, em qualquer outro Estado-Membro, em juízo ou extrajudicialmente, que um bem móvel foi transferido do território do Estado de abertura do processo para o território desse outro Estado-Membro após a abertura do processo de insolvência. O administrador da insolvência pode igualmente propor qualquer ação revogatória útil aos interesses dos credores.

3. No exercício dos seus poderes, o administrador da insolvência cumpre a lei do Estado-Membro em cujo território pretende agir, em especial as disposições que digam respeito às formas de liquidação dos bens. Esses poderes não podem incluir o recurso a medidas coercivas, salvo se forem ordenadas por um órgão jurisdicional desse Estado-Membro, nem o direito de dirimir litígios ou diferendos.

Artigo 22º – Prova da nomeação do administrador da insolvência

A prova da nomeação do administrador da insolvência é efetuada mediante a apresentação de uma cópia autenticada da decisão da sua nomeação ou de qualquer outro certificado emitido pelo órgão jurisdicional competente.

Pode ser exigida uma tradução na língua oficial ou numa das línguas oficiais do Estado-Membro em cujo território o administrador da insolvência pretende agir. Não é exigida qualquer legalização ou outra formalidade análoga.

Artigo 23º – Restituição e imputação de créditos

1. Qualquer credor que, após a abertura de um processo referido no artigo 3º, nº 1, obtiver por qualquer meio, nomeadamente através de meios executivos, satisfação total ou parcial do seu crédito com base nos bens do devedor

situados no território de outro Estado-Membro, restitui ao administrador da insolvência o que tiver obtido, sob reserva do disposto nos artigos 8º e 10º.

2. A fim de assegurar um tratamento equitativo dos credores, qualquer credor que, num processo de insolvência, tiver obtido um dividendo com base no respetivo crédito só toma parte no rateio iniciado noutro processo se os credores do mesmo grau ou da mesma categoria tiverem obtido um dividendo equivalente nesse outro processo.

Artigo 24º – Criação de registos de insolvências

1. Os Estados-Membros criam e mantêm no seu território um ou vários registos em que sejam publicadas informações sobre os processos de insolvência («registos de insolvências»). Essas informações são publicadas logo que possível após a abertura do processo.

2. As informações a que se refere o nº 1 devem ser publicadas nas condições estabelecidas no artigo 27º e incluir os seguintes elementos («informações obrigatórias»):

a) Data de abertura do processo de insolvência;

b) Órgão jurisdicional que abriu o processo de insolvência e número de referência do processo, caso exista;

c) Tipo de processo de insolvência aberto a que se refere o anexo A e, quando aplicável, subtipo relevante desse processo aberto nos termos da lei nacional;

d) Indicação de que a competência para abrir o processo decorre do artigo 3º, nº 1, nº 2 ou nº 4;

e) No caso de o devedor ser uma sociedade ou uma pessoa coletiva, nome, número de registo, sede estatutária ou, se diferente desta última, endereço postal do devedor;

f) No caso de o devedor ser uma pessoa singular, que exerça ou não uma atividade comercial ou profissional independente, nome, número de registo, se existir, e endereço postal ou, se o endereço não puder ser divulgado, data e local do nascimento do devedor;

g) Nome, endereço postal ou endereço eletrónico do administrador da insolvência nomeado no processo, se for o caso;

h) Prazo para a reclamação de créditos, se o houver, ou referência aos critérios para calcular esse prazo;

i) Data de encerramento do processo principal de insolvência, se for o caso;

j) Órgão jurisdicional perante o qual pode ser impugnada a decisão de abertura do processo de insolvência nos termos do artigo 5º, e, quando aplicável, o prazo para o fazer, ou uma referência aos critérios para calcular esse prazo.

3. O nº 2 não impede os Estados-Membros de incluírem nos seus registos nacionais de insolvências documentos ou informações adicionais, tal como a inibição de administradores decorrente da insolvência.

4. Os Estados-Membros não são obrigados a incluir nos registos de insolvências as informações a que se refere o nº 1 do presente artigo relativas a pessoas singulares que não exerçam uma atividade comercial ou profissional independente, nem a tornar essas informações acessíveis ao público através do sistema de interligação desses registos, desde que os credores estrangeiros conhecidos sejam informados, nos termos do artigo 54º, dos elementos referidos no nº 2, alínea *j*), do presente artigo.

No caso de um Estado-Membro fazer uso da possibilidade a que se refere o primeiro parágrafo, o processo de insolvência não pode afetar os créditos dos credores estrangeiros que não tenham recebido as informações a que se refere o primeiro parágrafo.

5. A publicação da informação nos registos prevista no presente regulamento não tem efeitos jurídicos para além dos estabelecidos na lei nacional e no artigo 55º, nº 6.

Artigo 25º – Interligação dos registos de insolvências

1. A Comissão cria, através de atos de execução, um sistema descentralizado com vista à interligação dos registos de insolvências. Este sistema é constituído pelos registos de insolvências e pelo Portal Europeu da Justiça, que funciona como ponto de acesso central do público às informações no sistema.

O sistema deve proporcionar um serviço de pesquisa em todas as línguas oficiais das instituições da União, a fim de disponibilizar as informações obrigatórias e todos os outros documentos ou informações incluídos nos registos de insolvências e que os Estados-Membros pretendam facultar através do Portal Europeu da Justiça.

2. A Comissão adota atos de execução pelo procedimento referido no artigo 87º, até 26 de junho de 2019:

a) Especificações técnicas que definam os métodos de comunicação e intercâmbio de informações por via eletrónica, com base nas especificações da interface criada para o sistema de interligação dos registos de insolvências;

b) Medidas técnicas que garantam normas mínimas de segurança das tecnologias de informação para a comunicação e distribuição de informações dentro do sistema de interligação dos registos de insolvências;

c) Critérios mínimos aplicáveis ao serviço de pesquisa fornecido pelo Portal Europeu da Justiça, com base nas informações referidas no artigo 24º;

d) Critérios mínimos aplicáveis à apresentação dos resultados dessas pesquisas, com base nas informações referidas no artigo 24º;

e) Meios e condições técnicas de disponibilização dos serviços fornecidos pelo sistema de interligação; e

f) Glossário com uma explicação sucinta dos processos nacionais de insolvência enumerados no Anexo A.

Artigo 26º – Custos de criação e interligação dos registos de insolvências

1. A criação, a manutenção e o desenvolvimento futuro do sistema de interligação dos registos de insolvências são financiados pelo orçamento geral da União.

2. Cada Estado-Membro suporta os custos de criação e adaptação dos seus registos nacionais de insolvências, a fim de os tornar interoperáveis com o Portal Europeu da Justiça, bem como os custos de gestão, funcionamento e manutenção desses registos. Tal não prejudica a possibilidade de requerer a concessão de subsídios destinados a apoiar essas atividades, ao abrigo dos programas financeiros da União.

Artigo 27º – Condições de acesso às informações através do sistema de interligação

1. Os Estados-Membros asseguram que as informações obrigatórias referidas no artigo 24º, nº 2, alíneas *a*) a *j*), sejam fornecidas gratuitamente através do sistema de interligação dos registos de insolvências.

2. O presente regulamento não impede os Estados-Membros de cobrarem uma taxa razoável pelo acesso aos documentos ou às informações adicionais a que se refere o artigo 24º, nº 3, através do sistema de interligação dos registos de insolvências.

3. Os Estados-Membros podem prever que o acesso às informações obrigatórias respeitantes a pessoas singulares que não exerçam uma atividade comercial ou profissional independente, e respeitantes a pessoas singulares que exerçam uma atividade comercial ou profissional independente quando o processo de insolvência não disser respeito a essa atividade, fique sujeito a critérios de pesquisa adicionais relativos ao devedor, para além dos critérios mínimos referidos no artigo 25º, nº 2, alínea *c*).

4. Os Estados-Membros podem exigir que o acesso às informações referidas no nº 3 fique subordinado à apresentação de um pedido à autoridade competente. Os Estados-Membros podem prever que o acesso fique subordinado à verificação da existência de um interesse legítimo em aceder a essas informações. O requerente deve poder apresentar o pedido de informação por via eletrónica, utilizando para tal o formulário-tipo disponível no Portal Europeu da Justiça. Caso seja exigida a demonstração de um interesse legítimo, deve-se permitir que o requerente fundamente o seu pedido através de cópias eletró-

nicas dos documentos relevantes. O requerente deve receber uma resposta da autoridade competente no prazo de três dias úteis.

O requerente não pode ser obrigado a fornecer traduções dos documentos que fundamentam o seu pedido nem a suportar os eventuais custos de tradução em que a autoridade competente possa incorrer.

Artigo 28º – Publicação noutro Estado-Membro

1. O administrador da insolvência ou o devedor não desapossado requerem a publicação de um aviso da decisão de abertura do processo de insolvência e, se for o caso, da decisão que nomeia o administrador da insolvência em qualquer outro Estado-Membro onde se situe um estabelecimento do devedor, de acordo com os procedimentos de publicação previstos nesse Estado-Membro. Essa publicação deve indicar, quando adequado, o administrador da insolvência nomeado e se a regra de competência aplicada foi a estabelecida no artigo 3º, nº 1 ou nº 2.

2. O administrador da insolvência ou o devedor não desapossado podem requerer a publicação das informações referidas no nº 1 em todos os demais Estados-Membros onde o administrador da insolvência ou o devedor não desapossado considerem necessário fazê-lo, de acordo com os procedimentos de publicação previstos nesses Estados-Membros.

Artigo 29º – Inscrição em registos públicos de outro Estado-Membro

1. Se, nos termos da lei de um Estado-Membro onde se situe um estabelecimento do devedor que esteja inscrito num registo público desse Estado-Membro, ou da lei de um Estado-Membro onde se situe um bem imóvel do devedor, for necessário publicar no registo predial, no registo comercial ou em qualquer outro registo público as informações sobre a abertura de um processo de insolvência referidas no artigo 28º, o administrador da insolvência ou o devedor não desapossado efetuam todas as diligências necessárias para assegurar esse registo.

2. O administrador da insolvência ou o devedor não desapossado podem requerer que esse registo seja feito em qualquer outro Estado-Membro, desde que a lei do Estado-Membro onde o registo é mantido o permita.

Artigo 30º – Encargos

Os encargos decorrentes das medidas de publicidade e de inscrição previstas nos artigos 28º e 29º são considerados custas e despesas do processo.

Artigo 31º – Execução a favor do devedor

1. Quem, num Estado-Membro, cumprir uma obrigação a favor de um devedor sujeito a um processo de insolvência aberto noutro Estado-Membro, quando

deveria cumpri-la a favor do administrador da insolvência desse processo, fica liberado, caso não tenha tido conhecimento da abertura do processo.

2. Presume-se, até prova em contrário, que quem cumpriu a referida obrigação antes da execução das medidas de publicidade previstas no artigo 28º não tinha conhecimento da abertura do processo de insolvência. Presume-se, até prova em contrário, que quem cumpriu a referida obrigação após a execução das medidas de publicidade previstas no artigo 28º tinha conhecimento da abertura do processo.

Artigo 32º – Reconhecimento e carácter executório de outras decisões

1. As decisões relativas à tramitação e ao encerramento de um processo de insolvência proferidas por um órgão jurisdicional cuja decisão de abertura do processo seja reconhecida por força do artigo 19º, bem como qualquer acordo homologado por esse órgão jurisdicional, são igualmente reconhecidos sem mais formalidades. Essas decisões são executadas nos termos dos artigos 39º a 44º e 47º a 57º do Regulamento (UE) nº 1215/2012.

O primeiro parágrafo é igualmente aplicável às decisões diretamente decorrentes do processo de insolvência e com ele estreitamente relacionadas, mesmo que proferidas por outro órgão jurisdicional.

O primeiro parágrafo é igualmente aplicável às decisões relativas às medidas cautelares tomadas após a apresentação do pedido de abertura de um processo de insolvência ou a ele ligadas.

2. O reconhecimento e a execução de decisões distintas das mencionadas no nº 1 do presente artigo regem-se pelo disposto no Regulamento (UE) nº 1215/2012, desde que este seja aplicável.

Artigo 33º – Ordem pública

Qualquer Estado-Membro pode recusar o reconhecimento de um processo de insolvência aberto noutro Estado-Membro ou a execução de uma decisão proferida no âmbito de um processo dessa natureza, se esse reconhecimento ou execução produzir efeitos manifestamente contrários à ordem pública desse Estado, em especial aos seus princípios fundamentais ou aos direitos e liberdades individuais garantidos pela sua Constituição.

CAPÍTULO III – Processo de Insolvência Secundário

Artigo 34º – Abertura

Se um processo principal de insolvência for aberto por um órgão jurisdicional de um Estado-Membro e reconhecido noutro Estado-Membro, um órgão jurisdicional desse outro Estado-Membro que for competente por força do artigo 3º, nº 2, pode abrir um processo de insolvência secundário de acordo com o disposto no presente capítulo. Se o processo principal de insolvência tiver exigido que o devedor seja insolvente, a insolvência do devedor não pode ser reexaminada no Estado-Membro em que pode ser aberto um processo secundário de insolvência. Os efeitos do processo secundário de insolvência limitam-se aos bens do devedor situados no território do Estado-Membro em que o processo tiver sido aberto.

Artigo 35º – Lei aplicável

Salvo disposição em contrário do presente regulamento, a lei aplicável ao processo secundário de insolvência é a do Estado-Membro em cujo território tiver sido aberto o processo secundário de insolvência.

Artigo 36º – Direito de dar uma garantia para evitar um processo secundário de insolvência

1. A fim de evitar a abertura de um processo secundário de insolvência, o administrador da insolvência do processo principal de insolvência pode dar, a respeito dos bens situados no Estado-Membro em que o processo secundário de insolvência possa ser aberto, uma garantia unilateral («a garantia») de que, ao distribuir os bens ou as receitas provenientes da sua liquidação, respeitará os direitos de distribuição e os privilégios creditórios consignados na lei nacional que assistiriam aos credores se o processo secundário de insolvência fosse aberto nesse Estado-Membro. A garantia especifica os pressupostos factuais em que se baseia, especialmente no que respeita ao valor dos bens situados no Estado-Membro em causa, e as opções possíveis para liquidar esses bens.

2. Se tiver sido dada uma garantia nos termos do presente artigo, a lei aplicável à distribuição das receitas provenientes da liquidação dos bens a que se refere o nº 1, a graduação dos créditos e os direitos dos credores em relação aos bens referidos no nº 1 é a lei do Estado-Membro em que o processo secundário de insolvência poderia ter sido aberto. O momento relevante para efeitos da determinação dos bens a que se refere o nº 1 é o momento em que a garantia é dada.

3. A garantia deve ser apresentada na língua oficial ou numa das línguas oficiais do Estado-Membro em que o processo secundário de insolvência poderia ter sido aberto ou, caso haja várias línguas oficiais nesse Estado-Membro, na língua oficial ou numa das línguas oficiais do local onde o processo secundário de insolvência poderia ter sido aberto.

4. A garantia é apresentada por escrito. A garantia fica sujeita a quaisquer outros requisitos formais e de aprovação das distribuições, se existirem, do Estado em que é aberto o processo principal de insolvência.

5. A garantia é aprovada pelos credores locais conhecidos. As regras em matéria de maioria qualificada e de votação que se aplicam à adoção dos planos de recuperação nos termos da lei do Estado-Membro em que poderia ter sido aberto o processo secundário de insolvência são igualmente aplicáveis à aprovação da garantia. Os credores devem poder participar na votação por meios de comunicação à distância, caso a lei nacional o permita. O administrador da insolvência deve informar os credores locais conhecidos sobre a garantia, as regras e os procedimentos para a sua aprovação e a aprovação ou recusa da garantia.

6. A garantia dada e aprovada nos termos do presente artigo vincula o património. Se o processo secundário de insolvência for aberto nos termos dos artigos 37º e 38º, o administrador da insolvência do processo principal de insolvência transfere para o administrador da insolvência do processo secundário de insolvência os bens que tenha transferido para fora do território desse Estado-Membro após ser dada a garantia, ou, no caso de os bens terem já sido liquidados, as receitas provenientes da liquidação.

7. Caso tenha dado uma garantia, o administrador da insolvência informa os credores locais das distribuições a que tenciona proceder antes de distribuir os bens e as receitas referidos no nº 1. Se essas informações não cumprirem as condições estabelecidas na garantia ou a lei aplicável, qualquer credor local pode impugnar tal distribuição junto dos órgãos jurisdicionais do Estado-Membro em que o processo principal de insolvência foi aberto, a fim de que a distribuição seja feita de acordo com as condições estabelecidas na garantia e com a lei aplicável. Nesses casos, não é feita qualquer distribuição enquanto o órgão jurisdicional não tiver tomado uma decisão sobre o recurso.

8. Os credores locais podem recorrer para os órgãos jurisdicionais do Estado-Membro em que foi aberto processo principal de insolvência a fim de exigir ao administrador da insolvência do processo principal de insolvência a adoção das medidas adequadas necessárias, nos termos da lei do Estado-Membro de abertura do processo principal de insolvência, para assegurar o cumprimento das condições estabelecidas na garantia.

9. Os credores locais podem também requerer aos órgãos jurisdicionais do Estado-Membro em que poderia ter sido aberto o processo secundário de insolvência a adoção de medidas provisórias ou cautelares para assegurar o cumprimento pelo administrador da insolvência das condições estabelecidas na garantia.

10. O administrador da insolvência é responsável por eventuais danos causados aos credores locais pelo facto de não ter cumprido as obrigações e os requisitos estabelecidos no presente artigo.

11. Para efeitos do presente artigo, e se a lei nacional o previr, é considerada credor local uma autoridade estabelecida no território do Estado-Membro em

que poderia ter sido aberto o processo secundário de insolvência e que tenha obrigação, nos termos da Diretiva 2008/94/CE do Parlamento Europeu e do Conselho[16], de garantir o pagamento de créditos em dívida dos trabalhadores por conta de outrem, resultantes de contratos de trabalho ou de relações de trabalho.

Artigo 37º – Direito de requerer a abertura de um processo secundário de insolvência

1. A abertura de um processo secundário de insolvência pode ser requerida:

a) Pelo administrador da insolvência do processo principal de insolvência;

b) Por qualquer outra pessoa ou autoridade habilitada a requerer a abertura de um processo de insolvência pela lei do Estado-Membro em cujo território seja requerida a abertura do processo secundário de insolvência.

2. Se uma garantia se tiver tornado vinculativa nos termos do artigo 36º, o pedido de abertura do processo secundário de insolvência é apresentado no prazo de 30 dias após receção do aviso da aprovação da garantia.

Artigo 38º – Decisão de abertura do processo secundário de insolvência

1. O órgão jurisdicional ao qual é apresentado o pedido de abertura de um processo secundário de insolvência notifica imediatamente o administrador da insolvência, ou o devedor não desapossado, do processo principal de insolvência e dá-lhe oportunidade de ser ouvido sobre o pedido.

2. Se o administrador da insolvência do processo principal de insolvência tiver dado uma garantia nos termos do artigo 36º, o órgão jurisdicional referido no nº 1 do presente artigo não abre, a pedido do administrador de insolvência, um processo secundário de insolvência se considerar que a garantia protege adequadamente os interesses coletivos dos credores locais.

3. Se tiver sido ordenada uma suspensão temporária da ação executiva individual a fim de permitir a realização de negociações entre o devedor e os seus credores, o órgão jurisdicional pode, a pedido do administrador da insolvência ou do devedor não desapossado, suspender a abertura do processo secundário de insolvência por um período máximo de três meses, desde que tenham sido tomadas medidas adequadas para proteger os interesses dos credores locais.

O órgão jurisdicional referido no nº 1 pode ordenar medidas cautelares para proteger os interesses dos credores locais, exigindo que o administrador da insolvência ou o devedor não desapossado não transfira nem aliene

[16] Diretiva 2008/94/CE do Parlamento Europeu e do Conselho, de 22 de outubro de 2008, relativa à proteção dos trabalhadores assalariados em caso de insolvência do empregador (JO L 283 de 28.10.2008, p. 36).

bens localizados no Estado-Membro onde se situa o seu estabelecimento, salvo se tal ocorrer no decurso normal das atividades. O órgão jurisdicional pode igualmente ordenar medidas para proteger os interesses dos credores locais durante uma suspensão, a menos que tal seja incompatível com as regras nacionais de processo civil.

O órgão jurisdicional levanta a suspensão da abertura do processo secundário de insolvência, oficiosamente ou a pedido de qualquer credor, se durante a suspensão tiver sido celebrado um acordo nas negociações a que se refere o primeiro parágrafo.

A suspensão pode ser levantada pelo órgão jurisdicional, oficiosamente ou a pedido de qualquer credor, se a sua manutenção for prejudicial aos direitos do credor, em particular no caso de as negociações terem sido interrompidas ou de se ter tornado evidente que é pouco provável que elas se cheguem a bom termo, ou no caso de o administrador da insolvência ou o devedor não desapossado ter infringido a proibição de alienar ou transferir os seus bens para fora do território do Estado-Membros onde se situa o seu estabelecimento.

4. A pedido do administrador da insolvência do processo principal de insolvência, o órgão jurisdicional referido no nº 1 pode abrir um tipo de processo de insolvência enumerado no anexo A diferente do inicialmente requerido, desde que estejam preenchidas as condições para a abertura desse tipo de processo nos termos da lei nacional e desde que esse tipo de processo seja o mais adequado no que respeita aos interesses dos credores locais e à coerência entre o processo principal e os processos secundários de insolvência. É aplicável o segundo período do artigo 34º.

Artigo 39º – Recurso judicial da decisão de abertura de processos secundários de insolvência

O administrador da insolvência do processo principal de insolvência pode impugnar a decisão de abertura de um processo secundário de insolvência junto dos órgãos jurisdicionais do Estado-Membro em que tiver sido aberto o processo secundário de insolvência com fundamento no incumprimento, por esse órgão jurisdicional, das condições e dos requisitos previstos no artigo 38º.

Artigo 40º – Adiantamentos para custas e despesas

Se a lei do Estado-Membro em cujo território for requerida a abertura de um processo secundário de insolvência exigir que o ativo do devedor seja suficiente para cobrir a totalidade ou parte das custas e despesas do processo, o órgão jurisdicional a que for apresentado o pedido de abertura pode exigir do requerente um adiantamento para custas ou uma garantia de montante adequado.

Artigo 41º – Cooperação e comunicação entre administradores da insolvência

1. O administrador da insolvência do processo principal de insolvência e o administrador ou os administradores da insolvência dos processos secundários de insolvência relativos ao mesmo devedor cooperam entre si, na medida em que essa cooperação não seja incompatível com as normas aplicáveis aos respetivos processos. Essa cooperação pode assumir qualquer forma, incluindo a celebração de acordos ou protocolos.

2. Ao cooperarem nos termos do nº 1, os administradores da insolvência:

a) Comunicam o mais rapidamente possível entre si todas as informações que possam ser úteis nos outros processos, nomeadamente os eventuais progressos no que se refere à reclamação e verificação de créditos e a todas as medidas destinadas à revitalização do devedor ou ao encerramento do processo, desde que se prevejam disposições adequadas para proteger as informações confidenciais;

b) Analisam a possibilidade de revitalização do devedor e, se possível, coordenam a elaboração e a aplicação de um plano de recuperação;

c) Coordenam a administração da liquidação ou utilização dos bens e negócios do devedor; o administrador da insolvência do processo secundário de insolvência dá ao administrador da insolvência do processo principal de insolvência a possibilidade de apresentar, em tempo útil, propostas relativas à liquidação ou utilização dos bens do processo secundário de insolvência.

3. Os nºs 1 e 2 aplicam-se, com as devidas adaptações, às situações em que, no processo principal ou secundário de insolvência ou em qualquer processo de insolvência territorial relativos ao mesmo devedor e pendentes no mesmo momento, o devedor se mantém na posse dos seus bens.

Artigo 42º – Cooperação e comunicação entre órgãos jurisdicionais

1. A fim de facilitar a coordenação do processo principal, dos processos territoriais e dos processos secundários de insolvência relativos ao mesmo devedor, o órgão jurisdicional ao qual tiver sido apresentado um pedido de abertura do processo de insolvência ou que tiver aberto um processo desse tipo coopera com quaisquer outros órgãos jurisdicionais aos quais tenha sido apresentado um pedido de abertura de processo de insolvência ou que tenham aberto um processo desse tipo, na medida em que essa cooperação não seja incompatível com as regras aplicáveis em cada um dos processos. Para esse efeito, os órgãos jurisdicionais podem, se for caso disso, designar uma pessoa ou um organismo independente que atue de acordo com as suas instruções, desde que isso não seja incompatível com as regras que lhes são aplicáveis.

2. Ao cooperarem nos termos do nº 1, os órgãos jurisdicionais, ou qualquer pessoa ou organismo designado que atue em seu nome, conforme referido no nº 1, podem comunicar ou solicitar informações ou assistência diretamente uns aos outros, desde que essa comunicação respeite os direitos processuais das partes nos processos e a confidencialidade das informações.

3. A cooperação referida no nº 1 pode ser assegurada por qualquer meio considerado adequado pelo órgão jurisdicional. Pode dizer respeito, designadamente, aos seguintes aspetos:

a) Coordenação para a nomeação dos administradores da insolvência;

b) Comunicação de informações por qualquer meio considerado adequado pelo órgão jurisdicional;

c) Coordenação da administração e fiscalização dos bens e negócios do devedor;

d) Coordenação da realização de audiências;

e) Coordenação da aprovação de protocolos, sempre que necessário.

Artigo 43º – Cooperação e comunicação entre administradores da insolvência e órgãos jurisdicionais

1. A fim de facilitar a coordenação do processo principal e dos processos territoriais e secundários de insolvência relativos ao mesmo devedor:

a) O administrador da insolvência do processo principal de insolvência coopera e comunica com qualquer órgão jurisdicional ao qual tiver sido requerida a abertura de um processo secundário de insolvência, ou que tiver aberto um processo desse tipo,

b) O administrador da insolvência do processo de insolvência territorial ou secundário coopera e comunica com qualquer órgão jurisdicional ao qual tiver sido requerida a abertura de um processo principal de insolvência, ou que tiver aberto um processo desse tipo, e

c) O administrador da insolvência do processo de insolvência territorial ou secundário coopera e comunica com o órgão jurisdicional ao qual tiver sido requerida a abertura de outro processo territorial ou secundário de insolvência, ou que tiver aberto um processo desse tipo,na medida em que essa cooperação e comunicação não sejam incompatíveis com as normas aplicáveis a cada um dos processos e não impliquem qualquer conflito de interesses.

2. A cooperação referida no nº 1 pode ser assegurada por quaisquer meios adequados, tais como os referidos no artigo 42º, nº 3.

Artigo 44º – Custos da cooperação e da comunicação

As exigências impostas pelos artigos 42º e 43º não podem dar lugar à cobrança de custos entre os órgãos jurisdicionais pela cooperação e comunicação.

Artigo 45º – Exercício dos direitos dos credores

1. Qualquer credor pode reclamar o respetivo crédito no processo principal de insolvência e em qualquer processo secundário de insolvência.

2. Os administradores da insolvência do processo principal e dos processos secundários de insolvência reclamam nos outros processos os créditos já reclamados no processo para o qual tenham sido nomeados, desde que tal seja útil aos credores no processo para o qual tenham sido nomeados e sob reserva do direito de os credores se oporem a tal reclamação ou retirarem a reclamação dos seus créditos, caso a lei aplicável o preveja.

3. O administrador da insolvência do processo principal ou secundário de insolvência está habilitado a participar, na mesma qualidade que qualquer credor, noutro processo, nomeadamente tomando parte numa assembleia de credores.

Artigo 46º – Suspensão do processo de liquidação dos bens

1. O órgão jurisdicional que tiver aberto o processo secundário de insolvência suspende total ou parcialmente as operações de liquidação dos bens quando o administrador da insolvência do processo principal de insolvência o requerer. Nesse caso, esse órgão jurisdicional pode exigir ao administrador da insolvência do processo principal de insolvência que tome todas as medidas adequadas para proteção dos interesses dos credores do processo secundário de insolvência e de certos grupos de credores. O requerimento do administrador da insolvência do processo principal só pode ser indeferido se for manifestamente destituído de interesse para os credores do processo principal de insolvência. A suspensão das operações de liquidação dos bens pode ser ordenada por um período máximo de três meses. Pode ser prorrogada ou renovada por períodos da mesma duração.

2. O órgão jurisdicional referido no nº 1 põe termo à suspensão das operações de liquidação dos bens:

a) A requerimento do administrador da insolvência do processo principal de insolvência;

b) Oficiosamente, a requerimento de um credor ou do administrador da insolvência do processo secundário de insolvência, se essa medida tiver deixado de ser justificada, nomeadamente pelo interesse dos credores quer do processo principal de insolvência quer do processo secundário de insolvência.

Artigo 47º – Competência do administrador da insolvência para propor planos de recuperação

1. Caso a lei do Estado-Membro em que tiver sido aberto o processo secundário de insolvência preveja a possibilidade de pôr termo a esse processo sem

liquidação, através de um plano de recuperação, de uma concordata ou de qualquer medida análoga, o administrador da insolvência do processo principal de insolvência está habilitado a propor tal medida, pelo procedimento previsto nesse Estado-Membro.

2. Qualquer limitação dos direitos dos credores, como uma moratória ou um perdão de dívida, decorrente de uma das medidas a que se refere o nº 1 que tenha sido proposta no âmbito de um processo secundário de insolvência, só pode produzir efeitos nos bens do devedor não abrangidos por esse processo em caso de acordo de todos os credores interessados.

Artigo 48º – Impacto do encerramento do processo de insolvência

1. Sem prejuízo do artigo 49º, o encerramento do processo de insolvência não prejudica a prossecução dos outros processos de insolvência relativos ao mesmo devedor que ainda estejam a correr.

2. Se um processo de insolvência relativo a uma pessoa coletiva ou uma sociedade no Estado-Membro da respetiva sede estatutária implicar a dissolução da pessoa coletiva ou sociedade em causa, essa pessoa coletiva ou sociedade não é dissolvida enquanto não forem encerrados quaisquer outros processos de insolvência relativos ao mesmo devedor ou enquanto o administrador ou administradores da insolvência desses processos não tiverem dado o seu acordo à dissolução.

Artigo 49º – Ativo remanescente do processo secundário de insolvência

Se a liquidação dos ativos do processo secundário de insolvência permitir o pagamento de todos os créditos verificados nesse processo, o administrador da insolvência nomeado para esse processo transfere sem demora o ativo remanescente para o administrador da insolvência do processo principal de insolvência.

Artigo 50º – Abertura posterior do processo principal de insolvência

Se for aberto um processo referido no artigo 3º, nº 1, após a abertura, noutro Estado-Membro, de um processo referido no artigo 3º, nº 2, os artigos 41º, 45º, 46º, 47º e 49º são aplicáveis ao processo aberto em primeiro lugar, na medida em que a situação desse processo o permita.

Artigo 51º – Convolação do processo secundário de insolvência

1. A pedido do administrador da insolvência do processo principal de insolvência, o órgão jurisdicional do Estado-Membro em que tiver sido aberto o processo secundário de insolvência pode ordenar a convolação deste último noutro tipo de processo de insolvência enumerado no Anexo A, desde que

estejam preenchidas as condições para a abertura desse tipo de processo nos termos da lei nacional e que esse tipo de processo seja o mais adequado no que respeita aos interesses dos credores locais e à coerência entre o processo principal e o processo secundário de insolvência.

2. Ao ponderar o pedido a que se refere o nº 1, o órgão jurisdicional pode solicitar informações aos administradores da insolvência participantes nos dois processos.

Artigo 52º – Medidas cautelares

Se o órgão jurisdicional de um Estado-Membro competente por força do artigo 3º, nº 1, nomear um administrador provisório a fim de assegurar a conservação dos bens do devedor, esse administrador provisório está habilitado a requerer quaisquer medidas de conservação ou de proteção dos bens do devedor que se encontrem noutro Estado-Membro, previstas na lei desse Estado-Membro, pelo período compreendido entre o pedido de abertura de um processo de insolvência e a decisão de abertura.

CAPÍTULO IV – Informação dos Credores e Reclamação dos Respetivos Créditos

Artigo 53º – Direito de reclamação de créditos

Os credores estrangeiros podem reclamar os respetivos créditos no processo de insolvência por qualquer meio de comunicação admitido pela lei do Estado de abertura do processo. A representação por advogado ou outro profissional forense não é obrigatória para efeitos exclusivos de reclamação de créditos.

Artigo 54º – Obrigação de informação dos credores

1. Logo que num Estado-Membro seja aberto um processo de insolvência, o órgão jurisdicional competente desse Estado, ou o administrador da insolvência por ele nomeado, informa sem demora os credores estrangeiros conhecidos.

2. A informação referida no nº 1, prestada mediante o envio de uma comunicação a cada credor estrangeiro conhecido, diz respeito aos prazos a observar, às sanções previstas relativamente a esses prazos, ao órgão ou autoridade habilitado a receber a reclamação dos créditos e a quaisquer outras medidas impostas. A comunicação indica igualmente se os credores cujo crédito seja garantido por um privilégio ou uma garantia real devem reclamar o seu crédito. A notificação inclui também uma cópia do formulário-tipo de reclamação

de créditos referido no artigo 55º ou indica o local onde está disponível esse formulário.

3. As informações referidas nos nºs 1 e 2 do presente artigo são transmitidas utilizando o formulário-tipo de notificação, a criar nos termos do artigo 88º. O formulário é publicado no Portal Europeu da Justiça e é intitulado «Aviso sobre processos de insolvência» em todas as línguas oficiais das instituições da União. É enviado na língua oficial do Estado de abertura do processo ou, se houver várias línguas oficiais nesse Estado-Membro, na língua oficial ou numa das línguas oficiais do local onde o processo de insolvência foi aberto, ou noutra língua que este Estado tenha declarado poder aceitar, nos termos do artigo 55º, nº 5, se puder presumir-se que esta língua é mais facilmente compreensível pelos credores estrangeiros.

4. Nos processos de insolvência relativos a pessoas singulares que não exerçam uma atividade comercial ou profissional, a utilização do formulário-tipo referido no presente artigo não é obrigatória, se os credores não estiverem obrigados a reclamar os seus créditos para que as suas dívidas sejam tidas em conta no processo.

Artigo 55º – Procedimento de reclamação de créditos

1. Os credores estrangeiros podem reclamar os respetivos créditos utilizando o formulário-tipo de reclamação de créditos, a criar nos termos do artigo 88º. O formulário é intitulado «Reclamação de créditos» em todas as línguas oficiais das instituições da União.

2. O formulário-tipo de reclamação de créditos a que se refere o nº 1 indica:

a) O nome, o endereço postal, o endereço eletrónico, se o houver, o número de identificação pessoal, se existir, e os dados bancários do credor estrangeiro a que se refere o nº 1;

b) O montante do crédito, com especificação do capital e, quando aplicável, dos juros, a data em que foi constituído, e a data do seu vencimento, se for diferente;

c) Se forem reclamados juros, a taxa de juro, independentemente da natureza legal ou contratual dos juros, o período em relação ao qual estes são reclamados e o seu montante capitalizado;

d) Se forem reclamados os custos suportados para reivindicar os direitos do credor antes da abertura do processo, o montante e a especificação desses custos;

e) A natureza do crédito;

f) Se é reclamado o estatuto de credor preferencial e, nesse caso, a fundamentação dessa reclamação;

g) Se é invocada uma garantia real ou a reserva de propriedade relativamente ao crédito e, em caso afirmativo, quais os bens abrangidos por esta garantia, a data em que a garantia foi concedida e, se a garantia tiver sido registada, o número de registo; e *h*) Se é solicitada qualquer compensação e, em caso afirmativo, os montantes dos créditos recíprocos existentes na data de abertura do processo de insolvência, a data em que foram constituídos e o montante reclamado, após dedução da compensação. O formulário-tipo de reclamação de créditos é acompanhado de cópias dos documentos comprovativos, caso existam.

3. O formulário-tipo de reclamação de créditos menciona que o fornecimento das informações relativas aos dados bancários e ao número de identificação pessoal do credor referidas no nº 2, alínea *a*), não é obrigatório.

4. Sempre que um credor reclame créditos sem recorrer ao formulário-tipo referido no nº 1, a reclamação contém as informações a que se refere o nº 2.

5. Os créditos podem ser reclamados em qualquer língua oficial das instituições da União. O órgão jurisdicional, o administrador da insolvência ou o devedor não desapossado pode exigir ao credor que apresente uma tradução na língua oficial do Estado de abertura do processo ou, se houver várias línguas oficiais nesse Estado-Membro, na língua oficial ou numa das línguas oficiais do local onde o processo de insolvência foi aberto, ou noutra língua que este Estado-Membro tenha declarado poder aceitar. Cada Estado-Membro indica se aceita alguma língua oficial das instituições da União que não seja a sua própria língua, para efeitos de reclamação de créditos.

6. Os créditos são reclamados no prazo fixado na lei do Estado de abertura do processo. No caso de credores estrangeiros, esse prazo não pode ser inferior a trinta dias após a inscrição da decisão de abertura do processo de insolvência no registo de insolvências do Estado de abertura do processo. Caso os Estados-Membros invoquem o artigo 24º, nº 4, o prazo não pode ser inferior a trinta dias após a informação dos credores nos termos do artigo 54º.

7. Caso o órgão jurisdicional, o administrador da insolvência ou o devedor não desapossado tenha dúvidas em relação a um crédito reclamado ao abrigo do presente artigo, deve dar ao credor a oportunidade de produzir elementos de prova adicionais sobre a existência e o montante do crédito.

CAPÍTULO V – Processos de Insolvência relativos a Membros de um Grupo de Sociedades

SECÇÃO 1 – Informação e comunicação

Artigo 56º – Cooperação e comunicação entre administradores da insolvência

1. Se o processo de insolvência se referir a dois ou mais membros de um grupo de sociedades, o administrador da insolvência nomeado no processo

relativo a um membro do grupo coopera com qualquer administrador da insolvência nomeado em processos relativos a outros membros do grupo, na medida em que esta cooperação seja adequada para facilitar a gestão eficaz desses processos, não seja incompatível com as regras aplicáveis aos mesmos e não implique qualquer conflito de interesses. Essa cooperação pode assumir qualquer forma, incluindo a celebração de acordos ou protocolos.

2. Ao cooperarem nos termos do nº 1, os administradores da insolvência:

a) Comunicam o mais rapidamente possível entre si todas as informações que possam ser úteis nos outros processos, desde que se prevejam disposições adequadas para proteger as informações confidenciais;

b) Ponderam se existem possibilidades de coordenação da administração e supervisão dos negócios dos membros do grupo sujeitos a processos de insolvência e, em caso afirmativo, coordenam essa administração e supervisão;

c) Ponderam se existem possibilidades de revitalização dos membros do grupo sujeitos a processos de insolvência e, em caso afirmativo, coordenam a apresentação da proposta e a negociação de um plano de recuperação coordenado.

Para efeitos das alíneas *b*) e *c*), todos ou alguns dos administradores da insolvência referidos no nº 1 podem acordar em conferir poderes adicionais ao administrador da insolvência nomeado num dos processos, se tal acordo for admitido pelas regras aplicáveis a cada um dos processos. Podem também acordar em repartir entre si determinadas competências, se essa repartição de competências for admitida pelas regras aplicáveis a cada um dos processos.

Artigo 57º – Cooperação e comunicação entre órgãos jurisdicionais1

1. Se o processo de insolvência se referir a dois ou mais membros de um grupo de sociedades, o órgão jurisdicional que abriu esse processo coopera com qualquer outro órgão jurisdicional ao qual tenha sido requerida a abertura de um processo relativo a outro membro do mesmo grupo, ou que já tenha aberto esse processo, na medida em que tal cooperação seja adequada para facilitar a gestão eficaz dos processos, não seja incompatível com as regras que lhes são aplicáveis e não implique qualquer conflito de interesses. Para esse efeito, os órgãos jurisdicionais podem, se for caso disso, designar uma pessoa ou um organismo independente que atue de acordo com as suas instruções, desde que tal não seja incompatível com as regras que lhes são aplicáveis.

2. Ao cooperarem nos termos do nº 1, os órgãos jurisdicionais, ou qualquer pessoa ou organismo designado que atue em seu nome, conforme referido no nº 1, podem comunicar ou solicitar informações ou assistência diretamente uns aos outros, desde que essa comunicação respeite os direitos processuais das partes no processo e a confidencialidade das informações.

3. A cooperação referida no nº 1 pode ser assegurada por qualquer meio considerado adequado pelo órgão jurisdicional. Tal cooperação pode, nomeadamente, respeitar:

a) À coordenação para a nomeação dos administradores da insolvência;

b) À comunicação de informações por qualquer meio considerado adequado pelo órgão jurisdicional;

c) À coordenação da administração e fiscalização dos bens e negócios dos membros do grupo;

d) À coordenação da realização de audiências;

e) À coordenação da aprovação de protocolos, sempre que necessário.

Artigo 58º – Cooperação e comunicação entre administradores da insolvência e órgãos jurisdicionais

O administrador da insolvência nomeado no processo de insolvência relativo a um membro de um grupo de sociedades:

a) Coopera e comunica com qualquer órgão jurisdicional ao qual tiver sido requerida a abertura de um processo relativo a outro membro do mesmo grupo de sociedades, ou que tiver procedido à abertura deste processo, e

b) Pode solicitar a esse órgão jurisdicional informações sobre os processos relativos ao outro membro do grupo ou assistência no processo para o qual foi nomeado,na medida em que essa cooperação e essa comunicação sejam adequadas para facilitar a efetiva administração dos processos, não impliquem qualquer conflito de interesses e não sejam incompatíveis com as regras que lhes são aplicáveis.

Artigo 59º – Custos da cooperação e comunicação em processos relativos a membros de um grupo de sociedades

Os custos decorrentes da cooperação e comunicação previstos nos artigos 56º a 60º incorridos pelos administradores da insolvência ou órgãos jurisdicionais são considerados custas e despesas dos respetivos processos.

Artigo 60º – Poderes do administrador da insolvência em processos relativos a membros de um grupo de sociedades

1. O administrador da insolvência nomeado no processo de insolvência aberto relativamente a um membro de um grupo de sociedades pode, na medida do necessário para facilitar a gestão eficaz do processo:

a) Ser ouvido em qualquer dos processos abertos relativamente a quaisquer outros membros do mesmo grupo;

b) Solicitar a suspensão de qualquer medida relativa à liquidação dos bens nos processos abertos relativamente a quaisquer outros membros do mesmo grupo, desde que:

i) tenha sido proposto um plano de recuperação para todos ou alguns dos membros do grupo sujeitos a processos de insolvência, nos termos do artigo 56º, nº 2, alínea *c*), e esse plano tenha boas probabilidades de êxito,

ii) essa suspensão seja necessária para assegurar a correta execução do plano de recuperação,

iii) o plano de recuperação seja benéfico para os credores no processo para o qual é solicitada a suspensão, e

iv) nem o processo de insolvência no qual o administrador da insolvência referido no nº 1 do presente artigo foi nomeado nem o processo em relação ao qual é solicitada a suspensão estejam sujeitos a coordenação nos termos da Secção 2 do presente capítulo;

c) Requerer a abertura de um processo de coordenação de grupo nos termos do artigo 61º.

2. O órgão jurisdicional que tiver aberto o processo referido no nº 1, alínea *b*), suspende qualquer medida relativa à liquidação dos bens no processo, no todo ou em parte, se considerar que estão reunidas as condições estabelecidas no nº 1, alínea *b*).

Antes de decretar a suspensão, o órgão jurisdicional ouve o administrador da insolvência nomeado no processo para o qual a suspensão é solicitada. A suspensão pode ser decretada por um período, não superior a três meses, que o órgão jurisdicional considere apropriado e seja compatível com as regras aplicáveis ao processo.

O órgão jurisdicional que decretar a suspensão pode exigir ao administrador da insolvência a que se refere o nº 1 que tome todas as medidas adequadas previstas na lei nacional para salvaguardar os interesses dos credores no processo. O órgão jurisdicional pode prorrogar a suspensão por um período ou períodos que considere apropriados e que sejam compatíveis com as regras aplicáveis ao processo, desde que continuem reunidas as condições referidas no nº 1, alínea *b*), subalíneas *ii*) a *iv*), e a duração total da suspensão (período inicial mais eventuais prorrogações) não exceda seis meses.

SECÇÃO 2 – Coordenação

SUBSECÇÃO 1 – Procedimento

Artigo 61º – Pedido de abertura de processo de coordenação de grupo

1. Os processos de coordenação de grupo podem ser solicitados a qualquer órgão jurisdicional competente para o processo de insolvência de um mem-

bro do grupo, por um administrador da insolvência nomeado num processo de insolvência para um membro do grupo.

2. O pedido referido no nº 1 é feito segundo o disposto na lei aplicável ao processo em que foi nomeado o administrador da insolvência.

3. O pedido referido no nº 1 é acompanhado do seguinte:

a) Uma proposta relativa à pessoa a designar como coordenador de grupo («coordenador»), elementos pormenorizados de informação sobre a sua elegibilidade nos termos do artigo 71º, as suas habilitações e o seu consentimento escrito para agir como coordenador;

b) Um resumo da coordenação proposta para o grupo, em especial a justificação do cumprimento das condições previstas no artigo 63º, nº 1;

c) Uma lista dos administradores da insolvência nomeados para os membros do grupo e, se necessário, os órgãos jurisdicionais e as autoridades competentes no processo de insolvência dos membros do grupo;

d) Um resumo dos custos estimados da coordenação proposta para o grupo e uma estimativa da quota-parte desses custos a pagar por cada membro do grupo.

Artigo 62º – Regra de prioridade

Sem prejuízo do artigo 66º, quando a abertura do processo de coordenação de grupo for solicitada junto de órgãos jurisdicionais de diferentes Estados-Membros, qualquer órgão jurisdicional requerido em segundo lugar declara-se incompetente a favor do primeiro.

Artigo 63º – Notificação pelo órgão jurisdicional requerido

1. O órgão jurisdicional a que foi requerida a abertura de um processo de coordenação de grupo notifica sem demora o pedido de abertura de processo de coordenação de grupo e o coordenador proposto aos administradores da insolvência nomeados para os membros do grupo, conforme indicado no pedido referido no artigo 61º, nº 3, alínea *c*), se considerar que:

a) A abertura de tal processo é adequada para facilitar a gestão eficaz dos processos de insolvência relativos aos diferentes membros do grupo;

b) Nenhum credor de qualquer membro do grupo cuja participação no processo seja prevista é suscetível de ser financeiramente prejudicado pela participação desse membro no processo; e

c) O coordenador proposto cumpre os requisitos fixados no artigo 71º.

2. A notificação referida no nº 1 do presente artigo inclui os elementos referidos no artigo 61º, nº 3, alíneas *a*) a *d*).

3. A notificação referida no nº 1 é enviada por correio registado com aviso de receção.

4. O órgão jurisdicional requerido dá aos administradores da insolvência em causa a possibilidade de serem ouvidos.

Artigo 64º – Objeções dos administradores da insolvência

1. Os administradores da insolvência nomeados para quaisquer membros do grupo podem levantar objeções:

a) À inclusão do processo de insolvência para o qual foram nomeados no processo de coordenação de grupo; ou

b) À pessoa proposta como coordenador.

2. As objeções a que se refere o nº 1 do presente artigo são apresentadas ao órgão jurisdicional mencionado no artigo 63º no prazo de trinta dias a contar da receção da notificação do pedido da abertura de processo de coordenação de grupo solicitada pelo administrador da insolvência referido no nº 1 do presente artigo.

A objeção pode ser formulada utilizando o formulário-tipo estabelecido nos termos do artigo 88º.

3. Antes de decidir participar ou não na coordenação nos termos do nº 1, alínea *a*), o administrador da insolvência obtém a aprovação que for exigível pela lei do Estado de abertura do processo para o qual foi nomeado.

Artigo 65º – Consequências da objeção à inclusão na coordenação de grupo

1. Quando o administrador da insolvência formula objeções à inclusão do processo para o qual foi nomeado num processo de coordenação de grupo, esse processo não é incluído no processo de coordenação de grupo.

2. Os poderes do órgão jurisdicional referido no artigo 68º ou do coordenador decorrentes de tal processo não se aplicam a esse membro nem acarretam custos para esse membro.

Artigo 66º – Escolha do órgão jurisdicional para o processo de coordenação de grupo

1. Caso pelo menos dois terços de todos os administradores da insolvência nomeados para processos de insolvência dos membros do grupo acordarem em que um órgão jurisdicional competente de outro Estado-Membro é o mais apropriado para a abertura do processo de coordenação de grupo, esse órgão jurisdicional tem competência exclusiva.

2. A escolha do órgão jurisdicional é feita por comum acordo por escrito ou mediante comprovação escrita. Pode ser feita até ao momento da abertura do processo de coordenação de grupo, nos termos do artigo 68º.

3. Os outros órgãos jurisdicionais além do requerido nos termos do nº 1 declaram-se incompetentes a favor desse órgão jurisdicional.

4. O pedido de abertura do processo de coordenação de grupo é apresentado ao órgão jurisdicional acordado, nos termos do artigo 61º.

Artigo 67º – Consequências das objeções ao coordenador proposto

Caso sejam recebidas objeções à pessoa proposta como coordenador por parte de um administrador da insolvência que não formule também objeções à inclusão no processo de coordenação de grupo do membro para o qual foi nomeado, o órgão jurisdicional pode não designar aquela pessoa e convidar o administrador da insolvência que tenha formulado objeções a apresentar novo pedido nos termos do artigo 61º, nº 3.

Artigo 68º – Decisão de abrir o processo de coordenação de grupo

1. Depois de decorrido o prazo referido no artigo 64º, nº 2, o órgão jurisdicional pode abrir o processo de coordenação de grupo se considerar que estão reunidas as condições previstas no artigo 63º, nº 1. Nesse caso, o órgão jurisdicional:

a) Nomeia um coordenador;

b) Decide das linhas gerais da coordenação; e

c) Decide da estimativa dos custos e da quota-parte a pagar pelos membros do grupo.

2. A decisão de abrir o processo de coordenação de grupo é notificada aos administradores da insolvência participantes e ao coordenador.

Artigo 69º – Subsequente participação de administradores da insolvência

1. Nos termos da sua lei nacional, qualquer administrador da insolvência pode pedir, após a decisão do órgão jurisdicional referida no artigo 68º, a inclusão do processo para o qual foi nomeado, caso:

a) Tenha havido objeção à inclusão do processo de insolvência no processo de coordenação de grupo, ou

b) O processo de insolvência relativo a um membro do grupo tenha sido aberto depois de o órgão jurisdicional ter aberto o processo de coordenação de grupo.

2. Sem prejuízo do nº 4, o coordenador pode aceitar tal pedido depois de consultar os administradores da insolvência em causa, caso:

a) Considere que, tendo em conta a fase em que se encontra o processo de coordenação de grupo no momento do pedido, estão cumpridos os critérios fixados no artigo 63º, nº 1, alíneas *a*) e *b*); ou

b) Todos os administradores da insolvência em causa concordem, sob reserva das condições previstas pela sua lei nacional.

3. O coordenador informa o órgão jurisdicional e os administradores da insolvência participantes da sua decisão nos termos do nº 2 e dos seus fundamentos.

4. Qualquer administrador da insolvência participante, ou qualquer administrador da insolvência cujo pedido de inclusão no processo de coordenação de grupo tenha sido indeferido, pode impugnar a decisão referida no nº 2, pelo procedimento fixado na lei do Estado-Membro em que o processo de coordenação de grupo foi aberto.

Artigo 70º – Recomendações e plano de coordenação de grupo

1. Ao conduzir o seu processo de insolvência, os administradores da insolvência têm em conta as recomendações do coordenador e o conteúdo do plano de coordenação de grupo referido no artigo 72º, nº 1.

2. Os administradores da insolvência não são obrigados a pôr em prática, no todo ou em parte, as recomendações do coordenador nem o plano de coordenação de grupo.Se não puserem em prática as recomendações do coordenador nem o plano de coordenação de grupo, os administradores da insolvência comunicam as razões para não o fazer às pessoas ou órgãos que devem informar nos termos da sua lei nacional, e ao coordenador.

SUBSECÇÃO 2 – Disposições gerais

Artigo 71º – Coordenador

1. O coordenador é uma pessoa elegível para agir na qualidade de administrador da insolvência nos termos da lei de um Estado-Membro.

2. O coordenador não pode ser um dos administradores da insolvência nomeados para agir relativamente a qualquer dos membros do grupo, nem pode ter conflitos de interesse relativamente aos membros do grupo, aos seus credores e aos administradores da insolvência nomeados para qualquer dos membros do grupo.

Artigo 72º – Funções e direitos do coordenador

1. O coordenador:

a) Identifica e formula recomendações para a tramitação coordenada do processo de insolvência;

b) Propõe um plano de coordenação de grupo que identifique, descreva e recomende um conjunto amplo de medidas apropriadas para uma abordagem integrada que vise a resolução das insolvências dos membros do grupo. O plano pode incluir propostas nomeadamente sobre:

- *i*) as medidas a tomar a fim de restabelecer o desempenho económico e a solidez financeira do grupo ou de qualquer parte do mesmo,
- *ii*) a resolução de litígios no interior do grupo, no que respeita a transações dentro do grupo e a ações de impugnação pauliana,

iii) acordos entre os administradores da insolvência de membros insolventes do grupo.

2. O coordenador também pode:

a) Ser ouvido e participar, nomeadamente pela presença nas reuniões de credores, em qualquer dos processos abertos relativamente a qualquer membro do grupo;

b) Mediar os litígios que surjam entre dois ou mais administradores da insolvência de membros do grupo;

c) Apresentar e explicar o seu plano de coordenação de grupo às pessoas ou órgãos que deve informar nos termos da sua lei nacional;

d) Requerer informações de qualquer administrador da insolvência a respeito de qualquer membro do grupo caso essas informações sejam ou possam vir a ser úteis para identificar e definir estratégias e medidas com vista a coordenar o processo; e

e) Pedir a suspensão, por um período máximo de seis meses, do processo aberto em relação a qualquer outro membro do grupo, desde que tal suspensão seja necessária para assegurar a correta execução do plano e seja benéfica para os credores no processo para o qual é solicitada, ou solicitar o levantamento de qualquer suspensão existente. Este pedido pode ser feito ao órgão jurisdicional que abriu o processo para o qual é pedida a suspensão.

3. O plano referido no nº 1, alínea *b*), não pode incluir recomendações quanto à consolidação de processos ou massas insolventes.

4. As funções e os direitos do coordenador definidos no presente artigo não abrangem membros do grupo que não participem no processo de coordenação de grupo.

5. O coordenador desempenha as suas funções com imparcialidade e a devida diligência.

6. Caso o coordenador considere que o cumprimento das suas funções implica um aumento significativo dos custos relativamente à estimativa de custos referida no artigo 61º, nº 3, alínea *d*), e em todo o caso se os custos excederem em 10% os custos estimados, o coordenador:

a) Informa sem demora os administradores da insolvência participantes; e

b) Solicita aprovação prévia do órgão jurisdicional que abriu o processo de coordenação de grupo.

Artigo 73º – Línguas

1. O coordenador comunica com o administrador da insolvência de um membro de grupo participante na língua acordada com o administrador da insolvência ou, na falta de acordo, na língua oficial, ou numa das línguas oficiais das instituições da União e do órgão jurisdicional que abriu o processo para esse membro do grupo.

2. O coordenador comunica com cada órgão jurisdicional na língua oficial desse órgão.

Artigo 74º – Cooperação entre os administradores da insolvência e o coordenador

1. Os administradores da insolvência nomeados para os membros do grupo e o coordenador cooperam entre si na medida em que essa cooperação não seja incompatível com as regras aplicáveis aos respetivos processos.

2. Nomeadamente, os administradores da insolvência comunicam todas as informações que sejam relevantes para o exercício das funções do coordenador.

Artigo 75º – Destituição do coordenador

O órgão jurisdicional destitui o coordenador oficiosamente ou a pedido do administrador da insolvência de um membro de grupo participante, caso:

a) O coordenador aja em detrimento dos credores de um membro de grupo participante, ou

b) O coordenador não cumpra as suas obrigações decorrentes do presente capítulo.

Artigo 76º – Devedor não desapossado

As disposições do presente capítulo que são aplicáveis ao administrador da insolvência aplicam-se também, conforme apropriado, ao devedor não desapossado.

Artigo 77º – Custos e repartição

1. A remuneração do coordenador é adequada, proporcional às funções exercidas e correspondente a despesas razoáveis.

2. Uma vez terminadas as suas funções, o coordenador faz o apuramento definitivo dos custos e determina a quota-parte a pagar por cada membro, e apresenta esse apuramento a cada administrador da insolvência participante e ao órgão jurisdicional que abriu o processo de coordenação.

3. Se os administradores da insolvência não formularem objeções no prazo de trinta dias a contar da receção do apuramento referido no nº 2, considera-se que ficaram acordados os custos e a quota-parte a pagar por cada membro. O apuramento é apresentado, para confirmação, ao órgão jurisdicional que abriu o processo de coordenação.

4. Se houver objeções, o órgão jurisdicional que abriu o processo de coordenação de grupo decide, a pedido do coordenador ou de qualquer administrador da insolvência participante, dos custos e da quota-parte a pagar por cada membro segundo os critérios fixados no nº 1 do presente artigo, e tendo

em conta a estimativa de custos referida no artigo 68º, nº 1 e, se aplicável, no artigo 72º, nº 6.

5. Qualquer administrador da insolvência participante pode impugnar a decisão referida no nº 4, pelo procedimento fixado na lei do Estado-Membro onde foi aberto o processo de coordenação de grupo.

CAPÍTULO VI – Proteção de Dados

Artigo 78º – Proteção de dados

1. As regras nacionais de execução da Diretiva 95/46/CE aplicam-se ao tratamento de dados pessoais efetuado pelos Estados-Membros ao abrigo do presente regulamento, desde que não afetem o tratamento de dados referido no artigo 3º, nº 2, da Diretiva 95/46/CE.

2. O Regulamento (CE) nº 45/2001 é aplicável ao tratamento de dados pessoais efetuado pela Comissão ao abrigo do presente regulamento.

Artigo 79º – Responsabilidade dos Estados-Membros em matéria de tratamento de dados pessoais nos registos nacionais de insolvências

1. Os Estados-Membros comunicam à Comissão os nomes das pessoas singulares ou coletivas, autoridades públicas, serviços ou quaisquer outros organismos designados ao abrigo da lei nacional para exercer as funções de responsável pelo tratamento dos dados nos termos do artigo 2º, alínea *d*), da Diretiva 95/46/CE, com vista à sua publicação no Portal Europeu da Justiça.

2. Os Estados-Membros asseguram que são executadas as medidas técnicas necessárias à segurança do tratamento dos dados pessoais realizado nos respetivos registos nacionais de insolvências a que se refere o artigo 24º

3. Compete aos Estados-Membros verificar que o responsável pelo tratamento dos dados designado ao abrigo da lei nacional nos termos do artigo 2º, alínea *d*), da Diretiva 95/46/CE, garante a observância dos princípios da qualidade dos dados, em particular a exatidão e atualidade dos dados armazenados nos registos nacionais de insolvências.

4. Os Estados-Membros são responsáveis, nos termos da Diretiva 95/46/CE, pela recolha e armazenamento dos dados nas bases de dados nacionais e pelas decisões tomadas para garantir a sua acessibilidade nos registos interligados que podem ser consultados através do Portal Europeu da Justiça.

5. As informações a fornecer pelos Estados-Membros aos titulares dos dados, a fim de lhes permitir exercerem os seus direitos, especialmente, o direito de apagarem dados, incluem o período de acessibilidade estabelecido para os dados pessoais armazenados nos registos de insolvências.

Artigo 80º – Responsabilidades da Comissão em matéria de tratamento de dados pessoais

1. A Comissão exerce as funções de responsável pelo tratamento dos dados ao abrigo do artigo 2º, alínea *d*), do Regulamento (CE) nº 45/2001, de acordo com as responsabilidades que lhe são atribuídas pelo presente artigo.

2. A Comissão define as orientações e executa as soluções técnicas necessárias ao cumprimento das responsabilidades que decorrem da função de responsável pelo tratamento dos dados.

3. A Comissão executa as medidas técnicas necessárias para garantir a segurança dos dados pessoais em trânsito, em particular a confidencialidade e a integridade da sua transmissão ao Portal Europeu da Justiça ou a partir deste.

4. As obrigações que incumbem à Comissão não afetam a responsabilidade dos Estados-Membros nem de outros organismos pelo conteúdo e funcionamento das bases de dados nacionais interligadas por eles geridas.

Artigo 81º – Obrigações de informação

Sem prejuízo das informações a prestar aos titulares dos dados nos termos dos artigos 11º e 12º do Regulamento (CE) nº 45/2001, a Comissão informa-os, por publicação no Portal Europeu da Justiça, das funções que desempenha no tratamento dos dados e das finalidades do tratamento dos mesmos.

Artigo 82º – Armazenamento de dados pessoais

Não podem ser armazenados no Portal Europeu da Justiça dados pessoais relativos aos titulares dos dados que contenham informações provenientes das bases de dados nacionais interligadas. Esses dados são armazenados nas bases de dados nacionais geridas pelos Estados-Membros ou por outros organismos.

Artigo 83º – Acesso aos dados pessoais através do Portal Europeu da Justiça

Os dados pessoais armazenados nos registos nacionais de insolvências a que se refere o artigo 24º ficam acessíveis no Portal Europeu da Justiça durante o prazo previsto na lei nacional.

CAPÍTULO VII – Disposições Transitórias e Finais

Artigo 84º – Aplicação temporal

1. O disposto no presente regulamento é aplicável apenas aos processos de insolvência abertos após 26 de junho de 2017. Os atos praticados pelo devedor antes dessa data continuam a ser regidos pela lei que lhes era aplicável no momento em que foram praticados.

2. Não obstante o artigo 91º do presente regulamento, o Regulamento (CE) nº 1346/2000 continua a aplicar-se a processos de insolvência abrangidos pelo âmbito de aplicação do referido regulamento que tenham sido abertos antes de 26 de junho de 2017.

Artigo 85º – Relações com as convenções existentes

1. O presente regulamento substitui, nas relações entre os Estados-Membros e no que respeita ao seu âmbito de aplicação concreto, as convenções concluídas entre dois ou mais Estados-Membros, nomeadamente:

a) A Convenção entre a Bélgica e a França relativa à competência judiciária, ao valor e execução de decisões judiciais, sentenças arbitrais e atos autênticos, assinada em Paris, em 8 de julho de 1899;

b) A Convenção entre a Bélgica e a Áustria relativa à falência, à concordata e à moratória (acompanhada de protocolo adicional de 13 de junho de 1973), assinada em Bruxelas, em 16 de julho de 1969;

c) A Convenção entre a Bélgica e os Países Baixos relativa à competência judiciária territorial, à falência, bem como ao valor e execução de decisões judiciais, sentenças arbitrais e atos autênticos, assinada em Bruxelas, em 28 de março de 1925;

d) A Convenção entre a Alemanha e a Áustria em matéria de falência e de concordata, assinada em Viena, em 25 de maio de 1979;

e) A Convenção entre a França e a Áustria relativa à competência judicial, ao reconhecimento e à execução de decisões em matéria de falência, assinada em Viena, em 27 de fevereiro de 1979;

f) A Convenção entre a França e a Itália relativa à execução de sentenças em matéria civil e comercial, assinada em Roma, em 3 de junho de 1930;

g) A Convenção entre a Itália e a Áustria em matéria de falência e de concordata, assinada em Roma, em 12 de julho de 1977;

h) A Convenção entre o Reino dos Países Baixos e a República Federal da Alemanha relativa ao reconhecimento e execução mútuos de decisões judiciais e de outros títulos executivos em matéria civil e comercial, assinada em Haia, em 30 de agosto de 1962;

i) A Convenção entre o Reino Unido e o Reino da Bélgica relativa à execução recíproca de sentenças em matéria civil e comercial, acompanhada de um protocolo, assinada em Bruxelas, em 2 de maio de 1934;

j) A Convenção entre a Dinamarca, a Finlândia, a Noruega, a Suécia e a Islândia relativa à falência, assinada em Copenhaga, em 7 de novembro de 1933;

k) A Convenção europeia sobre certos aspetos internacionais da falência, assinada em Istambul, em 5 de junho de 1990;

l) A Convenção entre a República Socialista Federativa da Jugoslávia e o Reino da Grécia sobre o Reconhecimento Mútuo e a Execução de Decisões, assinada em Atenas em 18 de junho de 1959;

m) O Acordo entre a República Socialista Federativa da Jugoslávia e a República da Áustria sobre o Reconhecimento Mútuo e a Execução de Sentenças e Transações Arbitrais em Matéria Comercial, assinado em Belgrado em 18 de março de 1960;

n) A Convenção entre a República Socialista Federativa da Jugoslávia e a República Italiana relativa à Cooperação Judiciária Mútua em Matéria Civil e Administrativa, assinada em Roma, em 3 de dezembro de 1960;

o) O Acordo entre a República Socialista Federativa da Jugoslávia e o Reino da Bélgica relativo à Cooperação Judiciária Mútua em Matéria Civil e Administrativa, assinado em Belgrado, em 24 de setembro de 1971;

p) A Convenção entre os Governos da Jugoslávia e de França relativa ao Reconhecimento e à Execução de Decisões em Matéria Civil e Comercial, assinada em Paris, em 18 de maio de 1971;

q) O Acordo entre a República Socialista da Checoslováquia e a República Helénica relativo ao Auxílio Judiciário em Matéria Civil e Penal, assinado em Atenas em 22 de outubro de 1980, ainda em vigor entre a República Checa e a Grécia;

r) O Acordo entre a República Socialista da Checoslováquia e a República de Chipre relativo ao Auxílio Judiciário em Matéria Civil e Penal, assinado em Nicósia, em 23 de abril de 1982, ainda em vigor entre a República Checa e Chipre;

s) O Tratado entre o Governo da República Socialista da Checoslováquia e o Governo da República Francesa relativo ao Auxílio Judiciário e ao Reconhecimento e à Execução de Decisões em Matéria Civil, Familiar e Comercial, assinado em Paris em 10 de maio de 1984, ainda em vigor entre a República Checa e a França;

t) O Tratado entre a República Socialista da Checoslováquia e a República Italiana relativo ao Auxílio Judiciário em Matéria Civil e Penal, assinado em Praga em 6 de dezembro de 1985, ainda em vigor entre a República Checa e a Itália;

u) O Acordo entre a República da Letónia, a República da Estónia e a República da Lituânia relativo ao Auxílio Judiciário e às Relações Judiciais, assinado em Taline, em 11 de novembro de 1992;

v) O Acordo entre a Estónia e a Polónia sobre Auxílio e Relações Judiciárias em Matéria Civil, Penal e Laboral, assinado em Taline em 27 de novembro de 1998;

w) O Acordo entre a República da Lituânia e a República da Polónia relativo ao Auxílio e às Relações Judiciárias em Matéria Civil, de Famílias, Laboral e Penal, assinado em Varsóvia, em 26 de janeiro de 1993;

x) A Convenção entre a República Socialista da Roménia e a República Helénica relativa ao Auxílio Judiciário em Matéria Civil e Penal e respetivo Protocolo, assinada em Bucareste em 19 de outubro de 1972;

y) A Convenção entre a República Socialista da Roménia e a República Francesa relativa ao Auxílio Judiciário em Matéria Civil e Comercial, assinada em Paris em 5 de novembro de 1974;

z) O Acordo entre a República Popular da Bulgária e a República Helénica relativo à Cooperação Judiciária em Matéria Civil e Penal, assinado em Atenas em 10 de abril de 1976;

aa) O Acordo entre a República Popular da Bulgária e a República de Chipre relativo à Cooperação Judiciária em Matéria Civil e Penal, assinado em Nicósia em 29 de abril de 1983;

ab) O Acordo entre o Governo da República Popular da Bulgária e o Governo da República Francesa relativo à Cooperação Judiciária em Matéria Civil, assinado em Sófia em 18 de janeiro de 1989;

ac) O Tratado entre a Roménia e a República Checa relativo ao Auxílio Judiciário em Matéria Civil, assinado em Bucareste em 11 de julho de 1994;

ad) O Tratado entre a Roménia e a República da Polónia relativo ao Auxílio Judiciário e às Relações Judiciais em Matéria Civil, assinado em Bucareste em 15 de maio de 1999.

2. As convenções referidas no nº 1 continuam a produzir efeitos no que respeita aos processos abertos antes da entrada em vigor do Regulamento (CE) nº 1346/2000.

3. O presente regulamento não é aplicável:

a) Em nenhum dos Estados-Membros, quando incompatível com as obrigações em matéria de falência resultantes de uma convenção concluída por esse Estado-Membro com um ou mais países terceiros antes da entrada em vigor do Regulamento (CE) nº 1346/2000;

b) No Reino Unido da Grã-Bretanha e da Irlanda do Norte, quando incompatível com as obrigações em matéria de falência e liquidação de sociedades insolventes decorrentes de quaisquer convénios com a Commonwealth existentes antes da entrada em vigor do Regulamento (CE) nº 1346/2000.

Artigo 86º – Informações sobre o direito nacional e da União em matéria de insolvência

1. Os Estados-Membros fornecem, no âmbito da Rede Judiciária Europeia em matéria civil e comercial criada pela Decisão 2001/470/CE do Conselho[17],

[17] Decisão 2001/470/CE do Conselho, de 28 de maio de 2001, que cria uma rede judiciária europeia em matéria civil e comercial (JO L 174 de 27.6.2001, p. 25).

com vista a colocar as informações à disposição do público, uma breve descrição da respetiva lei e dos procedimentos aplicáveis no domínio da insolvência, em especial no que se refere aos aspetos indicados no artigo 7º, nº 2.

2. Os Estados-Membros atualizam periodicamente as informações a que se refere o nº 1.

3. A Comissão torna públicas as informações relativas ao presente regulamento.

Artigo 87º – Estabelecimento da interligação dos registos

A Comissão adota atos de execução que estabeleçam a interligação dos registos de insolvências a que se refere o artigo 25º. Os referidos atos de execução são adotados pelo procedimento de exame a que se refere o artigo 89º, nº 3.

Artigo 88º – Estabelecimento e subsequente alteração dos formulários-tipo

A Comissão adota atos de execução que estabeleçam e, se necessário, alterem os formulários a que se referem o artigo 27º, nº 4, os artigos 54º e 55º e o artigo 64º, nº 2. Os referidos atos de execução são adotados pelo procedimento consultivo a que se refere o artigo 89º, nº 2.

Artigo 89º – Procedimento de comité

1. A Comissão é assistida por um comité. Esse comité deve ser entendido como comité na aceção do Regulamento (UE) nº 182/2011.

2. Caso se faça referência ao presente número, aplica-se o artigo 4º do Regulamento (UE) nº 182/2011.

3. Caso se faça referência ao presente número, aplica-se o artigo 5º do Regulamento (UE) nº 182/2011.

Artigo 90º – Cláusula de revisão

1. O mais tardar em 27 de junho de 2027, e seguidamente de cinco em cinco anos, a Comissão apresenta ao Parlamento Europeu, ao Conselho e ao Comité Económico e Social Europeu um relatório sobre a aplicação do presente regulamento, acompanhado, se necessário, de uma proposta de adaptação do presente regulamento.

2. O mais tardar em 27 de junho de 2022, a Comissão apresenta ao Parlamento Europeu, ao Conselho e ao Comité Económico e Social Europeu um relatório sobre a aplicação dos processos de coordenação de grupo, acompanhado, se necessário, de uma proposta de adaptação do presente regulamento.

3. O mais tardar em 1 de janeiro de 2016, a Comissão apresenta ao Parlamento Europeu, ao Conselho e ao Comité Económico e Social Europeu um

estudo dos aspetos transfronteiriços no domínio da responsabilidade dos administradores e das inibições.4. O mais tardar em 27 de junho de 2020, a Comissão apresenta ao Parlamento Europeu, ao Conselho e ao Comité Económico e Social Europeu um estudo sobre a seleção abusiva do foro.

Artigo 91º – Revogação

É revogado o Regulamento (CE) nº 1346/2000.

As remissões para o regulamento revogado devem entender-se como sendo feitas para o presente regulamento e devem ler-se nos termos da tabela de correspondência constante do anexo D do presente regulamento.

Artigo 92º – Entrada em vigor

O presente regulamento entra em vigor no vigésimo dia seguinte ao da sua publicação no Jornal Oficial da União Europeia.

O presente regulamento é aplicável a partir de 26 de junho de 2017, com exceção:

a) Do artigo 86º, que é aplicável a partir de 26 de junho de 2016;

b) Do artigo 24º, nº 1, que é aplicável a partir de 26 de junho de 2018; e

c) Do artigo 25º, que é aplicável a partir de 26 de junho de 2019.

O presente regulamento é obrigatório em todos os seus elementos e diretamente aplicável nos Estados-Membros nos termos dos Tratados.

Feito em Estrasburgo, em 20 de maio de 2015.

Pelo Parlamento Europeu
O Presidente
M. SCHULZ

Pelo Conselho
A Presidente
Z. KALNIŅA-LUKAŠEVICA

ANEXO A
Processos de insolvência a que se refere o artigo 2º, ponto 4

BELGIË/BELGIQUE
- Het faillissement/La faillite
- De gerechtelijke reorganisatie door een collectief akkoord/La réorganisation judiciaire par accord collectif
- De gerechtelijke reorganisatie door overdracht onder gerechtelijk gezag/La réorganisation judiciaire par transfert sous autorité de justice
- De collectieve schuldenregeling/Le règlement collectif de dettes
- De vrijwillige vereffening/La liquidation volontaire
- De gerechtelijke vereffening/La liquidation judiciaire
- De voorlopige ontneming van beheer, bepaald in artikel 8 van de faillissementswet/Le dessaisissement provisoire, visé à l'article 8 de la loi sur les faillites

БЪЛГАРИЯ
- Производство по несъстоятелност

ČESKÁ REPUBLIKA
- Konkurs
- Reorganizace
- Oddlužení

DEUTSCHLAND
- Das Konkursverfahren
- Das gerichtliche Vergleichsverfahren
- Das Gesamtvollstreckungsverfahren
- Das Insolvenzverfahren

EESTI
- Pankrotimenetlus
- Võlgade ümberkujundamise menetlus

ÉIRE/IRELAND
- Compulsory winding-up by the court
- Bankruptcy
- The administration in bankruptcy of the estate of persons dying insolvent
- Winding-up in bankruptcy of partnerships
- Creditors' voluntary winding-up (with confirmation of a court)
- Arrangements under the control of the court which involve the vesting of all or part of the property of the debtor in the Official Assignee for realisation and distribution

- Examinership
- Debet Relief Notice
- Debt Settlement Arrangement
- Personal Inssolvency Arrangement

ΕΛΛΑΣ
- Η πτώχευση,
- Η ειδική εκκαθάριση εν λειτουργία,
- Σχέδιο αναδιοργάνωσης,
- Απλοποιημένη διαδικασία επί πτωχεύσεων μικρού αντικειμένου,
- Διαδικασία Εξυγίανσης

ESPAÑA
- Concurso
- Procedimiento de homologación de acuerdos de refinanciación,
- Procedimiento de acuerdos extrajudiciales de pago,
- Procedimiento de negociación pública para la consecución de acuerdos de refinanciación colectivos, acuerdos de refinanciación homologados y propuestas anticipadas de convenio,

FRANCE
- Sauvegarde,
- Sauvegarde accélérée,
- Sauvegarde financière accélérée
- Redressement judiciaire
- Liquidation judiciaire

HRVATSKA
- Stečajni postupak

ITALIA
- Fallimento
- Concordato preventivo
- Liquidazione coatta amministrativa
- Amministrazione straordinaria
- Accordi di ristrutturazione,
- Procedure di composizione della crisi da sovraindebitamento del consumatore (accordo o piano),
- Liquidazione dei beni,

ΚΥΠΡΟΣ
- Εκκαθαριστής και Προσωρινός Εκκαθαριστής,
- Επίσημος Παραλήπτης,
- Διαχειριστής της Πτώχευσης

LATVIJA
- Maksātnespējas procesa administrators

LIETUVA
- Įmonės restruktūrizavimo byla
- Įmonės bankroto byla
- Įmonės bankroto procesas ne teismo tvarka
- Fizinio asmens bankroto procesas

LUXEMBOURG
- Faillite
- Gestion contrôlée
- Concordat préventif de faillite (par abandon d'actif)
- Régime spécial de liquidation du notariat
- Procédure de règlement collectif des dettes dans le cadre du surendettement

MAGYARORSZÁG
- Csődeljárás
- Felszámolási eljárás

MALTA
- Xoljiment
- Amministrazzjoni
- Stralċ volontarju mill-membri jew mill-kredituri
- Stralċ mill-Qorti
- Falliment f'każ ta' negozjant
- Proċedura biex kumpanija tirkupra',

NEDERLAND
- Het faillissement
- De surséance van betaling
- De schuldsaneringsregeling natuurlijke personen

ÖSTERREICH
- Das Konkursverfahren (Insolvenzverfahren)

- Das Sanierungsverfahren ohne Eigenverwaltung (Insolvenzverfahren)
- Das Sanierungsverfahren mit Eigenverwaltung (Insolvenzverfahren)
- Das Schuldenregulierungsverfahren
- Das Abschöpfungsverfahren
- Das Ausgleichsverfahren;

POLSKA
- Postępowanie naprawczwe
- Upadłość obejmująca likwidację
- Upadłość z możliwością zawarcia układu

PORTUGAL
- Processo de insolvência
- Processo especial de revitalização

ROMÂNIA
- Procedura insolvenței
- Reorganizarea judiciară
- Procedura falimentului
- Concordatul preventiv

SLOVENIJA
- Postopek preventivnega prestrukturiranja,
- Postopek prisilne poravnave,
- Postopek poenostavljene prisilne poravnave,
- Stečajni postopek: stečajni postopek nad pravno osebo, postopek osebnega stečaja and postopek stečaja zapuščine,

SLOVENSKO
- Konkurzné konanie
- Reštrukturalizačné konanie
- Oddlženie

SUOMI/FINLAND
- Konkurssi/konkurs
- Yrityssaneeraus/företagssanering
- Yksityishenkilön velkajärjestely/skuldsanering för privatpersoner,

SVERIGE
- Konkurs

- Företagsrekonstruktion
- Skuldsanering

UNITED KINGDOM
- Winding-up by or subject to the supervision of the court
- Creditors' voluntary winding-up (with confirmation by the court)
- Administration, including appointments made by filing prescribed documents with the court
- Voluntary arrangements under insolvency legislation
- Bankruptcy or sequestration

ANEXO B
Administradores da insolvência a que se o artigo 2º ponto 5

BELGIË/BELGIQUE
- De curator/Le curateur
- De gedelegeerd rechter/Le juge-délégué
- De gerechtsmandataris/Le mandataire de justice
- De schuldbemiddelaar/Le médiateur de dettes
- De vereffenaar/Le liquidateur
- De voorlopige bewindvoerder/L'administrateur provisoire

БЪЛГАРИЯ
- Назначен предварително временен синдик
- Временен синдик
- (Постоянен) синдик
- Служебен синдик

ČESKÁ REPUBLIKA
- Insolvenční správce
- Předběžný insolvenční správce
- Oddělený insolvenční správce
- Zvláštní insolvenční správce
- Zástupce insolvenčního správce

DEUTSCHLAND
- Konkursverwalter
- Vergleichsverwalter

- Sachwalter (nach der Vergleichsordnung)
- Verwalter
- Insolvenzverwalter
- Sachwalter (nach der Insolvenzordnung)
- Treuhänder
- Vorläufiger Insolvenzverwalter
- Vorläufiger Sachverwalter

EESTI
- Pankrotihaldur
- Ajutine pankrotihaldur
- Usaldusisik

EIRE/IRELAND
- Liquidator
- Official Assignee
- Trustee in bankruptcy
- Provisional Liquidator
- Examiner
- Personal Insolvency Practitioner,
- Insolvency Service

ΕΛΛΑΣ
- Ο σύνδικος
- Ο εισηγητής,
- Η επιτροπή των πιστωτών
- Ο ειδικός εκκαθαριστής

ESPAÑA
- Administradores concursales

FRANCE
- Mandataire judiciaire
- Liquidateur
- Administrateur judiciaire
- Commissaire à l'exécution du plan

HRVATSKA
- Stečajni upravitelj,
- Privremeni stečajni upravitelj,

- Stečajni povjerenik,
- Povjerenik

ITALIA
- Curatore
- Commissario giudiziale
- Commissario straordinario
- Commissario liquidatore
- Liquidatore giudiziale
- Professionista nominato dal Tribunale
- Organismo di composizione della crisi nella procedura di composizione della crisi da sovraindebitamento del consumatore
- Liquidatore,

ΚΥΠΡΟΣ
- Εκκαθαριστής και Προσωρινός Εκκαθαριστής
- Επίσημος Παραλήπτης
- Διαχειριστής της Πτώχευσης
- Εξεταστής

LATVIJA
- Maksātnespējas procesa administrators

LIETUVA
- Bankroto administratorius
- Restruktūrizavimo administratorius

LUXEMBOURG
- Le curateur
- Le commissaire
- Le liquidateur
- Le conseil de gérance de la section d'assainissement du notariat
- Le liquidateur dans le cadre du surendettement

MAGYARORSZÁG
- Vagyonfelügyelő
- Felszámoló

MALTA
- Amministratur Provviżorju

- Riċevitur Uffiċjali
- Stralċjarju
- Manager Speċjali
- Kuraturi f'każ ta' proċeduri ta' falliment
- Kontrolur Speċjali,

NEDERLAND
- De curator in het faillissement
- De bewindvoerder in de surséance van betaling
- De bewindvoerder in de schuldsaneringsregeling natuurlijke personen

ÖSTERREICH
- Masseverwalter
- Sanierungsverwalter
- Ausgleichsverwalter
- Besonderer Verwalter
- Einstweiliger Verwalter
- Sachwalter
- Treuhänder
- Insolvenzgericht
- Konkursgericht

POLSKA
- Syndyk
- Nadzorca sądowy
- Zarządca

PORTUGAL
- Administrador da insolvência
- Administrador judicial provisório

ROMÂNIA
- Practician în insolvență
- Administrator concordatar
- Administrator judiciar
- Lichidator judiciar

SLOVENIJA
- Upravitelj

SLOVENSKO
- Predbežný správca
- Správca

SUOMI/FINLAND
- Pesänhoitaja/boförvaltare
- Selvittäjä/utredare

SVERIGE
- Förvaltare
- Rekonstruktör

UNITED KINGDOM
- Liquidator
- Supervisor of a voluntary arrangement
- Administrador
- Official Receiver
- Trustee
- Provisional Liquidator
- Interim Receiver
- Judicial factor

ANEXO C
Regulamento revogado e suas sucessivas alterações

Regulamento (CE) nº 1346/2000 do Conselho
(JO L 160 de 30.6.2000, p. 1).

Regulamento (CE) nº 603/2005 do Conselho
(JO L 100 de 20.4.2005, p. 1).

Regulamento (CE) nº 694/2006 do Conselho(
JO L 121 de 6.5.2006, p. 1).

Regulamento (CE) nº 1791/2006 do Conselho
(JO L 363 de 20.12.2006, p. 1).

Regulamento (CE) nº 681/2007 do Conselho
(JO L 159 de 20.6.2007, p. 1).

Regulamento (CE) nº 788/2008 do Conselho
(JO L 213 de 8.8.2008, p. 1).

Regulamento de Execução (UE) nº 210/2010 do Conselho
(JO L 65 de 13.3.2010, p. 1).

Regulamento de Execução (UE) nº 583/2011 do Conselho
(JO L 160 de 18.6.2011, p. 52).

Regulamento (UE) nº 517/2013 do Conselho(
JO L 158 de 10.6.2013, p. 1).

Regulamento de Execução (UE) nº 663/2014 do Conselho
(JO L 179 de 19.6.2014, p. 4).

Ato relativo às condições de adesão da República Checa, da República da Estónia, da República de Chipre, da República da Letónia, da República da Lituânia, da República da Hungria, da República de Malta, da República da Polónia, da República da Eslovénia e da República Eslovaca e às adaptações dos Tratados em que se funda a União Europeia
(JO L 236 de 23.9.2003, p. 33)

ANEXO D
Tabela de correspondência

Regulamento (CE) nº 1346/2000	Presente regulamento
Artigo 1º	Artigo 1º
Artigo 2º, frase introdutória	Artigo 2º, frase introdutória
Artigo 2º, alínea *a*)	Artigo 2º, ponto 4
Artigo 2º, alínea *b*)	Artigo 2º, ponto 5
Artigo 2º, alínea *c*)	–
Artigo 2º, alínea *d*)	Artigo 2º, ponto 6
Artigo 2º, alínea *e*)	Artigo 2º, ponto 7
Artigo 2º, alínea *f*)	Artigo 2º, ponto 8
Artigo 2º, alínea *g*), frase introdutória	Artigo 2º, ponto 9, frase introdutória
Artigo 2º, alínea *g*), primeiro travessão	Artigo 2º, ponto 9, alínea *vii*)
Artigo 2º, alínea *g*), segundo travessão	Artigo 2º, ponto 9, alínea *iv*)

Artigo 2º, alínea *g*), terceiro travessão	Artigo 2º, ponto 9, alínea *viii*)
Artigo 2º, alínea *h*)	Artigo 2º, ponto 10
–	Artigo 2º, pontos 1 a 3 e 11 a 13
–	Artigo 2º, ponto 9, alíneas *i*) a *iii*), *v*), *vi*)
Artigo 3º	Artigo 3º
–	Artigo 4º
–	Artigo 5º
–	Artigo 6º
Artigo 4º	Artigo 7º
Artigo 5º	Artigo 8º
Artigo 6°	Artigo 9º
Artigo 7º	Artigo 10º
Artigo 8º	Artigo 11º, nº 1
–	Artigo 11º, nº 2
Artigo 9º	Artigo 12º
Artigo 10º	Artigo 13º, nº 1
–	Artigo 13º, nº 2
Artigo 11º	Artigo 14º
Artigo 12º	Artigo 15º
Artigo 13º, primeiro travessão	Artigo 16º, alínea *a*)
Artigo 13º, segundo travessão	Artigo 16º, alínea *b*)
Artigo 14º, primeiro travessão	Artigo 17º, alínea *a*)
Artigo 14º, segundo travessão	Artigo 17º, alinea *b*)
Artigo 14º, terceiro travessão	Artigo 17º, alinea *c*)
Artigo 15º	Artigo 18º
Artigo 16º	Artigo 19º
Artigo 17º	Artigo 20º
Artigo 18º	Artigo 21º
Artigo 19º	Artigo 22º
Artigo 20º	Artigo 23º
–	Artigo 24º
–	Artigo 25º
–	Artigo 26º
–	Artigo 27º
Artigo 21º, nº 1	Artigo 28º, nº 2

Artigo 21º, nº 2	Artigo 28º, nº 1
Artigo 22º	Artigo 29º
Artigo 23º	Artigo 30º
Artigo 24º	Artigo 31º
Artigo 25º	Artigo 32º
Artigo 26º	Artigo 33º
Artigo 27º	Artigo 34º
Artigo 28º	Artigo 35º
–	Artigo 36º
Artigo 29º	Artigo 37º, nº 1
–	Artigo 37º, nº 2
–	Artigo 38º
–	Artigo 39º
Artigo 30º	Artigo 40º
Artigo 31º	Artigo 41º
–	Artigo 42º
–	Artigo 43º
–	Artigo 44º
Artigo 32º	Artigo 45º
Artigo 33º	Artigo 46º
Artigo 34º, nº 1	Artigo 47º, nº 1
Artigo 34º, nº 2	Artigo 47º, nº 2
Artigo 34º, nº 3	–
–	Artigo 48º
Artigo 35º	Artigo 49º
Artigo 36º	Artigo 50º
Artigo 37º	Artigo 51º
Artigo 38º	Artigo 52º
Artigo 39º	Artigo 53º
Artigo 40º	Artigo 54º
Artigo 41º	Artigo 55º
Artigo 42º	–
–	Artigo 56º
–	Artigo 57º
–	Artigo 58º

–	Artigo 59º
–	Artigo 60º
–	Artigo 61º
–	Artigo 62º
–	Artigo 63º
–	Artigo 64º
–	Artigo 65º
–	Artigo 66º
–	Artigo 67º
–	Artigo 68º
–	Artigo 69º
–	Artigo 70º
–	Artigo 71º
–	Artigo 72º
–	Artigo 73º
–	Artigo 74º
–	Artigo 75º
–	Artigo 76º
–	Artigo 77º
–	Artigo 78º
–	Artigo 79º
–	Artigo 80º
–	Artigo 81º
–	Artigo 82º
–	Artigo 83º
Artigo 43º	Artigo 84º, nº 1
–	Artigo 84º, nº 2
Artigo 44º	Artigo 85º
–	Artigo 86º
Artigo 45º	–
–	Artigo 87º
–	Artigo 88º
–	Artigo 89º
Artigo 46º	Artigo 90º, nº 1
–	Artigo 90º, nºs 2 a 4

–	Artigo 91º
Artigo 47º	Artigo 92º
Anexo A	Anexo A
Anexo B	–
Anexo C	Anexo B
–	Anexo C
–	Anexo D

Directiva 98/26/CE do Parlamento Europeu e do Conselho de 19 de Maio 1998

Relativa ao carácter definitivo da liquidação nos sistemas de pagamentos e de liquidação de valores mobiliários, alterada pela Directiva 2009/44/CE, do Parlamento Europeu e do Conselho, de 6 de Maio de 2009 e pela Directiva 2010/78/UE do Parlamento Europeu e do Conselho, de 24 de Novembro de 2010

O PARLAMENTO EUROPEU E O CONSELHO DA UNIÃO EUROPEIA,

Tendo em conta o Tratado que institui a Comunidade Europeia, nomeadamente o artigo 100º-A,

Tendo em conta a proposta da Comissão[1],

Tendo em conta o parecer do Instituto Monetário Europeu[2],

Tendo em conta o parecer do Comité Económico e Social[3],

Deliberando nos termos do artigo 189ºB do Tratado[4],

(1) Considerando que o relatório Lamfalussy de 1990 dirigido aos governadores dos bancos centrais dos países do Grupo dos Dez demonstrou a importância dos riscos sistémicos inerentes aos sistemas de pagamentos que funcionam com base em vários tipos jurídicos de compensação (netting) de pagamentos, em particular os multilaterais; que a redução da incerteza jurídica associada à participação em sistemas com liquidação pelo valor bruto em

[1] JO C 207 de 18. 7. 1996, p. 13 e JO C 259 de 26. 8. 1997, p. 6.

[2] Parecer emitido em 21 de Novembro de 1996.

[3] JO C 56 de 24. 2. 1997, p. 1.

[4] Parecer do Parlamento Europeu de 9 de Abril de 1997 (JO C 132 de 28. 4. 1997, p. 74), posição comum do Conselho de 13 de Outubro de 1997 (JO C 375 de 10. 12. 1997, p. 34), e decisão do Parlamento Europeu de 29 de Janeiro de 1998, (JO C 56 de 23. 2. 1998). Decisão do Conselho de 27 de Abril de 1998.

tempo real é de uma importância fundamental, dado o crescente desenvolvimento desses sistemas;

(2) Considerando que é também da máxima importância minorar os riscos associados à participação nos sistemas de liquidação de operações sobre valores mobiliários, em particular nos casos em que existe uma estreita ligação entre esses sistemas e os sistemas de pagamentos;

(3) Considerando que a presente directiva se destina a contribuir para reforçar a eficácia do funcionamento dos mecanismos transfronteiras de pagamento e de liquidação de valores mobiliários na Comunidade, bem como para reduzir os seus custos, fortalecendo assim a liberdade de circulação de capitais no mercado interno; que a presente directiva se inscreve, portanto, no quadro dos progressos feitos no sentido da realização do mercado interno, nomeadamente no domínio da liberdade de prestação de serviços e da liberalização dos movimentos de capitais, com vista à realização da união económica e monetária;

(4) Considerando que é desejável que a legislação dos Estados-membros vise minimizar as perturbações dos sistemas decorrentes de processos de falência intentados contra participantes nesses sistemas;

(5) Considerando que continua pendente no Conselho uma proposta de directiva relativa ao saneamento e à liquidação das instituições de crédito, apresentada em 1985 e alterada em 8 de Fevereiro de 1988; que a Convenção relativa aos processos de falência, estabelecida em 23 de Novembro de 1995 pelos Estados-membros reunidos no Conselho, exclui expressamente do seu âmbito de aplicação as empresas de seguros, as instituições de crédito e as empresas de investimento;

(6) Considerando que a presente directiva se destina a abranger os sistemas de pagamentos e de liquidação de operações sobre valores mobiliários, tanto nacionais como com um carácter transfronteiras; que a directiva é aplicável aos sistemas comunitários e às garantias constituídas pelos seus participantes, comunitários ou de países terceiros, no quadro da sua participação nesses sistemas;

(7) Considerando que os Estados-membros podem aplicar as disposições da presente directiva às suas próprias instituições que participem directamente em sistemas de países terceiros e às garantias constituídas no quadro da participação nesses sistemas;

(8) *Suprimido pela Directiva 2009/44/CE;*

(9) Considerando que a redução do risco sistémico requer, em especial, o carácter definitivo da liquidação e a exigibilidade das garantias constituídas; que, por garantia, se entende qualquer meio fornecido por um participante aos restantes participantes num sistema de pagamentos e/ou de liquidação de ope-

rações sobre valores mobiliários para garantir os direitos e obrigações decorrentes da participação nesse sistema, incluindo os contratos de reporte e similares, as garantias legais e as transferências fiduciárias; que a regulamentação, pelo direito nacional, dos tipos de garantias que podem ser utilizados não é afectada pela definição de garantia da presente directiva;

(10) Considerando que a presente directiva, ao abranger as garantias constituídas no quadro das operações efectuadas pelos bancos centrais dos Estados-membros, na sua qualidade de bancos centrais, incluindo as operações de política monetária, apoia o Instituto Monetário Europeu nas suas funções de promover a eficácia dos pagamentos transfronteiras, na perspectiva da preparação da terceira fase da união económica e monetária, contribuindo desse modo para configurar o quadro jurídico de que deverá dispor o futuro Banco Central Europeu para realizar a sua política;

(11) Considerando que deve ser garantida a produção de efeitos jurídicos das ordens de transferência e da sua compensação (netting) nas legislações de todos os Estados-membros, bem como a sua oponibilidade a terceiros;

(12) Considerando que as disposições relativas ao carácter definitivo da compensação não devem obstar a que os sistemas verifiquem, antes de se efectuar a compensação, se as ordens que entraram no sistema obedecem às regras desse sistema e permitem a liquidação por esse sistema;

(13) Considerando que a presente directiva não impede um participante ou um terceiro de exercerem, relativamente a uma ordem de transferência que tenha sido introduzida num sistema, qualquer direito ou qualquer pretensão a uma cobrança ou a uma restituição, decorrente da transacção subjacente, nomeadamente em caso de fraude ou de erro técnico, desde que esse direito ou pretensão não acarrete a reforma da compensação nem conduza à revogação da ordem de transferência no sistema;

(14) Considerando que é necessário garantir que as ordens de transferência não possam ser revogadas após o momento definido pelas regras do sistema;

(14-A) Considerando que as autoridades competentes nacionais ou os supervisores deverão assegurar que os operadores dos sistemas que integram o sistema interoperável acordem, na medida do possível, regras comuns relativas ao momento da introdução nos sistemas interoperáveis. As autoridades competentes nacionais ou os supervisores deverão assegurar que as regras relativas ao momento da introdução num sistema interoperável sejam coordenadas, na medida do possível e do necessário, para evitar a incerteza jurídica em caso de incumprimento de um sistema participante;

(15) Considerando que é necessário que um Estado-membro notifique imediatamente os outros Estados-membros da abertura de um processo de falência contra um participante no sistema;

(16) Considerando que os processos de falência não devem ter efeitos retroactivos sobre os direitos e obrigações dos participantes no sistema;

(17) Considerando que a presente directiva tem ainda em vista determinar, em caso de abertura de um processo de falência contra um participante num sistema, a legislação sobre falência aplicável aos direitos e obrigações do participante decorrentes da sua participação nesse sistema;

(18) Considerando que as garantias constituídas devem ser preservadas dos efeitos da legislação sobre falência aplicável ao participante insolvente;

(19) Considerando que o disposto no nº 2 do artigo 9º é aplicável apenas a um registo, conta ou sistema de depósito centralizado que evidencie a existência de direitos sobre os valores em questão, ou a entrega ou transferência desses valores;

(20) Considerando que o disposto no nº 2 do artigo 9º tem por objectivo assegurar que, se o participante, o banco central de um Estado-membro ou o futuro Banco Central Europeu beneficiar de uma garantia válida e eficaz ao abrigo da legislação do Estado-membro em que se situe o registo, conta ou sistema de depósito centralizado pertinente, a validade e a exigibilidade dessa garantia em relação a esse sistema, ao respectivo operador e a qualquer outra pessoa que reclame um crédito, directa ou indirectamente, através do sistema, serão determinadas unicamente pela legislação desse Estado-membro;

(21) Considerando que o disposto no nº 2 do artigo 9º não tem por objectivo afectar a aplicação e os efeitos da legislação do Estado-membro em que os valores mobiliários estejam constituídos ou do Estado-membro em que esses valores possam de outra forma estar situados (incluindo, sem restrições, a legislação relativa à criação, propriedade ou transferência desses valores ou dos direitos sobre esses valores) e não pode ser interpretado como significando que uma garantia nos termos referidos será directamente exigível ou susceptível de ser reconhecida em qualquer um desses Estados-membros de um modo contrário à sua legislação;

(22) Considerando que é desejável que os Estados-membros se esforcem por estabelecer ligações suficientes entre todos os sistemas de liquidação de valores mobiliários abrangidos pela presente directiva, a fim de promover a máxima transparência e segurança jurídica das transacções relativas a valores mobiliários;

(22-A) Considerando que no caso dos sistemas interoperáveis, a falta de coordenação quanto a que regras relativas ao momento da introdução e da irrevogabilidade são aplicáveis pode expor os participantes de um sistema, ou mesmo o próprio operador do sistema, aos efeitos secundários de um incumprimento noutro sistema. Para limitar o risco sistémico, é conveniente estabelecer que os operadores de sistema de sistemas interoperáveis coordenem as regras relativas ao momento da introdução e da irrevogabilidade nos sistemas que operam;

(23) Considerando que a adopção da presente directiva constitui a forma mais adequada de realizar os objectivos acima referidos, não excedendo o necessário para esse efeito,

ADOPTARAM A PRESENTE DIRECTIVA:

SECÇÃO I – Âmbito de aplicação e definições

Artigo 1º – O disposto na presente directiva é aplicável:

a) A qualquer sistema, definido no artigo 2º, alínea *a*), regulado pela legislação de um Estado-membro, que realize operações em qualquer moeda, em euros ou em várias moedas que o sistema converta entre si;

b) A qualquer participante nesse sistema;

c) Às garantias constituídas no quadro:

- da participação num sistema, ou
- das operações dos bancos centrais dos Estados-Membros ou do Banco Central Europeu, na sua qualidade de bancos centrais.

Artigo 2º – Para efeitos da presente directiva, entende-se por:

a) «Sistema» um acordo formal:

- entre três ou mais participantes, excluindo o operador desse sistema, um eventual agente de liquidação, uma eventual contraparte central, uma eventual câmara de compensação ou um eventual participante indirecto, com regras comuns e procedimentos padronizados para a compensação, através de uma contraparte central ou não, ou execução de ordens de transferência entre os participantes,
- regulado pela legislação de um Estado-membro escolhida pelos participantes; contudo, os participantes apenas podem escolher a legislação de um Estado-membro em que pelo menos um deles tenha a sua sede e
- designado, sem prejuízo de outras condições mais rigorosas de aplicação geral previstas na legislação nacional, como sistema e notificado à Comissão pelo Estado-membro cuja legislação é aplicável, depois de esse Estado-membro se ter certificado da adequação das regras do sistema.

Nas mesmas condições do primeiro parágrafo, os Estados-membros podem designar como sistema de pagamentos um acordo formal, cuja actividade consista na execução de ordens de transferência tal como definidas no segundo travessão da alínea *i*) e que, em medida limitada, execute ordens relacionadas com outros instrumentos financeiros, quando os Estados-membros considerarem que essa designação se justifica em termos de risco sistémico.

Os Estados-membros podem ainda, caso a caso, designar como sistema um dos referidos acordos formais entre dois participantes, sem contar com um eventual agente de liquidação, uma eventual contraparte central, uma eventual câmara de compensação ou um eventual participante indirecto, quando considerarem que essa designação se justifica em termos de risco sistémico;

Um acordo celebrado entre dois sistemas interoperáveis não constitui um sistema.

b) «Instituição»:

- uma instituição de crédito, na acepção do nº 1 do artigo 4º da Directiva 2006/48/CE do Parlamento Europeu e do Conselho, de 14 de Junho de 2006, relativa ao acesso à actividade das instituições de crédito e ao seu exercício (reformulação), incluindo as instituições enumeradas no artigo 2º da mesma directiva,
- uma empresa de investimento, na acepção do ponto 1) do nº 1 do artigo 4º da Directiva 2004/39/CE do Parlamento Europeu e do Conselho, de 21 de Abril de 2004, relativa aos mercados de instrumentos financeiros, excluindo as instituições enumeradas no nº 1 do artigo 2º da mesma directiva
- um organismo público ou uma empresa que beneficie de garantia estatal, ou
- qualquer empresa com sede fora da Comunidade e cujas funções correspondam às das instituições de crédito ou das empresas de investimento da Comunidade, na acepção do primeiro e segundo travessões, que participe num sistema e que seja responsável pela execução das obrigações financeiras decorrentes de ordens de transferência emitidas no âmbito desse sistema.

Se um sistema for supervisado nos termos da legislação nacional e apenas executar ordens de transferência tal como definidas no segundo travessão da alínea *i*), bem como os pagamentos decorrentes dessas ordens, os Estados-membros têm a faculdade de decidir que as empresas que participem nesse sistema e que estejam incumbidas da execução das obrigações financeiras decorrentes de ordens de transferência emitidas no âmbito desse sistema, podem ser consideradas instituições, desde que pelo menos três dos outros participantes nesse sistema pertençam às categorias referidas no primeiro parágrafo e que essa decisão se justifique em termos de risco sistémico;

c) «Contraparte central»: uma entidade intermediária entre as instituições de um sistema e que actua como contraparte exclusiva dessas instituições no que respeita às suas ordens de transferência;

d) «Agente de liquidação»: uma entidade que assegura, às instituições e/ou à contraparte central que participam nos sistemas, contas de liquidação, através das quais são liquidadas as ordens de transferência emitidas no quadro desses sistemas e que pode, eventualmente, conceder crédito a essas instituições e/ou contrapartes centrais para efeitos de liquidação;

e) «Câmara de compensação»: uma entidade incumbida do cálculo das posições líquidas das instituições, uma eventual contraparte central e/ou um eventual agente de liquidação;

f) «Participante»: uma instituição, uma contraparte central, um agente de liquidação, uma câmara de compensação ou um operador de sistema.

De acordo com as regras do sistema, o mesmo participante pode actuar como contraparte central, agente de liquidação ou câmara de compensação ou exercer uma parte ou a totalidade dessas funções.

Para efeitos da presente directiva, os Estados-Membros podem considerar um participante indirecto como participante, caso entendam que tal se justifica em termos de risco sistémico. O facto de um participante indirecto ser considerado participante em termos de risco sistémico não limita a responsabilidade do participante através do qual o participante indirecto introduza ordens de transferência no sistema.

g) «Participante indirecto»: uma instituição, uma contraparte central, um agente de liquidação, uma câmara de compensação ou um operador de sistema que tenha uma relação contratual com um participante num sistema que execute ordens de transferência, relação essa que permita ao participante indirecto executar ordens de transferência através do sistema, na condição de o participante indirecto ser conhecido do operador do sistema.

h) «Valores mobiliários»: os instrumentos referidos na secção C do Anexo I da Directiva 2004/39/CE;

i) «Ordem de transferência»:

- uma instrução de um participante para colocar um certo montante pecuniário à disposição de um destinatário através do lançamento nas contas de uma instituição de crédito, de um banco central, de uma contraparte central ou de um agente de liquidação, ou uma instrução que resulte na assunção ou execução de uma obrigação de pagamento tal como definida pelas regras do sistema, ou
- uma instrução de um participante para transferir a titularidade de um ou mais valores mobiliários ou o direito relativo a um ou mais valores mobiliários através da inscrição num registo, ou sob outra forma;

j) «Processo de falência»: qualquer medida colectiva prevista na legislação de um Estado-membro ou de um país terceiro para efeitos da liquidação do participante ou da sua reestruturação, desde que tal medida implique a suspensão ou limitação das transferências ou pagamentos;

k) «Compensação» (netting): a conversão dos créditos e obrigações decorrentes de ordens de transferência que um ou mais participantes emitem a favor de outro ou outros participantes, ou que dele ou deles recebem, num único crédito (líquido ou numa única obrigação líquida, de forma que apenas será exigível esse crédito líquido ou devida essa obrigação líquida;

l) «Conta de liquidação»: uma conta num banco central, num agente de liquidação ou numa contraparte central utilizada para depósito de fundos ou valores mobiliários ou para a liquidação de transacções entre participantes num sistema;

m) «Garantia»: qualquer activo susceptível de execução, incluindo, sem restrições, as garantias financeiras a que se refere a alínea *a*) do nº 4 do artigo 1º da Directiva 2002/47/CE do Parlamento Europeu e do Conselho, de 6 de Junho de 2002, relativa aos acordos de garantia financeira, dado em penhor (incluindo dinheiro dado em penhor), no âmbito de um contrato de reporte ou similar ou de qualquer outro modo, com o objectivo de garantir direitos e obrigações que possam eventualmente decorrer do funcionamento de um sistema, ou prestado aos bancos centrais dos Estados-Membros ou ao Banco Central Europeu

n) «Dia útil»: inclui as liquidações diurnas e nocturnas e engloba todos os acontecimentos ocorridos durante o ciclo de um sistema;

o) «Sistemas interoperáveis»: dois ou mais sistemas cujos operadores tenham celebrado entre si um acordo que implique a execução de ordens de transferência entre sistemas;

p) "Operador de sistema": a entidade ou entidades legalmente responsáveis pelo funcionamento de um sistema. Os operadores de sistema podem também agir como agentes de liquidação, contrapartes centrais ou câmaras de compensação.

SECÇÃO II – Compensação e ordens de transferência

Artigo 3º

1. As ordens de transferência e a compensação têm efeitos jurídicos e serão oponíveis a terceiros mesmo em caso de processo de falência contra um participante, desde que as ordens de transferência tenham sido introduzidas no sistema antes do momento da abertura do referido processo de falência na acepção do nº 1 do artigo 6º. A presente disposição aplica-se mesmo em caso de processo de falência contra um participante (no sistema em causa ou num sistema interoperável) ou contra o operador de sistema de um sistema interoperável que não seja participante.

Caso as ordens de transferência tenham sido introduzidas no sistema após a abertura do processo de falência e tenham sido executadas no mesmo dia útil, tal como definido nas regras do sistema, em que ocorra essa abertura, só produzirão efeitos jurídicos e serão oponíveis a terceiros se o operador do sistema puder provar que, no momento em que as ordens de transferência em causa se tornaram irrevogáveis, não tinha conhecimento nem obrigação de ter conhecimento da abertura do processo de falência.

2. Nenhuma lei, regulamento, regra ou prática em matéria de anulação de contratos e transacções celebrados antes do momento da abertura de um processo de falência tal como definido no nº 1 do artigo 6º pode conduzir à reforma de uma compensação.

3. O momento da introdução de uma ordem de transferência num sistema será definido pelas regras aplicáveis desse sistema. Se o direito nacional previr condições que regulamentem o sistema quanto ao momento da introdução, as regras desse sistema devem estar em conformidade com essas condições.

4. No caso dos sistemas interoperáveis, cada sistema determina nas suas próprias regras o momento da introdução no sistema, por forma a assegurar, na medida do possível, a coordenação a esse respeito das regras de todos os sistemas participantes nos sistemas interoperáveis envolvidos. A menos que as regras de todos os sistemas participantes nos sistemas interoperáveis em causa o prevejam expressamente, as regras de cada sistema relativas ao momento da introdução não são afectadas pelas regras dos outros sistemas com os quais o primeiro seja interoperável.

Artigo 4º

Os Estados-Membros podem estabelecer que a abertura de um processo de falência contra um participante ou operador de sistema de um sistema interoperável não obste a que os fundos ou valores mobiliários disponíveis na conta de liquidação desse participante sejam utilizados para cumprir as respectivas obrigações no âmbito do sistema (ou de um sistema interoperável) no dia útil da abertura do processo de falência. Os Estados-Membros podem também prever que seja utilizada qualquer linha de crédito desse participante relacionada com o sistema, contra uma garantia existente e disponível, para lhe permitir cumprir as respectivas obrigações no âmbito do sistema (ou de um sistema interoperável).

Artigo 5º

Uma ordem de transferência não pode ser revogada por um participante no sistema, nem por terceiros, a partir do momento definido nas regras aplicáveis a esse sistema.

No caso dos sistemas interoperáveis, cada sistema determina nas suas próprias regras o momento da irrevogabilidade, por forma a assegurar, na medida do possível, a coordenação a esse respeito das regras de todos os sistemas interoperáveis envolvidos. A menos que as regras de todos os sistemas participantes nos sistemas interoperáveis em causa o prevejam expressamente, as regras de cada sistema relativas ao momento da irrevogabilidade não são afectadas pelas regras dos outros sistemas com os quais o primeiro seja interoperável.

SECÇÃO III – Disposições relativas aos processos de falência

Artigo 6º

1. Para efeitos da presente directiva, o momento da abertura de um processo de falência será o momento em que a autoridade judicial ou administrativa competente proferir a sua decisão.

2. Quando for proferida uma decisão nos termos do nº 1, a autoridade judicial ou administrativa competente notificará imediatamente essa decisão à autoridade competente designada pelo seu Estado-membro.

3. O Estado-Membro referido no nº 2 notifica imediatamente o Comité Europeu do Risco Sistémico, os outros Estados-Membros e a Autoridade Europeia de Supervisão (Autoridade Europeia dos Valores Mobiliários e dos Mercados) (a seguir designada "ESMA") criada pelo Regulamento (UE) nº 1095/2010 do Parlamento Europeu e do Conselho.

Artigo 7º

Os processos de falência não terão efeitos retroactivos sobre os direitos e obrigações dos participantes decorrentes da sua participação no sistema ou a ela associados antes do momento da abertura desse processo, na acepção do nº 1 do artigo 6º. A presente disposição aplica-se em especial aos direitos e obrigações dos participantes em sistemas interoperáveis ou dos operadores de sistema de sistemas interoperáveis que não sejam participantes.

Artigo 8º

Se for aberto um processo de falência de um participante num sistema, os direitos e obrigações decorrentes da sua participação ou associados a essa participação serão determinados pela legislação aplicável ao sistema.

SECÇÃO IV – Preservação dos direitos dos titulares de garantias contra os efeitos da falência da parte que constituiu as garantias

Artigo 9º

1. Os direitos de um operador de sistema ou de um participante sobre as garantias constituídas a seu favor no quadro de um sistema ou de um sistema interoperável, bem como os direitos dos bancos centrais dos Estados-Membros ou do Banco Central Europeu sobre as garantias constituídas a seu favor, não são afectados por qualquer processo de falência contra:

a) O participante no sistema em causa ou num sistema interoperável;

b) O operador de sistema de um sistema interoperável que não seja participante;

c) Uma contraparte dos bancos centrais dos Estados-Membros ou do Banco Central Europeu; ou

d) Qualquer terceiro que tenha constituído as garantias.

As garantias podem ser executadas para satisfação daqueles direitos.

2. Caso sejam prestados valores mobiliários (incluindo direitos sobre valores mobiliários) como garantia aos participantes, aos operadores dos sistemas, aos bancos centrais dos Estados-Membros ou ao Banco Central Europeu nos termos referidos no nº 1 e o direito destes (ou o de qualquer mandatário, agente ou terceiro agindo em seu nome) relativamente aos valores esteja legalmente inscrito num registo, conta ou sistema de depósito centralizado situado num Estado-Membro, a determinação dos direitos dessas entidades como titulares da garantia relativa a esses valores rege-se pela legislação desse Estado-Membro.

SECÇÃO V – Disposições finais

Artigo 10º

1. Os Estados-Membros designam os sistemas, bem como os respectivos operadores, que devem ser abrangidos pela presente directiva e deles notificam a ESMA, informando igualmente esta última das autoridades que tiverem designado nos termos do nº 2 do artigo 6º. A ESMA publica estas informações no seu sítio Web.

O operador do sistema indica ao Estado-Membro cuja legislação seja aplicável quais os participantes no sistema, incluindo quaisquer eventuais participantes indirectos, assim como qualquer alteração que se verifique nesse âmbito.

Para além da indicação prevista no segundo parágrafo, os Estados-Membros podem sujeitar os sistemas sob a sua jurisdição a supervisão ou autorização.

As instituições devem, a pedido de qualquer detentor de um interesse legítimo, informar este sobre os sistemas em que participam e sobre as disposições essenciais que regem o funcionamento desses sistemas.

2. Os sistemas designados antes da entrada em vigor das disposições nacionais de transposição da Directiva 2009/44/CE do Parlamento Europeu e do Conselho, de 6 de Maio de 2009, que altera a Directiva 98/26/CE relativa ao carácter definitivo da liquidação nos sistemas de pagamentos e de liquidação de valores mobiliários e a Directiva 2002/47/CE relativa aos acordos de garantia financeira, no que diz respeito a sistemas ligados e a créditos sobre terceiros, continuam a sê-lo para efeitos da presente directiva.

As ordens de transferência introduzidas num sistema antes da entrada em vigor das disposições nacionais de transposição da Directiva 2009/44/CE mas liquidadas posteriormente são consideradas ordens de transferência para efeitos da presente directiva.

Artigo 10º-A

1. As autoridades competentes devem cooperar com a ESMA para efeitos da presente directiva, nos termos do Regulamento (UE) nº 1095/2010.

2. As autoridades competentes devem facultar, sem demora, à ESMA todas as informações necessárias ao cumprimento das suas obrigações, nos termos do artigo 35º do Regulamento (UE) nº 1095/2010.

Artigo 11º

1. Os Estados-membros porão em vigor as disposições legislativas, regulamentares e administrativas necessárias para dar cumprimento à presente directiva até 11 de Decembro de 1999. Do facto informarão imediatamente a Comissão.

Quando os Estados-membros adoptarem essas disposições, estas deverão incluir uma referência à presente directiva ou ser acompanhadas dessa referência na publicação oficial. As modalidades dessa referência serão adoptadas pelos Estados-membros.

2. Os Estados-membros comunicarão à Comissão o texto das disposições de direito interno que adoptarem nas matérias reguladas pela presente directiva. Nas suas comunicações, os Estados-membros apresentarão um quadro de correspondências que indique as disposições nacionais em vigor ou que estejam a ser introduzidas que correspondem a cada um dos artigos da presente directiva.

Artigo 12º

O mais tardar três anos a contar da data referida no nº 1 do artigo 11º, a Comissão apresentará um relatório ao Parlamento Europeu e ao Conselho sobre a aplicação da presente directiva, acompanhado, se for caso disso, de propostas de revisão.

Artigo 13º

A presente directiva entra em vigor na data da sua publicação no Jornal Oficial das Comunidades Europeias.

Artigo 14º

Os Estados-membros são os destinatários da presente directiva.

Feito em Bruxelas, em 19 de Maio de 1998.

Pelo Parlamento Europeu
O Presidente
J. M. GIL-ROBLES

Pelo Conselho
O Presidente
G. BROWN

Directiva 2002/47/CE do Parlamento Europeu e do Conselho de 6 de Junho de 2002

Relativa aos acordos de garantia financeira, alterada pela Directiva 2009/44/CE, do Parlamento Europeu e do Conselho, de 6 de Maio de 2009, e pela Directiva 2014/59/UE, de 2 de Julho de 2014

O PARLAMENTO EUROPEU E O CONSELHO DA UNIÃO EUROPEIA,

Tendo em conta o Tratado que institui a Comunidade Europeia e, nomeadamente, o seu artigo 95º,

Tendo em conta a proposta da Comissão[1],

Tendo em conta o parecer do Banco Central Europeu[2],

Tendo em conta o parecer do Comité Económico e Social[3],

Deliberando nos termos do artigo 251º do Tratado[4],

Considerando o seguinte:

(1) A Directiva 98/26/CE do Parlamento Europeu e do Conselho, de 19 de Maio de 1998, relativa ao carácter definitivo da liquidação nos sistemas de pagamentos e de liquidação de valores mobiliários[5], constituiu uma etapa importante do processo de instituição de um quadro jurídico sólido para estes sistemas. A aplicação desta directiva demonstrou que era importante limitar os riscos sistémicos inerentes a estes sistemas devido à coexistência de regimes jurídicos diferentes e que seria vantajoso instituir uma regulamentação comum aplicável às garantias constituídas no quadro dos referidos sistemas.

[1] JO C 180 E de 26.6.2001, p. 312.

[2] JO C 196 de 12.7.2001, p. 10.

[3] JO C 48 de 21.2.2002, p. 1.

[4] Parecer do Parlamento Europeu de 13 de Dezembro de 2001 (ainda não publicado no Jornal Oficial), posição comum do Conselho de 5 de Março de 2002 (ainda não publicada no Jornal Oficial) e decisão do Parlamento Europeu de 15 de Maio de 2002.

[5] JO L 166 de 11.6.1998, p. 45.

(2) Na sua comunicação de 11 de Maio de 1999, dirigida ao Parlamento Europeu e ao Conselho, intitulada "Aplicação de um enquadramento para os serviços financeiros: plano de acção", a Comissão comprometeu-se a elaborar, após consulta dos peritos do mercado e das autoridades nacionais, propostas de medidas legislativas em matéria de garantias que promovam novos progressos neste domínio para além dos conseguidos com a Directiva 98/26/CE.

(3) Deve ser instituído um regime comunitário aplicável aos valores mobiliários e aos montantes pecuniários nas aquisições com cauções de títulos e nas transferências de titularidade, incluindo os acordos de recompra (reporte).

Este regime contribuirá para a integração e o funcionamento ao menor custo do mercado financeiro, bem como para a estabilidade do sistema financeiro da Comunidade, o que promoverá a livre prestação de serviços e a livre circulação de capitais no mercado único dos serviços financeiros. A presente directiva concentra-se nos acordos bilaterais de garantia financeira.

(4) A presente directiva é adoptada num quadro jurídico europeu que compreende nomeadamente a referida Directiva 98/26/CE, bem como a Directiva 2001/24/CE do Parlamento Europeu e do Conselho, de 4 de Abril de 2001, relativa ao saneamento e à liquidação das instituições de crédito[6], a Directiva 2001/17/CE do Parlamento Europeu e do Conselho, de 19 de Março de 2001, relativa ao saneamento e à liquidação das empresas de seguros[7], e o Regulamento (CE) nº 1346/2000, do Conselho, de 29 de Maio de 2000, relativo aos processos de insolvência[8]. A presente directiva não prejudica nem contraria o modelo geral destes actos jurídicos anteriores. Com efeito, a presente directiva completa esses actos jurídicos em vigor ao abordar outras questões, e ultrapassa-os no que respeita a questões específicas já por eles abordadas.

(5) A fim de aumentar a segurança jurídica dos acordos de garantia financeira, os Estados-Membros devem assegurar que certas disposições legislativas em matéria de falência não sejam aplicáveis a esses acordos, nomeadamente as disposições que poderiam constituir um obstáculo à execução da garantia financeira ou que sejam susceptíveis de suscitar incertezas em relação à validade de técnicas actualmente utilizadas pelos mercados, tais como a compensação bilateral com vencimento antecipado, a prestação de garantias adicionais sob a forma de garantias complementares e as substituições de garantias.

(6) A presente directiva não aborda os direitos que qualquer pessoa possa deter relativamente aos activos fornecidos a título de garantia financeira cuja origem não resida nos acordos de garantia financeira nem tenha por base qual-

[6] JO L 125 de 5.5.2001, p. 15.

[7] JO L 110 de 20.4.2001, p. 28.

[8] JO L 160 de 30.6.2000, p. 1.

quer das disposições legais ou normas jurídicas resultantes do início ou prossecução de processos de liquidação ou medidas de saneamento, tais como a restituição resultante de um engano, erro ou incapacidade.

(7) O princípio consagrado na Directiva 98/26/CE, nos termos do qual a lei aplicável aos valores mobiliários escriturais dados em garantia é a do Estado-Membro onde o registo, a conta ou o sistema de depósito centralizado está localizado, deve ser alargado, a fim de garantir a segurança jurídica relativamente à utilização deste tipo de valores mobiliários num contexto transfronteiras, no quadro de uma garantia financeira abrangida pela presente directiva.

(8) O princípio da lex rei sitae, segundo o qual a validade e, portanto, a oponibilidade de um acordo de garantia financeira, são determinadas com base na lei do país em que a garantia financeira está localizada, é actualmente reconhecido por todos os Estados-Membros. Sem prejuízo da aplicação da presente directiva aos títulos detidos directamente, deve ser determinado o lugar onde se situa uma garantia constituída por títulos escriturais e detida por um ou mais intermediários. Se o direito do beneficiário de uma garantia for estabelecido por um acordo de garantia válido e aplicável por força do direito do país em que a conta está localizada, a oponibilidade a qualquer título ou direito concorrente e a aplicabilidade da garantia são regidas unicamente pelo direito do referido país, evitando-se pois a incerteza jurídica que resultaria da intervenção de outra legislação não tida em conta.

(9) A fim de limitar as formalidades administrativas a cumprir pelas partes que utilizem a garantia financeira prevista na presente directiva, a única condição de validade em relação às partes susceptível de ser imposta pelo direito nacional relativamente à garantia financeira deverá ser que esta esteja sob o controlo do beneficiário da garantia ou de uma pessoa que aja em seu nome, não excluindo técnicas de garantia que permitam ao prestador da garantia substituí-la ou retirar o seu excedente. A presente directiva não obsta a que os Estados-Membros exijam a prestação de créditos sobre terceiros mediante a inclusão numa lista de créditos sobre terceiros.

(10) Pelos mesmos motivos, a celebração, validade, conclusão, exequibilidade ou admissibilidade enquanto prova de um acordo de garantia financeira, ou a prestação de uma garantia financeira no âmbito de um acordo de garantia financeira, não deverão depender da realização de qualquer acto formal, como o estabelecimento de um documento sob qualquer forma específica ou de algum modo especial, o registo num organismo oficial ou público ou a inscrição num registo público, o anúncio num jornal ou revista, num registo ou publicação oficial, ou sob qualquer outra forma, a notificação de um funcionário público, o fornecimento de prova sob forma especial quanto à data de estabelecimento de um documento ou instrumento, o montante das obrigações

financeiras em causa ou qualquer outra questão. Todavia, a presente directiva deve proporcionar o equilíbrio entre a eficácia do mercado e a segurança das partes no acordo e de terceiros, evitando desse modo mormente o risco de fraude. Esse equilíbrio será alcançado pelo facto de o âmbito de aplicação da directiva abranger apenas os acordos de garantia financeira que prevêem alguma forma de desapossamento, ou seja, a prestação de garantia financeira, e quando a prestação da garantia financeira possa ser provada por escrito ou num suporte duradouro, garantindo desse modo a rastreabilidade dessa garantia. Para efeitos da presente directiva, os actos exigidos nos termos da legislação de um Estado-Membro enquanto condição necessária para a transferência ou constituição de penhor sobre instrumentos financeiros que não sejam títulos escriturais, tais como o endosso em caso de títulos à ordem, ou a inscrição no registo do emitente em caso de títulos registados, não deverão ser considerados actos formais.

(11) Além disso, a presente directiva deverá proteger exclusivamente os acordos de garantia financeira susceptíveis de serem provados. Essa prova pode ser feita por escrito ou de qualquer outro modo juridicamente vinculativo previsto pela legislação aplicável aos acordos de garantia financeira.

(12) Esta simplificação da utilização das garantias financeiras, decorrente de uma limitação das obrigações administrativas, irá reforçar a eficácia das operações transfronteiras do Banco Central Europeu e dos bancos centrais nacionais dos Estados-Membros participantes na União Económica e Monetária, essencial para a prossecução da política monetária comum. Por outro lado, a imunização limitada dos acordos de garantia financeira face a certas disposições das legislações em matéria de falência irá facilitar o funcionamento da componente mais geral da política monetária comum, no âmbito da qual os operadores do mercado monetário reequilibram entre si a liquidez global do mercado através de transacções transfronteiras cobertas por garantias.

(13) A presente directiva visa proteger a validade dos acordos de garantia financeira baseados na transferência da plena propriedade da garantia financeira, por exemplo através da eliminação da "requalificação" desses acordos de garantia financeira (incluindo os acordos de recompra) como penhores de títulos.

(14) A aplicabilidade da compensação bilateral com vencimento antecipado (close-out netting) deve ser assegurada, não apenas enquanto mecanismo de execução dos acordos de garantia financeira com transferência de titularidade, incluindo os acordos de recompra, mas também, e em termos mais gerais, quando a compensação com vencimento antecipado faz parte integrante de um acordo de garantia financeira. As boas práticas de gestão de riscos aplicadas em geral nos mercados financeiros devem ser preservadas, permitindo-

-se aos operadores gerir e limitar, numa base líquida, os riscos de crédito associados às diferentes transacções financeiras por eles efectuadas, sendo o risco de crédito calculado mediante a adição de todos os riscos actuais inerentes às transacções em curso com uma determinada contraparte, seguida de uma compensação das posições simétricas, o que permitirá obter um montante global único, que será comparado com o valor actual da garantia.

(15) A presente directiva não prejudica qualquer das restrições ou requisitos da legislação nacional no que se refere a ter em conta os créditos e obrigações aquando da compensação, relativamente por exemplo à sua reciprocidade ou ao facto de terem sido concluídas antes de o beneficiário da garantia ter tido ou dever ter tido conhecimento da abertura (ou da existência de um acto jurídico vinculativo conducente à abertura) de processos de liquidação ou de saneamento relativamente ao prestador da garantia.

(16) Deve ser preservada de certas regras de invalidação automática a boa prática dos mercados financeiros, que merece o apoio das autoridades de regulamentação, nos termos da qual os operadores gerem e limitam o risco de crédito recíproco mediante mecanismos de garantia financeira complementar (top-up collateral), em que o risco de crédito e a garantia financeira são avaliados com base no seu valor de mercado actual, podendo de seguida o credor reclamar um complemento de garantia financeira ou libertar um eventual excedente de garantia. A possibilidade de substituir os activos fornecidos enquanto garantia financeira por outros activos de igual valor deve igualmente ser preservada. A intenção é simplesmente impedir que o fornecimento da garantia financeira complementar ou de substituição seja posto em causa apenas com base no facto de as obrigações financeiras cobertas já existirem antes da prestação da garantia financeira, ou de a garantia financeira ter sido prestada durante determinado período.

Todavia, a presente disposição não prejudica a possibilidade de contestar ao abrigo da legislação nacional o acordo de garantia financeira e a prestação de garantia financeira enquanto parte da prestação inicial, de uma garantia financeira complementar ou de substituição, por exemplo sempre que tal tenha sido realizado intencionalmente em detrimento de outros credores (este aspecto abrange designadamente as acções baseadas na fraude ou regras de invalidação semelhantes susceptíveis de ser aplicadas num determinado período).

(17) A presente directiva institui processos de execução rápidos e não formalistas que permitem salvaguardar a estabilidade financeira e limitar efeitos de contágio em caso de incumprimento de uma das partes num acordo de garantia financeira. Todavia, a presente directiva equilibra os objectivos supramencionados com a protecção do prestador de garantia e de terceiros, pela confirmação explícita da possibilidade de os Estados-Membros manterem ou intro-

duzirem na sua legislação nacional um controlo a posteriori susceptível de ser exercido pelos tribunais no que respeita à realização ou determinação do valor da garantia financeira e ao cálculo das obrigações financeiras cobertas. Tal controlo deverá permitir que as autoridades judiciais verifiquem que a realização ou determinação do valor foi efectuada segundo critérios comerciais razoáveis.

(18) Deve ser possível fornecer garantias em numerário segundo sistemas de transferência da titularidade e de constituição de garantia real, protegidos respectivamente pelo reconhecimento da compensação ou pelo penhor do montante em numerário. Por numerário entende-se exclusivamente o dinheiro representado por um crédito sobre uma conta ou por créditos similares sobre a restituição de dinheiro (como os depósitos no mercado monetário), o que exclui explicitamente as notas de banco.

(19) A presente directiva introduz um direito de disposição, no caso dos acordos de garantia financeira com constituição de penhor, o que aumentará a liquidez nos mercados em resultado da reutilização dos títulos dados em penhor. Todavia, esta reutilização não prejudica a legislação nacional relativa à separação dos patrimónios e à igualdade de tratamento dos credores.

(20) A presente directiva não prejudica o funcionamento nem os efeitos das cláusulas contratuais dos instrumentos financeiros ou dos créditos sobre terceiros prestados a título de garantia financeira, tais como os direitos, obrigações e outras condições constantes das condições de emissão desses instrumentos, nem quaisquer outros direitos, obrigações ou condições aplicáveis entre os emitentes e os detentores desses instrumentos ou entre o devedor e o titular daqueles créditos.

(21) A presente directiva está em conformidade com os direitos fundamentais e, nomeadamente, com os princípios enunciados na Carta dos Direitos Fundamentais da União Europeia.

(22) Como o objectivo da acção proposta, ou seja, a instituição de um regime mínimo em matéria de utilização das garantias financeiras, não pode ser suficientemente realizado pelos Estados-Membros, e pode pois, devido à dimensão e aos efeitos da acção prevista, ser melhor alcançado ao nível comunitário, a Comunidade pode tomar medidas em conformidade com o princípio da subsidiariedade, consagrado no artigo 5º do Tratado. Segundo o princípio da proporcionalidade consagrado no mesmo artigo, a presente directiva não excede o necessário para atingir aquele objectivo.

(23) A presente directiva não afecta o direito de os Estados-Membros imporem regras destinadas a assegurar a eficácia dos acordos de garantia financeira em relação a terceiros no que respeita a créditos sobre terceiros.

ADOPTARAM A PRESENTE DIRECTIVA:

Artigo 1º – Objecto e âmbito

1. A presente directiva estabelece um regime comunitário aplicável aos acordos de garantia financeira que satisfaçam as condições estabelecidas nos nºs 2 e 5, e à garantia financeira que satisfaça as condições estabelecidas nos nºs 4 e 5.

2. O beneficiário da garantia e o prestador da garantia devem pertencer a uma das seguintes categorias:

a) Uma entidade pública, excluindo as empresas que beneficiam de garantia estatal, excepto se forem abrangidas pelas alíneas *b*) a *e*), incluindo:

i) organismos do sector público dos Estados-Membros responsáveis pela gestão da dívida pública ou que intervenham nesse domínio, e

ii) organismos do sector público dos Estados-Membros autorizados a deter contas de clientes;

b) Os bancos centrais, o Banco Central Europeu, o Banco de Pagamentos Internacionais, os bancos multilaterais de desenvolvimento na acepção da Secção 4 da Parte 1 do Anexo I da Directiva 2006/48/CE do Parlamento Europeu e do Conselho, de 14 de Junho de 2006, relativa ao acesso à actividade das instituições de crédito e ao seu exercício (reformulação), o Fundo Monetário Internacional e o Banco Europeu de Investimento;

c) Uma instituição financeira sujeita a supervisão prudencial, incluindo:

i) As instituições de crédito na acepção do nº 1 do artigo 4º da Directiva 2006/48/CE, incluindo as instituições enumeradas no artigo 2º da mesma directiva,

ii) As empresas de investimento na acepção do ponto 1) do nº 1 do artigo 4º da Directiva 2004/39/CE do Parlamento Europeu e do Conselho, de 21 de Abril de 2004, relativa aos mercados de instrumentos financeiros;

iii) As instituições financeiras, na acepção do nº 5 do artigo 4º da Directiva 2006/48/CE;

iv) As empresas de seguros, na acepção da alínea *a*) do artigo 1º da Directiva 92/49/CEE do Conselho, de 18 de Junho de 1992, relativa à coordenação das disposições legislativas, regulamentares e administrativas respeitantes ao seguro directo não vida (terceira directiva sobre o seguro não vida), e as empresas de seguros de vida, na acepção da alínea *a*) do nº 1 do artigo 1º da Directiva 2002/83/CE do Parlamento Europeu e do Conselho;

v) um organismo de investimento colectivo em valores mobiliários (OICVM) tal como definido no nº 2 do artigo 1º da Directiva 85/611/CEE do Conselho, de 20 de Dezembro de 1985, que coordena as disposições legislativas, regulamentares e administrativas respeitantes a alguns organismos de investimento colectivo em valores mobiliários (OICVM)[9],

vi) uma sociedade de gestão tal como definida no nº 2 do artigo 1º-A da Directiva 85/611/CEE;

d) Uma contraparte central, um agente de liquidação ou uma câmara de compensação, tal como definidos respectivamente nas alíneas *c*), *d*) e *e*) do artigo 2º da Directiva 98/26/CE, incluindo instituições similares regulamentadas no âmbito da legislação nacional que operem nos mercados de futuros e de opções e nos mercados de instrumentos derivados não abrangidos por essa directiva, e uma pessoa que não seja uma pessoa singular, que aja na sua qualidade de fiduciário ou de representante por conta de uma ou mais pessoas, incluindo quaisquer detentores de obrigações ou de outras formas de títulos de dívida, ou qualquer instituição tal como definida nas alíneas *a*) a *d*);

e) Uma pessoa que não seja uma pessoa singular, incluindo as empresas não constituídas em sociedade e os agrupamentos, desde que a outra parte seja uma instituição, tal como definida nas alíneas *a*) a *d*).

3. Os Estados-Membros podem excluir do âmbito de aplicação da presente directiva os acordos de garantia financeira em que uma das partes seja uma pessoa na acepção da alínea *e*) do nº 2.

Sempre que recorram a esta possibilidade, os Estados-Membros informarão do facto a Comissão que, por sua vez, informará os restantes Estados-Membros.

4. *a*) A garantia financeira a prestar deve consistir em numerário, instrumentos financeiros ou créditos sobre terceiros;

b) Os Estados-Membros podem excluir do âmbito de aplicação da directiva a garantia financeira que consista em acções próprias do prestador de garantia, em acções em empresas associadas na acepção da Directiva 83/349/CEE do Conselho, de 13 de Junho de 1983, relativa às contas consolidadas[10], e em acções em empresas cujo objectivo exclusivo consista em ser titular de meios de produção essenciais para a actividade empresarial do prestador de garantia ou de bens imóveis;

c) Os Estados-Membros podem excluir do âmbito de aplicação da presente Directiva os créditos sobre terceiros em que o devedor seja um consumidor, na acepção da alínea *a*) do artigo 3º da Directiva 2008/48/CE do Parlamento Europeu e do Conselho, de 23 de Abril de 2008, relativa a contratos de crédito aos consumidores, ou uma microempresa ou pequena empresa, na acepção do

[9] JO L 375 de 31.12.1985, p. 3. Directiva com a última redacção que lhe foi dada pela Directiva 2001/108/CE do Parlamento Europeu e do Conselho (JO L 41 de 13.2.2002, p. 35.

[10] JO L 193 de 18.7.1983, p. 1. Directiva com a última redacção que lhe foi dada pela Directiva 2001/65/CE do Parlamento Europeu e do Conselho (JO L 283 de 27.10.2001, p. 28).

artigo 1º e dos nºs 2 e 3 do artigo 2º do Anexo da Recomendação 2003/361/CE da Comissão, de 6 de Maio de 2003, relativa à definição de microempresas, pequenas e médias empresas, excepto nos casos em que o beneficiário da garantia ou o prestador da garantia desses créditos sobre terceiros seja uma das instituições referidas na alínea *b*) do nº 2 do artigo 1º da presente directiva.

5. A presente directiva é aplicável à garantia financeira desde que tenha sido prestada e se tal puder ser provado por escrito.

O fornecimento da prova da prestação de garantia financeira deve permitir a identificação da garantia financeira a que corresponde. Para o efeito, basta provar que a garantia sob a forma de títulos escriturais foi creditada na conta de referência ou constitui um crédito nessa conta e que a garantia em numerário foi creditada numa conta designada ou constitui um crédito nessa conta. Em relação aos créditos sobre terceiros, a inclusão numa lista de créditos apresentada ao beneficiário da garantia por escrito ou de uma forma juridicamente equivalente é suficiente para identificar o crédito sobre terceiros e fazer prova da prestação do crédito dado como garantia financeira entre as partes.

Sem prejuízo do segundo parágrafo, os Estados-Membros podem determinar que a inclusão numa lista de créditos apresentada ao beneficiário da garantia por escrito ou de uma forma juridicamente equivalente também seja suficiente para identificar o crédito sobre terceiros e fazer prova da prestação do crédito dado como garantia financeira contra o devedor ou contra terceiros.

A presente directiva é aplicável aos acordos de garantia financeira no caso de ser possível fazer prova do referido acordo por escrito ou de uma forma juridicamente equivalente.

6. Os artigos 4º a 7º da presente diretiva não são aplicáveis a qualquer restrição da execução de acordos de garantia financeira, nem a qualquer restrição dos efeitos de acordos de garantia financeira de valores mobiliários, cláusulas de compensação com vencimento antecipado (close-out netting provisions) ou convenções de compensação impostas em virtude do título IV, capítulos IV ou V, da Diretiva 2014/59/UE do Parlamento Europeu e do Conselho[11], nem a qualquer restrição imposta por poderes análogos previstos na legislação de um Estado-Membro para facilitar a resolução ordenada de qualquer entidade referida no nº 2, alínea *c*), subalínea *iv*), e alínea *d*), que seja objeto de salvaguardas

[11] Diretiva 2014/59/UE do Parlamento Europeu e do Conselho, de 15 de maio de 2014, que estabelece um enquadramento para a recuperação e resolução de instituições de crédito e empresas de investimento e que altera a Diretiva 82/891/CEE do Conselho e as Diretivas 2001/24/CE, 2002/47/CE, 2004/25/CE, 2005/56/CE, 2007/36/CE, 2011/35/UE, 2012/30/UE e 2013/36/UE, e os Regulamentos (UE) nº 1093/2010 e (UE) nº 648/2012 do Parlamento Europeu e do Conselho (JO L 173, de 12.6.2014, p. 190).

pelos menos equivalentes às estabelecidas no título IV, capítulo VI, da Diretiva 2014/59/UE.

Artigo 2º – Definições

1. Para efeitos da presente directiva entende-se por:

a) "Acordo de garantia financeira", um acordo de garantia financeira com transferência de titularidade ou um acordo de garantia financeira com constituição de penhor, quer estes acordos estejam ou não cobertos por um acordo principal ou por condições e termos gerais;

b) "Acordo de garantia financeira com transferência de titularidade", m acordo, incluindo os acordos de recompra, ao abrigo do qual o prestador da garantia transfere a plena propriedade da garantia financeira, ou o pleno direito à mesma, para o beneficiário da garantia a fim de assegurar a execução das obrigações financeiras cobertas ou de as cobrir de outra forma;

c) "Acordo de garantia financeira com constituição de penhor", um acordo ao abrigo do qual o prestador da garantia constitui a favor do beneficiário da garantia ou presta a este uma garantia financeira a título de penhor, conservando o prestador da garantia a plena propriedade ou a propriedade restrita da garantia, ou o pleno direito à mesma, quando é estabelecido o direito de penhor;

d) "Numerário", dinheiro creditado numa conta, em qualquer moeda, ou créditos similares que confiram o direito à restituição de dinheiro, tais como depósitos no mercado monetário;

e) "Instrumentos financeiros", acções e outros valores mobiliários equivalentes a acções, bem como obrigações e outros instrumentos de dívida, se forem negociáveis no mercado de capitais, e quaisquer outros valores mobiliários habitualmente negociados e que confiram o direito a adquirir tais acções, obrigações ou outros valores mobiliários através de subscrição, compra ou troca ou que dêem lugar a uma liquidação em numerário (com a exclusão dos meios de pagamento) incluindo as unidades de participação em organismos de investimento colectivo, os instrumentos do mercado monetário e os créditos ou direitos sobre quaisquer dos instrumentos referidos ou a eles associados;

f) "Obrigações financeiras cobertas", as obrigações que são garantidas por um acordo de garantia financeira e que dão direito a uma liquidação em numerário e/ou à entrega de instrumentos financeiros.

Estas obrigações podem consistir total ou parcialmente em:

i) obrigações presentes ou com prazo certo, efectivas, condicionais ou futuras, incluindo as obrigações decorrentes de um acordo principal ou de um instrumento semelhante,

ii) obrigações em relação ao beneficiário da garantia, a cargo de uma pessoa que não o prestador da garantia,

iii) obrigações ocasionais, de uma determinada categoria ou tipo;

g) "Garantia sob a forma de títulos escriturais", uma garantia financeira que tenha sido prestada ao abrigo de um acordo de garantia financeira que consista em instrumentos financeiros e cuja titularidade seja comprovada pela inscrição num registo ou numa conta mantida por um intermediário ou em seu nome;

h) "Conta de referência", em relação às garantias sob a forma de títulos escriturais, no quadro de um acordo de garantia financeira, o registo ou a conta – que podem ser mantidos pelo beneficiário da garantia – em que são feitas as inscrições, mediante as quais essa garantia é prestada ao beneficiário da garantia;

i) Garantia equivalente:

i) tratando-se de numerário, um pagamento do mesmo montante e na mesma moeda,

ii) tratando-se de instrumentos financeiros, instrumentos financeiros do mesmo emitente ou devedor, que façam parte da mesma emissão ou categoria e tenham o mesmo valor nominal, sejam expressos na mesma moeda e tenham a mesma denominação ou, quando o acordo de garantia financeira preveja a transferência de outros activos em caso de ocorrência de um facto que diga respeito ou afecte os instrumentos financeiros fornecidos enquanto garantia financeira ou com eles relacionados, estes outros activos;

j) "Processo de liquidação", um processo colectivo que inclui a realização de activos e a repartição do produto dessa realização entre os credores, os accionistas ou os membros, consoante o caso, e que implica a intervenção de uma autoridade administrativa ou judicial, incluindo os casos em que este processo é encerrado mediante uma concordata ou qualquer outra medida análoga, independentemente de se basear ou não numa falência e de ter carácter voluntário ou obrigatório;

k) "Medidas de saneamento", medidas que implicam a intervenção de uma autoridade administrativa ou judicial e destinadas a preservar ou restabelecer a situação financeira e que afectam os direitos preexistentes de terceiros, incluindo nomeadamente as medidas que envolvem uma suspensão de pagamentos, uma suspensão das medidas de execução ou uma redução do montante dos créditos;

l) "Facto que desencadeia a execução", um caso de incumprimento ou qualquer acontecimento análogo acordado entre as partes cuja ocorrência determine, nas condições previstas num acordo de garantia financeira ou em aplicação da lei, que o beneficiário da garantia tem o direito de realizar ou de se apropriar da garantia financeira, ou desencadeie uma compensação com vencimento antecipado (close-out netting);

m) "Direito de disposição", o direito conferido ao beneficiário da garantia de utilizar ou alienar a garantia financeira prestada nos termos de um acordo de garantia financeira com constituição de penhor, como seu proprietário, nas condições desse acordo de garantia financeira;

n) "Cláusula de compensação com vencimento antecipado", uma disposição de um acordo de garantia financeira, ou de um acordo que inclua uma garantia financeira ou, na falta de uma disposição desse tipo, qualquer disposição legal ao abrigo da qual, aquando da ocorrência do facto que desencadeia a execução, por compensação (netting ou set-off) ou por outro meio:

i) o vencimento das obrigações cobertas das partes é antecipado, passando a ser imediatamente devidas e expressas enquanto obrigação de pagar um montante que represente o seu valor actual estimado, ou são extintas e substituídas por uma obrigação de pagar um tal montante, e/ou,

ii) é apurado o montante devido por cada parte à outra relativamente a essas obrigações, devendo uma quantia líquida igual ao saldo da conta ser paga pela parte cuja dívida é mais elevada.

o) «Créditos sobre terceiros», os créditos pecuniários decorrentes de um acordo mediante o qual uma instituição de crédito na acepção do nº 1 do artigo 4º da Directiva 2006/48/CE, incluindo as instituições enumeradas no artigo 2º da mesma directiva, concede um crédito sob a forma de empréstimo;

2. Na presente directiva, as referências à garantia financeira que é "prestada" ou à "prestação" de uma garantia financeira dizem respeito à garantia financeira que é entregue, transferida, detida, registada ou objecto de outro tratamento de tal modo que esteja na posse ou sob o controlo do beneficiário da garantia ou de uma pessoa que actue em nome do beneficiário da garantia. O direito de substituir ou de retirar o seu excedente em favor do prestador da garantia ou, no caso de créditos sobre terceiros, de cobrar os respectivos proveitos até nova ordem, não prejudica a garantia financeira já prestada ao beneficiário da garantia nos termos da presente directiva.

3. Na presente directiva, a referência a "por escrito" inclui o registo em suporte electrónico ou em qualquer outro suporte duradouro.

Artigo 3º – Requisitos formais

1. Os Estados-Membros não exigirão que a constituição, validade, conclusão, exequibilidade ou admissibilidade enquanto prova de um acordo de garantia financeira ou a prestação de uma garantia financeira ao abrigo de um acordo de garantia financeira estejam subordinadas à realização de qualquer acto formal.

Sem prejuízo do nº 5 do artigo 1º, caso sejam utilizados créditos sobre terceiros como garantia financeira, os Estados-Membros não exigirão que a sua constituição, validade, perfeição, prioridade, execução ou admissibilidade enquanto prova fiquem subordinadas à prática de um acto formal, como o registo ou a notificação do devedor do crédito utilizado como garantia. Todavia, os Estados-Membros podem exigir a prática de um acto formal, como o registo ou a notificação, para efeitos da perfeição, prioridade, execução ou admissibilidade enquanto prova contra o devedor ou contra terceiros.

Até 30 de Junho de 2014, a Comissão comunica ao Parlamento Europeu e ao Conselho se o disposto no presente número se mantém adequado.

2. O disposto no nº 1 não prejudica o facto de a presente directiva só se aplicar à garantia financeira quando esta tiver sido prestada e for possível fazer prova por escrito dessa prestação e quando for possível fazer prova do acordo de garantia financeira, por escrito ou de uma forma juridicamente equivalente.

3. Sem prejuízo da Directiva 93/13/CEE do Conselho, de 5 de Abril de 1993, relativa às cláusulas abusivas nos contratos celebrados com os consumidores [], e das disposições nacionais relativas a cláusulas contratuais abusivas, os Estados-Membros devem assegurar que os devedores dos créditos sobre terceiros possam renunciar validamente, por escrito ou de uma forma juridicamente equivalente:

i) Aos direitos de compensação, perante os credores do crédito sobre terceiros e perante as pessoas a favor das quais estes tenham cedido, dado em penhor ou mobilizado de qualquer outra forma, a título de garantia, os créditos sobre terceiros; e

ii) Aos direitos decorrentes das regras de sigilo bancário que, caso contrário, impediriam ou restringiriam a possibilidade de o credor do crédito sobre terceiros prestar informações, sobre o crédito ou sobre o devedor, para efeitos da utilização do crédito a título de garantia.

Artigo 4º – Execução de acordos de garantia financeira

1. Os Estados-Membros assegurarão que sempre que ocorra um facto que desencadeie a execução, o beneficiário da garantia tenha a possibilidade de realizar de uma das seguintes formas qualquer garantia financeira fornecida ao abrigo de um acordo de garantia financeira com constituição de penhor e segundo as disposições nele previstas:

a) Instrumentos financeiros mediante venda ou apropriação, quer compensando o seu valor, quer aplicando-o para liquidação das obrigações financeiras cobertas;

b) Numerário, quer compensando o seu montante com as obrigações financeiras cobertas, quer aplicando-o para a sua liquidação;

c) Créditos sobre terceiros, mediante venda ou apropriação e compensando o seu valor, ou aplicando-o para liquidação das obrigações financeiras cobertas.

2. A apropriação só é possível nos seguintes casos:

a) Ter sido convencionada entre as partes no acordo de garantia financeira com constituição de penhor; e

b) Ter existido acordo entre as partes sobre a avaliação dos instrumentos financeiros e dos créditos sobre terceiros no quadro do acordo de garantia financeira com constituição de penhor.

3. *Suprimido pela Directiva 2009/44/CE.*

4. As formas de realizar a garantia financeira referidas no nº 1 não estão, sob reserva das condições decididas no acordo de garantia financeira com constituição de penhor, sujeitas à obrigação de:

a) Notificação prévia da intenção de proceder à realização;

b) As condições da realização serem aprovadas por um tribunal, funcionário público ou outra pessoa;

c) A realização ser efectuada através de um leilão público ou segundo qualquer outra forma prescrita; ou

d) Ter decorrido qualquer prazo adicional.

5. Os Estados-Membros asseguram que um acordo de garantia financeira produza efeitos, nas condições nele previstas, não obstante a abertura ou prossecução de um processo de liquidação ou de medidas de saneamento relativamente ao prestador ou ao beneficiário da garantia.

6. O disposto no presente artigo e nos artigos 5º, 6º e 7º não prejudica qualquer obrigação, imposta nos termos da legislação nacional, de proceder à realização ou avaliação da garantia financeira e ao cálculo das obrigações financeiras cobertas segundo critérios comerciais razoáveis.

Artigo 5º – Direito de disposição da garantia financeira ao abrigo de acordos de garantia financeira com constituição de penhor

1. Na medida em que as condições de um acordo de garantia financeira com constituição de penhor o prevejam, os Estados-Membros asseguram que o beneficiário da garantia esteja habilitado a exercer o direito de disposição no que respeita a uma garantia financeira prestada por força de um acordo de garantia financeira com constituição de penhor.

2. Sempre que um beneficiário da garantia exerça o direito de disposição, incorre por tal facto na obrigação de transferir uma garantia equivalente que substitua a garantia financeira original, o mais tardar na data devida para o cumprimento das obrigações financeiras relevantes do acordo de garantia financeira com constituição de penhor.

Em alternativa, na data fixada para a execução das obrigações financeiras relevantes, o beneficiário da garantia ou transfere a garantia equivalente ou, na medida em que as condições do acordo de garantia financeira com constituição de penhor o prevejam, a aplica, quer em compensação quer para liquidação das obrigações financeiras cobertas.

3. A garantia equivalente transferida em cumprimento de uma obrigação nos termos do primeiro parágrafo do nº 2 está sujeita ao mesmo acordo de garantia financeira com constituição de penhor a que a garantia original estava sujeita e é considerada como tendo sido prestada ao abrigo do acordo de garantia financeira com constituição de penhor, no mesmo momento em que a garantia financeira original foi prestada pela primeira vez.

4. Os Estados-Membros asseguram que a disposição da garantia financeira pelo beneficiário da garantia, nos termos do presente artigo, não torne inválidos ou inaplicáveis os direitos do beneficiário da garantia ao abrigo do acordo de garantia financeira com constituição de penhor em relação à garantia financeira transferida pelo beneficiário da garantia em cumprimento de uma obrigação nos termos do primeiro parágrafo do nº 2.

5. Se ocorrer um facto que desencadeie a execução enquanto não tiver sido cumprida uma obrigação referida no primeiro parágrafo do nº 2, a obrigação pode ser objecto de compensação com vencimento antecipado.

6. O presente artigo não se aplica aos créditos sobre terceiros.

Artigo 6º – Reconhecimento de acordos de garantia financeira com transferência de titularidade

1. Os Estados-Membros asseguram que um acordo de garantia financeira com transferência de titularidade possa produzir efeitos, nas condições nele previstas.

2. Se ocorrer um facto que desencadeie a execução enquanto não tiver sido cumprida uma obrigação do beneficiário da garantia de transferir uma garantia equivalente ao abrigo de um acordo de garantia financeira com transferência de titularidade, a referida obrigação pode ser objecto de compensação com vencimento antecipado.

Artigo 7º – Reconhecimento das cláusulas de compensação com vencimento antecipado

1. Os Estados-Membros asseguram que uma cláusula de compensação com vencimento antecipado possa produzir efeitos, nas condições previstas no acordo:

a) Não obstante a abertura ou a prossecução de um processo de liquidação ou de medidas de saneamento, relativamente ao prestador da garantia e/ou ao beneficiário da garantia; e/ou

b) Não obstante qualquer alegada cessão, apreensão judicial ou de outra natureza ou qualquer outra alienação desses direitos ou que a eles diga respeito.

2. Os Estados-Membros asseguram que a aplicação de uma cláusula de compensação com vencimento antecipado não possa ser sujeita a nenhum dos requisitos previstos no nº 4 do artigo 4º, salvo acordo em contrário das partes.

Artigo 8º – Inaplicabilidade de certas disposições em matéria de falência

1. Os Estados-Membros asseguram que um acordo de garantia financeira bem como a prestação de uma garantia financeira ao abrigo desse acordo não possam ser declarados inválidos ou nulos ou ser anulados pelo simples facto de ter entrado em vigor o acordo de garantia financeira ou ter sido prestada a garantia financeira:

a) No dia de abertura de um processo de liquidação ou da tomada de medidas de saneamento, mas antes de proferidos o despacho ou a sentença respectivos; ou

b) Num determinado período anterior, definido por referência à abertura de um processo de liquidação ou a medidas de saneamento ou por referência à emissão de qualquer despacho ou sentença, ou à tomada de qualquer outra medida ou à ocorrência de qualquer outro facto no decurso desse processo ou dessas medidas.

2. Os Estados-Membros asseguram que, quando um acordo de garantia financeira ou uma obrigação financeira coberta tiver entrado em vigor, ou a garantia financeira tiver sido prestada na data de um processo de liquidação ou de medidas de saneamento, mas após a abertura do mesmo processo ou da tomada das referidas medidas, o acordo produza efeitos jurídicos e seja oponível a terceiros no caso de o beneficiário da garantia poder provar que não tinha conhecimento, nem deveria ter tido conhecimento, da abertura desse processo ou da tomada dessas medidas.

3. Quando um acordo de garantia preveja:

a) A obrigação de prestar uma garantia financeira ou uma garantia financeira adicional, a fim de serem tidas em consideração variações do valor da garantia financeira ou do montante das obrigações financeiras cobertas; ou

b) O direito de retirar a garantia financeira, prestando, a título de substituição ou de troca, uma garantia financeira de valor equivalente, os Estados-Membros asseguram que a prestação da garantia financeira, da garantia financeira adicional ou da garantia financeira de substituição ou alternativa a título de tal obrigação ou direito não seja considerada inválida ou anulada ou declarada nula unicamente com base nos seguintes motivos:

i) essa prestação ter sido realizada no dia da abertura de um processo de liquidação ou de medidas de saneamento, mas antes de proferidos o despacho ou a sentença respectivos, ou no decorrer de um período determinado anterior e definido por referência à abertura do processo de liquidação ou a medidas de saneamento ou por referência à elaboração de qualquer despacho ou sentença, à tomada de qualquer outra medida ou à ocorrência de qualquer outro facto no decurso desse processo ou dessas medidas, e/ou

ii) as obrigações financeiras cobertas terem-se constituído em data anterior à da prestação da garantia financeira, da garantia financeira adicional ou da garantia financeira de substituição ou alternativa.

4. Sem prejuízo dos nºs 1, 2 e 3, a presente directiva não afecta as normas gerais da legislação nacional em matéria de falência no que diz respeito à anulação das operações concluídas durante o período determinado referido na alínea *b*) do nº 1 e na subalínea *i*) do nº 3.

Artigo 9º – Conflito de leis

1. Qualquer questão que diga respeito a uma das matérias especificadas no nº 2, colocada em relação a uma garantia sob a forma de títulos escriturais, será regulada pela lei do país em que a conta de referência está localizada. A referência à lei do país deve ser entendida como uma referência ao seu direito interno, não devendo ser tomada em consideração qualquer regra ao abrigo da qual deva ser feita remissão para a lei de outro país, para a decisão sobre a questão em apreço.

2. As matérias a que se refere o nº 1 são as seguintes:

a) A natureza jurídica e os efeitos patrimoniais da garantia sob a forma de títulos escriturais;

b) As exigências relativas à celebração de um acordo de garantia financeira sob a forma de títulos escriturais e a prestação de uma garantia sob a forma de títulos escriturais ao abrigo de um acordo e, mais genericamente, a realização das formalidades necessárias para tornar esse acordo e essa prestação oponíveis a terceiros;

c) A questão de saber se o direito de propriedade ou outro direito de uma pessoa a tal garantia sob a forma de títulos escriturais cede perante um outro direito de propriedade concorrente ou lhe está subordinado ou se teve lugar uma aquisição pela posse de boa fé;

d) As formalidades necessárias à execução de uma garantia sob a forma de títulos escriturais, na sequência de um acontecimento que desencadeia a execução.

Artigo 9º-A – Directiva 2008/48/CE

A presente diretiva aplica-se sem prejuízo das Diretivas 2008/48/CE e 2014/59/UE.

Artigo 10º – Relatório da Comissão

O mais tardar em 27 de Dezembro de 2006, a Comissão apresentará ao Parlamento Europeu e ao Conselho um relatório sobre a execução da presente directiva, em especial do nº 3 do artigo 1º, do nº 3 do artigo 4º e do artigo 5º, acompanhado de eventuais propostas de revisão.

Artigo 11º – Transposição

Os Estados-Membros devem pôr em vigor as disposições legislativas, regulamentares e administrativas necessárias para dar cumprimento à presente directiva, o mais tardar em 27 de Dezembro de 2003 e informar imediatamente a Comissão desse facto.

Quando os Estados-Membros aprovarem essas disposições, estas devem incluir uma referência à presente directiva ou ser acompanhadas dessa referência aquando da sua publicação oficial. As modalidades dessa referência serão aprovadas pelos Estados-Membros.

Artigo 12º – Entrada em vigor

A presente directiva entra em vigor na data da sua publicação no Jornal Oficial das Comunidades Europeias.

Artigo 13º – Destinatários

Os Estados-Membros são os destinatários da presente directiva.

Feito em Bruxelas, em 6 de Junho de 2002.

Pelo Parlamento Europeu
O Presidente
P. Cox

Pelo Conselho
O Presidente
A. M. Birulés y Bertrán

Directiva 2001/24/CE do Parlamento Europeu e do Conselho, de 4 de Abril de 2001

Relativa ao saneamento e à liquidação das instituições de crédito, alterada pela Directiva 2014/59/UE, de 2 de Julho de 2014

O PARLAMENTO EUROPEU E O CONSELHO DA UNIÃO EUROPEIA,

Tendo em conta o Tratado que institui a Comunidade Europeia, e, nomeadamente o nº 2 do seu artigo 47º,

Tendo em conta a proposta da Comissão[1],

Tendo em conta o parecer do Comité Económico e Social[2],

Tendo em conta o parecer do Instituto Monetário Europeu[3],

Deliberando nos termos do artigo 251º do Tratado[4],

Considerando o seguinte:

(1) De acordo com os objectivos do Tratado, dever-se-á promover o desenvolvimento harmonioso e equilibrado das actividades económicas no conjunto da Comunidade, suprimindo todos os obstáculos à liberdade de estabelecimento e à liberdade de prestação de serviços no interior da Comunidade.

(2) Paralelamente à supressão desses obstáculos, deve ser dada atenção especial à situação que pode surgir em caso de dificuldades numa instituição de crédito, nomeadamente quando a referida instituição tenha sucursais noutros Estados-Membros.

[1] JO C 356 de 31.12.1985, p. 55 e JO C 36 de 8.2.1988, p. 1.

[2] JO C 263 de 20.10.1986, p. 13.

[3] JO C 332 de 30.10.1998, p. 13.

[4] Parecer do Parlamento Europeu de 13 de Março de 1987 (JO C 99 de 13.4.1987, p. 211), confirmado em 2 de Dezembro de 1993 (JO C 342 de 20.12.1993, p. 30), posição comum do Conselho de 17 de Julho de 2000 (JO C 300 de 20.10.2000, p. 13) e decisão do Parlamento Europeu de 16 de Janeiro de 2001 (ainda não publicada no Jornal Oficial). Decisão do Conselho de 12 de Março de 2001.

(3) A presente directiva insere-se num contexto legislativo comunitário criado pela Directiva 2000/12/CE, do Parlamento Europeu e do Conselho, de 20 de Março de 2000 relativa ao acesso à actividade das instituições de crédito e ao seu exercício[5], de onde resulta que, durante o seu período de actividade, a instituição de crédito e as suas sucursais formam uma única entidade, sujeita à supervisão das autoridades competentes do Estado-Membro que concedeu a autorização válida para o conjunto da Comunidade.

(4) Será particularmente inoportuno renunciar a essa unidade que a instituição forma com as suas sucursais quando for necessário adoptar medidas de saneamento ou instaurar um processo de liquidação.

(5) A aprovação da Directiva 94/19/CE do Parlamento Europeu e do Conselho, de 30 de Maio de 1994, relativa aos sistemas de garantia de depósitos[6], que introduziu o princípio da adesão obrigatória das instituições de crédito a um sistema de garantia do Estado-Membro de origem, vem reforçar a necessidade do reconhecimento mútuo das medidas de saneamento e dos processos de liquidação.

(6) Convém confiar às autoridades administrativas ou judiciais do Estado-Membro de origem a competência exclusiva para decidir e aplicar as medidas de saneamento previstas na legislação e nos usos em vigor nesse Estado-Membro; dada a dificuldade em harmonizar as legislações e usos dos Estados-Membros, torna-se necessário recorrer ao reconhecimento mútuo, pelos Estados-Membros, das medidas adoptadas por cada um deles para restabelecer a viabilidade das instituições por eles autorizadas.

(7) É imprescindível garantir que as medidas de saneamento das instituições de crédito adoptadas pelas autoridades administrativas ou judiciais do Estado-Membro de origem, bem como as medidas adoptadas pelas pessoas ou órgãos designados por essas autoridades para gerir essas medidas de saneamento, incluindo as medidas que impliquem a possibilidade de uma suspensão de pagamentos, de uma suspensão de medidas de execução ou de redução de créditos, bem como qualquer outra medida susceptível de afectar os direitos pré-existentes de terceiros, produzam os seus efeitos em todos os Estados-Membros.

(8) Determinadas medidas, nomeadamente as que afectam o funcionamento da estrutura interna das instituições de crédito ou os direitos dos dirigentes ou dos accionistas, não necessitam de ser abrangidas pela presente directiva para produzirem todos os seus efeitos nos Estados-Membros, na

[5] JO L 126 de 26.5.2000, p. 1. Directiva com a última redacção que lhe foi dada pela Directiva 2000/28/CE (JO L 275 de 27.10.2000, p. 37).

[6] JO L 135 de 31.5.1994, p. 5.

medida em que, segundo as regras de Direito Internacional Privado, a lei aplicável é a do Estado de origem.

(9) Determinadas medidas, nomeadamente as relacionadas com a preservação das condições de autorização, já beneficiam do reconhecimento mútuo, ao abrigo da Directiva 2000/12/CE, na medida em que não prejudiquem os direitos de terceiros existentes no momento da sua adopção.

(10) Neste contexto, as pessoas que participam no funcionamento da estrutura interna das instituições de crédito e os dirigentes e accionistas dessas instituições, considerados nessas qualidades, não devem ser tidos como terceiros para efeitos da presente directiva.

(11) Nos Estados-Membros onde existam sucursais, é necessária uma publicidade que informe terceiros da aplicação de medidas de saneamento, quando essas medidas forem susceptíveis de dificultar o exercício de alguns dos seus direitos.

(12) O princípio da igualdade de tratamento entre os credores, quanto às suas possibilidades de recurso, obriga a que as autoridades administrativas ou judiciais do Estado-Membro de origem adoptem as medidas necessárias para que os credores do Estado-Membro de acolhimento possam exercer os seus direitos de recurso no prazo previsto para esse efeito.

(13) Dever-se-á prever uma certa coordenação do papel das autoridades administrativas ou judiciais no que se refere às medidas de saneamento e aos processos de liquidação das sucursais das instituições de crédito com sede estatutária fora da Comunidade situadas em diferentes Estados-Membros.

(14) Na falta ou em caso de malogro das medidas de saneamento, as instituições de crédito em situação de crise devem ser liquidadas. Nesse caso, dever-se-ão prever determinadas disposições que visem o reconhecimento mútuo dos processos de liquidação e dos seus efeitos na Comunidade.

(15) O importante papel desempenhado pelas autoridades competentes do Estado-Membro de origem, antes da abertura do processo de liquidação, pode-se prolongar durante a liquidação, a fim de permitir que o processo de liquidação decorra correctamente.

(16) A igualdade dos credores exige que a instituição de crédito seja liquidada de acordo com os princípios da unidade e universalidade, que requerem a competência exclusiva das autoridades administrativas e judiciais do Estado-Membro de origem e o reconhecimento das suas decisões que devem poder produzir em todos os outros Estados-Membros, sem qualquer formalidade, os efeitos que a lei lhes atribui no Estado-Membro de origem, salvo disposição em contrário da presente directiva.

(17) A excepção relativa aos efeitos das medidas de saneamento e dos processos de liquidação sobre determinados contratos e direitos limita-se a esses

efeitos e não abrange as restantes questões relativas às medidas de saneamento e aos processos de liquidação, como a produção, a verificação, a admissão e a graduação dos créditos relativos a esses contratos e a esses direitos e as regras de distribuição do produto da venda dos bens, que são regulados pela legislação do Estado-Membro de origem.

(18) A liquidação voluntária é possível se a instituição de crédito estiver solvente. No entanto, se for caso disso, as autoridades administrativas ou judiciais do Estado-Membro de origem podem determinar a adopção de medidas de saneamento ou iniciar um processo de liquidação, mesmo depois da abertura de uma liquidação voluntária.

(19) A revogação da autorização bancária deve ser uma das consequências necessárias da abertura do processo de liquidação de uma instituição de crédito. Todavia, essa revogação não deve impedir a prossecução de certas actividades da instituição, na medida em que sejam necessárias ou adequadas para efeitos da liquidação. A prossecução da actividade pode, contudo, ser condicionada pelo Estado-Membro de origem ao acordo e ao controlo das suas autoridades competentes.

(20) A informação individual dos credores conhecidos é tão essencial como a publicidade para lhes permitir, se necessário, reclamar os seus créditos ou apresentar as observações relativas aos mesmos nos prazos prescritos. Por esse facto, não deve existir nenhuma discriminação em prejuízo dos credores domiciliados num Estado-Membro diverso do Estado-Membro de origem, baseada no seu local de residência ou na natureza dos seus créditos. A informação dos credores deve prosseguir regularmente e de forma apropriada durante o processo de liquidação.

(21) Exclusivamente para efeitos de aplicação da presente directiva às medidas de saneamento e aos processos de liquidação de sucursais, situadas na Comunidade, de instituições de crédito com sede social num país terceiro, a definição de "Estado-Membro de origem", "autoridades competentes" e "autoridades administrativas ou judiciais" são as do Estado-Membro em que se situa a sucursal.

(22) Sempre que uma instituição de crédito com sede social fora da Comunidade possua sucursais em vários Estados-Membros, cada sucursal beneficiará, para efeitos da presente directiva, de um tratamento individual, devendo, nesse caso, as autoridades administrativas ou judiciais e as autoridades competentes, bem como os administradores e liquidatários, esforçar-se por coordenar as suas acções.

(23) Se é importante reconhecer o princípio segundo o qual a lei do Estado-Membro de origem determina todos os efeitos das medidas de saneamento ou dos processos de liquidação, sejam eles processuais ou materiais,

deve-se, no entanto, tomar em consideração que esses efeitos podem entrar em conflito com as regras normalmente aplicáveis no âmbito da actividade económica e financeira da instituição de crédito e das suas sucursais nos outros Estados-Membros. O reenvio para a lei de outro Estado-Membro constitui, em certos casos, uma atenuação indispensável do princípio da aplicabilidade da lei do Estado de origem.

(24) Essa atenuação é particularmente necessária a fim de proteger os trabalhadores vinculados à instituição por um contrato de trabalho, garantir a segurança das transacções relativas a certos bens e preservar a integridade dos mercados regulamentados que funcionam segundo o direito de um Estado-Membro e nos quais são negociados instrumentos financeiros.

(25) As transacções efectuadas no âmbito de sistemas de pagamento e sistemas de liquidação encontram-se abrangidas pela Directiva 98/26/CE do Parlamento Europeu e do Conselho, de 19 de Maio de 1998, relativa ao carácter definitivo da liquidação nos sistemas de pagamentos e de liquidação de valores mobiliários[7].

(26) A aprovação da presente directiva não põe em causa as disposições da Directiva 98/26/CE, segundo a qual um processo de insolvência não deve ter quaisquer efeitos sobre a oponibilidade das ordens validamente introduzidas num sistema, nem sobre as garantias dadas a um sistema.

(27) Em relação a certas medidas de saneamento ou processos de liquidação, está prevista a nomeação de uma pessoa incumbida de gerir essas medidas ou esses processos. O reconhecimento da sua nomeação e dos seus poderes em todos os outros Estados-Membros é um elemento essencial para a aplicação das decisões adoptadas no Estado-Membro de origem. Importa, contudo, precisar os limites que circunscrevem o exercício dos poderes dessa pessoa quando actua fora do Estado-Membro de origem.

(28) Importa proteger os credores que tenham contratado com a instituição de crédito, antes da adopção de uma medida de saneamento ou da abertura de um processo de liquidação, contra as disposições relativas à nulidade, anulação ou inoponibilidade previstas na lei do Estado-Membro de origem, quando o beneficiário da transacção fizer prova de que, na lei aplicável a essa transacção, não existe nenhum meio que, no caso vertente, permita impugnar o acto em causa.

(29) Importa salvaguardar a confiança dos terceiros adquirentes no conteúdo dos registos ou das contas em relação a certos activos inscritos nesses registos ou contas e, por extensão, dos adquirentes de bens imóveis, mesmo depois da abertura do processo de liquidação ou da adopção de uma medida

[7] JO L 166 de 11.6.1998, p. 45.

de saneamento. O único meio de preservar essa confiança consiste em submeter a validade da aquisição à lei do lugar em que se situa o imóvel ou à do Estado sob cuja autoridade são mantidos o registo ou a conta.

(30) Os efeitos das medidas de saneamento e dos processos de liquidação sobre acções pendentes são, por excepção à aplicação da lex concursus, regulados pela lei do Estado-Membro da instância. Segundo a norma geral estabelecida na presente directiva, os efeitos dessas medidas e processos sobre cada execução decorrente das referidas acções são regulados pela legislação do Estado-Membro de origem.

(31) Importa prever que as autoridades administrativas ou judiciais do Estado-Membro de origem informem, sem demora, as autoridades competentes do Estado-Membro de acolhimento da adopção de qualquer medida de saneamento ou da abertura de um processo de liquidação, se possível antes da adopção da medida ou da abertura do processo ou, não sendo possível, imediatamente depois.

(32) Considerando que o segredo profissional, na acepção do artigo 30º da Directiva 2000/12/CE, é, em todos os processos de informação ou de consulta, um elemento essencial que deve, por isso, ser respeitado por todas as autoridades administrativas que participem nesses processos, permanecendo, nesse ponto, as autoridades judiciais, sujeitas às disposições nacionais que lhes são aplicáveis,

ADOPTARAM A PRESENTE DIRECTIVA:

TÍTULO I – Âmbito de aplicação e definições

Artigo 1º – Âmbito de aplicação

1. A presente directiva é aplicável às instituições de crédito e às suas sucursais criadas num Estado-Membro que não o da sede estatutária, tal como definidas nos primeiro e terceiro pontos do artigo 1º da Directiva 2000/12/CE, sem prejuízo das condições e isenções previstas no nº 3 do artigo 2º da referida directiva.

2. As disposições da presente directiva que tenham por objecto as sucursais de uma instituição de crédito com sede estatutária fora da Comunidade só são aplicáveis se essa instituição de crédito possuir sucursais em, pelo menos, dois Estados-Membros da Comunidade.

3. A presente diretiva é também aplicável às empresas de investimento na aceção do artigo 4º, nº 1, ponto 2, do Regulamento (UE) nº 575/2013 do Parlamento Europeu e do Conselho (37) e às suas sucursais situadas em Estados-Membros diferentes do da sua sede.

4. Em caso de aplicação dos instrumentos de resolução e de exercício dos poderes de resolução previstos na Diretiva 2014/59/UE do Parlamento Europeu e do Conselho (38), a presente diretiva é também aplicável às instituições financeiras, às empresas e às empresas-mãe abrangidas pela Diretiva 2014/59/UE.

5. Os artigos 4º e 7º da presente diretiva não são aplicáveis caso se aplique o artigo 83º da Diretiva 2014/59/UE.

6. O artigo 33º da presente diretiva não é aplicável caso se aplique o artigo 84º da Diretiva 2014/59/UE.

Artigo 2º – Definições

Para efeitos da presente diretiva, entende-se por:

- "Estado-Membro de origem", o Estado-Membro de origem na aceção do artigo 4º, nº 1, ponto 43, do Regulamento (UE) nº 575/2013;
- "Estado-Membro de acolhimento", o Estado-Membro de acolhimento na aceção do artigo 4º, nº 1, ponto 44, do Regulamento (UE) nº 575/ /2013;
- "Sucursal", uma sucursal na aceção do artigo 4º, nº 1, ponto 17, do Regulamento (UE) nº 575/2013;
- "Autoridade competente", uma autoridade competente na aceção do artigo 4º, nº 1, ponto 40, do Regulamento (UE) nº 575/2013, ou uma autoridade de resolução na aceção do artigo 2º, nº 1, ponto 18, da Diretiva 2014/59/UE no que diz respeito a medidas de saneamento tomadas nos termos da referida diretiva;
- "Administrador", uma pessoa ou um órgão nomeado pelas autoridades administrativas ou judiciais que tenha por função gerir medidas de saneamento;–"Autoridades administrativas ou judiciais", as autoridades administrativas ou judiciais dos Estados-Membros competentes em matéria de medidas de saneamento ou de processos de liquidação;
- "Medidas de saneamento", medidas destinadas a preservar ou restabelecer a situação financeira de uma instituição de crédito ou de uma empresa de investimento na aceção do artigo 4º, nº 1, ponto 2, do Regulamento (UE) nº 575/2013, suscetíveis de afetar direitos preexistentes de terceiros, incluindo medidas que impliquem a possibilidade de suspensão de pagamentos, suspensão de medidas de execução ou redução dos créditos; estas medidas incluem a aplicação dos instrumentos de resolução e o exercício dos poderes de resolução previstos na Diretiva 2014/59/UE;
- "Liquidatário", uma pessoa ou um órgão nomeado pelas autoridades administrativas ou judiciais que tenha por função gerir processos de liquidação;

- "Processo de liquidação", um processo coletivo aberto e controlado pelas autoridades administrativas ou judiciais de um Estado-Membro com o objetivo de proceder à liquidação dos bens, sob fiscalização dessas autoridades, inclusive quando esse processo é concluído por uma concordata ou por outra medida análoga;
- "Mercado regulamentado", um mercado regulamentado na aceção do artigo 4º, nº 1, ponto 21, da Diretiva 2014/65/UE do Parlamento Europeu e do Conselho;
- "Instrumento", um instrumento na aceção do artigo 4., nº 1, ponto 50, alínea *b*), do Regulamento (UE) nº 575/2013.

TÍTULO II - Medidas de saneamento

A. Instituições de crédito com sede estatutária na Comunidade

Artigo 3º – Adopção de medidas de saneamento – lei aplicável

1. Só as autoridades administrativas ou judiciais do Estado-Membro de origem têm competência para determinar a aplicação, numa instituição de crédito, inclusivamente em relação às sucursais estabelecidas noutros Estados-Membros, de uma ou mais medidas de saneamento.

2. Salvo disposição em contrário da presente directiva, as medidas de saneamento são aplicadas de acordo com as leis, regulamentos e procedimentos aplicáveis no Estado-Membro de origem.

As referidas medidas produzem todos os seus efeitos de acordo com a legislação desse Estado-Membro, em toda a Comunidade, sem nenhuma outra formalidade, inclusivamente em relação a terceiros nos outros Estados-Membros, mesmo que as normas do Estado-Membro de acolhimento que lhes sejam aplicáveis não prevejam tais medidas ou sujeitem a sua aplicação a condições que não se encontrem preenchidas.

As medidas de saneamento produzirão os seus efeitos em toda a Comunidade logo que produzam os seus efeitos no Estado-Membro em que foram tomadas.

Artigo 4º – Informações a prestar às autoridades competentes do Estado-Membro de acolhimento

As autoridades administrativas ou judiciais do Estado-Membro de origem devem informar sem demora, por todos os meios adequados, as autoridades competentes do Estado-Membro de acolhimento da sua decisão de aprovar quaisquer medidas de saneamento e dos efeitos concretos que essa medida poderá acarretar, se possível antes de serem aprovadas ou, não sendo possível, imediatamente depois. A comunicação é efectuada pelas autoridades competentes do Estado-Membro de origem.

Artigo 5º – Informações a prestar às autoridades competentes do Estado-Membro de origem

Se as autoridades administrativas ou judiciais do Estado-Membro de acolhimento considerarem necessária a aplicação, no seu território, de uma ou mais medidas de saneamento, devem informar desse facto as autoridades competentes do Estado-Membro de origem. A comunicação é efectuada pelas autoridades competentes do Estado-Membro de acolhimento.

Artigo 6º – Publicação

1. Se a aplicação das medidas de saneamento determinadas nos termos dos nºs 1 e 2 do artigo 3º for susceptível de afectar os direitos de terceiros num Estado-Membro de acolhimento e se, no Estado-Membro de origem, for possível interpor recurso da decisão de aplicação de tais medidas, as autoridades administrativas ou judiciais do Estado-Membro de origem, o administrador ou qualquer pessoa habilitada para o efeito no Estado-Membro de origem devem publicar um extracto da sua decisão no Jornal Oficial das Comunidades Europeias e em dois jornais de circulação nacional de cada um dos Estados-Membros de acolhimento, por forma, nomeadamente, a permitir o exercício atempado dos direitos de recurso.

2. O extracto da decisão referido no nº 1 será enviado, o mais rapidamente possível e pelas vias mais adequadas, ao Serviço das Publicações Oficiais das Comunidades Europeias e a dois jornais de circulação nacional de cada Estado-Membro de acolhimento.

3. O Serviço das Publicações Oficiais das Comunidades Europeias publicará o extracto o mais tardar doze dias após o seu envio.

4. O extracto da decisão a publicar deve mencionar, na ou nas línguas oficiais dos Estados-Membros em causa, designadamente, o objecto e o fundamento jurídico da decisão tomada, os prazos de recurso, em particular e de forma facilmente compreensível o termo desses prazos e, de forma precisa, o endereço das autoridades ou do órgão jurisdicional competentes para conhecer do recurso.

5. As medidas de saneamento são aplicáveis independentemente das medidas previstas nos nºs 1 a 3 e produzem todos os seus efeitos em relação aos credores, salvo disposição em contrário das autoridades administrativas ou judiciais do Estado-Membro de origem ou da legislação desse Estado relativa a essas medidas.

Artigo 7º – Dever de informar os credores conhecidos e direito de reclamar créditos

1. Quando a legislação do Estado-Membro de origem exigir a reclamação de um crédito para efeitos do seu reconhecimento, ou previr uma notificação obrigatória da medida aos credores que tenham o seu domicílio, a sua residência habitual ou a sua sede estatutária nesse Estado, as autoridades administrativas ou judiciais do Estado-Membro de origem ou o administrador informarão também os credores conhecidos que tenham o seu domicílio, a sua residência habitual ou a sua sede estatutária nos outros Estados-Membros, de acordo com as regras previstas no artigo 14º e no nº 1 do artigo 17º da presente directiva.

2. Quando a legislação do Estado-Membro de origem conferir aos credores que tenham o seu domicílio, a sua residência habitual ou a sua sede estatutária nesse Estado o direito de reclamarem os seus créditos ou apresentarem observações relativas aos seus créditos, os credores que tenham o seu domicílio, a sua residência habitual ou a sua sede estatutária nos outros Estados-Membros também beneficiam desse direito, de acordo com as regras previstas no artigo 16º e no nº 2 do artigo 17º da presente directiva.

B. Instituições de crédito com sede estatutária fora da Comunidade

Artigo 8º – Sucursais de instituições de crédito de países terceiros

1. As autoridades administrativas ou judiciais do Estado-Membro de acolhimento de uma sucursal de uma instituição de crédito com sede estatutária fora da Comunidade devem informar sem demora, por todos os meios adequados, as autoridades competentes dos outros Estados-Membros de acolhimento onde a instituição tenha criado sucursais constantes da lista referida no artigo 11º da Directiva 2000/12/CE, lista essa que é publicada anualmente no Jornal Oficial das Comunidades Europeias, da sua decisão de aprovar quaisquer medidas de saneamento e dos efeitos concretos que essas medidas poderão acarretar, se possível antes de serem aprovadas ou, não sendo possível, imediatamente depois. A comunicação é efectuada pelas autoridades competentes do Estado-Membro de acolhimento cujas autoridades administrativas ou judiciais tenham decidido a aplicação da medida.

2. As autoridades administrativas ou judiciais referidas no nº 1 esforçar-se-ão por coordenar as suas acções.

TÍTULO III – Processo de liquidação

A. Instituições de crédito com sede estatutária na Comunidade

Artigo 9º – Abertura de um processo de liquidação – Informações a prestar às outras autoridades competentes

1. Só as autoridades administrativas ou judiciais do Estado-Membro de origem responsáveis pela liquidação têm competência para decidir da abertura de um processo de liquidação de uma instituição de crédito, inclusivamente em relação às sucursais estabelecidas noutros Estados-Membros.

Uma decisão de abertura de um processo de liquidação proferida pelas autoridades administrativas ou judiciais do Estado-Membro de origem será reconhecida, sem qualquer outra formalidade, no território de todos os outros Estados-Membros, neles produzindo efeitos logo que a decisão produza os seus efeitos no Estado-Membro de abertura do processo.

2. As autoridades administrativas ou judiciais do Estado-Membro de origem devem informar sem demora, por todos os meios adequados, as autoridades competentes do Estado-Membro de acolhimento da sua decisão de abrir um processo de liquidação e dos efeitos concretos que esse processo poderá acarretar, se possível antes da abertura ou, não sendo possível, imediatamente depois. A comunicação é efectuada pelas autoridades competentes do Estado de origem.

Artigo 10º – Legislação aplicável

1. Salvo disposição em contrário da presente directiva, a instituição de crédito será liquidada de acordo com as leis, regulamentos e procedimentos aplicáveis no Estado-Membro de origem.

2. São determinados pela lei do Estado-Membro de origem, designadamente:

a) Os bens que fazem parte da massa falida e o destino a dar aos bens adquiridos pela instituição de crédito após a abertura do processo de liquidação;

b) Os poderes respectivos da instituição de crédito e do liquidatário;

c) As condições de oponibilidade de uma compensação;

d) Os efeitos do processo de liquidação sobre os contratos em vigor nos quais a instituição de crédito seja parte;

e) Os efeitos do processo de liquidação sobre as acções intentadas por credores individuais, com excepção dos processos pendentes previstos no artigo 32º;

f) Os créditos a reclamar no passivo da instituição de crédito e o destino a dar aos créditos nascidos após a abertura do processo de liquidação;

g) As regras relativas à reclamação, verificação e aprovação dos créditos;

h) As regras de distribuição do produto da liquidação dos bens, a graduação dos créditos e os direitos dos credores que tenham sido parcialmente satisfeitos após a abertura do processo de liquidação em virtude de um direito real ou por efeito de uma compensação;

i) As condições e os efeitos do encerramento do processo de liquidação, nomeadamente por concordata;

j) Os direitos dos credores após o encerramento do processo de liquidação;

k) A imputação das custas e despesas do processo de liquidação;

l) As regras referentes à nulidade, à anulação ou à inoponibilidade dos actos prejudiciais ao conjunto dos credores.

Artigo 11º – Consulta das autoridades competentes antes da liquidação voluntária

1. As autoridades competentes do Estado-Membro de origem serão consultadas, pela forma mais adequada, antes de os órgãos estatuários de uma instituição de crédito tomarem qualquer decisão de liquidação voluntária.

2. A liquidação voluntária de uma instituição de crédito não obsta à adopção de uma medida de saneamento ou à abertura de um processo de liquidação.

Artigo 12º – Revogação da autorização de uma instituição de crédito

1. Se, na falta ou após o malogro de medidas de saneamento, for determinada a abertura de um processo de liquidação relativamente a uma instituição de crédito, a autorização dessa instituição será revogada, observando-se, nomeadamente, o procedimento previsto no nº 9 do artigo 22º da Directiva 2000/12/CE.

2. A revogação da autorização referida no nº 1 não impede que a ou as pessoas incumbidas da liquidação prossigam algumas das actividades da instituição de crédito na medida em que tal seja necessário ou adequado para efeitos da liquidação.

O Estado-Membro de origem pode determinar que essas actividades sejam exercidas com o acordo e sob o controlo das autoridades competentes desse Estado-Membro.

Artigo 13º – Publicação

Os liquidatários ou quaisquer autoridades administrativas ou judiciais asseguram a publicidade da decisão de abertura da liquidação através da publicação, no Jornal Oficial das Comunidades Europeias e em pelo menos dois jornais de circulação nacional de cada Estado-Membro de acolhimento, de um extracto da decisão que a pronuncia.

Artigo 14º – Informação dos credores conhecidos

1. Quando for aberto um processo de liquidação, as autoridades administrativas ou judiciais do Estado-Membro de origem ou o liquidatário devem informar rápida e individualmente os credores conhecidos que tenham o seu domicílio, a sua residência habitual ou a sua sede estatutária nos outros Estados-Membros, salvo nos casos em que a legislação do Estado de origem não exija a reclamação do crédito para o seu reconhecimento.

2. Essa informação, prestada mediante o envio de uma nota, incidirá nomeadamente sobre os prazos a observar, as sanções previstas relativamente a esses prazos, o órgão ou a autoridade habilitados a receber a reclamação dos créditos ou as observações relativas aos créditos e as outras medidas que tenham sido determinadas. Essa nota indicará igualmente se os credores cujos créditos gozem de um privilégio ou de uma garantia real devem reclamar esses créditos.

Artigo 15º – Cumprimento das obrigações

Quem tenha cumprido uma obrigação em benefício de uma instituição de crédito que não seja uma pessoa colectiva e seja objecto de um processo de liquidação aberto noutro Estado-Membro, e o devesse ter feito em benefício do liquidatário desse processo, ficará liberado quando não tenha tido conhecimento da abertura do processo. Quem tenha cumprido a referida obrigação antes da execução das medidas de publicidade referidas no artigo 13º presume-se, até prova em contrário, não ter tido conhecimento da abertura do processo de liquidação; quem a tenha cumprido após a execução das medidas de publicidade previstas no artigo 13º presume-se, até prova em contrário, ter tido conhecimento da abertura do processo.

Artigo 16º – Direito de reclamação de créditos

1. Os credores que tenham o seu domicílio, a sua residência habitual ou a sua sede estatutária num Estado-Membro que não o Estado-Membro de origem, incluindo as autoridades públicas dos Estados-Membros, têm o direito de proceder à reclamação dos seus créditos ou de apresentar por escrito observações relativas a esses créditos.

2. Os créditos de todos os credores que tenham domicílio, residência habitual ou sede estatutária num Estado-Membro que não o Estado-Membro de origem beneficiam do mesmo tratamento e são graduados da mesma forma que os créditos de natureza equivalente susceptíveis de ser reclamados por

credores que tenham a sua residência habitual, o seu domicílio ou a sua sede estatutária no Estado-Membro de origem.

3. Excepto nos casos em que a legislação do Estado-Membro de origem preveja a apresentação de observações relativas aos créditos, os credores devem enviar cópia dos documentos comprovativos, quando existam, e indicar a natureza dos créditos, a data da sua constituição e o seu montante; devem igualmente informar se reivindicam, em relação a esses créditos, um privilégio, uma garantia real ou uma reserva de propriedade, e quais os bens sobre os quais incide essa garantia.

Artigo 17º – Línguas

1. A informação prevista nos artigos 13º e 14º será prestada na língua ou numa das línguas oficiais do Estado-Membro de origem. Utilizar-se-á para esse efeito, um formulário em que figurará, em todas as línguas oficiais da UE, o título "Aviso de Reclamação de Créditos. Prazos Legais a Observar", ou, quando a legislação do Estado-Membro de origem preveja a apresentação das observações relativas aos créditos, "Aviso de Apresentação das Observações relativas a Créditos. Prazos Legais a Observar".

2. Todos os credores que tenham o seu domicílio, a sua residência habitual ou a sua sede estatutária num Estado-Membro que não o Estado-Membro de origem podem reclamar os respectivos créditos, ou apresentar as observações relativas aos seus créditos, na língua ou numa das línguas oficiais desse outro Estado-Membro. Nesse caso, a reclamação dos créditos, ou a apresentação das observações sobre os seus créditos intitular-se-á Reclamação de Créditos ou Apresentação das Observações relativas aos Créditos na língua ou numa das línguas oficiais do Estado-Membro de origem. Além disso, pode-lhes ser exigida uma tradução, nessa mesma língua, da reclamação dos créditos ou da apresentação das observações relativas aos créditos.

Artigo 18º – Informação regular dos credores

Os liquidatários devem informar regularmente os credores, de forma adequada, em especial sobre o andamento da liquidação.

B. Instituições de crédito com sede estatutária fora da Comunidade

Artigo 19º – Sucursais de instituições de crédito de países terceiros

1. As autoridades administrativas ou judiciais do Estado-Membro de acolhimento de uma sucursal de uma instituição de crédito com sede estatuária fora da Comunidade devem informar sem demora, por todos os meios adequa-

dos, as autoridades competentes dos outros Estados-Membros de acolhimento onde a instituição tenha criado sucursais constantes da lista referida no artigo 11º da Directiva 2000/12/CE, lista essa que é publicada anualmente no Jornal Oficial das Comunidades Europeias, da sua decisão de abrir um processo de liquidação e dos efeitos concretos que esse processo poderá acarretar, se possível antes de este ter início ou, não sendo possível, imediatamente depois. A comunicação é efectuada pelas autoridades competentes do Estado-Membro de acolhimento referido em primeiro lugar.

2. As autoridades administrativas ou judiciais que determinem a abertura de um processo de liquidação de uma sucursal de uma instituição de crédito com sede estatutária fora da Comunidade informarão as autoridades competentes dos outros Estados-Membros de acolhimento da abertura do processo de liquidação e da revogação da autorização.

A comunicação será efectuada pelas autoridades competentes do Estado-Membro de acolhimento que tiver determinado a abertura do processo.

3. As autoridades administrativas ou judiciais referidas no nº 1 esforçar-se-ão por coordenar as suas acções.

Os eventuais liquidatários esforçar-se-ão igualmente por coordenar as suas acções.

TÍTULO IV – Disposições comuns às medidas de saneamento e aos processos de liquidação

Artigo 20º – Efeitos sobre certos contratos e direitos

Os efeitos de uma medida de saneamento ou da abertura de um processo de liquidação sobre:

a) Os contratos e relações de trabalho regulam-se exclusivamente pela lei do Estado-Membro aplicável ao contrato de trabalho;

b) Os contratos que conferem direitos de gozo sobre um bem imóvel ou o direito à sua aquisição regulam-se exclusivamente pela lei do Estado-Membro em cujo território está situado esse imóvel. Essa lei determina se um bem é móvel ou imóvel;

c) Os direitos relativos a um bem imóvel, a um navio ou a uma aeronave, sujeitos a inscrição num registo público, regulam-se exclusivamente pela lei do Estado-Membro sob cuja autoridade é mantido esse registo.

Artigo 21º – Direitos reais de terceiros

1. A aplicação de medidas de saneamento ou a abertura de processos de liquidação não afectam os direitos reais de credores ou de terceiros sobre bens corpóreos ou incorpóreos, móveis ou imóveis – tanto bens específicos, como

conjuntos de bens não específicos cuja composição esteja sujeita a alterações –, pertencentes a instituições de crédito e que, no momento da aplicação dessas medidas ou da abertura desses processos, se encontrem no território de outro Estado-Membro.

2. Os direitos referidos no nº 1 são, nomeadamente:

a) O direito de realizar ou de fazer realizar os activos e de obter satisfação do crédito através do produto ou dos rendimentos desses activos, nomeadamente em virtude de cauções ou hipotecas;

b) O direito exclusivo de cobrança de dívidas, nomeadamente por caução ou cessão da dívida a título de garantia;

c) O direito de reivindicar o bem e/ou exigir a sua restituição da parte de quem os possua ou utilize contra a vontade de quem a ele tem direito;

d) O direito real sobre os rendimentos de um bem.

3. O direito, inscrito em registo público e oponível a terceiros, que permita obter um direito real na acepção do nº 1, é considerado um direito real.

4. O nº 1 não obsta às acções de nulidade, anulação ou inoponibilidade previstas no nº 2, alínea *l*), do artigo 10º.

Artigo 22º – Reserva de propriedade

1. A aplicação de medidas de saneamento ou a abertura de processos de liquidação em relação a instituições de crédito que adquiram activos não afectam os direitos do vendedor com fundamento na reserva de propriedade se, no momento da aplicação dessas medidas ou da abertura desses processos os activos se encontrarem no território de um Estado-Membro distinto do da aplicação dessas medidas ou da abertura desses processos.

2. A aplicação de medidas de saneamento ou a abertura de processos de liquidação em relação a instituições de crédito que vendam um activo após a sua entrega não constituem fundamento para a rescisão da venda nem impedem a aquisição da propriedade daquele activo pelo comprador, se, no momento da aplicação dessas medidas ou da abertura desses processos, esse activo se situar no território de um Estado-Membro distinto do da aplicação dessas medidas ou da abertura desses processos.

3. O nºs 1 e 2 não obstam às acções de nulidade, anulação ou inoponibilidade previstas no nº 2, alínea *l*), do artigo 10º.

Artigo 23º – Compensação

1. A adopção de medidas de saneamento ou a abertura de processos de liquidação não afectam o direito dos credores à compensação dos seus créditos contra os da instituição de crédito desde que essa compensação seja autorizada pela lei aplicável aos créditos da instituição de crédito.

2. O nº 1 não obsta às acções de nulidade, anulação ou inoponibilidade previstas no nº 2, alínea *l*), do artigo 10º.

Artigo 24º – Lex rei sitae

O exercício dos direitos de propriedade sobre instrumentos ou de outros direitos sobre esses instrumentos, cuja existência ou transferência implique a inscrição num registo, numa conta ou num sistema de depósito centralizado pertencente ou situado num Estado-Membro, regula-se pela lei do Estado-Membro a que pertence ou em que se situa o registo, a conta ou o sistema de depósito centralizado em que esses direitos estão inscritos.

Artigo 25º – Convenções de compensação e de novação

Sem prejuízo dos artigos 68º e 71º da Diretiva 2014/59/UE, as convenções de compensação e de novação ("*netting agreements*") regulam-se exclusivamente pela lei aplicável ao contrato que as regula.

Artigo 26º – Acordos de recompra

Sem prejuízo dos artigos 68º e 71º da Diretiva 2014/59/UE e do artigo 24º da presente diretiva, os acordos de recompra ("*repurchase agreements*") regulam-se exclusivamente pela lei aplicável ao contrato que os regula.

Artigo 27º – Mercados regulamentados

Sem prejuízo do disposto no artigo 24º, as transacções efectuadas no quadro de um mercado regulamentado regulam-se exclusivamente pela lei aplicável ao contrato que as regula.

Artigo 28º – Prova da nomeação do liquidatário

1. A prova da nomeação do administrador ou do liquidatário é efectuada mediante a apresentação de uma cópia autenticada da decisão da sua nomeação, ou de qualquer outro certificado emitido pelas autoridades administrativas ou judiciais do Estado-Membro de origem.

Pode ser exigida uma tradução na língua oficial ou numa das línguas oficiais do Estado-Membro em cujo território o administrador ou o liquidatário pretende agir. Não será exigida qualquer legalização ou outra formalidade análoga.

2. Os administradores e os liquidatários estão habilitados a exercer no território de todos os Estados-Membros todos os poderes que estão habilitados a exercer no território do Estado-Membro de origem. Podem, além disso, designar pessoas encarregadas de os coadjuvar ou, se for caso disso, de os representar no decurso da execução da medida de saneamento ou do processo de liqui-

dação, nomeadamente nos Estados-Membros de acolhimento e, em especial, a fim de facilitar a superação das eventuais dificuldades dos credores do Estado-Membro de acolhimento.

3. No exercício dos seus poderes, o administrador ou o liquidatário observará a lei dos Estados-Membros em cujo território pretende agir, em particular no que respeita às regras de liquidação dos bens e à informação dos trabalhadores assalariados. Esses poderes não poderão incluir o uso da força, nem o direito de dirimir litígios ou diferendos.

Artigo 29º – Inscrição em registo público

1. O administrador, o liquidatário ou as autoridades administrativas ou judiciais do Estado-Membro de origem podem solicitar que uma medida de saneamento ou a decisão de abertura de um processo de liquidação seja inscrita no registo predial, no registo comercial ou em qualquer outro registo público existente nos outros Estados-Membros.

No entanto, qualquer Estado-Membro pode prever a inscrição obrigatória. Nesse caso, as pessoas ou autoridades referidas no primeiro parágrafo devem tomar as medidas necessárias para assegurar essa inscrição.

2. Os encargos decorrentes da inscrição são considerados como custas e despesas do processo.

Artigo 30º – Actos prejudiciais

1. O artigo 10º não é aplicável em relação às regras relativas à nulidade, à anulação ou à inoponibilidade dos actos jurídicos prejudiciais ao conjunto dos credores quando o beneficiário desses actos apresente prova de que:

- o acto prejudicial ao conjunto dos credores se regula pela lei de um Estado-Membro que não o Estado-Membro de origem e de que,
- no caso em apreço, essa mesma lei não permite a impugnação do acto por nenhum meio.

2. Quando uma medida de saneamento, decretada por uma autoridade judicial, previr regras relativas à nulidade, à anulação ou à inoponibilidade dos actos prejudiciais ao conjunto dos credores, praticados antes da adopção da medida, o nº 2 do artigo 4º não é aplicável nos casos previstos no nº 1 do presente artigo.

Artigo 31º – Protecção de terceiros

Quando, por acto celebrado após a adopção de uma medida de saneamento ou a abertura de um processo de liquidação, a instituição de crédito dispuser, a título oneroso:

- de um bem imóvel,

- de um navio ou de uma aeronave sujeitos a inscrição num registo público, ou
- de instrumentos ou de direitos sobre esses instrumentos cuja existência ou transferência pressuponha a sua inscrição num registo, numa conta ou num sistema de depósitos centralizado pertencentes ou situados num Estado-Membro, a validade desse acto regula-se pela lei do Estado-Membro em cujo território está situado esse bem imóvel, ou sob cuja autoridade são mantidos esse registo, essa conta ou esse sistema de depósitos.

Artigo 32º – Processos pendentes

Os efeitos de medidas de saneamento ou de um processo de liquidação sobre um processo pendente relativo a um bem ou direito de que a instituição de crédito tenha sido privada regulam-se exclusivamente pela lei do Estado-Membro em que se encontra pendente o processo.

Artigo 33º – Sigilo profissional

Todas as pessoas incumbidas de receber ou prestar informações no âmbito dos processos de informação ou de consulta previstos nos artigos 4º, 5º, 8º, 9º, 11º e 19º estão vinculadas ao sigilo profissional, de acordo com as regras e condições previstas no artigo 30º da Directiva 2000/12/CE, com excepção das autoridades judiciárias, às quais se aplicarão as disposições nacionais em vigor.

TÍTULO V – Disposições finais

Artigo 34º – Execução

1. Os Estados-Membros devem pôr em vigor as disposições legislativas, regulamentares e administrativas necessárias para dar cumprimento à presente directiva em 5 de Maio de 2004 e informar imediatamente a Comissão desse facto.

As disposições nacionais adoptadas em aplicação da presente directiva são aplicáveis apenas às medidas de saneamento adoptadas ou aos processos de liquidação abertos após a data referida no primeiro parágrafo. As medidas adoptadas e os processos abertos antes dessa data continuam a regular-se pela lei que lhes era aplicável à data de adopção ou da abertura.

2. Quando os Estados-Membros adoptarem essas disposições, estas deverão incluir uma referência à presente directiva ou ser acompanhadas dessa referência aquando da sua publicação oficial. As modalidades dessa referência serão estabelecidas pelos Estados-Membros.

3. Os Estados-Membros comunicarão à Comissão o texto das principais disposições de direito interno que aprovarem nas matérias reguladas pela presente directiva.

Artigo 35º – Entrada em vigor

A presente directiva entra em vigor no dia da sua publicação no Jornal Oficial das Comunidades Europeias.

Artigo 36º – Destinatários

Os Estados-Membros são os destinatários da presente directiva.

Feito no Luxemburgo, em 4 de Abril de 2001.

Pelo Parlamento Europeu
A Presidente
N. FONTAINE

Pelo Conselho
O Presidente
B. ROSENGREN

Directiva 2009/44/CE do Parlamento Europeu e do Conselho de 6 de Maio de 2009

Altera a Directiva 98/26/CE relativa ao carácter definitivo da liquidação nos sistemas de pagamentos e de liquidação de valores mobiliários e a Directiva 2002/47/CE relativa aos acordos de garantia financeira, no que diz respeito a sistemas ligados e a créditos sobre terceiros.

O PARLAMENTO EUROPEU E O CONSELHO DA UNIÃO EUROPEIA,

Tendo em conta o Tratado que institui a Comunidade Europeia, nomeadamente o artigo 95º,

Tendo em conta a proposta da Comissão,

Tendo em conta o parecer do Banco Central Europeu[1],

Tendo em conta o parecer do Comité Económico e Social Europeu[2],

Deliberando nos termos do artigo 251º do Tratado[3],

Considerando o seguinte:

(1) A Directiva 98/26/CE do Parlamento Europeu e do Conselho[4] criou um regime segundo o qual o carácter definitivo das ordens de transferência e da compensação, bem como a exigibilidade das garantias constituídas, são garantidos relativamente a participantes nacionais e estrangeiros nos sistemas de pagamento e de liquidação de valores mobiliários.

(2) O relatório da Comissão de 7 de Abril de 2006 sobre a avaliação da Directiva 98/26/CE concluiu que a directiva funciona bem, em geral. O relatório salientou o facto de poderem estar a decorrer importantes alterações no

[1] JO C 216 de 23.8.2008, p. 1.

[2] Parecer emitido em 3 de Dezembro de 2008 (ainda não publicado no Jornal Oficial).

[3] Parecer do Parlamento Europeu de 18 de Dezembro de 2008 (ainda não publicado no Jornal Oficial) e decisão do Conselho de 27 de Abril de 2009.

[4] JO L 166 de 11.6.1998, p. 45.

domínio dos sistemas de pagamento e da liquidação de valores mobiliários e concluiu também que é necessário clarificar e simplificar a Directiva 98/26/CE.

(3) A principal alteração, contudo, é o número crescente de ligações entre sistemas que, aquando da redacção da Directiva 98/26/CE, funcionavam quase exclusivamente a nível nacional e de forma independente. Trata-se de uma das consequências da Directiva 2004/39/CE do Parlamento Europeu e do Conselho, de 21 de Abril de 2004, relativa aos mercados de instrumentos financeiros[5], e do Código de Conduta europeu no domínio da compensação e da liquidação. Para fins de adaptação a essa evolução, é conveniente clarificar o conceito de sistema interoperável e a responsabilidade dos operadores de sistemas.

(4) A Directiva 2002/47/CE do Parlamento Europeu e do Conselho[6] criou um enquadramento legal comunitário uniforme para a utilização transfronteiriça das garantias financeiras, suprimindo assim a maioria dos requisitos formais tradicionalmente impostos aos acordos de garantia.

(5) O Banco Central Europeu decidiu reconhecer os créditos sobre terceiros como um tipo de garantia elegível para efeitos das operações de crédito do Eurossistema a partir de 1 de Janeiro de 2007. Para maximizar o impacto económico da utilização dos créditos sobre terceiros, o Banco Central Europeu recomendou uma extensão do âmbito da Directiva 2002/47/CE. No seu relatório de 20 de Dezembro de 2006 de avaliação da Directiva 2002/47/CE, relativa aos acordos de garantia financeira, a Comissão abordou esta questão e subscreveu o parecer do Banco Central Europeu. A utilização dos créditos sobre terceiros aumentará o conjunto das garantias disponíveis. Além disso, o reforço da harmonização no domínio dos sistemas de pagamento e da liquidação de valores mobiliários constituirá mais um contributo para o reforço da igualdade das condições de concorrência entre as instituições de crédito em todos os Estados-Membros. A maior facilidade de utilização dos créditos sobre terceiros a título de garantia seria também benéfica para consumidores e devedores, dado que poderia, em última instância, traduzir-se numa maior concorrência e numa melhoria da oferta de crédito.

(6) A fim de facilitar a utilização dos créditos sobre terceiros, é importante abolir ou proibir quaisquer disposições administrativas, tais como a obrigação de notificação ou de registo, que tornem impraticável a cessão desses créditos. Da mesma forma, para não comprometer a situação dos beneficiários da garantia, os devedores deverão poder renunciar validamente ao direito de compensação perante os credores. Pela mesma razão, é necessário introduzir a possibilidade

[5] JO L 145 de 30.4.2004, p. 1.
[6] JO L 168 de 27.6.2002, p. 43.

de o devedor prescindir do sigilo bancário já que, de outro modo, o beneficiário da garantia poderá não dispor de informações suficientes para avaliar correctamente o valor dos créditos subjacentes. Estas disposições não deverão prejudicar a Directiva 2008/48/CE do Parlamento Europeu e do Conselho, de 23 de Abril de 2008, relativa a contratos de crédito aos consumidores[7].

(7) Os Estados-Membros não recorreram à possibilidade que lhes é conferida pelo nº 3 do artigo 4º da Directiva 2002/47/CE de não concederem o direito de apropriação ao beneficiário da garantia. Essa disposição deverá, consequentemente, ser suprimida.

(8) As Directivas 98/26/CE e 2002/47/CE deverão, por conseguinte, ser alteradas.

(9) Nos termos do ponto 34 do Acordo Interinstitucional "Legislar Melhor"[8], os Estados-Membros devem ser encorajados a elaborar, para si próprios e no interesse da Comunidade, os seus próprios quadros, que ilustrem, na medida do possível, a correspondência entre a presente directiva e as medidas de transposição, e a publicá-los,

APROVARAM A PRESENTE DIRECTIVA:

Artigo 1º – Alterações à Directiva 98/26/CE

A Directiva 98/26/CE é alterada do seguinte modo:

1. O considerando 8 é suprimido;
2. É inserido o seguinte considerando:

"(14-A) Considerando que as autoridades competentes nacionais ou os supervisores deverão assegurar que os operadores dos sistemas que integram o sistema interoperável acordem, na medida do possível, regras comuns relativas ao momento da introdução nos sistemas interoperáveis. As autoridades competentes nacionais ou os supervisores deverão assegurar que as regras relativas ao momento da introdução num sistema interoperável sejam coordenadas, na medida do possível e do necessário, para evitar a incerteza jurídica em caso de incumprimento de um sistema participante.";

3. É inserido o seguinte considerando:

"(22-A) Considerando que no caso dos sistemas interoperáveis, a falta de coordenação quanto a que regras relativas ao momento da introdução e da irrevogabilidade são aplicáveis pode expor os participantes de um sistema, ou mesmo o próprio operador do sistema, aos efeitos secundários de um incumprimento noutro sistema. Para limitar o risco sistémico, é conve-

[7] JO L 133 de 22.5.2008, p. 66.

[8] JO C 321 de 31.12.2003, p. 1.

niente estabelecer que os operadores de sistema de sistemas interoperáveis coordenem as regras relativas ao momento da introdução e da irrevogabilidade nos sistemas que operam.";

4. O artigo 1º é alterado do seguinte modo:

a) Na alínea *a*), o termo "ecu" é substituído pelo termo "euro";

b) Na alínea *c*), o segundo travessão passa a ter a seguinte redacção:

"– das operações dos bancos centrais dos Estados-Membros ou do Banco Central Europeu, na sua qualidade de bancos centrais.";

5. O artigo 2º é alterado do seguinte modo:

a) A alínea *a*) é alterada do seguinte modo:

i) O primeiro travessão passa a ter a seguinte redacção:

"– entre três ou mais participantes, excluindo o operador desse sistema, um eventual agente de liquidação, uma eventual contraparte central, uma eventual câmara de compensação ou um eventual participante indirecto, com regras comuns e procedimentos padronizados para a compensação, através de uma contraparte central ou não, ou execução de ordens de transferência entre os participantes,";

ii) É aditado o seguinte parágrafo:

"Um acordo celebrado entre dois sistemas interoperáveis não constitui um sistema.";

b) Na alínea *b*), o primeiro e o segundo travessões passam a ter a seguinte redacção:

"– uma instituição de crédito, na acepção do nº 1 do artigo 4º da Directiva 2006/48/CE do Parlamento Europeu e do Conselho, de 14 de Junho de 2006, relativa ao acesso à actividade das instituições de crédito e ao seu exercício (reformulação)[9], incluindo as instituições enumeradas no artigo 2º da mesma directiva,

– uma empresa de investimento, na acepção do ponto 1) do nº 1 do artigo 4º da Directiva 2004/39/CE do Parlamento Europeu e do Conselho, de 21 de Abril de 2004, relativa aos mercados de instrumentos financeiros[10], excluindo as instituições enumeradas no nº 1 do artigo 2º da mesma directiva,

c) A alínea *f*) é alterada do seguinte modo:

i) O primeiro parágrafo passa a ter a seguinte redacção:

"*f*) "Participante": uma instituição, uma contraparte central, um agente de liquidação, uma câmara de compensação ou um operador de sistema.";

[9] JO L 177 de 30.6.2006, p. 1.
[10] JO L 145 de 30.4.2004, p. 1.

ii) O terceiro parágrafo passa a ter a seguinte redacção:

"Para efeitos da presente directiva, os Estados-Membros podem considerar um participante indirecto como participante, caso entendam que tal se justifica em termos de risco sistémico. O facto de um participante indirecto ser considerado participante em termos de risco sistémico não limita a responsabilidade do participante através do qual o participante indirecto introduza ordens de transferência no sistema.";

d) A alínea *g*) passa a ter a seguinte redacção:

"*g*) "Participante indirecto": uma instituição, uma contraparte central, um agente de liquidação, uma câmara de compensação ou um operador de sistema que tenha uma relação contratual com um participante num sistema que execute ordens de transferência, relação essa que permita ao participante indirecto executar ordens de transferência através do sistema, na condição de o participante indirecto ser conhecido do operador do sistema.";

e) A alínea *h*) passa a ter a seguinte redacção:

"*h*) "Valores mobiliários": os instrumentos referidos na secção C do Anexo I da Directiva 2004/39/CE;";

f) Na alínea *i*), o primeiro travessão passa a ter a seguinte redacção:

"– uma instrução de um participante para colocar um certo montante pecuniário à disposição de um destinatário através do lançamento nas contas de uma instituição de crédito, de um banco central, de uma contraparte central ou de um agente de liquidação, ou uma instrução que resulte na assunção ou execução de uma obrigação de pagamento tal como definida pelas regras do sistema, ou";

g) A alínea *l*) passa a ter a seguinte redacção:

"*l*) "Conta de liquidação": uma conta num banco central, num agente de liquidação ou numa contraparte central utilizada para depósito de fundos ou valores mobiliários ou para a liquidação de transacções entre participantes num sistema;";

h) A alínea *m*) passa a ter a seguinte redacção:

"*m*) "Garantia": qualquer activo susceptível de execução, incluindo, sem restrições, as garantias financeiras a que se refere a alínea *a*) do nº 4 do artigo 1º da Directiva 2002/47/CE do Parlamento Europeu e do Conselho, de 6 de Junho de 2002, relativa aos acordos de garantia financeira[11], dado em penhor (incluindo dinheiro dado em penhor), no âmbito de um contrato de reporte ou similar ou de qualquer outro modo, com o objectivo de garantir direitos e obrigações que possam eventualmente decorrer do fun-

[11] JO L 168 de 27.6.2002, p. 43.

cionamento de um sistema, ou prestado aos bancos centrais dos Estados-Membros ou ao Banco Central Europeu;

i) São aditadas as seguintes alíneas:

"*n*) "Dia útil": inclui as liquidações diurnas e nocturnas e engloba todos os acontecimentos ocorridos durante o ciclo de um sistema;

o) "Sistemas interoperáveis": dois ou mais sistemas cujos operadores tenham celebrado entre si um acordo que implique a execução de ordens de transferência entre sistemas;

p) "Operador de sistema": a entidade ou entidades legalmente responsáveis pelo funcionamento de um sistema. Os operadores de sistema podem também agir como agentes de liquidação, contrapartes centrais ou câmaras de compensação.";

6. O artigo 3º é alterado do seguinte modo:

a) O nº 1 passa a ter a seguinte redacção:

"1. As ordens de transferência e a compensação têm efeitos jurídicos e serão oponíveis a terceiros mesmo em caso de processo de falência contra um participante, desde que as ordens de transferência tenham sido introduzidas no sistema antes do momento da abertura do referido processo de falência na acepção do nº 1 do artigo 6º. A presente disposição aplica-se mesmo em caso de processo de falência contra um participante (no sistema em causa ou num sistema interoperável) ou contra o operador de sistema de um sistema interoperável que não seja participante.

Caso as ordens de transferência tenham sido introduzidas no sistema após a abertura do processo de falência e tenham sido executadas no mesmo dia útil, tal como definido nas regras do sistema, em que ocorra essa abertura, só produzirão efeitos jurídicos e serão oponíveis a terceiros se o operador do sistema puder provar que, no momento em que as ordens de transferência em causa se tornaram irrevogáveis, não tinha conhecimento nem obrigação de ter conhecimento da abertura do processo de falência.";

b) É aditado o seguinte número:

"4. No caso dos sistemas interoperáveis, cada sistema determina nas suas próprias regras o momento da introdução no sistema, por forma a assegurar, na medida do possível, a coordenação a esse respeito das regras de todos os sistemas participantes nos sistemas interoperáveis envolvidos. A menos que as regras de todos os sistemas participantes nos sistemas interoperáveis em causa o prevejam expressamente, as regras de cada sistema relativas ao momento da introdução não são afectadas pelas regras dos outros sistemas com os quais o primeiro seja interoperável.";

7. O artigo 4º passa a ter a seguinte redacção:

"Artigo 4º

Os Estados-Membros podem estabelecer que a abertura de um processo de falência contra um participante ou operador de sistema de um sistema interoperável não obste a que os fundos ou valores mobiliários disponíveis na conta de liquidação desse participante sejam utilizados para cumprir as respectivas obrigações no âmbito do sistema (ou de um sistema interoperável) no dia útil da abertura do processo de falência. Os Estados-Membros podem também prever que seja utilizada qualquer linha de crédito desse participante relacionada com o sistema, contra uma garantia existente e disponível, para lhe permitir cumprir as respectivas obrigações no âmbito do sistema (ou de um sistema interoperável).";

8. Ao artigo 5º é aditado o seguinte parágrafo:

"No caso dos sistemas interoperáveis, cada sistema determina nas suas próprias regras o momento da irrevogabilidade, por forma a assegurar, na medida do possível, a coordenação a esse respeito das regras de todos os sistemas interoperáveis envolvidos. A menos que as regras de todos os sistemas participantes nos sistemas interoperáveis em causa o prevejam expressamente, as regras de cada sistema relativas ao momento da irrevogabilidade não são afectadas pelas regras dos outros sistemas com os quais o primeiro seja interoperável.";

9. O artigo 7º passa a ter a seguinte redacção:

"Artigo 7º

Os processos de falência não terão efeitos retroactivos sobre os direitos e obrigações dos participantes decorrentes da sua participação no sistema ou a ela associados antes do momento da abertura desse processo, na acepção do nº 1 do artigo 6º. A presente disposição aplica-se em especial aos direitos e obrigações dos participantes em sistemas interoperáveis ou dos operadores de sistema de sistemas interoperáveis que não sejam participantes.";

10. O artigo 9º passa a ter a seguinte redacção:

"Artigo 9º

1. Os direitos de um operador de sistema ou de um participante sobre as garantias constituídas a seu favor no quadro de um sistema ou de um sistema interoperável, bem como os direitos dos bancos centrais dos Estados-Membros ou do Banco Central Europeu sobre as garantias constituídas a seu favor, não são afectados por qualquer processo de falência contra:

a) O participante no sistema em causa ou num sistema interoperável;

b) O operador de sistema de um sistema interoperável que não seja participante;

c) Uma contraparte dos bancos centrais dos Estados-Membros ou do Banco Central Europeu; ou

d) Qualquer terceiro que tenha constituído as garantias.

As garantias podem ser executadas para satisfação daqueles direitos.

2. Caso sejam prestados valores mobiliários (incluindo direitos sobre valores mobiliários) como garantia aos participantes, aos operadores dos sistemas, aos bancos centrais dos Estados-Membros ou ao Banco Central Europeu nos termos referidos no nº 1 e o direito destes (ou o de qualquer mandatário, agente ou terceiro agindo em seu nome) relativamente aos valores esteja legalmente inscrito num registo, conta ou sistema de depósito centralizado situado num Estado-Membro, a determinação dos direitos dessas entidades como titulares da garantia relativa a esses valores rege-se pela legislação desse Estado-Membro.";

11. O artigo 10º passa a ter a seguinte redacção:

"Artigo 10º

1. Os Estados-Membros designam os sistemas, bem como os respectivos operadores, que devem ser abrangidos pelo âmbito de aplicação da presente directiva e deles notificam a Comissão; informam igualmente a Comissão das autoridades que tiverem designado nos termos do nº 2 do artigo 6º.

O operador do sistema indica ao Estado-Membro cuja legislação seja aplicável quais os participantes no sistema, incluindo quaisquer eventuais participantes indirectos, assim como qualquer alteração que se verifique nesse âmbito.

Para além da indicação prevista no segundo parágrafo, os Estados-Membros podem sujeitar os sistemas sob a sua jurisdição a supervisão ou autorização.

As instituições devem, a pedido de qualquer detentor de um interesse legítimo, informar este sobre os sistemas em que participam e sobre as disposições essenciais que regem o funcionamento desses sistemas.

2. Os sistemas designados antes da entrada em vigor das disposições nacionais de transposição da Directiva 2009/44/CE do Parlamento Europeu e do Conselho, de 6 de Maio de 2009, que altera a Directiva 98/26/CE relativa ao carácter definitivo da liquidação nos sistemas de pagamentos e de liquidação de valores mobiliários e a Directiva 2002/47/CE relativa aos acordos de garantia financeira, no que diz respeito a sistemas ligados e a créditos sobre terceiros[12], continuam a sê-lo para efeitos da presente directiva.

[12] JO L 146 de 10.6.2009, p 37.

As ordens de transferência introduzidas num sistema antes da entrada em vigor das disposições nacionais de transposição da Directiva 2009/44/CE mas liquidadas posteriormente são consideradas ordens de transferência para efeitos da presente directiva".

Artigo 2º – Alterações à Directiva 2002/47/CE

A Directiva 2002/47/CE é alterada do seguinte modo:

1. O considerando 9 passa a ter a seguinte redacção:

"(9) A fim de limitar as formalidades administrativas a cumprir pelas partes que utilizem a garantia financeira prevista na presente directiva, a única condição de validade em relação às partes susceptível de ser imposta pelo direito nacional relativamente à garantia financeira deverá ser que esta esteja sob o controlo do beneficiário da garantia ou de uma pessoa que aja em seu nome, não excluindo técnicas de garantia que permitam ao prestador da garantia substituí-la ou retirar o seu excedente. A presente directiva não obsta a que os Estados-Membros exijam a prestação de créditos sobre terceiros mediante a inclusão numa lista de créditos sobre terceiros.";

2. O considerando 20 passa a ter a seguinte redacção:

"(20) A presente directiva não prejudica o funcionamento nem os efeitos das cláusulas contratuais dos instrumentos financeiros ou dos créditos sobre terceiros prestados a título de garantia financeira, tais como os direitos, obrigações e outras condições constantes das condições de emissão desses instrumentos, nem quaisquer outros direitos, obrigações ou condições aplicáveis entre os emitentes e os detentores desses instrumentos ou entre o devedor e o titular daqueles créditos.";

3. É aditado o seguinte considerando:

"(23) A presente directiva não afecta o direito de os Estados-Membros imporem regras destinadas a assegurar a eficácia dos acordos de garantia financeira em relação a terceiros no que respeita a créditos sobre terceiros.";

4. O artigo 1º é alterado do seguinte modo:

a) No nº 2, a alínea *b*) passa a ter a seguinte redacção:

"*b*) Os bancos centrais, o Banco Central Europeu, o Banco de Pagamentos Internacionais, os bancos multilaterais de desenvolvimento na acepção da Secção 4 da Parte 1 do Anexo I da Directiva 2006/48/CE do Parlamento Europeu e do Conselho, de 14 de Junho de 2006, relativa ao acesso à actividade das instituições de crédito e ao seu exercício (reformulação)[13], o Fundo Monetário Internacional e o Banco Europeu de Investimento;

[13] JO L 177 de 30.6.2006, p. 1.

b) Na alínea *c*) do nº 2, as subalíneas *i*) a *iv*) passam a ter a seguinte redacção:

"*i*) As instituições de crédito na acepção do nº 1 do artigo 4º da Directiva 2006/48/CE, incluindo as instituições enumeradas no artigo 2º da mesma directiva,

ii) As empresas de investimento na acepção do ponto 1) do nº 1 do artigo 4º da Directiva 2004/39/CE do Parlamento Europeu e do Conselho, de 21 de Abril de 2004, relativa aos mercados de instrumentos financeiros[14];

iii) As instituições financeiras, na acepção do nº 5 do artigo 4º da Directiva 2006/48/CE;

iv) As empresas de seguros, na acepção da alínea *a*) do artigo 1º da Directiva 92/49/CEE do Conselho, de 18 de Junho de 1992, relativa à coordenação das disposições legislativas, regulamentares e administrativas respeitantes ao seguro directo não vida (terceira directiva sobre o seguro não vida)[15], e as empresas de seguros de vida, na acepção da alínea *a*) do nº 1 do artigo 1º da Directiva 2002/83/CE do Parlamento Europeu e do Conselho[16];

c) No nº 4, a alínea *a*) passa a ter a seguinte redacção:

"*a*) A garantia financeira a prestar deve consistir em numerário, instrumentos financeiros ou créditos sobre terceiros;";

d) Ao nº 4 é aditada a seguinte alínea:

"*c*) Os Estados-Membros podem excluir do âmbito de aplicação da presente Directiva os créditos sobre terceiros em que o devedor seja um consumidor, na acepção da alínea *a*) do artigo 3º da Directiva 2008/48/CE do Parlamento Europeu e do Conselho, de 23 de Abril de 2008, relativa a contratos de crédito aos consumidores[17], ou uma microempresa ou pequena empresa, na acepção do artigo 1º e dos nºs 2 e 3 do artigo 2º do Anexo da Recomendação 2003/361/CE da Comissão, de 6 de Maio de 2003, relativa à definição de microempresas, pequenas e médias empresas[18], excepto nos casos em que o beneficiário da garantia ou o prestador da garantia desses créditos sobre terceiros seja uma das instituições referidas na alínea *b*) do nº 2 do artigo 1º da presente directiva.

[14] JO L 145 de 30.4.2004, p. 1.
[15] JO L 228 de 11.8.1992, p. 1
[16] JO L 345 de 19.12.2002, p. 1.
[17] JO L 133 de 22.5.2008, p. 66.
[18] JO L 124 de 20.5.2003, p. 36.

e) O nº 5 é alterado do seguinte modo:

i) É aditado ao segundo parágrafo um período com a seguinte redacção:

"Em relação aos créditos sobre terceiros, a inclusão numa lista de créditos apresentada ao beneficiário da garantia por escrito ou de uma forma juridicamente equivalente é suficiente para identificar o crédito sobre terceiros e fazer prova da prestação do crédito dado como garantia financeira entre as partes.";

ii) Após o segundo parágrafo, é inserido o seguinte parágrafo:

"Sem prejuízo do segundo parágrafo, os Estados-Membros podem determinar que a inclusão numa lista de créditos apresentada ao beneficiário da garantia por escrito ou de uma forma juridicamente equivalente também seja suficiente para identificar o crédito sobre terceiros e fazer prova da prestação do crédito dado como garantia financeira contra o devedor ou contra terceiros.";

5. O artigo 2º é alterado do seguinte modo:

a) O nº 1 é alterado do seguinte modo:

i) As alíneas *b*) e *c*) passam a ter a seguinte redacção:

"*b*) "Acordo de garantia financeira com transferência de titularidade", um acordo, incluindo os acordos de recompra, ao abrigo do qual o prestador da garantia transfere a plena propriedade da garantia financeira, ou o pleno direito à mesma, para o beneficiário da garantia a fim de assegurar a execução das obrigações financeiras cobertas ou de as cobrir de outra forma;

c) "Acordo de garantia financeira com constituição de penhor", um acordo ao abrigo do qual o prestador da garantia constitui a favor do beneficiário da garantia ou presta a este uma garantia financeira a título de penhor, conservando o prestador da garantia a plena propriedade ou a propriedade restrita da garantia, ou o pleno direito à mesma, quando é estabelecido o direito de penhor;";

ii) É aditada a alínea seguinte:

"*o*) "Créditos sobre terceiros", os créditos pecuniários decorrentes de um acordo mediante o qual uma instituição de crédito na acepção do nº 1 do artigo 4º da Directiva 2006/48/CE, incluindo as instituições enumeradas no artigo 2º da mesma directiva, concede um crédito sob a forma de empréstimo.";

b) No nº 2, o segundo período passa a ter a seguinte redacção:

"O direito de substituir ou de retirar o seu excedente em favor do prestador da garantia ou, no caso de créditos sobre terceiros, de cobrar os respectivos proveitos até nova ordem, não prejudica a garantia financeira já prestada ao beneficiário da garantia nos termos da presente directiva.";

6. O artigo 3º é alterado do seguinte modo:

a) Ao nº 1 são aditados os seguintes parágrafos:

"Sem prejuízo do nº 5 do artigo 1º, caso sejam utilizados créditos sobre terceiros como garantia financeira, os Estados-Membros não exigirão que a sua constituição, validade, perfeição, prioridade, execução ou admissibilidade enquanto prova fiquem subordinadas à prática de um acto formal, como o registo ou a notificação do devedor do crédito utilizado como garantia. Todavia, os Estados-Membros podem exigir a prática de um acto formal, como o registo ou a notificação, para efeitos da perfeição, prioridade, execução ou admissibilidade enquanto prova contra o devedor ou contra terceiros.

Até 30 de Junho de 2014, a Comissão comunica ao Parlamento Europeu e ao Conselho se o disposto no presente número se mantém adequado.";

b) É aditado o seguinte número:

"3. Sem prejuízo da Directiva 93/13/CEE do Conselho, de 5 de Abril de 1993, relativa às cláusulas abusivas nos contratos celebrados com os consumidores[19], e das disposições nacionais relativas a cláusulas contratuais abusivas, os Estados-Membros devem assegurar que os devedores dos créditos sobre terceiros possam renunciar validamente, por escrito ou de uma forma juridicamente equivalente:

i) Aos direitos de compensação, perante os credores do crédito sobre terceiros e perante as pessoas a favor das quais estes tenham cedido, dado em penhor ou mobilizado de qualquer outra forma, a título de garantia, os créditos sobre terceiros; e

ii) Aos direitos decorrentes das regras de sigilo bancário que, caso contrário, impediriam ou restringiriam a possibilidade de o credor do crédito sobre terceiros prestar informações, sobre o crédito ou sobre o devedor, para efeitos da utilização do crédito a título de garantia.

7. O artigo 4º é alterado do seguinte modo:

a) Ao nº 1 é aditada a seguinte alínea:

"*c*) Créditos sobre terceiros, mediante venda ou apropriação e compensando o seu valor, ou aplicando-o para liquidação das obrigações financeiras cobertas.";

b) A alínea *b*) do nº 2 passa a ter a seguinte redacção:

"*b*) Ter existido acordo entre as partes sobre a avaliação dos instrumentos financeiros e dos créditos sobre terceiros no quadro do acordo de garantia financeira com constituição de penhor.";

c) O nº 3 é suprimido;

[19] JO L 95 de 21.4.1993, p. 29.

8. Ao artigo 5º é aditado o seguinte número:

"6. O presente artigo não se aplica aos créditos sobre terceiros.";

9. Após o artigo 9º é inserido o seguinte artigo:

"Artigo 9º-A

Directiva 2008/48/CE

O disposto na presente directiva não prejudica a Directiva 2008/48/CE.".

Artigo 3º – Transposição

1. Os Estados-Membros devem aprovar e publicar as disposições legislativas, regulamentares e administrativas necessárias para dar cumprimento à presente directiva até 30 de Dezembro de 2010. Os Estados-Membros devem comunicar imediatamente à Comissão o texto das referidas disposições.

Os Estados-Membros devem aplicar as referidas disposições a partir de 30 de Junho de 2011.

Quando os Estados-Membros aprovarem essas disposições, estas devem incluir uma referência à presente directiva ou ser acompanhadas dessa referência aquando da sua publicação oficial. As modalidades dessa referência serão aprovadas pelos Estados-Membros.

2. Os Estados-Membros devem comunicar à Comissão o texto das principais disposições de direito interno que aprovarem nas matérias reguladas pela presente directiva.

Artigo 4º – Entrada em vigor

A presente directiva entra em vigor no vigésimo dia seguinte ao da sua publicação no Jornal Oficial da União Europeia.

Artigo 5º – Destinatários

Os Estados-Membros são os destinatários da presente directiva.

Feito em Estrasburgo, em 6 de Maio de 2009.

Pelo Parlamento Europeu
O Presidente
H.-G. PÖTTERING

Pelo Conselho
O Presidente
J. KOHOUT

BIBLIOGRAFIA CITADA

ALBUQUERQUE, PEDRO DE, "Declaração da situação de insolvência", em *Dir.* 137 (2005), III, pp. 507-525

– *Responsabilidade processual por litigância de má fé, abuso de direito e responsabilidade civil em virtude de actos praticados no processo (A responsabilidade por pedido infundado de declaração da situação de insolvência ou indevida apresentação por parte do devedor)*, Coimbra, Almedina, 2006

ALEXANDRE, ISABEL, "O processo de insolvência: Pressupostos processuais, tramitação, medidas cautelares e impugnação da sentença", em *Themis*, edição especial (2005), pp. 43-80

ASCENSÃO, JOSÉ DE OLIVEIRA, "Efeitos da falência sobre a pessoa e negócios do falido", na *ROA* 55 (1995), pp. 641-688

– "Insolvência: Efeitos sobre os negócios em curso", na *ROA* 65 (2005), pp. 281-312 e na *Themis*, edição especial, 2005, pp. 105-130

BRANCO, JOSÉ MANUEL, "Qualificação da insolvência (evolução da figura), na *RDI*, nº 1 (Abril 2016), pp. 13-43

BRITO, HELENA, "Falências internacionais. Algumas considerações a propósito do Código da Insolvência e da Recuperação de Empresas" na *Themis*, edição especial, 2005, pp. 183-220

CAPELO, MARIA JOSÉ, "A fase prévia à declaração de insolvência: algumas questões processuais", em CATARINA SERRA (org.), *I Congresso de Direito da Insolvência*, Coimbra, Almedina, 2013, pp. 187-200

CASANOVA, SALAZAR, "Abordagem judiciária dos aspectos mais relevantes da marcha processual do novo Código da Insolvência e da Recuperação de Empresas", disponível em http://www.asjp.pt/estudos/salazarcasanova_insolvência2004.pdf

CASANOVA, NUNO SALAZAR/DINIS, DAVID SEQUEIRA, *PER – O Processo Especial de Revitalização (Comentários aos artigos 17º-A a 17º-I do Código de Insolvência e de Recuperação de Empresas)*, Coimbra, Coimbra Editora, 2014

CONCEIÇÃO, ANA FILIPA, "Disposições específicas da insolvência de pessoas singulares no Código da Insolvência e da Recuperação de Empresas", em CATARINA SERRA (org.), *I Congresso de Direito da Insolvência*, Coimbra, Almedina, 2013, pp. 29-62

CORDEIRO, ANTÓNIO MENEZES, "Introdução ao Direito da Insolvência", em *Dir.* 137 (2005), III, pp. 465-506

CORDEIRO, ANTÓNIO MENEZES, *Litigância de má fé, abuso do direito de acção e culpa in agendo*, Coimbra, Almedina, 2006

COSTEIRA, MARIA JOSÉ, "Novo direito da insolvência", em *Themis*, edição especial (2005), pp. 25-42

– "Classificação, verificação e graduação de créditos no Código da Insolvência e Recuperação de Empresas", em CATARINA SERRA (org.), *I Congresso de Direito da Insolvência*, Coimbra, Almedina, 2013, pp. 241-253

CRISTAS, ASSUNÇÃO, "Exoneração do devedor pelo passivo restante", em *Themis*, edição especial (2005), pp. 165-182

CUNHA, PAULO OLAVO, "Providências específicas do plano de recuperação de sociedades", em CATARINA SERRA (org.), *I Congresso de Direito da Insolvência*, Coimbra, Almedina, 2013, pp. 107-139

– "A recuperação das sociedades no contexto do PER e da insolvência", na *RDI* nº 1 (Abril 2016), pp. 99-119

– "Os empréstimos intragrupo no contexto da insolvência; em especial, o *cash pooling*", em CATARINA SERRA (org.), *III Congresso de Direito da Insolvência*, Coimbra, Almedina, 2015, pp. 345-360

DUARTE, RUI PINTO, "Efeitos da declaração de insolvência quanto à pessoa do devedor", em *Themis*, edição especial (2005), pp. 131-150

– "A administração da empresa insolvente: rutura ou continuidade?", em CATARINA SERRA (org.), *I Congresso de Direito da Insolvência*, Coimbra, Almedina, 2013, pp. 175-186

– "Responsabilidade dos administradores: coordenação dos regimes do CSC e do CIRE", em CATARINA SERRA (org.), *III Congresso de Direito da Insolvência*, Coimbra, Almedina, 2015, pp. 151-173

EPIFÂNIO, MARIA DO ROSÁRIO, *Os efeitos substantivos da falência*, Porto, Universidade Católica, 2000

– *Manual de Direito da Insolvência*, 6ª ed., Coimbra, Almedina, 2014

– *O Processo Especial de Revitalização*, Coimbra, Almedina, 2015

FERNANDES, LUÍS CARVALHO, "A qualificação da insolvência e a administração da massa insolvente pelo devedor", na *Themis*, edição especial (2005), pp. 81-104

– "A exoneração do passivo restante na insolvência de pessoas singulares no Direito Português", em LUÍS A. CARVALHO FERNANDES/JOÃO LABAREDA, *Colectânea de Estudos sobre a insolvência*, Coimbra, Almedina, 2009, pp. 275-309.

FERNANDES, LUÍS CARVALHO/LABAREDA, JOÃO, *Código dos Processos Especiais de Recuperação da Empresa e da Falência Anotado*, 3ª ed., Lisboa, Quid Juris, 2000

– *Código da Insolvência e da Recuperação de Empresas Anotado*, 2ª ed., Lisboa, Quid Juris, 2013

FERREIRA, HUGO ROSA, "Compensação e Insolvência (em particular, na cessão de créditos para titularização), em RUI PINTO (org.), *Direito da Insolvência. Estudos*, Coimbra, Coimbra Editora, 2011, pp. 9-64

FREITAS, JOSÉ LEBRE DE, "Apreensão, restituição, separação e venda de bens no processo de falência", na *RFDUL* 36 (1995), nº 2, pp. 371-382

– "Pressupostos objectivos e subjectivos da insolvência", em *Themis*, edição especial (2005), pp. 11-23

– "Apreensão, separação, restituição e venda", em CATARINA SERRA (org.), *I Congresso de Direito da Insolvência*, Coimbra, Almedina, 2013, pp. 229-239

GOUVEIA, MARIANA FRANÇA "Verificação do passivo", em *Themis*, edição especial (2005), pp. 151-163

JÚNIOR, EDUARDO SANTOS, "O plano de insolvência. Algumas notas", em *O Direito*, 138 (2006), III, pp. 571-591 = RUY DE ALBUQUERQUE/ANTÓNIO MENEZES CORDEIRO (org.), *Estudos em Memória do Professor Doutor José Dias Marques*, Coimbra, 2007, pp. 121-141

LABAREDA, JOÃO, "Pressupostos subjectivos da insolvência: Regime particular das instituições de crédito e sociedades financeiras". em LUÍS A. CARVALHO FERNANDES/JOÃO LABAREDA, *Colectânea de Estudos sobre a Insolvência*, Coimbra, Almedina, 2009, pp. 103-141.

– "Sobre o sistema de recuperação de empresas por via extrajudicial (SIREVE) – Apontamentos –", em CATARINA SERRA (org.), *I Congresso de Direito da Insolvência*, Coimbra, Almedina, 2013, pp. 63-84

LEAL, ANA ALVES/TRINDADE, CLÁUDIA, "O processo especial para acordo de pagamento (PEAP): O novo regime pré-insolvencial para devedores não empresários", na *RDS* IX (2017), 1, pp. 68-122

LEITÃO, ADELAIDE MENEZES, "Pré--condições para a exoneração do passivo restante – Ac. do TRP de 28.9.2010, Proc. 995/09", em *CDP* nº 35 (Julho/Setembro 2011), pp. 65-68

– "Insolvência culposa e responsabilidade dos administradores na Lei nº 16/2012, de20 de Abril", em CATARINA SERRA (org.), *I Congresso de Direito da Insolvência*, Coimbra, Almedina, 2013, pp. 269-283

LEITÃO, LUÍS MENEZES, *Direito da Insolvência*, 7ª ed., Coimbra, Almedina, 2017

– "Pressupostos da declaração de insolvência", em CATARINA SERRA (org.), *I Congresso de Direito da Insolvência*, Coimbra, Almedina, 2013, pp. 175-186.

– "A responsabilidade pela abertura indevida do processo especial de revitalização", em CATARINA SERRA (org.), *II Congresso de Direito da Insolvência*, Coimbra, Almedina, 2014, pp. 143-151

– "A (in)admissibilidade da insolvência como causa de resolução dos contratos", em CATARINA SERRA (org.), *III Congresso de Direito da Insolvência*, Coimbra, Almedina, 2015, pp. 89--101

MARTINS, ALEXANDRE DE SOVERAL, *Um curso de Direito da Insolvência*, 2ª ed., Coimbra, Almedina, 2016

MATIAS, ARMINDO SARAIVA, "A insolvência no Direito Bancário", em *DJ* 19 (2005), 2, pp. 291-302

MONTEIRO, NUNO LÍBANO, "O regime jurídico da liquidação judicial das instituições de crédito à luz das alterações introduzidas pela Lei nº 23-A/2015, de 26 de março", em CATARINA SERRA (org.), *III Congresso de Direito da Insolvência*, Coimbra, Almedina, 2015, pp. 61-86

MORAIS, FERNANDO DE GRAVATO, *Resolução em benefício da massa insolvente*, Coimbra, Almedina, 2008

– "Promessa obrigacional de compra e venda com tradição da coisa e insolvência do promitente-vendedor", em

CP nº 29 (Janeiro/Março 2010), pp. 3-12 (9).
– "Da tutela do retentor-consumidor em face da insolvência do promitente-vendedor – Ac. de Uniformização de Jurisprudência nº 4/2014, de 20.3.2014, Proc. 92/05", em *CDP* nº 46 (Abril/Junho 2014), pp. 52-56.

OLIVEIRA, ARTUR DIONÍSIO DE, "Os efeitos processuais do PER e os créditos litigiosos", em CATARINA SERRA (org.), *III Congresso de Direito da Insolvência*, Coimbra, Almedina, 2015, pp. 199-228.
– "Os efeitos da declaração de insolvência sobre as acções declarativas", na *RDI*, nº 1 (Abril 2016), pp. 75-89

OLIVEIRA, NUNO MANUEL PINTO, "'Com mais irreflexão que culpa'? o debate sobre o regfme da recusa de cumprimento do contrtao-promessa", em CDP nº 36 (Outubro/Dezembro 2011), pp. 3-21
– "Entre Código de Insolvência e princípios orientadores: um dever de (re) negociação?", na *ROA* 72 (2012), nºs 2/3, pp. 677-689
– "Efeitos da declaração de insolvência sobre os negócios em curso: em busca dos princípios perdidos?", em CATARINA SERRA (org.), *I Congresso de Direito da Insolvência*, Coimbra, Almedina, 2013, pp. 201-227
– "A qualificação do crédito resultante da não execução do contrato-promessa", em CATARINA SERRA (org.), *III Congresso de Direito da Insolvência*, Coimbra, Almedina, 2015, pp. 115-135

OLIVEIRA, NUNO MANUEL PINTO/ SERRA, CATARINA, "Insolvência e contrato-promessa: os efeitos da insolvência sobre o contrato-promessa com eficácia obrigacional", na *ROA* 70 (2010), pp. 395-440

OLIVEIRA, RUI ESTRELA DE, "Uma brevíssima incursão pelos incidentes de qualificação da insolvência", em *O Direito* 142º (2010), V, pp. 931-987

PERALTA, ANA MARIA, "Os «novos créditos» no PER e no SIREVE: conceito e regime", em CATARINA SERRA (org.), *III Congresso de Direito da Insolvência*, Coimbra, Almedina, 2015, pp. 279-312

PINTO, PAULO MOTA, "Exoneração do passivo restante: fundamento e constitucionalidade", em CATARINA SERRA (org.), *III Congresso de Direito da Insolvência*, Coimbra, Almedina, 2015, pp. 175-195

PEREIRA, JOÃO AVEIRO, "A revitalização económica dos devedores", em *O Direito* 145 (2013), I-II, pp. 9-50

PINHEIRO, LUÍS LIMA, *A cláusula de reserva de propriedade*, Coimbra, Almedina, 1988

PRATA, ANA/CARVALHO, JORGE MORAIS/SIMÕES, RUI, *Código da Insolvência e da Recuperação de Empresas Anotado*, Coimbra, Almedina, 2013

RAMOS, EMANUEL JOSÉ DE OLIVEIRA, "Questões registais em contexto de insolvência", na *RDI*, nº 1 (Abril 2016), pp. 91-98

SANTOS, LUÍS MÁXIMO DOS, "Palavras introdutórias", em CATARINA SERRA (org.), *III Congresso de Direito da Insolvência*, Coimbra, Almedina, 2015, pp. 19-22

SERRA, CATARINA, "As novas tendências do Direito Português da Insolvência – Comentário ao regime dos efeitos da insolvência sobre o devedor no projecto de Código da Insolvência", em ANTÓNIO CÂNDIDO DE OLIVEIRA (org.), *Estudos em comemoração do 10º aniversário da licenciatura em direito da Universidade do Minho,*

Coimbra, Almedina, 2004, pp. 203-228
– "Processo especial de revitalização – contributos para uma «rectificação»" na *ROA* 72 (2012), II-III, pp. 715-741
– "Revitalização – A designação e o misterioso objecto designado. O processo homónimo (PER) e as suas ligações com a insolvência (situação e processo) e com o SIREVE", em ID (org.), *I Congresso de Direito da Insolvência*, Coimbra, Almedina, 2013, pp. 85-106
– *O Regime Português da Insolvência*, 5ª ed., Coimbra, Almedina, 2012

SANTOS, FILIPE CASSIANO DOS, "Plano de insolvência e transmissão da empresa", em CATARINA SERRA (org.), *I Congresso de Direito da Insolvência*, Coimbra, Almedina, 2013, pp. 141-151

SILVA, FÁTIMA REIS, "Efeitos processuais da declaração de insolvência", em CATARINA SERRA (org.), *I Congresso de Direito da Insolvência*, Coimbra, Almedina, 2013, pp. 255-268.
– *Processo Especial de Revitalização. Notas práticas e jurisprudência recente*, Porto, Porto Editora, 2014

SILVA, PAULA COSTA E, "A liquidação da massa insolvente", na *ROA* 65 (2005), pp. 713-744

SOARES, RITA FABIANA DA MOTA, "Sobre o pedido infundado de declaração de insolvência – Ac. do TRP de 22.4.2008", em *CDP* nº 32 (Outubro-Dezembro 2010), pp. 79-89

SOUSA, MIGUEL TEXEIRA DE "A verificação do passivo no processo de falência", na *RFDUL* 36 (1995), nº 2, pp. 353-369,

SUBTIL, A. RAPOSO/ESTEVES, MATOS/ESTEVES, MARIA JOSÉ/ MARTINS, LUÍS M., *Código da Insolvência e da Recuperação de Empresas*, 2ª ed., Porto, Vida Económica, 2006

VASCONCELOS, LUÍS MIGUEL D. P. PESTANA DE, *A cessão de créditos em garantia e a insolvência. Em particular da posição do cessionário na insolvência do cedente*, Coimbra, Coimbra Editora, 2007
– "Contrato-promessa e falência/insolvência – Ac. do TRC de 15.4.2008, Proc. 937/07", em *CDP* nº 24 (Outubro/Dezembro 2008), pp. 54-64
– "Direito de retenção, contrato-promessa e insolvência", em *CDP* nº 33 (Janeiro/Março 2011), pp. 3-29
– "O regime insolvencial do contrato-promessa de compra e venda", na *RDI*, nº 1 (Abril 2016), pp. 57-74

VASCONCELOS, PEDRO PAIS DE, "Resolução a favor da massa – atos omissivos", em CATARINA SERRA (org.), *III Congresso de Direito da Insolvência*, Coimbra, Almedina, 2015, pp. 104-114.

VICENTE, DÁRIO MOURA, "Insolvência internacional: Direito aplicável", em RUY DE ALBUQUERQUE/ANTÓNIO MENEZES CORDEIRO (org.), *Estudos em Memória do Professor Doutor José Dias Marques*, Coimbra, Almedina, 2007, pp. 81-104

VIEIRA, JOSÉ ALBERTO, "Insolvência de não empresários e titulares de pequenas empresas", em RUY DE ALBUQUERQUE/ANTÓNIO MENEZES CORDEIRO (org.), *Estudos em Memória do Professor Doutor José Dias Marques*, Coimbra, Almedina, 2007, pp. 251-276

ÍNDICE-SUMÁRIO